Gabriele Schoblick
Robert Schoblick

Debian GNU/LINUX

Das bhv Taschenbuch

Copyright © 2005 by
verlag moderne industrie
Buch AG & Co. KG, Landsberg
Königswinterer Straße 418
D–53227 Bonn
www.vmi-Buch.de

1. Auflage

07 06 05
10 9 8 7 6 5 4 3 2 1

ISBN 3-8266-8151-7

Printed in Germany

Inhaltsverzeichnis

	Vorwort	**17**
	Einleitung	**21**
	Vernunft versus »Technik-Wettrüsten«	21
	Warum Debian?	24
	Zu diesem Buch	27
	Teil I – Installation und erste Schritte	28
	Teil II – Techniken und Praxis	29
	Teil III – Know-how für Fortgeschrittene	30
	Teil IV – Tipps, Tricks und Tuning	31
	Teil V – Anhang	31
	Philosophie des Buches	32
	CD-ROM zum Buch	34
Teil I	**Installation und erste Schritte**	**35**
1	**Debian GNU/LINUX – woher nehmen?**	**37**
	Bezug von Debian	38
	Kostenlos und doch ein Preis?	39
	Debian vorinstalliert	42
	Netzwerkinstallation	43
	Download der CD-Images	43
	CD-ROMs herstellen	46
	Download der Image-Dateien	46
	CD brennen	63
	Die Brennsoftware	63
	Das Brennen (mit CDBurnerXP Pro)	65
	Wissenswertes zu den CD-Image-Typen	69
	Was sind Source- und Binary-CDs?	69
	Normal oder Non-US-Version?	70
	Offiziell und inoffiziell	71

2 Debian installieren 73

Installationsvoraussetzungen 74
  Hardware im PC 75
  Was braucht der PC wirklich? 79
  Bestandsaufnahme 81
  Neue Hardware? 83
  Bereits vorhandener Computer 84
Debian GNU/LINUX installieren 98
  Debian 3.0 »Woody« installieren 99
  Debian 3.1 »Sarge« installieren 124
Installationstücken? – Auch bei Autoren! 135
Die Qual der Wahl: »stable« oder »testing«? 136

3 Programmpakete verwalten 139

dpkg – der »Macher« 139
Advanced Packaging Tool (APT) 144
tasksel, dselect und aptitude 147
  tasksel 148
  dselect 150
  aptitude 157
Paketverwaltung auf X-Window-Basis 161
  KPackage 161
  Synaptic 166

4 Hardware konfigurieren 171

Tastatur und Maus 172
  Tastatur auf der Konsole 173
  Maus auf der Konsole 176
Netzwerkkarte 178
Drucker 182
  CUPS – der Koordinator 182
  Hardcore – es geht auch ohne HTML-Oberfläche 192
Scanner 192
Grafikkarte und Monitor 198
Soundsystem 198

Teil II   Techniken und Praxis   203

5   Benutzerverwaltung   205
Rechtslage im System   206
  Zuordnung von Rechten   207
  Rechte auf Dateien und Verzeichnisse   208
  Rechte zuweisen und nehmen   210
Verwaltung von Benutzern   217
  Benutzerverwaltung auf der Shell   218
  Benutzerverwaltung auf der grafischen Oberfläche   225
Gruppenbildung   229
  Gruppenverwaltung auf der Shell   230
  Gruppenverwaltung auf der grafischen Oberfläche   232

6   Das LINUX-Verzeichnissystem   235
Texte, Bilder und Geräte sind »Dateien«   236
Struktur des LINUX-Dateisystems   237
  /bin   239
  /sbin   240
  /dev   242
  /etc   243
  /home   245
  /usr   246
  /proc   249
  /var   250
  /tmp und /var/tmp   253
  /boot   255
  Andere Verzeichnisse   255
Das Mounten   257
  Manuelles Mounten   257
  /etc/mtab und /etc/fstab   260
Arbeiten mit Links   262

7   Grafische Benutzerführung   267
Das X-Window-System   268
  xf86config   269
  Wahl der Oberfläche   282

Installation des Window- und Display-Managers 283
GNOME – Standard bei Debian 285
GNOME-Desktop 286
GNOME-Arbeitsflächen 287
Panels 288
GNOME-Kontrollzentrum 294
Nautilus, der GNOME-Dateimanager 301
KDE 305
Wo ist was? Erste Übersicht 306
Die Kontrollleiste von KDE 306
Die Programm- oder Taskleiste 310
Das KDE-Kontrollzentrum 310
Konqueror als Dateimanager 332

8 Befehle der Kommandozeile 335
Navigation im Verzeichnisbaum 335
cd: Change Directory 336
ls: List 337
mkdir: Ein Verzeichnis erzeugen 338
rmdir: Ein Verzeichnis löschen 340
df: Disk free 341
du: Disk Usage 342
mount und umount 343
mc: Der Midnight Commander 345
mkfs: Make File System 347
fdisk 347
fsck und reiserfsck: File System-Check 348
e2fsck – Extended-2-Filesystem 350
reiserfsck – Reiser-Filesystem 351
tune2fs 352
fdformat: Floppy-Disk-Format 352
Umgang mit Dateien 353
cp: Copy 353
dd: Double Disk 354
mv: Datei verschieben bzw. umbenennen 355
rm: Remove File 356
file: Dateityp bestimmen 357
find: Finden von Dateien im System 358

grep, egrep und fgrep: Suche nach Zeichenfolgen 360
more, less, head und tail 362
cat: Kopieren, Zusammenfassen und Aufzeichnen 365
wc: Statistische Dateidaten 368
ln: Link 369
tar, gzip & Co.: Archivierungsprogramme 369
User und Rechte verwalten 375
useradd/usermod/userdel und groupadd/groupmod/
groupdel 375
groups 377
passwd, finger: Passwörter und Gültigkeitsbedingungen 377
chmod, chgrp, chown: Wechselspiele 380
umask 385
w: Wer ist gerade im System? 386
su: Substitute User 387
Service 389
who 389
whoami 389
clear: Konsole löschen 390
history: Das Gedächtnis der Shell 390
alias, unalias: neue Namen für »alte« Befehle 392
date, cal: Die Shell als Kalender 394
lpr, lpc, lpq und lprm: Drucken von der Shell 397
ping: »Hallo, bist du da?« 399
make: Kompilierung & Co. nach Anweisungsliste 401
System- und Prozessmanagement 402
ps 403
pstree 404
top 405
kill 405
halt, shutdown, poweroff: Geordnetes Sitzungsende 406
runlevel 408
Verwaltung von Kernel-Modulen 409
lsmod 411
Zeitsteuerung 411
at und atrm 412
cron 414
Verwaltung von Programmpaketen 416

apt-setup 418
Editoren 419
Aufruf von Dokumentationen 420

9 OpenOffice.org 423
Installation von OpenOffice.org 424
Erste Schritte mit OpenOffice.org 425
Die OpenOffice.org-Menüstruktur 426
Die Applikationen von OpenOffice.org im Überblick 434
Textverarbeitung mit OpenOffice.org Writer 435
Modi und Standardfunktionen 437
Formatierung eines Textes 439
Sonderzeichen und Feldfunktionen 442
Serienbriefe 444
Tabellenkalkulation mit OpenOffice.org Calc 446
Spreadsheet formatieren 447
Einfache Berechnungen und Bedingungen 452
Adressierung von Zellen 456
Präsentieren mit OpenOffice.org Impress 457
Erste Schritte 458
Inhaltliche Gestaltung und Animation 460
Präsentation und Begleitunterlagen 462
Zeichnen mit OpenOffice.org Draw 465

10 Bildbearbeitung mit GIMP 467
Bilder öffnen, speichern und aufnehmen 469
Die Werkzeugleiste von GIMP 472
Ausschnitte selektieren 473
Betrachten und Bewegen 475
Text editieren 476
Malen, Sprayen, Füllen und Radieren 478
Die GIMP-Menüs 481
Das Menü Datei / File 482
Das Menü Bearbeiten / Edit 483
Das Menü Auswahl / Select 485
Das Menü Ansicht / View 485
Das Menü Bild / Image 486
Das Menü Ebenen / Layer 488

Das Menü Werkzeuge / Tools   491
Das Menü Dialoge / Dialogs   492
Das Menü Filter / Filters   493
Weitere GIMP-Menüs   495

11 Mit LINUX ins Internet   499

Wege ins Internet   500
  Konfiguration auf der Shell   500
  Konfiguration auf der grafischen Oberfläche   512
  Internetzugang über einen Router   516
Webbrowser für LINUX   517
  Konqueror   518
  Epiphany   525
  Mozilla   532
Instant Messenger Kopete   541
  Mitglieder der Buddy-Liste   552
  Die erste Nachricht   554

12 E-Mail und Terminplanung   557

E-Mail-Kommunikation   557
  Identitäten   558
  Kontakt zum Mailserver   564
  Sicherheit   566
  Die erste Mail   569
KOrganizer   570
  Termine verwalten   572
  Aufgabenverwaltung   579
  Neue Aufgabe anlegen   579
Kontact – der KDE-Groupware-Client   581

13 Spielen mit LINUX   583

Arkade-Spiele   584
  KAsteroids   585
  Minigolf (Kolf)   587
Brettspiele   591
  Backgammon   591
  Vier gewinnt   592

Kartenspiele   593
   Blackjack   593
   Offiziersskat   594
   Kinderspiele   595

14 Nützliches und Unterhaltsames   597
Taschenrechner   597
Weltzeituhr   598
Mondphasen   599
Lernprogramme   600
   Funktionsplotter KmPlot   600
   Schreibmaschinentrainer KTouch   602
   Das Periodensystem der Elemente   602
   Das Planetarium auf dem Bildschirm   603

Teil III   Know-how für Fortgeschrittene   605

15 Netzwerke und Netzwerkdienste   607
Einstieg in die Netzwerktechnik   607
   Topologie und Verkabelung im Ethernet-LAN   608
Adressen und Netzwerkdienste   610
   Die IP-Adresse   611
   Netzwerkdienste und Portadressen   617
Der Netzwerkdämon inetd   620
   Konfiguration des inetd   621
   Auswirkungen der /etc/inetd.conf-Änderungen   628

16 Der Apache-Webserver   629
Das World Wide Web   629
   Auflösung von Namen   629
   Integration in das Internet   631
   Server und virtuelle Server   632
Installation und Start des Webservers   634
Bestandteile des Apache-Webservers   635
   Module des Apache-Webservers   636
   Konfigurationsdateien   637
Die Webseite auf den Server laden   650

17 Der Samba-Server **651**

Installation des Samba-Servers 651

Was ist eigentlich Samba? 654

Einrichtung im System 656

Die Datei /etc/samba/smb.conf 657

Globale Konfigurationen in /etc/samba/smb.conf 658

Start des Samba-Servers 668

Das Konfigurationstool swat 673

Installation von swat 674

Starten von *swat* 675

Arbeiten mit *swat* 677

smbclient 683

Resümee 685

18 Der FTP-Server **687**

Teil IV Tipps, Tricks und Tuning 695

19 Wissenswertes **697**

Systemanforderungen 697

Serversystem mit Kommandozeilen 697

Desktop-PC mit Kommandozeile 698

Arbeitsplatzcomputer mit grafischer Oberfläche 699

Planung der Festplattenaufteilung 699

Zahlensysteme im LINUX-System 700

Teil V Anhang 709

A Kommandoreferenz **711**

alias 711

apt-get 711

apt-setup 712

arc 712

at 714

atrm 714

cal 714

cat	715
cd	716
chgrp	716
chmod	716
chown	717
clear	717
cp	718
cron	718
date	719
dd	720
df	721
dpkg	722
du	722
e2fsck	723
fdformat	724
file	724
find	725
fsck	725
grep	726
groupadd	727
groups	727
gzip	727
halt	728
head	728
history	729
kill	729
lha	730
ln	731
lpc	731
lpq	732
lpr	732
lprm	733
ls	733
lsmod	734
make	734
man	735
mc	735
mkdir	735

mkfs   736
modprobe   736
more   737
mount   738
mv   738
passwd   739
poweroff   739
ps   740
pstree   740
reiserfsck   741
rm   742
rmdir   742
runlevel   743
shutdown   743
su   744
tail   744
tar   745
top   746
tune2fs   746
unalias   747
umask   747
umount   747
useradd   748
w   749
wc   749
who   750
whoami   750

Index   **751**

Vorwort

Ist LINUX nun besser oder schlechter als das MS-Windows-Betriebssystem? – Diese Frage begegnet uns recht häufig, denn die Beurteilung ist schwierig. Alles, was mit MS Windows zu tun hat, das Betriebssystem und die meiste Software, kostet viel Geld. Genau genommen muss für jeden einzelnen Computer eine teure Lizenz erworben werden. Das spricht zumindest einmal zugunsten von LINUX. Auf der anderen Seite gibt es für nahezu jede Hardware mit an Sicherheit grenzender Wahrscheinlichkeit auch Treiber für die verschiedenen MS-Windows-Versionen. LINUX-User kommen sich gegenüber den Hardwareherstellern oft vor wie Bittsteller, denen irgendwann einmal – wenn die Hardware schon zu den »Oldies« gehört – ein Treiber angeboten wird. Zu unterstellen, dass hier Kalkül aus Redmond dahinter steckt, wäre aber vermessen. Fakt ist, dass in Zeiten der Profitmaximierung in erster Linie für das marktbeherrschende System entwickelt wird. Da viel Aufwand in der Entwicklung von LINUX-Treibern steckt und die Marktchancen nicht als ideal angesehen werden, lässt man diese »Kleinigkeiten« in der unternehmerischen To-do-Liste oft ganz einfach weg.

Allerdings: LINUX ist *das* Betriebssystem der OpenSource-Welt, und Entwickler von LINUX-Software haben keine Geheimnisse. Auch kommerzielle Software wird oft mit offenen Quellcodes angeboten, die es Insidern möglich machen, die Programme auf Herz und Nieren zu prüfen und sie gegebenenfalls eigenständig weiterzuentwickeln. Das gilt auch dann, wenn der ursprüngliche Anbieter die Arbeit an dem jeweiligen Softwareprodukt einstellt oder schlicht und einfach vom Markt verschwindet. OpenSource ist also gewissermaßen Investitionsschutz! Kommerzielle Entwickler schützen ihr geistiges Eigentum mit entsprechenden Lizenzen und können trotz der offenen Quellen an ihrem Produkt verdienen.

OpenSource bietet aber auch andere Vorzüge, nämlich hinsichtlich des Datenschutzes. Niemand kann und will Softwareanbietern, die ihre Quellen unter Verschluss halten, unterstellen, dass sie mit ihren Programmen heimlich Daten des Users ausspionieren und verschlüsselt an einen geheimen Server übertragen. Doch ganz von der Hand zu weisen ist diese Befürchtung auch nicht, denn es ist jede Menge

»Spyware« im Umlauf, die genau diesem Zweck dient. Der Hintergrund ist in den meisten Fällen die Analyse eines Marktes bzw. die Datengewinnung für gezielte Werbeaktionen. Hier lässt sich wesentlich mehr Geld verdienen als mit Massenwerbung. Natürlich kann auch ein OpenSource-Programm eine Spyware-Funktion beinhalten, doch ist das Risiko für den Programmierer groß, dass diese entdeckt und der Ruf des Entwicklers nachhaltig geschädigt wird. Und selbstverständlich kann OpenSource nur dann als verhältnismäßig sicher gelten, wenn auch tatsächlich die Quellen kompiliert und die selbst erzeugten Programmcodes installiert werden.

LINUX ist OpenSource und kann nahezu kostenlos aus dem Internet bezogen werden. *Nahezu* kostenlos bedeutet, dass selbstverständlich die Internetkosten und die Kosten für die Datenträger zu berücksichtigen sind. Um es aber mit den Worten eines weit blickenden Bankmanagers auszudrücken: Das sind »Peanuts« im Vergleich zu den Kosten für ein kommerzielles Betriebssystem. Hinzu kommt, dass es keine Einschränkung bei der Anzahl der Computer gibt, auf denen LINUX mit den erzeugten Datenträgern installiert werden darf, und es gibt auch keine Registrierung und keine Aktivierung. Was es dagegen gibt, ist jede Menge sinnvoller Software, die durchaus professionelles Niveau hat.

Drei wesentliche Gründe sprechen also dafür, sich näher für LINUX zu interessieren:

✔ minimale Kosten,

✔ große Betriebs- und Datensicherheit und nicht zuletzt

✔ ein umfangreiches Softwareangebot in der Distribution.

Bei kommerziellen Betriebssystemen müssen Sie entscheiden, ob Sie einen Desktop-Computer oder einen Server aufbauen wollen. Bei LINUX treffen Sie diese Entscheidung mit der Installation des Systems und können – unter Verwendung der gleichen Installationsdatenträger – auf einem anderen Computer eine vollkommen neue Entscheidung treffen.

Ist die Entscheidung zugunsten von LINUX getroffen worden, was beispielsweise auch die öffentliche Verwaltung der Stadt München getan hat, dann bleibt noch die Qual der Wahl, welche Distribution verwendet werden soll. Generell kann erst einmal gesagt werden:

LINUX ist LINUX! Auf der anderen Seite kann dem aber genauso gut widersprochen werden, denn es gibt verschiedene Distributionen, die alle mit einem eigenen Installations-Assistenten arbeiten und auch die eine oder andere Systemdatei etwas »verbogen« haben. Fakt ist aber, dass der Betriebssystemkern, der *Kernel*, und auch die meisten Programme in allen Distributionen enthalten sind. Je nachdem, ob Funktionsvielfalt und Aktualität oder Stabilität im Vordergrund steht, werden Sie Unterschiede in den Versionen der gelieferten Programme erkennen. Das soll aber nichts heißen, denn Aktualisierungen können auch von Ihnen selbst durchgeführt werden.

In diesem Buch lernen Sie eine Distribution kennen, die unter dem Aspekt der Stabilität zusammengestellt wurde: Debian GNU/LINUX. Debian wurde lange Zeit von der breiten Masse der User etwas abfällig als »Studenten- oder Universitäts-LINUX« bezeichnet, weil die Installation und Konfiguration im Vergleich zu anderen Distributionen sehr schwierig war. In der Tat ist Debian GNU/LINUX an manchen Punkten noch etwas anspruchsvoll, doch zählt diese Distribution zu den zuverlässigsten und umfassenden LINUX-Kompositionen überhaupt. Eine Stärke von Debian GNU/LINUX ist das leistungsfähige Paketmanagement, das es beispielsweise gestattet, mit nur wenigen Kommandozeilen das gesamte System auf den neuesten Stand zu bringen. Natürlich kann die Paketverwaltung auch auf einer grafischen Oberfläche stattfinden.

Debian GNU/LINUX zeichnet sich auch dadurch aus, dass hinter dem Projekt keine kommerziellen Interessen stehen. Das Projekt arbeitet aus rein ideellen Gründen und hat ein qualitativ hochwertiges System zum Ziel. Wer einmal etwas länger mit Debian GNU/LINUX gearbeitet hat, erkennt schnell, dass dieses Ziel keine Seifenblase ist.

In Zeiten wie der heutigen, wo Slogans wie »Geiz ist geil« gegen »Gutes muss teuer sein« ankämpfen und beide nur das gemeinsame Ziel verfolgen, den Verstand der Verbraucher zu blenden, um sie zum Konsum zu motivieren, erhebt sich zwangsweise auch die Frage, warum denn ein kostenloses Betriebssystem zu den qualitativ führenden Systemen gerechnet werden soll. Zunächst einmal:

✔ Debian GNU/LINUX ist nicht umsonst! Ganz im Gegenteil: Der Einsatz dieser Distribution lohnt sich sehr schnell, sowohl im Nutzen als auch in finanzieller Hinsicht.

✔ Debian GNU/LINUX ist nicht kostenlos! Wie bereits erwähnt, müssen Internetkosten und die Kosten für die CD- bzw. DVD-Rohlinge kalkuliert werden. Darüber hinaus sind fertig gebrannte Distributionen im Handel, deren Preise die Aufwendungen des Händlers und eine Spende an das Debian-GNU/LINUX-Projekt abdecken.

✔ Debian GNU/LINUX hat ein ideales Preis-Leistungs-Verhältnis! Von der Richtigkeit dieser Aussage können Sie sich auf den nächsten Seiten selbst überzeugen.

Wenn Sie erstmalig mit LINUX arbeiten und zuvor mit dem MS-Windows-Betriebssystem vertraut geworden sind, werden Sie möglicherweise zunächst einmal meinen, LINUX sei kompliziert. Geben Sie LINUX (und sich selbst) bitte die Chance und arbeiten Sie eine Zeit lang mit dem System. Die meisten anfänglichen Startschwierigkeiten lassen sich sehr schnell und einfach beheben. Wenn Sie dagegen niemals mit Windows, dafür aber Ihr Leben lang mit LINUX gearbeitet hätten, würden Sie nicht die gleichen Feststellungen treffen? Sowohl MS Windows als auch LINUX sind aus Kompatibilitätsgründen an ihre Traditionen gebunden. Das bedeutet, dass keine Normung im Aufbau von Dateisystemen und Kommandozeilen-Befehlen zu erwarten ist. Allerdings werden Sie auf einer grafischen Oberfläche, die Sie unter LINUX nicht nur frei wählen, sondern auch individuell gestalten können, schnell feststellen, dass die meisten Bedienungsabläufe mittlerweile vereinheitlicht wurden. Darüber hinaus nimmt die Zahl der Software zu, die auf beiden Plattformen verfügbar ist. Als Beispiel sei OpenOffice genannt, eine Office-Suite, die im Funktionsumfang mit MS Office vergleichbar ist und die sowohl für Windows als auch für LINUX zu bekommen ist (kostenlos!). Dennoch können mit OpenOffice MS-Office-Dokumente gelesen und für MS Office lesbare Dokumente gespeichert werden. Die Zeiten der Inkompatibilitäten zwischen LINUX und Windows sind also vorbei. Damit existiert auch das größte Hemmnis, das in vielen Fällen gegen den Einsatz von LINUX stand, nicht mehr.

In diesem Sinne wünschen wir Ihnen viel Erfolg bei der Installation Ihres eigenen LINUX-Betriebssystems und viel Freude damit.

Herzlichst
Gabi und Robert Schoblick
www.srg.at

Einleitung

Die ursprüngliche Idee von Linus Thorwalds, eine UNIX-Emulation für den »studentischen Hausgebrauch« zu entwickeln, dürfte heute als eine der größten Erfolgsgeschichten im Bereich der Informationstechnologie anzusehen sein. Nicht nur, dass LINUX zur Perfektion gereift ist, LINUX hat vor allem auch eine Spitzenposition im Bereich der Betriebssysteme errungen. Diese Leistung, die Thorwalds und Tausende engagierter freier Programmierer auf der gesamten Welt vollbracht haben, ist umso beachtlicher, weil sie der knallharten Konkurrenz des Microsoft-Konzerns und dessen millionenschweren Werbe- und Marketingbudgets trotzen konnte.

Aber nicht nur gegen starke Konkurrenz konnte sich LINUX behaupten, sondern auch gegen die beharrlichen Vorurteile »LINUX ist kompliziert« und »LINUX ist ein reines Serverbetriebssystem« sowie nicht zuletzt »LINUX ist ein experimentelles Betriebssystem für Hacker, Cracker und Freaks!« All diese Klischees sind nachweislich überholt, werden aber von vielen – meist jenen, die nie an einer LINUX-Maschine gearbeitet haben – konsequent aufrechterhalten. Wohl wahr ist, dass es sehr viel Hard- und Software gibt, die nicht für das LINUX-Betriebssystem entwickelt wurde, doch es gibt zu nahezu allen Anwendungen auch Alternativen im OpenSource-Sektor. Viele Programme aus diesem Bereich bieten sogar mehr Funktionen als kommerzielle Software. Oft beschränken sich die Applikationen auch nur auf elementare Funktionen, doch bedeutet dies nicht zwangsläufig, dass diese Programme weniger interessant sein müssen. Es kommt schließlich darauf an, was wir als Anwender wirklich brauchen, oder etwa nicht?

Vernunft versus »Technik-Wettrüsten«

In der Tat müssen wir uns wohl mehr oder weniger alle eingestehen, dass wir uns von der glitzernden Welt der Werbung haben einfangen lassen. Alles muss immer größer, schneller, mehr und bunter sein. Doch brauchen wir tatsächlich alle Eigenschaften? Prüfen Sie sich einmal selbst: Wie oft kaufen Sie einen neuen Computer, ein neues Handy, eine Hifi-Anlage, ein Fernsehgerät, eine Digitalkamera, einen

DVD-Player ...? Die Liste könnte man endlos fortsetzen. Und warum ist unser zwei Jahre alter Computer heute überholt? Was machen Sie mit der Maschine? Lassen Sie uns einmal nachdenken, ohne gleich eine Rubrik »Hardware-Tuning« zu eröffnen:

- ✔ Sie schreiben (auch längere) Texte mit Ihrem Computer, verwalten Ihre Haushaltskasse, surfen im Internet und kommunizieren per E-Mail? Eine ehrliche Frage also: Warum brauchen Sie einen neuen Computer? Das alles kann jeder Pentium-II-Computer auch heute noch mit akzeptabler Qualität.

- ✔ Sie arbeiten mit Grafiken und Desktop-Publishing-Software (DTP)? Hier hängt es stark davon ab, mit welchem Programm Sie arbeiten. Generell ist in diesem Bereich die Apple-Macintosh-Szene führend, aber auch für MS Windows und LINUX gibt es DTP-Programme, die professionellen Ansprüchen genügen. Dabei kann davon ausgegangen werden, dass Computer mit einem Alter von weniger als drei Jahren durchaus eine brauchbare Hardwarebasis für diese Anwendungen darstellen. Je nachdem, ob möglicherweise Grafiken animiert oder sogar Echtzeit-3-D-Darstellungen erstellt werden sollen, können Sie entweder sogar mit noch einfacheren Maschinen oder eben nur mit absolut modernen High-End-Computern auskommen. Letztere bekommen Sie dann auch nicht von der Stange, sondern lassen Sie sich von einem guten und kompetent arbeitenden Fachhändler nach Maß zusammenbauen.

- ✔ Sie bearbeiten viele Fotos Ihrer Digitalkamera oder speichern Videofilme auf der Festplatte, die dummerweise langsam, aber sicher an den Rand ihrer Kapazitäten gelangt? Auch das ist nicht wirklich ein Grund dafür, einen neuen Computer anzuschaffen, denn Sie können ganz sicher eine größere Festplatte als Ersatz für die bestehende oder – noch besser – zusätzlich in Ihren Computer einbauen. Für nicht einmal 100 Euro bekommen Sie locker eine 200-GB-Platte. Da passt einiges drauf, der Einbau erfordert heute keine größeren Fachkenntnisse mehr und es kostet weniger als ein komplett neuer PC. Nicht zuletzt: Selbst wenn Sie den PC öffnen müssen, um die Festplatte einzubauen, so werden Sie doch unter dem Strich weniger Arbeit mit dieser Alternative haben. Schließlich müssen Sie die Daten des alten Computers sichern oder zumindest auf die neue Maschine aufspielen. Vergessen Sie nicht, dass Sie auch alle Programme neu installieren müssen und diese unter Umständen auf dem neuen Computer nicht mehr laufen, weil er ein anderes Betriebssystem verwendet.

✔ Sie wollen Videofilme nachbearbeiten? Dies ist einer der beiden wichtigsten Fälle, bei denen Ihnen die dafür verwendete Hardware die Mindestanforderungen Ihres Computers vorschreibt. Unter Umständen werden Sie auf ein bestimmtes Betriebssystem festgelegt und müssen in puncto Prozessorleistung, Arbeitsspeicher und Festplatte gewisse Standards einhalten. Haben Sie sich einmal für eine Videohardware entschieden, steht und fällt damit möglicherweise Ihre individuelle Freiheit in der Entscheidung über Ihr Computersystem. Diese Entscheidung muss nicht zwingend zwischen MS Windows und LINUX fallen. Auch das Apple-Macintosh-System ist in dieser Disziplin eine ernst zu nehmende Alternative.

✔ Sie möchten den Computer zur Gestaltung Ihrer Freizeit mit den aktuellsten Computerspielen nutzen? Hier muss oft dem Windows-Betriebssystem der Vorrang eingeräumt werden, was jedoch nicht gegen die Leistungsfähigkeit und Qualität von LINUX spricht, sondern in erster Linie durch den kommerziellen Hintergrund der Spielebranche begründet wird. Videogames sollen sich in großer Stückzahl verkaufen und hier bietet nach wie vor das Windows-Betriebssystem neben den Spielekonsolen die breiteste Basis. Dementsprechend werden die Investitionen auf die Entwicklung für die MS-Windows-Oberfläche fokussiert. Für die Hardware bedeutet dies das absolute Wettrüsten. Hier wird dem Computer immer mehr abverlangt und damit zwangsweise eine regelmäßige Aufrüstung des Computers oder sogar der komplette Neukauf innerhalb kurzer Intervalle (< 2 Jahre) erforderlich.

✔ Sie haben ein kleines Unternehmen und so wäre für Sie ein eigener Web- oder ein lokaler Mailserver interessant? Oder Sie möchten eine zentrale Termin- und Aufgabenverwaltung für alle Familienmitglieder oder Mitarbeiter organisieren? Möglicherweise denken Sie auch über eine preiswerte VPN-Lösung nach, die nicht gleich mehrere tausend Euro verschlingen soll? Ganz gleich, ob Sie derartige Serverlösungen für Ihre Firma, zu Studienzwecken oder einfach nur als Hobby aufbauen wollen, Sie können – wenn Sie kleine Systeme realisieren wollen – durchaus mit Computern älteren Jahrgangs arbeiten. Wir würden sagen, dass Maschinen ab Pentium I mit mindestens 100 MHz Taktfrequenz durchaus für diesen Zweck geeignet sind. Allerdings müssen Sie bei den »Oldtimern« möglicherweise auf eine grafische Benutzerführung verzichten, die bei reinen Servern ohnehin nur sehr bedingt Sinn macht. Darüber hinaus kann es erforderlich sein, dass Sie kleinere Tuningmaßnahmen an Ihrer Hardwareausstattung vornehmen und beispielsweise etwas beim Arbeitsspeicher nachlegen oder eine größere Festplatte einbauen müssen. Prüfen Sie bitte auch, ob gegebenenfalls ein BIOS-Update möglich und sinnvoll ist. Hier kann Ihnen allerdings in den wenigsten Fällen ein Verkäufer aus einer großen Elektronik-Supermarktkette helfen, sondern nur ein Spezialist aus dem Fachhandel. Bei der Wahl des Betriebssystems hat LINUX für die meisten Anwender klar die Nase vorn: Es bietet bereits im Umfang der Distributionen – und damit nahezu kostenlos – entsprechende Serverprogramme, die nicht nur professionelles Niveau erreichen, sondern auch häufig im professionellen Einsatz zu finden sind. LINUX ist also auch aus qualitativer Sicht für diesen Zweck oft die erste Wahl!

Warum Debian?

Spricht man von Debian GNU/LINUX mit Menschen, die mit dieser und anderen Distributionen Erfahrungen gesammelt haben, dann sind klar zwei Lager zu erkennen:

✔ Die eine Fraktion hält Debian GNU/LINUX für zu kompliziert, schwierig zu beschaffen und zu installieren. Darüber hinaus mangele es ihm an Aktualität.

✔ Dagegen stehen die Befürworter dieser Distribution, die auf die Stabilität, die gegen Null strebenden Kosten und den enormen Umfang der Distribution verweisen.

Wir können uns sicher einigen, dass in beiden Lagern – schließlich arbeiten meist nur Entwickler oder Journalisten wechselnd mit mehreren Distributionen – auch ein gewisses Maß an Unwissenheit die Entscheidung trübt, was jedoch nicht die fachliche Kompetenz im Umgang mit diesem Betriebssystem betrifft. Es ist wie beim Autofahren. Sie alle kennen sicher die klassische Biertischdiskussion, wenn es um die Wahl des nächsten Autos geht. »Marke X würde ich nie fahren! Zu viele Pannen laut Statistik«, ist das Statement. Möglicherweise hat derjenige niemals in einem Wagen dieser Marke gesessen, erklärt sich aber spontan zum Experten. Bei der Wahl eines Betriebssystems ist das nicht viel anders.

In der Tat ist einzuräumen, dass ältere LINUX-Distributionen bei der Installation einen höheren Anspruch an Geduld und Aufmerksamkeit des Benutzers stellen als die brandaktuelle Version. Auch das Debian-Team hat erkannt, dass sich immer mehr Menschen für LINUX interessieren, die nicht zu den Insidern der IT-Branche zählen. Sie wollen das Betriebssystem nutzen und es nicht studieren. Entsprechende Ergebnisse sind beispielsweise in der Form des Installers und in der Leistungsfähigkeit der automatischen Hardwareerkennung festzustellen.

Kompliziert mag in der Tat der Rechercheaufwand sein, der für die Installation und den Einsatz bestimmter Hardware erforderlich ist. Ganz klar: Hier wird nicht alles auf einem Silbertablett serviert, wie es beispielsweise bei großen kommerziellen Betriebssystemen möglich ist, wo Hardware ohne entsprechende Kompatibilität gar nicht erst in den Handel kommen kann. Vielmehr ist das Internet eine wichtige Informationsquelle, die aus Gründen der Aktualität nicht einmal ein Buch und auch nicht das mit der Distribution gelieferte Manual ersetzen kann. Sie werden bei der Lektüre dieses Buches immer wieder auf Verweise zu Quellen im Internet stoßen, die aktuelle Hinweise zur Hardware und deren Kompatibilität zu LINUX liefern.

Kosten und Stabilität sind herausragende Pluspunkte der Debian-GNU/LINUX-Distribution. Die Einschränkung, dass dem eine mangelhafte Aktualität gegenüberstehe, kann man so nicht gelten lassen. Debian GNU/LINUX bietet permanent drei Releases zum Download an, wobei es richtig ist, dass die »stabile« Version recht langfristige Verweilzeiten auf dem Server hat. Das bedeutet aber nicht, dass hier »kalter Kaffee« serviert wird, sondern lediglich, dass der Umfang dieser so definierten Distribution beständig bleibt. Es werden durchaus Aktualisierungen der in dieser Distribution enthaltenen Programme vorgenommen, nachdem sichergestellt ist, dass diese dem Prädikat »stable« gerecht werden. Die Philosophie von Debian bedeutet aber nicht, dass nicht auch diejenigen auf ihre Kosten kommen, die neue Programme testen wollen. Meist sehr umfangreich ausgestattet ist die Version im Status »testing«. Dank des speziellen Paketmanagements von Debian

GNU/LINUX ist es recht einfach möglich, zusätzlich einzelne Programme aus anderen Versionen zu installieren und diese fortlaufend zu aktualisieren.

Es ist eben diese Abstufung zwischen stabiler, im Test und in der Entwicklung befindlicher Version der Distribution, die einen – wie wir meinen – herausragend guten Kompromiss aus Aktualität und Stabilität des Systems bietet.

Natürlich wird auch der Bezug einer LINUX-Distribution oft als Hemmnis angesehen. »Man muss zunächst größere CD- oder gar DVD-Images aus dem Internet saugen und auf eine CD beziehungsweise DVD brennen«, heißt es. Auch das ist nicht ganz korrekt, denn es müsste richtig lauten: »Man *kann* ...« Es ist nämlich durchaus möglich, Debian GNU/LINUX auch nahezu vollständig aus dem Internet zu installieren. Das scheint zunächst keinen Unterschied zu machen, und dennoch ist dies eine sehr interessante Alternative. So wird lediglich ein sehr kleines Grundbetriebssystem, das beispielsweise über Disketten gebootet werden kann, als Images aus dem Internet geladen. Nach der Auswahl der zu installierenden Software werden ausschließlich die dafür erforderlichen Pakete – in der aktuellsten Fassung – aus dem Netz geladen. In der Summe werden also erheblich weniger Pakete geladen, als dies bei einem Download der kompletten Distribution der Fall wäre. Es muss jedoch auch eingeräumt werden, dass die Installation möglicherweise – je nach Umfang des Systems – recht lange dauern kann. Auch ist diese Form der Installation noch einmal zu überdenken, wenn eine große Zahl von Computern mit einem neuen Betriebssystem ausgestattet werden soll.

Selbstverständlich geht dieses Buch auf das Thema Download und Herstellung von Installationsdatenträgern ausführlich ein.

Für die Wahl von Debian GNU/LINUX sprechen also verschiedene Argumente:

✔ kleiner Preis

✔ gute Stabilität des Gesamtsystems

✔ umfangreiches Softwareangebot in verschiedenen Distributionsversionen

✔ Aktualität der einzelnen Komponenten

✔ engagierter Idealismus des Debian-Teams

Zu diesem Buch

Dieses Buch ist in sechs Teile gegliedert, wobei Sie feststellen werden, dass den beiden ersten Teilen ein sehr großes Volumen eingeräumt wurde. Wir sind in der Einleitung zu diesem Buch bereits kurz darauf eingegangen, dass Debian GNU/LINUX noch mit immer gewissen Vorurteilen konfrontiert wird, insbesondere von Seiten potenzieller LINUX-Anwender, die keine tieferen Kenntnisse in der IT-Technologie haben. Doch wozu ist ein Betriebssystem da? Soll es uns Insidern die Freude bereiten, unseren fachlichen Intellekt herauszufordern, oder soll es einer breiten Anwenderschicht einen Nutzen bringen? Wir meinen, dass es auf die Nutzbarkeit des Systems ankommt und dass Funktion und Administration eines Betriebssystems bei der täglichen Arbeit deutlich in den Hintergrund treten müssen. Man kann sogar so weit gehen, dass der Anwender eigentlich gar nicht bemerken sollte, mit welchem System er gerade arbeitet. Das ist durchaus möglich und wird im Teil II gezeigt. Damit aber ein Anwender, der in den meisten Fällen den Umgang mit einem kommerziellen Betriebssystem gewohnt ist, mit dem System arbeiten kann, muss er eine breite Einführung bekommen. Das ist Aufgabe der beiden ersten Teile in diesem Buch.

Allerdings: LINUX ist mehr als ein Desktop-Betriebssystem, und so wollen wir auch Beispiele für den Einsatz eines LINUX-Computers als Server zeigen. Vielleicht entdecken Sie eine – keinesfalls minderwertigere – Alternative zum professionellen Serversystem? Machen wir einen kurzen Exkurs in die inhaltliche Struktur dieses Buches.

Wir versuchen, mit unseren Ausführungen bei »fast null« zu beginnen. Sie sollten wissen, wie ein Computer im Prinzip funktioniert und welche Hardware ein solches System ausmacht. Allerdings erwarten wir nicht, dass Sie zuvor bereits mit LINUX gearbeitet haben. Wenn Sie einen vorinstallierten Computer besitzen, können Sie möglicherweise den ersten Teil gänzlich überspringen und im

zweiten oder sogar dritten Teil beginnen. Das hängt von Ihren Vor-
kenntnissen ab. Auch wenn Sie eine andere Distribution als Debian
GNU/LINUX verwenden, werden Sie in diesem Buch wertvolle Informationen finden. Es sei angemerkt, dass das Debian-GNU/
LINUX-Paketmanagement teilweise auch in anderen Distributionen optional installiert werden kann, so dass Sie Debian-Quellen
nutzen können. Viele der erklärten Programme sind feste Bestandteile jeder LINUX-Distribution und die Ausführungen damit weitgehend allgemeingültig. Das gilt auch für Serverapplikationen und
den Shell-Befehlssatz. Die Struktur des Buches ist so gewählt, dass
es für Sie ein längerfristig einsetzbares Nachschlagewerk sein kann.

Teil I – Installation und erste Schritte

Aus Sicht der Benutzer ist die Beschaffung und die Installation eines
LINUX-Betriebssystems die größte Hemmschwelle und meist auch
das entscheidende »K.o.-Kriterium«, wenn es um die Wahl des Betriebssystems für den eigenen Computer geht. Erst dann stellen sich
die Fragen nach der verfügbaren Software und dem Preis für das Betriebssystem.

Das Installationsprozedere ist in den verschiedenen Distributionen
sehr unterschiedlich realisiert worden. Zugegeben: Es gibt in dieser
Disziplin einfachere Konzepte, um einen Desktop-Computer mit grafischer Oberfläche auf LINUX-Basis einzurichten, als es Debian
GNU/LINUX bietet. Doch hier sind große Fortschritte gemacht worden. Eine weitere entscheidende Frage ist: »Woher nehmen?« – Die
meisten Distributionen sind nur im Buch- und Computerfachhandel
zu bekommen. Debian GNU/LINUX findet man dort vergleichsweise
selten. Hier ist das Internet die wichtigste »Vertriebsquelle«, denn Sie
können jederzeit und kostenlos die volle Distribution oder nur die
Programme, die tatsächlich installiert werden sollen, vom Debian-Server und zahlreichen Spiegeln dieses Servers laden. In diesem Teil erfahren Sie also sehr ausführlich, wie Sie jederzeit eine vollwertige Distribution beziehen und Ihre eigenen Installationsdatenträger herstellen
können. Sie erfahren, wie Sie Debian GNU/LINUX installieren und
einzelne Hardwaremodule wie Drucker, Scanner etc. in Ihr System
einbinden.

Teil II – Techniken und Praxis

Machen wir uns nichts vor: Die Mehrheit aller Benutzer eines Computers arbeitet an einem MS-Windows-Betriebssystem, was nicht zuletzt daran liegt, dass es oftmals mit dem Kauf eines Computers bereits vorinstalliert ist. Allerdings ist auch dieser Trend stark rückläufig, und so muss heute in vielen Fällen das Betriebssystem zusätzlich erworben werden, oder es ist sogar ein LINUX-System auf dem PC vorinstalliert worden. Ist dies ein Nachteil? Das würden wir nicht sagen, sonst wäre dieses Buch obsolet. Probieren Sie es doch einfach mal aus und arbeiten Sie ein wenig mit dem System. Es wird sicher zu Beginn ein wenig ungewohnt sein, wenn Sie bisweilen mit MS Windows gearbeitet haben, doch werden Sie nicht nur in vielen Fällen Parallelen in der Bedienung erkennen, sondern auch feststellen, dass Sie sehr viel an der Benutzerführung und an der optischen Gestaltung der Oberfläche individuell wählen können. Sie werden auch feststellen, dass Sie bereits über eine umfassende Softwaresammlung verfügen, die Sie bei einem kommerziellen Betriebssystem teuer hinzukaufen müssten.

Natürlich hat LINUX einige Besonderheiten, wobei speziell die Bedeutung der Kommandozeile – die Shell – stets sehr groß ist. Im Allgemeinen müssen Sie sich damit nicht mehr auseinander setzen, wenn Sie die installierten Applikationen auf der grafischen Oberfläche nutzen wollen. Dennoch lohnt es sich, die Shell zu beherrschen. Dieser Teil des Buches zeigt Ihnen also nicht nur, wie Sie Ihre grafische Benutzeroberfläche für Ihre Zwecke optimieren können, sondern auch, wie Sie mit der Shell arbeiten und diese für sich nutzbar machen können. Bedenken Sie: Oft erscheint es nur einfacher, über eine grafische Oberfläche eine Änderung am System zu konfigurieren. In der Realität werden Sie aber feststellen, dass mit einer einzigen Befehlszeile das eigentliche Problem sehr schnell beseitigt bzw. eine Aufgabe sehr einfach erledigt werden kann.

Dieser Teil des Buches führt Sie also in das Handling eines LINUX-Computers ein. Sie gewinnen Routine im Umgang mit Ihrem Computer und erlangen damit die Voraussetzung zur uneingeschränkten Nutzung, die in weiteren Teilen beschrieben wird.

Text- und Bildverarbeitung, das Surfen im Internet und die Kommunikation per E-Mail – das alles sind die wohl am meisten nachgefragten Anwendungsbereiche eines Computers. Während kommerzielle

Betriebssysteme hier den Erwerb optionaler Software vorsehen, was zusätzliche finanzielle Ausgaben pro System bedeutet, gehört all dies zum Standard-Softwareumfang einer jeden LINUX-Distribution. Wir wollen in diesem Teil zeigen, dass klassische Office-Software unter LINUX nicht nur heutigen Maßstäben gerecht wird, sondern dass die erstellten Dokumente auch kompatibel zu Office-Suiten für das MS-Windows-Betriebssystem sind.

Neben den elementaren Office-Programmen wie Textverarbeitung, Tabellenkalkulation, Grafik und Präsentation gehört auch die moderne Kommunikationstechnik via Internet zu den wichtigsten Applikationen in einem Büro. Dieser Teil zeigt, wie man am Arbeitsplatz mit dem LINUX-Computer im Internet surfen und seine E-Mail-Korrespondenz abwickeln kann. Darüber hinaus ist die Verwaltung von Terminen in der hektischen Arbeitswelt immer wichtiger geworden. Auch das ist natürlich auf einem LINUX-Computer möglich.

Sie suchen ein wenig Entspannung in den Arbeitspausen oder wollen den PC einfach nur mit einigen lustigen »Gimmicks« dekorieren? Auch wenn es nicht der Schwerpunkt des Buches ist, wollen wir uns in diesem Teil einmal ansehen, welche Spiele und welche dekorativen – oft sogar nützlichen – Tools mit LINUX bereits geliefert werden.

Teil III – Know-how für Fortgeschrittene

Sprechen Sie mit einem EDV-Berater über ein professionelles System, wird das Ihnen angebotene Konzept in vielen Fällen eine schwere Last für den Geldbeutel sein. Wir sprechen nicht unbedingt vom internationalen Großkonzern, sondern auch vom Bedarf eines Kleinunternehmers oder eines Mittelständlers. Als Selbstständiger bekommt man heute eine ganze Reihe von Auflagen aufgedrückt, die zum einen nichts mit dem Kerngeschäft gemeinsam haben und zum anderen enorme Investitionskosten binden. Es ist – mal etwas überzogen ausgedrückt – für einen Landwirt wichtiger geworden, ein EDV-System zu erwerben, mit dem Statistiken gepflegt und Korrespondenz über Jahre gespeichert werden kann, als sein Geld in einen Mähdrescher zu investieren, der ihm seine Einkünfte sichert.

LINUX ist also eine interessante Alternative zu kommerziellen Serversystemen, bei denen die Software allein schon mehrere tausend Euro kostet. Die elementaren Server bekommt man nämlich schon mit jeder Distribution geliefert. Somit ist die Software als solche kostenlos.

Natürlich wollen wir es nicht übertreiben und an dieser Stelle das Ende der kommerziellen Produkte postulieren. Wenn der eben zitierte Landwirt oder ein kleiner bzw. mittelständischer Unternehmer seine EDV auf LINUX-Basis aufbauen wird, ist das auch nicht kostenlos, denn die EDV ist nur bei wenigen Selbstständigen das Kerngeschäft. Die Kosten für die Installation und Pflege des Systems sind noch immer hoch genug und bei allen Alternativen zu berücksichtigen. Die Einsparungen bei den Lizenzkosten dürften jedoch unschlagbar sein, wenn LINUX gewählt wird.

Wenn Sie den fünften Teil dieses Buches durcharbeiten, werden Sie anhand einiger Beispiele wichtige Serversysteme kennen lernen, die Ihnen Ihre Debian-GNU/LINUX-Distribution anbietet und die auch von Profis eingesetzt werden. Bitte berücksichtigen Sie aber, dass jeder einzelne Server Stoff für ein eigenes Buch dieser Größe bietet und wir Ihnen nicht alle Details darstellen können. Die Ausführungen zeigen funktionsfähige Beispiele. Wir wären dennoch – allein aus Gründen der Sicherheit – sehr vorsichtig damit, wenn Sie den Aufbau eines öffentlich zugänglichen Servers (z.B. eines Webservers) planen.

Teil IV – Tipps, Tricks und Tuning

Was hat es mit den Systemanforderungen auf sich? Welche Maschine brauche ich für meine Anwendung? Wie teile ich meine Festplatte richtig auf? Antworten auf diese Fragen finden Sie in diesem Teil des Buches. Darüber hinaus lernen Sie die Umrechnung der verschiedenen Zahlensysteme kennen, die im Linux-System zum Einsatz kommen.

Teil V – Anhang

Der Anhang ist als Nachschlagewerk konzipiert. So werden Sie dort beispielsweise eine tabellarische Übersicht zu den Shell-Kommandos finden. Ein Sachverzeichnis führt Sie direkt an die Stellen des Buches, die Sie besonders interessieren.

Philosophie des Buches

Sie fragen sich vielleicht nach den Gründen, aus denen wir dieses Buch geschrieben haben. Ist es der reine Profit? Ist es die Antipathie gegen ein kommerzielles Betriebssystem? Beide Fragen sind deutlich mit Nein zu beantworten. Auch die Autoren dieses Werkes setzen nicht allein LINUX-Computer bei ihrer täglichen Arbeit ein, und reich wird man mit einem Buch auch nicht. Es ist also durchaus etwas Idealismus dabei, wenn man mehrere Monate vor einer Textverarbeitung sitzt und gleichzeitig mindestens einen Testrechner mehr oder weniger stark strapaziert.

Es sind längst nicht mehr die Fragen nach »besser oder schlechter«, nach »teuer oder billig« oder aber nach »einfach oder kompliziert«, die eine Entscheidung für oder gegen ein Betriebssystem beeinflussen. Es geht heute um viel mehr als all diese banalen Fragen: um nichts Geringeres als Individualität, persönliche Freiheit und die eigene Sicherheit. Allerdings soll das nicht unterstellen, dass führende Anbieter kommerzieller Betriebssysteme oder Software Kriminelles im Schilde führen. Doch ist deutlich eine gewisse weltweite Abhängigkeit von einem einzigen dominierenden Betriebssystem zu erkennen. Wir denken, dass diese Aussage durchaus einen breiten Konsens finden wird. Die Hardware eines Computers, die Kommunikationstechnologien und nicht zuletzt das überwiegende Softwareangebot und damit ein wichtiger Bereich der weltweiten Wirtschaft basieren auf einem einzigen grundlegendem Betriebssystem.

Microsoft – um ein Beispiel zu nennen – hat seinen Hauptsitz in einem weltweit anerkannten demokratischen Staat. Doch erinnern wir uns an den Wandel der Geschichte innerhalb eines einzigen Jahrhunderts in Europa: Was wäre, wenn sich diese Situation einmal veränderte und Amerika plötzlich totalitär geprägt wäre, weitab von den Grundsätzen der US-Verfassung? Welche Bedeutung hätte dies für eine EDV-Landschaft, die in der Wurzel auf einem einzigen Betriebssystem basiert, dessen Quellcodes wie ein Staatsgeheimnis gehütet werden?

Natürlich ist diese Überlegung pure Sciencefiction, doch müssen wir nicht einmal so unwahrscheinlich denken, um in dem Fakt ein Risiko zu erkennen, dass weltweit ein einziges Betriebssystem mit geheimen

Quellcodes die Grundlage aller Wirtschaft darstellt. Allein die über die Einflüsse der marktbeherrschenden Position von Microsoft geführten Prozesse bezüglich der Integration des Internet Explorers etc. machen deutlich, dass die Freiheit des (Software-)Marktes durch die Quasi-Monopolstellung eines Unternehmens stark gefährdet ist. Es besteht das Risiko für kleine Softwareentwickler, wegen internationaler Patente vom Markt ausgeschlossen zu werden. Das kann und darf nicht im Sinne einer Marktwirtschaft und schon gar nicht im Sinne von uns als Anwendern sein, die wir gerne die Wahl zwischen verschiedenen, von uns individuell bewerteten Produkten haben.

LINUX ist ein OpenSource-Betriebssystem. Wenn wir dem System misstrauen, steht uns frei, den Quellcode zu prüfen und die Programme selbst zu übersetzen. Natürlich tun das nur die wenigsten unter uns, und selbst wir ersparen uns diese Mühe. Doch es gibt sie, die engagierten Programmierer, die Quellen analysieren, auf Fehler und Verbesserungswürdiges hinweisen und vor allem diese Missstände mit eigenen Vorschlägen zu beheben helfen. LINUX ist ein großes Stück *Freiheit* in der EDV-Welt. Wir sollten dies – wenn wir den Ausführungen führender Politiker seit dem 11. September 2001 aufmerksam folgen – nicht zu gering bewerten. Denken wir nur daran, wie viel Software es derzeit auf dem Markt gibt – in der Regel für das am weitesten verbreitete Betriebssystem –, die unter dem Verdacht steht, *Spyware* zu sein. Unter Spyware versteht man im Allgemeinen Spionagesoftware, die in erster Linie den Sinn hat, den Benutzer als »Werbeziel« zu entdecken. Es werden individuelle Interessen des Benutzers ermittelt und diese Informationen in gezielte Werbebotschaften umgewandelt.

Natürlich genügt es nicht, einen Gedankenansatz über Monopolstellungen, Weltwirtschaft und Weltpolitik zu vermitteln, und es mag zunächst lächerlich wirken, das alles auf einen simplen PC auf einem Schreibtisch zu übertragen. In der Tat sind wir davon überzeugt, dass dies allein nie genügen wird, um die Akzeptanz von LINUX zu stärken. Unser Computer ist schließlich kein Symbol einer individuellen Überzeugung. Er ist ein reines Werkzeug, mit dem wir bestimmte Aufgaben möglichst schnell und einfach erledigen möchten. Einfachheit ist also Trumpf, denn der Benutzer eines Computers will seine Aufgabe erfüllen und nicht dessen Funktion studieren. Aus diesem Grund sind wir bemüht, einen auf breiter Basis verständlichen Schreibstil zu pflegen, der manchmal etwas locker erscheinen mag. Es ist Ziel dieses Buches, Sie als potenziellen Benutzer eines LINUX-Computers in die Lage zu versetzen, mit der Maschine zu arbeiten. Natürlich ist es wichtig, dass Sie die wichtigsten Grundlagen vermittelt und die zunächst als schwierig oder zumindest ungewohnt erscheinenden Arbeitsschritte ausführlicher erläutert bekommen.

Wenn nach der Arbeit mit diesem Buch ein Computer nichts anderes als eben »nur ein Computer«, ein Werkzeug für Sie ist und es Sie nicht mehr interessiert, ob der Hintergrund eine grüne Wiese oder einen Pinguin zeigt, dann haben wir unser Ziel erreicht. Aber auch Sie sind persönlich einen großen Schritt weiter gekommen, denn Sie haben Ihre Mündigkeit bei der Wahl eines Computersystems zurückgewonnen.

CD-ROM zum Buch

Damit Sie das Gelesene gleich in die Praxis umsetzen können, ohne erst aufwändig CD-Images laden und auf einen Rohling brennen zu müssen, haben wir die erste beiden CD-ROMs der Distribution Debian GNU/LINUX 3.1 »Sarge« (i386 Snapshot vom 27.04.2005/testing) diesem Buch beigelegt. Sie enthalten bereits die wichtigsten und am häufigsten verwendeten Programme, die werden. Zusätzlich können Sie einzelne Programmpakete der vollen Distribution in der jeweils aktuellen Version kostenlos vom Debian-Server und den jeweiligen Spiegeln laden. Wie das geht, erfahren Sie im Kapitel zur Paketverwaltung. Ihnen steht mit diesem Gesamtwerk also eine vollwertige LINUX-Distribution zur Verfügung. Beachten Sie allerdings, dass wir uns aus Gründen der Aktualität für die bereits angesprochene stabil laufende »testing«-Version »Sarge« entschieden haben.

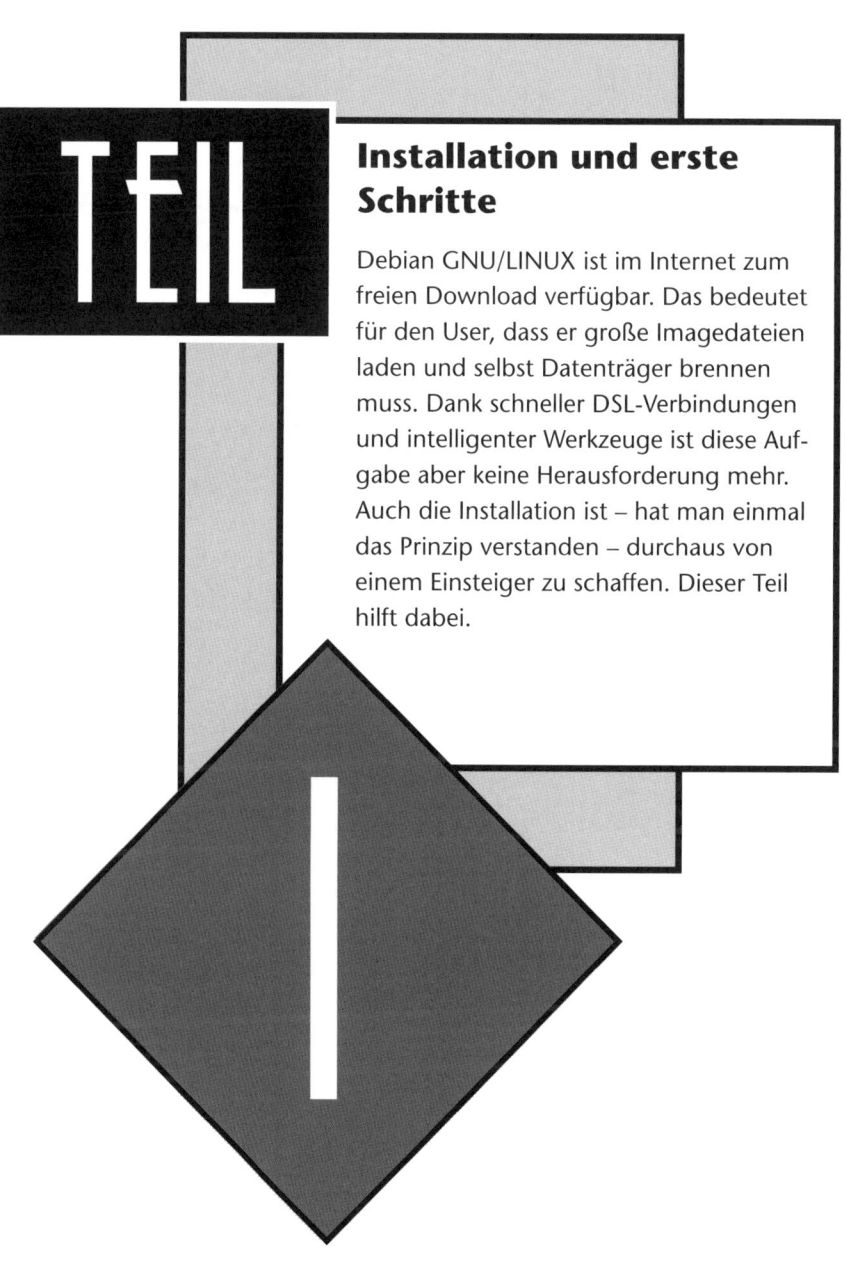

TEIL

Installation und erste Schritte

Debian GNU/LINUX ist im Internet zum freien Download verfügbar. Das bedeutet für den User, dass er große Imagedateien laden und selbst Datenträger brennen muss. Dank schneller DSL-Verbindungen und intelligenter Werkzeuge ist diese Aufgabe aber keine Herausforderung mehr. Auch die Installation ist – hat man einmal das Prinzip verstanden – durchaus von einem Einsteiger zu schaffen. Dieser Teil hilft dabei.

I

1 Debian GNU/LINUX – woher nehmen?

Was unterscheidet Debian von anderen Distributionen? Zuerst einmal basiert Debian – als GNU/LINUX – ausschließlich auf freier Software, was erklärt, weshalb verschiedene kommerzielle oder lizenzrechtlich geschützte Programme nicht enthalten sind. Auf der anderen Seite wird man beim Gang durch die Software- oder Buchabteilungen der großen Computer-Supermärkte Debian GNU/LINUX meist vergeblich suchen. Auch das mag an den Debian-Richtlinien liegen, die es zwar nicht verbieten, die Distribution zu verkaufen, wohl aber, dass diese verkaufte Distribution mit einem fremden Copyright gegen Raubkopierer geschützt wird. Ein weiterer Aspekt mögen die fehlenden kommerziellen Programme sein, die in anderen Distributionen enthalten sind. Es besteht also kein großes Interesse, Debian auf eine CD-ROM zu pressen und gewinnorientiert zu verkaufen. Dennoch: Man bekommt Debian LINUX auch auf einer CD-ROM oder DVD. Hier sind es oft Enthusiasten, die – mehr aus Überzeugung als aus geschäftlichem Kalkül – eine gebrannte Distribution in den Handel bringen, und nicht zuletzt Computerzeitschriften und Buchverlage. Bei den Computerzeitschriften ist das CHIP-Professional-Sonderheft »LINUX Professional« zu nennen, das mit Debian GNU/LINUX 3.1 Sarge auf einer Doppel-DVD aufwartet.

Die Debian-GNU/LINUX-Gemeinde bezieht ihre Distribution jedoch vorzugsweise aus dem Internet. Dort stehen die Imagedateien zur Verfügung, mit denen der Benutzer eigene CD-ROMs brennen und sein Debian GNU/LINUX installieren kann. Sehr interessant ist dabei – insbesondere in Studentenkreisen etc. –, dass es durchaus legitim ist, das geladene Image mehrmals auf eine CD-ROM zu brennen und diese auch weiterzugeben. Der (gestattete) Download über den Uni-Account der CD-Images und das Brennen von CD-Sätzen für die gesamte Semestergemeinschaft ist also keine (!) illegale Raubkopie.

Vorteil Nummer 2: Der Download von Debian GNU/LINUX kostet nichts außer den Online- und Übertragungskosten. Wer also per Flatrate an das Internet angebunden ist, bezieht sein Debian GNU/ LINUX quasi zum Nulltarif. Lediglich die Kosten für die CD-R- bzw.

DVD-Rohlinge fallen an. Es gibt also durchaus noch etwas zum Nulltarif, was nicht von einer bekannten Optikerkette stammt.

Wer sich nun von der Euphorie, ein vollwertiges Computer- und Server-Betriebssystem zum Nulltarif erwerben zu können, erholt hat, muss sich allerdings darüber klar sein, dass Debian GNU/LINUX doch einen gewissen Preis hat: Es wird ein wenig persönlicher Einsatz verlangt, um die Datenträger zu erstellen und das Betriebssystem zu installieren.

Genau dies ist es, was viele interessierte LINUX-User von Debian GNU/LINUX zunächst abschreckt und letztlich dazu führt, dass weiterhin – möglicherweise entgegen der eigenen Überzeugung – auf MS-Windows oder auf eine kommerzielle Distribution gesetzt wird. Der Grund ist zumeist fehlende Information über tatsächliche Probleme und deren Lösungen. Das vorliegende Buch soll helfen, diese Barriere zu überwinden. Wir zeigen, wie und wo man Debian GNU/LINUX beziehen kann und wie das Betriebssystem auf die Festplatte kommt. Die erforderlichen Werkzeuge für den Download und die Erstellung der CD-ROM-Datenträger findet man im Internet.

Bezug von Debian

Eine gute und vor allem nahe liegende Möglichkeit, die aktuelle Debian-GNU/LINUX-Distribution im Internet zu finden, ist die direkte Suche über die Homepage des Debian-Projektes, die es in verschiedenen Sprachen – auch auf Deutsch – gibt. Auf dieser Homepage bekommt man nicht nur schnellen Zugang zu den Downloadmöglichkeiten, man erfährt auch sehr viel Interessantes über das Projekt selbst. Darauf wollen wir in einem späteren Kapitel zu sprechen kommen.

Auf der Homepage des Debian-GNU/LINUX-Projektes findet man nun verschiedene Links unter der Rubrik »Debian besorgen«. So ist es beispielsweise möglich, Debian LINUX auf einem fertigen CD-Satz von einem Händler zu beziehen. Auch hier hilft das Debian-Projekt dabei, einen Distributor in der Nähe bzw. für eine Bestellung zu finden. Für die Auswahl des Händlers ist unter anderem entscheidend, welche Versionen er anbietet. Man darf davon ausgehen, dass generell die offizielle Version als CD-ROM verfügbar ist. Zum Stand 1. Mai

2005 ist dies Debian 3.0 (Woody). Darüber hinaus ist aber bereits die Version 3.1 (Sarge) im Status »testing« verfügbar. Auf die Versionen und die Struktur der Releases gehen wir in diesem Kapitel noch ein.

> Den Autoren standen sowohl die Version Debian 3.0 (Woody) als auch Debian 3.1 (Sarge) zur Verfügung. Da es einige Veränderungen gibt und insbesondere in der Zeit des Wechsels nicht alle User gleich auf die neueste Version umsteigen, wollen wir zumindest bei der Installation auf die Besonderheiten beider Versionen eingehen.

Kostenlos und doch ein Preis?

Zu beachten sind die Preise, die von den Händlern für den kompletten CD-ROM-Satz verlangt werden, denn sie liegen meist weit unter denen anderer Distributionen mit vergleichbarem Softwareinhalt. Nun werden manche fragen, warum denn die Debian-CD-Sätze oder DVDs überhaupt etwas kosten, wenn es doch ein »kostenloses« Betriebssystem ist. Auch variieren die Preise, was darauf schließen lässt, dass die Händler gewinnorientiert arbeiten. Die Antwort lautet, dass die Händler sowohl einen gewissen Aufwand (Material, Zeit und Herstellung) als auch ein Risiko tragen, denn es ist ja nicht garantiert, dass sie alle Datenträger verkaufen können. Darüber hinaus ist auch ein gewisser Verdienst legitim. Nur so kann eine Wirtschaft schließlich funktionieren. Und nicht zuletzt führen die Händler in der Regel eine Spende – keine festen Honorare oder Lizenzbeträge – an das Debian-Projekt ab und unterstützen damit die Arbeit an einer der stabilsten LINUX-Distributionen weltweit. Genau genommen machen die Spenden es erst möglich, dass wir – sowohl Sie, liebe Leser, als auch wir Autoren – uns quasi per Mausklick mit einem erstklassigen Betriebssystem ausstatten können, das wir auf beliebig vielen Computern ohne Registrierung und Aktivierung installieren dürfen. Bedenken Sie nur, welche Kosten für Serverkapazitäten und für den Datentransfer entstehen, wenn monatlich einige tausend LINUX-Liebhaber sechs bis acht Gigabyte herunterladen. Selbst beim Kauf einer fertig gebrannten Distribution kann man also guten Gewissens davon ausgehen, nicht zu viel bezahlt zu haben (unseriöse Händler seien hier ausgenommen).

Debian Releases

Gehen wir nun auf die verschiedenen Versionen und Releases des De-bian-GNU/LINUX-Betriebssystems ein: Debian LINUX wird nicht von einem bestimmten Unternehmen entwickelt, sondern von einer gewaltigen Gemeinschaft freier Programmierer, zu denen auch Softwarefirmen etc. zu zählen sind, die ihren Quellcode nicht nur offen gelegt (OpenSource), sondern ihn auch den Regeln des GNU-Projektes unterworfen haben. GNU ist eine rekursive Abkürzung und steht für *GNU is not UNIX*. Die Form der *rekursiven Abkürzungen* ist in der LINUX-Gemeinde sehr beliebt und wird Ihnen noch des Öfteren begegnen.

Trotz der Vielfalt der vielen Programmierer und Quellen – die auch die Basis anderer LINUX-Distributionen sind, die unter Umständen noch kommerzielle Software oder Software unter nicht freien Lizenzbedingungen enthalten – legt das Debian-Projekt großen Wert auf ein sauberes, stabiles Betriebssystem. Das erreicht das Debian-Projekt nicht durch ein sündhaft teures Testlabor und ebenso teure Testingenieure, sondern durch die aktive Mitarbeit der Benutzer selbst. Natürlich wird niemand unfreiwillig zum »Versuchskaninchen« erklärt, jedoch kann jeder – auch Sie, wenn Sie möchten – zur Optimierung des LINUX-Betriebssystems – oder besser: zur jeweiligen Distribution – seinen Beitrag leisten. Das Debian-Projekt stellt die jeweils neueste Version in verschiedenen Releases ins Netz:

- unstable,
- testing und
- stable.

Die *instabile* (unstable) Version ist in der Regel mit den absolut neuesten Programmen ausgestattet, die allerdings noch Entwicklungsniveau haben. Wer das Betriebssystem in einer Produktivumgebung einsetzen möchte, dem kann nur davon abgeraten werden, dieses Release zu installieren. Es ist mit großer Wahrscheinlichkeit mit Problemen behaftet, die jedoch die Entwickler gerade aufgrund der persönlichen Motivation der Testuser beseitigen möchten. Auch Anregungen und Vorschläge zur Verbesserung und Optimierung werden von den Entwicklern gerne angenommen.

Ist die Entwicklung und die Beseitigung von Fehlern so weit fortgeschritten, dass man schon von einer Version mit guter Stabilität sprechen kann, die jedoch nach »bestem Wissen und Gewissen« nicht gewährleistet werden kann, dann erlangt die Distribution den Status *testing*. Sie enthält Programmpakete, die in einer stabilen Version noch nicht akzeptiert werden. Dennoch ist dieser Stand sehr beliebt, weil er ein sehr aktuelles Niveau hat und in der Regel nur kleinere Probleme zu erwarten sind. Eine Unterstützung durch das Sicherheitsteam von Debian ist hier allerdings noch nicht zu erwarten.

Mit dem Prädikat *stable* (stabil) wird die offiziell vom Debian-Projekt freigegebene Version einer Distribution bezeichnet, die nach umfassenden Tests im Alltag von den Usern und den Entwicklern als stabil angesehen wurde. Auch wenn Debian GNU/LINUX kostenlos ist, legt man großen Wert auf die Qualität der Distribution. Nicht umsonst hat Debian den Ruf, zu den stabilsten Distributionen der LINUX-Welt überhaupt zu gehören.

Die Debian-Versionen

Nun sprachen wir von verschiedenen Releases, die den Entwicklungsstand der jeweiligen Version einer Distribution widerspiegeln. Die Versionen unterscheiden sich beispielsweise in der mitgelieferten Kernel-Version und im Softwareumfang. Die Leute des Debian-Projektes sind sehr fantasievoll, denn sie geben ihren Distributionsversionen nicht nur Nummern, wie es allgemein üblich ist, sondern publizieren sie vorzugsweise mit den Codenamen, die bei größeren Softwarehäusern meist nur eine rein interne Bedeutung haben. Mit den Codenamen weiß ein User, der sich zuvor informiert hat oder bereits längere Zeit auf Debian setzt, welchen Release-Stand er vom Server laden muss, ohne verwirrende Zahlenspiele zu machen. Im Mai 2005 sieht der Stand der Debian-Versionen folgendermaßen aus:

Die derzeit (Stand: Mai 2005) offizielle Version ist

Debian GNU/LINUX 3.0 »Woody«.

Derzeit die aktuellste lauffähige Version im Status »testing« ist

Debian GNU/LINUX 3.1 »Sarge«.

Veraltete Versionen waren unter den folgenden Bezeichnungen bekannt:

✔ Debian GNU/LINUX 2.2 »Potato«

✔ Debian GNU/LINUX 2.1 »Slink«

✔ Debian GNU/LINUX 2.0 »Hamm«

✔ Debian GNU/LINUX 1.3 »Fox«

✔ Debian GNU/LINUX 1.2 »Rex« und

✔ Debian GNU/LINUX 1.1 »Buzz«

Wem die Namen bekannt vorkommen sollten: Sie wurden angelehnt an die Figuren des Animations-Trickfilms *Toy Story* von Pixar.

Debian vorinstalliert

Herzlichen Glückwunsch! Damit ersparen Sie sich eine Menge Arbeit bei der Beschaffung und der Installation des Betriebssystems. Allerdings gehört die Vorinstallation von Debian GNU/LINUX eher zu den Ausnahmefällen, denn große Herstellerketten kooperieren oft mit Distributoren wie Red Hat oder SuSE. Wer allerdings individuell und möglichst kostengünstig einen Computer aufbauen und vertreiben möchte, findet in der Debian-Distribution durchaus eine interessante Alternative. Billig heißt hier übrigens keinesfalls schlecht, wie Sie im Laufe Ihrer Lektüre dieses Buches noch feststellen werden.

Hersteller und Fachhändler, die Computer vertreiben, auf denen Debian GNU/LINUX bereits vorinstalliert ist, kann man ebenfalls über die Webseite des Debian-Projektes finden. Die Liste dürfte allerdings keinen Anspruch auf Vollständigkeit erheben. Aus diesem Grunde kann jedem Computerhändler nur geraten werden, sich beim Debian-Projekt registrieren zu lassen, wenn er Debian vorinstalliert. Damit wird nicht nur das Debian-Projekt selbst unterstützt, sondern es verbindet sich auch ein wertvoller Werbeeffekt mit der Auflistung auf der Debian-Webseite.

Die Registrierung ist sehr einfach, denn es muss lediglich eine E-Mail an die Adresse *webmaster@debian.org* geschickt werden, die folgende Informationen beinhaltet:

✔ Firmenname

✔ Webadresse

✔ E-Mail-Adresse

✔ Telefonnummer (ggf. im internationalen Format)

✔ Telefaxnummer (falls vorhanden)

✔ Land (damit der Eintrag korrekt gelistet werden kann)

✔ Wird auch ins Ausland geliefert?

✔ Postadresse (empfehlenswert, aber nicht zwingend erforderlich)

Netzwerkinstallation

Wer eine (echte) Flatrate und nach Möglichkeit einen DSL-Anschluss sein Eigen nennen kann, dem bietet sich eine direkte Installationsmöglichkeit über das Internet an. Es werden lediglich kleine Programmteile – entweder als CD- oder Disketten-Images – heruntergeladen und auf einen entsprechenden Datenträger geschrieben. Nach dem Booten mit diesem Datenträger werden die zu installierenden Dateien automatisch aus dem Internet geladen. Der Vorteil dieser Variante ist, dass nur ein CD-Rohling bzw. wenige Disketten benötigt werden. Allerdings funktioniert das Prinzip derzeit nicht über interne ISDN-Karten. Ungünstig ist die Installation über das Netzwerk auch dann, wenn mehrere Computer mit dem Betriebssystem versorgt werden sollen. Das geht mit einem Satz Installations-CD-ROMs wesentlich schneller, ebenso wie die Installation über einen Server im lokalen Netzwerk.

Vorteil dieser Variante: Sie ersparen sich möglicherweise Downloadzeit und vor allem – wenn Ihr Provider volumenabhängig abrechnet – Internet-Traffic, wenn Sie nur die Programmpakete laden und installieren, die Sie wirklich nutzen wollen.

Download der CD-Images

Der Weg, eine Debian-GNU/LINUX-Distribution zu beziehen, den wir Ihnen genauer zeigen möchten, ist der Download der CD-Images direkt aus dem Internet. Im folgenden Abschnitt werden wir Ihnen zeigen, wie Sie das machen können und welche Voraussetzungen Sie bzw. Ihr Computer dazu erfüllen müssen. Mit dem Download der Images ist ein großer Vorteil gegenüber der Installation über das Netzwerk verbunden: Sie investieren nur einmal die Zeit, die Images zu laden. Nach dem Brennen der CD-ROMs stehen Ihnen diese dann stets zur Verfügung, wenn Sie sich entschließen, weitere Programmpakete zu installieren. Bei der nachträglichen Installation müssen Sie nicht allzu lange darauf warten, dass Ihr Rechner wieder betriebsbereit ist.

Bevor es ans Werk geht, die CD-Images aus dem Internet zu laden, sollte jeder für sich eine kleine Rechnung machen: Lohnt sich der Download oder wäre der Bezug einer bereits gebrannten Distribution nicht günstiger? Die Frage ergibt sich aus den Internettarifen eines jeden Einzelnen und dem Kaufpreis für CD-Rohlinge auf der einen Seite sowie dem Kaufpreis der vollständigen Distribution auf der anderen Seite.

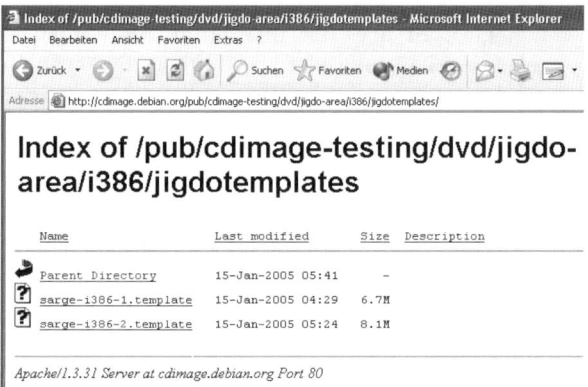

Abbildung 1.1: Debian GNU/LINUX ist kein Leichtgewicht und zählt zu den umfassendsten Distributionen! Das spiegelt sich natürlich im Volumen der Daten wider, die aus dem Internet geladen werden müssen. Die Abbildung irritiert möglicherweise, denn die Größenangaben beziehen sich auf die Template-Datei für den Download mit Jigdo

Optimal ist es natürlich, einen schnellen DSL-Anschluss mit (echter) Flatrate nutzen zu können. Hier spielt es kostentechnisch keine Rolle, ob Sie ein paar Kilobyte oder ein ganzes Doppel-DVD-Image von mehr als 8 Gigabyte herunterladen. Die Kosten sind pauschal und damit immer identisch. Anders sieht es bei Pseudo-Flatrates aus, die oft auch als »Flatrate mit Fair-Use-Option« deklariert werden. Seriöse Provider verzichten auf den werbewirksamen Begriff der Flatrate und bezeichnen ganz klar einen volumenabhängigen Tarif. Hier wird das

Rechnen dann aber schon vor dem Download interessant, denn Debian GNU/LINUX ist extrem umfangreich. Es ist überhaupt kein Problem, mehr als 8 Gigabyte aus dem Internet zu saugen. Weil das Debian-Projekt sehr fleißig und ständig auf der Suche nach neuer guter Software ist, erweitert sich das Volumen ständig! Wer also eine Volumengrenze von nur 1 oder 2 Gigabyte hat, sollte schnellstens zum Taschenrechner greifen und ausrechnen, was ihn der Download kosten wird. Ein Beispiel:

Der Tarif T-Online dsl 3000 MB kostet im Monat 16,95 Euro zuzüglich der Entgelte für den DSL-Anschluss selbst. Diese Kosten entstehen also unabhängig davon, ob Daten übertragen werden oder nicht. Allerdings sieht der Tarif eine Grenze im Übertragungsvolumen von 3000 MB im Monat vor. Jedes weitere Megabyte kostet dann zusätzlich 1,59 Cent. Wenn wir nun ausschließlich die Version 3.0 (Woody) als komplette CD-Images (sieben CD-ROMs werden benötigt) herunterladen, dann hat dieser Download einen Umfang von 4357 MB. Davon sind 3000 MB in dem pauschalen Tarif enthalten, die übrigen 1357 MB sind zusätzlich zu bezahlen, was weitere Kosten in Höhe von 21,57 Euro verursacht. Oh, Sie meinen, dass Sie darüber hinaus in diesem Monat auch noch E-Mails versenden und empfangen und möglicherweise ein bisschen im Internet surfen wollen? – Sie wissen schon: Multiplizieren Sie diese Volumina (in Megabyte) einfach mit 1,59 Cent und Sie kennen die Rechnung am Monatsende. Ein solcher Preis rechtfertigt die Überlegung, einen CD-Satz fertig zu bestellen, der bereits ab 14 Euro plus Versand (alle Daten beziehen sich auf den Zeitpunkt der Recherche der Autoren) zu bekommen ist.

Seien Sie vorsichtig, wenn Sie keine volumenabhängige Flatrate nutzen, denn die zusätzlichen Downloadkosten können recht beachtlich sein, wenn Sie die komplette Distribution aus dem Internet laden. Bedenken Sie, dass aktuellere Distributionen im Laufe der Zeit noch bedeutend größer werden können.

Prüfen Sie bitte auch Ihren Internettarif hinsichtlich eventueller »Fair-Use«-Vereinbarungen. Manche Provider sehen echte Strafen in der Form von nachhaltigen Tarifwechseln oder sogar Kündigungen vor, wenn Sie die Volumengrenze massiv überschreiten.

Die Kosten für den Download kann man reduzieren, denn die rechtlichen Bedingungen lassen es zu, Debian GNU/LINUX auch weiterzugeben. Das gibt Ihnen die legale Möglichkeit, sich mit mehreren Interessenten die Kosten für den Download zu teilen und daraus beliebig viele CD-Sätze zu brennen. Darüber hinaus können Sie sich auch sozusagen »à la carte« die benötigten Programmpakete zusammenstellen und gezielt laden. Dies ist insbesondere dann sinnvoll, wenn Sie mit Ihrer Distribution stets aktuell bleiben möchten. Ein entsprechendes Verfahren wird dieses Kapitel erläutern.

CD-ROMs herstellen

Die Herstellung eines eigenen Installationsdatenträgersatzes beginnt mit dem Download der CD-Images, die im ISO-Format vorliegen. Dann gilt es, diese Images korrekt auf die CD-ROM zu brennen. Das sind in der Tat zwei kleinere Herausforderungen, die jedoch mit den richtigen Softwarewerkzeugen zu bewältigen sind. Beginnen wir deshalb beim Download der CD- bzw. DVD-Images.

Download der Image-Dateien

Viele Wege führen nach Rom, heißt es. Ganz besonders gilt dies für den Bezug einer Debian-GNU/LINUX-Distribution. Nicht allein, dass es mehrere Server gibt, von denen Debian heruntergeladen werden kann, es gibt auch sehr vielseitige Möglichkeiten, die Images über das Internet auf den eigenen Computer zu laden:

- HTTP via Browser
- FTP-Download
- Einsatz eines Peer-to-Peer-Systems namens BitTorrent
- Einsatz eines speziellen Programms mit dem Namen Jigdo (*Jig*saw *D*ownload)

Abbildung 1.2: Die Qual der Wahl: Die CD-Image-Dateien können auf sehr unterschiedlichen Wegen geladen werden

Nur auf den ersten Blick am einfachsten ist der Download per HTTP, denn diesen kann man mit dem klassischen Webbrowser durchführen. Es wird keinerlei Software benötigt. Doch wo Licht ist, ist auch Schatten: Der HTTP-Download reagiert empfindlich auf Verbindungsstörungen. Es löst buchstäblich ein warmes Prickeln unter der Schädeldecke aus, wenn der Download nach einigen hundert MB plötzlich zusammenbricht und damit völlig wertlos war.

Auch beim FTP-Download kann es passieren, dass die Verbindung zusammenbricht, jedoch kann durch Einsatz einer geeigneten Software der Download in einer neuen Verbindung dort fortgesetzt werden, wo er unterbrochen wurde. Damit kann das Image ziemlich zuverlässig aus dem Internet geladen werden.

Eine Alternative zum Download von einem festen Server bietet ein Peer-to-Peer-Verfahren, wie es sich beispielsweise zum Tausch von Software etabliert hat. Das hat durchaus Vorteile, denn verschiedene private Benutzer beteiligen sich an der Verbreitung der Debian-GNU/LINUX-Distribution und entlasten damit die Server der am Projekt beteiligten Organisationen (oft Universitäten etc.). Ein weiterer Vorteil: Oft geht der Download sogar schneller, als wenn die Dateien nur von einem einzigen Server bezogen werden, der möglicherweise durch die starke Nachfrage überlastet ist. Natürlich ist Peer-to-Peer auch stets eine Vertrauensfrage. Zwar lässt sich die Integrität der Images mithilfe einer Signatur überprüfen, doch bedeutet Peer-to-Peer auch, dass man selbst Dateien zum Download bereitstellen kann. Es ist nicht unbedingt jedermanns Sache, Fremden den Zugriff – und sei es nur auf die freigegebenen Daten – auf den eigenen Computer zu gestatten. Darüber hinaus gilt es, wenn keine echte Flatrate vorhanden ist, nicht übermütig zu werden und sich selbst als Sender anzubieten.

Eine sehr interessante Alternative zum Download der Images bietet das Programm Jigdo, dessen Einsatz zu empfehlen ist, wenn die Images in regelmäßigen Abständen aktualisiert werden sollen, ohne dabei die kompletten Daten in der Dimension mehrerer Gigabyte wiederholt zu laden.

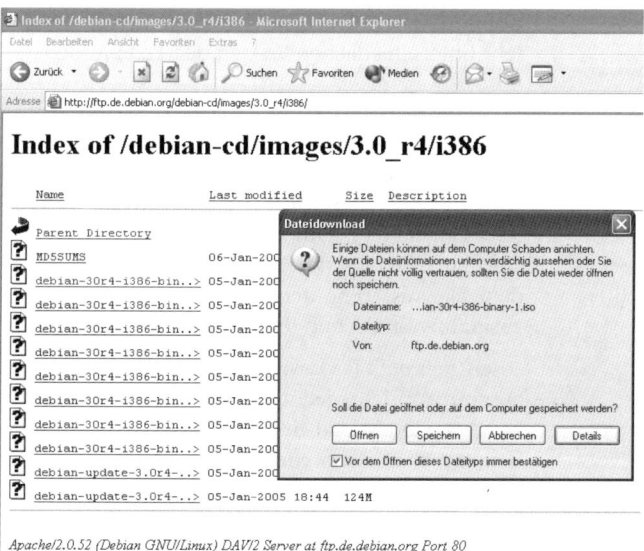

Abbildung 1.3: Einfach weil das Verfahren vertraut ist: der HTTP-Download mit dem Webbrowser. Doch Vorsicht: Wenn die Verbindung abbricht, war alles zuvor »für die Katz«!

HTTP-Download

Die Voraussetzung, dass der Download per HTTP (Hypertext Transfer Protocol) funktioniert, ist eine schnelle und vor allem stabile Internetverbindung. Bricht die Verbindung nämlich zusammen, kann der Download noch einmal von vorn begonnen werden, was besonders ärgerlich (und ohne Flatrate auch teuer) ist, wenn bereits fast alle Daten auf den Computer geladen wurden. Insbesondere ist zu beachten, dass die meisten Internet Service Provider die Angewohnheit haben, nach einer bestimmten Zeit eine Zwangstrennung durchzuführen. Wenn wir regelmäßig – und das möglicherweise rund um die Uhr – über einen Router im Internet surfen, bemerken wir das nicht, denn der Router baut »ganz lässig« eine neue Verbindung auf. Für einen Download eines CD-Images ist eine solche Zwangstrennung jedoch tödlich, wenn keine Software dafür sorgt, dass der Ladevorgang an der Stelle fortgesetzt wird, wo er unterbrochen wurde.

Wer dennoch seine Dateien von einem HTTP-Server beziehen möchte, kann einen Downloadmanager wie beispielsweise Fresh Download verwenden. Ein Link auf die Seite des Anbieters *(www.freshdevices.com)* ist auf der Seite des Debian-Projektes zu finden. Auch Fresh Download setzt im Falle einer Unterbrechung den Download fort, ohne neu zu beginnen. Das Programm bietet auch weitere Funktionen.

FTP-Download

Das File Transfer Protocol ist für den Download sicher eine bessere Variante als das HTTP, das ja ursprünglich zur Darstellung der Webseiten konzipiert wurde und nicht zum Transport von Dateien mit Größen mehrerer hundert Megabyte. Theoretisch ist bei einer stabilen Verbindung bereits jeder moderne Webbrowser in der Lage, Dateien von einem FTP-Server zu laden, dennoch empfehlen wir die Verwendung eines speziellen FTP-Programms, das zumindest in der Lage ist, einen unterbrochenen Download an der Stelle fortzusetzen, wo die letzten Daten empfangen wurden.

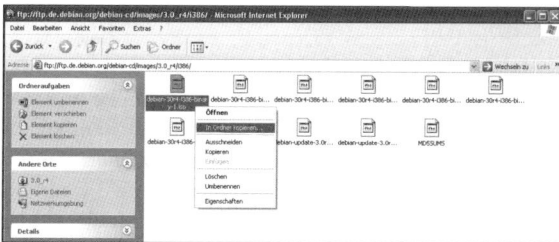

Abbildung 1.4: Der Webbrowser kann auch als FTP-Client eingesetzt werden. Das Handling ist vertraut. Dennoch ist der Webbrowser aus unserer Sicht nur »zweite Wahl«

Bedeutend unkomplizierter – insbesondere dann, wenn es darum geht, trotz einer instabilen Verbindung bei großen Dateien sicher zum Ziel zu kommen – sind spezielle FTP-Client-Programme, die in der Lage sind, einen unterbrochenen Download an genau der Stelle wieder aufzunehmen, an der die Unterbrechung zuvor stattgefunden hat. Ein solches Programm ist beispielsweise FileZilla von Sorceforge, das kostenlos aus dem Internet geladen werden kann und darf. Ein Link zur Sourceforge-Seite *(www.sourceforge.net)* ist auf den Webseiten des Debian-Projektes zu finden.

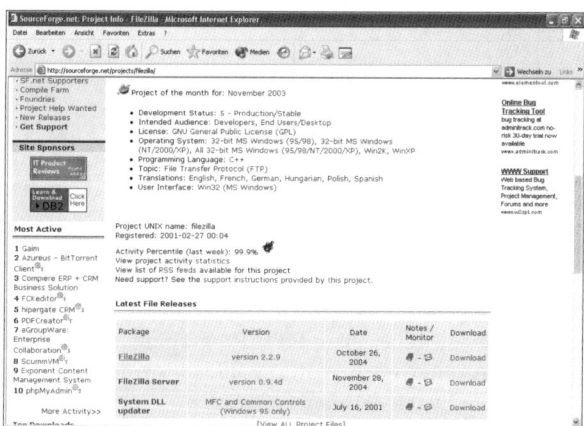

Abbildung 1.5: Mit dem Programm FileZilla (Client-Version) können die Debian-CD-Images geladen werden

Eines darf natürlich beim Download von Programmen und anderen Daten aus dem Internet niemals vergessen werden: der Virenschutz. Es sollte generell keine Rolle spielen, von wo oder von wem die Dateien bezogen werden. Im Internet sieht man niemals, wer oder besser welcher Computer am anderen Ende der »Leitung« hängt. Aus diesem Grunde sind alle Dateien vor dem Öffnen mit einem Virenscanner zu untersuchen.

Auch FileZilla wird nicht nur von einem einzigen Unternehmensserver angeboten, sondern von verschiedenen »Spiegeln« im Internet. Aus der Auflistung wählt man nun den, von dem man sich die besten Ladezeiten erhofft. In der Regel ist das ein Server, der sich möglichst im eigenen Land befindet. Das liegt weniger an der berühmten »langen Leitung« als vielmehr daran, dass eben diese internationalen Leitungen möglicherweise stärker belastet sind als die nationalen Wege. Darüber hinaus müssen möglicherweise zwei bis drei Knoten weniger passiert werden, was durchaus die eine oder andere Millisekunde beim Datentransport einsparen kann. »Millisekunde?«, werden nun manche von Ihnen lächeln, »was stört es schon, wenn ein Datenpaket eine Millisekunde mehr oder weniger unterwegs ist?« Die Antwort ist ein einfaches Rechenspiel: Ein Datenpaket besteht aus einigen hundert Byte, ein CD-Image der Debian-Distribution im Durchschnitt aus knapp 600 Megabyte. Aus den Millisekunden können also rasch mehrere zehn Minuten werden.

Nach dem Download (und einem generell obligatorischen Virencheck) kann FileZilla installiert werden. Dieser Vorgang ist bei einem Windows-Computer, den wir für den Download der CD-Images verwendet haben, recht einfach und selbsterklärend durchführbar. FileZilla ist in verschiedenen Sprachen – u.a. auch in Deutsch – installierbar, was den Umgang mit dem Programm sehr leicht macht.

Nach der Installation öffnet sich ein Fenster, das in fünf kleinere – zumeist leere – Fenster unterteilt ist. Am oberen Rand des Programmfensters sind eine Menü- und eine Adressleiste zu finden, in welche die wichtigsten Daten für den Zugriff auf einen FTP-Server eingegeben werden können. Das sind:

✔ Serveradresse,

✔ Benutzername und

✔ Kennwort.

Bitte nicht erschrecken, wenn hier die Eingabe eines Benutzernamens und eines Kennwortes vorgesehen wird. Das Programm arbeitet auch mit so genannten anonymen FTP-Zugängen, die in der Regel für den Download der Debian-GNU/LINUX-CD-Images verwendet werden. Bei einem anonymen FTP-Account entfällt die Eingabe der Benutzerdaten.

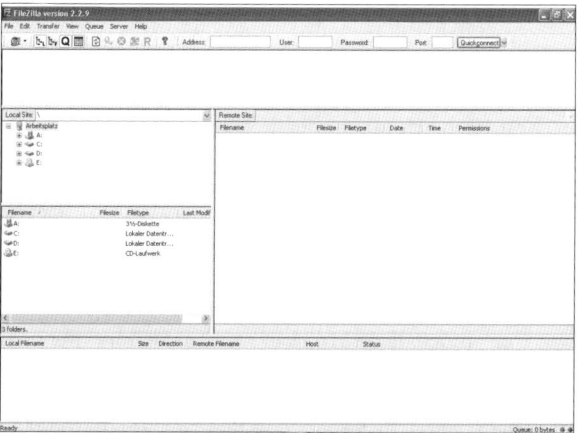

Abbildung 1.6: Beim ersten Start von FileZilla präsentiert sich das Programm mit vielen leeren Fenstern, doch das Handling ist beinahe so einfach wie das eines gewöhnlichen Webbrowsers

Die Adresse des FTP-Servers kann man sehr einfach ermitteln, indem man ein FTP-Verzeichnis im Webbrowser anklickt und den Eintrag aus dessen Adressleiste mit *Kopieren* und *Einfügen* in das Adressfeld von FileZilla überträgt. Ein Klick auf *Quickconnect* genügt, und das Programm aktualisiert automatisch die offenen Felder für die Portadresse, den User und das Passwort, wobei ein anonymer Zugang erfolgt.

Haben wir es mit einem gültigen FTP-Verzeichnis zu tun, dann ist plötzlich Bewegung in den Fenstern zu erkennen. Im oberen Fenster können wir die Kommunikation zwischen dem FTP-Server und unserem Computer beobachten. Das ist aber meist nur dann interessant, wenn der Download ins Stocken kommt. Von größerer Bedeutung ist dagegen das rechte große Fenster, denn darin erscheinen nun die erreichbaren Verzeichnisse und ladbaren Dateien auf dem FTP-Server. Bevor wir jedoch den Download einer Datei mit einem Doppelklick starten, müssen wir noch festlegen, in welches Verzeichnis wir diese speichern wollen. Diese Wahl treffen wir im oberen der beiden linken Fenster in der Mitte. Das Fenster darunter beinhaltet alle von uns geladenen Dateien.

Sehr interessant ist auch das Fenster im unteren Bereich. Hier können wir den Fortschritt des Downloads ablesen und erkennen sofort, ob es zu einem Problem gekommen ist oder nicht.

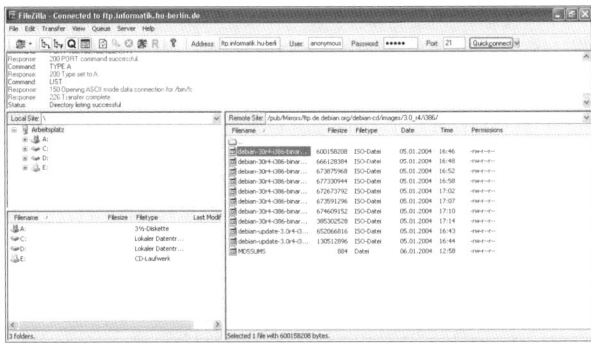

Abbildung 1.7: Aus dem Verzeichnisinhalt des FTP-Servers (rechts im Bild) wählen wir die gewünschte Datei und starten den Ladevorgang mit einem Doppelklick. Im Fenster links daneben können wir das Zielverzeichnis auf unserem Computer wählen

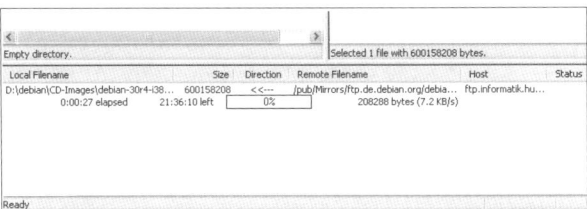

Abbildung 1.8: Das untere Fenster ist das Statusfenster, das über den Ladefortschritt informiert

Wie man sehen kann, ist es nicht immer möglich, unterbrechungsfrei eine größere Datei zu laden. Das wird auch bei einem Blick in das Statusfenster im unteren Bereich des Programmfensters deutlich. Wer nicht mit einer DSL-Verbindung arbeitet, dem kann nur geraten werden, die Anzahl der Versuche, eine unterbrochene Verbindung wieder herzustellen, möglichst hoch anzusetzen. Wir haben mit 500 Versuchen durchaus gute Ergebnisse erzielt und die Images sicher laden können. Mit einer solch hohen Einstellung kann man die Downloadprozedur getrost sich selbst überlassen und muss nicht stundenlang neben dem Computer sitzen.

Hohe Wiederholungszahlen machen Sinn, wenn sicher ist, dass sich die gewünschte Datei tatsächlich auf dem Server befindet und dieser online ist. Auch für große Datenmengen, die über einen längeren Zeitraum geladen werden, ist ein großer Wert bei der Anzahl der Wiederholungen zu wählen. Bei kleineren zu ladenden Datenmengen machen exorbitante Werte keinen Sinn.

Warum kommt es nun bei dem einen so häufig zu Verbindungsabbrüchen, während andere nahezu überhaupt keine Probleme hiermit haben? Einer der wichtigsten Gründe, der insbesondere bei langen Ladezeiten (ISDN oder Modem) zum Tragen kommt, ist die Zwangstrennung durch den Internet Service Provider. Dieser arbeitet nur mit sehr wenigen IP-Adressen, die allgemein im Internet mittlerweile sehr knapp sind. Doch nicht nur kleine Provider trifft die Adressknappheit, sondern auch die großen Provider haben zunehmend Probleme. Durch die Nutzung von Flatrate-Tarifen werden die Verbindungen auch dann von den Benutzern offen gehalten, wenn sie keine Daten übertragen. Die Belegungsdauer einer IP-Adresse verlängert sich also, obwohl es keine weiteren Adresskontingente mehr gibt. Die Konsequenz daraus ist, dass die Zahl der vergeblichen Einwahlversuche ins Internet – trotz korrekter Zugangsdaten – stark ansteigt. Für den Download einer größeren Datei kann dieses Phänomen nach einer Zwangstrennung ein echtes Problem darstellen.

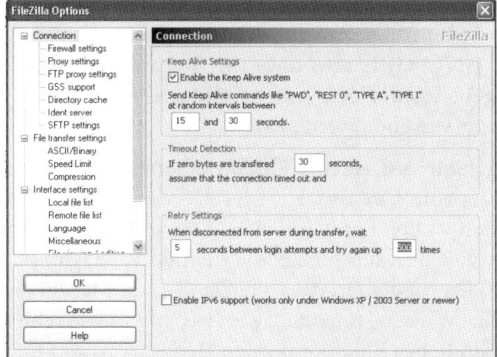

Abbildung 1.9: Mit Keep-Alive-Nachrichten wird eine Verbindung permanent offen gehalten. Im Falle eines Verbindungsabbruches kann darüber hinaus die Zahl der Versuche und der zeitliche Abstand zwischen den erneuten Verbindungsversuchen vorgegeben werden. Bei schnellen Zugangsnetzen und kleineren Dateien, die geladen werden sollen, sind kleine Werte sinnvoll. Instabile Verbindungen erfordern größere »Retry«-Werte.

Download mit Jigdo

Mit *Jig*saw *Do*wnload (Jigdo) steht ein Werkzeug zur Verfügung, mit dem komplette CD- und DVD-Images aus dem Internet geladen werden können. Was auf den ersten Blick wie eine »Strafaktion der Kommandozeilen-Anhänger« aussieht, ergibt bei Licht betrachtet durchaus Sinn. Man bedenke nur den Aufwand, wegen einiger weniger aktualisierter Programmpakete ständig neue Images in der Größenordnung von einigen Gigabyte laden zu müssen. Hier erspart man sich auf Dauer erhebliche Ladezeiten, denn Jigdo aktualisiert die Image-Vorlagen nahezu automatisch und vor allem gezielt. Jigdo ist eine Software, die speziell für die Bereitstellung von ständig zu aktualisierenden CD- oder DVD-Images konzipiert wurde. Das ist eine Eigenschaft, die selbst das stabilste FTP-Programm nicht bieten kann, das immer nur die kompletten Image-Dateien zu laden vermag.

Jigdo kann von folgender Seite für verschiedene Plattformen geladen werden: *http://atterer.net/jigdo/*.

Jigdo ist eine freie Software, die der GNU GPL unterstellt wurde. Sie kann also frei geladen und weitergegeben werden. Allerdings schließt die GNU GPL aus, dass die Software in kommerzielle Programme eingebaut und mit einem anderen Copyright bzw. einer anderen Lizenz versehen werden kann.

Wer Jigdo auf einem Windows-Computer einsetzt – oft sind es Umsteiger von Windows auf LINUX, die ihre erste Distribution erwerben wollen –, bekommt mit dem Download des Programms ein Zip-Archiv geliefert, das bereits die richtige Verzeichnisstruktur für Jigdo enthält. Das bedeutet, dass alle Dateien und Unterverzeichnisse so ausgepackt werden müssen, wie sie im Zip-Archiv gefunden werden. Wesentliches Element für den Benutzer ist das Script jigdo-lite. Damit wird nämlich den eigentlichen Skripten im Unterverzeichnis /jigdo-bin mitgeteilt, wo die zu ladenden Dateien zu finden sind. Sie sollten – wenn Sie nicht gerade für eine Prüfung im Maschinenschreiben üben – nicht versuchen, die Programme in diesem Unterverzeichnis direkt aufzurufen.

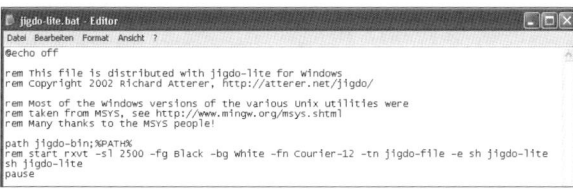

Abbildung 1.10: Für den Benutzer ist ausschließlich das Skript jigdo-lite interessant. Er muss lediglich den Pfad übergeben, an dem sich die Jigdo- und Template-Dateien befinden

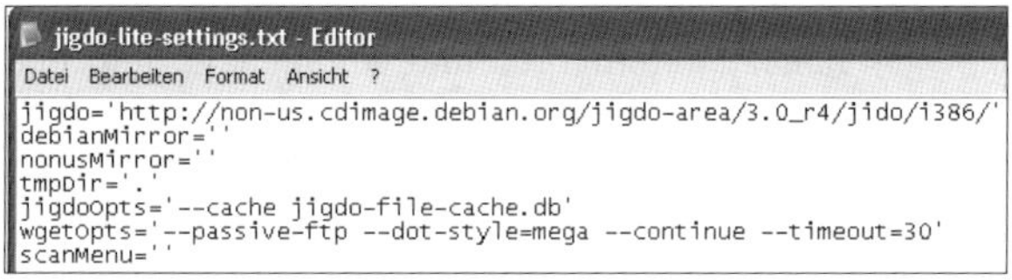

```
jigdo-lite-settings.txt - Editor
Datei Bearbeiten Format Ansicht ?
jigdo='http://non-us.cdimage.debian.org/jigdo-area/3.0_r4/jido/i386/'
debianMirror=''
nonusMirror=''
tmpDir='.'
jigdoopts='--cache jigdo-file-cache.db'
wgetopts='--passive-ftp --dot-style=mega --continue --timeout=30'
scanMenu=''
```

Abbildung 1.11: Die eigentlichen steuernden Parameter werden automatisch anhand unserer Dialogeingaben in die *Settings* übernommen

Wenn wir nun Jigdo installiert haben, kann das Skript auf der Kommandozeile gestartet werden. Das klingt einfach, doch haben Sie sich einmal die Pfade und Dateinamen einer Debian-Distribution angesehen? Wir müssen gestehen, dass wir Jigdo zuerst verflucht haben, denn es gelang beim besten Willen nicht, mit dem Skript zum Erfolg zu kommen. War es das Programm? – Mitnichten! Mal fehlte ein Unterstrich (z.B.: bei ...3.0_r4... im Dateinamen der »Woody«-Version) oder ein Slash in der Pfadangabe oder ein ganzes Verzeichnis in dem langen Pfadnamen. Das kommt natürlich davon, dass man im Lauf der Zeit von der grafischen Oberfläche verwöhnt wurde. Mit etwas Konzentration klappt es aber.

Pfadnamen müssen Sie des Öfteren eingeben, wobei Sie zuerst einmal das Verzeichnis im Internet finden müssen, in dem für Jigdo verständliche Dateien abgelegt sind. Wie Sie erkennen, laden Sie mit dem von Ihnen aufgerufenen Skript nicht direkt die Image-Dateien, was auch die vergleichsweise geringe Dateigröße erklärt.

Starten wir also die Eingabeaufforderung unter Windows (über das Startmenü oder beispielsweise bei Windows NT/2000/XP über Start / Ausführen / CMD und wechseln mit dem Kommando cd in das Verzeichnis, in das wir zuvor die Jigdo-Dateien hineinkopiert haben.

In diesem Verzeichnis (bitte nicht /jigdo-bin) rufen Sie nun das Skript mit dem kompletten Pfad auf, der zu den entsprechenden Dateien mit der Endung *.jigdo* und *.template* führt.

Abbildung 1.12: Der erste Schritt: Start des Skriptes jigdo-lite mit Angabe des Pfades zur *.jigdo*-Datei (Achtung: alles in eine Zeile!)

Wenn alles geklappt und sich kein heimtückischer Tippfehler eingeschlichen hat, wird die gewünschte *.jigdo*-Datei geladen. Das ist noch nicht das gewünschte CD- bzw. DVD-Image! Allerdings enthält die Datei wichtige Informationen für den späteren Download. Zunächst kommt allerdings wieder eine Frage des Computers, die sich auf eventuell bereits vorhandene Dateien bezieht. Sollen diese lediglich ergänzt werden, kann der Pfad an dieser Stelle angegeben werden.

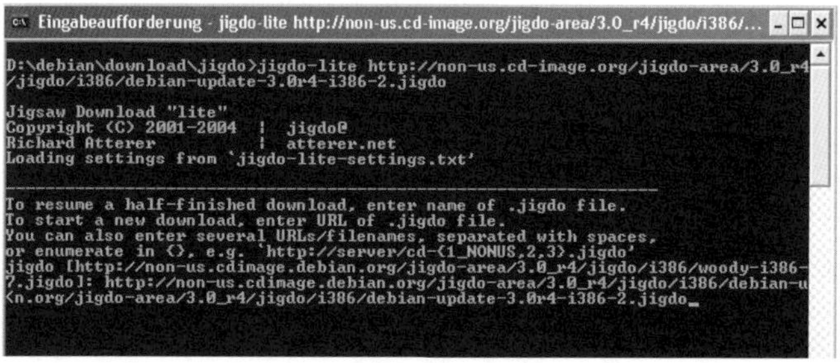

Abbildung 1.13: Jetzt wird noch einmal der komplette Dateiname einschließlich des Pfades eingegeben, der die gewünschte *.jigdo-Datei – hier für das zweite Image eines Debian-Updates – enthält

Unter Windows und LINUX laufen die Skripte nahezu identisch ab. Allerdings ist ein Unterschied in der Schreibweise der Pfade zu beachten: Während bei Windows das Backslash (\) verwendet wird, schreibt man LINUX-Pfade mit dem Slash (/). Darüber hinaus kennt LINUX natürlich keine Laufwerke wie beispielsweise C:\ etc. Dazu kommen wir aber – für diejenigen, die sich erstmalig mit LINUX vertraut machen möchten – an späterer Stelle noch zu sprechen.

```
Downloading .jigdo file
--12:39:25--  http://non-us.cdimage.debian.org/jigdo-area/3.0_r4/jigdo/i386/debi
an-update-3.0r4-i386-2.jigdo
           => 'debian-update-3.0r4-i386-2.jigdo'
Resolving non-us.cdimage.debian.org... 195.224.53.39
Connecting to non-us.cdimage.debian.org[195.224.53.39]:80... connected.
HTTP request sent, awaiting response... 200 OK
Length: 7,560 [application/binary]

100%[====================================>] 7,560          3.98K/s

12:39:28 (3.98 KB/s) - 'debian-update-3.0r4-i386-2.jigdo' saved [7560/7560]


Images offered by 'http://non-us.cdimage.debian.org/jigdo-area/3.0_r4/jigdo/i386
/debian-update-3.0r4-i386-2.jigdo':
      1: 'Debian GNU/Linux 3.0 r4 - Official i386 3.0r0->3.0r4 update CD' (debian-up
date-3.0r4-i386-2.iso)

Further information about 'debian-update-3.0r4-i386-2.iso':
Generated on Mon, 03 Jan 2005 15:54:39 +0000
_____
If you already have a previous version of the CD you are
downloading, jigdo can re-use files on the old CD that are also
present in the new image, and you do not need to download them
again. Enter the path to the old CD ROM's contents (e.g. 'd:\').
Alternatively, just press enter if you want to start downloading
the remaining files.
Files to scan:
```

Abbildung 1.14: Wird der Inhalt des Images erstmalig geladen, kann diese Stelle mit einem Druck auf ⏎ übergangen werden. Sollen dagegen bereits bestehende Dateien aktualisiert werden, wird der komplette Pfadname eingegeben

Im nächsten Schritt wird nun nach der eigentlichen Datenquelle, also dem Spiegel gefragt, auf dem sich die zu ladenden Daten befinden. Hier kommt uns das Programm hilfreich entgegen, denn es schlägt die Server vor, auf denen die gewünschten Dateien liegen. Damit die Liste nicht endlos lang wird, gibt man zunächst die Landeskennung des Staates ein, in dem sich der Server zweckmäßigerweise befinden sollte. Sie wissen schon: (netzwerktechnisch) kurze Wege, also wenige Knoten und keine »Flaschenhälse« in Form von mehreren Interkontinentalwegen, verkürzen die Ladezeiten. Um einen Server in Deutschland zu wählen, geben Sie de ⏎ ein.

Jetzt werden die in diesem Land bekannten Server aufgelistet. Sie können nun den aus Ihrer Sicht vielversprechendsten Server auswählen und dessen URL, also dessen komplette Adresse (http://ftp. ...) in die Kommandozeile eingeben. Wie immer wird diese Eingabe mit ⏎ abgeschlossen.

Jetzt ist die manuelle Arbeit vorerst getan und der Computer lässt ohne weiteres Zutun die Leitungen »heiß laufen«. Der Download beginnt. Anders als Sie es aber bereits beim einfachen HTTP- oder FTP-Download – beispielsweise mit FileZilla – gesehen haben, wird nicht ein gewaltig großes Image am Stück, sondern offenbar mehrere einzelne Dateien heruntergeladen. Das ist der Grund, warum gezielt auch bestehende Dateien aktualisiert werden können. Auf dem eigenen Computer werden die Dateien zunächst einmal in temporäre Dateien zwischengespeichert.

Abbildung 1.15: Mit der Eingrenzung auf das Länderkürzel »de« werden nur Spiegel in Deutschland selektiert, von denen die Dateien geladen werden können

Abbildung 1.16: Aus der gezeigten Liste wird nun ein Server ausgewählt und dessen URL in die Kommandozeile eingegeben

```
The jigdo file also refers to the Non-US section of the Debian
archive. Please repeat the mirror selection for Non-US. Do not
simply copy the URL you entered above; this does not work because
the path on the servers differs!
Debian non-US mirror: http://ftp.de.debian.org/debian/

Downloading .template file
--12:47:00--  http://non-us.cdimage.debian.org/jigdo-area/3.0_r4/jigdo/i386/debi
an-update-3.0r4-i386-2.template
         => `debian-update-3.0r4-i386-2.template'
Resolving non-us.cdimage.debian.org... 195.224.53.39
Connecting to non-us.cdimage.debian.org[195.224.53.39]:80... connected.
HTTP request sent, awaiting response... 200 OK
Length: 174.559 [application/binary]

100%[====================================>] 174.559        6.21K/s    ETA 00:00

12:47:30 (5.88 KB/s) - `debian-update-3.0r4-i386-2.template' saved [174559/17455
9]


Merging parts from `file:' URIs, if any...
Found 0 of the 242 files required by the template
Will not create image or temporary file - try again with different input files
--12:47:31--  http://ftp.freenet.de/debian/pool/main/x/xfree86/xfonts-75dpi-tran
scoded_4.1.0-16woody5_all.deb
         => `debian-update-3.0r4-i386-2.iso.tmpdir/ftp.freenet.de/debian/pool/
main/x/xfree86/xfonts-75dpi-transcoded_4.1.0-16woody5_all.deb'
Resolving ftp.freenet.de... 194.97.2.67, 194.97.2.68, 194.97.2.69, ...
Connecting to ftp.freenet.de[194.97.2.67]:80... connected.
HTTP request sent, awaiting response... 200 OK
Length: 7,225,840 [text/plain]

0% [                                        ] 49.640         7.75K/s    ETA 15:04.
```

Abbildung 1.17: Nun läuft alles erst einmal automatisch ab: Datei für Datei wird vom Server geladen

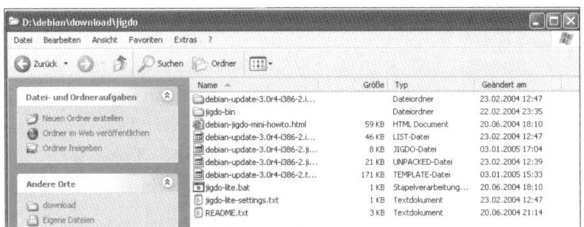

Abbildung 1.18: Während des Ladevorgangs werden eine Reihe von Dateien angelegt, mit denen Jigdo den Download organisiert

Wer nun das gesamte CD- oder sogar DVD-Image herunterladen muss, der kann nun für 3 bis 48 Stunden – je nachdem, wie schnell der Internetzugang ist und wie stark der Server und dessen Links ausgelastet sind, auf dem die Dateien gehostet sind – eine kreative Pause einlegen. Rund 650 Megabyte pro CD-Image oder sogar einige Gigabyte brauchen ihre Zeit, bis sie über das Internet übertragen werden. Es bringt übrigens nicht besonders viel, die Downloadzeit mit dem Taschenrechner zu prognostizieren, denn die Geschwindigkeit schwankt ständig. Es gehen unterwegs immer wieder Datenpakete verloren und die Auslastung der Leitungswege und Router im Internet variiert ständig.

Auch ist die Geschwindigkeit des Access-Netzes kein sicheres Kriterium zur Kalkulation der Zeit, denn die Größe der zu ladenden Datei und die Anzahl der zu übertragenden Bitmenge weichen erheblich voneinander ab. Das liegt an den Übertragungsprotokollen (die bekanntesten sind TCP/IP und eben HTTP bzw. FTP), die ebenfalls eine gewisse Datenmenge ausmachen.

Beim Download von Dateien aus dem Internet ist die Kalkulation einer Übertragungsdauer stets nur sehr spekulativ möglich. Der Download dauert generell weitaus länger, als dies aus der Nenngeschwindigkeit des Access-Netzes (DSL, ISDN oder analoger Telefonanschluss) zu berechnen wäre.

Nach Abschluss des Downloads ist ein weiterer »Service« von Jigdo zu erkennen: Es wird die Integrität des CD- bzw. DVD-Images geprüft, wobei aus den empfangenen Daten ein *MD5-Hashwert*, eine Art elektronischer Fingerabdruck, errechnet und mit dem Wert verglichen wird, der auf dem Server abgelegt wurde. Stimmen die Checksummen überein (Meldung: Checksums match, Image is good), dann kann davon ausgegangen werden, dass auf dem eigenen Computer keine manipulierte Version geladen wurde. Das Debian-Projekt gewährleistet damit, dass keine mit Viren, mit Trojanern oder mit Spyware verseuchten Distributionen in den Umlauf geraten, die letztlich zu Misstrauen bei den Benutzern führen und dem Projekt schaden könnten.

Der Integritätscheck gewährleistet, dass auch wirklich die Distribution geladen wurde, wie sie vom Debian-Projekt erstellt wurde. Angreifern wird somit keine Chance gelassen, manipulierte Images in den Umlauf zu bringen.

```
Finished!
The fact that you got this far is a strong indication that `debian-update-3.0r4-
i386-2.iso'
was generated correctly. I will perform an additional, final check,
which you can interrupt safely with Ctrl-C if you do not want to wait.

OK: Checksums match, image is good!
Drücken Sie eine beliebige Taste . . .
```

Abbildung 1.19: Geschafft! Das Image ist geladen. Der Hinweis auf die Checksumme bestätigt darüber hinaus, dass wir eine unverfälschte Datei, so wie sie vom Debian-Projekt zusammengestellt wurde, erhalten haben

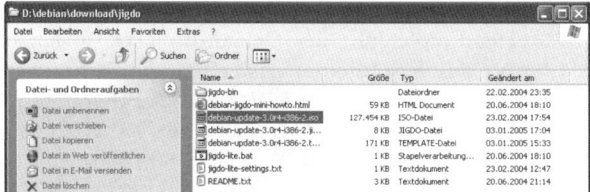

Abbildung 1.20: Das Image – hier das der zweiten Update-CD-ROM für die »Woody«-Version – ist vollständig geladen worden. Die temporären Dateien und Verzeichnisse wurden entfernt. Die übrigen Dateien sollten auf der Platte belassen werden, damit Jigdo Aktualisierungen erkennen kann

CD brennen

Nun, da wir nach mehr oder weniger langem Download unsere CD- bzw. DVD-Images vollständig auf der Festplatte eines Computers vorliegen haben, geht es darum, diese Images auf entsprechende Datenträger zu brennen. Ganz wichtig ist dabei, dass die Images direkt im ISO-9660-Format in einem Zug gebrannt werden müssen.

Die Brennsoftware

Geeignete Brennsoftware gibt es sowohl für LINUX als auch für Windows. Unter LINUX kann beispielsweise X-CD-Roast verwendet werden, was auch vom Debian-Projekt empfohlen wird. Je nach Programm müssen bestimmte Brennoptionen festgelegt werden. Möglichkeiten sind:

- ✔ 2048 Byte/Sector (andere Werte müssen korrigiert werden)
- ✔ Raw ISO Image
- ✔ ISO 9660

Wir wollen an dieser Stelle wieder davon ausgehen, dass noch kein lauffähiges LINUX-Betriebssystem vorhanden ist, denn in der Regel werden Computer nach wie vor in den allermeisten Fällen mit dem Microsoft-Betriebssystem ausgeliefert. Für MS Windows™ gibt es jede Menge Brennsoftware. Wir wollen die Ausführungen in diesem

Buch möglichst allgemein nachvollziehbar gestalten, deshalb wieder einer Empfehlung des Debian-Projektes folgen und eine Brennsoftware aus dem Internet verwenden, die als Freeware kostenlos geladen werden kann: *CDBurnerXP Pro*. Das Programm ist nach Angaben der Entwicklerseite sowohl für Windows XP als auch für ältere Computer geeignet, die noch mit Windows 98/ME arbeiten.

Sollte es mit dem vorhandenen CD- bzw. DVD-Brenner Probleme geben, kann auf der Seite *www.cdburnerxp.se/testeddrives.php* festgestellt werden, ob die Hardware zum Programm kompatibel ist.

Wie immer der Rat: Ganz egal, von welcher Quelle Sie eine Software beziehen, vor deren Installation sollten Sie einen Virenscanner aktivieren und diesen zuvor auf den aktuellsten Stand gebracht haben. Vertrauen sollte insbesondere im Internet ein Fremdwort sein (obgleich wir dort viel seriöse Software finden).

CDBurnerXP Pro wird im Zip-Archiv als selbstentpackende Setup-Datei geliefert, die lediglich gestartet werden muss. Der Installationsvorgang als solcher ist selbsterklärend.

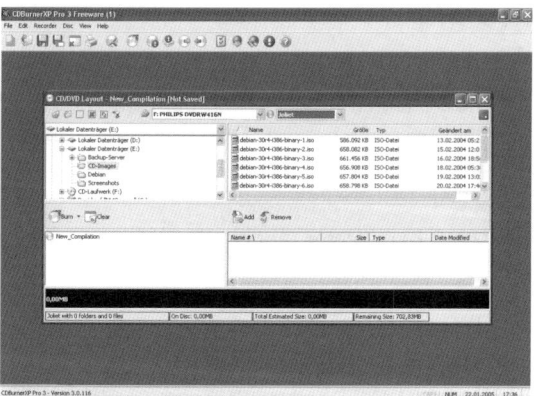

Abbildung 1.21: Die Oberfläche von CDBurner XP Pro (Freeware): Trotz des »einschränkenden« Namens kann das Programm auch DVD-Rohlinge (+/-R und +/-RW) brennen

Das Brennen (mit CDBurnerXP Pro)

Am Beispiel der Freeware CDBurnerXP Pro wollen wir nun zum Finale der Beschaffung unserer LINUX-Distribution kommen. Wenn Sie dieses Kapitel bis hierher durchgearbeitet und gleichzeitig die Kenntnisse in die Tat – sprich: in das Brennen der Image-Dateien auf die CD-ROM oder eine DVD –umgesetzt haben, steht Ihnen ein vollwertiger und absolut aktueller Satz von Installationsdatenträgern zur Verfügung. Befassen wir uns also kurz mit dem Brennprogramm.

Wenn wir uns das Programmfenster von CDBurnerXP Pro ansehen, könnte die Befürchtung aufkommen, dass jetzt schwierige Einstellungen vorgenommen werden müssen. Doch dem ist keinesfalls so, weshalb wir dieses Programm hier so detailliert besprechen. Wir werfen einfach einen kleinen Blick in das Menü File und entdecken eine – für unsere Zwecke – ausgesprochen interessante Funktion: »*Write Disc from ISO File...*«. Ein Klick auf diesen Menüpunkt öffnet ein neues Fenster, in dem nur noch sehr wenige Einstellungen vorzunehmen sind.

Abbildung 1.22: Wohl dem, der ein Programm einsetzt, das bereits das Brennen von ISO-Images auf die CD bzw. DVD vorsieht

Wichtig ist zunächst einmal, das gewünschte Image zu wählen, das auf die CD bzw. DVD gebrannt werden soll. Eine kleine Schaltfläche mit (...) öffnet ein Explorer-Fenster, über das wir – wie bei einem MS-Windows-Betriebssystem üblich – die gewünschte Datei auswählen können. Mit *Öffnen* wird das Image übernommen.

Bei der Wahl der Brenngeschwindigkeit sollte man sich nicht allein auf die Angaben des Hardwareherstellers verlassen, sondern zuerst einmal prüfen, mit welcher Geschwindigkeit die Rohlinge gebrannt werden können. Generell: Es ist, wenn für Rohling und Hardware unterschiedliche Werte genannt werden, der kleinere Wert zu wählen.

Es gibt auch »zweitklassige« Ware bei den CD- bzw. DVD-Rohlingen. Unter Umständen können diese Datenträger erfolgreich verwendet werden, wenn man die Schreibgeschwindigkeit nach unten korrigiert und nicht mit dem angegebenen Maximum arbeitet.

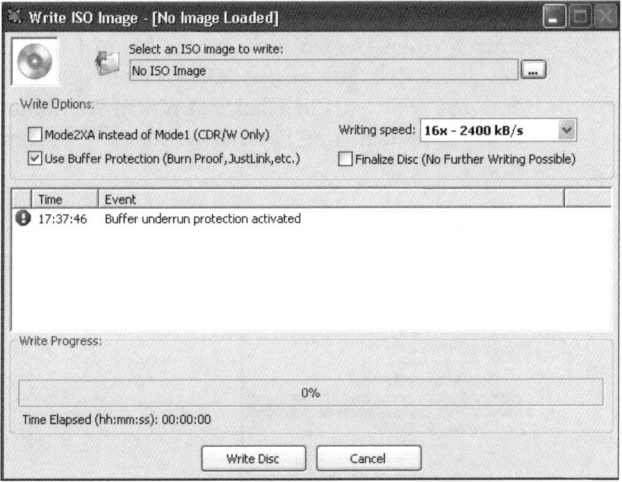

Abbildung 1.23: Eine einfache Oberfläche mit nur wenigen Funktionen macht das Brennen der Datenträger sehr leicht

Die CD-Images umfassen den Inhalt einer vollständigen CD-ROM bzw. einer DVD. Es ist in der Regel nicht vorgesehen, noch weitere Daten auf diese CD-ROM zu brennen. Aus diesem Grunde wird der Datenträger nach dem Schreibvorgang geschlossen (Finalize Disc...). Das Schließen ist wichtig, weil möglicherweise einige CD-ROM-Laufwerke eine nicht geschlossene CD-ROM nicht lesen können.

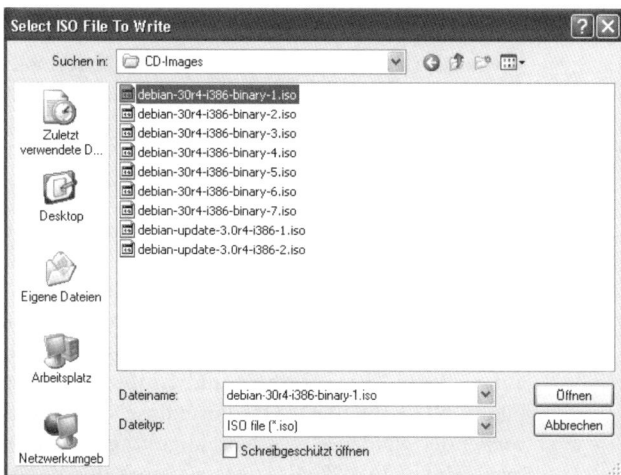

Abbildung 1.24: Auswahl des richtigen Images: Die Dateien sind eindeutig mit Version und fortlaufender Nummer bezeichnet

Es erhebt sich nun die Frage, welches Image man auf welche CD schreiben und wie man diese dann beschriften soll. Das ist aber nicht weiter kompliziert, denn Debian hat die Dateinamen sehr systematisch aufgebaut:

```
debian-[Version]r[Revisionsnummer]-[Prozessorversion]-
[Quellen (Source) oder compilierte Programme (binary)]-
[laufende Nummer]
```

Bei der Beschriftung der Datenträger kann im Prinzip jeder machen, was er will. »Woody 1« wäre für den Insider aussagekräftig genug, denn »Woody« ist der Codename der Version 3.0 (Sarge der für voraussichtlich 3.1). Die Ziffer gibt dann die laufende Nummer der CD an. Etwas anders sieht es aus, wenn die Datenträger als CD-Satz verkauft werden, was ja generell möglich ist. Da sollte – schon allein um den Kunden nicht zu irritieren – eine aussagekräftige Beschriftung gewählt werden. Beispiel:

```
Debian GNU/LINUX 3.0 rev. 4, Official i386 Binary-1
```

Als *Official* darf eine CD nur bezeichnet werden, wenn das Image wirklich von einem Debian-Mirror bezogen wurde und vor allem der Abgleich mit der MD5-Checksumme ergeben hat, dass die Integrität der Datei gewährleistet ist. Das ist auf jeden Fall zu beachten!

Wer eine Distribution auf CD-ROM oder DVD erwirbt, möchte natürlich auch wissen, wann er ein Update besorgen muss. Deshalb sind auch Version und Revisionsnummer Pflicht. Gleiches gilt für die Prozessorversion, denn LINUX gibt es schließlich nicht nur für den PC auf unserem Schreibtisch. Das Betriebssystem wird auch von Profis auf größeren Firmenservern und Großrechenanlagen verwendet. »Debian GNU/LINUX? – Das kostenlose Betriebssystem soll von Profis verwendet werden?«, werden einige fragen. Die Antwort ist »Ja!« Debian GNU/LINUX gilt sogar als eines der stabilsten Systeme in der Szene und viele Firmen setzen allein aus Sicherheitsgründen auf OpenSource-Software (= offengelegte Programmquellcodes).

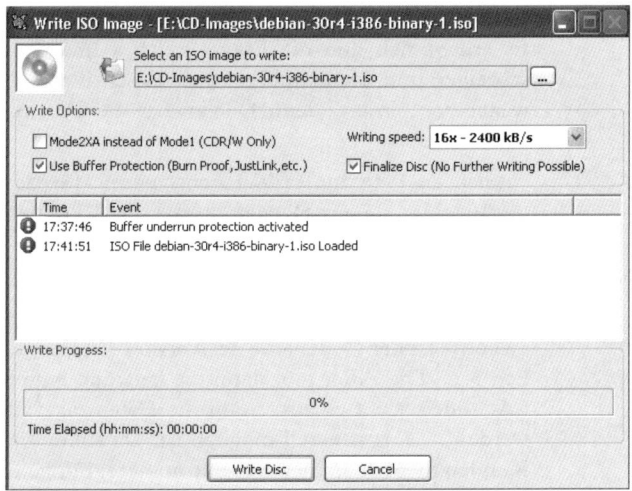

Abbildung 1.25: Jetzt kann die CD geschrieben werden. Mit 16facher Schreibgeschwindigkeit ist der erste Silberling nach ungefähr fünf Minuten fertig

Die laufende Nummer für die Bezeichnung der Disketten bzw. DVDs
(bei der neuen Version 3.1 Sarge werden mindestens zwei DVDs oder
eine Doppel-DVD benötigt, um die gesamte Distribution zu brennen)
ist unbedingt erforderlich, damit Sie die Programmpakete für die
Installation finden können. Sie sollten stets bedenken, dass eine
LINUX-Distribution nicht nur ein Setup-Programm enthält, das
automatisch alle übrigen Dateien nachlädt. Es sind mehrere tausend
Programmpakete enthalten, von denen nicht unbedingt alle benötigt
werden.

LINUX – das betrifft alle Distributionen – ist durch eine gewaltige
OpenSource-Entwicklergemeinde permanent in der Entwicklung.
Der Inhalt der Distributionen ist damit auch ständig in Bewegung.
Es kommen ständig neue Programme hinzu, nicht mehr zeitge-
mäße fallen weg. Wer jederzeit auf dem neuesten Stand sein
möchte und – beispielsweise mit Jigdo – selektiv die aktuellen Dateien lädt, kommt mit wieder beschreibbaren Datenträgern am
besten zurecht. Mittlerweile gibt es sowohl wieder beschreibbare
CDs als auch DVDs.

Wissenswertes zu den CD-Image-Typen

Im Prinzip können wir nun damit beginnen, unser LINUX-Betriebssystem zu installieren. Zuvor wollen wir aber noch ein paar Antworten
auf oft gestellte Fragen geben. Schließlich ist es unser Ziel, mit diesem
Buch die Informationsdefizite zu LINUX und dessen Nutzung abzu-
bauen und damit auch Einsteigern dieses interessante Betriebssystem
als Alternative zur kommerziellen Software aus den USA vorzustellen.

Was sind Source- und Binary-CDs?

LINUX ist ein so genanntes OpenSource-Betriebssystem. Open-
Source bedeutet »offene Quelle«, womit die vom Programmierer in
Klartext geschriebenen Programmcodes gemeint sind. Im Vergleich
dazu wird beispielsweise der Quellcode des MS-Windows™-Betriebs-
systems streng geheim gehalten. Niemand kann also streng genommen nachprüfen, welche Funktionen eine (Nicht-OpenSource-)Soft-

ware neben ihrer eigentlichen Sollfunktion noch erfüllt. Natürlich soll Microsoft an dieser Stelle nichts Unredliches unterstellt werden, aber einige andere Softwareentwickler haben durchaus bereits Programme mit Trojanischen Pferden ausgestattet, um so Hintertüren zu fremden Computern zu öffnen. Bezogen auf Microsoft hatte der geheime Quellcode aber auch andere Nachteile, denn es dauerte in der Regel recht lange, bis zu einem erkannten Softwarefehler ein Patch zur Verfügung stand. Natürlich – auch hier muss man objektiv bleiben – ist ein kommerzielles Softwarehaus, das obendrein noch im Fokus der Fachpresse steht, gezwungen, jede noch so kleine Änderung im Programm sehr intensiv durchzutesten, bevor ein Patch publiziert werden kann.

Auch beim LINUX-Betriebssystem testen die Distributoren ihre Software sehr intensiv, jedoch auf eine andere Art und Weise: Die Programme und Betriebssystemteile werden in verschiedenen Entwicklungs- und Reifestadien zum Download angeboten und von interessierten Benutzern getestet. In öffentlichen Foren kann dann über das Programm diskutiert oder besser anhand der offenen Programmcodes ein Verbesserungsvorschlag gemacht werden. Letztendlich bedeutet das allerdings, dass LINUX nicht unbedingt schneller in der Entwicklung ist als Windows. Die Strategie ist aber eine andere. Ein gutes kommerzielles Programm muss schließlich nicht unbedingt genau die Funktionen bieten, die sich der Anwender wünscht. Die vollkommen neue Entwicklung eines maßgeschneiderten Programms ist jedoch zu teuer. OpenSource bietet die Chance, die vorhandenen Quellen weiterzuentwickeln und aus bereits vorhandener Software eine individuelle Lösung zu erzeugen.

Die Quellcodes der Distribution werden in speziell gekennzeichneten Images geliefert. Sie tragen die Bezeichnung »Source«. Bereits fertig kompilierte und damit installierbare Programme werden in Images mit der Bezeichnung »Binary« geliefert.

Normal oder Non-US-Version?

Patentrechtliche Gegebenheiten verbieten es in den USA, vereinzelte Programme der Debian-GNU/LINUX-Distribution zu installieren und zu verwenden. Aus diesem Grunde wurde für Benutzer in den USA eine eigene Version erstellt, in der die kritischen Programme nicht enthalten sind. Die vollständige Version wird deshalb mit »Non-US« (nicht USA) bezeichnet.

Offiziell und inoffiziell

Wir haben bereits im Zusammenhang mit der Beschriftung der Datenträger angedeutet, dass eine offizielle Debian-GNU/LINUX-Distribution nur dann als solche bezeichnet werden darf, wenn die originalen Images, geprüft mit der MD5-Checksumme, verwendet werden, die direkt vom Debian-Projekt erstellt wurden. Es ist jedoch nicht verboten, aus der Debian-Distribution eine eigene Version zusammenzustellen. Das ist durchaus sinnvoll, weil man generell niemals wirklich alle Programmpakete benötigt. Selbst bei intensiver Nutzung des Systems käme man gut mit zwei CD-ROMs zurecht, um beispielsweise die Computer in der eigenen Firma mit LINUX auszurüsten. Wozu sollte man also sieben (plus zwei Updates) CD-ROMs der Woody-Distribution verwenden, wenn man auch mit einer CD auskommt, die aber Pakete der anderen Datenträger enthält? Diese Eigenkomposition darf nicht als offizielle Debian-Version vertrieben werden, weil möglicherweise auch Haftungsfragen damit verbunden sind.

2 Debian installieren

Wenn Sie das vorausgegangene Kapitel durchgearbeitet haben, sollten Ihnen nun die Datenträger für die Installation Ihres LINUX-Computers zur Verfügung stehen. Haben Sie die vollständige Distribution geladen, dann können Sie damit verschiedene Computer realisieren:

✔ Terminal

✔ Desktop-Computer

✔ Server

Um ein Terminal aufzubauen, genügt oftmals schon ein vergleichsweise alter Computer, denn die eigentliche Rechenleistung wird vom Server bzw. vom Großrechner übernommen. Das Terminal dient lediglich der Eingabe von Befehlen und der Darstellung der Ergebnisse. In diesem Buch werden wir uns mit dem Terminal als Computertypus jedoch nicht weiter befassen.

Ein Desktop-Computer ist das, was die meisten von Ihnen vor sich stehen haben. Auf dieser Maschine läuft die Textverarbeitung und die Tabellenkalkulation, Sie erledigen über diesen Computer Ihre E-Mail-Korrespondenz und surfen im Internet. Unter Umständen dient ein solcher Rechner auch als Spielkonsole. All dies ist auch mit Debian GNU/LINUX möglich und wird Ihnen in diesem Buch gezeigt.

Wer LINUX noch nicht genau kennt, assoziiert das Betriebssystem mit Großrechenanlagen (UNIX, das LINUX-Vorbild, war ursprünglich ein Großrechnersystem). Auch das ist selbstverständlich LINUX. Sie können eigene Mail- und Webserver aufbauen. Auch Fileserver und viele andere professionelle Systeme können mit LINUX realisiert werden. In der Tat kommt LINUX sehr häufig in professionellen Netzwerken als Server-Betriebssystem zum Einsatz. Der Grund ist mit einer einfachen Frage verbunden: Wie viel bezahlt man heute doch gleich für ein Microsoft-Server-Betriebssystem?

Im Prinzip werden Sie bereits an dieser Stelle entschieden haben, ob Ihr Computer ein Server oder ein Desktop-Computer werden soll. Anhand dieser Entscheidung werden Sie die Aufteilung Ihrer Festplatte vornehmen und die zu installierenden Pakete wählen. Wir wollen zunächst eine Grundinstallation des LINUX-Betriebssystems vornehmen und den Computer Schritt für Schritt entwickeln. In weiteren Kapiteln werden wir dann Peripheriegeräte wie Drucker und Scanner anschließen und den Weg ins Internet suchen.

> Dieses Buch entsteht in einer größeren Umbruchphase, denn zum Zeitpunkt der Verfassung ist die Version Debian GNU/LINUX 3.0r4 »Woody« die aktuelle stabile Version. Sie ist weit verbreitet und wird in großen Benutzerkreisen sehr geschätzt. Bereits in den Startlöchern, um in den »Stable«-Status überzugehen, ist Debian GNU/LINUX 3.1 »Sarge«. Beide Versionen lagen uns für die Arbeit an diesem Buch vor. Da sie sich insbesondere in der Installation sowie im Paketumfang sehr voneinander unterscheiden, wollen wir nach Möglichkeit auf die Besonderheiten beider Versionen hinweisen. Der Schwerpunkt unserer Ausführungen wird jedoch Debian GNU/LINUX 3.1 »Sarge« betreffen.

Installationsvoraussetzungen

Bevor Sie mit der Installation beginnen, sollten Sie die dazu erforderlichen Voraussetzungen prüfen und schaffen. Nicht jede Hardware wird von LINUX unterstützt, obgleich in den letzten Jahren echte Fortschritte in der Entwicklung zu erkennen sind. Auch die Festplatte ist ein wichtiges Thema. Haben Sie möglicherweise noch ein Betriebssystem auf Ihrem PC, das neben LINUX beibehalten werden soll? In diesem Fall muss die Festplatte möglicherweise zuvor partitioniert werden, was stets mit einem Risiko verbunden ist, weil Daten verloren gehen können.

Es empfiehlt sich in jedem Fall, zunächst eine Aufstellung der im und am Rechner installierten Hardwarekomponenten vorzunehmen. Dazu gehören Angaben zu Hersteller und Typ. Wer bereits ein MS-Windows-Betriebssystem auf seinem Computer installiert hat, findet hier viele wertvolle Hinweise. Wer einen vollkommen neuen Computer aufbauen möchte, kann auf die zur Hardware mitgelieferten Dokumentationen zurückgreifen. Ideal ist es natürlich, wenn ein Internetzugang vorhanden ist, denn auch dort findet man wertvolle Hinweise wie beispielsweise Kompatibilitätslisten.

Hardware im PC

✔ Der Prozessor: Dieser muss bereits vor dem Download der CD-Images beachtet werden. Bei einem Standard-PC (Intel Pentium oder AMD-Prozessor) werden Images für den Typ i386 benötigt. Doch Vorsicht: Unter Umständen muss eine Unterscheidung zwischen 32- und 64-Bit-Prozessoren vorgenommen werden!

✔ Die Grafikkarte: Die Ermittlung des Grafikkartentypus und seiner Eigenschaften gehört zu den wichtigsten Installationsvoraussetzungen. Ohne diese Information wird es kaum möglich sein, den X-Server und damit eine grafische Benutzeroberfläche einzurichten.

✔ Der Monitor: Auch ein Monitor hat seine Grenzen. Wichtigste Kenngrößen sind neben den möglichen Bildauflösungen auch die horizontale und die vertikale Frequenz. Diese Daten sind dem Datenblatt des Monitors zu entnehmen. Auch ein Blick auf die Webseite des Herstellers kann die gewünschten Daten liefern.

✔ Maus und Tastatur: Diese Geräte sind sowieso am Computer vorhanden und müssen von LINUX unterstützt werden. Es gibt jedoch Unterschiede zwischen den verschiedenen Tastaturen ebenso wie zwischen den Mäusen. So gibt es Tastaturen mit deutscher, amerikanischer oder einer anderen länderspezifischen Tastaturbelegung. Tastaturen unterscheiden sich auch in der Anzahl der Tasten, wobei die möglichen Codes der Tastatur gemeint sind (z.B.: 101/102) und in der Art des Anschlusses an den PC (z.B.: PS/2). Ebenso ist Maus nicht gleich Maus. Es gibt Mäuse für die serielle Schnittstelle, für PS/2 oder USB. Es gibt Zwei- oder Drei-Tasten-Mäuse und es gibt Mäuse mit oder ohne Rädchen. Sie haben es leicht, denn Sie müssen sich Ihre Peripherie nur kurz ansehen und wissen Bescheid. Der Computer ist ein dummer »Hochgeschwindigkeitstrottel«. Er weiß nur das, was ihm eine Software oder Sie als sein »Meister« verraten. Für die Installation von LINUX müssen Sie also die Maus und die Tastatur beschreiben können, was insbesondere bei der Einrichtung der grafischen Oberfläche (X-Server als Voraussetzung dafür) zu beachten ist.

✔ Netzwerk-Hardware: Die Netzwerkkarte ist oft auch im privaten Umfeld das Tor zum Internet, denn daran wird der DSL-Router oder das DSL-Modem angeschlossen. Nicht zuletzt zeigt LINUX natürlich seine wahre Stärke in einem Netzwerk, sei es als Server oder als Client.

✔ Die Soundkarte: Oft ist sie bereits in das Motherboard integriert. Hier bietet sich ein Blick in die entsprechende Dokumentation an. Doch Vorsicht: Meist ist nicht ein typischer Markenname wie beispielsweise »Soundblaster« angegeben, sondern die Bezeichnung des Chipsatzes.

✔ Scanner und Drucker: Insbesondere bei brandneuen Geräten kann es fraglich sein, ob diese unter LINUX laufen. Besonders bei so genannten GDI-Druckern, die speziell auf MS-Windows zugeschnitten sind, kann es zu Problemen kommen. Nicht immer existieren Treiber für diese Geräte. Beim Kauf von Scannern und Druckern sollte deshalb beachtet werden, dass sowohl LINUX als auch Windows unterstützt werden.

✔ Webcams: Hier steht LINUX noch am Anfang der Entwicklung, auch wenn Fortschritte erkennbar sind. Wer eine Kamera an seinem Rechner betreiben möchte, ist meist auf die einschlägigen Foren des Internets angewiesen, um Informationen zu bekommen. Auch eine Mail an das Debian-Projekt kann unter Umständen Aufschluss bringen.

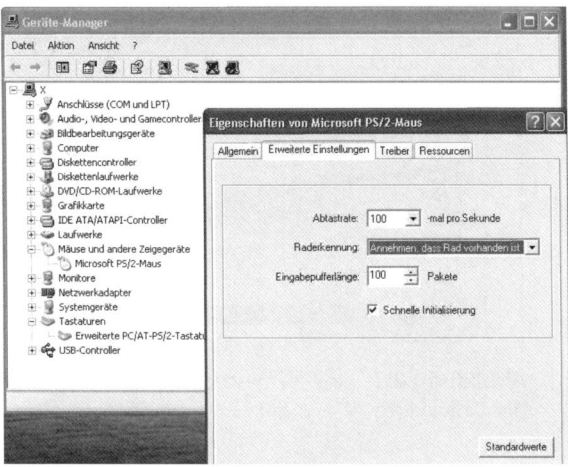

Abbildung 2.1: An diesem Computer befindet sich eine Zwei-Tasten-Maus mit einem Rädchen. Das hat auch das Windows-XP-Betriebssystem bereits erkannt. Diese Funktion wollen wir auch unter LINUX nutzen. Angeschlossen wurde die Maus an der PS/2-Schnittstelle des Computers

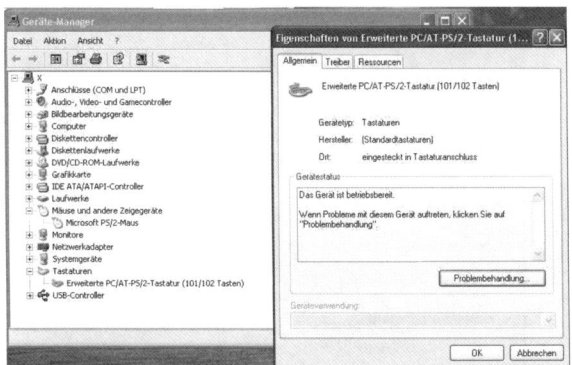

Abbildung 2.2: Auch wenn Sie bezüglich Ihrer Tastatur unsicher sind (das Nachzählen der einzelnen Tasten bringt schließlich ein anderes Ergebnis als der Zahlenwert der Tastenfunktionen), hilft Ihnen die bereits vorhandene MS-Windows-Installation weiter

Abbildung 2.3: Eine ausgesprochen wichtige Information: der Typus der Grafikkarte

Abbildung 2.4: Der Hersteller geht in der Regel aus dem Register *Eigenschaften* hervor

Interessant sollten auch die Daten der Festplatte sein. Hier müssen Sie nicht nur wissen, welche Gesamtkapazität die Platte hat, sondern auch wie sie aufgeteilt (partitioniert) ist.

Wie Sie sehen, gibt es teilweise sehr einfache Möglichkeiten, um die vorhandene Hardware zu klassifizieren, wenn bereits ein anderes Betriebssystem auf dem Computer installiert ist.

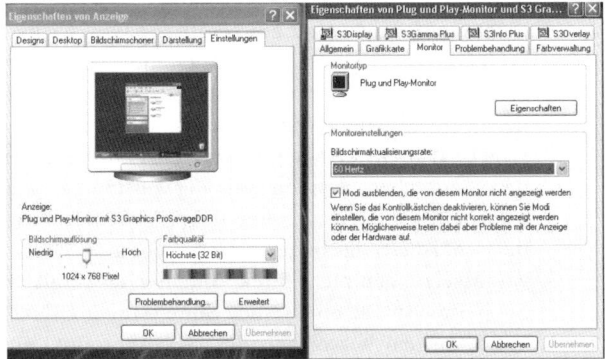

Abbildung 2.5: Die Hinweise zum verwendeten Monitor sind nur sehr spärlich aus dem Windows-Betriebssystem zu entnehmen. Sie können aber ersehen, welche Einstellungen bei Ihnen augenblicklich funktionieren. Das muss nicht unbedingt das Ende der Fahnenstange sein. Um das Maximum aus dem Gerät herauszuholen, benötigen Sie in jedem Fall die Daten des Herstellers

Was braucht der PC wirklich?

Nun werden bei Ihnen noch einige andere Fragen offen sein, die Sie vermutlich zuerst gestellt hätten: Mit welchem Prozessor und bei welcher Taktfrequenz arbeitet der LINUX-PC optimal? Welchen Arbeitsspeicher und wie viel Festplattenkapazität brauche ich?

Eine seriöse pauschale Antwort darauf ist nicht möglich, denn es hängt wesentlich davon ab, für welchen Zweck der LINUX-Computer eingerichtet werden soll. Auch hier wollen wir den Vergleich zu MS Windows suchen, ohne jedoch qualitativ zu bewerten. Wenn Sie ein

Windows-Betriebssystem installieren, haben Sie bereits mit der Auswahl eine Entscheidung darüber getroffen, welchen Zweck Ihr Rechner erfüllen soll: Server oder Desktop-Computer. Darüber wird MS Windows generell mit einer grafischen Benutzeroberfläche (Graphical User Interface, GUI) installiert. Allein aus diesem Grunde werden bereits relativ hohe Mindestanforderungen definiert.

Wenn Sie nun eine LINUX-Distribution aus dem Internet laden oder kaufen, dann treffen Sie damit zunächst noch keine Entscheidung zugunsten eines Servers oder eines Desktop-Computers. Sie müssen nicht einmal zwingend eine grafische Oberfläche installieren. Anders als bei MS Windows, wo Ihnen nur einige kleinere Zubehörprogramme angeboten werden, die eigentlichen Applikation jedoch optional dazu zu kaufen sind, umfasst eine LINUX-Distribution in der Regel ein breites Angebot hervorragender Software. Sie können also davon ausgehen, dass ein einmalig vollständig installierter LINUX-PC sofort einsatzbereit ist, ohne dass Sie weitere Programme nachkaufen müssen. Allerdings bedeutet das auch, dass Sie die genannten Systemvoraussetzungen nicht direkt miteinander vergleichen können. Wollen Sie beispielsweise eine Office Suite – unter LINUX bietet sich Open-Office an, ein hervorragendes Gesamtprodukt aus Textverarbeitung, Tabellenkalkulation, Grafik und Präsentation – auf Ihrem Computer installieren, muss der Rechner die Voraussetzungen für eine grafische Benutzeroberfläche und für die Nutzung der Software in annehmbarer Geschwindigkeit erfüllen.

Auch für einen Server kann keine pauschale Aussage getroffen werden. Soll beispielsweise lediglich ein kleiner E-Mail-Server für die Familie daheim errichtet werden, der zentral die elektronische Post aus vom Server des Internet Service Providers (ISP) abholt und zur Abholung auf lokaler Ebene speichert, oder wird ein Web- oder Fileserver mit umfangreichem Inhaltsvolumen benötigt? Dann brauchen Sie sofort ungleich mehr Festplattenkapazität. Die Geschwindigkeit des Prozessors muss auf die Anzahl möglicherweise gleichzeitig auf den Server zugreifender Clients abgestimmt werden. Sie sehen, auch hier ist keine pauschale Aussage zu treffen. Die erforderlichen Systemressourcen sind immer von der gegebenen Situation abhängig zu machen.

Generell schließt Debian aus, dass LINUX auf 286er Prozessoren oder noch älteren Typen läuft. Wir möchten sogar noch weiter gehen und empfehlen, mit einfachen Applikationen nicht unter einem Pentium-I-Prozessor zu starten. Auch bei den Angaben zur Festplatte würden wir von der Verwendung steinalter Modelle mit 1 oder 2 Gigabyte Kapazität abraten. Festplatten sind nicht mehr allzu teuer und bieten neben den Betriebssystem- und Programmdateien genügend Reserven für den späteren Betrieb des Rechners. Auch sollten Sie sich nicht ausschließlich von den anfänglichen Plänen leiten lassen. Sie werden gewiss im Laufe der Zeit das eine oder andere Programm entdecken, das Sie nachträglich installieren möchten. Ist Ihr Computer in den Systemressourcen zu knapp bemessen, haben Sie spätestens in diesem Fall ein Problem.

Unsere Empfehlung – sie liegt oberhalb dessen, was die Debian-Webseite rät – lautet, einen Computer zu wählen, der nicht brandneu ist, aber dennoch zu einer aktuellen Generation gehört. Hier können Sie relativ sicher sein, dass es für Grafik-, Sound- und Netzwerkkarten bereits ausgereifte LINUX-Treiber gibt. Auch genügen Arbeitsspeicher, Festplattenkapazität und Prozessorleistung in den meisten Fällen. Einen 486er würden wir persönlich nicht mehr verwenden, obwohl auch diese Geräte in einzelnen Fällen durchaus mit einem älteren LINUX-Kernel nutzbar wären.

Bestandsaufnahme

Damit Sie es bei der Installation leichter haben, empfehlen wir etwas Schreibarbeit. Machen Sie sich eine Liste, aus der hervorgeht, welche Hardware Sie in und an Ihrem Computer installiert haben und welche Eigenschaften (Hersteller, Typ/Chipsatz, Bildauflösung etc.) diese Geräte haben. Vieles können Sie sehr einfach ermitteln, wenn Sie – wie schon gesehen – auf diesem Rechner bereits mit einem anderen Betriebssystem arbeiten. Andere Daten sind den Dokumentationen des Gerätes zu entnehmen, die hoffentlich noch nicht dem Altpapier übergeben wurden, oder können auf den Internetseiten des Herstellers recherchiert werden.

Die Herstellerseiten im Internet sind nach wie vor eine gute Recherchequelle, um Details über die eigenen Geräte herauszufinden. Leider ist jedoch zu beobachten, dass immer mehr Webserver-Kapazitäten eher für das Marketing als für den Support verwendet werden. Werbung bringt eben mehr als Betreuung und Information des Kunden nach dem Kauf. Sie, liebe Leser, haben als potenzielle Käufer die Möglichkeit, auf diese Entwicklung durch eine »gewisse Art der Abstimmung« Einfluss zu nehmen: Jedes gekaufte Gerät ist eine Stimme, aber auch jedes bei der Konkurrenz gekaufte Gerät ist aus der Sicht eines Anbieters eine Stimme, die ihm zu denken geben sollte.

Die nachfolgende Tabelle zeigt die Ausstattung unseres Testcomputers vor dem Beginn der LINUX-Installation. Sie gibt also eine Momentaufnahme wieder, wie sie auch Ihnen unmittelbar nach der Erhebung der Bestandsaufnahme zur Verfügung stehen wird. Die Tabelle sagt noch nichts darüber aus, ob die bisher verwendeten Geräte auch tatsächlich von LINUX unterstützt werden. Dies werden wir erst nach Erhebung der Daten und dem Abgleich mit den Hardwarelisten oder – für die Kühnen unter Ihnen – während der Installation selbst feststellen.

Gerät	Unser Beispielcomputer	Für Ihre Eintragungen
Audio	VIA AC`97 Audiocontroller (WBM)	
Bildbearbeitung	Logitech QuickCam Web	
DVD/CD-ROM	NEC DV-5700A	
Grafikkarte	ATI Rage Fury Pro/Xpert 2000 Pro	
Festplatte	WDA AC313000R	
Maus	Microsoft PS/2, 2 Tasten mit Rad	
Tastatur	101/102, deutsch	
Monitor	17«	
Netzwerkkarte	Realtec RTL8139-Familie PCI-Fast Ethernet-NIC	
Drucker	Lexmark E220	
Sonstiges:	USB-Schnittstelle	

Tabelle 2.1: Übersicht zur Hardware des Computers. Tragen Sie Ihre individuellen Werte ein und ergänzen Sie ggf. hier nicht gelistete Geräte

Sie können diese Liste gerne noch nach Belieben erweitern. Eine gute Idee ist es beispielsweise, eventuelle IRQ-, DMA-Werte und I/O-Adressen zu vermerken, insbesondere bei wirklich alter Hardware. Selbst bei einem modernen Computer haben Sie mit diesen Werten immer einen Vergleichswert zur Prüfung automatischer Konfigurationen zur Hand, was Ihnen im Problemfall die Fehlersuche enorm erleichtern kann.

> Wenn Sie sich im Vorfeld die Mühe machen, Ihre Hardware genau zu beschreiben, haben Sie es während der eigentlichen Installation umso einfacher. Das gilt insbesondere dann, wenn Sie noch vergleichsweise ältere LINUX-Distributionen installieren möchten.

Neue Hardware?

Sie haben einen brandneuen Computer erworben, auf dem noch kein Betriebssystem installiert ist und damit auch keine Daten verloren gehen können? Sehr schön, aber deswegen nicht unbedingt unkritisch! LINUX hat trotz einer stark gestiegenen Akzeptanz in den letzten zehn Jahren immer noch ein großes Problem: Treiber für die angebotene Hardware kommen zuerst für Windows, möglicherweise etwas später auch für LINUX. Es konnten leider noch längst nicht alle Hardwarehersteller davon überzeugt werden, regulär auch Treiber für LINUX anzubieten. So paradox es also klingen mag: Ein absolut neuwertiger Computer kann Ihnen durchaus Probleme bereiten, wenn die Hardware nicht von einem vorausschauenden Profi zusammengestellt wurde, der auf die Kompatibilität zu LINUX und Windows Wert gelegt hat.

Nehmen wir eben einen steinalten Computer. Sollten Sie ein Terminal aufbauen wollen und nicht unbedingt auf eine grafische Benutzeroberfläche Wert legen, kann möglicherweise ein Pentium I noch gute Dienste leisten. Wollen Sie aber einen komfortablen Desktop-Computer aufbauen, dann sollte es schon mindestens ein Pentium III sein, damit auch die Performance stimmt. Auch AMD-Prozessoren werden unterstützt.

Bereits vorhandener Computer

Wenn bereits ein Computer vorhanden ist, auf dem das LINUX-Betriebssystem installiert werden soll, dann haben wir vier Optionen, wobei wir davon ausgehen, dass auf diesem PC generell bereits ein Betriebssystem vorhanden ist und eigene Daten gespeichert sind:

✔ Wir überschreiben das alte Betriebssystem und die gespeicherten Daten vollständig.

✔ Wir teilen die Festplatte.

✔ Wir bauen eine zweite Festplatte in den Computer ein.

✔ Wir arbeiten mit Wechselfestplattensystemen.

Das größte Problem bei der Installation von LINUX auf einem älteren Computer ist der mögliche Verlust von Daten. Dieser ist natürlich beim völligen Überschreiben der Platte fest einzukalkulieren. Das ist selbst dann der Fall, wenn wir versuchen, diese Daten penibel zu sichern. Mal ehrlich: Nur selten sind die eigenen Dateien in sauber strukturierten Ordnern sortiert zu finden. Damit riskieren wir natürlich, den einen oder anderen – vielleicht wichtigen – Brief zu verlieren, weil ein oder mehrere Verzeichnisse nicht durchsucht werden.

Renaissance des Oldtimers

Die Option, einen älteren Computer mit LINUX auszurüsten, ist durchaus gängig, denn LINUX kommt im Allgemeinen mit bescheideneren Systemressourcen aus als ein brandneues Microsoft-Betriebssystem.»Im Allgemeinen« bedeutet, dass dies in der Tat nicht pauschal gesagt werden kann. LINUX kann selbst auf einem älteren Pentium I mit 120 MHz mit einer Festplattenkapazität von wenigen Gigabyte noch zufrieden stellend laufen, wenn auf eine grafische Oberfläche verzichtet wird. Wer also reine Serverdienste mit seinem LINUX-Computer für den»Hausgebrauch« realisieren oder einfach nur einen Internet-Access-Router für die Familie aufbauen möchte, der kann seinen Oldtimer durchaus noch sinnvoll nutzen.

Festplatte teilen

Die zweite Alternative bietet sich an, wenn der Computer mit einer ausreichend großen Festplatte ausgerüstet ist, was heute bei neueren Geräten meistens der Fall ist. Man partitioniert die Platte und formatiert nur einen Teil mit dem windowsspezifischen Dateisystem (FAT32 bei Windows 9.x/ME bzw. NTFS bei Windows NT/2000/XP etc.). Den übrigen Teil der Platte partitioniert man in der Form, wie man sein LINUX-Betriebssystem aufteilen möchte.

Davor steht allerdings die risikoreiche Aufgabe, die bereits bestehende Partition mit dem existierenden Betriebssystem zu verkleinern, ohne dieses und die auf der Partition gespeicherten Daten zu zerstören. Ein Fehler kann im Extremfall zum vollständigen Datenverlust führen.

Wer ganz sichergehen will, sollte sich für eine der beiden letzten Optionen entscheiden, auf die wir noch zu sprechen kommen werden. Festplatten sind in den letzten Jahren sehr preiswert und dennoch zunehmend leistungsfähiger geworden. Auch ist ihr Einbau recht einfach.

In der Literatur wird häufig von FIPS gesprochen, das aber nur geeignet ist, um DOS- und FAT-Partitionen zu verkleinern. NTFS bringt bereits Probleme. Es gibt jedoch einige gute Programme, die auch eine bestehende NTFS-Partition mit einem Windows-XP-Betriebssystem so verkleinern können, dass dieses Betriebssystem erhalten bleibt. Beispiele sind Partition Magic von Powerquest bzw. Symantec und PartitionStar von der StarTools GmbH aus Norderstedt. Beides sind käuflich zu erwerbende Programme, also keine Freeware. Interessant bei Letzterem ist, dass es eine Testversion mit einer Laufzeit von 30 Tagen gibt, die aus dem Internet heruntergeladen werden kann. Darüber hinaus existieren eine DOS- und eine Windows-Version.

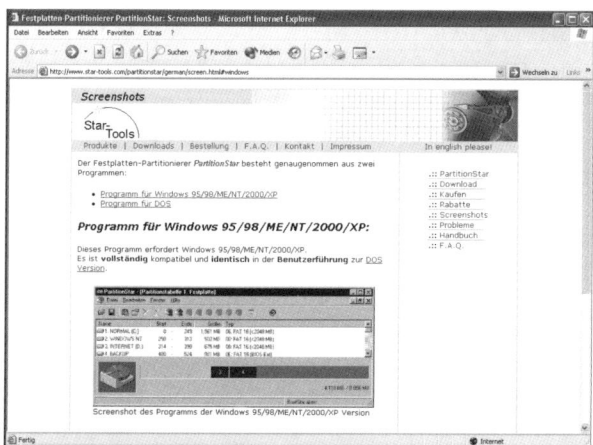

Abbildung 2.6: Wer nur ein einziges Mal seine Festplatte »umbauen« möchte, kann dies mit der 30-Tage-Testversion von PartitionStar durchaus erledigen. Wer diese Funktion des Öfteren benötigt, muss deshalb aber nicht gleich Millionär sein, denn die Vollversion ist bereits für 10 Euro zu bekommen (Stand: Januar 2005)

Partition Magic ist auf der Seite *www.powerquest.com*, PartitionStar auf der Seite *www.star-tools.com* zu finden. Darüber hinaus ist FIPS ein gerne verwendetes Programm, um FAT/FAT32-Partitionen zu verkleinern.

Selbst wenn Sie ein kommerzielles Partitionierungswerkzeug verwenden möchten, sollten Sie sehr bedacht agieren. An erster Stelle steht natürlich die Sicherung der wichtigen Dateien. Fast jeder moderne Computer wird heute mit einem CD- oder sogar DVD-Brenner ausgestattet. Sollte Ihnen allerdings noch eine geeignete Brennsoftware fehlen, so finden Sie im ersten Kapitel einen guten Tipp. Darüber hinaus – und das empfehlen wir generell – sollten Sie Ihre Festplatte defragmentieren. Es gibt zwar Kritiker der Defragmentierung, weil die Platte dadurch überdurchschnittlich beansprucht wird, doch ist eine Defragmentierung die Voraussetzung, um die Partition in der Größe (möglichst) ohne Datenverlust verändern zu können. Sowohl Windows 98/ME als auch Windows XP bringen übrigens die erforderlichen »Werkzeuge« zur Defragmentierung in den *Eigenschaften* der Festplatte gleich mit. Der Hintergrund der Defragmentierung liegt in unserem Fall jedoch weniger in der Optimierung der Zugriffsgeschwindigkeit, sondern vielmehr in der Tatsache, dass die weit über die Platte verteilten Datenfragmente durch die Defragmentierung zu einem kompakten Datenblock geformt werden. Der frei werdende Bereich der vorhandenen Partition kann so einfach »abgeschnitten« und einer anderen Partition zugeordnet werden.

Eingriffe in die Partitionierung einer Festplatte sind generell ein großes Risiko. Ein Fehler genügt, und die auf ihr gespeicherten Daten sind unwiederbringlich im digitalen Nirwana verschwunden.

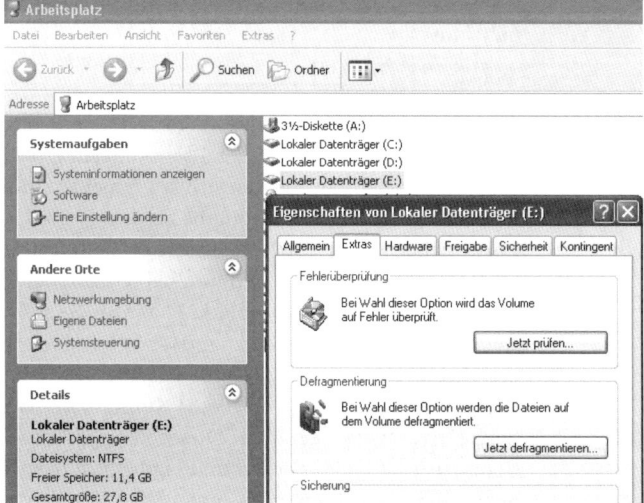

Abbildung 2.7: Über den Arbeitsplatz werden die Eigenschaften des gewünschten Laufwerkes aufgerufen. Dort findet man auch die Funktion *Defragmentieren*. Auf einem Windows-98/ME-Computer gibt es eine vergleichbare Verfahrensweise

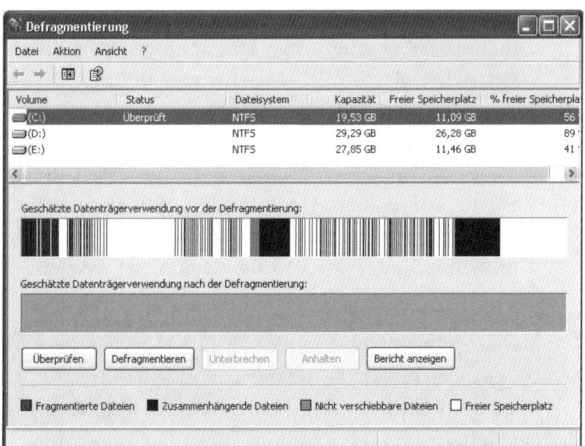

Abbildung 2.8: Deutlich zu erkennen: Die Daten liegen verteilt wie Hühnerfutter auf der Festplatte. Hier ist eine Defragmentierung durchaus sinnvoll

Erst nach der Defragmentierung UND nach einer DATENSICHE-RUNG (!) sollte nun mit der Partitionierung begonnen werden. Wer ganz sichergehen und Datenverlust vermeiden möchte, kann übrigens mit einer geeigneten Software die gesamte Festplatte in komprimierter Form sichern. Eine solche Software ist beispielsweise DriveImage, die auch von uns eingesetzt wird, um bei redaktionellen Arbeiten nicht die extrem Zeit raubende komplette Prozedur einer Computereinrichtung stets von Neuem beginnen zu müssen. Stattdessen wird der Computer mit aller benötigten Software so aufgebaut, wie er in den Experimenten benötigt wird, und von dieser Konfiguration ein Festplattenabbild (ein »DriveImage«) gezogen. Dieses kann jederzeit wieder auf die Partition zurückkopiert werden und eignet sich deshalb hervorragend zur Sicherung des gesamten Systems. Der Vorteil: Das DriveImage kann auch auf CD-ROM gespeichert werden. Gebootet wird der Computer übrigens im Notfall von einer DOS-Diskette, von der aus der Kopiervorgang gesteuert wird. Das einzige Risiko liegt in der Wahl von Datenträgern schlechter Qualität.

Natürlich kann eine Defragmentierung keine Garantie dafür liefern, dass wirklich alle kritischen Daten aus dem abzuschneidenden Bereich herausgezogen und in sichere Zonen umgelagert werden. Ohne ein Datenbackup auf einen zuverlässigen Datenträger (im Zweifelsfall legen Sie bitte zwei Kopien an, was Ihre Chancen zur Wiederherstellung deutlich steigert) sollten Sie also keine Experimente wagen.

Nun haben wir die Platte defragmentiert, die Daten gesichert und ein Partitionierungsprogramm gewählt. Wir wollen in diesem Beispiel PartitionStar verwenden, jedoch gibt es, wie wir schon angedeutet haben, auch Alternativen.

PartitionStar gibt es als Shareware und wird mit zwei Programmen geliefert. Eines der Programme ist für eine DOS-Oberfläche, das andere für die gängigen MS-Windows-Betriebssysteme vorgesehen. Letzteres wollen wir verwenden, weil wir davon ausgehen, dass MS-Windows auf der Mehrzahl der bereits vorhandenen Computer läuft.

Abbildung 2.9: Wir starten PartitionStar. Das bedeutet noch kein Risiko für die Struktur und den Inhalt der Festplatte

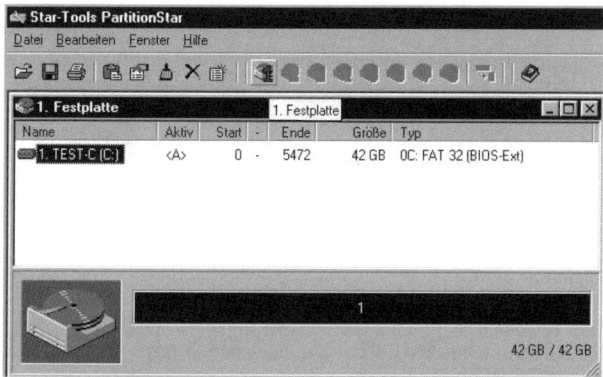

Abbildung 2.10: Das ist unser Problem: Wir haben nur eine einzige Festplatte in unserem Computer, doch deren Kapazität von 42 GB ist vollständig einer einzigen Partition zugeordnet. Hier wollen wir etwas für das LINUX-Betriebssystem abzweigen

Abbildung 2.11: Eine kühne Entscheidung: Wir entfernen einen Eintrag aus der Partititionstabelle

Nach dem Start des Programms werden uns die im Computer installierten Festplatten sowie deren Aufteilung im Fenster angezeigt. In unserem Beispiel erkennen wir recht bald das Problem: Die einzige Festplatte im PC mit einer Kapazität von hier 42 GB, von denen aber gerade einmal ca. 6 GB wirklich belegt sind, bietet noch jede Menge Platz für ein zweites Betriebssystem. Nur leider existiert lediglich eine einzige Partition, die eine Koexistenz von Windows und LINUX mit den jeweils individuellen Dateisystemen nicht gestattet. Wir wagen also einen einschneidenden Schritt und *entfernen* die Partition aus der Partitionierungstabelle der Festplatte. Bitte arbeiten Sie stets konzentriert. Nur ein Fehler, und Ihre wertvollen Dateien sind »digitale Geschichte«!

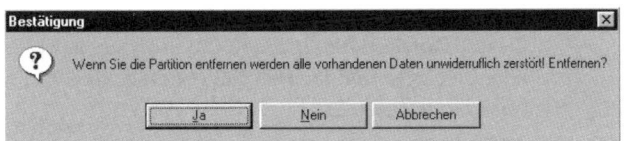

Abbildung 2.12: Ein ernst zu nehmender Warnhinweis: Jeder Eingriff in die Partitionierung der Festplatte ist ein Risiko für die darauf gespeicherten Daten!

Nun haben wir den Eintrag in der Partitionstabelle der Festplatte gelöscht. Beließen wir es dabei, wären die Daten verloren, denn diese Platte wäre aus der Sicht des Controllers unpartitioniert. Wir müssen also einen *neuen* Eintrag anlegen, dem wir die gleichen Daten – abgesehen von der Größe der Partition – zuweisen, wie sie früher vorgefunden wurden. Dazu gehören der gleiche Name (unter Umständen bestehen schließlich Verknüpfungen im Netzwerk zu dieser Platte) und vor allem das richtige Dateisystem. Wir haben uns dazu entschlossen, die Platte zu jeweils 50 Prozent auf die beiden Partitionen aufzuteilen, die wir künftig nutzen möchten. Neben diesem Eintrag legen wir einen zweiten für die künftige LINUX-Partition an. Es spielt im Grunde genommen keine Rolle, mit welchem Dateisystem wir diese Partition formatieren, denn mit der Installation von LINUX und dem Anlagen einiger strukturierter Partitionen für die verschiedenen Verzeichnisse nehmen wir eine erneute Formatierung vor. Sie sollten jedoch auf keinen Fall Ihre erste Partition erneut formatieren. Bedenken Sie, dass sich in diesem Bereich Ihr bestehendes System befindet.

Formatieren Sie nicht die Partition, auf der Ihre bestehenden Daten gespeichert sind, neu. Damit vernichten Sie alle Dateien auf dieser Platte unwiederbringlich.

Wenn alles geklappt hat, müssen Sie nach dem Abschluss der Aufteilung Ihren Computer neu starten. Erst dann kommt die »Stunde der Wahrheit« und Sie werden sehen, ob Ihre Daten noch vorhanden sind oder nicht. In unserem Beispiel ist das alte System erhalten geblieben, wenn auch die Eigenschaften des »Laufwerks« C:\ etwas verwirrend waren. Dort behauptete der Computer nämlich unnachgiebig, dass dieses Laufwerk weiterhin 42 GB groß sei. Korrekt wurde dagegen das neu angelegte und im Beispiel ebenfalls mit FAT32 formatierte Laufwerk D:\ dargestellt.

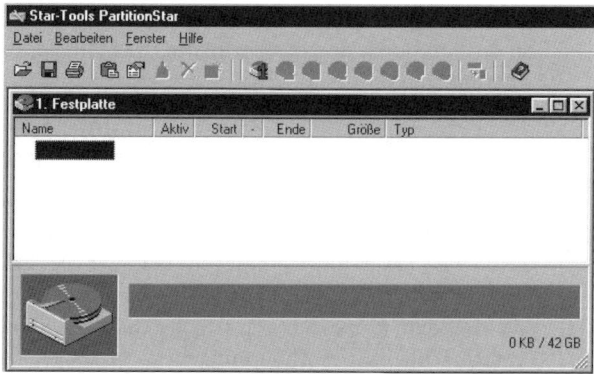

Abbildung 2.13: Neutraler Zustand: Der Computer kennt keine Partitionen mehr. Das darf nicht so bleiben, sonst sind die Daten weg!

Sie, liebe Leser, gehen sicher davon aus, dass Fachautoren generell alles richtig machen und locker die richtigen Illustrationen liefern. Doch ganz im Vertrauen: Auch wir machen Fehler und haben bei der Anfertigung dieser Illustrationen ein Betriebssystem vollständig »zerschossen«. Allerdings: Wir hatten Glück, zuvor ein Backup angelegt zu haben (wir verwendeten das bereits gezeigte Programm DriveImage) und konnten noch einmal »üben«. Also seien auch Sie bitte vorsichtig. Ein falscher Mausklick, eine falsche Wahl des Dateisystems oder eine falsch kalkulierte Partitionsgröße, und die wertvollen Daten sind dahin!

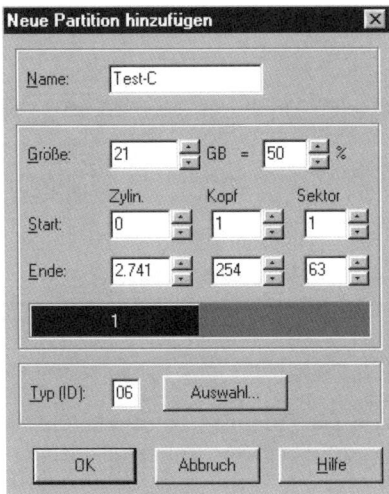

Abbildung 2.14: Die erste Partition wird wieder in die Tabelle der Festplatte eingetragen. Wir verwenden die gleichen Parameter, jedoch verkleinern wir die Partition, um Platz für LINUX zu schaffen

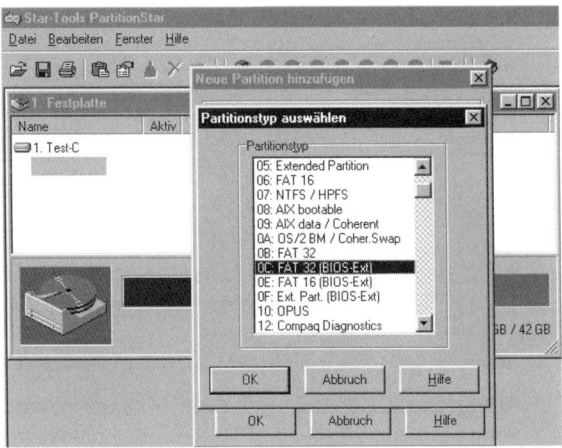

Abbildung 2.15: Sie können, müssen aber die neue Partition nicht formatieren bzw. ihr ein Dateisystem zuweisen

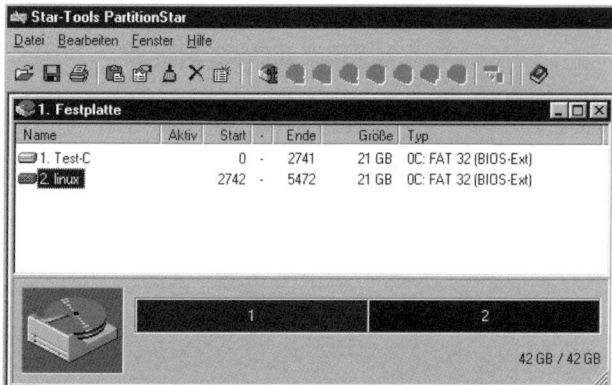

Abbildung 2.16: Das Ergebnis: Die Festplatte ist nun in zwei Partitionen aufgeteilt. Doch startet der Computer wieder neu? Sind alle Daten noch vorhanden? Das gilt es nun auszuprobieren

Abbildung 2.17: Glück gehabt! Wir haben alles richtig gemacht und finden ein funktionsfähiges System mit einer weiteren Partition auf unserem Computer wieder

Neue Festplatte einbauen

Alternativ zur totalen Löschung oder zum Risiko, Daten versehentlich zu verlieren, kann neben der bereits bestehenden Platte eine neue Festplatte in den Computer eingebaut werden. Das ist weniger kompliziert, als es klingen mag, denn die modernen U-ATA/IDE-Festplatten werden vom BIOS des Computers automatisch erkannt und in das System eingebunden. Aufwändiges Eingeben der Plattendaten entfällt damit also. Wenn nicht, wird die Anzahl der Zylinder etc. mit der Platte geliefert und muss in das BIOS eingetragen werden.

Eine kleine Komplikation ist für den ungeübten PC-Bastler noch das Setzen der Jumper (Master, Slave oder automatisch). An einem IDE-Interface lassen sich zwei Festplatten anschließen, die mit einem einzigen 40-poligen Flachkabel verbunden werden. Der Stecker ist mit einer Aussparung versehen, so dass er nicht falsch angeschlossen werden kann. Ist bereits eine Platte an einer Schnittstelle angeschlossen, so ist diese der Master. Die neue Platte wird dann als *Slave* (durch Umstecken des Jumpers nach dem auf dem Gehäuse aufgedruckten Schema) konfiguriert. Ist noch keine Platte an dieser Schnittstelle angeschlossen, dann kann die Einstellung sowohl auf *Master* als auch auf *Auto* belassen werden.

Der Vorteil einer zweiten Festplatte ist, dass die vorhandene Platte nach wie vor vollkommen und risikofrei dem bestehenden Betriebssystem zur Verfügung steht. Die neue Platte kann dagegen vollständig von LINUX verwendet werden.

Sowohl bei der Teilung einer Festplatte als auch bei der Verwendung einer zweiten Platte können Sie beim Hochfahren des Computers entscheiden, mit welchem Betriebssystem Sie arbeiten möchten. Dafür wird ein so genannter Bootmanager installiert. Wenn Sie mit Debian GNU/LINUX arbeiten, wird das entweder LILO (LINUX Loader) oder GRUB (*Gr*and *U*nified *B*ootloader) sein. Letzterer wird in der Regel dem LILO vorgezogen und von Installern neuerer LINUX-Distributionen automatisch installiert, sofern Sie keine andere Wahl treffen.

Wechselfestplattensystem verwenden

Betrachten wir die letzte mögliche Alternative, die den größten Schutz des bestehenden Betriebssystems bietet: die Verwendung von Wechselfestplatten. Der Begriff irritiert möglicherweise ein wenig, denn die Festplatten sind nach wie vor die gleichen, wie sie in den Computer eingebaut werden. Die interne Verkabelung erfolgt allerdings nicht mehr direkt an der Platte, sondern an einem Wechselrahmen, der in einem freien 5,25-Zoll-Platz an der Frontseite des Computers eingebaut wird. Zu diesem Rahmen gehören Einschubgehäuse, in die wiederum die eigentliche Festplatte montiert wird. Das Wechseln einer Festplatte ist später ein wahres Kinderspiel. Einige Systeme lassen das direkte Ziehen einer Platte zu, andere wiederum arbeiten mit einem Schloss zur Arretierung der Platte im Rahmen. Wir ziehen die letztere Variante vor, weil damit ein versehentliches Entfernen der Platte bei laufendem Betrieb ausgeschlossen wird.

So einfach das Prinzip im Ergebnis ist, umso schwieriger ist es, das geeignete System zu finden. Generell sollte es zukunftssicher sein, was bedeutet, dass auch schnelle Laufwerkstandards unterstützt werden sollten. ATA 100 ist zwar noch weit verbreitet, sollte aber bei der Wahl eines Wechselrahmensystems keine Option mehr sein. Darüber hinaus empfehlen wir ein Rahmensystem mit einem durchgängigen Metallgehäuse. Es gibt auch Kunststoffsysteme am Markt, die jedoch die Wärme, welche eine Festplatte im Betrieb erzeugt, nicht immer ideal abführen. Metallausführungen leiten die Wärme dagegen nicht nur über die Lüftungsschlitze, sondern auch über die Oberfläche des Gehäuses nach außen ab. Das schont die Festplatte und kommt ihrer Lebensdauer zugute. Ergänzend ist ein eigener Lüfter im Rahmensystem zu empfehlen. Dieser verursacht zwar zusätzliche Geräusche, vermindert aber das Risiko der Zerstörung der Festplatte infolge eines Wärmestaus enorm.

Ergänzend sei betont, dass Sie die Festplatten auf den Gehäusen eindeutig beschriften sollten. Insbesondere wenn Sie eine komplette Partitionierung und Formatierung der Platte beabsichtigen, sollten Sie vorsichtig sein. Die Gehäuse sehen äußerlich vollkommen gleich aus. Schnell ist eine Verwechslung geschehen. Wenn Sie es schließlich bemerken, ist es meist zu spät und die Daten sind unwiederbringlich verloren.

Generell sollten Sie beim Einbau einer zusätzlichen Platte oder eines Wechselrahmensystem mit einem Lüfter prüfen, ob die Leistungsfähigkeit des eingebauten Netzteils ausreichend ist. Zu schwach dimensionierte Netzteile führen oft zu unerklärlichen Systemabstürzen. In diesem Fall sollten Sie ein stärkeres Netzteil einbauen, was bereits ab 50 Euro in guter Qualität zu bekommen ist. Beachten Sie, dass Sie Geräte des gleichen Typs (AT oder ATX) verwenden.

Abbildung 2.18: Wechselfestplatte im Rahmen (hier ausgebaut): Die Platte wird einfach in den Rahmen eingeschoben und der PC bootet mit dem neuen Betriebssystem

Abbildung 2.19: Wichtig: Festplatten erzeugen viel Wärme. Diese muss schnell und ungehindert nach außen abgeführt werden. Metallgehäuse, Lüftungsschlitze und aktive Lüfter gewährleisten dies

Debian GNU/LINUX installieren

Nachdem wir nun mindestens eine ausreichend große freie Partition für unser LINUX-Betriebssystem zur Verfügung gestellt und die Hardwareeigenschaften des Computers überprüft haben, können wir mit der eigentlichen Grundinstallation von Debian GNU/LINUX beginnen. Wie bereits erwähnt, befindet sich Debian GNU/LINUX zum Zeitpunkt, an dem dieses Kapitel entsteht, in einem Umbruch. Aktuell (Stand: Mai 2005) wird die Version Debian GNU/LINUX 3.0r4 »Woody« als stabile Version auf den Servern zur Verfügung gestellt. Zu diesem Zeitpunkt hat »Woody« aber bereits mehr als zwei Jahre in diesem Status auf dem Buckel. Die Programmpakete wurden zwar mit Patches ständig auf einem aktuellen Stand gehalten, doch der Umfang dieser Distribution ist gemessen an der neuen Version (derzeitiger Status: »testing«) erheblich geringer. Unterschiede gibt es auch beim Installationsprozedere, das sich in der Version Debian GNU/LINUX 3.1 »Sarge« von einer deutlich komfortableren Seite zeigt. Nun sind beide Versionen sehr weit verbreitet und werden nach wie vor fleißig von den Servern geladen. Wir werden deshalb die Grundinstallation beider Versionen besprechen, uns jedoch im Buch an der aktuellsten Version orientieren.

Welche Version Sie auch wählen: In den folgenden Beispielen setzen wir voraus, dass Ihr Computer direkt von einer CD-ROM booten kann und dies versucht, noch bevor er auf die Festplatte zugreift. Dazu müssen Sie unter Umständen im BIOS-Setup die Boot-Reihenfolge verändern. Das BIOS-Setup erreichen Sie unmittelbar nach dem Einschalten des Computers. Auf dem noch schwarzen Bildschirm werden Ihnen mit weißer Schrift die Daten des Computers und auch die Tastensequenz zum Öffnen des BIOS-Setups angezeigt. Diese Option steht Ihnen allerdings nur wenige Sekunden offen, dann startet der Computer das Betriebssystem.

Sollten Sie nicht von der CD-ROM bzw. DVD booten können, was bei älteren Computern denkbar ist, können Sie im Internet auf den Servern des Debian-Projektes auch Images für Bootdisketten finden. Sie booten dann von der Diskette und installieren über diesen Weg von der CD-ROM oder DVD Ihr LINUX-Betriebssystem.

Debian 3.0 »Woody« installieren

»Woody« ist im Animationsfilm *Toy Story* der Cowboy, also gewissermaßen der »harte Junge«. Eine gewisse Form des »Cowboy-Stils« hat auch die Installation der Version Debian GNU/LINUX 3.0 »Woody«, denn im Vergleich zur aktuelleren Version, die wir im nächsten Abschnitt besprechen, erweist sich diese Version in ihren ersten Schritten als – nennen wir es einmal: »anspruchsvoller«. Das liegt vor allem an der nicht grafischen Benutzerführung, die jedoch inhaltlich nicht zwingend schwieriger ist.

> Die Beherrschung aller Technik ist eine Sache der Gewohnheit. Und auch der Komfort spielt eine wichtige Rolle. Ungewohnte Benutzerführungen – möglicherweise auch in einer fremden Sprache – verwirren uns in der Regel. Der Umgang mit der Software oder mit dem Gerät erscheint uns dann schwierig. Urteilen Sie bitte nicht vorschnell und wagen Sie die Installation von Debian GNU/LINUX.

Der erste Schritt

Wir legen die erste CD-ROM unserer Distribution ein, sorgen dafür, dass der PC von der CD-ROM booten kann (hierfür ist – wie bereits erwähnt – möglicherweise eine Einstellung im BIOS erforderlich) und starten unseren Computer. Ist das BIOS richtig eingestellt, dann bootet der PC nicht wie üblich von der Festplatte, sondern von der CD-ROM. Es startet der Debian GNU/LINUX 3.0 Installer und wird uns durch die folgende Installation des Grundbetriebssystems führen.

Bitte lassen Sie sich nicht von der optischen Form des Installers abschrecken. Es handelt sich nicht um eine grafische Oberfläche, wie wir sie in den meisten Fällen gewohnt sind. Sie wird über die Tastatur gesteuert. Das ist möglicherweise nicht ganz so komfortabel, als würde man lässig im Sessel sitzend mit dem Mauszeiger die Oberfläche sondieren, hat aber auch einen Vorteil: Die Oberfläche zwingt uns, uns etwas intensiver mit ihrem Inhalt zu befassen. Gleiches gilt für die englischsprachige Benutzerführung direkt nach dem Start. Auch hier sollten Sie sich nicht irritieren lassen, denn Sie können Ihre Landessprache für den Installationsprozess im Folgenden frei wählen.

Unmittelbar nach dem Start der Bootsequenz auf der CD-ROM wird der Eröffnungstext angezeigt, der noch einmal die ausdrückliche Warnung beinhaltet, alle wichtigen Daten, die sich möglicherweise auf der Festplatte befinden, in einem Backup zu sichern. Es wird keine Garantie übernommen, dass nicht versehentlich alle Daten der gesamten Festplatte gelöscht werden. Ein ebenso wichtiger Hinweis: Mit der Taste F1 kann zu jeder Zeit eine Hilfe aufgerufen werden. Das kennen wir ja unter anderem von MS Windows.

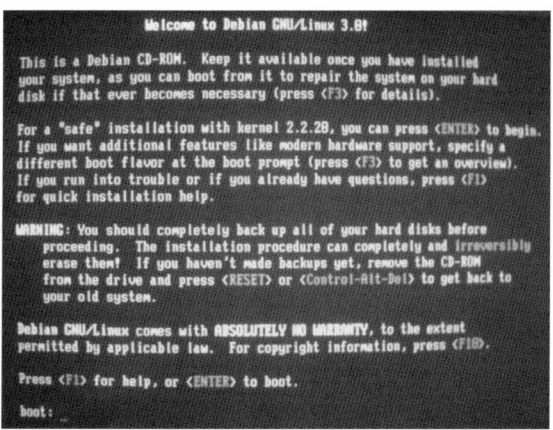

Abbildung 2.20: Zu Beginn der Installation noch einmal die eindringliche Warnung: Wenn Sie keine »leere« Festplatte, sondern eine Partition neben einem bestehenden System verwenden, dann sichern Sie bitte alle wichtigen Daten. Es kann immer ein Fehler gemacht werden, der den Inhalt der Platte vollständig zerstört!

Arbeiten mit der »richtigen« Tastatur

Wir wollen Debian GNU/LINUX natürlich installieren und treffen so die kühne Entscheidung, den Installationsprozess fortzusetzen. Nun können wir uns für eine Sprache entscheiden, in der wir durch den weiteren Prozess geführt werden. Wir wählen das Naheliegende: die deutschsprachige Benutzerführung, was durch Auswahl des »Sprachraumes« (Deutschland, Belgien, Luxemburg, Österreich oder die Schweiz) in einem zweiten Dialog ergänzt wird.

Nach einem Hinweis auf die am Debian-Projekt mitwirkenden Institutionen beginnt die eigentliche Konfiguration des zu installierenden Betriebssystems mit der Beschreibung der Tastatur. Zunächst einmal wird ein sehr grober Typus festgelegt. Erst nach der erfolgreichen Installation des Basis-Betriebssystems kann die verwendete Tastatur im Detail definiert werden. An dieser Stelle wählen wir also »qwertz/de« für die deutsche Tastenbelegung aus.

Ein wichtiges Unterscheidungsmerkmal von Computertastaturen ist die Position der Buchstaben »y« und »z«. Bei einer amerikanischen Tastatur sind die Positionen dieser Buchstaben gegenüber der deutschen Tastenbelegung vertauscht. Das gilt auch für verschiedene andere internationale Tastaturbelegungen. Allerdings stellt dieses Merkmal nur eine Eigenschaft zur Unterscheidung von Tastaturen dar. Betroffen sind insbesondere nur in Deutschland geläufige Umlaute wie ä, ö und ü sowie die Belegung der Tasten mit Satzzeichen etc. Die Wahl einer falschen Tastatur bedeutet also nicht zwingend, dass der Computer nicht funktionieren wird. Allerdings werden die Ergebnisse beim Schreiben mit einer falschen Einstellung zu großer Verwunderung führen.

Gestaltung des Verzeichnisbaumes

Der nächste Schritt ist eine Entscheidung mit großer Tragweite, denn es geht nun darum, die Festplatte zu wählen, die für das künftige LINUX-Betriebssystem partitioniert werden soll. Hier müssen wir bereits etwas über die Art und Weise wissen, wie unter LINUX das Dateisystem aufgebaut ist. Es beginnt stets im Wurzelverzeichnis (»root«), dargestellt durch den Slash (/). Alle Festplatten und verschiedene andere Geräte wie beispielsweise die Schnittstellen des Computers sind in diesem Verzeichnissystem unter /dev (Devices) angeordnet. LINUX kennt also kein Laufwerk A:/ für das Diskettenlaufwerk, sondern nur den Pfad /dev/fd0 (fd für Floppy Disc und eine Zählung, beginnend bei null). Ähnlich sieht es bei den Festplatten aus. IDE-Festplatten haben die Bezeichnung hd (Hard Disc). Auch sie führen einen Index, weil durchaus mehrere Platten in einem Computer installiert sein können. Es wird jedoch zunächst keine Zählung, sondern eine Indizierung mit Buchstaben verwendet. Hierdurch werden die physikalischen Laufwerke eindeutig bezeichnet. Natürlich können diese auch partitioniert werden. In diesem Fall wird wieder auf eine Nummerierung zurückgegriffen.

Dateiname	Device-Name
/dev/fd0	Erstes Diskettenlaufwerk (unter MS-DOS entspräche dies dem Laufwerk A:\)
/dev/fd1	Zweites Diskettenlaufwerk (B:\ unter MS-DOS)
/dev/hda	Master am primären EIDE-Controller (EIDE-Festplattenlaufwerk oder ATAPI-CD-ROM)
/dev/hdb	Slave am primären EIDE-Controller (EIDE-Festplattenlaufwerk oder ATAPI-CD-ROM)
/dev/hdc	Master am sekundären EIDE-Controller (EIDE-Festplattenlaufwerk oder ATAPI-CD-ROM)
/dev/hdd	Slave am sekundären EIDE-Controller (EIDE-Festplattenlaufwerk oder ATAPI-CD-ROM)
/dev/hdd1	Erste Partition auf dem Slave des sekundären EIDE-Controllers
/dev/hdd2	Zweite Partition auf dem Slave des sekundären EIDE-Controllers
/dev/sda	Erste SCSI-Festplatte
/dev/sdb	Zweite SCSI-Festplatte
/dev/sdb1	Erste Partition auf der zweiten SCSI-Festplatte
/dev/ttyS0	Erste serielle Schnittstelle (unter Windows würde diese COM1 heißen)
/dev/tty??	Virtuelle Konsolen

Tabelle 2.2: Beispiele für Device-Namen im LINUX-Dateisystem: Auch Laufwerke und Schnittstellen sind aus der Sicht von LINUX »Dateien«, in die geschrieben und aus denen gelesen werden kann

Die Zuweisung der Bezeichnungen wird automatisch vorgenommen. Generell werden Sie auf Ihrem Motherboard zwei IDE-Controller finden, wobei an jedem der beiden Controller zwei Laufwerke (Festplatten, CD- oder DVD-Laufwerke) angeschlossen werden können. Die Controller und die Laufwerke unterliegen einer definierten Hierarchie. So wird einer der beiden Controller als *primärer*, der andere als *sekundärer* IDE-Controller bezeichnet. Es können an jedem der beiden Controller jeweils ein oder zwei Laufwerke angeschlossen werden.

Möglich ist es auch, an einem Controller ein und am anderen zwei Laufwerke oder sogar zwei Laufwerke am primären Controller zu betreiben und den anderen Controller gar nicht zu verwenden. Allerdings ist die zuletzt genannte Konstellation wenig empfehlenswert, weil damit die Performance des gesamten Computers durch den verlangsamten Zugriff auf die Laufwerke reduziert wird. Pro Controller wird eines der Laufwerke als *Master*, das andere als *Slave* durch das Setzen von Jumpern definiert.

Die Indizierung der Laufwerke hängt also von ihrer jeweiligen Konfiguration innerhalb des Computers ab. */dev/hda* bezeichnet generell das Master-Laufwerk am primären IDE-Controller. */dev/hdc* steht für das Masterlaufwerk am sekundären Controller. An diesen Bezeichnungen ändert sich auch dann nichts, wenn kein Slave-Laufwerk am primären Controller angeschlossen ist. In diesem Fall fehlt */dev/hdb* schlicht und einfach.

Nun ist es denkbar, dass anstelle der IDE-Festplatten oder ergänzend zu ihnen SCSI-Laufwerke betrieben werden. Diese werden mit *sd* bezeichnet und nach ihrer SCSI-ID mit Buchstaben – beginnend bei *a* – indiziert. Wie auch schon bei den IDE-Festplatten beschrieben, werden die einzelnen Partitionen auf den Platten numerisch indiziert. Die erste Partition der ersten SCSI-Platte im System hat also die Bezeichnung */dev/sda1*.

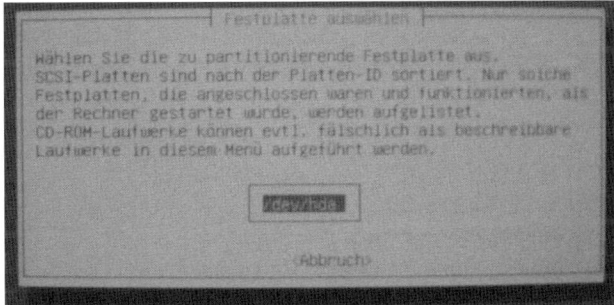

Abbildung 2.21: Wichtig: Sind mehrere Festplatten im Computer vorhanden, muss unbedingt das richtige Laufwerk ausgewählt werden, auf dem die für LINUX erforderlichen Partitionen angelegt werden sollen

> Bevor die zu partitionierende Festplatte ausgewählt wird, sollte festgestellt werden, welche Festplatten im Computer vorhanden und an welchen Schnittstellen diese angeschlossen sind. Ein Fehler, der an dieser Stelle gemacht wird, kann dazu führen, dass ungewollt Daten verloren gehen.

Nach der Wahl des Laufwerkes wird der Installer wieder einen Hinweis anzeigen, der im Grunde genommen nur wirklich alte Computer betrifft, die vor 1998 gebaut wurden. Bei diesen älteren Modellen, deren BIOS noch nicht in der Lage ist, bei großen Festplatten aus den oberen Speicherplätzen zu booten, muss dafür gesorgt werden, dass die zum Booten benötigten Dateien innerhalb der ersten 1024 Zylinder des Laufwerkes (nicht der jeweiligen Partition!) gespeichert werden. Bei modernen Computern gilt diese Einschränkung nicht mehr.

Nun werden die ersten Nägel mit Köpfen gemacht. Der Debian-Installer zeigt die Partitionierung des gewählten Laufwerkes an. Hier können nun Partitionen angelegt oder gelöscht werden. Man kann nicht oft genug warnen: Ein Fehler an dieser Stelle löscht unter Umständen unwiederbringlich Daten aus einer zu erhaltenden Partition! Ohne ein vorheriges Backup sollte man keine Experimente wagen!

Ein kleiner Service des Installers ist die Überprüfung des Laufwerkes auf eventuell vorhandene fehlerhafte Blöcke. Diese können erkannt und speziell markiert werden, so dass später keine Daten in diese Speicherbereiche geschrieben werden können. Das trägt nicht nur zur Stabilität des Systems, sondern natürlich auch zur Sicherheit der eigenen Datenbestände bei. Wer einen solchen Check bereits ausgeführt hat, kann sich natürlich die dafür anfallende Zeit sparen und diesen Schritt guten Gewissens übergehen.

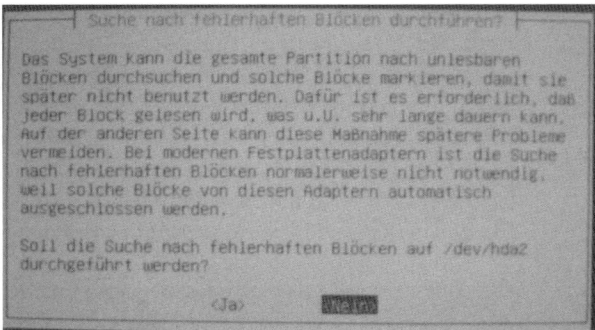

Abbildung 2.22: Die Suche nach fehlerhaften Blöcken auf dem Laufwerk sollte obligatorisch sein, allerdings ist dies eine sehr Zeit raubende Prozedur, wenn die Platte sehr groß ist. Wenn im Vorfeld der Installation bereits eine Prüfung der Festplatte stattgefunden hat, kann dieser Schritt übergangen werden

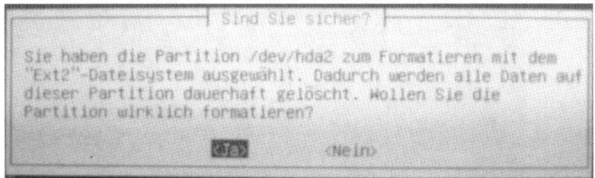

Abbildung 2.23: Noch einmal zur Sicherheit: Die Kontrollabfrage, ob die Daten auf der gewählten Partition tatsächlich gelöscht werden sollen. Erst nach einer Bestätigung wird die Partition formatiert

Während der Partitionierung und Formatierung wird möglicherweise nach der Einbindung eines Wurzelverzeichnisses und einer Swap-Partition gefragt. Das Wurzelverzeichnis (»root«) ist das Stammverzeichnis des gesamten Dateisystems. Dieses ist also besonders wichtig. Wenn keine detailliertere Partitionierung gewünscht wird, sollte die größte Partition als Wurzelverzeichnis gewählt werden. Zu empfehlen ist jedoch in jedem Fall die Anlage mindestens einer weiteren LINUX-Partition im System: die Swap-Partition. Hier handelt es sich um eine Partition, in die LINUX Daten aus dem Arbeitsspeicher (RAM) des

Computers temporär auslagern kann. Eine Faustformel empfiehlt, als Größe der Swap-Partition mindestens die doppelte Größe des Arbeitsspeichers zu reservieren. In älterer Literatur wird von einer Mindestgröße von 128 MB gesprochen. Hier gehen die Ansichten etwas auseinander, jedoch empfehlen wir, eher großzügig zu sein und diese Partition nicht kleiner als 256 MB zu dimensionieren. Auch 1 GB ist absolut legitim, denn moderne Festplatten – oft mit weit mehr als 100 GB Speicherkapazität – verfügen über ausreichend viel Platz.

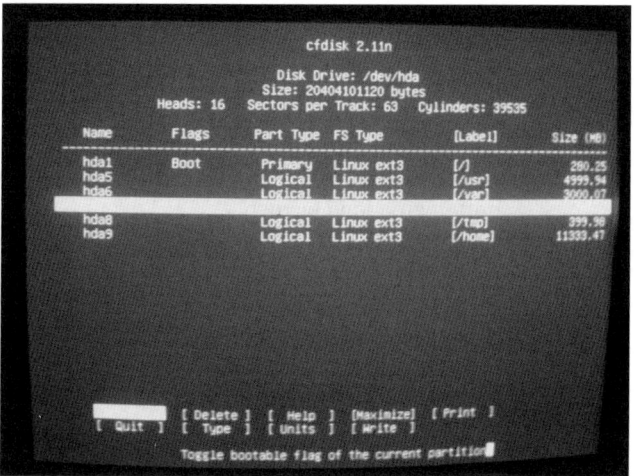

Abbildung 2.24: Die Aufteilung dieser Festplatte sieht einen großen Raumanteil für die Daten in den Heimatverzeichnissen der Benutzer des Systems *(/home)* vor. Auch für Programme und allgemein zugängliche Dateien wird ausreichend großer Speicherplatz auf der Platte reserviert

Die Auflistung der Partitionierung auf der Festplatte durch das Programm *cfdisk 2.11n* wird ergänzt durch ein Menü im Fußbereich des Fensters. Während mit den ⬆- und ⬇-Tasten die Partition selektiert wird, kann in diesem Menü mit den ⬅-/➡-Tasten die gewünschte Funktion gewählt werden. Diese Menüfunktionen von *cfdisk* sollen einmal näher betrachtet werden:

✔ BOOTABLE: Eine der Partitionen der Festplatte muss die Daten enthalten, die der Computer zum Hochfahren des Betriebssystems benötigt. Diese wird mit einem speziellen Flag markiert und die darin enthaltenen Daten unmittelbar nach dem Einschalten des Computers geladen.

✔ DELETE: Diese Funktion löscht die selektierte Partition aus der Tabelle. Das kann sinnvoll sein, um den verfügbaren Speicherplatz detaillierter aufzuteilen.

✔ HELP: Zeigt eine Übersicht zu den möglichen Tastaturbefehlen und Funktionen dieses Partitionierungsprogramms.

✔ MAXIMIZE: Mit dieser Funktion sollte vorsichtig umgegangen werden, denn Betriebssysteme wie MS-DOS, Windows und OS/2 etc. können auf die betreffende Partition nicht mehr zugreifen. Experten (!) können jedoch mehr Kapazität aus der Partition herausholen.

✔ PRINT: Die Partitionierungstabelle kann in einer Datei oder direkt auf dem Bildschirm angezeigt werden. Es ist ein Hilfsmittel zur Planung der Partitionierung. Hier lässt sich beispielsweise die Aufteilung der Platte in Sektoren erkennen.

✔ QUIT: Möglicherweise wollen Sie die Aufteilung der Partitionierung noch einmal überdenken und zum jetzigen Zeitpunkt noch nichts wirklich verändern. Dann können Sie den Vorgang mit *Quit* abbrechen, noch bevor die Partitionierungstabelle neu geschrieben wurde.

✔ TYPE: Ein sehr wichtiger Menüpunkt ist *Type*, denn hier wählen Sie das Dateisystem aus, mit dem die selektierte Partition formatiert werden soll. Die Wahl dieses Menüs listet zunächst alle verfügbaren Dateisysteme auf, die *cfdisk* beherrscht. Wichtig ist allerdings, dass Sie sich den zweistelligen hexadezimalen Code merken, der links neben der Bezeichnung des Dateisystems gelistet ist. Diesen müssen Sie am Ende der Auflistung in den Dialog eintragen und legen damit das Filesystem dieser Partition fest. Beispiele: Das FAT32-Dateisystem für große Laufwerke (Windows) wird mit »0C«, das LINUX-Extended-Filesystem mit »82« beschrieben.

✔ UNITS: Die letzte Spalte der Partitionierungsaufstellung von *cfdisk* zeigt die Größe der jeweiligen Partitionen an. Die Maßeinheit (Megabyte, Anzahl der Sektoren oder Zylinder der Festplatte) kann mit diesem Befehl umgeschaltet werden.

✔ WRITE: Der entscheidende Moment. Mit *Write* werden die eben gewählten Daten auf die Festplatte übertragen und diese entsprechend den Vorgaben partitioniert und formatiert. Wenn an dieser Stelle ein Fehler gemacht wurde, sind die auf den betroffenen Partitionen gespeicherten Daten verloren!

Das Programm *cfdisk* wird allgemein komfortabler als *fdisk* angesehen, allerdings haben beide Programme die gleiche Einschränkung: Sie können die Platte komplett neu aufteilen, jedoch sind sie nicht in der Lage, bestehende Partitionen ohne Datenverlust in ihrer Größe zu verändern. Sie können also mit *cfdisk* keine bestehende Partition verkleinern, um Platz für LINUX zu schaffen, ohne die darauf gespeicherten Daten zu verlieren.

Die Formatierungsprozedur kann je nach Größe der Festplatte recht zeitintensiv sein. Wichtig ist jedoch zu wissen, dass es an dieser Stelle zu spät ist, sich zum Schutze der eventuell zuvor auf der Platte vorhandenen Daten eine andere Aufteilung zu überlegen.

Installation des Kernels und der Module

Nach Abschluss der Formatierung ist die Festplatte bereit zur Installation des eigentlichen LINUX-Betriebssystems. Genau genommen werden jetzt der eigentliche Betriebssystemkern und die erforderlichen Treibermodule installiert, die zum Bestandteil des Kernels werden. Um den Kernel installieren zu können, muss der Installer wissen, wo sich die Installationspakete befinden. Dazu prüft der Installer beispielsweise die eingelegte CD-ROM und schlägt – wenn er fündig wurde – vor, diese CD als *primäre Installationsquelle* zu verwenden. Das bedeutet, dass auch künftig zu installierende Programmpakete in diesem Laufwerk gesucht werden.

Was an dieser Stelle selbstverständlich erscheint, wird später aus einem anderen Blickwinkel zu betrachten sein, denn im Laufe der Zeit wird es interessanter, neue Programmpakete nicht mehr von der CD-ROM, sondern gegebenenfalls direkt aus dem Internet zu installieren. An dieser Stelle soll jedoch die CD-ROM als primäre Installationsquelle definiert werden.

Sobald die Frage nach der primären Installationsquelle geklärt ist, wird auch schon darauf zugegriffen und der Kernel, das eigentliche Betriebssystem, ohne Programme und grafischer Benutzeroberfläche etc. auf dem Computer installiert. Das Problem ist allerdings, dass dieser Kernel noch erhebliche Probleme mit der Hardware des Computers haben wird. Er benötigt also noch die entsprechenden Treibermodule, die im nächsten Schritt installiert werden.

Auch auf einem MS-Windows-Computer kann die Hardware nur dann funktionieren, wenn die entsprechenden Treiber dafür zuvor installiert wurden. Das Kind hat beim LINUX-System einen anderen Namen und auch die Integration in das System erfolgt anders als bei Windows. Vom Prinzip her ist aber allen Betriebssystemen gemeinsam, dass jede Hardware durch einen Treiber – bei LINUX eben durch die »Module« – im System verankert wird.

Einige Treibermodule sind bereits im Kernel fest eingebunden, andere wiederum müssen nachträglich installiert werden. Ein Beispiel für die letztere Kategorie ist die Maus.

Der LINUX-PC im Netzwerk

Ein Computer ohne Netzwerk ist zwar relativ sicher vor Viren und Würmern, doch ist er in der heutigen Zeit nur beschränkt praxistauglich, denn auch der Zugriff auf das Internet ist mit diesem Gerät nicht möglich. Für den Zugang zum Internet gibt es natürlich mehrere Alternativen (über das LAN oder über ein Modem), doch alle diese Internetzugänge müssen zunächst konfiguriert werden. Bleiben wir aber vorerst beim lokalen Netzwerk. Weil LINUX im Ursprung ein Serverbetriebssystem ist und sehr professionelle Server-Programme in der Debian-Distribution enthalten sind, bietet es sich natürlich an, um einen LINUX-Computer herum ein Netzwerk aus mehreren Computern aufzubauen (auch mit dem MS-Windows-Betriebssystem, was wir in diesem Buch noch sehen werden). Natürlich ist LINUX auch für den Desktop, also für den uns gewohnten Arbeitsplatzcomputer, bestens geeignet. Doch auch hier nehmen wir gerne die Möglichkeit wahr, den PC mit anderen Rechnern zu vernetzen, um bequem Daten auszutauschen bzw. gemeinsam auf Dateien zugreifen zu können. Die Konfiguration des Netzwerkes ist also der nächste Schritt zur Installation unseres LINUX-Betriebssystems.

Unabhängig davon, ob tatsächlich ein Netzwerk betrieben wird oder nicht, beginnt diese Konfiguration mit der »Taufe« des Computers. Genau genommen wird dem PC nun ein Name, der *Hostname*, gegeben. Sie sind hier in Ihrer Fantasie völlig frei, dürfen jedoch keinen Punkt verwenden. Nennen wir den Computer also beispielsweise »Fridolin«.

Wenn Sie MS-Windows-Computer kennen, dann werden Sie bereits wissen, dass auch bei diesem Betriebssystem den einzelnen Computern Namen gegeben werden.

Ist nun eine Netzwerkschnittstelle vorhanden – bei einem Heim-PC darf man von einer Ethernet- bzw. Fast-Ethernet-Schnittstelle ausgehen –, dann wird diese als Device */dev/eth?* in das Dateisystem eingebunden. Das Fragezeichen steht für den numerischen Index, wobei die erste Netzwerkkarte den Index »0« und eine eventuell vorhandene zweite Karte den Index »1« hat. Unser Computer ist mit einer Netzwerkkarte ausgestattet. Die Schnittstelle heißt also *eth0*.

Eine zweite Netzwerkkarte macht in einem LINUX-Computer Sinn, wenn dieser beispielsweise als Router oder Security-Appliance konfiguriert werden soll. Das sind allerdings schon beinahe professionelle Anwendungen für den LINUX-PC.

Natürlich muss ein Computer eine Adresse haben, unter der er innerhalb des Netzwerkes von anderen Computern angesprochen werden kann. Abgeleitet vom Internet Protocol (IP), das auch in lokalen Netzwerken verwendet wird, sprechen wir von der so genannten IP-

Adresse. Diese Adresse können wir manuell festlegen, wenn die Computer innerhalb des Netzwerkes mit einem genau vorgegebenen Adressschema arbeiten, oder wir können die Adresse automatisch vergeben lassen. Für die automatische Adressvergabe nutzt LINUX zwei Protokolle: BootP oder DHCP. Vorzugsweise wird DHCP verwendet, weil hier verschiedene Parameter – beispielsweise die Gültigkeitsdauer der Adresse – vorgegeben werden können. Das Vorhandensein eines DHCP-Servers, der diese Adressvergabe steuert, ist übrigens auch bei einem kleinen Heimnetzwerk keinesfalls unwahrscheinlich. Auf der einen Seite kann diese Funktion von einem eventuell bereits vorhandenen LINUX-Computer wahrgenommen werden oder sie wird von einem modernen WLAN- oder DSL-Router bereitgestellt.

Die automatische Zuweisung von IP-Adressen ist insbesondere für den technischen Laien zu empfehlen, weil dies die Erstkonfiguration erheblich vereinfacht.

Wird auf die automatische Vergabe der IP-Adressen verzichtet, müssen folgende wichtige Adressdaten manuell eingetragen werden:

IP-ADRESSE des Computers: Diese muss im gesamten Netzwerk einmalig sein.

SUBNETZMASKE: Diese definiert, welche Bereiche der IP-Adresse die Netzwerk- und welche die Hostadresse darstellen. Innerhalb eines Netzwerksegmentes – bei einem kleinen Heimnetz also innerhalb des gesamten Netzes – muss die IP-Adresse im Bereich der Netzwerkadresse bei allen Computern gleich sein. Die Unterscheidung der einzelnen Rechner wird mit der Host-Adresse getroffen.

STANDARD-GATEWAY: Dies ist in der Regel der Übergang zum Internet.

DNS: Die Adresse des Domain Name Services kann entweder direkt vom Internet Service Provider kommen oder es wird die Adresse des Routers eingetragen, der für den Internetzugang verwendet wird (diese Adresse wird in der Regel auch für das Standard-Gateway verwendet).

Installation des Basissystems

Mit dem Kernel und den Treiberpaketen können wir noch nicht besonders viel anfangen. Wir benötigen auch noch eine ganze Reihe von Software, um mit dem PC arbeiten zu können. Ein Teil davon ist besonders wichtig, damit wir uns beispielsweise im Dateisystem orientieren und darin navigieren können. Schlicht und einfach benötigen wir beispielsweise eine Benutzeroberfläche (auch wenn wir an dieser Stelle noch nicht von einer grafischen Benutzeroberfläche sprechen). Diese ist für die Nutzung des Computers – unabhängig davon, welchem Zweck er einmal dienen wird (Server oder Desktop-PC mit Office-Anwendungen etc.) – unbedingt notwendig. Die erforderlichen Programme werden als das *Basissystem* bezeichnet und nun installiert.

Die Installation des Basissystems kann ein paar Minuten dauern. Anschließend wird entschieden, wie der Rechner künftig gebootet werden soll. In der Regel werden wir mit der Option *Das System bootfähig machen* fortfahren, was auch dann der Fall ist, wenn auf dem Computer bereits ein anderes Betriebssystem in einer eigenen Partition installiert wurde und wahlweise beim Start des Rechners alternativ zu LINUX gebootet werden soll. In diesem Fall kann auch eine Bootdiskette erstellt werden, mit der direkt LINUX gebootet wird. Die dritte Option – der direkte Neustart des Computers – wird nur dann in Betracht gezogen, wenn das Bootverhalten des Computers bereits geklärt ist. Das ist beispielsweise der Fall, wenn bereits ein entsprechend konfigurierter Bootmanager in diesem System vorhanden ist. Eine Bootdiskette kann übrigens auch noch zu einem späteren Zeitpunkt zusätzlich erstellt werden. Diese wird dann verwendet, wenn das LINUX-System aufgrund eines Fehlers nicht booten kann.

Wir setzen die Installation damit fort, den Rechner »bootfähig« zu machen. Dazu legen wir fest, an welcher Stelle der Bootmanager – Debian GNU/LINUX 3.0 installiert noch von Haus aus den *LINUX Loader* (LILO) – auf der Festplatte installiert werden soll. Ist beispielsweise bereits ein Windows-Betriebssystem vorhanden, dann empfiehlt es sich, den LILO direkt in den Master Boot Record (MBR) der Platte zu installieren, um den kompletten Startvorgang des Computers steuern zu können.

> Alternativ zu LILO werden Sie in diesem Kapitel am Beispiel von Debian GNU/LINUX 3.1 auch noch GRUB kennen lernen, der in aktuelleren Distributionen bevorzugt wird.

Das LINUX-Basissystem ist nun auf der Festplatte des Computers installiert. Allerdings fehlt noch die detaillierte Konfiguration des Systems und schließlich ist es ja auch unser Ziel, eine grafische Benutzeroberfläche nutzen zu können. Doch zunächst einmal steht ein Neustart des Computers an, bei dem der Rechner nicht mehr mit dem Startsystem des Installers auf der CD-ROM, sondern direkt von der Festplatte hochgefahren wird.

Neustart mit Sprachwechsel

Wenn Sie den Computer nun von der Festplatte neu gestartet haben, werden Sie feststellen, dass Ihr PC die deutsche Sprache verlernt hat. Die eingangs vorgegebene Sprachauswahl bezog sich ausschließlich auf den Installer des Systems. Nun müssen Sie sich für die folgenden Installationsphasen ein wenig an das Schulenglisch erinnern.

Vorgabe der Systemzeit

Im ersten Konfigurationsschritt verraten wir dem Computer, in welcher Zeitzone er arbeiten soll. LINUX ist wie sein großer Bruder UNIX an der Universal Coordinated Time (UTC) bzw. der Greenwich-Zeit (GMT) orientiert. Für einen Computer in Mitteleuropa ist die Wahl dieser Zeitzone allerdings sehr unpraktisch, so dass wir uns für die Ortszeit entscheiden und den ersten Dialog der »Time Zone Configuration« mit der Antwort *No* verlassen.

In einem zweiten Dialog zur Zeitzonenkonfiguration beschreiben wir nun den Standort unseres Computers etwas näher. In unserem Fall wählen wir *Europe* aus und bestätigen dies mit *OK*. Hier kann man zunächst etwas schmunzeln, doch diese sehr grobe Eingrenzung hat durchaus einen Sinn. Im nächsten Dialog wird nämlich nach der Stadt gefragt, welche die jeweilige Zeitzone am besten beschreibt. Diese Liste wäre exorbitant lang, würden alle wichtigen Städte auf dem ganzen Erdball gelistet. Wählen Sie also bitte eine beliebige Stadt, die sich in Ihrer Zeitzone befindet. Beispiel: Wenn Sie in Husum leben, können Sie die Zeitzone auch durch Berlin oder Wien beschreiben.

Sichere Passwörter

Passwörter haben den Sinn, unliebsame Besucher von der Benutzung des Systems abzuhalten. Natürlich sind Passwörter im Klartext alles andere als sicher, doch es gibt eine Alternative: Anstelle der Passwörter als solcher wird deren Fingerabdruck gespeichert, der nach dem MD5-Algorithmus gebildet wird. Aus diesem Fingerabdruck kann das ursprüngliche Passwort niemals mehr zurückgewonnen werden, allerdings ist es zu jeder Zeit möglich, die Eingabe des Passwortes durch den Benutzer zu überprüfen, wenn auch dieses Kennwort nach dem gleichen Verfahren umgerechnet wird. Bereits ein kleiner Fehler im Passwort sorgt dafür, dass der »Fingerprint« vollkommen anders aussieht als der, der zuvor bei der Definition des Passwortes gespeichert wurde.

Die Sache hat natürlich auch einen Haken, denn dieses Verfahren wird nicht als Standard unterstützt. Werden gesicherte Dateien zwischen Benutzern ausgetauscht oder wird der Rechner in einem Netzwerk mit älteren Systemen betrieben, kann es zu Kompatibilitätsproblemen kommen.

Wenn Kompatibilitätsprobleme ausgeschlossen werden können, sollte die Wahl zugunsten der verbesserten Sicherheitseigenschaft ausfallen und die MD5-Passwortcodierung aktiviert werden.

Zusätzlichen Schutz bieten so genannte Shadow-Passwörter. Hier werden die verschlüsselten Passwörter in einer eigenen Datei (*/etc/shadow*) gespeichert, die nur mithilfe eines speziellen Programms mit Root-Rechten gelesen werden kann. Verzichtet man auf diese Funktion, dann werden die Passwörter in der Datei */etc/passwd* abgelegt. Zwar liegen die Passwörter nicht in Klartext vor, jedoch kann diese Datei von jedem lokalen Benutzer gelesen und kopiert werden. Das allein ist ein großes Sicherheitsrisiko.

Nachdem Sie nun definiert haben, wie Ihr LINUX-System mit den Passwörtern umgehen soll, geht es daran, das allererste Passwort überhaupt erst einmal festzulegen. Es ist das Kennwort des Systemverwalters (Benutzername: »root«). Dieser Systemverwalter sind Sie und deshalb ist es an Ihnen, das Kennwort zu wählen. Es sollte nach Möglichkeit nicht einfach zu erraten sein. Ungünstig ist es also, den Namen Ihres Hundes oder das Geburtsdatum eines nahen Verwandten zu wählen. Ideal ist eine kryptische Form, bei der sowohl Buchstaben und Ziffern als auch Satzzeichen verwendet werden. Auch wenn Sie ein rein privat genutztes Heimsystem errichten möchten, sollten Sie nie vergessen, dass immer das potenzielle Risiko besteht, über das Internet von Crackern angegriffen zu werden. Möglicherweise benutzen Sie ein Wireless LAN. Ist dieses zuverlässig gegen Attacken gesichert? Vergessen Sie auch die eigenen Kinder nicht. Natürlich haben Sie großes Vertrauen zu ihnen, doch kann es sein, dass der Nachwuchs einmal »Rachegelüste« entwickelt, wenn Sie das Fernsehgerät aus pädagogischen Gründen ausgeschaltet haben? »Sicher ist sicher«, und so sollte auch das Passwort für »root« entsprechend sicher gewählt werden.

Bitte vergessen Sie niemals: Der Benutzer »root« ist der uneingeschränkte König Ihres Computers. Er darf wirklich absolut alles an dem Computer konfigurieren, verändern und löschen. Ein sicheres Passwort ist also Pflicht!

Darüber hinaus sollte auch der Systemverwalter nicht das reguläre Tagesgeschäft unter dem Benutzernamen »root« erledigen. Viren und Würmer, die er sich beispielsweise per E-Mail in das System einschleust, werden mit den Rechten des jeweiligen Benutzers ausgestattet. Bei solchen schädlichen Programmen kann es fatale Folgen haben, wenn sie mit den Rechten des Systemverwalters aktiviert werden. Unmittelbar nach der Definition des Passwortes für »root« werden Sie also gefragt, ob Sie einen weiteren Benutzer anlegen wollen. Dies ist in jedem Fall aus den genannten Gründen zu empfehlen. Der Aufwand ist sehr gering, denn Sie müssen nur folgende Eingaben machen:

✔ Vorgabe des Benutzernamens für den neuen User

✔ Eintragung des natürlichen Namens des Users (dies dient der Orientierung des Systemverwalters, der natürlich wissen muss, wer alles Zugang zum System hat)

✔ zweifache (verdeckte) Eingabe des Passworts

PCMCIA-Unterstützung?

Jedes moderne Notebook verfügt über einen oder mehrere Einschubslots für PCMCIA- oder PC-Card-Module. Die entsprechenden Treiber werden bereits mit der Basisinstallation installiert. Auf einem Desktop- oder Tower-PC sind diese Schnittstellen allerdings nur selten anzutreffen, wenn sie aus ganz speziellen Gründen nachträglich installiert wurden. In der Regel kann also auf diese Treiber verzichtet werden, die nur eine unnötige Last für den Kernel darstellen würden. Aus diesem Grunde werden sie bei Desktop- und Tower-PCs entfernt. Bei einem Laptop müssen diese Treiber natürlich erhalten bleiben.

Konfiguration des Internetzugangs?

Wer bereits eine andere LINUX-Distribution eingesetzt hat, wird sich vermutlich wundern, dass die Internetkonfiguration an so einer frühen Stelle vorgenommen wird. Das hat einen Grund, denn Debian GNU/LINUX wird ständig gepflegt und so kann es der Fall sein, dass die Softwarepakete auf der CD-ROM nicht mehr absolut aktuell sind. Sie können aber direkt aus dem Internet in aktueller Form geladen werden, so dass die Installation in jedem Fall auf dem neuesten Stand ist.

Natürlich kann die Konfiguration des Internetzugangs auch zu einem späteren Zeitpunkt erfolgen. Für diese Option wollen wir uns an dieser Stelle entscheiden und ausschließlich unseren CD-ROM-Satz als Quelle für die Installation verwenden.

Erfassung der Softwarepakete

Wenn Sie sich an die Ausführungen zur Beschaffung von Debian GNU/LINUX erinnern, dann wissen Sie, dass nicht zwingend alle CD-Images heruntergeladen werden müssen, um ein voll funktionsfähiges Betriebssystem zu installieren. Die wirklich wichtigen Programmpakete sind auf dem ersten CD-Image gespeichert. Das letzte Image beinhaltet die sehr selten nachgefragten Pakete. Es sind also nicht zwingend wirklich alle Installations-CD-ROMs verfügbar. Dennoch soll Ihnen der Paketmanager alle verfügbaren Programme zur Installation anbieten. Das kann er jedoch nur dann, wenn ein entsprechender Index über die vorhandenen Programmpakete erstellt wird. Dazu werden alle CD-ROMs der Reihe nach gescannt. Bitte beachten Sie, dass Sie in dem sich öffnenden Dialog jeweils die richtige Option auswählen, wenn Sie noch eine weitere CD-ROM besitzen, damit wirklich alle vorhandenen Programmpakete im Index erfasst werden können.

Neben den Installationsdatenträgern können auch noch weitere Quellen definiert werden. Diesen Schritt wollen wir an dieser Stelle jedoch übergehen und ausschließlich die Programme unseres CD-ROM-Satzes verwenden.

Auf die Funktion und das Installationsprinzip des Paketmanagers APT bzw. dpkg kommen wir in einem späteren Kapitel detailliert zu sprechen.

Im Rahmen der möglichen Installationsquellen wird auch auf die Webseite *http://security.debian.org* hingewiesen, auf der täglich Sicherheitsupdates zur Verfügung gestellt werden. In Anbetracht der zunehmenden Aktivitäten von Kriminellen und Crackern im Internet ist das tägliche Update sicherheitsrelevanter Funktionen zu empfehlen. Natürlich setzt dies einen betriebsfähigen Internetzugang voraus, wie er zuvor bereits – für die Überprüfung der Aktualität von Programmpaketen – eingerichtet werden konnte. Wenn Sie diese Funktion aktivieren, werden die entsprechenden Pakete vom Debian-Server geladen und installiert. Das dauert bei aktuellen Datenträgern meist nur einige Sekunden.

Installation der ersten Programmpakete

Ein Computer mit einem Betriebssystem ist ja schön und gut, aber in dieser Form praktisch noch nicht zu gebrauchen. Aus diesem Grund sieht Debian in dieser Phase die erste Installation echter Anwendungsprogramme vor. Nun ist allerdings die Funktion vieler

LINUX-Programme davon abhängig, dass möglicherweise auch andere Programmpakete installiert werden. Für die Installation der ersten Programme auf dem Computer bietet es sich daher an, das Programm *tasksel* (Task Selection bzw. Aufgabenauswahl) zu verwenden, dessen Nutzung während des Installationsprozesses automatisch angeboten wird.

Mit dem Programm *tasksel* wählen wir so genannte *Task-Pakete* aus. Hierbei handelt es sich im konkreten Fall nicht um die eigentlichen Programmpakete, sondern um Definitionen von Abhängigkeiten verschiedener Programmpakete zueinander. Das macht insbesondere in der frühen Installationsphase Sinn, denn es ist nicht immer einfach, alle Abhängigkeiten komplett zu überblicken. Die Strategie von *tasksel* ist es also, zunächst einmal die Programmfamilien – z.b. den X-Window-Server oder eine deutschsprachige Benutzerumgebung (Dokumentationen etc.) – aus einer Sammlung vordefinierter Task-Pakete zu wählen.

Wir starten also *tasksel* und wählen beispielsweise folgende Tasks aus:

Aus dem Bereich End-User:

- ✔ X window system
- ✔ desktop environment
- ✔ games
- ✔ Debian Jr.

Aus dem Bereich Servers:

- ✔ SQL database
- ✔ DNS server
- ✔ file server
- ✔ mail server
- ✔ print server
- ✔ web server

Aus dem Bereich Development:

- ✔ C and C++
- ✔ Python

✔ Tcl/Tk

Und aus dem Bereich Localization:

✔ German environment

Sie werden sich möglicherweise fragen, ob Sie wirklich Task-Pakete aus dem Bereich Development benötigen werden, wenn Sie selbst nicht beabsichtigen, Software zu entwickeln. In der Tat ist es so, dass verschiedene Programmpakete die Verfügbarkeit entsprechender Entwicklungsumgebungen voraussetzen, weil sie deren Bibliotheken nutzen bzw. bei der Installation aus den Quellen zunächst kompiliert werden müssen. Natürlich ist das hier beschriebene Beispiel nicht unbedingt auch aus Ihrer Sicht maßgeblich. Bitte treffen Sie Ihre Wahl nach eigenen Anforderungen. Mit der Taste F oder über die Auswahl des Buttons *Finish* über die Cursor-Tasten (↑/↓/←/→) verlassen wir tasksel und starten *dselect*. Nachdem wir mit *tasksel* bereits eine grundlegende Auswahl getroffen haben, bietet nun dselect die Chance, quasi eine Optimierung des Systems durch gezielte Nachauswahl von Programmpaketen vorzunehmen.

Theoretisch besteht natürlich die Möglichkeit, generell auf eines der beiden Auswahlprogramme zu verzichten. Sie können also ohne vorherige Nutzung von *tasksel* alle Pakete direkt in *dselect* wählen oder sich zunächst mit der Auswahl in *tasksel* zufrieden geben. Wir bevorzugen an dieser Stelle den aufeinander aufbauenden Einsatz beider Programme.

Das Prinzip von *dselect* sieht zwei Stufen vor: In der ersten Stufe haben Sie die Möglichkeit, die von Ihnen gewünschten Pakete mit der +-Taste zu wählen oder mit der −-Taste zu löschen. In der zweiten Stufe haben Sie dann reichlich Zeit, einen Kaffee zu trinken, denn erst in dieser Phase werden die gewählten Programmpakete wirklich installiert.

Die Bedienung von *dselect* erfolgt ausschließlich über die Tastatur, was möglicherweise etwas unkomfortabel wirkt. Der Aufwand zum Studium und zur Auswahl der Pakete ist deshalb allerdings nicht geringer als bei anderen Distributionen, denn auch diese liefern Tausende von Programmpaketen und machen die Wahl zur Qual. Wollen Sie beispielsweise die beliebte grafische Oberfläche KDE verwenden, dann müssen Sie u.a. die Pakete *kde* und *kde-i18n-de* einbinden. *kde* ist dabei ein so genanntes Metapaket, das verschiedene Abhängigkeiten der Programmpakete beschreibt und so sicherstellt, dass die grundlegende Installation vollständig ausgeführt wird.

Nach der Auswahl der Programmpakete meldet *dselect* noch einmal, wie viele Pakete neu installiert, eventuell aktualisiert oder gelöscht werden. Nach Eingabe von Y + ⏎ (für Yes = Ja) beginnt die Installation der gewählten Programmpakete. Das kann – je nach Umfang der Auswahl – eine längere Zeit (unter Umständen mehrere Stunden) in Anspruch nehmen. Dennoch sollten Sie den Installationsfortschritt im Auge behalten, denn die einzelnen Programmpakete sind möglicherweise auf verschiedenen Datenträgern gespeichert, so dass Sie von Fall zu Fall die CD-ROM im Laufwerk wechseln müssen.

Wenn Sie im Vorfeld Quellen auf dem Debian-Server oder Sicherheitsupdates gewählt haben, wird eine Internetverbindung hergestellt. Die entsprechenden Pakete werden direkt von dort geladen.

Nachdem die Pakete installiert sind, müssen möglicherweise – das hängt von den jeweils installierten Paketen ab – noch einige Konfigurationen vorgenommen werden. Ein Beispiel dafür ist die Schriftcodierung, wie sie beispielsweise im Webbrowser verwendet wird. Für den deutschen Raum ist ISO-8859-15 mit Euro-Symbol eine gute Konfiguration der »Locals«.

Der Konfigurationsteil enthält aber auch einfach nur Informationen, die lediglich mit *OK* zu bestätigen sind. Lesen sollte man sie in jedem Fall, auch wenn beispielsweise einem Einsteiger einige Anmerkungen noch fremd erscheinen.

Eine wichtige Entscheidung ist zu treffen, wenn möglicherweise mehrere so genannter *Displaymanager* installiert wurden. Hierbei handelt es sich um Verwaltungswerkzeuge für die grafische Benutzeroberfläche. Angeboten werden drei Alternativen:

✔ gdm

✔ kdm

✔ xdm

Über einen solchen Displaymanager erfolgt das Login zur grafischen Oberfläche. Zusätzlich kann – sofern verschiedene installiert wurden – der gewünschte *Window Manager* (z.B. GNOME oder KDE) ausgewählt werden. Über *gdm* und *kdm* kann der Computer auch heruntergefahren werden. Die Wahl eines dieser beiden Displaymanager ist zu empfehlen, denn sie bieten weit mehr Funktionen als *xdm*. Den größten Funktionsumfang bietet *kdm*.

Ein ausgesprochen wichtiger Konfigurationsschritt für den X-Server ist die Wahl des Chipsatzes, der in der im PC installierten Grafikkarte bzw. auf dem Motherboard für die Grafikfunktion verwendet wird. Hier kann sich glücklich schätzen, wer vor der Installation alle Hardewaredaten in einer Tabelle zusammengestellt hat und die Fragen direkt beantworten kann.

Versuchen Sie bitte bei Fragen zur Hardware Ihres Computers nicht zu raten oder zu »pokern«. Wenn die Konfiguration des X-Servers nicht richtig durchgeführt wird, müssen Sie später mühsam den Fehler suchen.

Zur Konfiguration des X-Servers gehört auch die konkrete Beschreibung der verwendeten Tastatur. In unserem Beispiel kommt eine Standard-PC-Tastatur 101/102, deutsch zum Einsatz. Wir wählen deshalb das Modell PC101 und für das Keyboard-Layout »de«.

Auch die Maus muss für den X-Server konfiguriert werden. Zunächst einmal wird nach der Schnittstelle gefragt, an der die Maus angeschlossen ist. In der Regel werden Sie bei einem modernen Computer Ihre Maus an der dafür vorgesehenen PS/2-Schnittstelle betreiben. In diesem Fall heißt Ihre Wahl */dev/psaux*. Sie erkennen bereits, dass die

Maus wie jedes andere Gerät auch als Datei vom LINUX-System interpretiert wird. Alle Ein-/Ausgabegeräte werden deshalb unter /dev/ ... in den Verzeichnisbaum des Systems eingebunden. Wenn Ihre Maus nach wie vor an einer seriellen Schnittstelle angeschlossen ist, dann wählen Sie /dev/ttyS0 (COM A unter DOS/Windows) oder /dev/ ttyS1 (COM B unter DOS/Windows). Es folgt eine sehr grobe Beschreibung der verwendeten Maus, wobei in unserem Beispiel »PS/2« gewählt wird.

Bei den Fragen zum verwendeten Monitor sollten Sie ebenfalls sehr aufmerksam sein, denn Fehler können dazu führen, dass Sie nichts mehr auf Ihrem Bildschirm sehen außer Chaos. Im schlimmsten Fall können falsche Einstellungen sogar zur Beschädigung des Monitors führen. Die erste Entscheidung, die Sie treffen müssen, ist allerdings noch sehr einfach nachvollziehbar: Verwenden Sie ein Röhrengerät (CRT = Cathode Ray Tube) oder einen LCD-Monitor (Flachbildschirm, Display eines Laptops)?

Die besagten kritischen Daten zum Monitor beziehen sich auf die horizontalen und vertikalen Frequenzangaben. Die Konfiguration des X-Servers sieht an dieser Stelle zunächst drei Parameter vor:

✔ Simple: Hier müssen Sie lediglich die Länge der Bildschirmdiagonalen kennen. Gängige Werte sind 15« oder 17«. Allerdings werden Sie mit dieser Einstellung nicht die optimale Bildschirmauflösung erhalten. Sie sollte aber auf jedem System funktionieren.

✔ Medium: Dies ist die Option, die für die meisten Benutzer des Systems zu empfehlen ist, die keine detaillierten Angaben zu den Eigenschaften ihres Monitors vorliegen haben. Hier werden verschiedene gängige Bildschirmauflösungen und Refresh-Raten zur Auswahl angeboten. Generell kann davon ausgegangen werden, dass eine Auflösung, wie sie beispielsweise schon unter MS Windows verwendet wurde, auch auf einem LINUX-Computer gewählt werden kann.

✔ Advanced: Die Experten haben die Möglichkeit, manuell individuelle Werte einzugeben, die sie beispielsweise im Handbuch des Monitors bzw. in dessen technischen Daten finden.

Die Auswahl der Bildschirmauflösung ist entscheidend für den Komfort bei der späteren Arbeit am System. Allerdings können Fehler auch zur Beschädigung des Monitors führen. Es ist deshalb sehr wichtig, sich möglichst schon vor der Installation von LINUX über die Grenzen des Monitors zu informieren. Gute Quellen sind die Hardwaredokumentation und ein eventuell bereits auf diesem PC installiertes Betriebssystem.

Natürlich stellt diese Auswahl zunächst nur den oberen Grenzwert dar. Es ist also durchaus möglich, noch geringere Bildschirmauflösungen zuzulassen, zwischen denen zu einem späteren Zeitpunkt umgeschaltet werden kann. Die endgültige Wahl der Bildschirmauflösung wird dann also aus den hier festgelegten Alternativen während des Betriebes getroffen.

Neben der Bildschirmauflösung ist die Farbtiefe der Darstellung am Monitor ein wichtiger Parameter. Verschiedene Applikationen – z.B. einige Spiele – setzen mindestens 16 Bit Farbtiefe voraus. Unter Umständen werden von den Programmen auch 24 Bit verlangt. Was möglich ist, hängt im Wesentlichen von den Eigenschaften der Grafikkarte ab. Auch hier kann neben den Hardwaredokumentationen eine eventuell in einem zuvor auf diesem Rechner verwendeten Betriebssystem funktionsfähige Einstellung übernommen werden.

Sobald die Grundkonfiguration, deren Umfang entscheidend von den von Ihnen gewählten Paketen abhängt, abgeschlossen ist, kann der erste Start des Systems erfolgen. Dieser findet ohne Neustart des Computers auf der Shell statt. Dies ist auch dann der Fall, wenn Sie mit der Installation eine grafische Oberfläche eingerichtet haben. Sie können jedoch bereits an dieser Stelle testen, ob der X-Window-Server und das grafische Frontend korrekt arbeiten, indem Sie auf der Kommandozeile (nach dem Login mit einem der von Ihnen eingerichteten User, also »root« oder dem »normalen« User und dem jeweiligen Passwort) den folgenden Befehl eingeben:

```
startx ⏎
```

Jetzt sollte nach einer kurzen Ladezeit der grafische Bildschirm gestartet werden. Debian GNU/LINUX richtet übrigens standardmäßig den Window-Manager GNOME ein. Viele arbeiten lieber mit KDE, was jedoch auch kein Problem darstellen sollte, wenn Sie die KDE-Pakete installiert haben. Mit dem Neustart des Computers melden Sie sich über den Window-Manager (vorzugsweise *gdm* oder *kdm*) an. Hier haben Sie die Möglichkeit, eine der von Ihnen installierten grafischen Benutzeroberflächen frei zu wählen.

Die Installation von Debian GNU/LINUX 3.0 »Woody« ist noch weitgehend »reine Handarbeit«. Im Klartext: Man kann durchaus mal einen Fehler machen, wobei insbesondere das Risiko bei der Beschreibung der verwendeten Hardware groß ist. Wenn Sie mit dem Ergebnis nicht zufrieden sind, versuchen Sie bitte noch einmal möglichst alle Details Ihrer Hardware – insbesondere die Angaben, die zur Konfiguration des X-Window-Servers von Bedeutung sind – zu recherchieren und mit der Hardware-Kompatibilitätsliste im Internet abzugleichen. Diese finden Sie unter der Adresse *http://tldo.org/HOWTO/Hardware-HOWTO/*. Insbesondere sollten Sie sehr detaillierte Daten zu Ihrer Grafikkarte (Chipsatz bzw. offizielle Bezeichnung, RAM-Kapazität) und Ihrem Monitor (horizontale und vertikale Frequenz etc.) recherchieren. Auch die auf Ihrem System mögliche Bildschirmauflösung und Farbtiefe sollten Sie bereits vor der Installation kennen.

Debian 3.1 »Sarge« installieren

Nun ja, zugegeben: Die Installation von Debian GNU/LINUX 3.0 »Woody« ist für alle, die mit einer durchgehend grafischen Benutzerführung aufgewachsen sind, etwas gewöhnungsbedürftig. Es ist nicht mehr besonders zeitgemäß, sich Tastenbefehle einzuprägen und bei Bedarf in die Hilfe zu wechseln. Unangenehm ist auch, dass eine einmal gemachte Eingabe nur über aufwändige Umwege korrigiert werden kann. Nicht zuletzt ist der »multikulturelle Gedanke«, der sich möglicherweise hinter der gemischtsprachigen Benutzerführung (deutsch und englisch) bei der Installation darstellt, für die Einrichtung eines Betriebssystems nicht sehr beliebt.

Spracheinstellung für die Installation

Es muss an dieser Stelle angemerkt werden, dass auch Debian GNU/ LINUX 3.1 »Sarge« nicht ganz auf die tastengeführte Installation verzichtet, doch erweist sich die Installation als erheblich einfacher und zielsicherer.

Der Ablauf beginnt ähnlich wie die »Woody«-Version mit der Wahl der Landessprache für den Installationsdialog. Aus Gründen der Bequemlichkeit haben wir die deutsche Benutzerführung für die Installation gewählt. Auch die Festlegung des konkreten Landesschemas kennen wir von der Vorgängerversion. Unterschiede sehen wir bislang nur in der etwas anderen optischen Gestaltung des neuen Installers, der aber – um es noch einmal zu betonen – nach wie vor über die Tastatur geführt wird.

Hardware- und Netzwerkerkennung

Wesentlich deutlicher wird nun die Definition des verwendeten Tastaturlayouts, für die ein Menü im Klartext vorgesehen ist, doch ein echter Quantensprung liegt in der automatisierten Hardwareerkennung. Dass u.a. CD-ROM-Laufwerke weitgehend automatisch in das Dateisystem eingebunden – *gemountet* – werden, ist heute bei allen LINUX-Distributionen nicht unbedingt etwas Neues. Der »Sarge«-Installer geht aber noch einige Schritte weiter und durchsucht bereits den gefundenen Datenträger nach Installationspaketen. Anschließend analysiert das Programm die Netzwerksituation des Computers und fordert – sofern ein DHCP-Server im System vorhanden ist – eine IP-Adresse an. Weil nun nicht in jedem Netzwerk ein DHCP-Server vorhanden ist, wird zweckmäßigerweise als nächster Schritt eine manuelle Konfiguration des Netzwerkes angeboten. Auch ein erneuter Versuch, die IP-Adresse von einem DHCP-Server zu beziehen, oder der komplette Verzicht auf eine Netzwerkkonfiguration stehen Ihnen frei.

Während wir am Beispiel der »Woody«-Installation die IP-Adressen über DHCP automatisch haben vergeben lassen, wollen wir an dieser Stelle die manuelle Konfiguration des Netzwerkes vorstellen. Die Dialoge sind mit denen der »Woody«-Version vergleichbar. Die Konfiguration erfolgt in folgender Reihenfolge:

✔ Eingabe der *IP-Adresse* des Computers: Diese muss im Netzwerk absolut einmalig sein! Darüber hinaus müssen die Teile der Adresse, die der so genannten Netzwerkadresse entsprechen, in allen Computern des kleinen Netzwerkes gleich sein. In größeren Netzwerken müssen die Netzwerkadressen innerhalb eines Segmentes identisch sein. Der Grund: Nur so kann ein Router unterscheiden, ob ein Datenpaket intern oder beispielsweise in das Internet zu transportieren ist.

✔ Eingabe der *Netzmaske*: Die als eins gesetzten Bits in dieser Netzmaske zeigen an, welcher Bereich der IP-Adresse der Netzwerkadresse entspricht.

✔ Eingabe der Adresse des *Standard-Gateways*: Mit dieser Adresse geben Sie Ihrem Computer den Weg zum Internet bekannt, wenn Sie in Ihrem Netzwerk einen Internet Access Router betreiben. Dessen IP-Adresse definieren Sie als Standard-Gateway.

✔ Eingabe der *DNS-Serveradressen*: Eine Internetadresse – z.B.: *www.srg.at* –, wie wir sie gewöhnlich in einem Webbrowser eintragen, kann nicht zum Routing der Datenpakete im Internet verwendet werden. Dazu werden ausschließlich IP-Adressen verwendet. Es muss also eine Instanz geben, die eine leicht merkbare Webadresse in eine IP-Adresse übersetzt. Das ist der Domain Name Service, der über die hier definierte IP-Adresse erreicht werden kann. Entweder geben Sie direkt die DNS-Adresse ein, die Sie von Ihrem Internet Service Provider erhalten haben, oder Sie verwenden die gleiche IP-Adresse, die Sie für das Standard-Gateway festgelegt haben. Der dort erreichbare Router fordert nämlich die aktuelle DNS-Adresse mit jedem Verbindungsaufbau in das Internet automatisch an und leitet aus dem lokalen Netz empfangene DNS-Anfragen direkt an den echten Domain Name Server weiter.

✔ Definition des Rechnernamens: Jedem Computer im Netz wird ein Hostname zugewiesen. Das macht es den Benutzern leichter, den PC im Netzwerk zu erkennen. Der Hostname wird aber auch als Prompt auf der Textshell gesetzt. Auch das macht Sinn, denn LINUX ist bekanntlich ein Mehrbenutzersystem. Verschiedene Benutzer können sich also mit individuellen Vorgaben an dem Computer anmelden. Im Falle eines Problems müssen die Benutzer nicht lange rätseln, welcher Arbeitsplatz die Schwierigkeiten bereitet, und auch die »dekorativen« PostIts am Monitor sind überflüssig, denn der Computer wird durch seinen Hostnamen eindeutig bezeichnet.

✔ Eintragung des Domainnamens: Wir gehen davon aus, dass Sie keinen professionellen Server im Internet einrichten wollen, obgleich das mit Debian GNU/LINUX durchaus möglich wäre. Aber auch im lokalen Netzwerk wird mit Domainnamen gearbeitet. Wenn Sie nicht an eine zentrale Vorgabe (beispielsweise in einem größeren Firmennetzwerk) gebunden sind, können Sie für Ihr LAN einen beliebigen Domainnamen festlegen, der jedoch auf allen Computern einheitlich sein sollte. Wir haben *linux.tux* gewählt (Tux ist der Name des Pinguins, des LINUX-Maskottchens).

Wer mit Debian 3.0 schon Erfahrungen gemacht hat, wird in diesem Installationsprozess die Entfernung der PCMCIA-Treiber aus dem Kernel vermissen. Diese werden bei »Woody« generell in den ersten Installationsphasen mit eingerichtet. Ob ein solcher Treiber zu installieren ist oder nicht, stellt die automatische Hardwareerkennung bereits im Vorfeld fest. Somit erübrigt sich die Prozedur der Entfernung überflüssiger Treiber.

Festplatte für LINUX vorbereiten

In der Version 3.0 haben wir die Platte noch mit `cfdisk` partitioniert und formatiert. Dieser Vorgang erfordert ohnehin schon sehr viel Konzentration und eine Planung der Plattenaufteilung im Vorfeld der Installation. »Sarge« nimmt uns hier sehr viel Arbeit ab und bietet einen Partitionierungs- und Formatierungsassistenten. Allerdings sind Sie natürlich keinesfalls der Willkür dieses Assistenten ausgeliefert, sondern können die Partitionierung auch manuell nach Ihrem Plan festlegen.

Wir wollen uns etwas zurücklehnen und uns zunächst einmal die Vorschläge ansehen, die uns der Partitionierungsassistent unterbreitet.
Eine eventuell zuvor auf der Platte vorhandene Partition können Sie
löschen, wenn sie nicht erhalten bleiben soll. Das bietet sich an, wenn
diese mit einem sicherheitskritischen Dateisystem (z.b. FAT) formatiert wurde. Der Assistent bietet drei grobe Optionen für die Aufteilung der Platte an:

✔ Alle Daten auf eine Partition: Diese Option wird insbesondere
Einsteigern empfohlen, weil sie so LINUX kennen lernen können,
ohne sich schon vor der Installation mit dem LINUX-Dateisystem
befassen zu müssen.

✔ Desktop-Computer: Hier werden drei Partitionen eingerichtet.
Eine sehr kleine Partition wird als Wurzel des gesamten Dateisystems (»root«) definiert. Dieser Mount-Punkt wird lediglich durch
einen Slash (/) symbolisiert. Die zweite relativ kleine Partition (ca.
250 MB bis 1 GB) wird für Auslagerungsdaten reserviert (*Swap-
Partition*). Das größte Stück vom Kuchen bekommt eine Partition,
in der alle Programmdateien und die Benutzerdaten abgelegt werden. Sie wird in dieser kleinen Aufteilung der Festplatte mit dem
Mount-Punkt */home* in das Dateisystem eingebunden.

✔ Mehrbenutzer-Arbeitsplatzrechner: Wesentlich detaillierter zeigt
sich der Partitionierungsvorschlag für ein Mehrbenutzersystem.
Auch hier wird */home* der größte Anteil der Platte zugewiesen, allerdings bekommen auch die Partitionen */usr* (allgemein zugängliche Daten und Programmdateien) und */var* (ähnliche Funktion
wie */usr*) Größen von mehreren Gigabyte zugewiesen.

> Wenn Sie nicht die vorgeschlagenen Partitionsgrößen verwenden möchten, ist das kein Problem, denn solange die Partitionstabelle noch nicht auf die Platte geschrieben wurde, können die Entscheidungen rückgängig gemacht werden, ohne einen Datenverlust zu riskieren. Erst wenn Sie die Partitionierung oder deren Änderungen übernehmen, wird es langsam ernst. Sobald Sie den Hinweis, der Sie auf die Konsequenzen der Partitionierung und Formatierung aufmerksam macht, mit *Ja* bestätigen, ist die Entscheidung endgültig.

Installation des Basissystems

Nach der Vorbereitung der Festplatte kann die Installation des Basissystems durchgeführt werden. Über dieses Basissystem stehen uns später alle Werkzeuge zur Verfügung, um Anwendungsprogramme zu installieren und das gesamte System zu konfigurieren.

Bestandteile dieses Debian-Basisbetriebssystems sind neben dem Kernel und den ersten Treibermodulen auch Applikationen, mit denen wir die erste Software auf dem System installieren. Dazu gehört beispielsweise auch wieder das Programm *tasksel* (Task-Selection), das Sie bereits bei der Installation eines Debian-3.0-Systems kennen gelernt haben. Wie Sie in diesem Abschnitt lesen konnten, installiert tasksel nicht selbst Programmpakete, sondern definiert Abhängigkeiten zwischen Paketen einzelner Aufgabenbereiche und markiert die jeweiligen Programme für die Installation. Wenn Sie später ein Programm wie beispielsweise dselect einsetzen, um eine Detailauswahl zu treffen und die Pakete installieren zu lassen, werden Sie bemerken, dass verschiedene Programme bereits zur Installation markiert sind. Hier sind die Einflüsse von tasksel deutlich zu erkennen.

Aber noch einmal zurück zum Kernel. Das ist der Betriebssystemkern, der ständig direkt und in seinen Modulen weiterentwickelt wird. Zum Zeitpunkt der Entstehung dieses Buches war die Kernel-Version 2.6.8.1 aktuell. Das kann sich aber sehr schnell ändern. Steinalte Kernel und Treibermodule haben meist den Nachteil, dass sie die aktuelle Hardware am Markt nicht kennen. Sie sollten also stets den aktuellsten stabilen Kernel verwenden.

Es gibt neben der stabilen Kernel-Version immer eine ganze Reihe Versionen mit höherer Releasebezeichnung. Diese sind für experimentelle Zwecke, zum Test im eigenen System oder schlicht und einfach für den Entwicklungsprozess vorgesehen und publiziert worden. Für alle, die mit dem LINUX-PC möglichst störungsfrei arbeiten möchten, ist die Verwendung der stabilen Version die einzige Alternative.

Bestandteil der Basissystem-Installation ist auch die Installation eines Bootloaders. Mit dessen Hilfe können Sie – sofern neben LINUX noch ein weiteres Betriebssystem auf dem Computer installiert ist – wählen, mit welchem System Sie arbeiten möchten. Allgemein bevorzugt man hier GRUB, aber Sie können auch das ältere Programm LILO (LINUX Loader) verwenden, das noch in der Version 3.0 standardmäßig installiert wurde.

Nach der Installation des Basisbetriebssystems kann der Computer die übrige Installation der Software und die Konfiguration des Betriebssystems eigenständig übernehmen. Wie Sie wissen, arbeitet der Rechner ja augenblicklich noch mit dem von der DVD bzw. CD-ROM gebooteten Betriebssystem. Aus diesem Grund ist an dieser Stelle ein Neustart des Rechners erforderlich, zu dem vorübergehend die Installations-DVD bzw. CD aus dem Laufwerk entfernt werden muss.

Der Installationsdatenträger darf im Laufwerk verbleiben, wenn die Festplatte im BIOS in der Bootreihenfolge vor dem CD-Laufwerk steht. Dann bootet der PC jetzt in jedem Fall von der Festplatte. Wenn Sie jedoch LINUX zusätzlich zu einem anderen bereits vorhandenen Betriebssystem installiert haben, dann haben Sie zuvor die Bootreihenfolge verändert. In diesem Fall müssen Sie die DVD oder die CD-ROM entfernen, damit nicht wieder der Installer von der DVD gestartet wird. Alternativ dazu können Sie auch wieder die Bootreihenfolge im BIOS ändern und dadurch möglicherweise ein bis zwei Sekunden Zeit beim Hochfahren des Rechners gewinnen.

Konfiguration des Grundsystems

Nach dem Neustart Ihres Computers läuft der Rechner bereits mit dem Debian-GNU/LINUX-Betriebssystem. Doch mal ehrlich: Viel können Sie zu diesem Zeitpunkt noch nicht mit dem Computer anfangen. Er kennt noch keinen einzigen User, auch nicht Sie als »root« (Systemverwalter), denn diesen müssen Sie durch Definition eines Kennwortes erst noch anlegen. Auch reguläre User des Systems mit gegenüber dem Systemverwalter aus guten Gründen eingeschränkten Rechten sind noch unbekannt. Die Einstellungen für die Tastatur und die Zeitzone des Computers beziehen sich alle noch auf die des Installers, und letztlich fehlt Ihnen auch noch die gewünschte Software. Es ist weder ein Spiel noch eine Textverarbeitung, noch ein Server auf dem Computer verfügbar. Wir haben also noch etwas Arbeit vor uns.

Die erste Frage, die wir zu beantworten haben, gilt der Zeitzone, in der unser PC steht. In Deutschland ist das die Mitteleuropäische Zeit (MEZ) bzw. die Mitteleuropäische Sommerzeit (MESZ). Es ist also nicht die Greenwich Mean Time (GMT), die auf vielen UNIX- bzw. LINUX-Systemen zum Einsatz kommt. Wir gehen davon aus, dass die im BIOS eingestellte Zeit auch für andere Betriebssysteme auf diesem Computer gelten soll und verneinen deshalb die Frage nach der Zeitzone GMT. Den Standort des Computers, den wir bereits in der Vorinstallation definiert haben, hat sich unser Debian-System gemerkt. Der Computer fragt allerdings noch einmal nach, ob unsere Zeitzone tatsächlich Europe/Berlin lautet. Das ist in ganz Deutschland und in Österreich (es geht ausschließlich um die Zeitzone) zu bestätigen.

Jetzt wird unser Gehirn gefordert. Wir müssen uns nicht nur ein Passwort für den Systemverwalter überlegen, sondern es uns auch gut merken. Es ist der einzige Schlüssel zum System, um Änderungen vorzunehmen, Programme zu installieren oder andere Benutzeraccounts zu verwalten. Leider allzu oft werden hierfür der Name des Hundes, das eigene Geburtsdatum oder das naher Verwandter etc. gewählt. Für einen gut ausgebildeten Cracker stellt solch ein Passwort keine wirkliche Hürde dar. Seien Sie kreativ und wählen Sie ein kryptisches Passwort, das aus großen und kleinen Buchstaben sowie Ziffern und Sonderzeichen besteht! Seien Sie auch nicht zu sehr auf Komfort bedacht und spendieren Sie mindestens acht Zeichen (besser mehr) für das Passwort. So können Sie relativ sicher sein, dass kein Angreifer Zugang zur Systemkonfiguration erhält. Vergessen Sie bitte nicht, dass einfache Passwörter auch mit einer Software geknackt werden können. Ein solches Programm ist sogar Bestandteil der LINUX-Distribution und sollte vom Systemverwalter als »Werkzeug« verstanden und eingesetzt werden, um schwache Passwörter aufzufinden und den jeweiligen Usern eindrucksvoll die Augen zu öffnen.

Bewährtes soll man bewahren! So ist auch die Auswahl der Datenquelle für den Debian-Paketmanager (*apt* = Advanced Packaging Tool) wie bei der Vorgängerversion erhalten geblieben. In unserem Fall beziehen wir die Pakete direkt von der DVD (Auswahl auch hier: CDROM). Es kann aber auch sein, dass Sie alle Programme von einem Server im System oder im Internet beziehen möchten. Dann wählen Sie die entsprechende Option (z.b. HTTP oder FTP). Nach der Auswahl der Quelle beginnt der Computer diese nach den verfügbaren Programmpaketen zu durchsuchen. Das kann eine gewisse Zeit dauern. Wenn Sie eine Sammlung mehrerer CD-ROMs besitzen, müssen Sie diese unter Umständen von Zeit zu Zeit wechseln.

Beachten Sie, dass Sie bei Verwendung einer Doppel-DVD auch den Inhalt der zweiten Seite einscannen lassen. Nur so stehen Ihnen auch diese Programmpakete zur Installation zur Verfügung.

Komfort steht manchmal gegen Detailgenauigkeit. Wer wirklich ausschließlich die Programme installieren möchte, die er wirklich benötigt, wird zum nächsten Schritt mit der »manuellen Paketwahl« übergehen. Aber der richtet sich wirklich ausschließlich an absolute Experten. Wir als »normale User« sollten ruhig die angebotene Hilfe in Anspruch nehmen. Der Rechner offeriert uns nämlich in einem Menü, pauschal Programmpakete für verschiedene Einsatzbereiche zu installieren. Angeboten werden:

- Desktop-Umgebung
- Webserver
- Druckserver
- DNS-Server

✔ Datei-(File)Server

✔ Mailserver

✔ SQL-Datenbank

✔ Manuelle Paketwahl

Sie können die Option *Manuelle Paketwahl* ebenfalls markieren. Dann haben Sie die Möglichkeit, die zu installierenden Pakete noch einmal zu überprüfen und gegebenenfalls Ergänzungen vorzunehmen.

Die grobe Auswahl von Anwendungsbereichen kennen »Woody«-Veteranen bereits von einem anderen Hilfsprogramm: *tasksel*. Weil wir uns in unserer Auswahl auch zusätzlich für die manuelle Paketwahl entschieden haben, begegnen wir nun einem Programm, das einem weiteren »alten Bekannten« – *dselect* - sehr ähnlich sieht: *aptitude*. Hier können wir nachträglich weitere Programmpakete installieren oder entfernen lassen.

Wenn wir nun unsere Entscheidung darüber getroffen haben, welche Programmpakete wir auf unserem Computer installieren wollen, erfolgen weitere Konfigurationsschritte. Zum Beispiel könnte der E-Mail-Service bereits an dieser Stelle eingerichtet werden, doch das wollen wir uns für ein späteres Kapitel aufbewahren, weshalb wir zunächst einmal *keine Konfiguration zum jetzigen Zeitpunkt* wählen.

Wie die Konfiguration des E-Mail-Services können auch verschiedene andere Dinge jederzeit nachgeholt werden, wenn sie nicht unmittelbar mit der Grundkonfiguration vorgenommen werden. Sie können jederzeit nachträglich Programmpakete installieren. Diesem Thema widmen wir ein eigenes Kapitel.

Die Grundkonfiguration kann zu einem späteren Zeitpunkt erneut aufgerufen werden. Dazu starten Sie als Systemverwalter (»root«) von der Shell, der Kommandozeile, *base-config*.

Je nachdem, welche Pakete Sie installieren wollen, werden Sie mit weiteren Fragen und Hinweisen konfrontiert. Beispielsweise werden Sie, wenn Sie die SQL-Datenbanken installieren, nach der Location gefragt, die maßgeblich für den Schriftzeichensatz ist, sowie nach dem Darstellungsformat des Datums (europäisch oder US-Format). Wenn Sie einen Druckserver einrichten wollen, kommt die Frage nach dem Standardpapierformat, das Ihr Drucker verwendet. Besitzer eines Palm-PDA wird es freuen, denn mit *kpilot* können auch Daten des PDA mit dem PC ausgetauscht werden. Festzulegen ist in der Grundkonfiguration die Schnittstelle, über die eine solche Kommunikation erfolgen soll. *ttyS0* steht dafür für die erste serielle Schnittstelle (COM A unter DOS/Windows), *ircomm0* steht für ein eventuell vorhandenes Infrarot-Interface und *ttyUSB0* bzw. *ttyUSB1* stellen die USB-Schnittstellen dar.

Sicherheit am Computer ist heute ein wichtiges Thema: Es macht also Sinn, ausschließlich MD5-Passwörter zu akzeptieren. MD5 ist ein Verfahren zur Erstellung digitaler Prüfsummen (Fingerprints). Selbst bei exakter Kenntnis des genauen Algorithmus inklusive aller Geheimnisse ist es nicht mehr möglich, aus diesem Fingerprint die ursprünglichen Daten herzuleiten.

Wenn Sie die Installation des Dateiservers beschlossen haben, der durch den Samba-Server dargestellt wird, müssen Sie den Namen einer Workgroup oder einer Domain festlegen. Auch Samba kann mit Passwörtern arbeiten und auch hier empfiehlt es sich, auf die Speicherung von Klartext-Passwörtern zu verzichten und das MD5-Verfahren zu bevorzugen.

Möglicherweise haben Sie sich für eine Desktop-Umgebung entschieden. In diesem Fall werden Sie auf einer grafischen Benutzeroberfläche arbeiten wollen, die auf dem X-Window-Server aufsetzt. Diesen müssen Sie ihrer Hardware entsprechend konfigurieren, was in der »Sarge«-Version durch den Versuch, die Hardware automatisch zu erkennen, unterstützt wird. Das betrifft beispielsweise die Grafikkarte, den Monitor und die Maus. Allerdings müssen Sie den Monitortyp (CRT, »Röhrengerät«) oder LCD (Flachbildschirm, Laptop-Display) manuell vorgeben.

Der erste Start

Nach der Grundkonfiguration beginnt die eigentliche Installation der Programmpakete. Das kann unter Umständen eine längere Zeit in Anspruch nehmen. Möglicherweise werden Sie auch zunächst ein enttäuschtes Gesicht machen, wenn Sie den Start einer grafischen Benutzeroberfläche erwarten, doch nur einen Login-Prompt auf der Shell angeboten bekommen. Bevor Sie verzweifeln, sollten Sie sich zunächst mit einem von Ihnen festgelegten Benutzer-Account (mindestens der Benutzer»root« existiert mit dem von Ihnen festgelegten Passwort) am System anmelden. Nun können Sie versuchen, durch Eingabe von startx ⏎ den X-Window-Server und die grafische Oberfläche zu starten. Standardmäßig wird für Debian übrigens GNOME eingerichtet, jedoch ist auch die sehr beliebte KDE-Oberfläche verfügbar, die über den Displaymanager *gdm*, der ebenfalls zunächst installiert wird, ausgewählt werden kann. Allerdings werden Sie *gdm* erst nach einem Neustart des Systems kennen lernen, vorausgesetzt, Sie haben die grafische Benutzerführung installiert.

Installationstücken? – Auch bei Autoren!

Wenn Sie dieses Kapitel durchgearbeitet und etwas Fleiß in Ihren Computer investiert haben, dann sollte jetzt ein LINUX-System vor Ihnen stehen, das je nach Ihren Wünschen auf der Kommandozeile oder mit einer grafischen Benutzeroberfläche arbeitet. Detaillierte Konfigurationen werden Sie zu gegebener Zeit noch vornehmen. Allerdings – auch das kann passieren – funktioniert möglicherweise irgendetwas nicht so, wie Sie es sich vorstellen. Entweder wird das Netzwerk nicht erkannt oder der X-Window-Server kann nicht gestartet werden. Die Autoren dieses Buches haben natürlich auch diesbezügliche Erfahrungen gemacht. In unserem Fall war offenbar ein »Gefühl der Routine« schuld an den Pannen. Manchmal ist es ein unüberlegter Tastendruck, durch den eine wichtige Frage übersehen und eine falsche Entscheidung getroffen wird, manchmal auch schlicht und einfach ein Fehler bei der Beschreibung der Hardware.

Es sei erwähnt, dass Installations- und Konfigurationsfehler in unseren Fällen ausschließlich bei der »Woody«-Version auftraten, denn dort erfolgt keine automatische Erkennung der Hardware – insbesondere für das X-Window-System. Allerdings: Es zeigte sich auch, dass es möglich ist, auch dieses LINUX zu installieren. Eine gute Hilfe dabei sind die Publikationen des Debian-Projektes im Internet. Besonders lohnenswert ist vor der Installation ein Blick in das »*LINUX Hardware Compatibility Howto*«. »*Howtos*« sind in ihrer Summe quasi die Dokumentationen eines LINUX-Systems. Neben den so genannten Manpages sind sie eine der wichtigsten Informationsquellen zu LINUX überhaupt.

Übrigens: Unser Problem war ein Fehler in der Konfiguration der Grafikkarte. Sehr ärgerlich, aber durchaus auch für Autoren lehrreich.

Das LINUX Hardware Compatibility Howto finden Sie im Internet unter folgender Adresse: *http://tldo.org/HOWTO/Hardware-HOWTO/*. Bitte beachten Sie, dass sich Webadressen von Zeit zu Zeit ändern können. Im Zweifelsfall wird Sie die Suche nach dem Begriff *Hardware-Howto* ebenfalls zum Ziel führen.

Die Qual der Wahl: »stable« oder »testing«?

In diesem Kapitel haben wir die Installation der Debian-GNU/LINUX-Versionen 3.0 »Woody« und 3.1 »Sarge« dargestellt. Beide Versionen sind derzeit (Mai 2005) aktiv im Rennen um die Gunst der User. Doch welche Version ist die richtige? Für welche sollte man sich entscheiden? Genau genommen ist dies – von den Versionsbezeichnungen mal abgesehen – eine zeitlose Frage, denn Debian sieht immer mindestens drei Releases der Distribution vor:

- unstable,
- testing und
- stable.

Alle Versionen werden laufend gepflegt und aktualisiert, jedoch wird der Umfang der Pakete in der Regel stabil gehalten. Die im jeweiligen Release enthaltenen Programme sind also keinesfalls »kalter Kaffee«, wie manch einer vermuten mag. Wie soll unter diesen Umständen also eine Entscheidung getroffen werden, wenn doch alles »gleich« ist? Nun ja, ganz gleich sind die verschiedenen Releases natürlich nicht, was bereits deutlich wird, wenn man die Anzahl der Programmpakete vergleicht: Mehr als 8700 Programmpakete umfasst die Version 3.0 »Woody«. Dagegen fährt Debian in der Version 3.1 »Sarge« mehr als 14500 Programmpakete auf. Das könnte ein Kriterium für die Entscheidung sein, doch andererseits kann man auf einem bestehenden System jederzeit ein neues Programmpaket nachinstallieren. Das ist selbst dann möglich, wenn es in einem aktuelleren Release angeboten wird. Auch ein neuer Kernel kann jederzeit installiert werden.

Paketlisten der jeweiligen Distributionen sind im Internet zu finden: *http://www.debian.de/distrib/packages#note.*

Überlegen wir einmal, ob der Installationsaufwand das entscheidende Kriterium ist. Zugegeben, auch wir hatten zunächst einmal »viel Freude« mit der Woody-Version. LINUX zu installieren kann recht zeitintensiv sein, was besonders dann gilt, wenn man neugierig ist und sich die Mühe macht, die Beschreibungen der mitgelieferten Software – wenn auch zunächst sehr oberflächlich – zu studieren. Darüber hinaus steigt die Wahrscheinlichkeit eines Fehlers mit der Zahl der Dialoge, und auch eine Benutzerführung in wechselnden Sprachen ist nicht unbedingt sehr ergonomisch. Läutet einmal das Telefon, ist es aus mit der Konzentration und möglicherweise wird unversehens eine falsche Wahl getroffen. Auch die textbasierende Benutzerführung kann also mit einfachen Tastenkommandos zu schnellen Handlungen verleiten. Wenn das System aber letztlich läuft, stellt sich die Frage, ob der Komfort bei der Installation tatsächlich das entscheidende Kriterium zur Auswahl des Releases ist.

Stabilität ist eine seit Jahren beschworene Eigenschaft des LINUX-Betriebssystems, und das Debian-Projekt hat einen maßgeblichen Einfluss auf diesen guten Ruf. Debian ist keinem »Markt« im kommerziellen Sinne unterworfen, sondern einem Kodex, der die Qualität in den Vordergrund stellt. Lametta und die große Multimediashow beim Systemstart gehören nicht zu den Prämissen von Debian. Was zählt, ist ein möglichst zuverlässig und stabil laufendes System. Natürlich haben auch der User und nicht zuletzt die Qualität der Hardware einen großen Einfluss auf die Stabilität. Die hohen Ansprüche an die Stabilität sind der Grund, warum eben bei Debian nicht im Quartalstakt neue Releases verabschiedet werden, sondern ein Release durchaus mal zwei Jahre im »Stable«-Status verweilen kann. Wer es dennoch aktueller möchte, kann auch aus den anderen jederzeit zugänglichen Releases Programme einbinden. Wer aber bezüglich der Stabilität die Risiken minimieren will, wird ausschließlich auf die stabile Version der Distribution setzen.

Die Entscheidung trifft der User. Wir haben uns in den weiteren Ausführungen in diesem Buch für die Version Debian GNU/LINUX 3.1 »Sarge« entschieden. Die beschriebenen Programme werden jedoch in den meisten Fällen auch in der »Woody«-Version nutzbar sein.

3 Programmpakete verwalten

Die Eigenschaften von LINUX sind Flexibilität, Modularität und nicht zuletzt der nicht kommerzielle Ursprungsgedanke bei der Entwicklung dieses Betriebssystems. Die Programme, die Sie mit Ihrer Distribution bekommen haben oder sich auch aus anderen Quellen laden können, basieren oft auf den Funktionen weiterer Programme und Bibliotheken. Gelegentlich muss auch eine Programmierumgebung vorhanden sein, wenn die Programme als Quellen geliefert und kompiliert werden müssen. Diese Eigenschaften von LINUX, genau genommen der LINUX-Software, sind der Grund dafür, dass sich LINUX nicht im gleichen Maße auf Desktop-Computern und Laptops verbreitet hat wie ein bekanntes kommerzielles Betriebssystem. Der Ruf, kompliziert in der Beschaffung und Installation zu sein, haftet LINUX noch immer an, obwohl das nicht mehr gilt.

Installation und Deinstallation von Programmen ist eine Aufgabe, die dem Systemverwalter (»root«) vorbehalten ist.

Es sei darauf hingewiesen, dass Debian eines der leistungsfähigsten Paketmanagementkonzepte in der gesamten LINUX-Welt etabliert hat, das in der Lage ist, nicht nur ein Paket zu installieren, sondern obendrein die Versionsnummern zu erkennen und bei Bedarf ein Upgrade einer bereits installierten Software vorzunehmen.

dpkg – der »Macher«

Der Debian GNU/LINUX package manager (*dpkg*) ist das zentrale Programm zur Verwaltung der Programmpakete in einer Debian-Distribution. Er kann direkt auf der Shell (Kommandozeile) mit den entsprechenden Optionen aufgerufen werden.

 Bitte beachten Sie die Groß- und Kleinschreibung bei der Eingabe der Parameter. So hat -i eine andere Bedeutung (Installation) als -I (Information).

Je nachdem, welche Parameter gesetzt werden, hat der Befehl unterschiedliche Bedeutungen:

✔ dpkg -i <Paketname>: Dieser Befehl installiert ein neues Programmpaket auf dem Computer. Man kann dieses Kommando verwenden, um beispielsweise manuell geladene Software zu installieren.

✔ dpkg -c <Paketname>: Dieser Befehl zeigt eine Auflistung des Paketinhaltes an.

✔ dpkg -I <Paketname>: Dieser Befehl listet alle verfügbaren Informationen zum jeweiligen Programmpaket auf. Neben der Dateigröße sind hier unter anderem auch Versionsangaben, Abhängigkeiten und eine Kurzbeschreibung zu finden.

✔ dpkg -r <Paketname>: Das Entfernen eines Paketes ist quasi der Deinstallationsvorgang für ein nicht mehr benötigtes Programm. Doch bitte vermeiden Sie es, *dpkg* selbst zu entfernen. Sie müssten das Programm auf sehr umständlichem Wege neu kompilieren und installieren, um weitere Programmpakete installieren zu können.

✔ dpkg – P <Paketname>: Dieses Kommando hat noch weiter reichende Wirkung als der Remove-Befehl (dpkg -r...), denn hier werden neben den Programmdateien auch alle Konfigurationseinträge entfernt.

✔ dpkg -L <Paketname>: Listet alle installierten Dateien des Pakets auf.

✔ dpkg – s <Paketname>: Zeigt die Informationen zu einem installierten Paket an.

✔ dpkg -S <Dateiname>: Sucht eine Datei in einem Paket.

Anstelle des Platzhalters <Paketname> müssen Sie den vollständigen Pfad des Programmpaketes inklusive dessen Dateinamen angeben. Ein Beispiel: Wenn Sie das Spiel »*Pinball*« installieren wollen, können Sie dies mit dem folgenden Befehl tun: dpkg – i /cdrom/pool/ main/p/pinball/ pinball_0.3.1-3_i386.deb ⏎. Doch beachten Sie: Diese Pfadangabe gilt für unseren Computer, mit dem wir dieses Buch illustriert haben. Wenn Sie ein Paket aus dem Internet von einem HTTP- oder FTP-Server laden oder Ihre Installationsdaten anders organisiert sind, gelten natürlich Ihre individuellen Pfadangaben.

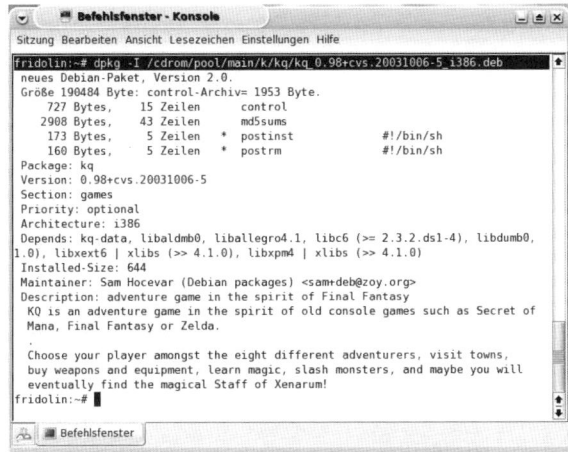

Abbildung 3.1: Beispiel zur Handhabung des dpkg-Kommandos: Es sollen die Informationen zum Adventure-Game »kq« angezeigt werden. Der Paketname ist: kq_0.98+cvs.20031006_i386.deb

Das Kommando dpkg scheint auf den ersten Blick das geniale Installationsprogramm für LINUX-Pakete zu sein, und in der Tat ist es die Basis aller Vorgänge, die Sie bislang im Rahmen der Installation von LINUX-Software – nämlich im Kapitel zur Installation von Programmpaketen – kennen gelernt haben. Dennoch empfehlen wir nicht, dpkg allein zu verwenden, was wir an einem einfachen Beispiel erläutern wollen.

Wir greifen uns willkürlich ein Programm heraus, das wir auf unserem Computer installieren wollen: *kq*, ein Adventure-Spiel. Zuerst sehen wir uns die Informationen zu diesem Programmpaket an. In unserem Beispiel ist es auf einer DVD gespeichert, die als */cdrom/* gemountet ist. Der genaue Verzeichnispfad lautet in unserem Fall:

```
/cdrom/pool/main/k/kq/kq_0.98+cvs.20031006-5_i386.deb
```

Unsere dpkg-Kommandozeile zur Einsicht in die Informationen sieht deshalb folgendermaßen aus:

```
dpkg -I /cdrom/pool/main/k/kq/kq_0.98+cvs.20031006-
5_i386.deb
```

Bitte beachten Sie die Großschreibung des Buchstabens »I« an dieser Stelle.

Nehmen wir nun an, die Beschreibung des Paketes hätte uns so begeistert, dass wir es auf der Stelle installieren wollen. Kein Problem, nehmen wir an und ersetzen »Groß-I« gegen »Klein-i«, das Installationskommando. Die Befehlszeile lautet nun:

```
dpkg -i /cdrom/pool/main/k/kq/kq_0.98+cvs.20031006-
5_i386.deb
```

Das Ergebnis ist leider wenig erquickend, denn eine klare Fehlermeldung weist uns auf etwas hin, das wir aus den Informationen zu diesem Programm längst hätten wissen müssen. Es bestehen Abhängigkeiten zu anderen Programmpaketen. In diesem Fall handelt es sich um die Pakete:

✔ kq-data

✔ libaldmb0

✔ liballegro4

✔ libc6 (>= 2.3.2.dsl-4)

✔ libdumb0,1.0

✔ libxext6 | xlibs (>> 4.1.0)

✔ libxpm4 | xlibs (>>4.1.0)

»Toll, und was sind das für Programmpakete?«, werden Sie sich jetzt fragen. »Wo finde ich sie und sind sie möglicherweise bereits auf meinem PC vorhanden?«, wird die zweite Frage sein. Die letzte Frage beantwortet unser Installationsversuch eindeutig: Sie sind es nicht! Das Problem ist nun, dass die Installation der Software an dieser Stelle kompliziert zu werden beginnt. Es könnte nämlich sehr wohl sein, dass die Programmpakete, zu denen eine Abhängigkeit besteht, wiederum von anderen, noch nicht installierten Programmen abhängig sind. In diesem Fall beginnt aus der Sicht des Benutzers eine frustrierende Odyssee durch die Paketlisten. Das ist nicht Sinn der Sache, denn das wäre der Umgang mit LINUX aus (sehr) alten Tagen.

Dieser Ansicht waren auch die Mitglieder des Debian-Projektes. Sie haben die Leistungsfähigkeit von *dpkg* bewahrt und die komplizierten Probleme von einem *Frontend* abfangen lassen. Mit einigen davon haben Sie bereits gearbeitet, als Sie Ihr LINUX-System installiert haben:

✔ tasksel

✔ desect (bei 3.0)

✔ aptitude (bei 3.1)

Mit diesen Programmen können Sie – gestartet von der Shell – jedes gewünschte Programmpaket nachträglich installieren. Darüber hinaus bietet Debian GNU/LINUX noch weitere Programme an, um Programmpakete unter Berücksichtigung der verschiedenen Abhängigkeiten zu installieren. Das sind u.a.:

✔ apt (auf der Shell)

✔ KPackage (Bestandteil des KDE-Meta-Paketes)

Sehen wir uns also diese Tools zur Paketverwaltung einmal im Detail an und beginnen wir bei den Möglichkeiten, die uns die Kommandozeile bietet.

Selbst wenn Sie die Arbeit auf der grafischen Oberfläche bevorzugen, empfehlen wir Ihnen, sich mit den Werkzeugen der Shell vertraut zu machen. Sie sind dann wesentlich flexibler in Ihren Möglichkeiten, wenn Sie einmal an einem anderen Computer arbeiten müssen.

Advanced Packaging Tool (APT)

Das Standard-Werkzeug zur Verwaltung von Programmpaketen für den Benutzer ist das *Advanced Packaging Tool* (APT). Gewissermaßen ist es »nur« ein Frontend, also eine Benutzerschnittstelle zum bereits gezeigten Debian GNU/LINUX package manager (dpkg). Allerdings besitzt *APT* Funktionen, die in der Lage sind, Meldungen von *dpkg* zu interpretieren und bei Abhängigkeiten entsprechend die fehlenden Pakete nachträglich zu installieren.

Auch APT besteht aus einer Reihe von Kommandozeilenbefehlen:

- ✔ `apt-get install <Paketname>`: Dieses Kommando installiert das gewählte Programmpaket. Es ist mit `dpkg -i` vergleichbar.

- ✔ `apt-get -f install`: Dieses Kommando löst im System bestehende unerfüllte Abhängigkeiten zwischen den Programmpaketen auf und sorgt wenn möglich dafür, dass fehlende Pakete nachträglich installiert werden.

- ✔ `apt-get update`: Dies ist ein sehr interessantes Kommando für alle, die stets ein System nutzen wollen, das auf dem allerneuesten Stand ist. Es durchsucht die definierten Quellen und vergleicht die aktuellen Versionen mit denen, die auf dem Computer installiert sind. Mit dem Befehl `apt-get upgrade` können alle an dieser Stelle automatisch markierten Programmpakete aktualisiert werden.

- ✔ `apt-get upgrade`: Siehe `apt-get update`.

- ✔ `apt-get source <Quell-Paket>`: Unter LINUX kann es Ihnen passieren, dass Sie Programmdateien im Quellcode erhalten. Diese müssen vor der Installation in ein ausführbares Programm kompiliert werden. Hier weiß APT zu helfen, wenn auf dem Computer die entsprechende Entwicklungsumgebung installiert und mit dem Paket eine entsprechende Beschreibung der Vorgehensweise definiert wurde.

Darüber hinaus können zu dem Befehl noch verschiedene Optionen übergeben werden. Eine davon haben wir bereits oben aufgeführt: `apt-get -f install`. Die Option `-f` löst unerfüllte Abhängigkeiten im System auf. Es ist deshalb nach einem gescheiterten Versuch, ein

Datenpaket zu installieren, nicht mehr erforderlich, den vollen Dateinamen des Paketes mit zu übergeben. Weitere Optionen sind u.a.:

✔ -d: Es wird ausschließlich der Download eines Programmpaketes
ausgeführt, dieses jedoch weder entpackt noch installiert.

✔ -s: Mit dieser Option wird lediglich eine Simulation durchgeführt,
ohne das System selbst zu verändern. Es erfolgt also weder eine
Installation noch eine Deinstallation (je nach Kommando).

Ein kleines Problem sollte allerdings an dieser Stelle noch erwähnt
werden: Wir sind immer souverän davon ausgegangen, dass APT unsere Programmpakete finden wird. Bisher haben wir aber noch nicht
beschrieben, woher APT überhaupt weiß, wo diese Pakete gesucht
werden sollen. In der Tat gibt es verschiedene Möglichkeiten, von wo
die zu installierenden Pakete stammen können:

✔ die eigene CD-ROM bzw. DVD

✔ das Internet (HTTP- oder FTP-Server)

✔ eine Quelle im lokalen Netzwerk

✔ eine Liste von möglichen Paketquellen

Diese Entscheidung treffen wir mit dem Programm *apt-setup*, das uns
einen Auswahldialog anbietet, in dem wir mit den Cursortasten navigieren und wählen können.

Damit *APT* die gewünschten Pakete finden und installieren kann,
muss das Programm wissen, welche Pakete überhaupt verfügbar und
wo diese zu finden sind. Sie erinnern sich möglicherweise an einen In-
stallationsschritt, bei dem Sie aufgefordert wurden, der Reihe nach
alle Installationsdatenträger in das Laufwerk einzulegen. Hier hatten
Sie es bereits mit dem Programm apt-cdrom zu tun, das einen Index
der Programmpakete erstellt und dessen Einträge den entsprechenden
Datenträgern zugewiesen hat. Wenn Sie mit neuen Datenträgern arbeiten, müssen Sie diese ebenfalls im Index registrieren lassen. Dazu
dient das Kommando apt-cdrom -add.

APT ist das Standard-Frontend zur Verwaltung der Programmpakete in einer Debian-Distribution.

Sehen wir uns also einmal an, wie die Installation unseres kleinen Spielprogramms mit *APT* funktioniert. Wir geben folgende Befehlszeile ein (Achtung: der Pfad kann auf Ihrem System anders aussehen):

```
apt-get install /cdrom/pool/main/k/kq/kq_0.98+cvs.20031006-
5_i386.deb
```

Das Ergebnis ist wieder ernüchternd, denn wie bereits bei der direkten Eingabe von dpkg bekommen wir auch hier wieder einen Hinweis auf die nicht erfüllten Abhängigkeiten. Allerdings bietet uns diese Kommandozeile doch etwas mehr, denn sie weist auf einen weiteren Befehl hin, der die fehlenden Programmpakete nachträglich installieren und damit die Installation unseres eigentlich gewünschten Programms abschließen kann:

```
apt-get -f install
```

Wenn Sie in der obigen Zeile einen Paketnamen vermissen, sei darauf hingewiesen, dass das in diesem Fall durchaus korrekt ist, denn das Kommando prüft auch weitere unerfüllte Abhängigkeiten und versucht, diese zu beseitigen.

Die Option -f kann auch für eine komplexe Aufgabe eingesetzt werden, wenn es beispielsweise darum geht, das komplette System auf den neuesten Stand zu bringen. Dabei werden schließlich neue Programmkomponenten geladen und installiert, die möglicherweise ihrerseits neue Abhängigkeiten zu anderen Programmpaketen mit sich bringen. Durch das Setzen der Option -f werden die fehlenden Programme, soweit es ohne manuellen Konfigurationseingriff des Superusers (»root«) möglich ist, automatisch nachinstalliert.

APT ist ein sehr leistungsfähiges Werkzeug, was sich insbesondere beim Upgrade des Systems erweist. Es hat aber auch einen entscheidenden Nachteil: Wir müssen die Bezeichnungen der zu installierenden Pakete sehr genau kennen. Wenn wir – wie im Kapitel zur Installation beschrieben – mehrere Programme aus einer Liste wählen wollen, dann bereitet uns dieses Werkzeug einige Mühe. Doch auch hier gibt es Alternativen.

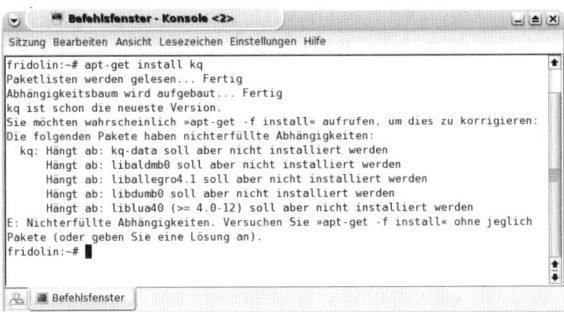

Abbildung 3.2: Noch keine direkte Lösung des Problems, denn auch APT reklamiert Abhängigkeiten, doch zeigt sich dieses Tool mit einem wichtigen Hinweis »hilfsbereit«

Abbildung 3.3: Das sieht schon besser aus: Nach der Abfrage, ob wir tatsächlich die zusätzlichen Programmpakete installieren und damit Speicherplatz auf unserer Festplatte belegen wollen, werden auch die fehlenden Pakete installiert

tasksel, dselect und aptitude

Bleiben wir noch auf der Kommandozeile. Wir haben eben ein sehr leistungsfähiges Werkzeug kennen gelernt, um ein Programm zu installieren oder zu entfernen. Allerdings war die Voraussetzung, dass wir schon sehr genau wissen, um welches Paket es sich handelt. Nicht immer ist es jedoch wünschenswert, vorab zu recherchieren, wie denn ein Programmpaket heißt und welche Funktionen es bietet. Das würden wir uns doch viel lieber im Zuge der Installation der Software in einem Menü direkt ansehen. Diese Möglichkeiten bieten *dselect* – ein Klassiker in Debian-Distributionen – und *aptitude*. Doch wie sieht es aus, wenn wir bereits klar wissen, dass wir einen Desktop-Computer aufbauen wollen und über einen Rechner auf aktuellem Stand der Technik mit ausreichend großer Festplatte verfügen? Hier wäre es doch wünschenswert, wenn wir ausschließlich angeben müssten, was wir mit dem Computer machen wollen, und dann alle notwendigen Programme automatisch installiert bekämen. Solch einen Service bietet Task Select (tasksel), ein Programm, das Sie bereits bei der Grundinstallation Ihres Computers kennen lernen konnten.

Alle Frontends – egal, ob wir von APT, tasksel, dselect oder aptitude sprechen – nutzen die Funktionen von dpkg.

tasksel

Überlegen wir einmal, wie sich ein Nicht-EDV-Fachmann in einem Computerfachgeschäft gegenüber dem Verkäufer verhalten wird: Er wird diesem erklären, was er mit dem Gerät zu tun gedenkt. Genau genommen wird es den Kunden herzlich wenig interessieren, ob sein PC 256 oder 512 MB Arbeitsspeicher mitbringt bzw. ob die Festplatte 160 oder 200 GB Speicherplatz bietet, wenn er nur reine Büroanwendungen auf dem Rechner installieren möchte. Viel interessanter ist für diesen Kunden, dass eine Office-Suite mit möglichst zueinander kompatiblen Modulen bereits auf dem Computer installiert ist. Darüber hinaus verlangt er ein funktionsfähiges System, dessen Grundlagen er nicht studieren muss, sondern das er schlicht und einfach sofort einsetzen kann.

Um solch einen Service bieten zu können, muss der Fachhändler eine ausgezeichnete Fachkenntnis besitzen, die man auch beim Debian-Projekt voraussetzen darf. Hier hat man nämlich die Bedürfnisse der Benutzer erkannt, die sich nicht zu den Computerfreaks zählen, sondern schlicht und einfach mit einem leistungsfähigen und stabilen System arbeiten wollen. Man hat also Sammlungen verschiedener Programme in Metapaketen und diese im Installationsprozess in einem überschaubaren Menü zusammengestellt. Diese Aufgabenpakete (Tasks) werden vom Programm tasksel (Task Select) zur Wahl gestellt. Der User muss lediglich mit der Leertaste seine gewünschte Aufgabe markieren und diese mit *OK* übernehmen.

Mit dieser Auswahl werden die dieser Aufgabe entsprechenden Programmpakete für die Installation markiert. tasksel installiert also nicht selbst die Pakete, sondern bedient sich der Funktionen von dpkg. Wie bereits bei APT beschrieben, werden auch bei tasksel Abhängigkeiten der Pakete untereinander erkannt und durch Installation zusätzlicher Pakete aufgelöst.

Das Programm tasksel ist Ihnen bereits im Zuge der Erstinstallation Ihres Betriebssystems begegnet.

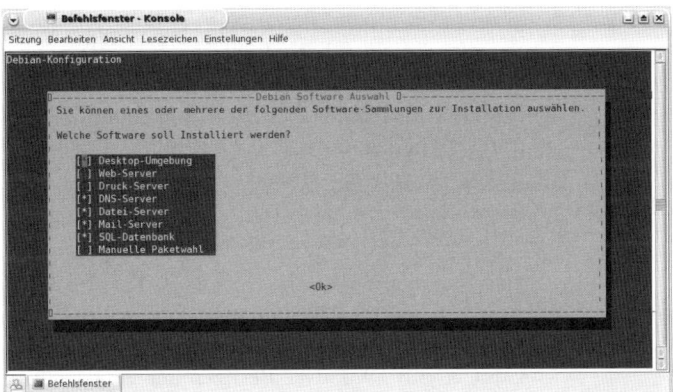

Abbildung 3.4: Zwar wird tasksel von der Shell aufgerufen, doch es ist zweifelsohne eine der auch für Einsteiger einfachsten Alternativen zur sicheren Installation von Programmen auf einem Debian-GNU/LINUX-Computer

dselect

Während *tasksel* mit der unschlagbar einfachen Auswahl kompletter Programmgruppen für den LINUX-Einsteiger glänzt, wollen Insider möglicherweise gezielt einzelne Programmkomponenten für ihr System zusammenstellen. Sie suchen möglicherweise bestimmte Programmierumgebungen, die zusätzlich zu denen installiert werden, die unbedingt vom System selbst benötigt werden, oder sie wollen gezielt bestimmte Funktionen – z.b. aus Sicherheitsgründen bei Serverdiensten – ausschließen. In diesem Fall bringt der Komfort der Auswahl von Metapaketen keinen echten Nutzen. Man muss ins Detail gehen und die gewünschten Programmpakete von Hand auswählen. Ganz klar, selbst bei der »Woody«-Version, die bereits mehr als 8.700 Programmpakete enthält, wird dies nicht unbedingt zu einem Vergnügen. Debian GNU/LINUX 3.1 »Sarge« umfasst sogar mehr als 14.500 Programmpakete.

Es erfordert Konzentration und viel Sorgfalt, sich durch die scheinbar endlose Auflistung zu bewegen und gezielt die gewünschten Programme zu finden, deren Namen oft die Form eines Kürzels haben. So geht die eigentliche Funktion eines Programmpakets oft erst aus dessen Beschreibung hervor. Im Prinzip schreit diese Anforderung förmlich nach einem grafischen Frontend, das bequem mit einer Maus zu bedienen ist und über Bildlaufleisten die Navigation erheblich vereinfacht. Doch auch auf der Kommandozeile ist eine selektive Auswahlfunktion nicht nur sinnvoll, sondern sie zeichnet das System auch durch die damit verbundene Flexibilität aus.

Das Programm *dselect* ist ein solches Frontend, das von der Kommandozeile aufgerufen werden kann. Es ist in Debian-Kreisen bereits ein Klassiker und damit auch das Standardwerkzeug in Debian GNU/ LINUX 3.0 »Woody«. Besitzer der »Sarge«-Distribution können es ebenfalls nutzen, auch wenn es mittlerweile vom nachfolgend vorgestellten Programm *aptitude* von seiner Position verdrängt wurde.

Abbildung 3.5: Das Hauptmenü von dselect

Zugriffsmethode (Access)

Das Programm *dselect* kann die Programmdateien direkt von einem hier gewählten Medium installieren. Allerdings empfehlen wir, an dieser Stelle *dselect* anzuweisen, sich der Dienste von *APT* zu bedienen. Wie Sie bereits gesehen haben, ist *APT* in der Lage, Paketabhängigkeiten nicht nur zu erkennen, sondern auch zu beheben.

> **HINWEIS**
>
> Die Angabe der Quelle, unter der *APT* und *dselect* die gewünschten Programmpakete finden, wird in der Konfiguration von *APT* (apt-setup) vorgenommen.

Erneuern (Update)

LINUX ist ständig in der Entwicklung. Schon morgen kann ein neues Release eines heute erst geladenen Programms vorliegen. Mit dieser Funktion von *dselect* wird allerdings nicht allein ein bestimmtes Programm aktualisiert, sondern ein vollkommen neuer Index aus dem Vergleich mit den Daten auf dem Debian-Server im Internet erstellt.

Werden nun Programmpakete installiert, dann wird die jeweils aktuelle Version verwendet. Das kann dazu führen, dass die Programmpakete statt von der CD-ROM bzw. DVD direkt aus dem Internet geladen werden. Möglich ist aber auch, dass Ihnen eine CD-ROM bzw. DVD neueren Datums vorliegt. Auch diese können Sie scannen lassen und damit sicherstellen, dass Sie vom Computer zum Einlegen des entsprechenden Datenträgers aufgefordert werden. Ihr System bleibt so also immer auf dem neuesten Stand, egal wie alt Ihre Datenträger sind.

Im Kapitel zum Bezug der Distribution haben Sie erfahren, wie Sie eine LINUX-Distribution aus dem Internet laden und auf CD-ROM brennen können. In diesem Zusammenhang haben wir auf die Beschriftung der Datenträger hingewiesen. Generell ist es natürlich – sofern Sie die Datenträger nicht offiziell weiter vertreiben – Ihnen überlassen, wie Sie die CD-ROMs oder DVDs beschriften. Allerdings werden Sie bei der Lektüre dieses Abschnittes feststellen haben, dass es sehr sinnvoll sein kann, die Datenträger mit der korrekten offiziellen Bezeichnung zu versehen. Exakt nach dieser werden Sie nämlich gefragt, wenn es darum geht, einen neuen Datenträger in das Laufwerk einzulegen, auf dem *dselect, APT* & Co. die Paketdateien erwarten. Auch wenn es zunächst bequemer erscheint: Vermeiden Sie bitte im eigenen Interesse Beschriftungen wie »LINUX 1« etc.

Auswählen (Select)

Jetzt kommt Arbeit auf Sie zu, denn nun sollen Sie Ihre Software aus der Liste wählen. Sie können das mit dem Studium eines Warenhauskataloges vergleichen, den Sie von A bis Z durchblättern.

Es empfiehlt sich, die Navigation systematisch durchzuführen und beispielsweise nach den Anfangsbuchstaben der gewünschten Pakete zu suchen, die Sie tatsächlich installieren möchten. Allerdings kann es für einen Einsteiger, der *dselect* zum ersten Mal bewusst startet, auch sehr interessant sein, sich ein Bild von den verfügbaren Programmen zu machen. Hier raten wir: zuvor ein kleines Lunchpaket zubereiten, eine große Kanne Kaffee kochen und sich mit dem PC für mehrere Stunden in ein ruhiges Zimmer zurückziehen.

Unmittelbar nach dem Aufrufen des Auswahlmenüs erscheint die *dselect*-Hilfe. Das macht für den Einsteiger durchaus Sinn, denn hier werden die Tastenkommandos erläutert, mit denen man in der Liste navigiert, ein Paket auswählt und die Auswahl wieder verlassen kann. Wer öfter mit *dselect* arbeitet, kann die Hilfe mit der Eingabetaste (⏎) sofort wieder verlassen. Sie ist mit der Eingabe eines Fragezeichens (?) jederzeit wieder aufrufbar.

Abbildung 3.6: Sehr nützlich: Die Hilfefunktion von *dselect* kann jederzeit durch die Eingabe eines Fragezeichens aufgerufen werden. Hier kann man auch die verfügbaren Tastenkommandos nachschlagen

Besser ist es also, systematisch vorzugehen. Dabei ist es wichtig, einige grundlegende Tastenkommandos zu beherrschen:

- ✔ Liste eine Seite weiterblättern: N (bitte Großschreibung beachten), Bild↓, Leer -Taste
- ✔ Liste eine Seite zurückblättern: P (bitte Großschreibung beachten), Bild↑, ⇐
- ✔ Markierung eine Zeile vorschieben: ↓, Taste J
- ✔ Markierung eine Zeile zurücksetzen: ↑, Taste K

- ✔ Liste eine Zeile vorscrollen (Markierung bleibt auf der jeweiligen Zeile bestehen): ⌈Strg⌉ + ⌈N⌉
- ✔ Liste eine Zeile zurückscrollen (Markierung bleibt auf der jeweiligen Zeile bestehen): ⌈Strg⌉ + ⌈P⌉
- ✔ Zum Anfang der Liste: ⌈T⌉, ⌈Pos1⌉
- ✔ Zum Ende der Liste: ⌈E⌉, ⌈Ende⌉
- ✔ Informationstext um eine Seite vorscrollen: ⌈U⌉
- ✔ Informationstext um eine Seite zurückscrollen: ⌈D⌉
- ✔ Informationstext um eine Zeile vorscrollen: ⌈Strg⌉ + ⌈U⌉
- ✔ Informationstext um eine Zeile zurückscrollen: ⌈Strg⌉ + ⌈D⌉
- ✔ Bildschirminhalt waagerecht nach links schieben (1/3 Bildschirmbreite): ⌈B⌉, ⌈←⌉
- ✔ Bildschirminhalt waagerecht nach rechts schieben (1/3 Bildschirmbreite): ⌈F⌉, ⌈→⌉
- ✔ Bildschirminhalt waagerecht nach links schieben (eine Zeichenbreite): ⌈Strg⌉ + ⌈B⌉
- ✔ Bildschirminhalt waagerecht nach rechts schieben (eine Zeichenbreite): ⌈Strg⌉ + ⌈F⌉
- ✔ Programm installieren oder aktualisieren: ⌈+⌉, ⌈Einfg⌉
- ✔ Programm deinstallieren: ⌈-⌉, ⌈Entf⌉
- ✔ Programmpaket im aktuellen Status erhalten: =, ⌈H⌉
- ✔ Programmpaket uninstalliert lassen: ⌈G⌉
- ✔ *dselect* verlassen und Änderungen übernehmen: ⌈↵⌉
- ✔ *dselect* verlassen und Änderungen verwerfen: ⌈Q⌉ (bitte Großschreibung beachten)
- ✔ Hilfe aufrufen: ⌈F1⌉, ?
- ✔ Suchfunktion aktivieren: /
- ✔ Letzte Suche wiederholen: \

Wir können nun aus der recht beachtlichen Liste unsere gewünschten Pakete installieren. Dazu markieren wir den entsprechenden Eintrag und drücken die Taste ⌈+⌉. Installiert ist das Paket damit zu diesem Zeitpunkt noch nicht. Alle zur Installation bzw. Aktualisierung markierten Pakete werden erst in einem weiteren Schritt von *dselect* installiert. Wir haben also zu jeder Zeit die Möglichkeit, die Auswahl zu ändern.

Wenn Sie eine Vorstellung davon haben, welches Paket Sie installieren wollen, jedoch nicht genau wissen, wie dieses Paket heißt, dann können Sie eine Suchfunktion nutzen. Mit der Taste / rufen Sie eine Suchzeile (am unteren Rand des Fensters) auf, in die Sie Ihren Suchbegriff eingeben können. Um beim Beispiel in diesem Kapitel zu bleiben, könnte das z.B. *kq* (unser bereits erwähntes Adventure-Game) sein. Diesbezüglich ist interessant, dass mit »\« (Tastenkombination von AltGr + ß) die Suche mit dem gleichen Begriff wiederholt werden kann. Das ist sinnvoll, weil sich die Suche sowohl auf die Paketnamen als auch auf die Inhalte des Informationsteils und auf die Auflistung der Abhängigkeiten bezieht. Wenn Sie beispielsweise nach dem Begriff »kde« suchen lassen, werden Sie sich wundern, in welchen Paketbeschreibungen dieser Begriff auftaucht. Solche Begriffe – auch GNOME gehört dazu – sollten Sie mit einer möglichst präzisen Angabe erweitern, um Zeit bei der Suche zu sparen.

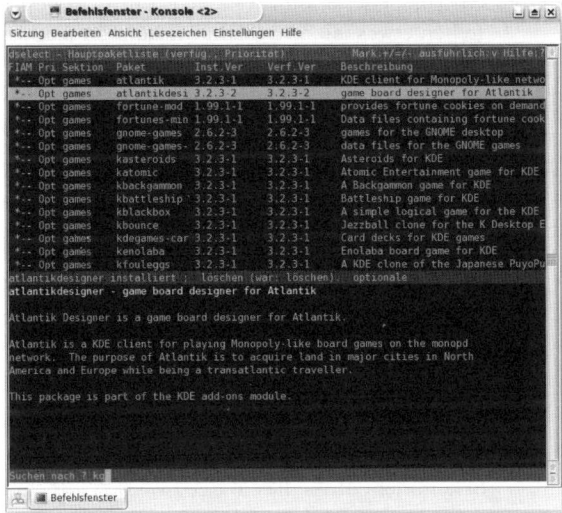

Abbildung 3.7: Mit der Suchfunktion ist es einfacher, ein gewünschtes Paket zu finden, als wenn man die gesamte Liste Zeile für Zeile durchsucht

Werfen wir noch einen Blick auf die einzelnen Spalten der Liste:

✔ FIAM: Im Grunde genommen handelt es sich um vier einzelne Spalten, die jeweils eine Information bzw. ein Flag enthalten. Ideal ist es zunächst, wenn in der ersten Spalte (F) nichts auftaucht, denn F steht für Fehler. Die zweite Spalte steht für den aktuellen Installationszustand (»*« = installiert, »-» = nicht installiert, »U«, »C« und »I« weisen auf Probleme hin). In der dritten Spalte (»alte Marke«) wird der Zustand des Paketes vor der Anzeige dieser Liste dargestellt. Dies ist sinnvoll, wenn Sie *dselect* zwischenzeitlich verlassen, die Änderungen aber übernommen haben. In der vierten Spalte (M = Markierung) erscheint nun der von Ihnen gewünschte Status (»*« = installieren, »-« = entfernen, »=« = keine Veränderung, »_« = vollständiges Löschen inkl. der Konfiguration und »n« = neues Paket).

✔ Pri: Priorität für das System (Opt = Optional, das Programm ist für die Funktion des Betriebssystems nicht zwingend erforderlich, Ben = Benutzt, Wic = Wichtig, Ext = Extra etc.)

✔ Sektion: Dieser Eintrag macht uns als Benutzer des Systems das Leben etwas leichter, denn wir können die Liste gezielt nach einer Gruppe von Paketen durchsuchen und uns ausschließlich die darin aufgelisteten Pakete im Detail ansehen. Wollen wir ein Spiel installieren, dann interessieren wir uns nur für die Sektion »games«. Soll dagegen ein Entwicklungswerkzeug installiert werden, so finden wir dies in der Sektion »devel«.

✔ Paket: Hier finden Sie den offiziellen Paketnamen.

✔ Inst.Ver.: Installierte Version.

✔ Verf.Ver.: Verfügbare Version (ist dieser Wert aktueller als die installierte Version, ist ein Upgrade zu empfehlen).

✔ Beschreibung: Hier finden Sie eine Kurzbeschreibung des Paketes. Etwas detaillierter ist meist der Text im unteren Bereich des Fensters, doch Vorsicht: Um die Beschreibung zum richtigen Paket zu bekommen, muss dies in der Liste hervorgehoben werden.

Installieren (Install)

Mit der Wahl dieser Option werden die zuvor zur Installation oder Aktualisierung markierten Programmpakete endgültig installiert. Das geschieht nahezu vollautomatisch. Möglicherweise müssen Sie jedoch von Zeit zu Zeit den Datenträger mit den Installationsdateien wechseln.

Konfigurieren (Config)

Die Installation einer Software ist der erste Schritt, ein zweiter ist eine möglicherweise erforderliche Konfiguration. Die entsprechenden Dialoge werden mit diesem Menüpunkt gestartet.

Löschen (Remove)

In der Auswahl speziell zum Löschen markierte Programme werden aus dem System entfernt.

Beenden (Quit)

Wenn alles getan ist, alle zu installierenden Pakete geladen, installiert und konfiguriert bzw. die zu löschenden Pakete entfernt wurden, kann *dselect* an dieser Stelle beendet werden. Wichtig ist: *dselect* hat ein Gedächtnis. Wenn Sie also zu einem späteren Zeitpunkt die Arbeit fortsetzen wollen, werden die früher gemachten, jedoch noch nicht bearbeiteten Markierungen berücksichtigt (angezeigt in der Liste durch »Alte Markierung«).

aptitude

In der Debian-GNU/LINUX-Version 3.1 »Sarge« wird anstelle von *dselect* ein anderes Werkzeug mit vergleichbaren Funktionen installiert: *aptitude*, ein direktes Frontend zu *APT*. Es erweist sich rein optisch bereits als bedeutend komfortabler als *dselect*. Wenn dieses Werkzeug verfügbar ist, würden wir es durchaus gegenüber dem Klassiker bevorzugen.

Bemerkenswert ist bereits, dass die jeweils wichtigsten Tastenbefehle in der Menüleiste im oberen Bereich des Fensters aufgeführt werden. Man erspart sich also den lästigen Wechsel in die Hilfe, wenn einem einmal ein Kommando entfallen ist. Auch eine Menüführung ist gegeben, die mit der Taste F10 aktiviert wird.

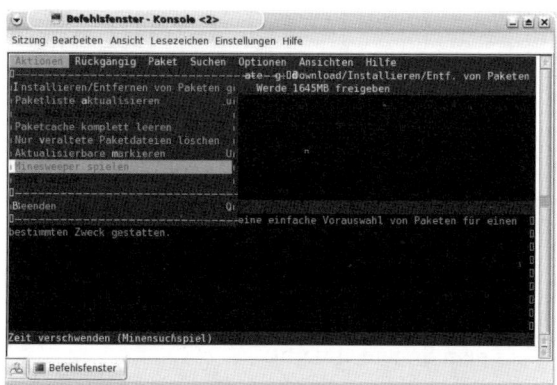

Abbildung 3.8: Die Menüstruktur von *aptitude* ist weitgehend selbsterklärend. Ein kleiner Spaß der Entwickler dieses Werkzeuges: Wer von der Suche nach Programmpaketen vorerst genug hat, kann zur Entspannung nach Minen suchen und das bekannte Programm Minesweeper (im Textmodus) starten

Über das Menü werden alle wichtigen Funktionen wie beispielsweise das Suchen, das Markieren und das Installieren bzw. Deinstallieren von Programmpaketen erreicht. Sehr angenehm zeigt sich die Suchfunktion. Vom Prinzip her funktioniert sie genauso wie unter *dselect*, jedoch beginnt die Suche nicht erst mit dem Abschluss der Eingabezeile durch ⏎, sondern bereits mit der Eingabe des ersten Buchstabens. In Betracht kommende Ergebnisse werden in der gesamten Liste farbig hervorgehoben. Eine wiederholte Suche mit dem gleichen Begriff erübrigt sich deshalb in den meisten Fällen.

Wird *aptitude* aus einer Konsole einer grafischen Oberfläche heraus aufgeführt, dann kann das Programm auch mit der Maus gesteuert werden.

```
[X] Automatisch Abhängigkeiten lösen wenn ein Paket ausgewählt wird
[X] Automatisch kaputte Pakete reparieren vor dem Installieren oder Entfernen
[X] Empfohlene Pakete automatisch installieren
[X] Nicht verwendete Pakete automatisch entfernen
Nicht verwendete Pakete autom. entfernen, die auf dieses Muster passen:
                        [ OK ]                              [ Abbrechen ]
```

Abbildung 3.9: Die Verfahrensweise von *aptitude* beim Erkennen von Paketabhängigkeiten kann im Menü individuell festgelegt werden

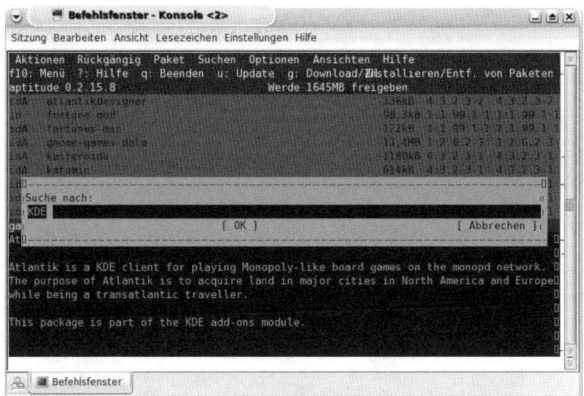

Abbildung 3.10: Die Suchfunktion von *aptitude* ist bereits während der Eingabe aktiv. Pakete, die den Suchbegriff in ihrer Beschreibung enthalten, werden farbig markiert

Wie bereits angedeutet, erschlägt *aptitude* den Benutzer nicht sofort mit einem schier unendlichen Buchstabenmeer, sondern ist bemüht, Struktur in die Liste der Programmpakete zu bringen. So werden zunächst einmal vier Hauptgruppen angeboten:

- ✔ Installierte Pakete: Die Wahl fällt auf diesen Punkt, wenn es darum geht, bereits installierte Programme auf den neuesten Stand zu bringen bzw. überflüssige Software zu löschen.

- ✔ Nicht installierte Pakete: Hier findet man Software zur nachträglichen Installation auf dem System. Die Liste spiegelt die Inhalte aller Installationsdatenträger wider, die in einem früheren Vorgang – z.B.: durch *apt-setup* – gescannt und indiziert wurden.

✔ Virtuelle Pakete: Hier handelt es sich um Metapakete, in der Regel also um eine Sammlung von Datenpaketen, die unter dem Namen eines einzigen virtuellen Pakets bereitgestellt werden, um bestimmte Funktionen zur Verfügung zu stellen.

✔ Schnellauswahl (Tasks): Auch hier werden Metapakete angeboten, mit denen jeweils eine Sammlung bestimmter Programme installiert werden kann, die der Erfüllung einer bestimmten Aufgabe des Benutzers dienen.

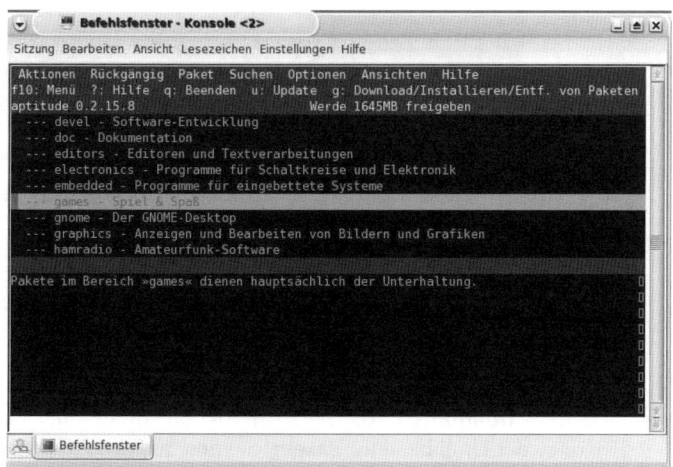

Abbildung 3.11: Die meist umfangreichen Listen »*Installierte Pakete*« und »*Nicht installierte Pakete*« werden nach Programmgruppen sortiert. Wer ein Spiel installieren möchte, muss also nur die Pakete studieren, die in der Gruppe »*games*« gelistet sind

Wie bereits bei *dselect* beschrieben, werden die Programmpakete zunächst nur zur Installation oder zum Löschen über das *Paket*-Menü markiert. Erst mit dem ausdrücklichen Befehl zur Installation oder zum Löschen wird dieser Wunsch auch tatsächlich umgesetzt. Der Anstoß erfolgt über das *Aktionen*-Menü.

Paketverwaltung auf X-Window-Basis

Bei den Vorbereitungen zu diesem Buch sagte uns ein Bekannter, er bevorzuge andere Distributionen als Debian, weil bei Debian ausschließlich administrative Werkzeuge auf der Shell zur Verfügung stünden. Man sollte sich beispielsweise an SuSE mit dessen YAST ein Beispiel nehmen. Nun, der Mann kennt sich zwar mit dem LINUX-Betriebssystem aus, gehört aber nicht zu denen, die alle Distributionen ausprobieren, nur weil er mit *einem* PC gut arbeiten will. Möglicherweise erinnert er sich auch noch an sehr frühe Debian-Versionen, wobei der Vergleich zu einer aktuellen SuSE-Distribution allerdings stark hinkt. Fakt ist: LINUX ist LINUX! Alle Distributoren verwenden die Software, die am Markt und in der Szene geboten wird und ergänzen das gesamte Paket um weitere Funktionen, wie beispielsweise ein individuelles Setup-Programm oder eben individuelle grafische Administrationswerkzeuge.

Es erhebt sich aber die Frage, warum man das Rad zweimal erfinden sollte. Debian GNU/LINUX kann durchaus mit anderen Distributionen Schritt halten. Zwar erfolgt die Erstinstallation des Betriebssystems noch nicht über eine grafische Benutzeroberfläche auf der Basis des X-Window-Servers, jedoch ist diese mittlerweile recht sicher und führt auch den Einsteiger zum gewünschten Ziel. Bezogen auf die Verwaltung der Programmpakete hat dieses Kapitel – wenn auch bisher mit Werkzeugen der Shell – gezeigt, welche eindrucksvollen Möglichkeiten die Debian-GNU/LINUX-Distribution bietet, insbesondere wenn es um das Upgrade des gesamten Systems geht. Dass Debian auch die Programmpakete grafisch verwalten kann, zeigt ein Blick in das Systemverzeichnis von KDE: Hier finden wir das Programm *KPackage*. Es handelt sich um eine Applikation des KDE-Metapakets. Mit dem Window-Manager GNOME wird ebenfalls ein sehr interessantes Tool zur Verwaltung der Datenpakete geliefert: *Synaptic*.

KPackage

KPackage wird über das KDE-Menü »System« gestartet. Es präsentiert sich optisch sehr ansprechend mit zwei Teilfenstern. Im linken Teilfenster sind die Paketgruppen in der Form eines Verzeichnisbaumes aufgeführt. Rechts werden Erläuterungen zu dem jeweils hervorgehobenen Paket dargestellt. Etwas an die Funktionen von *aptitude* erinnern die Register oberhalb des linken Teilfensters, mit denen der Inhalt der Auflistung auf die jeweiligen Kriterien beschränkt werden kann. Zur Verfügung stehen:

✔ *Installierte* Pakete

✔ *Aktualisierte* Pakete

✔ *Neue* Pakete

✔ *Alle* Pakete

Auch das rechte Fenster ist mit einem Register versehen, wobei jedoch die meisten Karten bei einer Neuinstallation inaktiv sind. Erst bei bereits installierten Paketen bekommen die Register *Dateiliste* und *Protokoll über Änderungen* eine Bedeutung. Dazu kommen wir jedoch etwas später.

 Auf der GNOME-Oberfläche ist KPackage im Debian-Menü unter Apps / System zu finden. Die Programmbezeichnung ist hier ausgeschrieben eingetragen: *KDE Package Manager.*

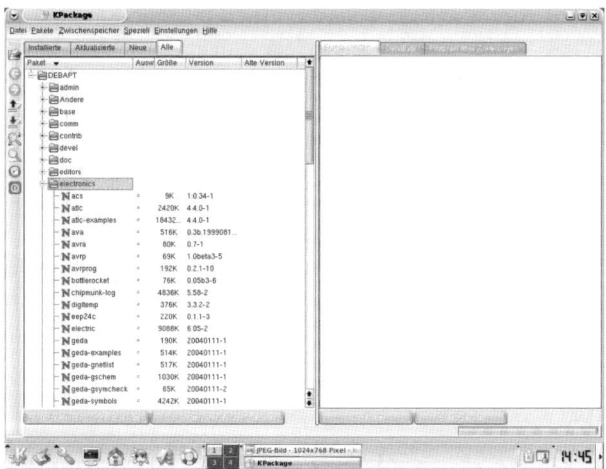

Abbildung 3.12: Aufruf der Paketgruppe »electronics« im *KPackage-* Paketmanager

Nehmen wir als Beispiel einmal an, wir wollen ein Programmpaket aus der Gruppe »electronics« installieren. Darüber wollen wir gleichzeitig prüfen, ob bereits andere Programme dieser Gruppe installiert sind. Den vollständigen Überblick bekommen wir im Register »Alle« des linken Fensters. Dort wählen wir die Programmgruppe »electronics« aus und suchen unser gewünschtes Programm. Unsere Wahl fällt auf *PCB* (= Printed Circuits Boards), eine Software zur Herstellung von Leiterplatten-Layouts. Sobald wir das entsprechende Paket mit einem Mausklick hervorheben, erscheint im rechten Fenster die dazugehörige Beschreibung. Neben den Versions- und Größendaten sowie der verbalen Programmbeschreibung erkennen wir, dass noch weitere Programmmodule benötigt werden. Im Zweifelsfall wird uns auch eine E-Mail-Adresse des zuständigen Betreuers beim Debian-Projekt zur Verfügung gestellt, und wer das Paket doch lieber »manuell«, beispielsweise mit APT, installieren möchte, dem wird auch der Dateiname angezeigt. Doch Vorsicht: Der Dateiname gibt den Pfad auf dem allgemeinen Datenträger innerhalb der Distribution an. Sie müssen ihn noch ergänzen, indem Sie den vollständigen Netzwerkpfad oder das Device voranstellen, auf dem sich die Daten befinden (z.B. */cdrom/...*).

E-Mail-Adressen der Betreuer eines Debian-Programmpaketes finden Sie zu allen Paketen. Dort ist man sicher auch für Anregungen oder konkrete Entwicklungsbeispiele dankbar. Es ist allerdings dem Team des Debian-Projektes nicht möglich, zu jedem einzelnen Programm professionellen Support zu leisten, weil dies die personellen und wirtschaftlichen Kapazitäten eines ehrenamtlichen Projektes sprengen würde.

Wenn wir nun das gewünschte Paket gefunden haben, können wir es über das entsprechende Kommando im Menü *Pakete* installieren.

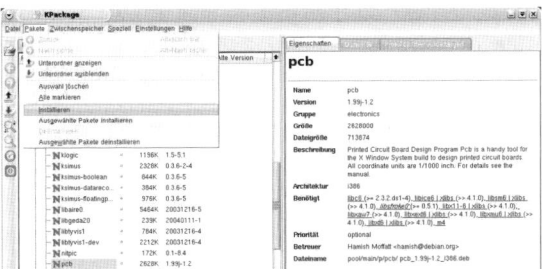

Abbildung 3.13: Installation eines einzelnen Pakets mit KPackage

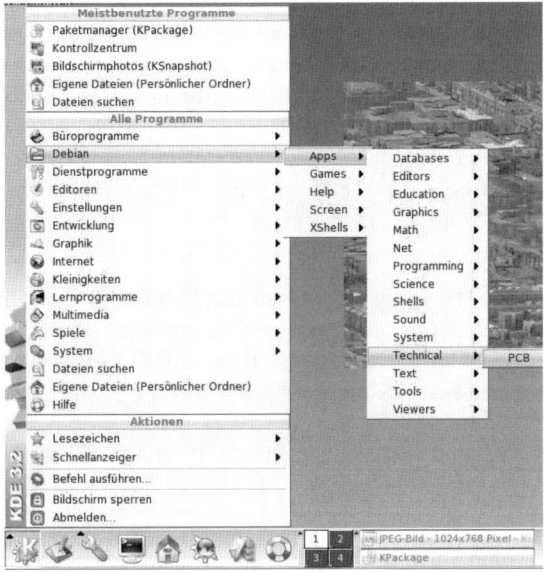

Abbildung 3.14: Das Ergebnis: Unser installiertes Programm (PCB) taucht nun im Debian-Menü unter *Apps/Technical* auf

Die Auswahl und die Installation eines Programmpakets sind – wie gesehen – mit KPackage recht einfach. Allerdings ist KPackage keine Applikation, die ausschließlich auf die Debian-Distribution beschränkt ist. Das gilt auf der einen Seite einschränkend, denn Sie müssen zur Nutzung von KPackage das KDE-Paket installieren bzw. KPackage nachträglich auf einem anderen Window-Manager installieren, wenn Sie nicht KDE nutzen. Allerdings zeichnet sich dieses distributionsneutrale Frontend auch dadurch aus, dass es für den Benutzer eine einheitliche Anwenderschnittstelle zu anderen Paketmanagern darstellt. So unterstützt KPackage auch RPM (Red Hat Packet Manager). RPM wird in verschiedenen Distributionen zur Verwaltung der Programmpakete verwendet. Auch Debian GNU/LINUX stellt RPM zur Verfügung und gestattet es dem User somit, den eigenen Computer mit Software aus anderen Quellen zu komplettieren, die möglicherweise keine Pakete im Debian-Format zur Verfügung stellen.

Der Red Hat Package Manager RPM kann aus der Debian-GNU/LINUX-Distribution optional nachträglich installiert werden. Die Meinungen über die Vor- und Nachteile von RPM gegenüber dpkg und APT sind sehr unterschiedlich. Während einige Experten auf RPM schwören, favorisieren andere die Möglichkeiten zur einfachen Aktualisierung eines bestehenden Systems. Das ist insbesondere für diejenigen sehr wichtig, die gelegentlich Software im Beta- oder sogar im frühen Alpha-Stadium testen wollen. Hier sind sehr häufige Änderungen an der Tagesordnung, so dass umfangreiche Upgrades in kurzen Abständen erforderlich werden. Die Werkzeuge der Debian-GNU/LINUX-Distribution machen dies in wenigen Arbeitsschritten möglich.

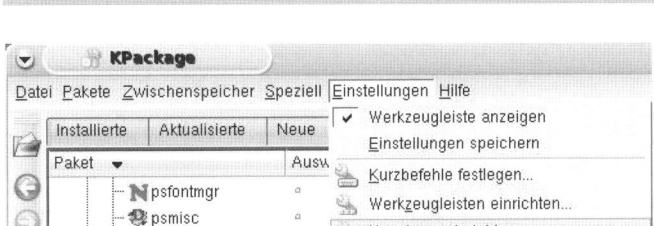

Abbildung 3.15: Im *Einstellungen*-Menü von KPackage kann unter *KPackage einrichten* festgelegt werden, welche Paketarten (z.B. Debian .deb und Red Hat .rpm) verarbeitet werden sollen. Das setzt natürlich die Verfügbarkeit des jeweiligen Backends voraus

Wer dennoch neben dem Debian-Format auch Pakete des Red-Hat-Formats verarbeiten möchte, muss darauf achten, dass das RPM-Programmpaket installiert wurde. Zusätzlich muss *KPackage* die Position der Programmdateien bekannt gegeben werden. Diese Einträge werden im Menü *Einstellungen* unter *KPackage einrichten* vorgenommen.

Das Menü Einstellungen / KPackage einrichten ist für Sie auch dann interessant, wenn Sie keine RPM-Pakete installieren wollen, denn Sie können zusätzliche Bezugsquellen für Debian-Pakete benennen, sowohl im Netz als auch auf Datenträger und sogar in einzelnen nicht indizierten Verzeichnissen.

Diese Möglichkeit ist für den Benutzer vor allem dann interessant, wenn er sich nicht die komplette Distribution mit einem Umfang von knapp 9 Gigabyte aus dem Internet laden möchte oder nur die erste CD-ROM der gesamten Distribution besitzt, aber nicht auf das volle Angebot verzichten möchte. So ist es möglich, auch einen Internet-Link zu benennen, auf dem sich alle lokal fehlenden Programmpakete befinden. Dieses Verfahren ist insbesondere für alle interessant, die zwar eine komplette Distribution wünschen, jedoch aufgrund von Restriktionen in der Datenmenge nicht alle Pakete pauschal aus dem Internet laden wollen. Es genügt also vollkommen, nur ein Grundsystem einzurichten und bei Bedarf alle weiteren Pakete individuell nachträglich zu installieren.

Synaptic

Wenn Sie Debian GNU/LINUX mit einer grafischen Benutzeroberfläche installieren, dann werden Sie beim Start zunächst mit dem Window-Manager *GNOME* arbeiten. Diese Oberfläche wird bei Debian GNU/LINUX als Standard installiert. *KDE* ist dagegen eine Option, die ebenfalls installiert, jedoch nicht automatisch aufgerufen wird. Wenn Sie auf der GNOME-Oberfläche arbeiten, dann finden Sie im Menü Anwendungen / Systemwerkzeuge den Eintrag *Synaptic Paketverwaltung*. Auch wenn nicht das berühmte große »K« am Beginn des Programmnamens steht, lohnt es sich, dieses Werkzeug einmal näher zu betrachten.

Die Distribution Debian GNU/LINUX 3.1 »Sarge« hat ein Volumen von fast 9 Gigabyte. Es ist durchaus damit zu rechnen, dass künftige Versionen noch umfangreicher werden. Warum also sollte man seinen Internet-Account damit belasten, indem man pauschal die volle Distribution lädt, obwohl nur ein Bruchteil aller Programme tatsächlich auf dem System installiert wird? Geben Sie ergänzend zu den lokalen Datenträgern auch die jeweilige Quelle im Internet an. Die auf diesem Server befindlichen Pakete werden in den Index Ihres Computers eingebunden und Ihnen zur Auswahl angeboten. Weiterer Vorteil dieser Methode (neben der Einsparung beim Internet-Traffic): Sie installieren stets die jeweils aktuell verfügbare Version der Software.

Synaptic ist auch auf der KDE-Oberfläche verfügbar und im Menü System zu finden *(Paketverwaltung / Synaptic Paketverwaltung)*.

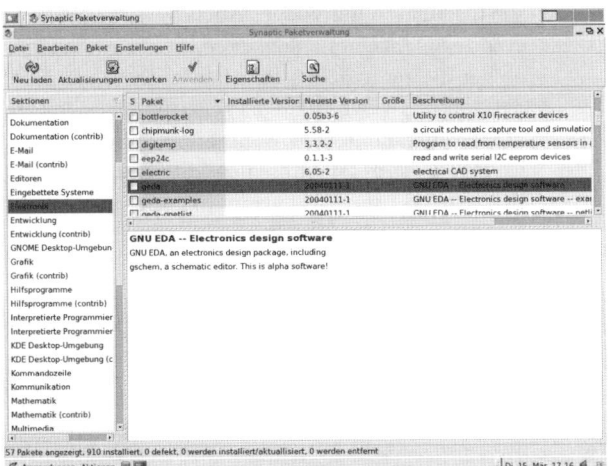

Abbildung 3.16: Das Fenster der *Synaptic*-Paketverwaltung ist in drei Bereiche organisiert: *Sektionen* zur Auswahl der gewünschten Programmgruppe, die *Auflistung* der Pakete und ein *Informationsfenster* mit Angaben zum hervorgehobenen Programmpaket

Synaptic ist in drei Fenster strukturiert:

✔ Sektionen

✔ Paketliste

✔ Informationen

Darüber hinaus ist das Menü interessant, denn neben dem Hauptmenü werden noch Schaltflächen wichtiger Funktionen angeboten, die einen schnellen Zugriff darauf ermöglichen.

Im vorangegangenen Abschnitt zu *KPackage* haben wir als Beispiel eine Software der Sektion *Elektronik* installiert. Auch an dieser Stelle wollen wir ein Programm dieser Sektion installieren: *GNU Electronic Design Software* (GNU EDA oder kurz: geda). Wir wählen also mit der Maus die Sektion *Elektronik* aus und suchen in der Paketliste unser gewünschtes Programm. Alternativ dazu können wir auch die Suchfunktion des Menüs *Bearbeiten* nutzen, wobei wir die Suche nach verschiedenen Kriterien optimieren können, um möglichst sofort ein ideales Ergebnis zu bekommen.

In der Paketliste können wir nun das gewünschte Paket per Mausklick zur Installation markieren. Auch *Synaptic* denkt mit und weist uns auf eventuelle Paketabhängigkeiten hin. Wir können nun frei entscheiden, ob wir die zusätzlichen Programmpakete, zu denen eine Abhängigkeit des von uns gewünschten Programms besteht, ebenfalls zur Installation vormerken lassen. Wenn Sie eine Software tatsächlich installieren wollen, so ist es zu empfehlen, die zusätzlichen Pakete zu installieren. Brechen Sie nur ab, wenn Sie dieselben Funktionen anderweitig bereitstellen oder den Installationswunsch noch einmal überdenken wollen.

Abbildung 3.17: Per Mausklick wird das gewünschte Programmpaket zur Installation vorgemerkt

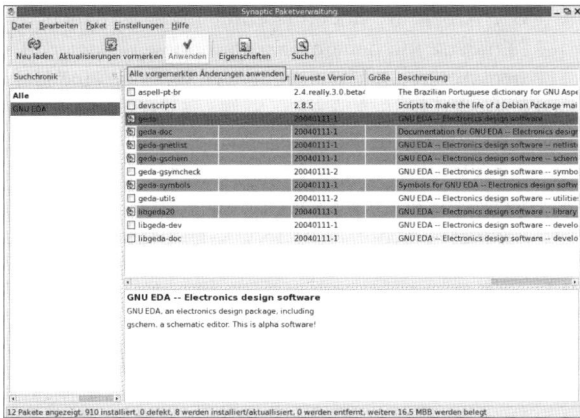

Abbildung 3.18: Alle erforderlichen Programmpakete sind nun für die Installation vorgemerkt und können mit der Schaltfläche *Anwenden* installiert werden

Bereits beim KDE Package Manager (KPackage) haben wir darauf hingewiesen, dass die Pfade der Installationsquellen sehr flexibel auf dem LINUX-Computer verwaltet werden können. Das gilt auch für Synaptic. Im Menü *Einstellungen / Paketquellen* können mehrere Bezugsquellen für neue Programmpakete definiert werden. Neben lokalen Laufwerken und Verzeichnissen können diese Quellen auch Server im LAN oder im Internet sein.

Soll der Liste eine weitere Installations-CD-ROM hinzugefügt werden, so ist die entsprechende Funktion unter *Bearbeiten* im Menü zu finden.

Das Menü *Einstellungen* bietet noch weitere Möglichkeiten, das Erscheinungsbild von Synaptic anzupassen. So kann die Anzahl der Schritte vorgegeben werden, die rückgängig gemacht werden können. Eine weitere Funktion, die vor fehlerhaften Eingaben bewahren soll, ist die Nachfrage bei Systemaktualisierungen. Hier kann vorgegeben werden, dass Synaptic immer nachfragt, ob die Änderung durchgeführt werden soll, es können aber auch Automatismen mit der »normalen« und »intelligenten« Aktualisierung gewählt werden.

Die Arbeit an einer Liste mit insgesamt mehr als 14.500 Einträgen (Tendenz für neuere Distributionen ist steigend) ist auch bei einem strukturierenden Werkzeug wie Synaptic eine Herausforderung an die Konzentrationsfähigkeit. So kann die Reihenfolge der Spalten an die tatsächlichen Bedürfnisse angepasst werden. Es fällt beispielsweise in der Grundinstallation auf, dass die Beschreibung der Programmpakete in der Liste erst in der letzten Spalte zu finden ist. Wer das Softwareangebot der LINUX-Distribution jedoch nicht kennt, wäre besser beraten, diese Beschreibung unmittelbar neben dem Paketnamen oder möglicherweise sogar an erster Stelle zu finden. Auch die Wahl individueller Schriftarten und Farbmarkierungen verbessert die Ergonomie.

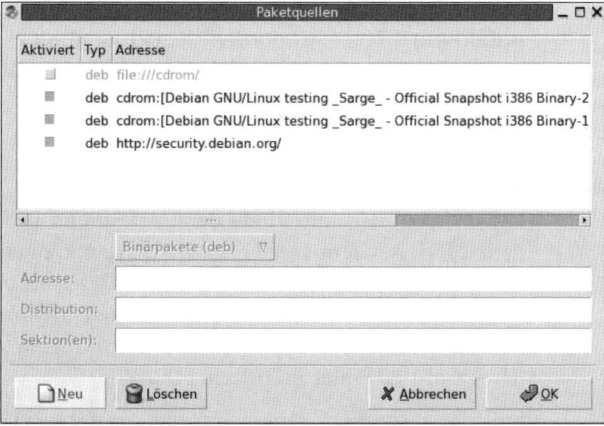

Abbildung 3.19: Auch bei Synaptic sind Sie flexibel in der Definition Ihrer Paketquellen. Neben den verfügbaren Quellen, die bereits in der Liste aufgeführt sind, können Sie über Neu weitere Paketquellen ergänzen

4 Hardware konfigurieren

Mit der Grundinstallation des Betriebssystems wurde bereits versucht, möglichst die komplette Hardware Ihres Computers einzurichten und zu konfigurieren. Mit ein wenig Glück ist dies gelungen und Ihr System arbeitet einwandfrei. Dann können Sie dieses Kapitel überspringen und sich anderen – praktischeren – Themen widmen. Nun gibt es jedoch sehr viele Gründe dafür, weshalb die Hardware Ihres Computers nicht vollständig konfiguriert wurde. Insbesondere, wenn Sie eine Debian-GNU/LINUX-Distribution 3.10 oder älter verwenden, müssen Sie auf den Luxus einer automatischen Hardwareerkennung verzichten. Möglicherweise haben Sie während der Grundinstallation zunächst nur die elementare Hardware eingerichtet und holen die endgültige Konfiguration zu einem späteren Zeitpunkt nach. Denkbar ist auch, dass die automatische Erkennung nicht ganz korrekt funktioniert hat und das System deshalb nicht wie gewünscht arbeitet. Zudem ist es nicht unwahrscheinlich, dass Sie nachträglich eine Änderung an Ihrer Hardware vornehmen. Ein neuer Farbdrucker ist heute schließlich enorm preisgünstig und auch ein Scanner am Computer hat durchaus seine Vorzüge. Oder Ihr Computer ist noch immer mit einer langsamen 10-Mbps-Ethernetkarte ausgerüstet, wo doch 100 Mbps heute den Standard vorgeben und dank niedriger Preise selbst das Gigabit-Ethernet im Heimnetz und im Small Office Einzug hält.

Wie auch immer: In all diesen Fällen müssen Sie die neue Hardware in Ihrem System einrichten. Hier macht kein Betriebssystem eine Ausnahme, jedoch müssen sich LINUX-User nach wie vor mit der Sturheit vieler Hardwareanbieter auseinander setzen, die keine Treiber für ihre Geräte bereitstellen oder dies erst zu einem sehr späten Zeitpunkt tun.

LINUX-Treiber für Hardware aller Art werden oft nicht von den Herstellern selbst, sondern von freien Programmierern entwickelt und im Internet angeboten. Damit ein solcher Treiber auch seinen Platz in einer Distribution findet, ist es wichtig, dass er den Lizenzbestimmungen des Herstellers entspricht. Für einige Geräte gibt es aus lizenzrechtlichen Gründen keinen LINUX-Treiber am Markt, z.B. für das Kombigerät HP Laserjet 3100 (Scanner, Fax und Drucker).

Sehen wir uns nun an, wie wir unsere Hardware in das Debian-GNU/ LINUX-System einbinden.

Tastatur und Maus

Tastatur und Maus sind die wichtigsten Eingabewerkzeuge Ihres Computers. Es ist lästig, wenn sie nicht korrekt funktionieren. So werden Sie beispielsweise feststellen, dass Sie nicht alle auf Ihren Tasten aufgedruckten Buchstaben auch auf dem Monitor wiederfinden, wenn Sie kein deutsches Tastaturlayout installiert haben. Computer setzen grundsätzlich eine US-amerikanische Tastatur voraus. Sie bemerken dies, wenn Sie die Taste Y drücken, denn auf dem Bildschirm wird dann der Buchstabe »z« angezeigt – und umgekehrt.

Auch die Maus ist in sehr vielseitigen Bauformen zu bekommen. Es gibt sie mit zwei oder drei Tasten, mit und ohne Rädchen sowie mit verschiedenen Anschlussschnittstellen für den PC.

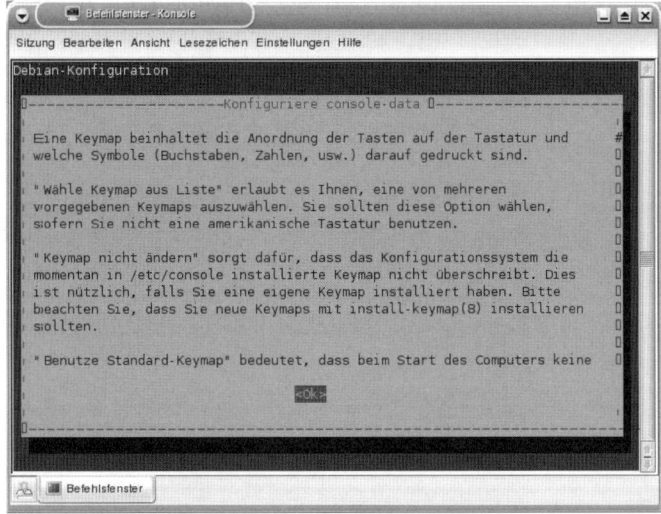

Abbildung 4.1: Beginn der Konfiguration des Tastaturlayouts auf der Konsole

In diesem Kapitel gehen wir auf die Konfiguration der Tastatur und der Maus für die Konsole ein. Diese Konfigurationen treffen nicht für die grafische Oberfläche auf der Basis des X-Window-Systems zu. Hierzu schlagen Sie bitte im Kapitel zur grafischen Benutzeroberfläche nach.

Tastatur auf der Konsole

Damit Sie mit Ihrem Rechner so arbeiten können, wie es die Beschriftung der Tastatur und nicht zuletzt die Gewohnheit im jeweiligen Land vorgibt, muss das Tastaturlayout speziell konfiguriert werden.

Für die Konfiguration der Tastatur auf der Konsole wird *kbdconfig* aufgerufen. Dieses Programm erstellt in */etc/console* eine gezippte Datei, die eine *Keymap* enthält, anhand deren das Betriebssystem die Tastatureingaben interpretiert.

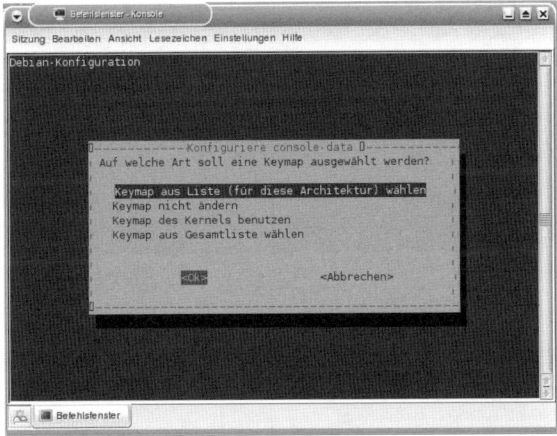

Abbildung 4.2: Wir wollen eine spezielle Keymap mit deutschem Tastaturlayout wählen, die wir in einer Auswahlliste erwarten

Der erste Schritt zur Konfiguration der Tastatur ist die Auswahl der Keymap-Quelle. Hier werden verschiedene Listen zur Wahl gestellt, wobei wir uns in diesem Beispiel für die erste Liste entschieden haben.

Es folgt nun eine grobe Beschreibung des Tastaturlayouts, die anhand eines markanten Musters der Tastenanordnung erfolgt. Eine deutschsprachige Tastatur kennt bei der Betrachtung nebeneinander liegender Tasten das Muster *Q-W-E-R-T-Z*. Beachten Sie bitte: Es kommt insbesondere auf den Buchstaben »Z« an. Ein auf dem Muster der US-amerikanischen Tastatur basierendes Layout wäre im Gegensatz dazu: Q-W-E-R-T-Y.

Markante Eigenschaft einer Tastatur mit dem deutschen Layout sind die nebeneinander liegenden Tasten *Q-W-E-R-T-Z*.

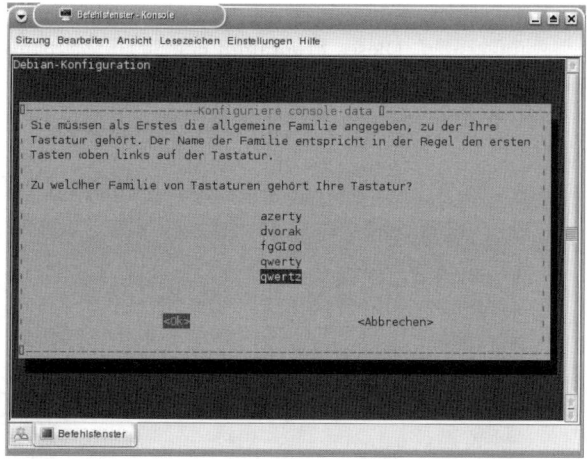

Abbildung 4.3: Jedes Tastaturlayout zeichnet sich durch ein markantes Muster in der Tastenbelegung aus. Das deutsche Layout zeigt nebeneinander liegend die Tastenreihenfolge Q-W-E-R-T-Z.

Die Wahl des Q-W-E-R-T-Z-Layouts allein genügt noch nicht, um das Layout der verwendeten Tastatur korrekt zu beschreiben. Dieses Tastenschema wird in vielen anderen Ländern nämlich ebenfalls verwendet, jedoch unterscheiden sich dort die jeweiligen Zeichensätze voneinander. Neben Deutschland und Österreich wird dieses Layout auch in der Schweiz und vielen Balkanstaaten sowie in Ungarn verwendet. Wir müssen also gezielt die deutsche Belegung (*German*) wählen, um auch Buchstaben wie Ä, Ö und Ü etc. nutzen zu können.

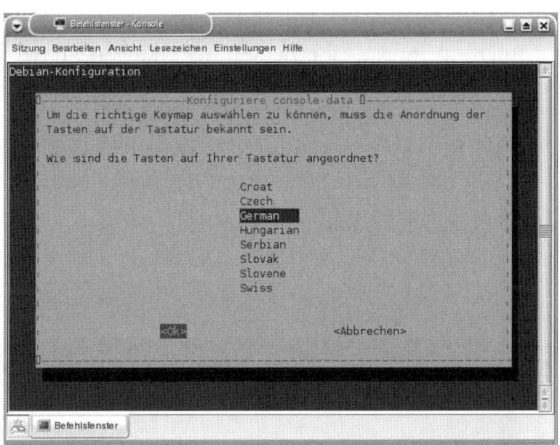

Abbildung 4.4: Das Muster Q-W-E-R-T-Z wird in verschiedenen internationalen Tastaturlayouts verwendet. An dieser Stelle muss also mit der Bezeichnung *German* eine Präzisierung erfolgen

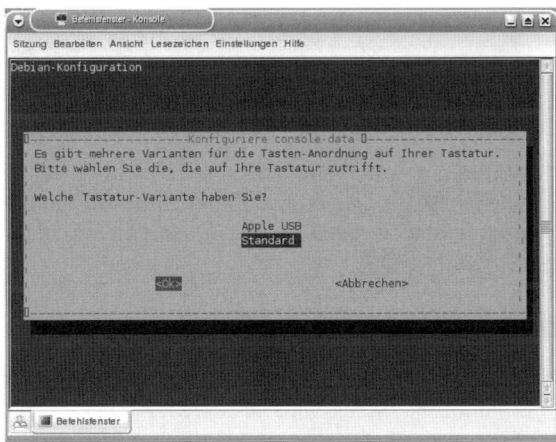

Abbildung 4.5: Wenn Sie keine besondere Tastatur verwenden, treffen Sie in den meisten Fällen mit der Standardvariante eine gute Wahl

Wer keine spezielle Tastatur verwendet, kann im Folgenden mit dem Standardmodus arbeiten. Allerdings sollte die Frage nach so genannten *Dead Keys* nicht unüberlegt beantwortet werden. Unter *Dead Keys* versteht man die Tasten, die erst nach dem Betätigen einer weiteren Buchstabentaste eine Bedeutung erlangen. In der französischen Sprache sind beispielsweise die Akzente von großer Bedeutung (▣). Die Taste, mit der diese Akzente dargestellt werden, ist ein so genannter *Dead Key*, denn erst wenn die nächste Buchstabentaste betätigt wird, taucht das Zeichen über dem Buchstaben auf.

Als Beispiel: ▣ und anschließend E = é.

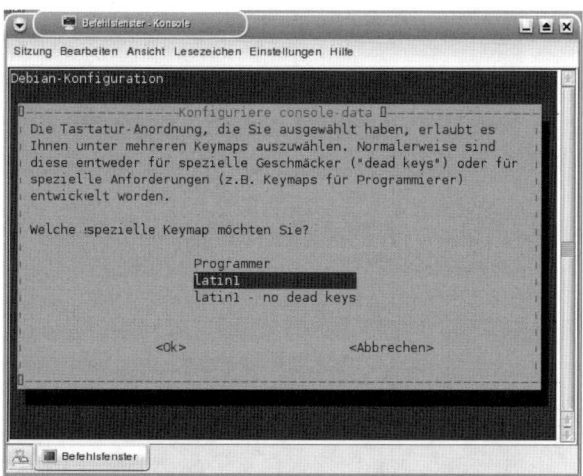

Abbildung 4.6: Wenn Sie mit Akzent-Tasten etc. arbeiten, die beispielsweise für die Verfassung französischsprachiger Texte erforderlich sind, sollten Sie *Dead Keys* nicht deaktivieren

Maus auf der Konsole

Generell wird auf der Konsole im Kommandozeilen-Modus gearbeitet. Eine Maus wird also weder benötigt, noch ist ihre Verwendung sinnvoll. Das betrifft aber nur die Shell als solche, denn es gibt sehr wohl Programme – als Beispiel sei der *Midnight Commander* genannt –, die auch im VGA-Modus der Konsole sinnvoll und komfortabel mit der Maus bedient werden können. Möglich macht dies das *General Purpose Mouse Interface* (gpm).

Die Verwendung der Maus für geeignete Applikationen auf der Konsole ist nur dann möglich, wenn das Programmpaket *gpm* installiert wurde. *gpm* ist ein im Hintergrund des Systems laufender Dämon.

Die Konfiguration der Maus erfolgt in einem Textdialog auf der Shell oder durch direktes Editieren der Daten */etc/gpm.conf*. Der Konfigurationsdialog wird mit gpmconfig ⏎ gestartet. Erfolgt die Konfiguration direkt in der Datei */etc/gpm.conf*, dann werden die Änderungen erst wirksam, nachdem die Datei gespeichert und der gpm-Prozess neu gestartet wurde. Der Prozess wird mit der folgenden Befehlszeile beendet:

```
kill -9 `cat /var/run/gpm.pid` ⏎
```

Mit der Eingabe von gpm ⏎ wird der Dämon neu gestartet.

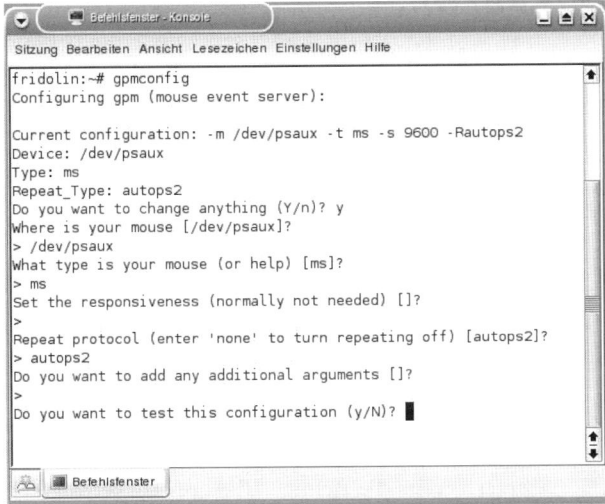

Abbildung 4.7: Im Frage-und-Antwort-Stil kann die Konfiguration von *gpm* erfolgen

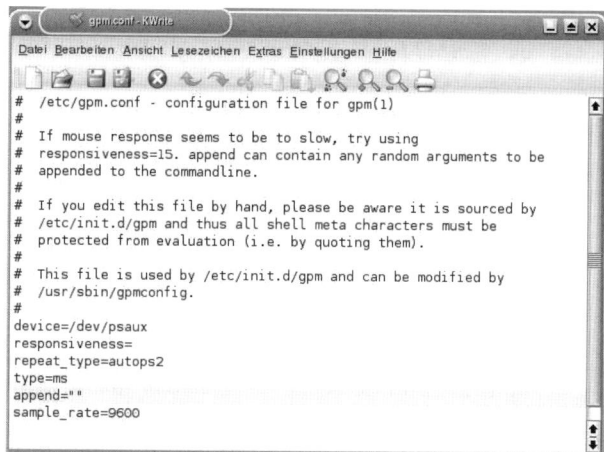

Abbildung 4.8: *gpm* kann auch direkt in der Datei */etc/gpm.conf* konfiguriert werden. Bitte den Neustart von *gpm* nicht vergessen!

Netzwerkkarte

Ein LINUX-Computer kann entweder als Server oder als Arbeitsplatzrechner in ein Netzwerk eingebunden werden. Das setzt zumindest eine funktionsfähige Netzwerkkarte voraus, die als Schnittstelle zu anderen Computern dient. In der Regel arbeiten wir mit einem Ethernet-Netzwerk. Schnittstellen für diese Technologie bezeichnet LINUX als */dev/eth* mit einer bei null beginnenden Nummerierung. Die erste Netzwerkkarte eines Computers trägt also die Bezeichnung */dev/eth0*.

In der Regel werden Sie Ihre Netzwerkkarte bereits mit der Erstinstallation konfiguriert haben. Die entsprechenden Dialoge dafür werden Ihnen bei der Installation des Betriebssystems angeboten. Ob dies der Fall ist, können Sie durch Eingabe des Kommandos ifconfig ⏎ sehr einfach feststellen. Das Ergebnis sagt Ihnen, ob Ihrem Computer bereits die richtige IP-Adresse, Netzmaske sowie die Vorgaben für das Standard-Gateway und den DNS zugewiesen wurden. Nur wenn die gewünschten Daten nicht erkannt werden, müssen Sie nachträglich in die Konfiguration eingreifen.

```
fridolin:~# ifconfig
eth0      Protokoll:Ethernet  Hardware Adresse 00:50:BA:8F:CE:68
          inet Adresse:100.100.100.39  Bcast:100.100.100.255  Maske:255.255.255.0
          inet6 Adresse: fe80::250:baff:fe8f:ce68/64 Gültigkeitsbereich:Verbindung
          UP BROADCAST RUNNING MULTICAST  MTU:1500  Metric:1
          RX packets:46 errors:0 dropped:0 overruns:0 frame:0
          TX packets:103 errors:0 dropped:0 overruns:0 carrier:0
          Kollisionen:0 Sendewarteschlangenlänge:1000
          RX bytes:8143 (7.9 KiB)  TX bytes:10431 (10.1 KiB)
          Interrupt:11 Basisadresse:0xec00

lo        Protokoll:Lokale Schleife
          inet Adresse:127.0.0.1  Maske:255.0.0.0
          inet6 Adresse: ::1/128 Gültigkeitsbereich:Maschine
          UP LOOPBACK RUNNING  MTU:16436  Metric:1
          RX packets:253 errors:0 dropped:0 overruns:0 frame:0
          TX packets:253 errors:0 dropped:0 overruns:0 carrier:0
          Kollisionen:0 Sendewarteschlangenlänge:0
          RX bytes:29606 (28.9 KiB)  TX bytes:29606 (28.9 KiB)

fridolin:~# 
```

Abbildung 4.9: Ist das Netzwerk bereits richtig konfiguriert?
Das Kommando ifconfig auf der Shell gibt Aufschluss

Hierzu können Sie die Datei */etc/network/interfaces* editieren. Für jedes auf dem Rechner definierte Netzwerk-Interface gibt es in dieser Datei einen eigenen Konfigurationsblock. Auf unserem Computer ist nur eine Netzwerkkarte (eth0) installiert. Es ist aber auch denkbar, den Computer mit mehreren Netzwerkadaptern auszustatten, die mit dieser Datei individuell konfigurierbar sind.

Wir bevorzugen bei einer umfangreichen (!) nachträglichen Konfiguration die Bearbeitung der Datei */etc/network/interfaces*. In diese Datei können alle Adressdaten direkt eingegeben werden, und es besteht vor dem Speichern die Möglichkeit, die Konfiguration noch einmal zu lesen und auf Schreibfehler zu prüfen. Sollen nur einzelne Parameter verändert werden, bietet das Kommando ifconfig bequemere Möglichkeiten.

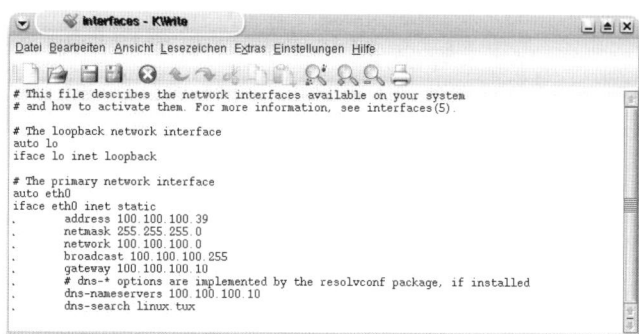

Abbildung 4.10: Die Eigenschaften der installierten Netzwerk-Schnitt-stellen können direkt in der Datei */etc/network/interfaces* definiert werden

Natürlich müssen die Änderungen in der Konfiguration in den möglicherweise noch laufenden Prozess übernommen werden. Dazu muss das betreffende Interface zunächst einmal deaktiviert werden. Diesem Zweck dient das Kommando ifdown (= Interface down), dem der Name der zu deaktivierenden Schnittstelle übergeben wird. Um also *eth0* zu deaktivieren, lautet das Kommando entsprechend:

   ifdown eth0 [⏎]

Anschließend wird die Netzwerkschnittstelle mit dem Kommando ifup wieder gestartet. Für *eth0* lautet die Befehlszeile:

   ifup eth0 [⏎]

Ein prüfender Blick auf die Konfiguration durch erneute Eingabe von ifconfig [⏎] sollte die korrekte Übernahme der neuen Daten bestätigen.

Das Programm *ifconfig* ist auch in der Lage, direkte Änderungen in der Netzwerkkonfiguration vorzunehmen. Hier wird folgende Syntax verwendet:

   ifconfig [Schnittstelle] [Option(en)] [⏎]

Die Schnittstelle wird – wie gesehen – beispielsweise mit *eth0* (für das erste Ethernet-Interface) bezeichnet. Die Optionen können beispielsweise sein:

✔ eine *IP-Adresse* (z.B.: 192.0.0.1): Sie gibt die Netzwerkadresse des Computers über diese Schnittstelle vor.

✔ *netmask* [Adresse]: Mit dieser Option wird die Netzmaske definiert.

✔ *mtu N*: Legt den Wert für Maximum Transfer Unit (MTU) fest. Doch Achtung: Diesen Wert sollten nur Netzwerkexperten verändern.

Die direkte Konfiguration mit *ifconfig* ist die schnellste Methode, um die Eigenschaften der Netzwerkkarte zu definieren, wenn einzelne Parameter verändert werden sollen. Allerdings fehlt bei komplexen Konfigurationen die Übersicht, die nur der direkte Einblick in die Datei */etc/networks/interfaces* bieten kann.

Ob es zweckmäßiger ist, direkt die Datei */etc/networks/interfaces* zu editieren und anschließend den Netzwerkadapter neu zu starten oder *ifconfig* zu verwenden, entscheidet jeder Systemverwalter für sich selbst. Der Umfang der Konfiguration ist ein Entscheidungskriterium.

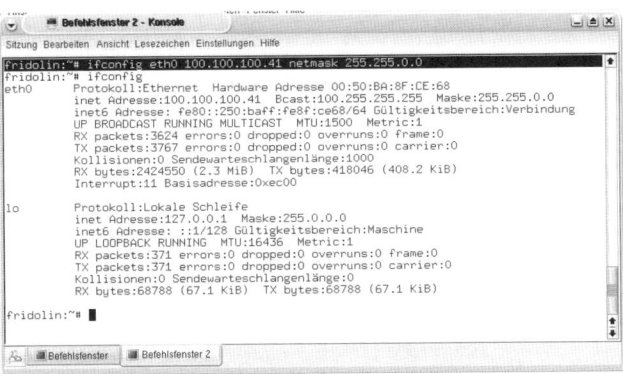

Abbildung 4.11: Veränderung der Konfiguration von *eth0* mit *ifconfig*: Es werden eine neue IP-Adresse und eine Netzmaske zugewiesen

Drucker

Mit LINUX steht uns generell ein so genanntes Multi-User-Betriebssystem zur Verfügung. Das bedeutet, mehrere Benutzer können zeitgleich direkt an der Maschine (über die verschiedenen Konsolen) oder über das Netzwerk auf unseren Computer zugreifen. Alle User können auch den angeschlossenen Drucker verwenden. Damit wären wir allerdings schon beim ersten Problem, denn einfach nur einen Drucker anzuschließen reicht nicht. Wie bei allen anderen Betriebssystemen müssen wir einen entsprechenden Druckertreiber installieren, damit LINUX Dokumente korrekt ausdrucken kann.

Eine weitere Eigenschaft von LINUX gilt es zu berücksichtigen: Das Betriebssystem arbeitet nicht auf die Schnittstellen bezogen, sondern kennt gewissermaßen nur Dateien. Auch der Drucker ist aus der Sicht von LINUX nichts anderes als eine Datei, in die der Computer Daten hineinschreiben kann.

Weil nun theoretisch mehrere User zeitgleich einen Druckauftrag senden können, arbeitet LINUX mit einer so genannten Warteschlange (Queue). Diese Druckerwarteschlange nimmt die Druckaufträge, die »Druck-Jobs« der einzelnen User, entgegen und gibt sie der Reihe nach an den Drucker weiter. Ist der Drucker gerade nicht verfügbar (ausgeschaltet oder Störung), dann bleiben die Jobs in der Warteschlange gespeichert. Sobald wieder gedruckt werden kann, werden die Ausdrucke erledigt.

Mithilfe des Samba-Servers ist es auch möglich, den LINUX-Computer in ein MS-Windows-Netzwerk zu integrieren und darüber auch im gesamten Netz freigegebene Ressourcen (Verzeichnisse und Drucker) zu nutzen. An dieser Stelle wollen wir die Möglichkeiten des Samba-Servers jedoch noch vernachlässigen und sie zu gegebener Zeit in einem eigenen Kapitel besprechen.

CUPS – der Koordinator

Der Druckerdienst eines modernen LINUX-Systems ist das Common UNIX Printing System – kurz: CUPS. Hierbei handelt es sich um einen Printserver, der die Druckerwarteschlange des Systems verwaltet und die Drucker mit Aufträgen bedient. CUPS ist aber auch ein kleiner Webserver, der eine Konfigurationsseite zur Verfügung stellt, über die Drucker eingerichtet und Printjobs verwaltet werden können.

 Auch wenn CUPS einen kleinen Webserver zur Konfiguration des Printserversystems darstellt, sind keine Beeinträchtigungen zu erwarten, wenn zusätzlich ein Apache-Webserver eingerichtet wird, was wir Ihnen in einem späteren Kapitel erläutern. Der Apache »lauscht« auf dem Port 80 nach an ihn gerichteten Anfragen. CUPS arbeitet dagegen auf Port 631.

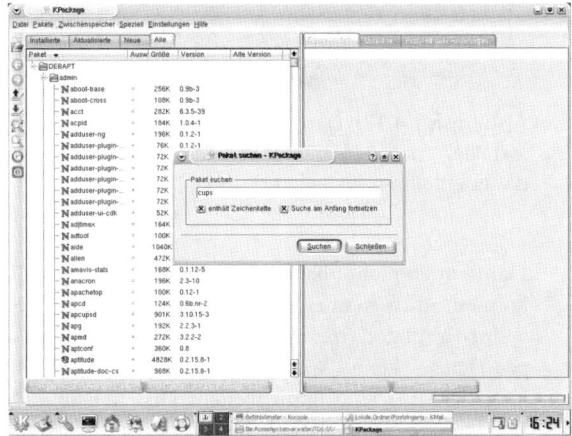

Abbildung 4.12: Um das Common UNIX Printing System (CUPS) zu installieren, suchen wir das benötigte Programmpaket

Mit der Installation von CUPS steht jedoch nur der Netzwerkdienst des Printservers zur Verfügung und eine kleine Auswahl unterstützter Drucker. In der Praxis wird dies nicht genügen, weil in den allermeisten Fällen keine Postscript-Drucker verwendet werden. Postscript ist eine standardisierte Beschreibungssprache für Drucker und in der UNIX- bzw. LINUX-Welt durchaus ein Standard. So erwartet auch CUPS einen postscriptfähigen Drucker, dessen Parameter in einer PPD-Datei gespeichert sind. PPD steht hierbei für Postscript Printer Description.

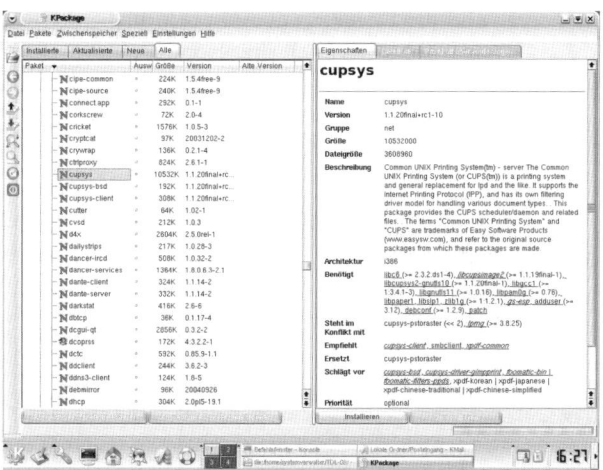

Abbildung 4.13: Der Printserver *CUPS* wird mit dem Paket *cupsys* installiert, das jedoch vom Vorhandensein weiterer Pakete abhängig ist, die ebenfalls zu installieren sind

Damit auch nicht postscriptfähige Drucker von CUPS bedient werden können, muss man einen kleinen Umweg machen, der über den Postscript-Emulator *Ghostscript* führt. Gesteuert wird dies über *cupsomatic-ppd*. Dieses kleine Werkzeug muss also ebenfalls auf dem Computer installiert werden, damit weitere Drucker im LINUX-System betrieben werden können. Die Installation des Paketes *cupsomatic-ppd* hat eine Abhängigkeit zum Paket *foomatic-filters-ppds*. Dieses enthält eine umfangreiche Sammlung von PPD-Dateien speziell für Nicht-Postscriptdrucker, die von Ghostscript angesteuert werden.

Speziell für HP-Laserjet-Drucker gibt es das Paket *foomatic-db-hpljs*, dessen Installation empfohlen wird, wenn ein HP-Laserjet-Drucker verwendet werden soll.

Um bereits im Vorfeld – möglichst vor dem Kauf eines Druckers -festzustellen, ob dieser vom LINUX-Betriebssystem unterstützt wird, empfiehlt sich ein Blick ins Internet. Auf der Seite *www.linuxprinting.org* stehen Informationen zu den unterstützten Druckern und die aktuellsten PPD-Dateien zur Verfügung. Über die Aufstellung der Druckertypen kann in Erfahrung gebracht werden, ob ein möglicherweise nicht in den Treiberpaketen enthaltener Drucker zu einem anderen Modell kompatibel ist.

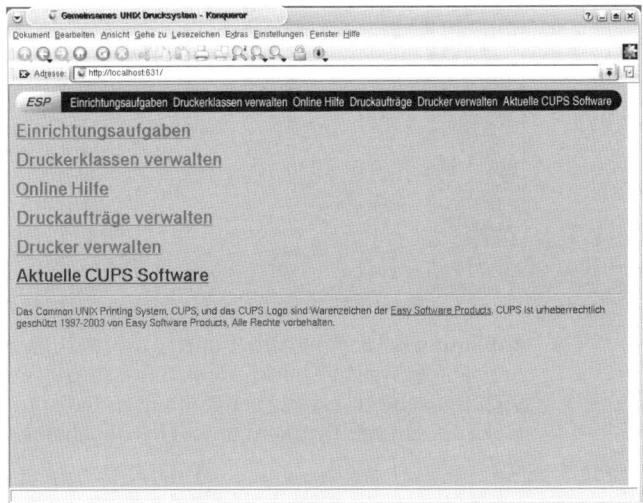

Abbildung 4.14: Auf der Weboberfläche von CUPS soll nun *über Drucker verwalten* der Drucker eingerichtet werden. Doch welche Drucker werden eigentlich unterstützt? Hier kann ein Blick in das Internet helfen

Auf die HTTP-Oberfläche von CUPS kann auch von einem beliebigen Computer innerhalb des Netzwerkes zugegriffen werden. Somit wäre auch ein rein auf der Basis der Kommandozeile betriebenes System über die grafische HTML-Oberfläche administrierbar. Voraussetzung dafür ist allerdings, dass CUPS auch als Netzwerkdienst eingerichtet wurde. Dieses Thema wird an späterer Stelle erläutert.

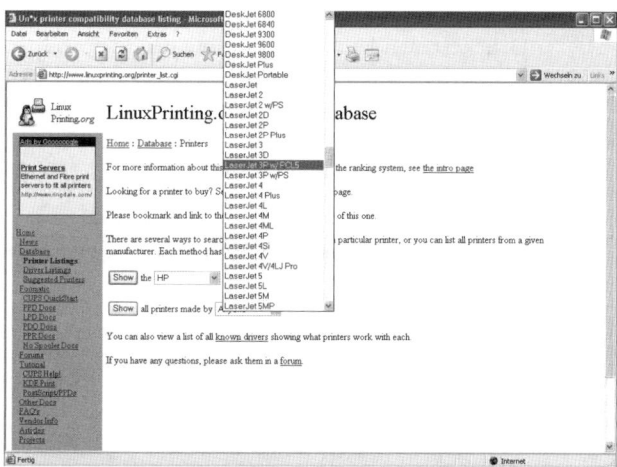

Abbildung 4.15: Im Internet unter *www.linuxprinting.org* ist nicht nur zu erfahren, welche Drucker direkt unterstützt werden – die Seite gibt auch Hinweise zu eventuellen Kompatibilitäten, so dass letztlich eine große Anzahl von Druckern unter LINUX betrieben werden kann

Nach der Installation von *CUPS* und *cupsomatic*, die selbstverständlich nur vom Systemverwalter durchgeführt werden kann, geht es an die Einrichtung des Druckers. Hier müssen wir zunächst sicherstellen, dass wir den richtigen Druckertreiber zur Verfügung haben. In unserem Fall erscheint die Aufgabe kompliziert, denn wir wollen einen etwas betagten HP-Laserjet-IIIP-Drucker (PCL5) verwenden. Doch wir haben Glück, denn auch wenn es keinen speziellen Treiber dafür gibt, so ist er doch mit dem Modell Laserjet 4 (PCL5) kompatibel.

Beginnen wir also unter dem Menüpunkt *Drucker verwalten* auf der CUPS-HTML-Oberfläche mit der Installation unseres Druckers.

Selbstverständlich stellt die Installation eines Druckers einen Eingriff in das System dar, der ausschließlich dem Superuser (»root«) vorbehalten ist.

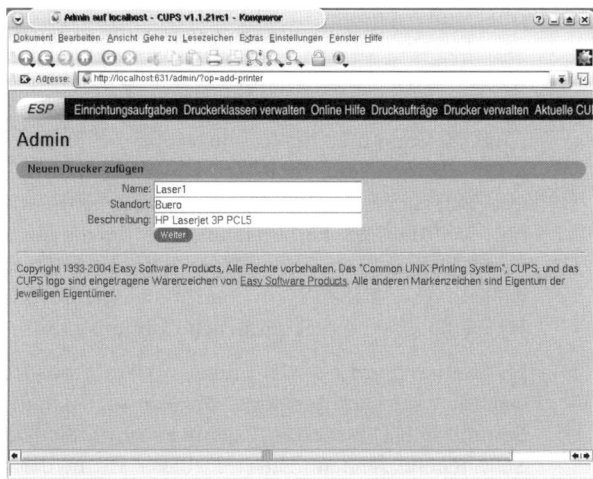

Abbildung 4.16: Der neue Drucker bekommt zuerst einen Namen, damit er im System eindeutig erkannt werden kann. Bedenken Sie: In größeren Netzwerken kann eine missverständliche Bezeichnung schnell zu einem Suchspiel werden, weil der User nicht mehr weiß, wo der Drucker steht, auf dem er das Dokument ausgegeben hat

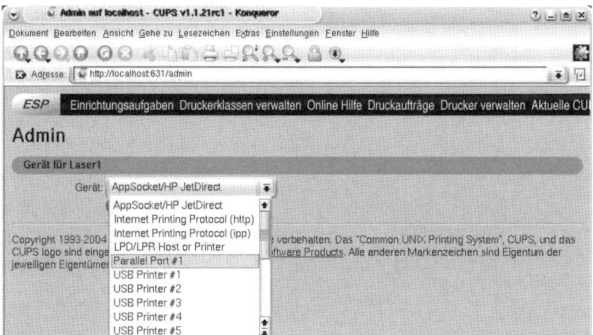

Abbildung 4.17: Sehr wichtig – nicht nur im LINUX-Betriebssystem – ist die Angabe der Schnittstelle, an der der neue Drucker betrieben wird. Unser »Klassiker« ist an die parallele Schnittstelle angeschlossen (*/dev/lp0*)

Am Beginn unserer Installationsarbeit steht die »Taufe«. Wir müssen dem Drucker einen Namen geben und eine Beschreibung eintragen. Damit haben wir es in einem größeren System leichter, den richtigen Drucker zu finden. Bedenken Sie, dass sich möglicherweise um den LINUX-Computer herum ein größeres Netzwerk befindet. Es wäre doch sehr peinlich, wenn eine Karikatur des Chefs versehentlich auf genau dessen Schreibtischdrucker ausgegeben würde – und das alles nur, weil die Druckerbezeichnungen uneindeutig sind. Natürlich: In einem kleinen Heimsystem können Sie Ihren Drucker nennen, wie sie wollen. Aber LINUX ist eben auch im professionellen Umfeld zu Hause. Deshalb dieser zusätzliche administrative Aufwand.

Im zweiten Schritt ist die Frage zu klären, wo sich der Drucker denn eigentlich wirklich befindet. Die Antwort darauf ist diesmal für das System selbst interessant, denn es muss die Daten an die richtige Schnittstelle senden. Unser Drucker ist an der parallelen Druckerschnittstelle – diese heißt im LINUX-System */dev/lp0* – des Computers angeschlossen. Denkbar ist aber auch der Betrieb im Netzwerk oder an einem USB-Port. Hier muss also die richtige Wahl getroffen werden.

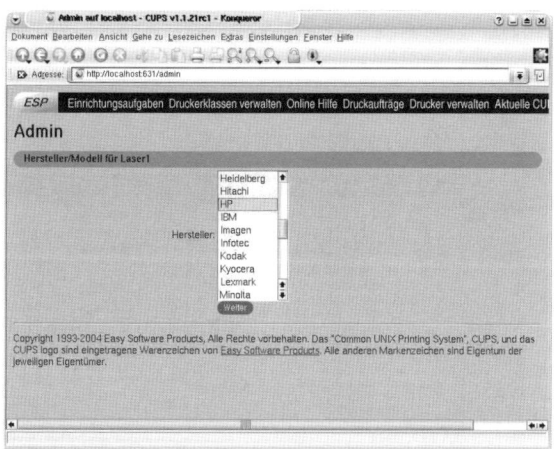

Abbildung 4.18: Dank der mit *cupsomatic-ppd und foomatic-db-hpljs* zusätzlich installierten Druckertypen ist die Liste der unterstützten Drucker so lang, dass es Sinn macht, sie nach dem Hersteller vorzuselektieren

Nun geht es an die Auswahl des Druckertreibers, der – wie Sie bereits erfahren haben – über einige kleine Umwege mithilfe des Programms Ghostscript und der entsprechenden PPD-Dateien verkörpert wird. Durch die Einbindung der PPD-Datenbank des Projektes *linuxprinting.org* ist die Anzahl der unterstützten Drucker recht beachtlich. Es wäre eine Zumutung, müssten diese alle in einem einzigen Menü von A bis Z durchgescrollt werden. Um den Aufwand zu reduzieren, selektieren wir zunächst einmal den Hersteller und suchen dann – aus der wesentlich übersichtlicheren Liste – den richtigen Druckertyp heraus.

Von jetzt an sollte dieser Drucker im System zur Verfügung stehen und genutzt werden können. Das zeigt uns die abschließende Meldung der HTML-Konfigurationsoberfläche von CUPS an.

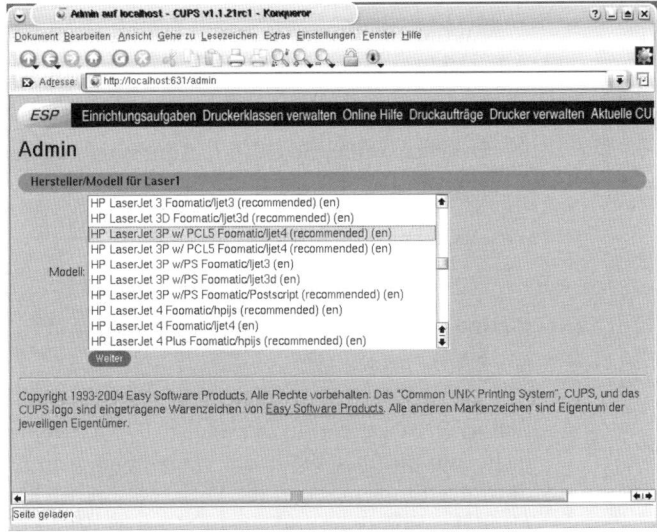

Abbildung 4.19: Unser Drucker wird in der Liste geführt. Wer aufmerksam hinsieht, bemerkt, dass ein Laserjet-4-Treiber verwendet wird. Viele Drucker sind zueinander kompatibel, damit steigt die Anzahl der unter LINUX nutzbaren Geräte

Wie heißt es so schön? »Vertrauen ist gut, Kontrolle ist besser!« Das gilt auch für die Einrichtung eines Druckers. Die Erfolgsmeldung ist zwar sehr erfreulich, doch wir wollen genau wissen, ob der Drucker auch tatsächlich funktioniert. Diese Meldung kommt nämlich tückischerweise auch dann, wenn wir den falschen Treiber gewählt haben. Sie sagt lediglich aus, dass wir alle Konfigurationsschritte durchlaufen und scheinbar sinnvolle Daten eingegeben haben. Klarheit darüber, ob der Drucker nun tatsächlich für die tägliche Arbeit zur Verfügung steht, kann nur eine Testseite bringen.

Dazu klicken wir auf den Namen des Druckers in unserem »Glückwunschtelegramm« und gelangen so in eine Administrationsoberfläche für den Drucker. Sie bietet eine Reihe von Funktionen an:

✔ Drucker anhalten und starten (abwechselnd belegte Schaltfläche)

✔ Aufträge ablehnen

✔ Drucker modifizieren (interessant, wenn wir tatsächlich etwas falsch gemacht haben sollten)

✔ Drucker konfigurieren (u.a. Auflösung und Seitenformat)

✔ Drucker hinzufügen

✔ Druckaufträge anzeigen

✔ Drucker löschen

✔ Drucker Testseite (genau diese Funktion suchen wir an dieser Stelle)

Wir klicken also auf die Schaltfläche *Drucker Testseite* und sehen, was sich am Drucker tut. In unserem Fall reagierte der Drucker zunächst nicht. Ein Blick auf die Beschreibung in diesem Fenster offenbarte jedoch das Problem, denn die Druckerschnittstelle war falsch gewählt. Nach der Korrektur und einem Neustart des Druckers (anhalten und starten) kam die gewünschte Testseite sauber aus dem Drucker heraus.

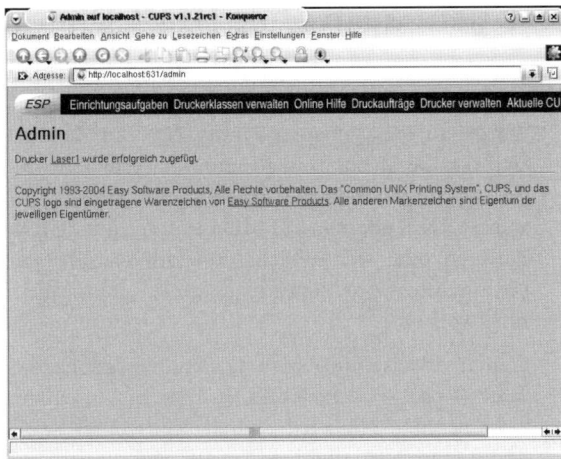

Abbildung 4.20: Das lesen wir gerne: Der Drucker wurde dem System erfolgreich hinzugefügt. Dennoch wollen wir uns davon auch überzeugen und klicken auf den Druckernamen, der einen Link zum Druckmenü darstellt

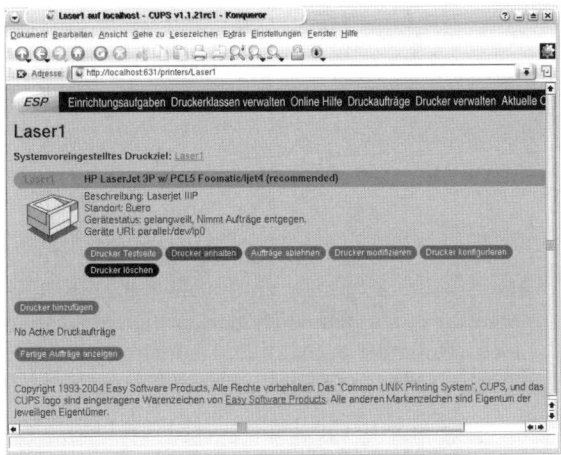

Abbildung 4.21: Alles erscheint hier korrekt, doch erst nach dem erfolgreichen Ausdruck einer Testseite können wir sicher sein, dass der Drucker korrekt im LINUX-System arbeitet

Hardcore – es geht auch ohne HTML-Oberfläche

Die Konfiguration von LINUX erfolgt grundlegend auf der Basis von Konfigurationsdateien. Das sind editierbare Textdateien, in die mit einer genau vorgegebenen Syntax Zeile für Zeile beschrieben wird, wie sich ein Gerät oder ein Programm verhalten soll. Wer ausschließlich auf der Kommandozeile arbeitet und keine Möglichkeit hat, beispielsweise CUPS über ein HTML-Interface auf dem Webbrowser zu konfigurieren oder wer schlicht und einfach sehr spezielle Einstellungen vorzunehmen hat, kommt an dieser etwas anstrengenden Methode nicht vorbei.

Gemeinerweise muss man die Konfigurationsdateien – man findet sie in der Regel im Verzeichnis /etc bzw. in den entsprechenden Unterverzeichnissen – zunächst einmal sehr genau betrachten. Nicht selten findet man darin nämlich Aufrufe einer weiteren Konfigurationsdatei, die ebenfalls zu bearbeiten ist.

Wichtig ist, zunächst einmal zu wissen, welche Konfigurationsdatei »federführend« für ein Programm oder ein Gerät ist. Im Falle des Druckermanagers CUPS ist dies die Datei /etc/cups/cupsd.conf.

Wir wollen es an dieser Stelle beim Hinweis auf die Konfigurationsdateien belassen und nicht detailliert auf ihre Inhalte eingehen. Wichtig ist, dass Sie im Notfall von ihrer Existenz wissen und einen Blick hinein riskieren.

Scanner

Ein Scanner ist auf einem System mit grafischer Benutzeroberfläche interessant, auf dem auch gleichzeitig Applikationen zur Bearbeitung hochauflösender Fotos laufen. Allerdings kann ein Scan auch von der Shell gestartet werden.

In der Scannertechnologie hat sich im Laufe der Zeit viel getan. Die heute am Markt erhältlichen USB-Scanner werden oft automatisch – auch von LINUX – erkannt und können sofort eingesetzt werden. Voraussetzung dafür ist die Installation des Programmpaketes SANE

(= Scanner Access Now Easy). Neben einem Frontend für die Shell (*scanimage*) bietet SANE auch ein Tool für die grafische Oberfläche (*xscanimage*). Beide Programme können Sie über die Shell starten, wobei der Einsatz von *xscanimage* natürlich eine grafische Oberfläche auf dem X-Window-Server voraussetzt.

Um zunächst einmal festzustellen, ob ein Scanner erkannt wird, kann eines von zwei Kommandos auf der Shell verwendet werden.

- ✔ sane-find-scanner ⏎
- ✔ scanimage --list-devices ⏎

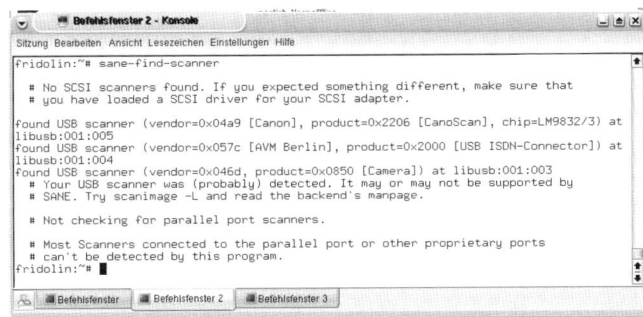

Abbildung 4.22: Welche Scanner werden erkannt? Das Kommando sane-find-scanner gibt Aufschluss

Abbildung 4.23: Mit dem scanimage-*Kommando* wird angezeigt, welcher Scanner von SANE genutzt wird

Wenn mit den vorausgegangenen Kommandos ein Scanner erkannt werden kann, dann steht das Gerät für die ersten Scans bereits zur Verfügung. Ist eine Erkennung nicht möglich, hilft ein Blick in das Verzeichnis *etc/sane.d.* Vielleicht ist dort der eigene oder ein kompatibler Scannertyp bereits mit einer Konfigurationsdatei vorgesehen. Ein Blick in dieses Verzeichnis lohnt sich insbesondere vor dem Kauf eines Scanners, wenn dieser am LINUX-Computer betrieben werden soll.

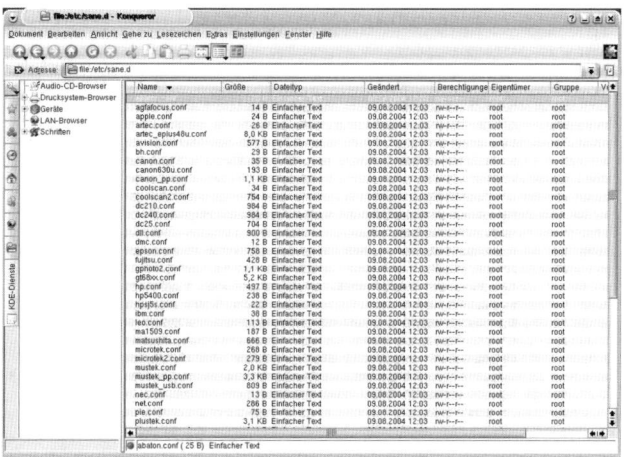

Abbildung 4.24: Für verschiedene Scanner liefert SANE bereits Konfigurationsdateien mit, die im Verzeichnis *etc/sane.d* zu finden sind

Natürlich hat ein Scannerprogramm insbesondere dann einen Sinn, wenn es in eine komfortable Benutzeroberfläche eingebunden ist, die eine direkte Vorschau bietet und verschiedene Einstellungen vor dem eigentlichen Scanvorgang zulässt. Eine solche Oberfläche ist beispielsweise Kooka.

Basis für alle in diesem Abschnitt beschriebenen Beispiele ist das Programmpaket SANE, das installiert sein muss, um einen Scanner zu verwenden.

Ein Beispiel: Um von der Shell einen Scan zu starten, geben Sie bitte eine Befehlszeile im folgenden Schema ein. Der Dateiname sowie der Pfad in das betreffende Verzeichnis können natürlich nach Ihren Wünschen geändert werden.

```
scanimage > /home/robil/testimage.jpg ⏎
```

Der Scanner wird nun anlaufen. Wenn wir anschließend einen Blick in das Zielverzeichnis der Datei werfen, werden wir unser fertiges Foto darin entdecken.

Etwas mehr Flexibilität beim Scannen haben wir, wenn wir – einen aktiven X-Server vorausgesetzt – das Programm *xscanimage* starten. Es öffnet sich auf der grafischen Oberfläche ein Dialog, in dem wir unter anderem den Dateinamen und die Größe des Bildes eingeben können. Über diesen Dialog ist auch die Erstellung einer Vorschau möglich, bei der die Bildgröße angepasst werden kann.

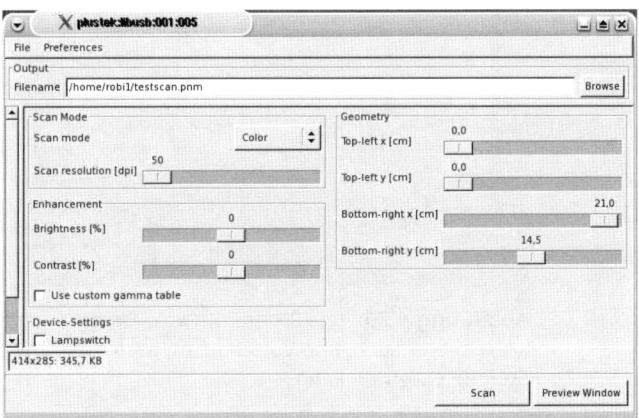

Abbildung 4.25: Die Oberfläche von *xscanimage*

Zweifellos die besten Ergebnisse sind zu erzielen, wenn der Scanner über ein Bildbearbeitungsprogramm aufgerufen wird. Das kann beispielsweise GIMP sein, ein Fotobearbeitungsprogramm, das Sie in diesem Buch noch kennen lernen werden.

Abbildung 4.26: Das Programm *xscanimage* aus dem Programmpaket SANE bietet auch eine Vorschau an, in der die Größe des Bildes optimiert werden kann

Ein sehr komfortables Scannerprogramm ist Kooka. Es bietet neben der reinen Scan- und Exportfunktion in verschiedene Bildformate auch eine OCR-Funktion (= Optical Character Recognisation bzw. optische Buchstabenerkennung). Damit können innerhalb gewisser Toleranzgrenzen Texte in Schriftform erkannt werden. Allerdings bezieht sich dies ausschließlich auf Standardfonts. Handschriften sind noch nicht interpretierbar.

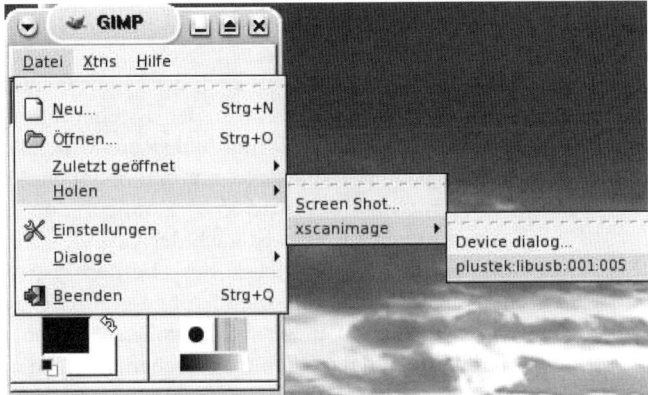

Abbildung 4.27: Aufruf von *xscanimage* aus dem Bildbearbeitungs-programm GIMP heraus

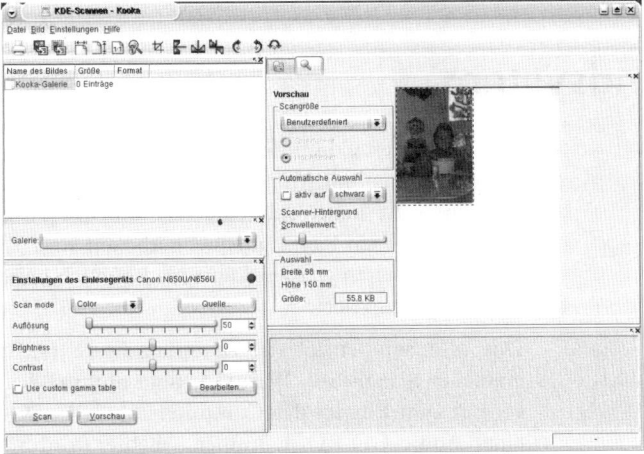

Abbildung 4.28: Kooka bietet neben der Möglichkeit, Fotos von nahezu beliebiger Größe zu scannen, auch eine OCR-Funktion

Grafikkarte und Monitor

Sowohl die Grafikkarte als auch der Monitor sind sehr sensible Hardwarekomponenten. Fehler in der Konfiguration führen möglicherweise dazu, dass kein Monitorbild sichtbar ist. Allerdings betreffen die Schwierigkeiten in der Regel nur den X-Server-Modus. Auf der Konsole ist mit einer Standard-VGA-Konfiguration kaum mit Schwierigkeiten zu rechnen. Dies ist auch der Grund, warum viele Distributionen in der Setup-Phase des Betriebssystems die Installation ausschließlich im VGA-Modus ohne grafische Unterstützung durchführen lassen. An dieser Stelle wollen wir also nicht näher auf die Grafikkarte und den Monitor eingehen, sondern das komplexe Thema in einem eigenen Kapitel besprechen.

Die Einrichtung der Videohardware (Grafikkarte und Monitor) wird im Kapitel zur »Grafischen Benutzerführung« mit der Einrichtung des X-Window-Servers beschrieben.

Soundsystem

Ein moderner Computer bietet nicht nur visuelle Rückmeldungen Ihrer Eingaben am Monitor, sondern auch akustische. Nahezu jeder Computer ist heute mit einer Soundkarte ausgerüstet, an die ein Headset oder ein Paar Lautsprecherboxen angeschlossen werden können. Nicht selten werden Lautsprecher auch beispielsweise im Monitor bereits integriert.

Das Nutzenpotenzial der Soundhardware reicht von der Ausgabe einfacher Signal- bzw. Warntöne über multimediale Spiele und Videos bis hin zum Einsatz des Computers als HiFi-System beim Abspielen einer Audio-CD-ROM. Immer beliebter wird auch das so genannte »Rippen« von Musikstücken.

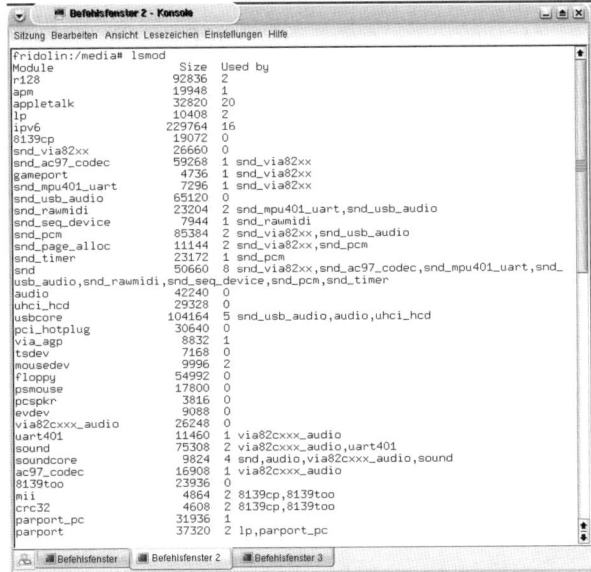

Abbildung 4.29: Die Auflistung mit *lsmod* zeigt, dass Soundmodule bereits im Betriebssystemkern eingebunden sind. Das liegt u.a. an den neuen Möglichkeiten der automatischen Hardwareerkennung, die mit der »Sarge«-Version geboten wird

Die Einrichtung der Soundhardware war bisher immer ein größeres Problem, denn die Soundkartentreiber wurden als direkte Kernel-Module in das System eingebunden. Grundsätzlich favorisiert man in der LINUX-Welt mittlerweile zwei Systeme:

✔ ALSA (= Advanced LINUX Sound Architecture)

✔ OSS (= Open Sound System)

ALSA gilt als Nachfolger des OSS und ist bereits ab der Kernel-Version 2.6 fest in den Kernel integriert. Das erklärt auch, warum keine zusätzliche Installation des Soundsystems erforderlich ist (wir arbeiten mit der Kernel-Version 2.6.8-1-386).

Modern wirkt LINUX mit dem aktuellen Kernel auch hinsichtlich der automatischen Hardwareerkennung. Mit Debian GNU/LINUX wird nämlich das Programmpaket *Discover* installiert, dessen Sinn es ist, die Hardware des Computers zu erkennen und im System soweit möglich zu installieren. Das betrifft sowohl Soundkarten als auch Netzwerkhardware etc.

Ab der Kernel-Version 2.6 wird die Advanced LINUX Sound Architecture (ALSA) direkt in den Betriebssystemkern eingebunden, so dass an dieser Stelle keine zusätzlichen Programmpakete installiert werden müssen. Allerdings sind sowohl die ALSA- als auch die OSS-Pakete nach wie vor Bestandteile der Debian-GNU/LINUX-Distribution, weil auch ältere Kernel-Versionen (z.B. 2.4.X.X) nach wie vor gerne eingesetzt werden. Wichtig ist jedoch: Wenn die Hardwareerkennung mit Discover funktioniert, sollten Experimente mit *alsaconf* (Bestandteil des optionalen ALSA-Programmpaketes) oder mit dem OSS, das ebenfalls optional mit der Distribution geliefert wird, unterbleiben.

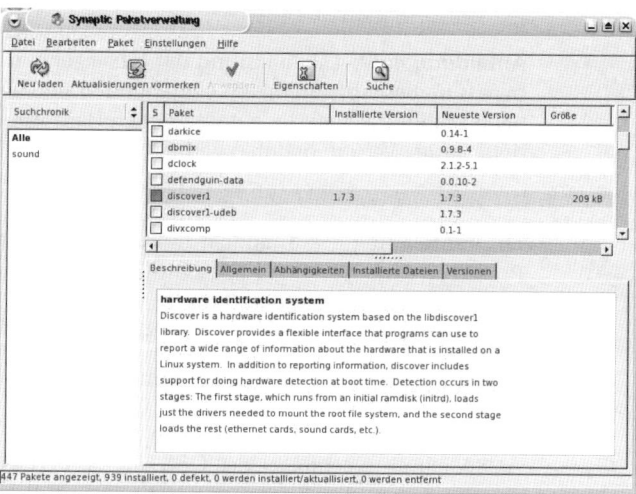

Abbildung 4.30: Das Programmpaket Discover wird benötigt, damit LINUX die Hardware des Computers automatisch erkennen und in das System einbinden kann

Ist die Soundhardware im System installiert, kann man sie als Basis für die Wiedergabe von Audio-CD-ROMs, für Signal- und Warntöne oder zur akustischen Untermalung von Computerspielen einsetzen. LINUX ist mittlerweile auch sehr weit entwickelt, wenn es um die Bearbeitung von Audiodateien geht, beispielsweise für die Speicherung auf CD-ROM. Auch das so genannte »Rippen« von Audio-CD-ROMs ist möglich. Das hat nichts mit Musikpiraterie oder Crackertum zu tun, sondern bezeichnet – unter seriösen Gesichtspunkten – die Erstellung von Sicherheitskopien oder die Zusammenstellung individueller Sampler zur persönlichen Verwendung. Nur gibt es leider auch immer wieder schwarze Schafe, die mit Raubkopien Geld machen, das anderen – beispielsweise Künstlern und Autoren – zusteht.

Wenn Sie versuchen, ein Musikstück im MP3-Format zu speichern, was beispielsweise für einen mobilen MP3-Player interessant ist, werden Sie möglicherweise zunächst einmal vor Problemen stehen. Der Hintergrund sind derzeit noch offene lizenzrechtliche Fragen. Das betrifft nur das Erstellen, nicht jedoch das Abspielen von MP3-Dateien. Auch bedeutet es nicht, dass generell für LINUX keine Programme verfügbar sind, die MP3-Files erzeugen können. Sie sind lediglich aus den oben genannten Gründen nicht in die Distributionen implementiert.

Eine Soundkarte bietet verschiedene Ein- und Ausgänge, die über einen so genannten Mixer geführt werden. Der Mixer wirkt rein optisch wie ein kleines Mischpult. Je nachdem, wie viele Kanäle die Soundkarte bietet, werden mehr oder weniger Schieberegler dargestellt. Diese Regler haben den Sinn, die Stärken der Tonsignale auf ein angenehmes Maß zu regeln. Darüber hinaus können Sie bei Stereoaufnahmen die Balance zwischen dem rechten und dem linken Kanal regeln.

Mit Debian GNU/LINUX werden sowohl für die KDE- als auch für die GNOME-Oberfläche Mixer-Programme geliefert.

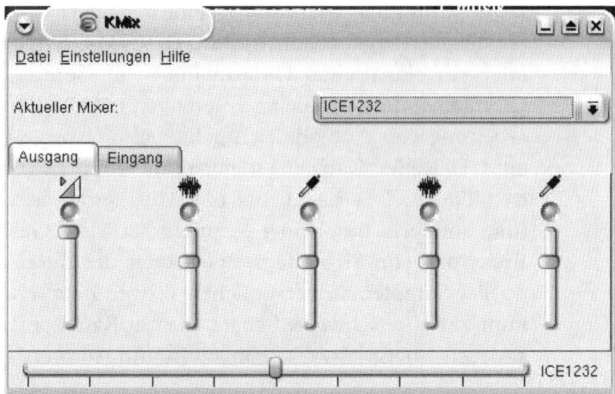

Abbildung 4.31: Einfacher Mixer auf der KDE-Oberfläche: Das Bild zeigt das Register für die Ausgänge der Soundkarte

Abbildung 4.32: Wiedergabe einer MP3-Audiodatei mit dem X Multimedia System

Ihnen stehen verschiedene Audioapplikationen vom einfachen CD-Player bis hin zur Multimediawiedergabe zur Verfügung. Darüber hinaus können Sie eigene Audiodateien aufnehmen, z.B. vom Radio über den Line-in-Eingang der Soundkarte oder über das Mikrofon, das an einem eigenen Eingang angeschlossen wird.

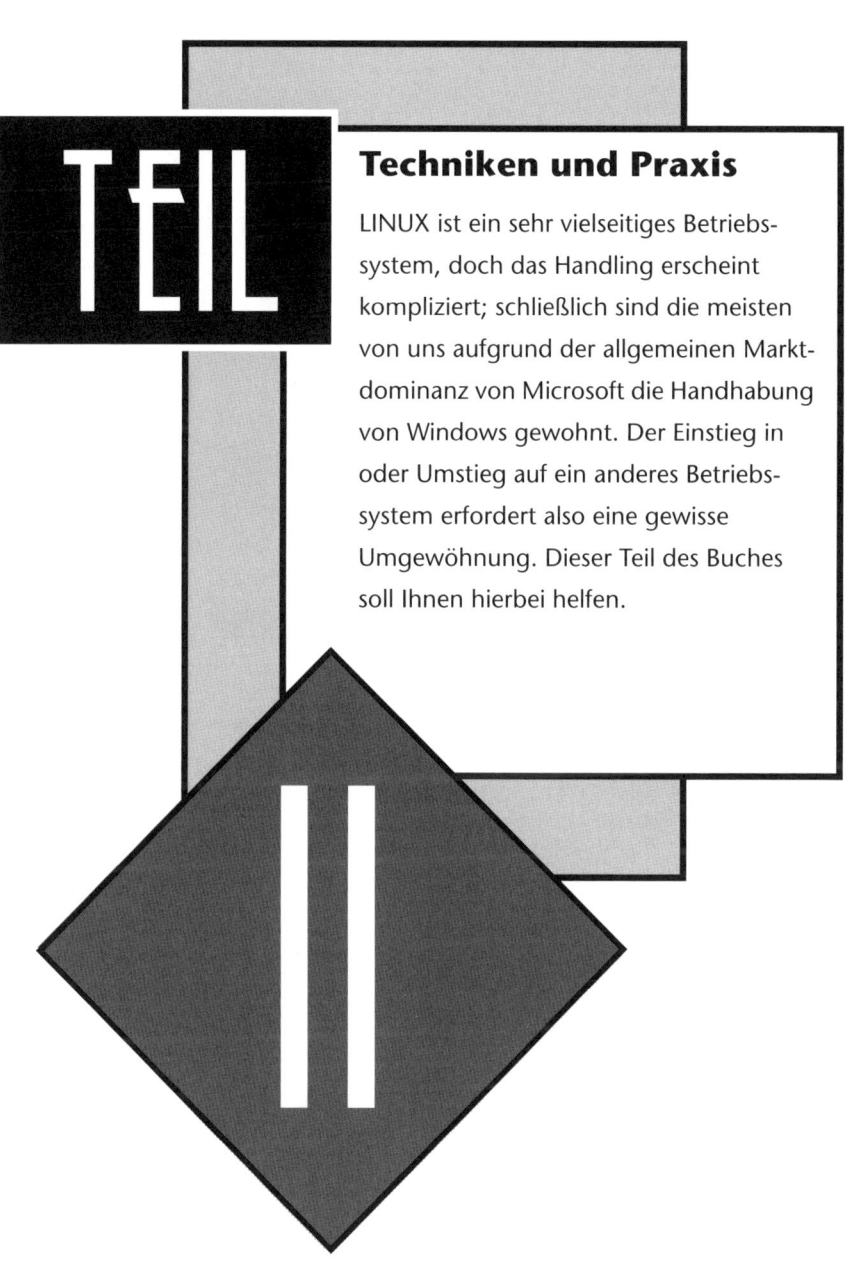

TEIL

Techniken und Praxis

LINUX ist ein sehr vielseitiges Betriebssystem, doch das Handling erscheint kompliziert; schließlich sind die meisten von uns aufgrund der allgemeinen Marktdominanz von Microsoft die Handhabung von Windows gewohnt. Der Einstieg in oder Umstieg auf ein anderes Betriebssystem erfordert also eine gewisse Umgewöhnung. Dieser Teil des Buches soll Ihnen hierbei helfen.

II

5 Benutzerverwaltung

Bereits mit der Grundinstallation Ihres LINUX-Betriebssystems sind Sie mit der Benutzerverwaltung von LINUX in Berührung gekommen. Sie werden sich erinnern, dass Sie während dieser Installationstätigkeit dazu aufgefordert wurden, einen Benutzer-Account mit gewöhnlichen Rechten anzulegen. Sowohl die Grundinstallation als auch die Konfiguration des Systems erfolgt nämlich durch den *Superuser*, den Systemverwalter. Dessen Benutzername ist »*root*« (die »Wurzel«). Der Superuser hat am System uneingeschränkte Befugnisse. Er darf, um es einmal überspitzt auszudrücken, den Computer (bzw. das Betriebssystem) auch in den Suizid treiben.

Ganz klar: Die Kompetenzen des Superusers sind notwendig, um das System zu optimieren, zu erweitern und zu pflegen. Sie sind aber auch eine unendlich große Gefahr für die Funktion: Jedes Programm, das auf einem LINUX-Computer ausgeführt wird, arbeitet mit den Rechten des jeweiligen Benutzers, der es gestartet hat. Auch Trojanische Pferde und Computerviren sind Programme in diesem Sinne. Ein Virus, das von einem »normalen« Benutzer aktiviert wurde, kann unter Umständen dessen Dateien beschädigen und sich im Rahmen der Befugnisse des einfachen Benutzers weiter verbreiten. Das ist an sich bereits schlimm genug. Wird das Virus jedoch vom Systemverwalter aktiviert, dann gibt es für sein Wirken keine Grenzen mehr. Es befällt Dateien aller Benutzer und kann tief in die elementarsten Konfigurationen des Systems eindringen. Selbst der Totalschaden im System ist denkbar.

Sie sehen keinen Unterschied? – Wir wollen das Problem noch einmal vertiefen. Stellen Sie sich vor, Sie arbeiten an einem größeren Projekt, beispielsweise an einem Buch wie dem, das Sie gerade in Ihren Händen halten. Es soll zu einem bestimmten Termin erscheinen und muss rechtzeitig fertig werden. Natürlich planen Sie Ihre Arbeit sorgfältig und berücksichtigen noch eine kleine zeitliche Reserve für unvorhersehbare Ereignisse. Diese Reserve genügt aber ganz sicher nicht, um eine Zerstörung der Dateien auszugleichen, wenn das Projekt weit fortgeschritten oder beinahe abgeschlossen ist. Greift also ein Virus alle Ihre Dateien an und zerstört diese, dann müssten Sie von Neuem beginnen oder sogar das Handtuch werfen. Beides ist heutzutage keine Option.

Besser ist es, diese so wichtigen Dateien regelmäßig in einem Backup zu sichern. LINUX bietet hier nahezu unschlagbare Möglichkeiten, die für andere Betriebssysteme meist nur mit zusätzlichen Kosten zu realisieren sind. Sie lernen beispielsweise im Kapitel zum Umgang mit der Kommandozeile den Dämon *cron* kennen, der ein solches Datenbackup automatisch in genau vorgegebenen zeitlichen Intervallen ausführen kann. Auch Sie – als »einfacher« Benutzer – können ein Shellskript für *cron* schreiben und Aufgaben regelmäßig automatisch ausführen lassen. Leider schützt dies Ihre Dateien nicht wirklich vor einer Virenattacke, denn auch diese Backup-Dateien gehören Ihnen und können mit Programmen, die Ihre Rechte besitzen, bearbeitet oder sogar zerstört werden. Das Backup wäre also sinnlos.

Programmiert dagegen der Superuser ein Shellskript, das Ihre Dateien regelmäßig automatisch sichert, so liegen die Rechte an dieser Backup-Datei ausschließlich beim Superuser. Sie selbst als Urheber der Dateien haben keinen Zugriff auf dieses Backup, aber da es eine reine Vorsichtsmaßnahme darstellt, ist das für Sie in der Regel auch kein Problem, denn für versehentlich von Ihnen aktivierte Viren gelten die gleichen Einschränkungen.

> Im Falle einer Zerstörung der Originaldateien kann der Superuser diese wieder herstellen und die Rechte an den so reparierten Daten wieder an Sie übertragen.

Rechtslage im System

Wie Sie den einleitenden Ausführungen bereits entnehmen konnten, gibt es einen Zusammenhang zwischen den Benutzern und den Zugriffsrechten auf Dateien und Programme. Wenn wir nun davon ausgingen, dass eine Datei ausschließlich von einem einzigen Benutzer bearbeitet werden darf, dann hätten wir bereits ein Problem, wenn noch ein zweiter Benutzer Zugriff auf diese Daten erlangen soll, der mit dem *Besitzer* der Datei gemeinsam in einem Team arbeitet. Er hätte keine Rechte und wäre außen vor.

Zuordnung von Rechten

Um derartige Probleme zu vermeiden, ist ein abgestuftes Rechtemanagement definiert. Es gibt

✔ Rechte, die sich ausschließlich auf den Besitzer einer Datei, eines Verzeichnisses oder eines Programmes beziehen;

✔ Rechte, die einer Gruppe von Benutzern eingeräumt werden, deren Mitglied der Besitzer der Datei ist, sowie

✔ Rechte, die allen anderen Benutzern am System eingeräumt werden.

Die Möglichkeit, Benutzergruppen zu definieren, ist nicht nur die Grundvoraussetzung, damit Teammitglieder gemeinsam auf ein und denselben Datenbestand zugreifen können, sie ist auch ein wichtiges administratives Werkzeug. Stellen Sie sich folgende Situation vor:

Ein Mitarbeiter eines Unternehmens, der »Besitzer« mehrerer tausend Dateien ist – das ist durchaus realistisch –, verlässt die Firma. Nun soll sein Nachfolger die Arbeit mit diesen Dateien fortsetzen, der jedoch einen anderen User-Account im System hat. Wären die Rechte ausschließlich auf den Besitzer einer Datei beschränkt, wäre es zwar nicht unmöglich, doch recht aufwändig, dem Nachfolger den Zugriff einzuräumen. Eine sofort umsetzbare Alternative ist es dagegen, den Nachfolger des scheidenden Mitarbeiters in dessen Benutzergruppe aufzunehmen. Er hat damit alle Rechte, die auch die übrigen Mitglieder des Teams haben. Werden individuelle Rechte auf eine Datei erforderlich, so können diese auch nachträglich an den neuen Mitarbeiter übertragen werden.

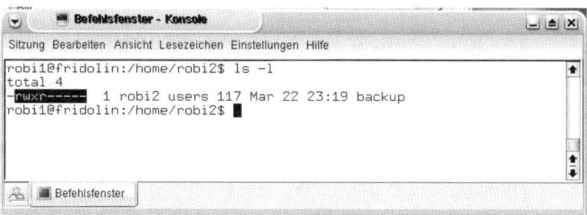

Abbildung 5.1: Der von uns hervorgehobene Bereich in der Auflistung zeigt, welche Rechte vergeben wurden. Die Bedeutung werden Sie etwas später verstehen

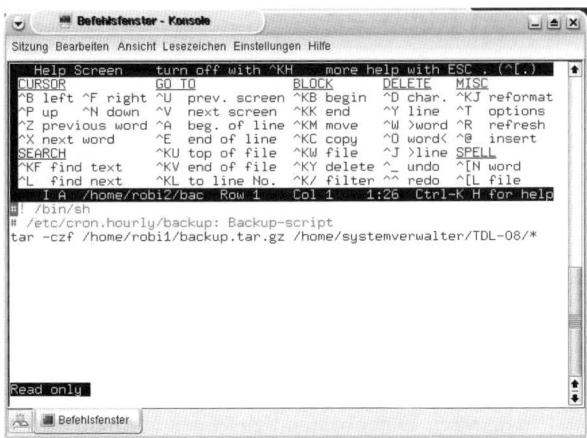

Abbildung 5.2: Weil der Benutzer »robi1« das Recht zum Lesen der Datei */home/robi2/backup* als Mitglied der Gruppe »users« besitzt, kann er die Datei in einem Editor öffnen. Änderungen darin kann er aber nicht wieder an der gleichen Position speichern, denn dazu fehlt ihm das Recht

Rechte auf Dateien und Verzeichnisse

Wir haben bisher sehr pauschal von Rechten gesprochen, Ihnen aber noch nicht erläutert, um welche Arten von Rechten es sich überhaupt handelt. Grundsätzlich sind drei Arten von Rechten definiert:

✔ Recht zum Lesen

✔ Recht zum Schreiben

✔ Recht zum Ausführen bzw. zum Öffnen

Relativ klar sind die Bedeutungen der Rechte zum Lesen und zum Schreiben. Besitzt ein Benutzer das *Recht zum Lesen*, dann darf er beispielsweise eine Textdatei öffnen und deren Inhalt studieren. Er darf diese Datei sogar unter einem anderen Namen wieder speichern oder einzelne Textpassagen aus der Datei kopieren. Verändert er die Datei jedoch, kann er sie nicht wieder unter dem alten Namen auf der Festplatte speichern und damit die ursprüngliche Version überschreiben. Dafür benötigt der Benutzer das *Recht zum Schreiben*.

Für die Bearbeitung einer Grafik, eines Fotos oder eines Textes genügt es, wenn der Benutzer oder die jeweilige Benutzergruppe die Rechte zum Lesen und zum Schreiben besitzt.

Etwas anders sieht es aus, wenn wir von einer ausführbaren Programmdatei oder von einem Shellskript sprechen. In beiden Fällen wird zusätzlich das Recht zum Ausführen benötigt, um das Programm überhaupt im System starten zu dürfen. Dazu ein Beispiel:

Der Benutzer »*robi2*« hat ein Shellskript geschrieben, das er in seinem Heimatverzeichnis abgelegt hat. Als Besitzer dieser Datei hat er die Rechte zum Lesen, Schreiben und zum Ausführen der Datei. »robi2« ist Mitglied der Gruppe »users«. Den Mitgliedern dieser Gruppe gestattet er, das Skript lesend zu öffnen. Das kann sinnvoll sein, wenn man sein Know-how weitergeben und die anderen Gruppenmitglieder in die Lage versetzen möchte, das Skript an ihre Bedürfnisse anzupassen und selbst zu verwenden. Allen übrigen Usern im System hat »robi2« alle Zugriffsrechte entzogen.

Der Besitzer der Datei darf also alles: Er darf das Skript zum Lesen öffnen, er darf es in veränderter Form speichern und dabei die ursprüngliche Version ersetzen. Er darf das Skript aber auch starten, es also *ausführen*. Weil die Benutzer »*robi1*« und »*robi2*« Mitglieder der Gruppe »*users*« sind, besitzt auch »*robi1*« Rechte für den Zugriff auf diese Datei, allerdings nur in dem Rahmen, wie sie für die Gruppe gelten. Diese verfügt ausschließlich über das Recht, das Skript /*home*/ *robi2*/*backup* zu lesen, nicht jedoch, in diese Datei zu schreiben oder das Skript auszuführen. Andere Benutzer, die weder Besitzer der Datei noch Mitglied der Gruppe »*users*« sind, haben in unserem Beispiel keinerlei Möglichkeiten, diese Datei zu öffnen.

Elementare Rechte sind das Recht zum Lesen und das Recht zum Schreiben. Programme und Skripte erfordern zusätzlich ein Recht zum Ausführen. Bei einem Verzeichnis wird dagegen das zusätzliche Recht zum Öffnen erforderlich, um in dieses Verzeichnis navigieren zu können.

Rechte zuweisen und nehmen

Wir wissen jetzt einiges über die Rechte innerhalb eines LINUX-Systems. Nun wollen wir uns einmal ansehen, wie denn diese Rechte vergeben oder wieder genommen werden.

Rechte an einer Datei oder an einem Verzeichnis können nur durch den Eigentümer oder durch den Superuser verändert werden.

Zunächst einmal wollen wir ein kleines Experiment machen. Noch immer versucht unser Beispiel-User »*robi1*« im Verzeichnis */home/robi2* die Datei */home/robi2/backup* zu bearbeiten. Wie Sie wissen, kann er als Gruppenmitglied von »*users*« die Datei zum Lesen öffnen, doch er würde gerne viel mehr Befugnisse haben und versucht nun mit dem Befehl chmod – die genaue Bedeutung dieses Befehls wird im Kapitel zum Umgang mit der Kommandozeile erläutert –, dem Eigentümer das Recht zum Schreiben zu nehmen und den Gruppenmitgliedern von »*users*« die vollen Rechte zu verleihen. Wie Sie erkennen werden, scheitert dieser Versuch, denn »*robi1*« ist nicht Besitzer (»*owner*«) der Datei.

Doch wie sieht es aus, wenn »*root*«, also der Superuser, die Rechte des Eigentümers zu beschneiden versucht? Er ist nicht Besitzer der Datei und möglicherweise nicht einmal Mitglied der Gruppe »*users*«. Theoretisch gehört »*root*« also zur Allgemeinheit im System, die ja überhaupt keine Rechte an dieser Datei besitzt. Hier zeigt sich die überragende Funktion des Superusers, denn für ihn gelten die individuellen Einschränkungen des Besitzers nicht. Der Superuser hat uneingeschränkten Zugriff auf die Datei von »*robi2*« und allen anderen Benutzern im System. Er kann sie lesen, darf sie überschreiben und ausführen, wenn es sich um ein Skript oder um ein Programm handelt. Er darf sogar Zugriffsrechte – auch entgegen den Wünschen des Besitzers – und Eigentumsverhältnisse verändern. Etwas überspitzt formuliert, hängen die einfachen Benutzer des Systems vollständig von der Gnade des Superusers ab.

König *root*« darf im LINUX-System alles. Er kann sich sogar über Einschränkungen des regulären Besitzers eines Verzeichnisses oder einer Datei hinwegsetzen und diese außer Kraft setzen bzw. verändern. Was wie eine Diktatur in der EDV-Welt klingt, ist jedoch von entscheidender Wichtigkeit für die Funktion und die Stabilität des gesamten Systems, denn im Notfall kann oft nur der Superuser mit seinen übergeordneten Rechten Probleme lösen.

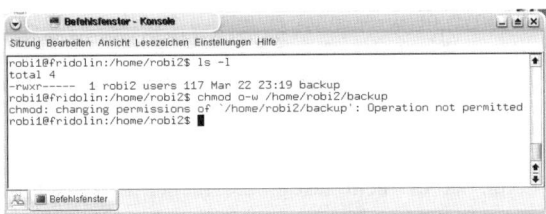

Abbildung 5.3: Der Benutzer »robi1«, Mitglied der Gruppe »users«, die lesenden Zugriff auf die Datei hat, versucht die Rechte des Besitzers (»robi2«) an der Datei */home/robi2/backup* zu beschneiden. Weil er nicht Besitzer dieser Datei ist, wird ihm die Ausführung dieser Operation vom System verweigert

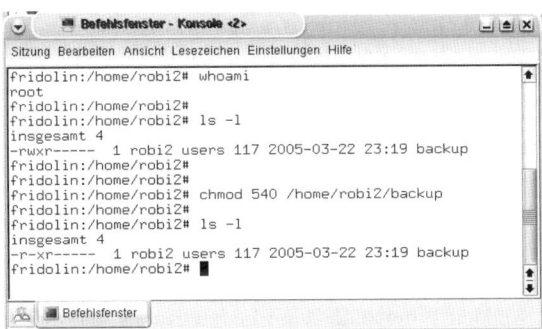

Abbildung 5.4: Ein erneuter Versuch, die Rechte des Besitzers von */home/robi2/backup* zu verändern: Diesmal versucht der Superuser (»root«) sein Glück. Er hat übergeordnete Befugnisse und kann damit Rechte anderer Benutzer – selbst an ihren eigenen Dateien – modifizieren

Wenn wir eine neue Datei oder ein neues Verzeichnis erzeugen, dann werden mit diesem Vorgang bereits Rechte für den Besitzer, für die Gruppe und für alle anderen Benutzer definiert. In den meisten Fällen ist das System so eingerichtet, dass alle Benutzer Rechte zum Schreiben und zum Lesen bekommen. Bei von einem Compiler (ein Programm, das Quellcode in ausführbare Programme übersetzt) erzeugten Dateien bekommen pauschal auch alle drei Benutzergruppen das Recht zum Ausführen. Das ist zweifellos nicht ideal, denn möglicherweise erhalten Unbefugte einen unerwünschten Zugang zur Datei und können diese in einer so schwachen Konstellation obendrein verändern. Wenn der Besitzer der Datei bestimmte Vorgänge in einem Skript automatisieren möchte, muss er seine eigenen Rechte um das Recht zum Ausführen erweitern, weil das mit einem Texteditor erzeugte Skript sonst nicht funktionsfähig ist.

Nun ist es recht lästig, die Sicherheitslücken durch pauschal vergebene Benutzerrechte bei jeder einzelnen Datei in »Handarbeit« zu schließen. Aus diesem Grunde kann der Systemverwalter die Grundkonfiguration verändern. Hierzu ist ein Eingriff in die Datei */etc/profile* erforderlich. In diese Datei wird eine Zeile mit dem Kommando umask eingefügt, was eine eingeschränkte Standardsituation für die automatische Vergabe von Rechten bei neu angelegten Dateien schafft. Das Prinzip von umask beruht auf einer Filterung. Sie werden auf den nächsten Seiten lernen, dass Rechte mithilfe eines dreistelligen oktalen Zahlenwertes definiert werden können. Ein Wert von 777 (oktal) bedeutet, dass alle Benutzer innerhalb des Systems lesend, schreibend und ausführend auf die Datei zugreifen können. Der (wenig sinnvolle) Wert 000 (oktal) bedeutet dagegen, dass kein User – auch nicht der Besitzer der Datei – in irgendeiner Form diese Datei verwenden kann. Einzige Ausnahme ist der Superuser (»root«), der sich über diese Einschränkung hinwegsetzen kann.

Als Standardeinstellung ist in der Regel der oktale Wert 666 (für Dateien) und 777 für Programme und Verzeichnisse definiert. Setzen wir den Filter 022, dann bedeutet dies, dass Gruppenmitglieder und andere Benutzer im System nur noch einen lesenden Zugriff auf die Dateien haben. Der schreibende Zugriff (oktale Wertigkeit = 2) wird diesen Benutzern verwehrt. Soll verhindert werden, dass Programme und Skripte ausgeführt werden, so muss den betreffenden Benutzern auch dieses Recht (Wertigkeit = 1) entzogen werden. Der Filter hieße dann 033.

Jeder Benutzer kann für seine eigenen Dateien auch selbst den umask-Befehl in die Kommandozeile eingeben. Für jede danach neu erstellte Datei wird der gesetzte Filter berücksichtigt. Auf die Dateien anderer User hat dies natürlich keine Auswirkungen. Hier greifen lediglich die Grundkonfigurationen des Superusers, die systemweit gelten. Das Prinzip von umask: Der Filterwert wird von der Standardrechte-Maske abgezogen.

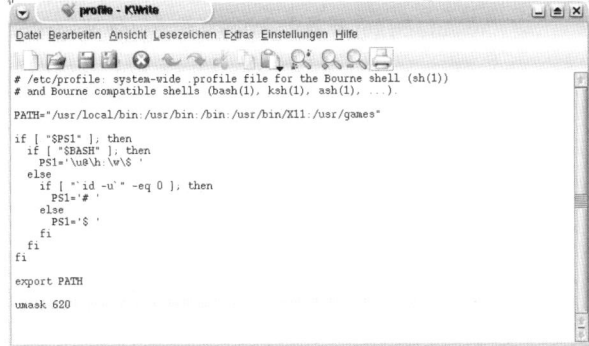

Abbildung 5.5: Mit dem Kommando umask in der Datei */etc/profile* nimmt der Superuser direkten Einfluss auf die systemweit gültige Standardrechte-Definition bei der Erstellung neuer Dateien

Nun stellt sich die Frage, wie denn die Rechte für eine einzelne Datei oder ein Verzeichnis festgelegt werden können. Hier muss man wissen, dass jede Datei und jedes Verzeichnis auf dem Datenträger – egal ob Diskette, CD-ROM oder Festplatte – mit zusätzlichen Informationen gespeichert wird. So kann der Computer die Datei mithilfe einer Art »Inhaltsverzeichnis« des Datenträgers auffinden. Zu diesen zusätzlichen Informationen gehören aber auch die ID des Besitzers der Datei und dessen Gruppen-ID. Welche Rechte die einzelnen Benutzer und Benutzergruppen haben, wird in einer neunstelligen Bitgruppe definiert. Konkret bedeutet dies: Bit gesetzt = Recht erteilt, Bit ungesetzt/0 = kein Recht. Jede einzelne Stelle dieser Bitgruppe hat eine spezielle Bedeutung. Dabei werden die einzelnen Bits zunächst grob in Dreiergruppen betrachtet:

✔ erste Dreiergruppe: Rechte des Besitzers

✔ zweite Dreiergruppe: Rechte der Benutzergruppe des Besitzers

✔ dritte Dreiergruppe: Rechte aller anderen Benutzer des Systems

Innerhalb dieser Dreiergruppen haben die Bits (von links nach rechts in der Listingansicht) folgende Bedeutung:

✔ lesen (read)

✔ schreiben (write)

✔ ausführen (execute)

> Bei Verzeichnissen gibt es anstelle des Rechtes zum Ausführen ein Recht zum »Öffnen« des Verzeichnisses.

Die Interpretation dieser Rechtedefinitionen in Gruppen zu jeweils drei Bit hat sich in der LINUX-Welt als ausgesprochen vorteilhaft erwiesen, denn drei Bit lassen sich als Oktalzahl darstellen. Mithilfe dieser oktalen Zahlenwerte und mit Kenntnis der Reihenfolge (User, Gruppe, andere) lassen sich Rechte mit einem einzigen Befehl festlegen. Jede Stelle der Dreiergruppe besitzt eine oktale Wertigkeit:

✔ Das Recht zum Lesen hat die Wertigkeit 4.

✔ Das Recht zum Schreiben hat die Wertigkeit 2.

✔ Das Recht zum Ausführen (Öffnen bei einem Verzeichnis) hat die Wertigkeit 1.

Werden keine Rechte vergeben, dann ist der Wert für den User oder die jeweilige Benutzergruppe 0. Kombinationen von Rechten – beispielsweise Lesen und Schreiben – werden durch Addition der jeweiligen Werte dargestellt. In diesem Beispiel (Lesen (4) + Schreiben (2) = 6) müssen wir den Wert 6 übergeben.

Eine solche Berechnung muss jeweils für den Benutzer, die Gruppe und die Gruppe der übrigen Benutzer durchgeführt werden.

Es gibt auch die etwas umständlichere, aber leichter verständliche Alternative, die zu verleihenden oder zu entziehenden Rechte mit leicht interpretierbaren Abkürzungen zu definieren. Hier bedeutet

✔ u = user (der Besitzer der Datei)

✔ g = group (die Benutzergruppe, deren Mitglied der Besitzer der Datei ist)

✔ o = others (alle anderen Benutzer des Systems, die weder Besitzer der Datei noch Mitglied der Gruppe sind)

Auch die Kennzeichnung der Rechte selbst wird mit einem einzigen Buchstaben abgekürzt:

✔ r = read (lesen)

✔ w = write (schreiben)

✔ x = execute (ausführen bzw. bei Verzeichnissen »Öffnen«)

Um ein Recht zu verleihen oder zu bestätigen, wird das Zeichen »+«, um ein Recht zu entziehen, das Zeichen »-« verwendet.

Ein paar Beispiele:

Um »anderen Usern«, also allen übrigen Benutzern im System, die nicht Besitzer einer Datei oder Mitglied in dessen Gruppe sind, alle Rechte zu entziehen, ist Folgendes zu übergeben:

o-r-w-x (oktaler Wert: 0)

Sollen Gruppenmitglieder nur Rechte zum Lesen bekommen und soll dabei sichergestellt werden, dass alle anderen Rechte entzogen werden, so lautet die Definition:

g+r-w-x (oktaler Wert: 4)

Bisher haben wir nur von der Form der Parameter gesprochen, mit denen Rechte verliehen oder entzogen werden können. Natürlich ist auch ein entsprechender Befehl für die Kommandozeile erforderlich. Darauf kommen wir gleich zu sprechen.

Der Befehl auf der Kommandozeile, mit dem die gewünschten Rechte durch den Besitzer der Datei oder durch den Superuser zugewiesen werden, ist chmod. Diesem Befehl kann entweder ein dreistelliger oktaler Wert oder eine durch Kommata getrennte Kombination der durch Abkürzungen beschriebenen Definitionen und des Namens der zu bearbeitenden Datei übergeben werden. Auch hierzu wollen wir ein Beispiel bringen. Folgende Rechte sollen für die Datei *test4* definiert werden:

✔ Der Besitzer soll alle Rechte an der Datei haben.

✔ Die Gruppenmitglieder sollen ausschließlich lesende Rechte bekommen.

✔ Alle anderen Benutzer im System sollen keinerlei Rechte an der Datei besitzen.

Darstellung mit Abkürzungen:

```
chmod u+r+w+x,g+r-w-x,o-r-w-x test4 ⏎
```

Der gleiche Befehl, jedoch dargestellt mit oktaler Codierung:

```
chmod 740 ⏎
```

Die Kommandozeile ist *immer* eine Schnittstelle zur Verwaltung von Rechten. Selbst wenn der Superuser oder der Besitzer der Datei über das Netzwerk auf den Computer zugreifen (vorausgesetzt, der Remote Access zum Computer wird im System zugelassen), können über eine einfache Telnet-Verbindung diese Konfigurationen vorgenommen werden. Allerdings gibt es auch Alternativen auf der grafischen Oberfläche (KDE, GNOME etc.).

Wer auf einer grafischen Oberfläche – z.B. KDE oder GNOME – arbeitet, kann die Rechte an einer Datei natürlich auch per Mausklick verändern. Allerdings dürfen auch hier ausschließlich der Besitzer der Datei selbst oder der Superuser Änderungen vornehmen. Der Vorteil einer grafischen Oberfläche ist, dass wir uns umständliche und kryptisch anmutende Tipparbeit bzw. die Umrechnung in Zahlencodes ersparen können. Wir aktivieren einfach die Stellen, wo Rechte vergeben werden sollen, und löschen die Markierung, um ein Recht zu entziehen. Die entsprechenden Dialoge erhält man, wenn man mit der rechten Maustaste auf einen Dateinamen klickt und in den *Eigenschaften* das Register *Berechtigungen* auswählt.

> Die Erläuterungen zur grafischen Benutzeroberfläche im Zusammenhang mit der Definition von Nutzungs- und Zugriffsrechten wurden am Beispiel des Dateimanagers und Webbrowsers *Konqueror* gemacht. Das Programm wird Ihnen im weiteren Verlauf Ihrer Lektüre noch mehrfach begegnen.

Verwaltung von Benutzern

Wir haben in den vorangegangenen Ausführungen immer wieder von Benutzern bzw. im von »Usern« gesprochen. Zwei Benutzer haben Sie mit der Grundinstallation Ihres Systems bereits angelegt: »*root*«, den Systemverwalter, und einen frei zu definierenden einfachen Benutzer. Natürlich ist LINUX nicht auf eine maximale Benutzerzahl von zwei beschränkt. Ganz im Gegenteil: Sie können sehr viele Benutzer für Ihr System einrichten. Grenzen werden Ihnen lediglich durch die Hardware, die Speicherkapazitäten der Festplatte und die allgemeine Systemleistung gesetzt.

Bevor jedoch so viele Benutzer mit dem System arbeiten können, müssen zunächst einmal Zugangsberechtigungen (*User Accounts)* für sie definiert werden. Hier genügt es nicht, einfach festzulegen, dass ein Benutzer mit dem Namen »Fridolin« und einem Passwort Zugang zum System bekommen kann. Es sind weitaus mehr Parameter festzulegen, damit der User sinnvoll und vor allem auch sicher im System arbeiten kann.

Natürlich ist der Ansatz korrekt, einen Benutzernamen und ein Passwort zu definieren, mit denen sich der Benutzer gegenüber dem System zu erkennen gibt und seine Legitimation bestätigt. Allerdings kann ein Username in größeren Unternehmen sehr kryptisch aussehen, wenn er beispielsweise vom Systemverwalter aus der Personalnummer, einer Abteilungsbezeichnung oder einer codierten Aufgabenbezeichnung abgeleitet wird. Bei einem Unternehmen mit mehreren tausend Mitarbeitern kann es schon recht kompliziert werden, wenn Herr Klafutzke beim Systemverwalter anruft und Probleme mit seinem Account reklamiert. Der Administrator muss dann nämlich erst mühsam den Benutzernamen recherchieren. Das ist zu aufwändig und nicht sehr zeitgemäß. Deshalb wird der reale Name ebenfalls in den Benutzerdaten erfasst.

Mindestens ebenso wichtig wie die genannten Parameter sind einschränkende Vorgaben zur Gültigkeit des Passworts oder des gesamten Accounts. Machen wir uns nichts vor: Wenn ein gewisser Komfort geboten wird, nutzen wir ihn auch. Bezogen auf Sicherheit am Computer ist Komfort aber fast immer mit einer Schwäche gleichzusetzen. Deshalb wird mit der Einrichtung eines Benutzers die Möglichkeit angeboten, die Gültigkeitsdauer von Passworten zeitlich zu beschränken. Auch die Gültigkeit des Accounts selbst kann zeitlich limitiert werden, was insbesondere dann sinnvoll ist, wenn Mitarbeiter nur vorübergehend beschäftigt werden.

Ausschließlich der Superuser (»root«) hat das Recht, einen neuen Benutzer-Account anzulegen oder einen bestehenden Benutzer aus dem System zu löschen.

Benutzerverwaltung auf der Shell

Auf der Shell, der Kommandozeile, erfolgt die Erstellung eines Benutzer-Accounts mit dem Kommando useradd. Als Beispiel wollen wir einen neuen Benutzer mit dem Namen »fridolin« im System einrichten. Dabei verzichten wir an dieser Stelle darauf, Gültigkeiten für das Passwort und den Account zu bestimmen.

```
useradd -u 1003 -d /home/fridolin -m -c »Testuser Fridolin«
-p test9876 fridolin ⏎
```

Ausschließlich der Superuser (»root«) hat das Recht, einen neuen Benutzer-Account anzulegen oder einen bestehenden Benutzer aus dem System zu löschen.

Das vorangehende Beispiel ist ohne Zeilenumbruch fortlaufend in eine Zeile der Shell zu schreiben. Aus drucktechnischen Gründen belegt die Kommandozeile in diesem Buch zwei Zeilen.

Sehen wir uns an, was wir mit dieser Kommandozeile getan haben: Mit dem Befehl useradd haben wir den Computer angewiesen, einen neuen Benutzer für den Zugang zum System zu registrieren. Dessen Benutzername ist »fridolin«, was mit dem letzten Eintrag festgelegt wird. Zwischen dem Kommando und dem Benutzernamen finden Sie eine Reihe optionaler Parameter. Nicht alle für diesen Befehl möglichen Optionen wurden genutzt. Die Bedeutung der verwendeten Parameter ist:

- ✔ -u 1003: Mit dieser Option wird die User-ID vorgegeben. Fehlt der Parameter, dann wird die User-ID automatisch durch das Betriebssystem vergeben.

- ✔ -d /home/fridolin: Für jeden Benutzer sollte ein individuelles Heimatverzeichnis angelegt werden, in das er seine persönlichen Dateien ablegen kann. Dieses wird an dieser Stelle definiert.

- ✔ -m: Weil damit zu rechnen ist, dass das Heimatverzeichnis des neuen Benutzers noch nicht existiert, wird der Rechner veranlasst, es anzulegen.

- ✔ -c »Testuser Fridolin«: Durch die Festlegung eines Kommentars ist es jederzeit möglich, Rückschlüsse auf die tatsächliche Person oder deren Funktion im Unternehmen zu ziehen.

- ✔ -p: Ein Passwort darf in keiner User-Definition fehlen. Hier wird das erste Passwort des Benutzers festgelegt. Doch Vorsicht: Wenn Sie sich bei der Installation dafür entschieden haben, Passwörter als MD5-Hashwert zu speichern, gibt es Probleme!

Wird bereits mit der useradd-Option -p ein Passwort festgelegt, so wird dies direkt in die Datei /etc/shadow übernommen. Wenn Sie jedoch die Verschlüsselung von Passwörtern als MD5-Hashwert aktiviert haben, führt dies zu einem Problem: Das Betriebssystem geht nun nämlich davon aus, dass es sich bei dem Eintrag in der Datei /etc/shadow um einen MD5-Hashwert handelt, erzeugt beim Login-Versuch des Users aus dessen Passwort ebenfalls einen MD5-Hashwert und vergleicht diesen mit dem Eintrag in /etc/shadow. Weil dort das Passwort allerdings im Klartext vorliegt, muss der Login-Versuch zwangsweise scheitern. Wenn Sie das Passwort mit passwd definieren, wird es in das richtige Format übersetzt.

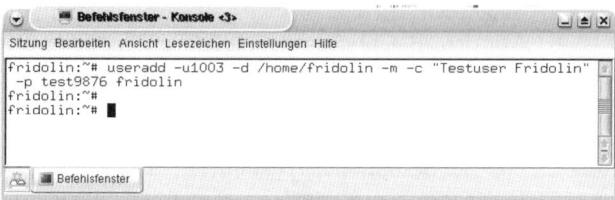

Abbildung 5.6: Mit einem einzigen Befehl kann der Systemverwalter (»*root*«) auf der Shell einen Benutzer anlegen und diesem ein Heimatverzeichnis und ein Passwort zuweisen

Nun kann es natürlich passieren, dass die Eigenschaften eines Benutzers verändert oder ein Benutzer gelöscht werden soll. In diesem Fall benötigt der Systemverwalter zunächst einmal eine Übersicht aller im System registrierten User. Ein Shell-Kommando existiert dafür zwar nicht, doch es gibt eine andere Möglichkeit, um zu erfahren, welche User im System registriert sind: ein Blick in die Datei */etc/passwd*. Es empfiehlt sich, diese Datei mit dem Kommando more aufzurufen. Damit wird nicht nur der Inhalt der Datei direkt auf der Konsole bzw. im Terminalfenster angezeigt, sondern auch verhindert, dass sofort der komplette Inhalt der Datei unlesbar über den Monitor rauscht. Mit more erfolgt die Darstellung Seite für Seite, wobei sich der Begriff der Seite auf die Größe des Konsolenfensters bezieht.

more /etc/passwd ⌴

Wenn Sie diesen Befehl einmal ausgeführt haben, werden Sie möglicherweise verblüfft feststellen, dass der Inhalt weitaus größer ist, als Sie es anhand der Anzahl der von Ihnen eingerichteten Benutzer erwartet haben. Das hat einen guten Grund, denn auch die Systemprozesse stellen aus der Sichtweise von LINUX jeweils einen Benutzer dar. Der Superuser (»root«) ist übrigens mit der User-ID 0 im System registriert. Die von Ihnen angelegten Benutzer werden in der Regel mit höheren User-IDs gelistet. In unserem Beispiel liegen die Werte über 1000, es können aber auch andere Werte definiert werden, jedoch sollte der Bereich unter 1000 frei bleiben für die Belegung durch das System.

Der Name der Datei (/*etc*/*passwd*) suggeriert, dass in dieser Datei Passwörter gespeichert werden. Das ist längst nicht mehr der Fall, weil jeder User im System einen lesenden Zugriff auf diese Datei erlangen kann. Damit wären die in /*etc*/*passwd* gespeicherten Passwörter nicht mehr geheim und könnten missbräuchlich verwendet werden. Aus technischen Gründen ist es aber auch nicht möglich, den Zugriff auf diese Datei ausschließlich dem Superuser zu gestatten. Man entschied sich deshalb dafür, die Passwörter in verschlüsselter Form in der Datei /*etc*/*shadow* zu speichern. In diese Datei bekommen einfache Benutzer keinen Einblick.

Anders sieht es hier übrigens aus, wenn der Systemverwalter die Datei öffnet. Als Superuser hat dieser alle Rechte und damit auch das Recht, /*etc*/*shadow* zu bearbeiten.

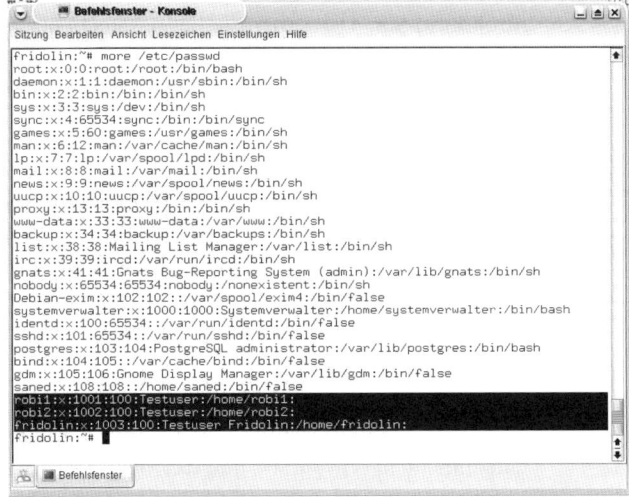

Abbildung 5.7: Mit einem Blick in die Datei /*etc*/*passwd* können Sie sofort erfahren, welche User im System registriert sind

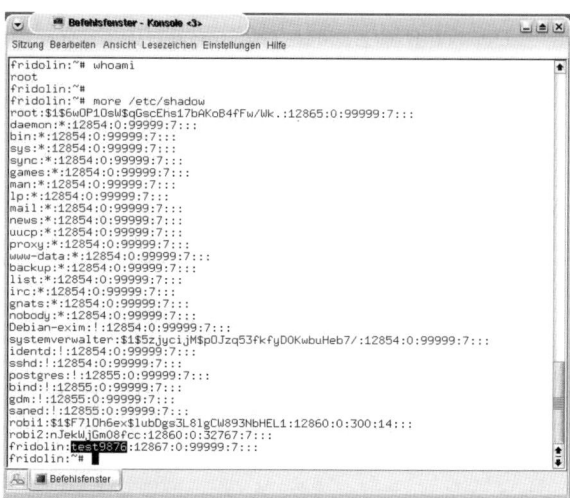

Abbildung 5.8: Der Superuser hat das Recht auf */etc/shadow* zuzugreifen und erkennt, dass das Passwort von »fridolin« noch unverschlüsselt gespeichert ist. Dies führt zu einem Problem, wie in diesem Kapitel gezeigt wird.

Nachdem wir nun einen Überblick haben, welche User im System registriert sind, können wir – als Systemverwalter (»*root*«) – mit den Befehlen usermod und userdel arbeiten und Benutzerparameter verändern bzw. User aus dem System löschen. Darüber hinaus gibt es ein Kommando, mit dem das Passwort des Users geändert werden kann: passwd.

Eine Korrektur der Benutzerkonfiguration ist bei unserem Beispiel-User »fridolin« dringend erforderlich, denn er kann sich nicht am System anmelden, obwohl wir ihm den richtigen Benutzernamen und das Passwort mitgeteilt haben. Auf die Ursache haben wir in den vorangegangenen Abschnitten bereits kurz hingewiesen: Unser LINUX-System erzeugt aus dem eingegebenen Passwort einen MD5-Hashwert und erwartet, dass eben dieser auch in der Datei */etc/shadow* zum Vergleich auftaucht. Leider bewirkt die Option -p im Befehl adduser nur eine Speicherung des Passwortes im Klartext. Der Vergleich der beiden Werte muss also zwangsläufig scheitern.

Das Passwort kann allerdings noch mit einem eigenen Befehl definiert werden: passwd. Verzichtet der Systemverwalter bei der Definition des User-Accounts auf die Vorgabe eines Passwortes mit der Option -p, dann kann er mit passwd [username] ⏎ dies gleich anschließend nachholen. Das Kommando passwd hat den Vorteil, dass hier tatsächlich das Passwort als MD5-Hash in der Datei */etc/shadow* gespeichert wird. Jetzt kann sich der User im System anmelden.

Nur der Systemverwalter ist befugt, für einen beliebigen User mit passwd ein neues Kennwort zu definieren. Zwar kann auch jeder andere User passwd nutzen, damit jedoch nur das eigene Zugangskennwort ändern. Der Systemverwalter kann zudem auch dann ein neues Passwort für den jeweiligen User setzen, wenn ihm dessen bisheriges Passwort unbekannt ist.

```
Befehlsfenster - Konsole <3>
Sitzung Bearbeiten Ansicht Lesezeichen Einstellungen Hilfe
fridolin:~# passwd fridolin
Enter new UNIX password:
Retype new UNIX password:
passwd: password updated successfully
fridolin:~# more /etc/shadow
root:$1$6wOP1OsW$qGscEhs17bAKoB4fFw/Wk.:12865:0:99999:7:::
daemon:*:12854:0:99999:7:::
bin:*:12854:0:99999:7:::
sys:*:12854:0:99999:7:::
sync:*:12854:0:99999:7:::
games:*:12854:0:99999:7:::
man:*:12854:0:99999:7:::
lp:*:12854:0:99999:7:::
mail:*:12854:0:99999:7:::
news:*:12854:0:99999:7:::
uucp:*:12854:0:99999:7:::
proxy:*:12854:0:99999:7:::
www-data:*:12854:0:99999:7:::
backup:*:12854:0:99999:7:::
list:*:12854:0:99999:7:::
irc:*:12854:0:99999:7:::
gnats:*:12854:0:99999:7:::
nobody:*:12854:0:99999:7:::
Debian-exim:!:12854:0:99999:7:::
systemverwalter:$1$5zjyci,jM$pOJzq53fkfyDOKwbuHeb7/:12854:0:99999:7:::
identd:!:12854:0:99999:7:::
sshd:!:12854:0:99999:7:::
postgres:!:12855:0:99999:7:::
bind:!:12855:0:99999:7:::
gdm:!:12855:0:99999:7:::
saned:!:12855:0:99999:7:::
robi1:$1$F71Oh6ex$lubDgs3L81gCW893NbHEL1:12860:0:300:14:::
robi2:nJekWjGmO8fcc:12860:0:32767:7:::
fridolin:$1$z34/6yH4$f6vbSatymaZ93eQdOS7ES1:12867:0:32767:7:::
fridolin:~#
```
Befehlsfenster

Abbildung 5.9: In den oberen Zeilen sehen Sie den Ablauf der Passwortdefinition mit passwd. Das neue Kennwort wird ohne Echo, also verdeckt eingegeben. Wenn wir nun wieder (als »*root*«) den Inhalt der Datei */etc/shadow* betrachten, erkennen wir, dass jetzt der MD5-Hashwert des Kennwortes korrekt gespeichert wurde

Nehmen wir weiterhin an, wir wollen das Heimatverzeichnis des Users »fridolin« verändern, das ursprünglich mit */home/fridolin* festgelegt wurde. Es gibt es keinen eigenen Befehl, der sich speziell auf das Heimatverzeichnis bezieht. Auch mit dem bereits bekannten Kommando useradd kommen wir nicht zurecht, weil eine Fehlermeldung ausgegeben wird, wenn wir mit useradd einen bereits bekannten Benutzernamen übergeben. An dieser Stelle kommt usermod zum Einsatz. Wir wollen für »*fridolin*« mit der folgenden Befehlszeile als neues Heimatverzeichnis */home/specialuser* festlegen:

```
usermod -d /home/specialuser fridolin  ⏎
```

Das Ergebnis dieser Operation überprüfen wir mit einem Blick in die Datei */etc/passwd*, in der auch die Heimatverzeichnisse der jeweiligen User gelistet werden. Wir erkennen, dass der Benutzer »*fridolin*« nun ein neues Heimatverzeichnis besitzt: Aus */home/fridolin* wurde */home/specialuser*.

Neben der Einrichtung und Änderung von Benutzer-Accounts kann es auch erforderlich werden, einen User aus dem System zu entfernen. Hier verwendet man das Kommando userdel. In einem Beispiel wollen wir annehmen, dass ein User mit dem Namen »schulz« künftig nicht mehr auf unser System zugreifen darf. Wir geben auf der Shell die folgende Kommandozeile ein und überprüfen den Erfolg wieder mit einem Blick in die Datei */etc/passwd*. Dort dürfte der eben gelöschte User nicht mehr vertreten sein.

```
userdel -r schulz  ⏎
```

Interessant ist die unscheinbare kleine Option -r in der Befehlszeile. Diese weist das System an, nicht nur den Benutzer-Account aus dem System zu löschen, sondern auch sein Heimatverzeichnis. In der Regel wird man diesen Speicherplatz für die persönlichen Daten des Users löschen, um die belegte Festplattenkapazität wieder dem System zur Verfügung zu stellen. Wenn jedoch die dort gespeicherten Dateien noch weiter genutzt werden sollen oder sich mehrere User ein gemeinsames Heimatverzeichnis teilen, muss selbstverständlich auf die Löschung verzichtet werden.

Es sollte sich von selbst verstehen, dass ein derart rigoroser Befehl nur nach einer sorgfältigen Überprüfung ausgeführt werden sollte. Es gilt: »Was weg ist, ist weg!« Zwar können die maßgeblichen Dateien */etc/passwd* und */etc/shadow* aus den automatisch vom System erzeugten Backup-Dateien wieder hergestellt werden, doch ist es in der alltäglichen Praxis nicht möglich, mit »normalen Bordmitteln« ohne größeren Aufwand ein gelöschtes Heimatverzeichnis und dessen Inhalte wieder herzustellen.

Benutzerverwaltung auf der grafischen Oberfläche

Wie Sie gesehen haben, sind die eigentlichen Kommandos zur Einrichtung, Veränderung und Entfernung eines Benutzer-Accounts auf der Kommandozeile nicht nur sehr leistungsfähig, sondern auch recht einfach umzusetzen. Die meisten professionellen Systemverwalter arbeiten auf der Shell. Allerdings ist die User-Verwaltung auch direkt auf der grafischen Benutzeroberfläche (z.B. KDE und GNOME) möglich, was wir am Beispiel von *KUser* zeigen möchten.

Es sei darauf hingewiesen, dass die grafischen Werkzeuge, die Sie in diesem Abschnitt und in den Ausführungen zur Verwaltung von Benutzergruppen kennen lernen werden, die mit der Maus und in den Dialogfeldern vorgenommenen Konfigurationen wieder in Kommandozeilen einer im Hintergrund aktiven Shell umsetzen. Der Vorteil der grafischen Oberfläche: Die Programme durchsuchen für die Erstellung der Menüs alle wichtigen Dateien wie z.B. */etc/passwd* und */etc/shadow*. Das erspart Arbeit.

Wie Sie wissen, wird als Standardoberfläche auf dem X-Window-Server bei Debian GNU/LINUX GNOME installiert. Allerdings erfreut sich KDE zunehmender Beliebtheit, und auch diese Oberfläche kann installiert werden. Wir wollen beiden Anwendergruppen gerecht werden, ohne jedoch die elementaren Grundlagen doppelt zu erläutern. Aus diesem Grund werden wir in diesem Abschnitt *KUser*, den KDE User Manager, vorstellen und anhand dieses Programms die Benutzerverwaltung erläutern. Das im Wesentlichen ähnlich funktionierende *Users Administration Tool*, das die Standardapplikation auf der GNOME-Oberfläche darstellt, lernen Sie im Abschnitt zur Verwaltung von Benutzergruppen kennen. Wichtig ist jedoch: Ganz gleich, welche Oberfläche Sie bevorzugen, Sie können stets zwischen den beiden Applikationen wählen. Beachten Sie bitte den Inhalt des *Debian-Menüs*.

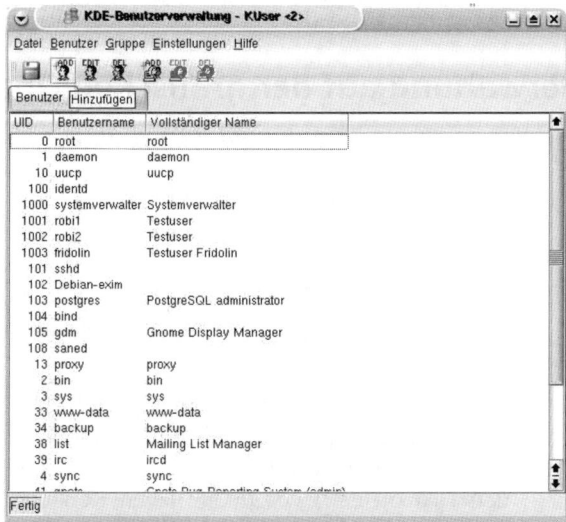

Abbildung 5.10: Das Anlegen eines neuen Benutzers wird bei *KUser* mit einem Klick auf die entsprechende Schaltfläche eingeleitet

Nachdem Sie die von Ihnen bevorzugte Applikation zur Verwaltung von Benutzerkonten gewählt und gestartet haben, können Sie sofort einen neuen User im System ergänzen. Bei KUser legen Sie zunächst einmal den Namen des neuen Users fest. Das ist dessen späterer Login-Name. Diese Eingabe erfolgt in einem eigenen einzeiligen Dialog. Anschließend gelangen Sie automatisch in einen Konfigurationsdialog, in dem Sie die entsprechenden Parameter eintragen bzw. Vorschläge des Systems übernehmen können. Im einfachsten Fall müssen Sie an dieser Stelle überhaupt nichts verändern, denn es werden Ihnen bereits die wichtigsten Parameter automatisch angeboten:

✔ Benutzer-ID

✔ Anmelde-Shell

✔ Heimatverzeichnis

Auch sinnvolle Optionen, wie beispielsweise die Anweisung, ein noch nicht bestehendes Heimatverzeichnis zu erstellen, sind bereits als Standardeinstellung aktiviert.

Mit diesen beiden ersten Dialogen – Definition des Login-Namens und Eintragung der Benutzereigenschaften – haben Sie alle Parameter festgelegt, die Sie auch mit einem adduser-Kommando übergeben. Sie werden allerdings feststellen, dass in den Benutzereigenschaften selbst noch kein Passwort festgelegt wird. Hierzu finden Sie lediglich eine Schaltfläche, über die Sie einen weiteren Dialog erreichen. Auch hier sind wieder Parallelen zum Prinzip auf der Kommandozeile zu erkennen, denn der Dialog zur Festlegung des Passwortes ist kein adduser-Frontend, sondern setzt die Eingaben in ein passwd-Kommando um. Ein mit *KUser* definierter Benutzer wird also keinerlei Probleme haben, sich sofort am System anzumelden.

Bitte erinnern Sie sich: Würde das Passwort des Benutzers mit der Option -p mit einem adduser-Kommando übergeben werden, dann würde es im Klartext in die Datei */etc/shadow* eingetragen. Wenn Sie in Ihrem System mit der MD5-Passwort-Verschlüsselung arbeiten, erwartet der Computer jedoch den MD5-Hashwert in dieser Datei.

Im Prinzip war das schon alles. Sie müssen nun nur noch Ihre Eingaben mit den *OK*-Schaltflächen bestätigen und die Änderungen im System speichern. Dazu finden Sie im Programmfenster von *KUser* eine Schaltfläche in der Form einer Diskette. Sie können aber alternativ dazu auch über das *Datei*-Menü die Funktion *Speichern* wählen. Erst jetzt sind Ihre Definitionen im System bekannt und der neu angelegte Benutzer kann sich mit diesen Account-Daten am System anmelden.

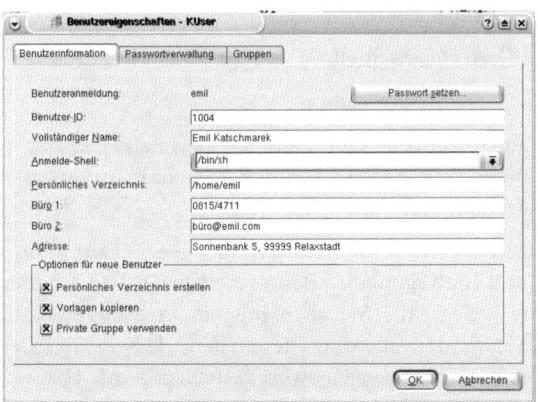

Abbildung 5.11: Alle wichtigen Benutzerdaten – einschließlich der Vorgabe einer Standard-Shell und des Heimatverzeichnisses – werden in einem einzigen Dialog eingetragen. Lediglich das Passwort wird noch nicht an dieser Stelle festgelegt

Abbildung 5.12: Das Passwort wird in einem eigenen Dialog eingegeben. Zum Schutz vor neugierigen Blicken erfolgt die Eingabe verdeckt. Um dabei Tippfehler auszuschließen, muss das Passwort zweimal eingegeben werden

Natürlich ist es mit der grafischen Oberfläche auch möglich, bestehende Benutzer-Accounts zu ändern oder vollständig zu löschen. Der Dialog zur Veränderung des Accounts ist identisch mit dem zum Anlegen eines neuen Benutzers. Es entfällt lediglich die Festlegung eines Benutzernamens, denn dieser wird zuvor per Mausklick aus der Auflistung gewählt. Auch hinter den Kulissen spielen sich leicht veränderte Vorgänge ab, denn selbstverständlich wird nicht mehr das useradd-Kommando, sondern usermod aufgerufen.

In einem der Funktion entsprechenden anderen Outfit präsentiert sich der Dialog zum Löschen eines Accounts. Auch hier wird der betreffende Eintrag in der Liste zunächst per Mausklick markiert und anschließend über die Schaltfläche *DEL* der Löschdialog geöffnet. Dieser Dialog dient lediglich dazu, zwei Fragen zu klären:

✔ Soll das Heimatverzeichnis des betroffenen Users gelöscht werden?

✔ Soll das Postfach */var/mail/[user]* des betroffenen Users gelöscht werden?

Mit der Schaltfläche *Löschen* wird die Konfiguration zunächst temporär übernommen. Ausgeführt werden Lösch- oder Änderungsanweisungen allerdings erst dann, wenn die Konfigurationen im Hauptprogramm gespeichert werden.

Einen herausragenden Vorteil bietet die Arbeit auf der grafischen Oberfläche in der Tat: Neben dem Komfort, den die Arbeit mit der Maus bietet, werden die Einstellungen nicht sofort wirksam. Es bleibt also noch die Gelegenheit, alle Vorgaben – einschließlich der Löschaktionen – zu überprüfen und bei Bedarf zu korrigieren. Erst dann, wenn die Einstellungen gespeichert werden, sind sie endgültig. Auch hier gilt allerdings, dass User-Accounts in den automatischen Backup-Dateien von */etc/passwd* und */etc/shadow* nach wie vor reproduzierbar bleiben.

Gruppenbildung

So wichtig es ist, für jeden Benutzer individuelle Eigenschaften und Rechte vergeben zu können, so sinnvoll ist es auch, mehrere Benutzer gemeinsamen Gruppen zuzuordnen. Für den Verwalter des Systems ist es damit bedeutend einfacher, Rechte zu verwalten, welche den Mitgliedern dieser Gruppe gemeinsam zugewiesen werden.

So ist es möglich, einem Benutzer den Zugriff auf sehr viele Dateien und Verzeichnisse mit nur einem Befehl zu gewähren oder zu verwehren, wenn dies erforderlich wird. Dazu wurde – wie schon gesehen – ein dreistufiges Rechtesystem definiert:

✔ Rechte des Besitzers

✔ Rechte einer Gruppe

✔ Rechte für alle anderen Benutzer im Netz

Damit diese Benutzergruppen entsprechend auf die einzelnen Ressourcen zugreifen können, werden verschiedene Besitzerstatuten definiert. Jede Datei und jedes Verzeichnis gehören zunächst einmal einem »Besitzer«. Das ist in der Regel der Benutzer im System, der die Datei oder das Verzeichnis angelegt hat. Zudem wird die Ressource einer Benutzergruppe zugewiesen. Will ein User Rechte dieser Gruppe wahrnehmen, muss er selbst deren Mitglied sein. Diese Mitgliedschaft kann ausschließlich der Systemverwalter vergeben oder entziehen. Auch hier kann er sowohl auf der Shell als auch auf einer grafischen Oberfläche arbeiten.

Gruppenverwaltung auf der Shell

Bei der Verwaltung von Benutzergruppen gibt es vergleichbare Kommandos wie bei der Benutzerverwaltung:

✔ groupadd

✔ groupmod

✔ groupdel

Das Prinzip ist dem der Benutzerverwaltung ähnlich, wenn auch mit weniger Optionen behaftet. Dennoch wollen wir ein kleines Beispiel bringen. So soll auf unserem System eine Gruppe mit der Bezeichnung *vip* angelegt werden:

groupadd vip ⏎

Optional können Sie eine Gruppen-ID festlegen, die allerdings einmalig im System sein muss. Wenn Sie darauf verzichten, weist das Betriebssystem der neuen Gruppe automatisch eine ID zu. Diese kann nachträglich mit dem Kommando groupmod verändert werden. Hat eine Gruppe ihre Daseinsberechtigung verloren, wird sie wieder mit groupdel gelöscht.

Ein Benutzer kann – wie bereits gesehen – mit dem Kommando usermod einer neuen Gruppe zugeordnet werden.

Erhebt sich noch die Frage, wie eine Datei oder ein Verzeichnis dieser Gruppe letztlich zur Nutzung mit den entsprechenden Rechten zugewiesen werden kann, denn schließlich werden diese Ressourcen bei der Anlage in der Regel mit der Stammgruppe des Besitzers angelegt.

Hier kommt das Kommando chgrp ins Spiel. Mit diesem Befehl wird einer Datei oder einem Verzeichnis eine neue Gruppenzugehörigkeit verliehen. Die einzelnen Paramter werden in der folgenden Reihenfolge übergeben:

```
chgrp [Gruppe] [Datei/Verzeichnis] ⏎
```

In unserem Beispiel soll die Datei */home/robi2/backup* künftig der Gruppe »*vip*« angehören, die wir eben angelegt haben. Folgender Befehl erledigt dies:

```
chgrp vip /home/robi2/backup ⏎
```

> Um festzustellen, welche Gruppen-IDs bereits verwendet werden, muss die Datei */etc/group* mit einem Editor oder direkt auf dem Bildschirm mit dem Kommando more aufgerufen werden.

```
fridolin:~# groupadd vip
fridolin:~#
fridolin:~# cd /home/robi2
fridolin:/home/robi2# ls -l
insgesamt 20
-r-xr-----  1 robi2 users 117 2005-03-22 23:19 backup
-rw-r--r--  1 robi2 staff    6 2005-03-24 16:25 test
-rw-r--r--  1 robi2 users    6 2005-03-24 16:39 test2
-rw-r--r--  1 robi2 users    6 2005-03-24 16:39 test3
-rwxr-----  1 robi2 users    6 2005-03-24 16:40 test4
fridolin:/home/robi2#
fridolin:/home/robi2# chgrp vip /home/robi2/backup
fridolin:/home/robi2#
fridolin:/home/robi2# ls -l
insgesamt 20
-r-xr-----  1 robi2 vip   117 2005-03-22 23:19 backup
-rw-r--r--  1 robi2 staff    6 2005-03-24 16:25 test
-rw-r--r--  1 robi2 users    6 2005-03-24 16:39 test2
-rw-r--r--  1 robi2 users    6 2005-03-24 16:39 test3
-rwxr-----  1 robi2 users    6 2005-03-24 16:40 test4
fridolin:/home/robi2#
```

Abbildung 5.13: Nach dem Anlegen der Gruppe »*vip*« betrachten wir das Verzeichnis */home/robi2*, in dem sich die Datei *backup* befindet. Sie ist der Gruppe »*users*« zugeordnet. Mit dem chgrp-Kommando ändern wir dies und überprüfen den Erfolg in der erneuten Auflistung mit ls -l.

Gruppenverwaltung auf der grafischen Oberfläche

Zum Abschluss dieses Kapitels wollen wir natürlich auch zeigen, wie Benutzergruppen auf der grafischen Oberfläche angelegt und verwaltet werden. Das funktioniert sowohl mit den Werkzeugen von KDE als auch mit dem Standardfunktionsumfang der GNOME-Oberfläche gleichermaßen gut. Haben Sie beide Window-Manager installiert, können Sie frei wählen. Wir wollen, nachdem wir die User-Verwaltung mit dem KDE-Programm KUser besprochen haben, in diesem Beispiel einmal das GNOME-Programm betrachten.

In den Benutzer- und Gruppeneinstellungen der GNOME-Oberfläche, die selbstverständlich nicht nur für die grafische Oberfläche gelten, gibt es zwei Register: *Benutzer* und *Gruppen*. In diesem Fall interessiert uns das Register *Gruppen*, denn wir wollen eine neue Gruppe anlegen. Dies leiten wir mit der Schaltfläche *Gruppe hinzufügen* ein.

Es öffnet sich ein sehr komfortabler Dialog, der bereits automatisch eine Gruppen-ID vorschlägt. Wir müssen lediglich den Namen der Gruppe ergänzen und die Benutzer wählen, die dieser Gruppe angehören sollen. Über die Schaltfläche *OK* wird die Gruppe mit den von uns definierten Einstellungen im System übernommen und kann von nun an auch den jeweiligen Ressourcen zugewiesen werden.

> Die Gruppenverwaltung ist auf der grafischen Oberfläche durchaus komfortabler als auf der Shell, was insbesondere dann gilt, wenn Gruppen mit sehr vielen Mitgliedern angelegt werden müssen. Außerdem liefert der grafische Dialog auch im Falle einer Änderung alle wichtigen Daten bereits mit. Diese müssen nicht mehr aufwändig in den Konfigurationsdateien recherchiert werden.

Wenn wir die Konfiguration der Gruppen verändern wollen, ist auch dies sehr einfach. Über die Schaltfläche *Eigenschaften* wird der bereits bekannte Dialog aufgerufen. Hier können wir nun die Gruppen-ID ändern oder Benutzer aus der Gruppe entfernen bzw. neue Teammitglieder hinzufügen. Auch das Löschen einer Gruppe ist sehr unkompliziert, denn dazu gibt es eine entsprechende Schaltfläche. Anders als bei einem Shell-Befehl warnt das Programm an dieser

Stelle vor unüberlegten Löschaktionen. Erst wenn Sie die Warnung bestätigen, wird die betreffende Gruppe tatsächlich gelöscht.

Anders als beim KDE-Programm *KUser* müssen die neuen Definitionen nicht ausdrücklich gespeichert werden. Dies geschieht beim abschließenden Klick auf die Schaltfläche *OK* im Hauptmenü automatisch. Mit einem Klick auf *Abbrechen* werden alle bisher vorgenommenen Änderungen verworfen!

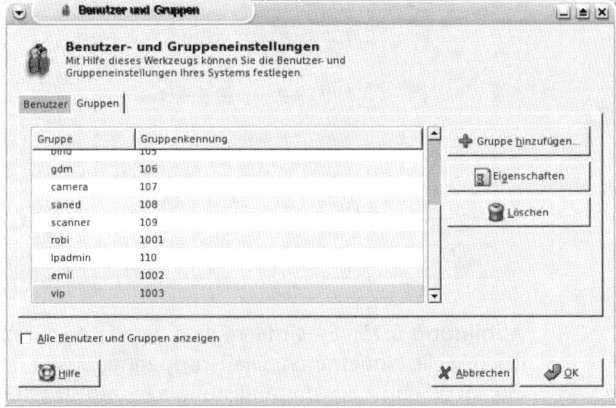

Abbildung 5.14: Das Hauptmenü der GNOME-Benutzer- und Gruppeneinstellungen ist einfach und übersichtlich. Alle Funktionen werden direkt über eindeutige Schaltflächen erreicht

Natürlich ist es auf der grafischen Oberfläche auch möglich, dieser Gruppe eine Datei zuzuweisen. Hier können wir beispielsweise im Dateimanager Konqueror – dieses vielseitige Programm kommt auch als Webbrowser zum Einsatz – die Eigenschaften der Datei bzw. des Verzeichnisses aufrufen. Im Register *Berechtigungen* finden wir im unteren Bereich die Eigentumsdefinition zu dieser Ressource, die einen Eigentümer (Benutzer) und eine Gruppe vorsieht. Hier müssen wir lediglich die neue Gruppe eintragen und den Dialog mit *OK* bestätigen.

Abbildung 5.15: Es wird lediglich der Name der neuen Gruppe in die obere Zeile eingetragen. Die Gruppenmitglieder können mit einem einzigen Schritt aus der Auflistung aller registrierten Benutzer ausgewählt werden

Natürlich obliegt auch die Gruppenverwaltung ausschließlich dem Superuser (»root«).

6 Das LINUX-Verzeichnissystem

Wenn Sie bislang nur mit den Microsoft-Betriebssystemen (z.B. MS Windows) gearbeitet haben, dann sind Sie daran gewöhnt, jedes Laufwerk und jede Partition auf den Festplatten als logisches Laufwerk anzusehen, das mit einem Buchstaben benannt wird. So werden die Diskettenlaufwerke in einem Windows-Betriebssystem mit A:\ oder B:\ und die erste Festplatte mit C:\ bezeichnet. LINUX kennt diese Laufwerksbezeichnungen nicht. Stattdessen arbeiten sowohl LINUX- als auch UNIX-Betriebssysteme mit einem *Verzeichnisbaum*, dessen zentraler Ausgangspunkt stets »*root*« (zu Deutsch: die Wurzel) ist. Dieses Stammverzeichnis steht über allen anderen Verzeichnissen und schließt auch das Vorhandensein verschiedener Laufwerke und deren Partitionen ein. In diesem Gesamtsystem sind Dateien durch die Angabe eines Pfades, beginnend bei »*root*« (/), exakt zu lokalisieren.

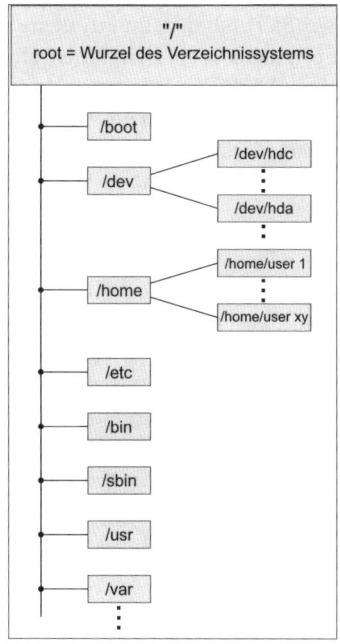

Abbildung 6.1: Beispiel für das Schema der LINUX-Verzeichnisstruktur

Texte, Bilder und Geräte sind »Dateien«

Festplatten und CD-ROM-Laufwerke sind prinzipiell Geräte bzw. auf Neudeutsch: *Devices*. LINUX sieht diese Devices in seiner Verzeichnisstruktur vor. Der Pfad lautet damit zunächst:

/dev/???

Sehen wir uns dieses Zeichengebilde im Detail an. Es beginnt – anders als bei Microsoft-Betriebssystemen, die den *Backslash* (\) verwenden – mit einem Schrägstrich, einem *Slash* (/). Dieses Zeichen verkörpert die oberste Hierarchiestufe des Verzeichnisbaumes, also »*root*«. Man verzichtet also auf die vollständige Pfadeingabe, die dann ungefähr lauten müsste: »*root*«/.... Dem führenden Slash folgt eine erste Pfadangabe *dev/*, mit der allgemein die Geräte bzw. Devices bezeichnet werden. Standartgemäß werden noch weitere Pfade in einem LINUX-Verzeichnisbaum definiert.

Im oben genannten Beispiel *(/dev/???)* haben wir mit den Fragezeichen zunächst einmal einen Platzhalter definiert, denn hier bezeichnen wir nun konkret unsere physikalischen Festplatten und die darauf untergebrachten Partitionen. LINUX sieht dafür genau definierte *Dateinamen* vor. Warum nun eigentlich Dateien? Wir reden doch von Laufwerken. Das liegt daran, dass LINUX alles, aus dem Daten gelesen bzw. worin Daten geschrieben werden, als *Datei* ansieht.

Wenn wir in unserem Testsystem im Verzeichnis */dev* versuchen, die »Datei« */dev/hda6* zu öffnen, wird uns dies nicht gelingen. Sie ist als *blockorientiertes* Gerät eingebunden und gehört der Gruppe *disk* an. Dabei handelt es sich um eine Partition unserer Festplatte, auf der sich die Heimatverzeichnisse unserer Benutzer im System befinden. */dev/hda6* ist also lediglich eine fiktive Datei, in die/aus der das LINUX-Betriebssystem Daten schreiben und lesen kann. Damit wir auf die Festplatte zugreifen können, muss sie mit einem Mount Point in den Verzeichnisbaum eingehängt werden. Dieser heißt */home*.

Das Prinzip, alle Komponenten des Systems als *Datei* zu interpretieren, ist natürlich bei den Dateien im klassischen Sinne wie beispielsweise *bild.jpg* sehr einleuchtend. Grundlegend betrachtet, liest der Computer aber auch Daten von einer Tastatur oder einem Scanner etc. ein und »schreibt« Daten an den Monitor oder einen Drucker. Das Medium, auf dem die einzelnen Bits und Bytes enden, ist für LINUX also nicht weiter von Interesse. Beispiele für Gerätedateinamen zeigt die nachfolgende Tabelle:

Dateiname	Device-Name
/dev/fd0	Erstes Diskettenlaufwerk (unter MS Windows entspräche dies dem Laufwerk A:\)
/dev/fd1	Zweites Diskettenlaufwerk (B:\ unter MS Windows)
/dev/hda	Master am primären EIDE-Controller (EIDE-Festplattenlaufwerk oder ATAPI-CD-ROM)
/dev/hdb	Slave am primären EIDE-Controller (EIDE-Festplattenlaufwerk oder ATAPI-CD-ROM)
/dev/hdc	Master am sekundären EIDE-Controller (EIDE-Festplattenlaufwerk oder ATAPI-CD-ROM)
/dev/hdd	Slave am sekundären EIDE-Controller (EIDE-Festplattenlaufwerk oder ATAPI-CD-ROM)
/dev/hdd1	Erste Partition auf dem Slave des sekundären EIDE-Controllers
/dev/hdd2	Zweite Partition auf dem Slave des sekundären EIDE-Controllers
/dev/sda	Erste SCSI-Festplatte
/dev/sdb	Zweite SCSI-Festplatte
/dev/sdb1	Erste Partition auf der zweiten SCSI-Festplatte
/dev/ttyS0	Erste serielle Schnittstelle (unter Windows würde diese COM1 heißen)
/dev/tty??	Virtuelle Konsolen

Tabelle 6.1: Beispiele für Device-Namen im LINUX-Dateisystem

Struktur des LINUX-Dateisystems

Wie Sie bereits erkennen konnten, kann man als einfacher User mit den Gerätebezeichnungen zunächst nicht viel anfangen. Sie sind im Grunde genommen das, was man allgemein als Schnittstellenbezeichnung kennt. So würde die erste serielle Schnittstelle am Computer,

die Ihnen unter Windows als COM1 bekannt ist, im LINUX-System
/dev/ttyS0 heißen. Wollen Sie ein Programm für den Zugriff auf die
serielle Schnittstelle konfigurieren, dann erwartet LINUX genau diese
Bezeichnung.

Es ist zunächst sicher ein wenig verwirrend, Geräte als Datei zu interpretieren, denn eigentlich stellen Sie sich unter einem Dateisystem ja
eine logische Anordnung Ihrer Festplatten-, CD-ROM- und Floppy-
laufwerke vor. Wie bereits erwähnt, werden die einzelnen Partitionen
durch so genannte Mount Points in das LINUX-Verzeichnis eingehängt. Ein solcher Mount Point muss nicht unbedingt direkt unter
»root« angeordnet werden. Es ist auch denkbar, eine Partition vollständig an einem untergeordneten Ast im Verzeichnisbaum einzuhängen.
So könnte einem besonders wichtigen Benutzer eine eigene Partition
zur Verfügung gestellt werden, die dann unter */home/user* gemountet
wird. Hier lässt sich der Mount Point frei definieren, jedoch muss der
Pfad – beginnend bei *»root«* (/) – existieren.

Ein LINUX-System verfügt über eine Reihe fest definierter Verzeichnisse, die alle bestimmte Funktionen im System haben. Diese wollen
wir uns zunächst ansehen, bevor wir uns näher mit dem Einhängen eines Laufwerkes in das Verzeichnissystem unseres Computers befassen.

Verzeichnis	Inhalt/Bedeutung
/bin	Dieses Verzeichnis enthält die wichtigsten LINUX-Kommandos. Die hier enthaltenen Kommandos stehen allen Usern zur Verfügung.
/dev	Hier finden Sie die bereits erwähnten Gerätedateien.
/etc	In diesem Verzeichnis finden Sie Informations-, Kennwort- und Konfigurationsdateien.
/home	Die Heimatverzeichnisse aller einzelnen User des Systems sind in diesem Verzeichnis registriert.
/lib	Libraries bzw. Programmteilbibliotheken des C-Compilers sind in diesem Verzeichnis enthalten.
/proc	Für jeden laufenden Prozess werden hier eigene Unterverzeich-nisse definiert.
/tmp	Nur vorübergehend von den Anwendungen ausgelagerte Daten werden in diesem Verzeichnis gespeichert.
/usr	Allgemein zugängliche Dateien und Programme werden in diesem Verzeichnis abgelegt.

Verzeichnis	Inhalt/Bedeutung
/var	In diesem Verzeichnis werden laufend veränderliche Informationen abgelegt. Beispiele sind Daten angemeldeter User.

Tabelle 6.2: Auswahl von in LINUX gebräuchlichen Verzeichnissen

/bin

Die Bezeichnung »bin« kommt von *binary*. Gemeint sind die als ausführbare Binärdateien vorliegenden Programmdateien. Im Gegensatz zu den Binärdateien sind unkompilierte Programme unformatierte Texte im ASCII-Code.

Das Verzeichnis */bin* ist auf jedem LINUX-Computer zu finden. Die darin enthaltenen Programmdateien sind von großer Wichtigkeit für die Bedienung des Systems durch die Benutzer, denn es handelt sich um die Programme und Shell-Skripte, die auf der Shell in einer Kommandozeile aufgerufen werden. Die Shell-Kommandos sind also keinesfalls direkt im Kernel implementierte Funktionen, sondern lediglich völlig autonome Programme, denen die entsprechenden Parameter übergeben werden. Um es ganz genau auszudrücken: Sie können durch Installation weiterer Programme im Verzeichnis */bin* Ihren Befehlssatz erweitern oder – insbesondere in einfachen Systemen – durch Löschen von Programmen den Befehlssatz einschränken. Auch die Entwicklung eigener Shell-Programme ist möglich.

Das Verzeichnis */bin* ist allen Usern im System zugänglich. Damit stehen die hier enthaltenen Programme entsprechend auch jedem User zur Nutzung offen.

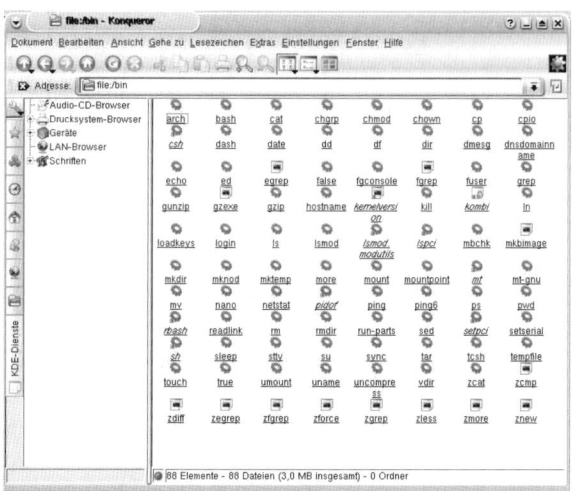

Abbildung 6.2: Inhalt des Verzeichnisses /bin: Hier sind Programme enthalten, die als Shell-Kommandos von allen Usern aufgerufen werden können

/sbin

Im vorangegangenen Abschnitt haben wir ausdrücklich betont, dass /bin allen Usern im System offen steht. Bei /sbin sieht das etwas anders aus, denn die hier enthaltenen Programme können ausschließlich mit Superuser-Rechten genutzt werden. Auch beim Inhalt des Verzeichnisses /sbin handelt es sich um Binärdateien, also um ausführbare Programmdateien und um Shell-Skripte, die Kommandos für die Shell verkörpern.

Jeder »normale« Benutzer kann zwar einen Blick in das Verzeichnis /sbin riskieren, jedoch ist nur der Superuser zur Ausführung der darin enthaltenen Programme berechtigt.

Bei einem Blick in das Verzeichnis wird sehr schnell klar, warum nicht Hinz und Kunz die darin gespeicherten Programme starten dürfen. Hier finden sich Programme, mit denen direkt in die Struktur des

Dateisystems eingegriffen werden kann oder die einen maßgeblichen Einfluss auf die Funktion des Betriebssystemkerns und damit auf die Stabilität des gesamten Systems haben.

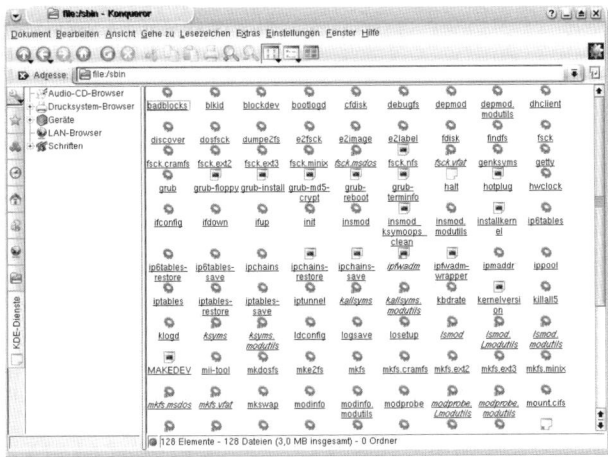

Abbildung 6.3: Der Inhalt des Verzeichnisses */sbin* ist ausgesprochen sensibel. Mit den hier enthaltenen Programmen kann bei unsachgemäßem Einsatz das gesamte System zerstört werden!

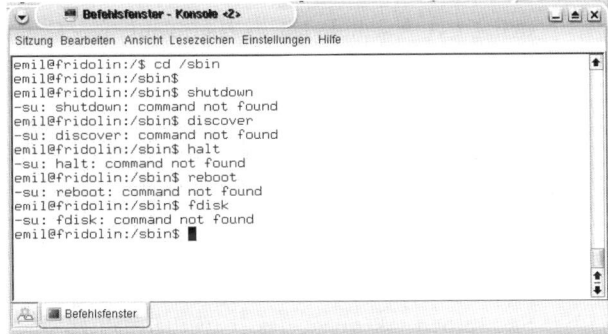

Abbildung 6.4: Ein normaler User kann zwar in das Verzeichnis */sbin* navigieren und sogar dessen Inhalt betrachten, doch kann er keines der darin gespeicherten Programme aufrufen

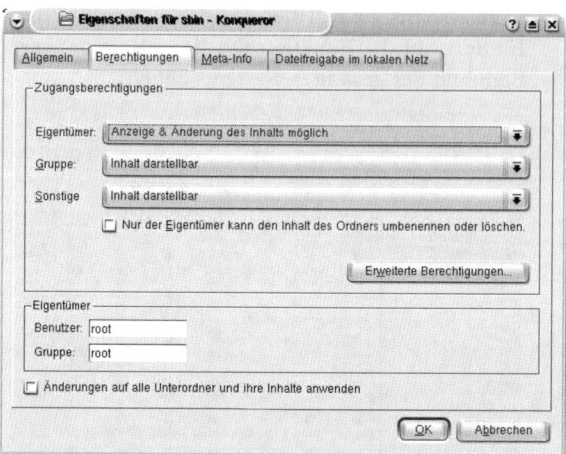

Abbildung 6.5: Zugriffsrechte zum Verzeichnis */sbin*: Nur der Besitzer – das ist der Superuser »*root*« – hat das Recht, Änderungen vorzunehmen und Programme zu starten

/dev

Einleitend zu diesem Kapitel sind wir bereits darauf zu sprechen gekommen, dass alle Geräte – seien es Festplatten, Drucker, Scanner oder Netzwerkkarten etc. – von LINUX als Dateien interpretiert werden. LINUX sieht in jedem Zugriff auf diese Geräte nichts anderes als eine Dateioperation. Es wird entweder aus der Datei gelesen oder in diese hinein geschrieben. Damit diese Strategie funktionieren kann, müssen die Geräte als fiktive Datei in den Verzeichnisbaum eingebunden werden. Dies geschieht im Verzeichnis */dev* (= Devices, Geräte). Damit werden alle Geräte durch eine einfache Pfadangabe adressierbar. Um beispielsweise eine Maus zu beschreiben, die am PS/2-Port betrieben wird, wird der Pfad */dev/psaux* verwendet. Auch die Schnittstellen zu den Festplatten werden über dieses Format beschrieben.

Sie werden erkennen, dass pauschal nahezu alle möglichen Gerätetypen in diesem Verzeichnis zu finden sind. Das bedeutet aber keinesfalls, dass der Computer auch über die entsprechende Hardware verfügt. Wird eine Hardware installiert, dann wird sie vom System über die hier definierte Schnittstelle adressiert.

Im Verzeichnis /dev finden Sie weder die eigentlichen Gerätetreiber noch können Sie direkt auf die Daten dieser Geräte zugreifen. Sie können also beispielsweise nicht mit einem Mausklick auf einen Eintrag in diesem Verzeichnis den Inhalt einer Festplatte einsehen. Es handelt sich lediglich um Schnittstellendefinitionen, die in das Verzeichnissystem eingebunden wurden, und dem System selbst zur Nutzung zur Verfügung stehen.

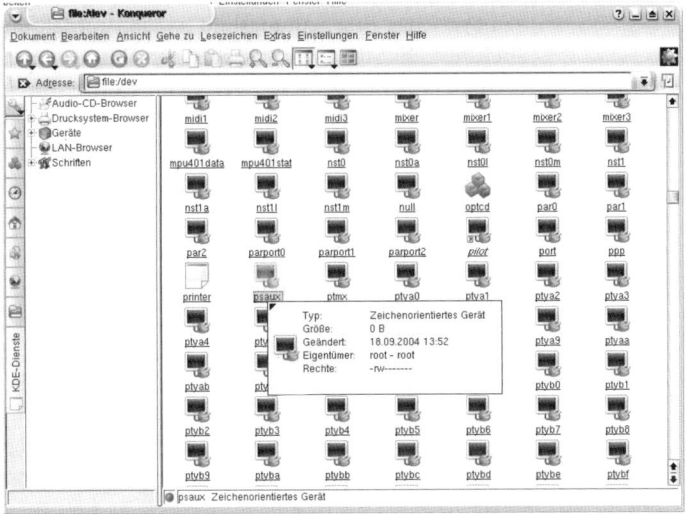

Abbildung 6.6: Auszug aus dem Verzeichnis /dev: Hervorgehoben sehen Sie die Datei /dev/psaux, die als Synonym für die PS/2-Mausschnittstelle steht

/etc

Das Verzeichnis /etc ist eines der umfangreichsten Verzeichnisse eines LINUX-Systems überhaupt. Es enthält die Konfiguration des Systems. Sie erinnern sich an die Verwaltung der Benutzer-Accounts? Hier hatten wir zwei Dateien /etc/passwd und /etc/shadow zu beachten, die beide Inhalt von /etc sind. Mit ihnen wird festgelegt, wer sich mit welchen Zugangsdaten am System anmelden darf.

Auch alle anderen Konfigurationen werden in diesem Verzeichnis oder in einem entsprechenden Unterverzeichnis abgelegt. Ein wichtiges Beispiel ist die Datei */etc/inetd.conf*, die Sie an späterer Stelle in diesem Buch noch kennen lernen werden. Ebenfalls ein Beispiel für die Ablage einer Konfigurationsdatei – hier in einem Unterverzeichnis von */etc* – ist */etc/apache2/apache2.conf*. Dabei handelt es sich um die grundlegende Konfigurationsdatei des Apache-Webservers. Auch dieser wird in einem späteren Kapitel Thema dieses Buches sein.

Alle Vorgaben, die Einfluss auf die Funktion des Computers und dessen optisches Erscheinungsbild haben, werden im Verzeichnis */etc* gespeichert. Es sind also durchaus sensible Daten, um die es hier geht. Dennoch ist auch dieses Verzeichnis offen für jeden Benutzer. Die meisten Dateien können von allen Benutzern gelesen werden, nur wenige sind dem Superuser vorbehalten. Allerdings werden Sie feststellen, dass die meisten Dateien von »einfachen« Usern nur gelesen werden dürfen. Schreibende Rechte hat nur der Superuser.

Das macht Sinn, denn stellen Sie sich vor, die Datei *inetd.conf* – das ist die Konfigurationsdatei des Internet-Superservers inet.d – könnte von jedermann verändert werden! Jeder, der ein wenig Grundkenntnis zum LINUX-System mitbringt – die Kenntnisse dieses Buches genügen hier vollkommen –, könnte dann einen beliebigen Netzwerkdienst im System öffnen, über den Cracker Zugang zum Rechner bekämen. Die Administration der vom Computer zur Verfügung gestellten Netzwerkdienste ist also ausschließlich eine Sache für den Systemverwalter (»*root*«).

Man könnte die Liste der Beispiele nahezu endlos fortsetzen. Wichtig soll an dieser Stelle jedoch sein, dass alle Konfigurationen des Systems in Textdateien gespeichert und im Verzeichnis */etc* bzw. dessen Unterverzeichnissen abgelegt werden.

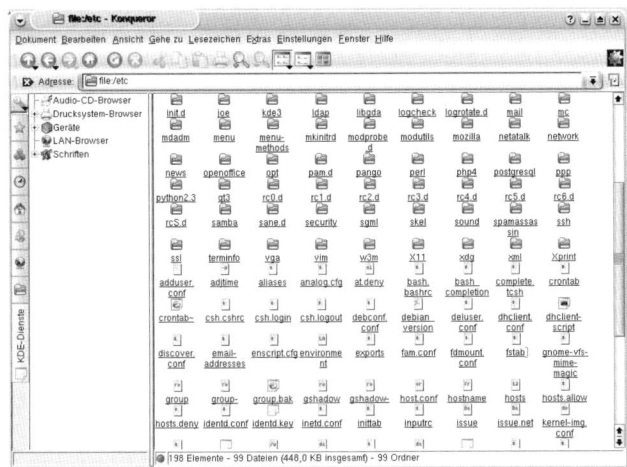

Abbildung 6.7: Die Konfigurationsdateien des Systems sind im Verzeichnis */etc* und dessen Unterverzeichnissen zu finden

/home

Blicken wir noch einmal zurück auf die Verwaltung der Benutzer-Accounts. In der Regel werden wir als Systemverwalter mit der Einrichtung eines neuen Accounts für den jeweiligen User auch ein persönliches Heimatverzeichnis erstellen. Dieses wird unter */home* in den Verzeichnisbaum eingehängt (gemountet). Je nachdem, wie die Default-Rechte konfiguriert wurden, ist es für andere Benutzer gesperrt oder nur rein lesend zugänglich. Es empfiehlt sich – schließlich soll das Heimatverzeichnis auch in einem größeren System Ablageort für persönliche Daten sein –, ausschließlich dem Besitzer und unter bestimmten Umständen möglicherweise auch Gruppenmitgliedern einen Zugriff auf dieses Verzeichnis zu gestatten, wobei Gruppenmitglieder nur lesenden Zugriff haben sollten.

Das Anlegen eines Heimatverzeichnisses bedeutet natürlich nicht, dass der betreffende User ausschließlich innerhalb dieses Verzeichnisses navigieren kann. Das wäre kontraproduktiv. Es soll – wie bereits gesagt – lediglich ein Ort für individuelle Daten sein. Aus diesem Grunde limitieren viele Systemverwalter den Zugriff ausschließlich auf den Besitzer und entziehen sowohl Gruppenmitgliedern als auch allen anderen Usern sämtliche Rechte.

Die Zugriffsrechte auf die jeweiligen Heimatverzeichnisse sind nicht in jedem System einheitlich definiert. Sie hängen von den Konfigurationen des Systemverwalters ab. Unabhängig von eventuellen Zugangsberechtigungen hat der Systemverwalter (»*root*«) stets den uneingeschränkten Zugriff auf die Verzeichnisse.

Egal in welchem Verzeichnis sich ein User gerade befindet: Mit der Eingabe von cd ⏎ auf der Kommandozeile springt er direkt in sein Heimatverzeichnis zurück.

Natürlich hat der Systemverwalter beim Anlegen eines Benutzer-Accounts auch die Möglichkeit, ein Heimatverzeichnis für den User an einem völlig anderen Ort zu definieren oder sogar komplett auf dessen Anlage zu verzichten. Beides ist aber nicht besonders praktisch und erschwert die Administration des Systems.

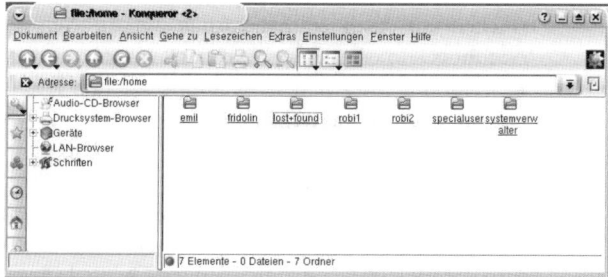

Abbildung 6.8: Die Heimatverzeichnisse der einzelnen User sind unter */home* zu finden

/usr

Zu den Verzeichnissen */bin* und */sbin* haben Sie bereits gelesen, dass diese Programmdateien und Skripte enthalten. Hierbei handelt es sich allerdings um Programme, die als Systembefehle auf der Shell eingesetzt werden. Doch wo finden wir die vielen anderen Programme, die auf dem Computer installiert wurden? Denken wir nur an die Spiele oder an die Office-Software (z.B. OpenOffice.org), denn auch sie sind ja wichtige Elemente unseres Systems.

Diese Programme werden nicht in eines der beiden Grundverzeichnisse */bin* oder */sbin*, sondern in einem speziellen Verzeichnis für User-Software *(/usr)* und dessen Unterverzeichnissen gespeichert. Sehr interessant ist in diesem Zusammenhang auch ein Blick in das Verzeichnis */usr/doc*, denn hier sind teilweise Dokumentationen oder *Readme*-Dateien zur Software zu finden.

Wer sich das Verzeichnis */usr* aufmerksam ansieht, wird feststellen, dass hier eine ähnliche Struktur zu erkennen ist wie im Stammverzeichnis. Auch hier gibt es – diesmal als Unterverzeichnisse – */usr/bin* und */usr/sbin*. Wie bei den Shell-Kommandos handelt es sich um standardisierte Pfade. Ein hier gespeichertes Programm können Sie ohne detaillierte Pfadangabe von der Konsole starten. Wenn es sich um ein Programm für die grafische Oberfläche handelt, wird es auf dem X-Window-Server ausgeführt (dessen Installation vorausgesetzt). Sie können das gerne einmal ausprobieren. Geben Sie auf der Konsole den folgenden Befehl ein:

```
openoffice ⏎
```

Obwohl wir den Befehl auf der Kommandozeile eingegeben haben, startet nun das für die grafische Oberfläche geschriebene Programm OpenOffice.org, das Sie in einem späteren Kapitel ausführlich kennen lernen werden. Wichtig ist jedoch an diesem Beispiel: Wir haben keinerlei Pfadinformationen verwendet. Wäre die Programmdatei in einem anderen Verzeichnis, also nicht in einem Unterverzeichnis von */usr* gespeichert gewesen, hätte unser System einen unbekannten Befehl reklamiert.

Dieses Beispiel funktioniert natürlich nur dann, wenn bei Ihnen OpenOffice.org installiert ist und Sie Programme auf der grafischen Oberfläche ausführen können. Wenn eine dieser Bedingungen nicht auf Ihr System zutrifft, wählen Sie ein anderes Beispiel, das Sie im Verzeichnis */usr/bin* finden.

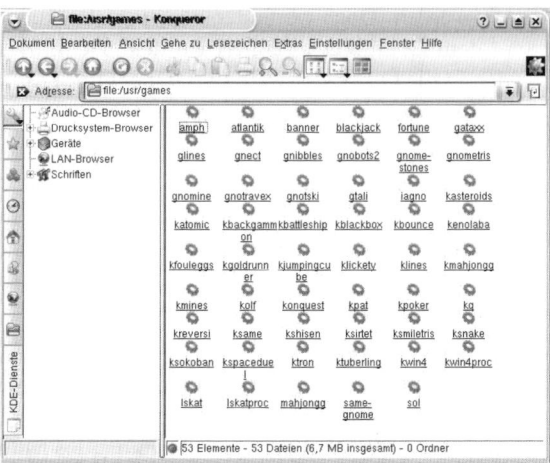

Abbildung 6.9: Spiele sind beispielsweise Programme, die in das Verzeichnis */usr/games* gehören

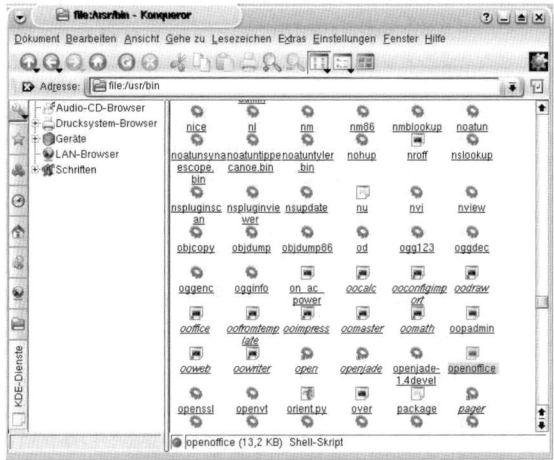

Abbildung 6.10: Die umfangreiche Office-Suite OpenOffice.org, die eine leistungsstarke Textverarbeitung, ein Zeichen- und ein Präsentationsprogramm sowie eine Tabellenkalkulation umfasst, ist im Verzeichnis */usr/bin* zu finden

Neben den eigentlichen Programmdateien werden oft auch die mit diesen Programmen erstellten Dateien in einem Unterverzeichnis von /usr abgelegt. Allerdings bietet es sich an, für spezielle Projekte oder Tätigkeitsgebiete generell eigene Arbeitsverzeichnisse zu definieren, weil dadurch die regelmäßige Sicherung der Daten erheblich vereinfacht werden kann.

/proc

Jedes aktive Programm, jeder im Hintergrund laufende Dämon und jeder Zugriff auf einen Speicher sind aus der Sicht des Systems Prozesse. Auch diese werden vom System wie Dateien behandelt, d.h., es werden Daten an den Prozess übergeben oder von ihm übernommen. Die Schnittstellen zu den einzelnen Prozessen sind – vergleichbar den Geräten im Verzeichnis /dev – virtuelle Dateien im Verzeichnis /proc (von Process). Sie finden aber auch systeminterne Daten wie beispielsweise die verwendeten IO- oder DMA-Adressen. Diese können in einem Editor oder am einfachsten mit dem Kommando cat auf der Shell dargestellt werden. Beispiele:

Die verwendeten DMA-Adressen werden mit der folgenden Kommandozeile gelistet:

```
cat /proc/dma ⏎
```

Eine Übersicht zu den I/O-Adressen Ihres Computers bekommen Sie, wenn Sie den folgenden Befehl eingeben:

```
cat /proc/ioports ⏎
```

Die im System verwendeten Interrupts (IRQ-Level) zeigt der Befehl

```
cat /proc/interrupts ⏎
```

Die Kernel-Module für die Systemhardware werden mit der folgenden Zeile gelistet:

```
cat /proc/modules | more ⏎
```

Die Anzeige längerer Listen erfolgt zweckmäßigerweise mit dem zusätzlichen Kommando more, das mit einer so genannten »Pipe« (|), die aus der Kombination von AltGr + < erzeugt wird, von dem eigentlichen Kommando getrennt in die Befehlszeile geschrieben wird. Damit wird die Ausgabe der Größe des Bildschirms angepasst und bei Erreichen der letzten Bildschirmzeile gestoppt. Erst nach einem Druck auf die Leertaste wird die nächste Seite angezeigt.

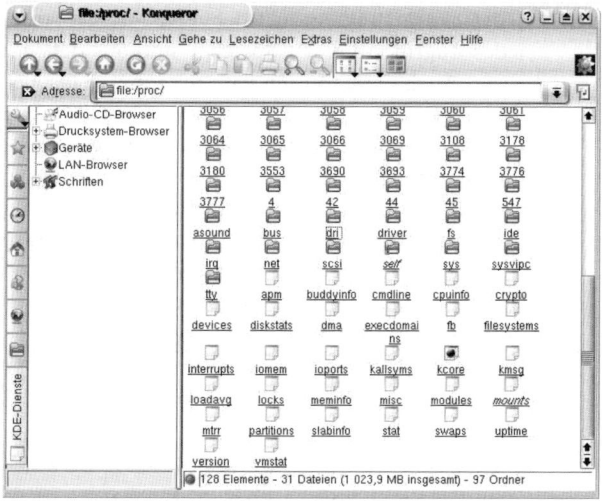

Abbildung 6.11: Im Verzeichnis */proc* sind wichtige Informationen zur Hardwarekonfiguration im System zu finden

/var

Ein Verzeichnis für die kurzzeitige Speicherung von Daten ist */var*. Bitte verwechseln Sie die Funktion dieses Verzeichnisses nicht mit der Bedeutung der Swap-Partition, die Sie mit der Installation des Betriebssystems auf Ihrer Festplatte angelegt haben. Die Swap-Partition speichert zwar ebenfalls temporär Daten, jedoch handelt es sich hier um Auslagerungen aus dem Arbeitsspeicher des Computers durch das Betriebssystem.

Auch muss die Bedeutung von */var* anders interpretiert werden als die des Verzeichnisses */tmp*, ebenfalls ein Verzeichnis zur Speicherung temporärer Daten. Auf dieses kommen wir im nächsten Abschnitt zu sprechen.

Ein Blick in das Verzeichnis */var* bzw. dessen Unterverzeichnisse kann sich lohnen, wenn es beispielsweise eine Störung im System gegeben hat. Hier finden wir nämlich unter anderem Logdateien, in denen Systemabläufe Schritt für Schritt protokolliert werden. Denken Sie nur an den Start Ihres Systems: Auf dem schwarzen Bildschirmhintergrund huschen für das menschliche Auge kaum zu erfassende Systemmeldungen über den Bildschirm. Jede einzelne ist eine Aussage über einen gestarteten Dienst des Computers, über die Installation eines Treibermoduls oder zum Feedback, das uns das LINUX-System zu den jeweiligen Aktionen gibt. Funktioniert möglicherweise das Netzwerk nicht, weil der DHCP-Server im Netz ausgefallen ist und unser Computer deshalb keine gültige IP-Adresse beziehen kann? Die Logdatei */var/log/syslog* gibt Aufschluss über die Vorgänge beim Startprozess. Auch das Herunterfahren des Computers wird in dieser Datei protokolliert. Gespeichert werden die jeweils letzte und vorletzte Version (diese als Backup).

Logdateien können im weitesten Sinne als »temporäre« Daten bezeichnet werden, weil sie – wenn sie nicht zusätzlich gesichert und archiviert werden – regelmäßig mit jeweils aktuellen Inhalten überschrieben werden.

Neben den Logdateien, die nur eine begrenzte Existenzberechtigung im System haben, gehören auch der Cache-Speicher des Webbrowsers und die Druckerwarteschlange in das Verzeichnis */var*, wo sie jeweils in eigenen Unterverzeichnissen mit aussagekräftigen Namen abgelegt werden.

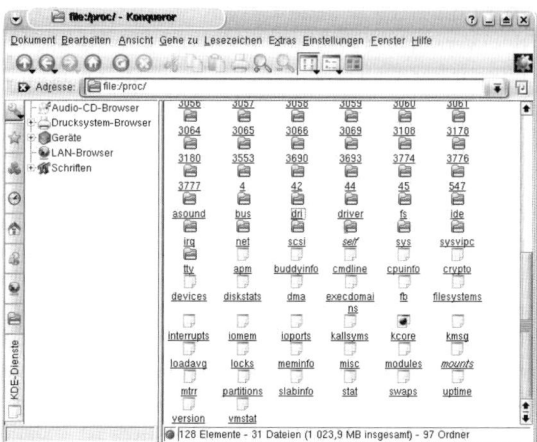

Abbildung 6.12: Protokolle über die Vorgänge im System sind in erster Linie im Verzeichnis */var/log* und dessen Unterverzeichnissen zu finden

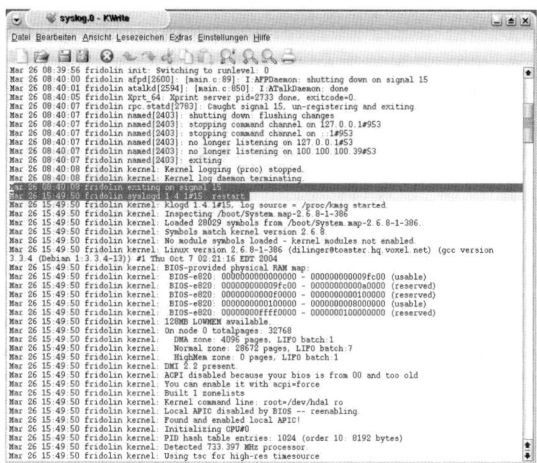

Abbildung 6.13: Auszug aus der Datei */var/log/syslog*, in welcher die Abläufe beim Herunterfahren und Starten des Computers protokolliert werden. Hervorgehoben ist das Ende des Protokolls beim letzten Stop des Systems und der Anfang des darauf folgenden Startvorgangs

Abbildung 6.14: Der Cache des Webbrowsers befindet sich im entsprechenden Unterverzeichnis von */var*

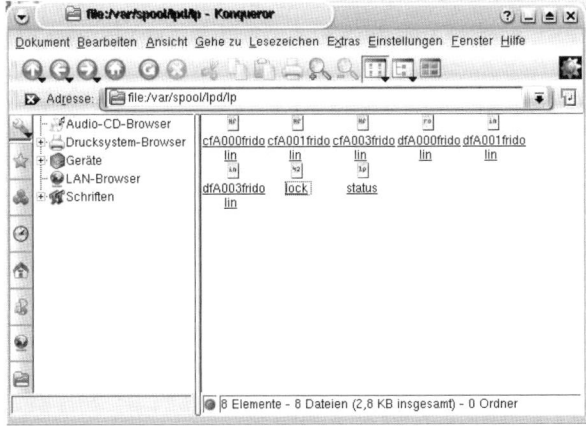

Abbildung 6.15: Anstehende Druckaufträge werden im Verzeichnis */var/spool/lpd/lp* zwischengespeichert

/tmp und /var/tmp

Häufig muss ein Programm Dateien vorübergehend in eine Datei auf die Festplatte auslagern. Denken Sie zum Beispiel nur an die temporären Backups Ihrer Textverarbeitung. Wenn Sie in regelmäßigen zeitlichen Intervallen automatische Sicherungskopien erstellen lassen, werden diese nicht in die originale, sondern zunächst in eine temporäre Datei geschrieben. Stürzt das System ab, haben Sie die Möglichkeit, aus dieser temporären Datei das Dokument mit dem Stand der letzten Sicherung wieder herzustellen. Schließen Sie das Programm ordnungsgemäß, werden die temporären Daten von der Platte entfernt. Sie werden nun nicht mehr benötigt.

Im LINUX-System werden oft zwei Verzeichnisse angeboten, in denen temporäre Daten abgelegt werden können: */tmp* und */var/tmp*. Sie haben die gleichen Funktionen.

Bitte verwechseln Sie die Verzeichnisse */tmp* und */var/tmp* nicht mit der Swap-Partition des Systems. Während in */tmp* bzw. */var/tmp* Auslagerungsdateien der Applikationen des Systems gespeichert werden, dient die Swap-Partition ausschließlich zur Auslagerung von Arbeitsspeicherinhalten durch das System.

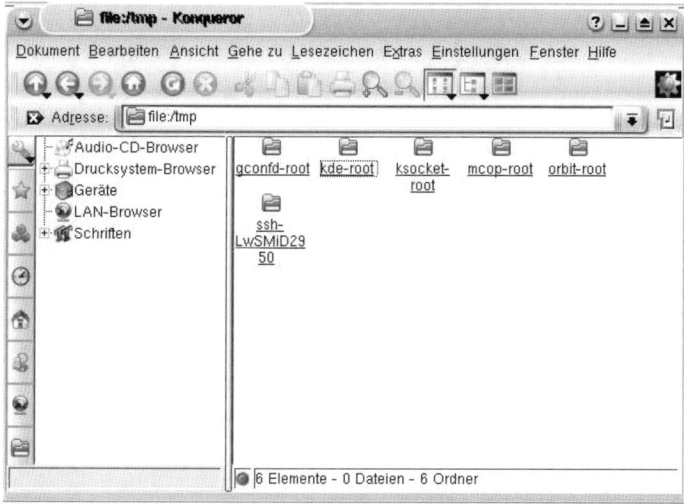

Abbildung 6.16: Beispiel für den möglichen Inhalt eines Verzeichnisses für temporäre Daten

/boot

Dies ist beim Start des Systems das wichtigste Verzeichnis, denn hier befinden sich alle grundlegenden Dateien, die für das Hochfahren und dabei für die Anforderung weiterer Dateien aus anderen Verzeichnissen verwendet werden. Das sind in erster Linie:

✔ der Bootmanager (bis Version Debian GNU/LINUX 3.0 »Woody« in der Regel der LINUX-Loader LILO bzw. ab Version 3.1 »Sarge« GRUB)

✔ der Betriebssystemkern (Kernel)

✔ Treibermodule

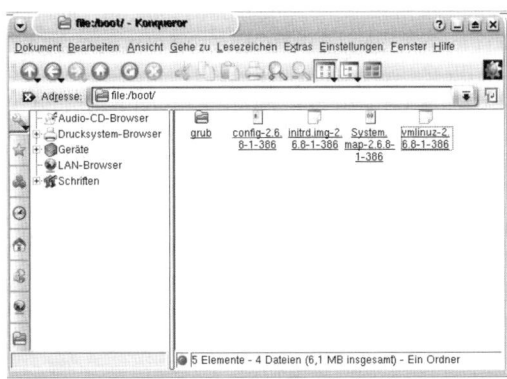

Abbildung 6.17: Im Verzeichnis /boot befinden sich der Bootmanager und der Kernel des Betriebssystems

Andere Verzeichnisse

Ein Blick in das Stammverzeichnis des Systems zeigt Ihnen natürlich sofort, dass unser kleiner Exkurs in die Verzeichnisse eines LINUX-Systems bei weitem noch nicht vollständig ist. Die wichtigsten Grundverzeichnisse und deren Bedeutungen haben Sie jedoch kennen gelernt. Wenn Sie die einzelnen Verzeichnisse einmal öffnen, werden Sie feststellen, dass diese möglicherweise leer sind und auch niemals mit irgendwelchen Daten gefüllt werden. Das liegt daran, dass sich die Definitionen wandeln, denn in der Vergangenheit war es bei der

Gestaltung des Dateisystems durchaus üblich, mit jeder Distribution eigene Definitionen umzusetzen. Man strebt einer Harmonisierung entgegen, will aber die Kompatibilität zu älteren Systemen nicht aufgeben.

Beispiele für solche mehr oder weniger überflüssigen Verzeichnisse sind /opt und /mnt. Während im Verzeichnis /opt bei einigen Distributionen so genannte »optionale« Software, die oft keine OpenSource-Software ist, abgelegt wird, war /mnt einst das Verzeichnis, in das Wechseldatenträger in das System eingehängt (gemountet) wurden. Bei Debian GNU/LINUX werden alle Programme in das Verzeichnis /usr und dessen Unterverzeichnisse installiert. /opt ist damit im Prinzip obsolet und in unserem Beispielsystem dementsprechend auch leer.

Ähnlich sieht es beim Verzeichnis /mnt aus. Hier würde man erwarten, auf Floppy- und CD-ROM-Laufwerke zugreifen zu können, doch auch dieses Verzeichnis ist bei Debian GNU/LINUX leer. Man orientiert sich bereits an dem künftigen Standard und platziert die Wechseldatenträger in das Verzeichnis /media.

Möglicherweise wollen Sie gleich ausprobieren, ob eine Diskette oder eine CD-ROM über diese Verzeichnisse gelesen werden kann. Es kann sein, dass Sie dabei zunächst ein Problem haben, denn der Datenträger muss zunächst einmal in das Verzeichnissystem eingebunden – gemountet – werden. Was man darunter versteht, lesen Sie im folgenden Abschnitt.

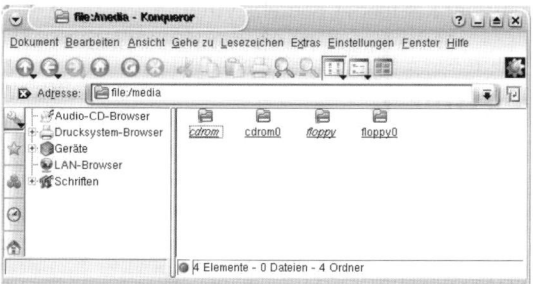

Abbildung 6.18: Wechseldatenträger findet man bei Debian GNU/LINUX und nahezu allen neu aufgesetzten Betriebssystemen anderer Distributionen im Verzeichnis /media

Ein besonderes Verzeichnis ist */lost+found*. Hier werden Sie keine regulären Daten finden. Es dient vielmehr als definierter Ablageort für Datenfragmente, die beispielsweise entstehen können, wenn Dateien bei einem Programmabsturz nicht ordnungsgemäß geschlossen wurden. Denkbar sind auch Dateifragmente, die aufgrund eines physikalischen Fehlers der Festplattenoberfläche nicht mehr der ursprünglichen Datei zugeordnet werden können. Beide Ereignisse können im Extremfall katastrophale Konsequenzen haben und Datenverlust hervorrufen. Mithilfe der in */lost+found* abgelegten Fragmente ist es unter Umständen – oft in sehr mühsamer Kleinarbeit für Experten – möglich, zerstörte Dateien zu reparieren und den Datenverlust zu vermeiden bzw. auf ein Minimum zu reduzieren.

Das Mounten

Wenn Sie einen neuen Datenträger in Ihr System einbinden wollen, müssen Sie diesen »mounten«. Das gilt auch, wenn Sie eine CD-ROM bzw. eine DVD in Ihr Laufwerk einlegen. Klicken Sie auf das entsprechende Verzeichnis, dann stellen Sie fest, dass es leer zu sein scheint. Dem ist aber nicht so, sondern das Laufwerk wurde lediglich nicht aktiv in den LINUX-Verzeichnisbaum eingehängt.

Manuelles Mounten

Damit Ihr Computer den Inhalt der CD-ROM (oder auch einer Diskette etc.) lesen kann, müssen Sie dem Device-Namen, den Sie im Verzeichnis */dev* finden, einen Mount Point zuweisen. Der Mount Point ist der Pfad im Verzeichnisbaum, über den Sie Ihre Daten erreichen. Ein Beispiel:

✔ Der Name des Device ist: */etc/hdc*

✔ Der Mount Point ist: */media/cdrom0*

Unter Umständen genügen diese Angaben aber noch nicht, denn auch das Dateisystem ist eine wichtige Information für das Betriebssystem, um die Daten in der richtigen Form lesen und schreiben zu können. Wenn Sie ein CD-ROM-Laufwerk in den Verzeichnisbaum einhängen möchten, lautet das Dateisystem *iso9660*. Wenn Sie dagegen eine Festplattenpartition mounten möchten, die von einem MS-Windows-Betriebssystem formatiert wurde, dann müssen Sie ein entsprechendes Dateisystem angeben. Eine Auswahl der möglichen Parameter für den mount-Befehl sind:

- ✔ ext, ext2, ext3ext3: Extended Filesystem für LINUX (verschiedene Versionen)

- ✔ hpfs: Ein Dateisystem, das in OS/2-Umgebungen gebräuchlich ist

- ✔ minix: Minix-Filesystem

- ✔ msdos: Das klassische Dateisystem im Microsoft-Betriebssystem (MS-DOS) beherrscht noch keine langen Dateinamen

- ✔ nfs: Das Network File System

- ✔ ntfs: Das NT-Dateisystem wird von Windows NT/2000/2003 und XP verwendet

- ✔ umsdos: Wie MS-DOS, jedoch beherrscht dieses Dateisystem lange Dateinamen

- ✔ vfat: Das klassische MS-Windows-Dateisystem kommt auf Computern mit Windows95/98/ME-Systemen zum Einsatz

Ein mount-Befehl, um das CD-ROM-Laufwerk (*/dev/hdc*) unter */media/cdrom0* ins System einzuhängen, sieht demnach wie folgt auf der Kommandozeile aus:

```
mount -t iso9660 /dev/hdc /media/cdrom0 ⏎
```

Wenn der Datenträger bereits in der Datei */etc/fstab* (s.u.) definiert ist, kann der Befehl deutlich abgekürzt werden. In diesem Fall genügt es, lediglich den Mount Point zu übergeben. Für unser Beispiel würde die Befehlszeile also mount /media/cdrom0 ⏎ heißen.

Wenn Sie stattdessen eine Festplattenpartition in das System einbinden möchten, müssen Sie das entsprechende Device und das jeweilige Dateisystem angeben. Zu der Bezeichnung der Partition beachten Sie bitte die Ausführungen in unserem Kapitel zur Installation von Debian GNU/LINUX. Wichtig ist jedoch auch, dass bereits ein Mount Point definiert ist, an dem Sie Ihren neuen Datenträger anbinden möchten. Das ist ausgesprochen einfach zu bewerkstelligen: Erstellen Sie ein Verzeichnis an der Stelle im Dateisystem, wo Sie später auf Ihren Datenträger zugreifen möchten. Der Name des Verzeichnisses sollte sinngemäß sein: */media/dvd*, */windows* o. Ä.

Natürlich ist es auch möglich, einen Datenträger aus dem Verzeichnisbaum auszuhängen. Das ist beispielsweise dann erforderlich, wenn Sie (als Systemverwalter) eine Datenträgerprüfung durchführen möchten, oder bei Wechseldatenträgern, wenn sie aus dem Laufwerk entnommen werden. Der Befehl dafür heißt umount.

Oft führen Schreibfehler zur Verwirrung: Der Befehl umount enthält kein »n« (un...) nach dem Buchstaben »u«.

Ein Beispiel: Um das eben gemountete CD-ROM-Laufwerk wieder aus dem Verzeichnisbaum auszuhängen, geben wir den folgenden Befehl ein:

```
umount /media/cdrom0 ⮐
```

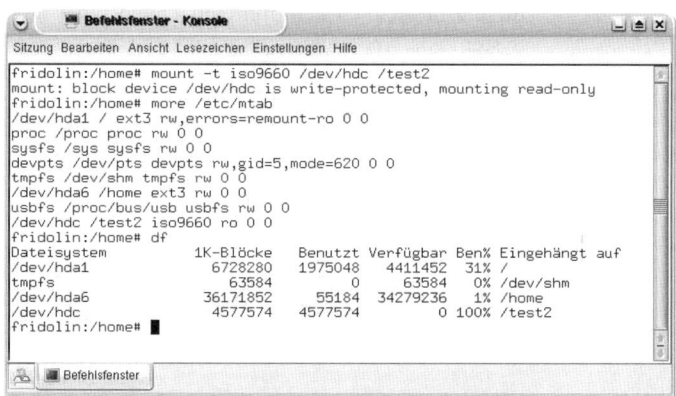

Abbildung 6.19: Wir haben unser CD-ROM-Laufwerk an der Position eines zuvor manuell erstellten Verzeichnisses */test2* in unser System eingehängt. Sowohl der Blick in die Datei */etc/mtab* als auch der Aufruf von *df* bestätigen den Erfolg des mount-Kommandos

/etc/mtab und /etc/fstab

Zugegeben, auch wenn der Befehl mount eine gewisse Logik besitzt und bei Licht betrachtet nicht einmal so kompliziert ist, wäre es doch recht mühselig, müsste man bei jedem Systemstart jedes Verzeichnis aufs Neue mit diesem Kommando in den Verzeichnisbaum einhängen. LINUX wäre sicher sehr schnell ausgesprochen unbeliebt. Doch selbstverständlich werden die Verzeichnisse automatisch gemountet. Nach welchen Regeln dies geschieht, gibt eine Konfigurationsdatei vor, die wir im Verzeichnis /etc finden (vgl. unsere Ausführungen im Abschnitt »Struktur des LINUX-Dateisystems« in diesem Kapitel). Wir sprechen von /etc/fstab (= Filesystem-Tabelle).

/etc/fstab wird beim Hochfahren des Computers unmittelbar nach der Installation des Kernels und seiner Module ausgelesen und die darin eingetragenen Datenträger (Laufwerke und Partitionen) in den Verzeichnisbaum eingebunden. Nun ist natürlich nicht gewährleistet, dass die betreffende Partition oder ein Wechseldatenträger im Computer überhaupt vorhanden sind. Es kann also – auch wenn es so in /etc/fstab steht – kein Verzeichnis gemountet werden, das gar nicht existiert. Auch das berücksichtigt unser LINUX-Computer und sieht für die tatsächlich gemounteten Datenträger eine weitere Tabelle im System vor: /etc/mtab.

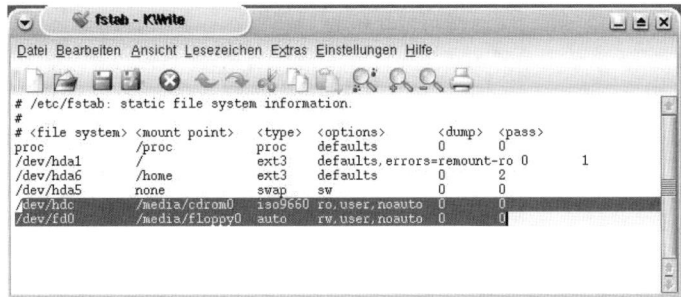

Abbildung 6.20: In der Tabelle /etc/fstab, die mit dem Hochfahren des Systems ausgelesen wird, um die darin definierten Datenträger automatisch zu mounten, sind die beiden Einträge der Wechseldatenträger (CD-ROM und Floppy) von uns optisch hervorgehoben worden

Der wesentliche Unterschied zwischen */etc/fstab* und */etc/mtab* ist die Tatsache, dass */etc/fstab* das Soll vorgibt und */etc/mtab* den Ist-Zustand darstellt. Jeder mount- oder umount-Befehl führt sofort zu einer Veränderung des Inhaltes von */etc/mtab*.

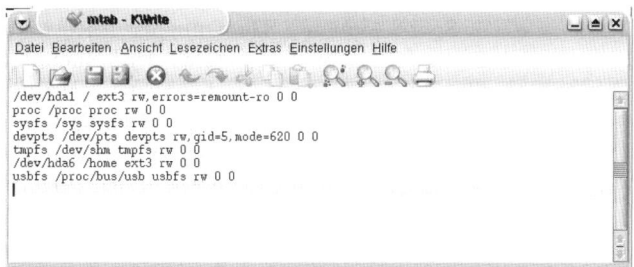

Abbildung 6.21: Ein Blick unmittelbar nach dem Systemstart in die Datei */etc/mtab*: In unserem Computer konnte beim Start keine CD-ROM und auch keine Diskette gefunden werden. Deshalb wurden die Wechseldatenträger nicht automatisch in den Verzeichnisbaum eingebunden und fehlen zurzeit in */etc/mtab*

Sehen wir uns noch einmal den Aufbau der Tabelle */etc/fstab* genauer an, denn hier sind wichtige Informationen enthalten, die Einfluss auf den Mount-Vorgang haben: */etc/fstab* ist in sechs Spalten organisiert. Diese haben folgende Bedeutung:

✔ 1. Spalte (»file system«): Hier wäre die Bezeichnung Device zweckmäßiger, denn es wird das Laufwerk bzw. die Partition, auf der sich das betreffende Dateisystem befindet, anhand der Gerätedatei im Verzeichnis */dev* angegeben. Wie Sie aus dem Kapitel zur Installation des LINUX-Systems bereits wissen, sind die Bezeichnungen systematisch definiert und logisch auf die tatsächliche Struktur der Hardware übertragbar: */dev/hda1* steht also für die erste Partition (1) der IDE-Festplatte (hd), welche als Master am primären IDE-Controller (a) betrieben wird.

✔ 2. Spalte (mount point): Hier wird der Mount Point definiert, also der Pfad, unter dem später im Dateisystem die Daten auf der Festplatte, CD-ROM oder Diskette erreichbar sein werden.

✔ 3. Spalte (type): In dieser Spalte definieren wir das Dateisystem, das auf dem jeweiligen Datenträger verwendet wird. Sie erinnern sich an unser Beispiel aus dem vorherigen Abschnitt, bei dem wir manuell mit dem mount-Kommando ein CD-ROM-Laufwerk in unser System eingebunden haben? Dort haben wir mit der Option -t als Dateisystem *iso9660* festgelegt.

✔ 4. Spalte (options): Die Optionen legen fest, ob und in welcher Form der Datenträger automatisch gemountet werden soll. Wenn Sie unsere Illustrationen betrachten, wird Ihnen auffallen, dass zum CD-ROM-Laufwerk u.a. die Option »noauto« gesetzt wurde. Das hat zur Folge, dass beim Hochfahren gar nicht erst versucht wird, das CD-ROM-Laufwerk in den Verzeichnisbaum einzubinden. Dies muss also manuell erfolgen. Es können mehrere Optionen durch Kommata getrennt gleichzeitig definiert werden.

✔ 5. Spalte (dump): Diese Spalte ist derzeit nicht von Bedeutung. Sie wird mit der Ziffer 0 besetzt.

✔ 6. Spalte (pass): Hier wird die Reihenfolge der Überprüfung beim Systemstart vorgegeben. In der Regel wird lediglich darauf geachtet, dass das *root*-Verzeichnis zuerst geprüft wird. Das wird mit der Ziffer 1 erzwungen. Bei allen anderen Verzeichnissen ist diese Reihenfolge in der Regel gleichgültig und so wird dort eine 0 gesetzt.

Arbeiten mit Links

Ein schönes Beispiel für eine besondere Möglichkeit, in einem LINUX-Dateisystem Daten und Verzeichnisse zu organisieren, bietet ein Blick in unseren Verzeichnisbaum. Dort ist im Stammverzeichnis ein CD-ROM-Laufwerk zu finden, was zunächst einmal nichts Besonderes zu sein scheint. Der Pfad lautet: */cdrom*.

Wie wir bereits erklärten, werden dem Standard entsprechend alle Wechseldatenträger – dazu gehört natürlich auch unser CD-ROM-Laufwerk – in einem Unterverzeichnis */media* in das System eingebunden. Wenn wir einen Blick in dieses Verzeichnis werfen, dann stellen wir fest, dass auch dort ein CD-ROM-Laufwerk zu finden ist: */media/cdrom0*. Die Bezeichnungen sind unterschiedlich, so dass man geneigt wäre zu vermuten, nur einer dieser Mount Points führe zu den Daten der CD-ROM. Dem ist aber nicht so, denn überraschender Weise kann in beiden »Verzeichnissen« der Datenträger gelesen werden.

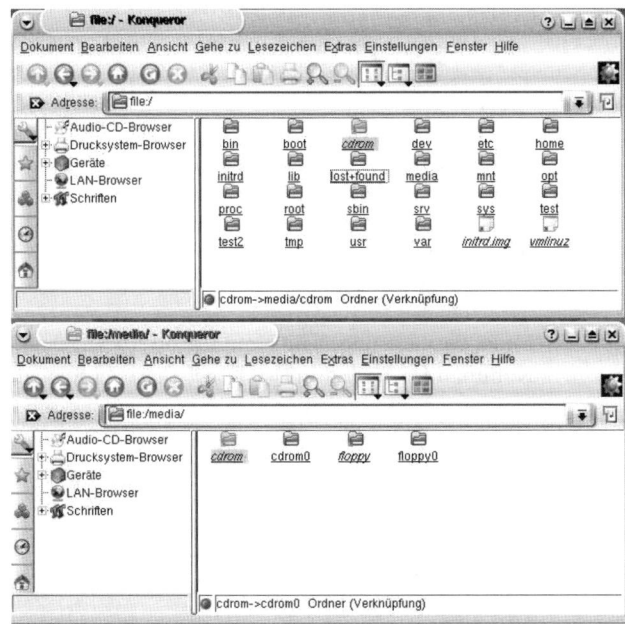

Abbildung 6.22: Sowohl im Stammverzeichnis (/) als auch im Unterverzeichnis für Wechseldatenträger (/media) taucht ein CD-ROM-Laufwerk auf. Wenn die CD-ROM mit /media/cdrom0 gemountet wird, kann auch über den Eintrag im Stammverzeichnis auf die Daten zugegriffen werden

Des Rätsels Lösung ist ein Link auf das gemountete Verzeichnis. Man unterscheidet symbolische (weiche) und feste Links. Der wesentliche Unterschied ist in der Art der Verlinkung zu sehen, wobei feste Links direkt auf die I-Node der Festplatte verweisen, während symbolische Links mit der Pfadangabe arbeiten. Mithilfe eines solchen Links, der auf die betreffende Datei oder das Verzeichnis verweist, ist es möglich, diese in anderen Pfaden präsent zu machen.

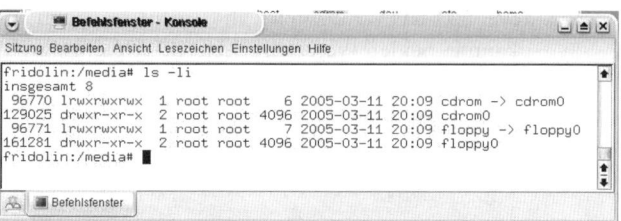

Abbildung 6.23: Ein Blick in das Verzeichnis */media* zeigt, dass hier zwei Links definiert sind: Der Link »cdrom« wird dem Verzeichnis */media/cdrom0* zugeordnet. Auch für das Floppy-Laufwerk ist ein entsprechender Link definiert

Links werden mit dem Kommando ln angelegt. Mit diesem Shell-Kommando werden in der Regel »harte« Links angelegt, jedoch können mit der Option -s (= symbolisch) auch symbolische bzw. »weiche« Links erstellt werden. Wichtig ist, dass die Pfadangaben vollständig übergeben werden.

»Harte« Links sind für Verzeichnisse nicht zulässig.

Wir wollen das Prinzip an einem Beispiel demonstrieren und das CD-ROM-Laufwerk (gemountet unter */media/cdrom0*) auch im Verzeichnis */home/robi1* präsent machen. Dazu geben wir folgende Kommandozeile ein:

```
ln -s /media/cdrom0 /home/robi1/cdrom ⏎
```

Werfen wir nun einen Blick in das Heimatverzeichnis des Users »robi1« (*/home/robi1*). Dort taucht das CD-ROM-Laufwerk im Listing bzw. auf der grafischen Oberfläche mit einem eigenen Symbol auf. Sie können auch problemlos den Inhalt des Datenträgers lesen und Programme starten etc. Wenn Sie allerdings den Pfad näher betrachten, wird Ihnen – bei Verwendung einer grafischen Oberfläche – auffallen, dass Sie nicht in einem Unterverzeichnis von */home/robi1*, sondern im *Media*-Verzeichnis navigieren. Wenn Sie auf der Shell arbeiten, wirkt das Laufwerk dagegen wie ein Unterverzeichnis von */home/robi1/cdrom*.

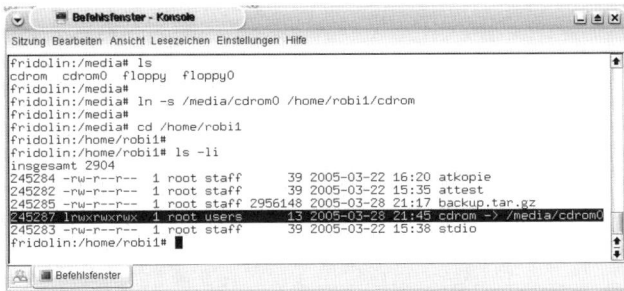

Abbildung 6.24: Wir legen einen Link zu unserem CD-ROM-Laufwerk an. Anschließend wechseln wir in das Heimatverzeichnis von »robi1« und prüfen die Verfügbarkeit des Links mit dem Kommando ls -li

7 Grafische Benutzerführung

Eine grafische Benutzeroberfläche ist bei Laptops und Desktop-Computern, die im Büro, aber auch als Heimcomputer zum Einsatz kommen, nicht mehr wegzudenken. Ein Betriebssystem, das keine grafische Benutzerführung bietet, wird heute nicht mehr akzeptiert. Daran ist nicht mehr zu zweifeln.

LINUX stand lange Zeit im Ruf, ein reines Server-Betriebssystem darzustellen, ein »UNIX für Arme« quasi. Nun, UNIX kommt aus der Schiene der Großrechenanlagen, ist aber mittlerweile auch auf dem Desktop einsetzbar, und für LINUX gilt dies längst ebenso. Mehr noch: Während die meisten Betriebssysteme mit einer grafischen Oberfläche dem User nur sehr eingeschränkte Möglichkeiten bieten, diese an seine Bedürfnisse anzupassen, bringt LINUX schon seit Jahren eine große Vielfalt grafischer Benutzeroberflächen (GUI = Graphical User Interfaces) mit. Zwei der bekanntesten Vertreter werden Sie in diesem Kapitel kennen lernen:

✔ GNOME und

✔ KDE.

Zuvor wollen wir jedoch auf die Grundlagen des grafischen Systems eingehen und die Konfiguration des X-Window-Servers erläutern. Hier ist die richtige Hardware von besonderer Wichtigkeit, insbesondere was die Video- und die Soundkarte sowie die Tastatur und die Maus betrifft.

Wenn Sie nach der Installation und dem Neustart Ihres Computers bereits mit der grafischen Oberfläche arbeiten können, dann können Sie den folgenden Abschnitt übergehen und direkt zu den Ausführungen zum von Ihnen verwendeten Window-Manager (GNOME oder KDE) blättern.

Das X-Window-System

LINUX ist ein von sehr vielen Programmierern gestaltetes Betriebssystem, und das hat überwiegend Vorteile. So haben auch verschiedene Gruppen versucht, über eine grafische Oberfläche die Akzeptanz
als Desktop-Betriebssystem zu forcieren. Die Basis der ernst zu nehmenden GUI-Konzepte für LINUX ist das X-Window-System (X11).
Gängige Bezeichnungen sind auch *Xfree*, *Xfree86* oder einfach nur *X*.
Um eines gleich an dieser Stelle klarzustellen: Wir reden vom *X-
Window-System*, nicht von X-Window*s*. LINUX ist kein Microsoft-
Betriebssystem!

Das X-Window-Konzept kennt einen Server, der die grafische Oberfläche für die Nutzung durch die Clients zur Verfügung stellt. KDE
und GNOME sind beispielsweise solche Clients, die Dienste des X-
Window-Servers in Anspruch nehmen. Beide Oberflächen werden Sie
im Laufe dieses Kapitels kennen lernen.

Der Begriff *X-Window-Server* drückt aus, dass dieser auf dem eigenen Rechner Dienste für ein Programm anbietet, das auch aus dem
Netzwerk gestartet werden kann. Bitte verwechseln Sie den X-Server nicht mit einem Server im lokalen Netzwerk. Dort hat dieser
Begriff eine andere Bedeutung!

Weil der X-Window-Server also die Plattform einer jeden grafisch
orientierten Applikation ist, muss er auf jeder Workstation im LAN
bzw. generell auf einem Desktop-PC, auf dem KDE oder GNOME
laufen soll, installiert werden. Probleme mit der grafischen Oberfläche
basieren fast immer auf einem falschen oder falsch konfigurierten X-
Window-Server. Um den X-Window-Server richtig einzurichten, ist
die Kenntnis der verwendeten Grafikkarte und der Eigenschaften des
Monitors erforderlich. Mit dem X-Window-Server werden aber auch
die Eingabegeräte, also die Maus und die Tastatur eingerichtet.

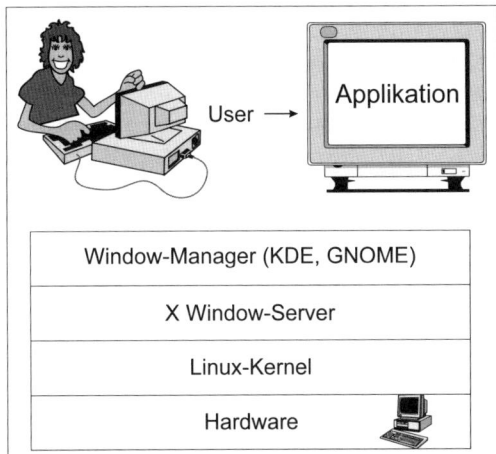

Abbildung 7.1: Der X-Window-Server stellt bei grafischen Umgebungen die Schnittstelle zwischen dem Fenstermanager (z.B. KDE oder GNOME) sowie den Applikationen und dem Betriebssystem her

xf86config

Mit Installation des Pakets *xfree86* ist der Besitzer jeder LINUX-Distribution in der Lage, *XFree86* einzurichten. Die Konfiguration erfolgt auf rein textorienterter Basis und ist dementsprechend nicht besonders komfortabel. Allerdings ist dies für viele Systeme die einzige Möglichkeit, um überhaupt eine grafische Benutzeroberfläche einsetzen zu können. Selbst die in vielen Distributionen – einschließlich Debian GNU/LINUX 3.1 »Sarge« – mittlerweile implementierte automatische Hardwareerkennung, mit deren Hilfe das X-Window-System recht einfach mit der Grundinstallation »wie von selbst« eingerichtet werden kann, ist längst keine Garantie für den Erfolg. Wir haben bereits im Zusammenhang mit der Installation von LINUX und der Einbindung zusätzlicher Hardware darauf hingewiesen, dass nicht immer sofort LINUX-Treiber zur Verfügung gestellt werden können. Aus diesem Grunde wird möglicherweise eine automatische Hardwareerkennung versagen.

Die Konfiguration mit *xf86config* ist zweifellos – gemessen an heutigen Maßstäben einer grafischen Oberfläche – nicht der komfortabelste Weg, um den X-Window-Server zu konfigurieren. Allerdings hat die Verwendung dieses Programms gewisse Vorzüge, denn es steht mit nahezu jeder LINUX-Distribution zur Verfügung und funktioniert auch dann, wenn der X-Window-Server nicht automatisch von einem Setup-Programm gestartet werden kann.

Besonders ärgerlich ist das Versagen der automatischen Hardwareerkennung dann, wenn bereits das Setup des Systems mithilfe einer grafischen Oberfläche vorgenommen wird. Dabei wird von der Installations-CD-ROM ein Grundbetriebssystem geladen, das bereits einen funktionsfähigen X-Window-Server verwenden muss. Damit werden aber möglicherweise auch die Systemanforderungen bedeutend höher angesetzt als für das endgültige System auf dem Computer nach der Installation notwendig. Im schlimmsten Fall kann das Setup unter diesen Umständen gar nicht erst gestartet und das Betriebssystem nicht installiert werden.

Debian GNU/LINUX setzt auf Stabilität und Sicherheit. Deshalb haben Sie während der Installation keine Oberfläche mit einer hochauflösenden Grafik, sondern textbasierte Menüs vorgefunden. Das gilt auch für den stark gegenüber Debian GNU/LINUX 3.0 verbesserten Installer der »Sarge«-Distribution. Auch für die manuelle Installation des X-Window-Servers ist das Beherrschen der elementaren handwerklichen Abläufe oft recht sinnvoll, denn wie wir im Kapitel zur Installation von Debian GNU/LINUX bereits ausführten, mussten auch wir bei der »Woody«-Version noch etwas »nachhelfen«, um schließlich unsere GNOME-Oberfläche auf dem Bildschirm zu erblicken.

Man sollte der englischen Sprache mächtig sein, um den X-Window-Server mit *xf86config* zu konfigurieren. Leider gibt es noch keine deutsche Benutzerführung.

Start von xf86config

Lassen Sie uns nun mit der Konfiguration des X-Window-Systems beginnen. Zuvor sollten Sie alle Detaildaten zu Ihrer Grafikkarte (Hersteller- und Modellbezeichnung, verwendeter Chipsatz und RAM-Kapazität), zu Ihrem Monitor (Bildschirmdiagonale, Auflösung und Farbtiefe, horizontale und vertikale Frequenzen) sowie zu Ihrer Maus und zur Tastatur bereit legen. Diese Daten werden während der Konfiguration abgefragt.

Möglicherweise wird die von Ihnen verwendete Grafikkarte nicht direkt unterstützt. Das ist aber kein Grund zum Resignieren, denn die LINUX-Treiber sind auf die jeweiligen Chipsätze ausgelegt. Bitte prüfen Sie anhand der Listen im Internet, zu welchem Modell die von Ihnen verwendete Karte kompatibel ist.

Wir starten *xf86config* direkt von der Shell mit folgendem Kommando:

```
xf86config ⏎
```

Das Programm öffnet mit einem kurzen Hinweis zum Pfad zu den eigentlichen Konfigurationsdateien *(/etc/X11* oder */user/X11R6/etc/X11)* – auf unserem Debian-GNU/LINUX-System sind die X-Window-Server-Dateien im Verzeichnis */etc/X11* zu finden – und weist auf eine Basiskonfiguration im einfachen VGA-Modus mit einer Auflösung von 640 x 480 Bildpunkten hin, die zwar nicht besonders attraktiv ist, dafür aber von jeder Grafikkarte unterstützt wird.

Wenn Sie bereits ein funktionierendes X-Window-System besitzen und lediglich einige Detailkonfigurationen daran vornehmen möchten, empfehlen wir Ihnen, die Verzeichnisse */etc/X11* und */usr/X11R6* vollständig in einem Backup zu sichern. Im Zusammenhang mit den Befehlen der Kommandozeile haben wir entsprechende Möglichkeiten mit dem Kommando tar beschrieben.

Tastatur und Maus im X-Window-System

Im ersten Schritt wird die Maus konfiguriert. Sehr einfach kann man es sich machen, wenn man die automatische Erkennung favorisiert.

Das ist gleich die erste Option. Wir geben also 1 ⎵ ein. Nur wenn die Maus nicht automatisch erkannt werden kann, muss man ein anderes Protokoll wählen. Wir verwenden eine originale Microsoft-Maus (zwei Tasten mit Rädchen), die an der PS/2-Schnittstelle betrieben wird, ohne Probleme mit dieser Wahl.

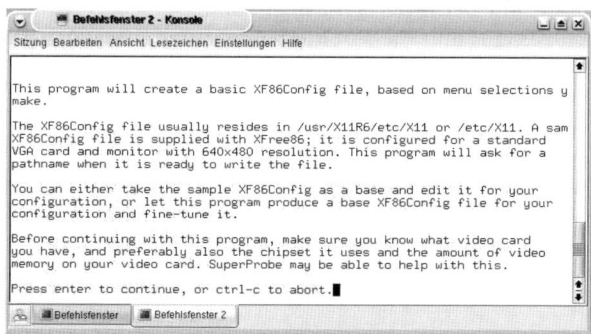

Abbildung 7.2: xf86config liefert vor dem eigentlichen Konfigurationsprozess Hinweise zu den Pfaden, in denen die Dateien des X-Window-Systems abgelegt werden

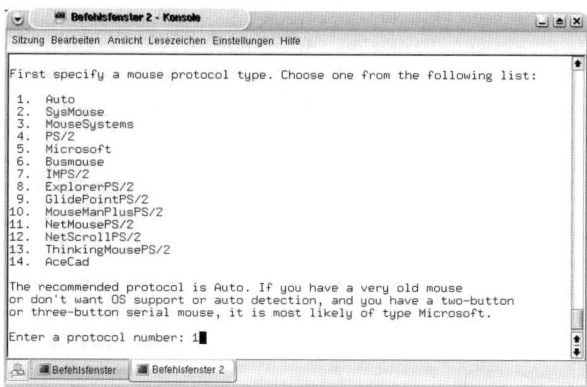

Abbildung 7.3: Auswahl der Maus in xf86config: In den meisten Fällen ist die automatische Spezifikation des Mausprotokolls die richtige Wahl

Die Standard-Microsoft-Maus hat – wie viele andere Modelle übrigens auch – nur zwei Tasten. Einige Programme erfordern jedoch auch eine mittlere Maustaste zur Bedienung. Unter LINUX ist es daher möglich, die dritte Maustaste – wenn vorhanden – zu aktivieren bzw. bei einer Zwei-Tasten-Maus durch einen gleichzeitigen Klick auf beide Tasten diese dritte Taste zu simulieren. Dazu müssen wir die entsprechende Frage bei der Konfiguration mit y ⌐⌐ (für Yes = Ja) beantworten. Die Installation der Maus wird abgeschlossen, indem die Anschlussschnittstelle definiert wird. In der Regel wird die Maus an einer der beiden seriellen Schnittstellen (im Vergleich zur Windows-Terminologie: COM1 = /dev/ttyS0 bzw. COM2 = /dev/ttyS1) oder am PS/2-Port (/dev/psaux) angeschlossen. Ohne Eingabe wird ein Default-Eintrag (/dev/mouse) vorgenommen.

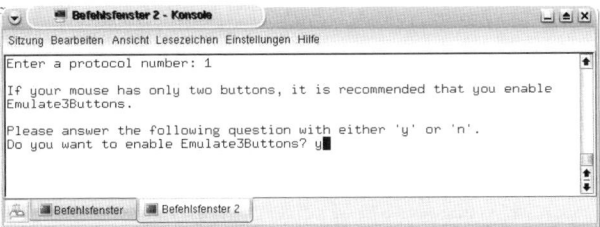

Abbildung 7.4: Wenn eine Drei-Tasten-Maus simuliert werden soll, muss diese Option durch Eingabe von y (für Yes) ⌐⌐ aktiviert werden

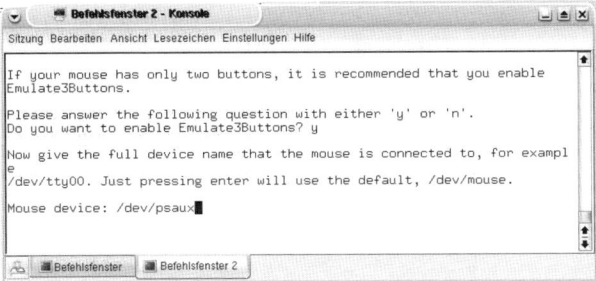

Abbildung 7.5: Unsere Maus wird an der PS/2-Schnittstelle betrieben, was wir xf86config mit der Angabe des Device /dev/psaux mitteilen

Die beiden nächsten Dialoge befassen sich mit der Auswahl der Tastatur. In Deutschland muss eine Auswahl getroffen werden, die Umlaute etc. darstellen kann und in der – gegenüber dem internationalen Modell – die Buchstaben »Y« und »Z« vertauscht sind. Bitte verlassen Sie sich nicht darauf, dass Sie diese Einstellungen doch schon bei der Grundinstallation festgelegt haben. Übernehmen Sie nämlich den Default-Wert, dann arbeiten Sie unter der grafischen Oberfläche mit der amerikanischen und im Textmodus mit der deutschen Codierung. In unserem Fall wählen wir deshalb 1 ⏎ für den Standard *101-key PC*.

Im darauf folgenden Dialog ist nun die bereits angesprochene Nationalität der Tastaturbelegung zu wählen. Hier müssen wir uns für die deutsche Tastatur (30 = German) entscheiden.

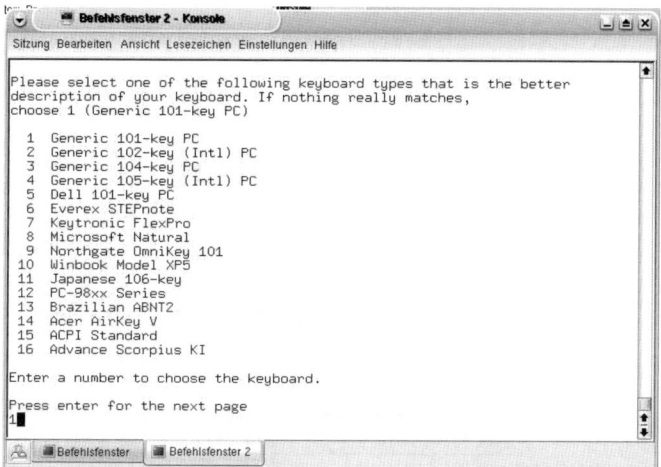

Abbildung 7.6: Das zweite wichtige Eingabegerät eines PCs ist dessen Tastatur. In unserem Fall wählen wir die Standardkonfiguration *Generic 101-key PC (1)*

Abbildung 7.7: Unsere Tastatur besitzt eine deutsche Beschriftung, was wir speziell angeben müssen, damit alle Zeichen (insbesondere: ä, ö, ü, ß sowie z und x) später korrekt dargestellt werden können

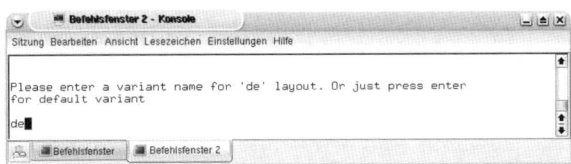

Abbildung 7.8: Zur Konfiguration der XKB-Option ist noch einmal das Landeskürzel für das verwendete Tastaturlayout einzutragen, hier: de

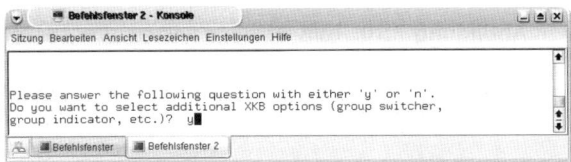

Abbildung 7.9: Damit die Umlaute des deutschen Tastatur-Layouts korrekt interpretiert werden, sollten die XKB-Optionen aktiviert werden

Zusätzlich zur Wahl der Tastatur-Nationalität müssen Sie möglicherweise auch das Landeskürzel eingeben. Hier wählen Sie für Deutschland: de ⏎.

Ergänzend zu diesen Konfigurationen wird Ihnen nun angeboten, die XKB (X-Keyboard)-Optionen zu aktivieren. Dies empfiehlt sich, um die richtige Interpretation der Umlaute sicherzustellen.

Monitor im X-Window-System

In den nächsten Schritten wird es richtig interessant, denn an dieser Stelle werden die Monitordaten und die Eigenschaften der Grafikkarte eingetragen. Das Thema ist besonders bei sehr alten Monitoren nicht ganz unkritisch, daher sollten Sie unbedingt die Dokumentation *Ihres* Gerätes vorliegen haben und die zulässigen Parameter nachschlagen. Neuere Modelle stecken einen Fehler zwar durchaus weg, honorieren diesen dann aber mit einem schwarzen Bildschirm oder einem undefinierbaren Flimmern auf der Mattscheibe.

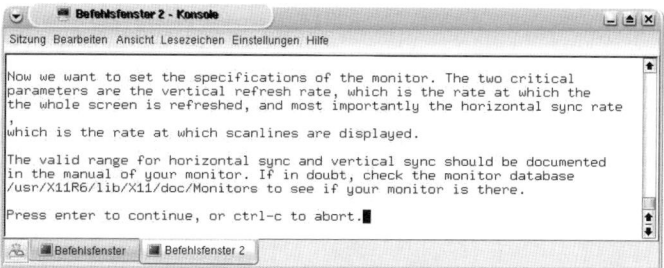

Abbildung 7.10: Falls Sie nicht wissen, was Begriffe wie »vertikaler Refresh« oder »horizontale Synchronisation« bedeuten, bekommen Sie vor der Konfiguration Ihres Monitors und Ihrer Grafikkarte eine kurze Erläuterung

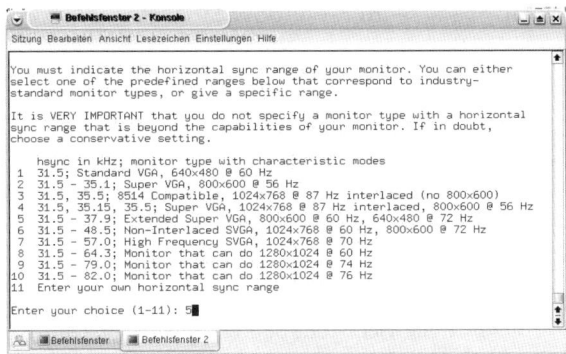

Abbildung 7.11: Die eingestellte Bildschirmauflösung und die Frequenz der horizontalen Synchronisation müssen zum verwendeten Monitor kompatibel sein. Entsprechende Informationen sind in den Dokumentationen des Monitors zu finden

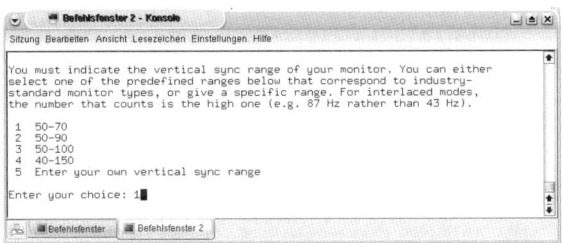

Abbildung 7.12: Die vertikale Frequenz gibt an, wie viele Bildwechsel pro Sekunde erfolgen. Auch hier sind die Grenzwerte den Dokumentationen des Monitors zu entnehmen

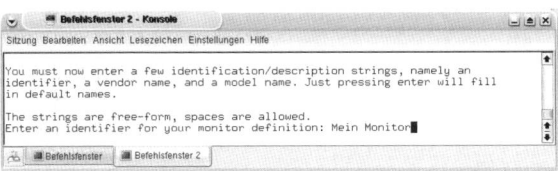

Abbildung 7.13: Dem Monitor wird ein Name im System verliehen. Es empfiehlt sich, hier die konkrete Typenbezeichnung zu verwenden

Grafikkarte im X-Window-System

Bei der Grafikkarte ist der hierauf verwendete Chipsatz entscheidend. Abhängig von dieser Eingabe wird neben einigen Standardtypen ein geeigneter X-Server vorgeschlagen. Unter Umständen – insbesondere bei sehr aktuellen Modellen – kann auch der Blick in die Internetpräsentation des Herstellers empfehlenswert sein. Die Eingaben werden mit Angaben zum Videospeicher und zur Bildauflösung komplettiert.

Zunächst jedoch sollten Sie versuchen, die eigene Grafikkarte direkt in der Installationsdatenbank zu finden. Bei Erfolg können Sie sich an dieser Stelle viel Mühe sparen. Doch Vorsicht: Achten Sie bitte exakt auf die Bezeichnungen der Grafikkarten. Was ähnlich klingt, muss nicht identisch sein!

Viele Grafikkarten haben ähnliche Typenbezeichnungen, basieren jedoch auf unterschiedlichen Chipsätzen. Bitte recherchieren Sie im Zweifelsfall im Internet auf den Seiten des Herstellers bzw. in den über die Debian-Webseite erreichbaren Kompatibilitätslisten, welche Konfiguration für Sie in Frage kommt.

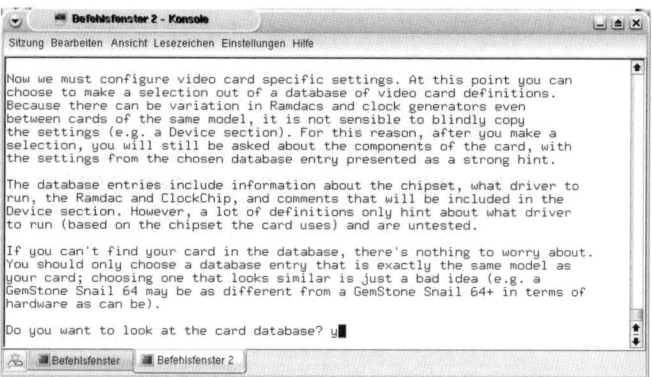

Abbildung 7.14: Es bietet sich an, zuerst in der Datenbank des X-Window-Systems nach der von Ihnen verwendeten Grafikkarte zu suchen

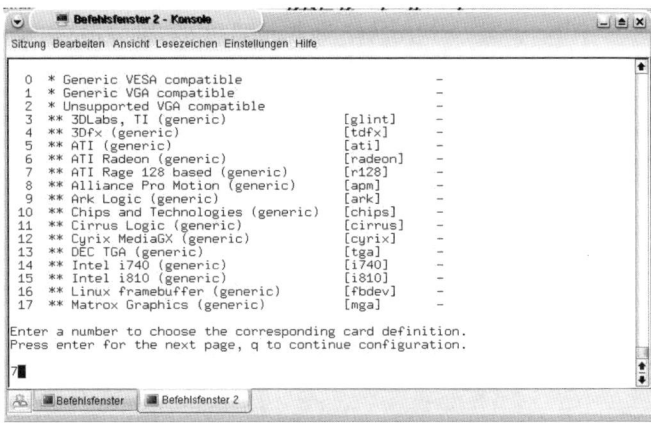

Abbildung 7.15: Wir haben Glück: Die von uns verwendete ATI-Grafikkarte ist in der Liste der Datenbank enthalten

Nicht allein der Treiber der Grafikkarte ist entscheidend, auch ihre RAM-Kapazität ist ein wichtiger Parameter für die Konfiguration. Je größer der Grafikspeicher, desto flüssiger wirken die Bildwechsel.

Last but not least wird der Hardware wieder ein Name gegeben, der die Erkennung in der Konfiguration erleichtert. Auch hier wird empfohlen, den Namen des Herstellers und das Modell zu vermerken. Bedenken Sie bitte, dass Sie eventuell zu einem späteren Zeitpunkt Änderungen am System vornehmen müssen. Dabei ist es von Vorteil, möglichst viele Informationen direkt und ohne weitere Recherche zur Hand zu haben.

Anhand der soeben gemachten Angaben und der zu Ihrem Monitor passenden Daten schlägt Ihnen nun *xf86config* verschiedene Auflösungsmodi bei unterschiedlichen Farbtiefen vor. Weil diese Vorschläge auf Ihren Einstellungen basieren, empfehlen wir, die Modi in der vorgeschlagenen Form zu übernehmen.

Es macht keinen Sinn, eine große Bildschirmauflösung von 1280 x 1024 Bildpunkten bei einer Farbtiefe von 24 Bit zu wählen, wenn der Computer mit einer älteren Grafikkarte mit sehr kleinem Grafikspeicher ausgestattet ist. Das stellt so hohe Anforderungen, dass eine vernünftige Geschwindigkeit beim Bildaufbau und beim Bildwechsel nicht mehr erreicht werden kann. In der Regel geben die vorgeschlagenen Modi die Auflösungen an, mit denen noch optimal gearbeitet werden kann. Änderungen sind deshalb meist weder nötig noch sinnvoll.

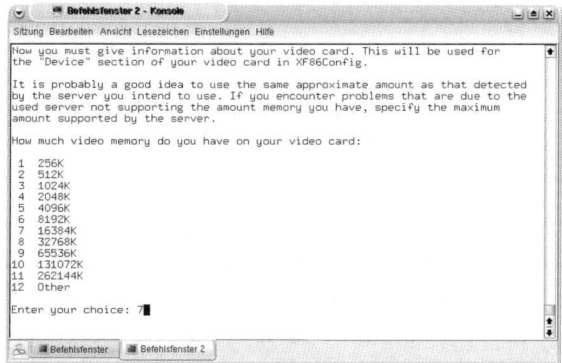

Abbildung 7.16: Die korrekte Eingabe der Größe des Grafik-RAMs ist entscheidend für die Leistungsfähigkeit beim Bildaufbau in hohen Auflösungsmodi

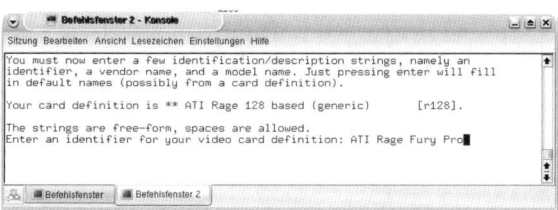

Abbildung 7.17: Festlegung eines Identifiers für die eben konfigurierte Grafikkarte

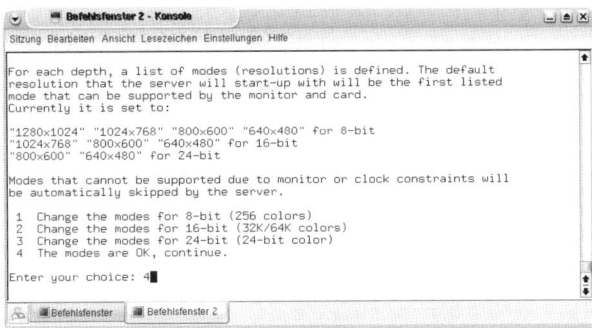

Abbildung 7.18: Die vorgeschlagenen Auflösungsmodi bei verschiedenen Farbtiefen sind anhand der gemachten Eingaben bereits optimiert worden. Es ist nur selten zu empfehlen, diese Vorschläge zu verändern

Nun ist die Konfiguration beinahe geschafft. Sie müssen lediglich angeben, welche Farbtiefe Sie als Standardeinstellung bevorzugen. In unserem Beispiel ist bei 24 Bit nur eine Bildauflösung von 800 x 600 Bildpunkten möglich, was für die detaillierte Darstellung komplexer Bildschirminhalte zu wenig sein kann. Wenn Sie den Computer beispielsweise für die Fotonachbearbeitung nutzen möchten, empfiehlt sich eine hohe Farbtiefe, die jedoch zulasten der Auflösung gehen kann. Legen Sie Wert auf eine hohe Bildschirmauflösung, dann ist die Wahl einer 16-Bit-Farbtiefe durchaus akzeptabel, zumal das menschliche Auge den Unterschied eigentlich gar nicht mehr wahrnimmt.

Der letzte und entscheidende Schritt ist schließlich das Speichern der Einstellungen in der Datei */etc/X11/xf86config*. Eine zuvor bestehende Datei gleichen Namens wird in einer Backup-Datei gesichert. Sollte der X-Window-Server also nicht nach Wunsch gestartet werden können, ist ein Blick in diese Datei oder – wenn zuvor eine funktionsfähige grafische Benutzeroberfläche vorhanden war – die Wiederherstellung der ursprünglichen Datei möglich.

Der Start des X-Window-Servers kann direkt von der Konsole erfolgen. Hierzu wird das folgende Kommando eingegeben:

```
startx ↵
```

Allerdings ist der X-Window-Server noch keine grafische Benutzeroberfläche, sondern lediglich die Basis für deren Funktion. Wir müssen also eine geeignete grafische Benutzeroberfläche wählen und – falls noch nicht geschehen – die erforderlichen Programmpakete installieren.

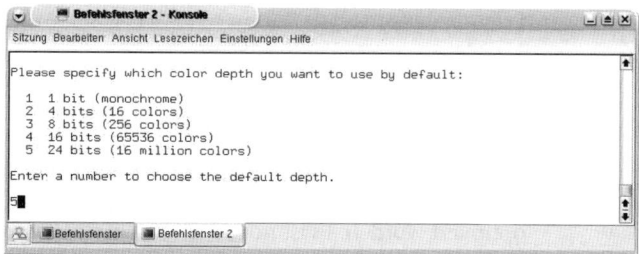

Abbildung 7.19: In diesem Dialog legen Sie fest, mit welcher Farbtiefe Sie bevorzugt arbeiten möchten

Wahl der Oberfläche

Nachdem wir nun den X-Server installiert haben, müssen wir eine grafische Oberfläche – einen Fenster- bzw. *Window-Manager* – wählen, auf der wir arbeiten werden. Es gibt eine ganze Reihe von Window-Managern. Um nur einige zu nennen:

✔ *KDE*

✔ *GNOME*

✔ *Fvwm2*

✔ *windowmaker5*

✔ *twm* etc.

Der Window-Manager organisiert die Darstellung der jeweiligen Programmfenster und deren Bedienelemente. Darunter fallen natürlich auch Menüs, Schaltflächen und die so genannte Fensterdekoration. Unter Letzterer ist natürlich nicht das Entwerfen von Gardinen o.Ä. zu verstehen, sondern es werden die Funktionen eines ansonsten leeren Fensters definiert. Damit können eine Titelleiste und Symbole zur Maximierung oder Minimierung bzw. zum Schließen des Fensters gemeint sein. Sie erkennen schon an dieser kleinen Aufzählung, dass die Gestaltung – und damit verbunden die Leistungsfähigkeit der verschiedenen Fenstermanager – keineswegs einheitlich ist. Die Auswahl des Window-Managers wird im Wesentlichen von seinem Ressourcenbedarf (Arbeitsspeicherbelegung, CPU-Rechenleistung etc.), vom Bedienkomfort, von den durch die Applikation gestellten Anforderungen und vom individuellen Geschmack des Benutzers bestimmt.

Natürlich können Sie Ihren Window-Manager – also die grafische Benutzeroberfläche bzw. das *Graphical User Interface* (GUI) – nur dann nutzen, wenn er zuvor auf Ihrem PC installiert wurde. Sie müssen also das jeweilige Programmpaket und verschiedene Tools hinzufügen, wenn Sie bisher nur mit einer Shell, also einer Kommandozeilen-Oberfläche, gearbeitet haben.

Installation des Window- und Display-Managers

Bevor Sie eine grafische Oberfläche ausprobieren und sich für eine Ihnen angenehme und für die Applikationen zweckmäßige Oberfläche entscheiden können, müssen Sie diese natürlich erst einmal installieren. Wie immer hilft Ihnen ein Setup-Werkzeug wie beispielsweise *dselect* dabei, das wir mit dselect ⏎ direkt von der Shell starten oder über das Systemmenü einer bereits betriebsfähigen grafischen Oberfläche aufrufen können. Wenn Sie mit *tasksel* das Metapaket für Desktop-Applikationen wählen, werden sowohl KDE als auch GNOME auf Ihrem Computer installiert. GNOME ist bei Debian GNU/LINUX die grafische Standardoberfläche.

Die Einrichtung einer grafischen Benutzeroberfläche über diesen Weg ist selbstverständlich nur dann erforderlich, wenn sie nicht bereits mit der Installation des Betriebssystems vorgenommen wurde.

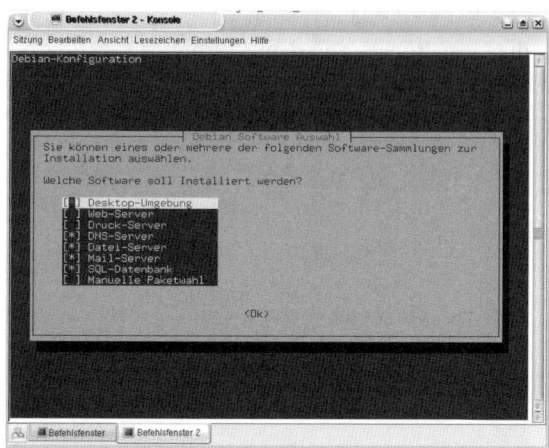

Abbildung 7.20: Wenn Sie in *tasksel* die Installation der Desktop-Umgebung wählen, werden automatisch auch der X-Window-Server und die grafische Oberfläche installiert

Wenn die gewünschten Pakete markiert, die Abhängigkeiten bedient und alle erforderlichen Dateien installiert wurden, kann die Oberfläche verwendet werden. Es ist theoretisch möglich, den X-Window-Server und die grafische Oberfläche manuell von der Shell zu starten, nachdem man sich zuvor als User angemeldet hat. Allerdings ist das sicher nicht mehr zeitgemäß, und deshalb verwendet man stattdessen einen Display-Manager. Drei Display-Manager kommen bevorzugt zum Einsatz:

- ✔ *xdm*
- ✔ *kdm*
- ✔ *gdm*

Als Standard-Display-Manager wird bei Debian GNU/LINUX *gdm* installiert. Sehr leistungsfähig ist aber auch *kdm*. Dieser Display-Manager muss optional installiert werden. xdm wird nur sehr selten verwendet.

Bereits mit der grafischen Oberfläche wird bei Debian GNU/LINUX der GNOME Display-Manager *gdm* installiert, der bereits sehr gute Funktionen bietet. Nicht zuletzt erfreut sich aber auch der KDE-Display-Manager großer Beliebtheit. Zwar muss dieser optional installiert werden, doch vom Funktionsumfang ist das Programm durchaus attraktiv.

Die Hauptfunktionen eines Display-Managers sind:

✔ Bereitstellung des Login-Dialoges auf der grafischen Oberfläche

✔ Wahl einer grafischen Benutzeroberfläche durch den Benutzer

✔ kontrolliertes Herunterfahren des Systems durch Aufforderung des Systemverwalters (denkbar, aber nicht zu empfehlen ist auch, dass jeder Benutzer berechtigt ist, den Computer herunterzufahren)

Ein grafischer Login-Dialog und der Start der grafischen Benutzeroberfläche nach der Wahl des Users sind also die Hauptaufgaben eines Display-Managers. Darüber hinaus kann er noch etwas im Erscheinungsbild optimiert werden. So lassen sich individuelle Hintergründe, aber auch Begrüßungstöne etc. definieren. Der Phantasie sind hier kaum Grenzen gesetzt.

Akustische Signale können natürlich erst dann abgespielt werden, wenn zuvor die Soundhardware korrekt konfiguriert wurde.

GNOME – Standard bei Debian

Was zeichnet eine grafische Benutzeroberfläche eigentlich aus? Ist es die Steuerung des Computers mit der Maus, das klassische Startmenü unten links, der fotogene Hintergrund oder die Gestaltung der Icons? Auf einem LINUX-Computer kann vieles von alledem individuell durch den Benutzer definiert werden. Aber dabei bleibt es nicht, denn von einer grafischen Oberfläche wird weit mehr erwartet als optische Spielereien. Sie hat eine ergonomische Funktion, soll uns bei der Arbeit mit dem Computer die Routineaufgaben abnehmen und darüber hinaus erlauben, Ordnung und Übersicht auf den Bildschirm zu bringen. Gerade in den beiden letztgenannten Anforderungen haben grafische Benutzeroberflächen für LINUX einige Vorzüge, die auf vergleichbaren anderen Systemen oft vermisst werden.

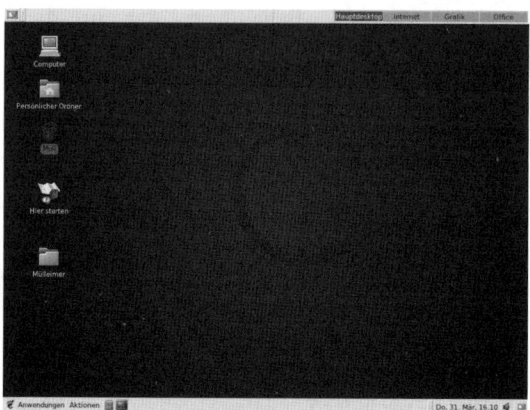

Abbildung 7.21: GNOME erinnert auf den ersten Blick ein wenig an die klassische Windows-Oberfläche, jedoch sind bei genauem Hinsehen verschiedene sinnvolle Überraschungen zu finden

GNOME-Desktop

GNOME ist eine grafische Benutzeroberfläche, die sich dem User auf den ersten Blick nicht als Hauptobjekt seiner Arbeit aufdrängt. Sie wirkt zunächst eher schlicht und unscheinbar, bietet aber dennoch sehr viel. Zu nennen sind beispielsweise die verschiedenen Organisationsmöglichkeiten auf bis zu 32 Arbeitsflächen und natürlich die vielfältigen Panels und Schubladen. Doch auch optisch muss GNOME nicht die graue Maus bleiben, die diese Oberfläche zunächst zu sein scheint. Es lassen sich Starter auf dem Desktop platzieren, mit denen – vergleichbar einer Programmverknüpfung auf einer MS-Windows-Oberfläche – Programme direkt von der Oberfläche per Mausklick gestartet werden können. Natürlich kann auch der Bildschirmhintergrund verändert werden. So können Sie ihr letztes Urlaubsfoto oder ein Familienporträt als Hintergrund definieren. Es spielt zunächst keine Rolle, an welcher Stelle im System die entsprechende Datei zu finden ist, denn Sie können die Auswahl im gesamten von Ihnen erreichbaren Verzeichnissystem treffen.

Auf die übrigen Gestaltungsmöglichkeiten und Funktionen der GNOME-Oberfläche gehen wir in den folgenden Abschnitten ein.

Wir wollen das Hintergrundbild verändern. Ein rechter Mausklick auf den leeren Desktop führt uns zu einem Menü, in dem diese Funktion unter *Desktop-Hintergrund ändern* angeboten wird

GNOME-Arbeitsflächen

Eine der Eigenschaften von GNOME ist es, mehrere Arbeitsflächen definieren zu können. Bei GNOME lassen sich bis zu 32 Arbeitsflächen anlegen, die mit aussagekräftigen Namen versehen werden können. Wir haben in einem Beispiel vier Arbeitsflächen definiert und diesen frei gewählte Namen gegeben:

- ✔ Hauptdesktop
- ✔ Internet
- ✔ Grafik
- ✔ Office

Wie bereits angedeutet, können Sie an dieser Stelle noch weitere oder weniger Arbeitsflächen anlegen und diese mit für Ihr System bzw. für Ihre Anwendungen aussagekräftigen Namen bezeichnen. Der Vorteil dieser Arbeitsflächen ist, dass Sie blitzschnell auf eine andere Arbeitsfläche umschalten können und dort entweder einen vollkommen freien oder zumindest nur mit den jeweils für diese Arbeitsfläche vorgesehenen Programmfenstern belegten Bildschirm vorfinden. Sie müssen also nicht mit endlos überfrachteten Taskleisten kämpfen und auch nicht offene Fenster schließen bzw. minimieren, um Zugriff auf die von Ihnen gerade benötigten Fenster zu erlangen.

Bitte verwechseln Sie die Arbeitsfläche eines grafischen Window-Managers nicht mit den Konsolen des LINUX-Systems. Hier sind sechs Text- und – sofern das X-Window-System installiert ist – zusätzlich eine grafische Konsole nutzbar.

Die Inhalte der einzelnen Arbeitsflächen und deren Platzierung auf dem Bildschirm bleiben unverändert, jedoch werden die Arbeitsflächen bei einem Wechsel vollständig ausgeblendet. Ein Klick auf die Schaltfläche mit dem Namen der entsprechenden Arbeitsfläche stellt den Bildschirmaufbau exakt wieder so her, wie er sich vor dem letzten Wechsel, der von dieser Arbeitsfläche ausging, dargestellt hat.

Panels

Sie kennen sicher die Taskleiste des MS-Windows-Betriebssystems. In dieser Taskleiste erreichen Sie das Startmenü, sehen Schaltflächen zu den aktuell auf dem Desktop geöffneten oder minimierten Programmfenstern und bekommen im Systemtray eine Auswahl im Hintergrund laufender Programme angeboten, deren Status durch Aktivitäten der kleinen Icons symbolisiert wird. Diese Icons geben Ihnen nützliche Informationen zu den Aktivitäten Ihres Computers.

Eine solche Leiste bzw. ein Panel – wie man sie im Zusammenhang mit GNOME nennt – ist natürlich auch bei einem LINUX-System wichtig, wenn es eine grafische Oberfläche bieten soll. Auf der Oberfläche von GNOME können Sie nahezu beliebig viele dieser Panels mit jeweils individuellen Inhalten und verschiedenen Eigenschaften anlegen.

In der Tat lassen sich sehr viele solcher Panels auf der Oberfläche platzieren. Sie können durchaus mit strukturierten Funktionen des Startmenüs belegt werden, was es Ihnen während der Arbeit erleichtert, Programme aufzurufen, die Sie sonst erst nach einer längeren Navigation im Menübaum erreichen. Anders als das Ablegen von Verknüpfungen zu Programmen direkt auf dem Desktop haben die Panels den Vorteil, bei Bedarf versteckt platzierbar zu sein. Hier gibt es zwei Möglichkeiten:

✔ Verbergen des Panels per Mausklick,

✔ automatisches Verbergen des Panels.

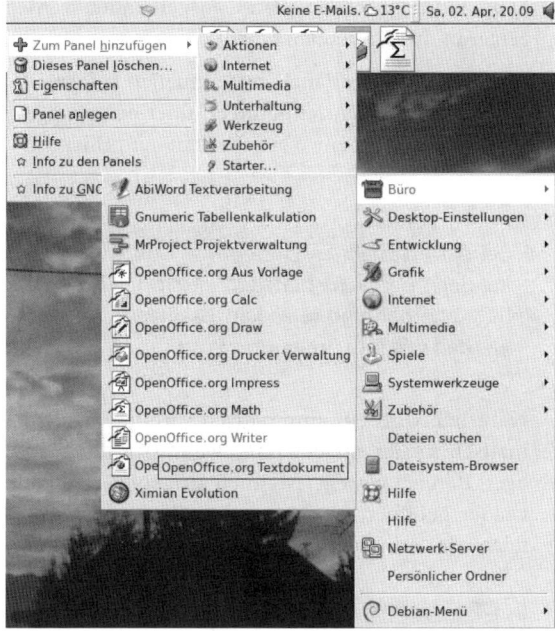

Abbildung 7.22: In einem eigens für Office-Anwendungen angelegten Panel ergänzen wir einen Starter-Link zum Programm OpenOffice.org Writer

Man kann nicht generell sagen, welche der beiden Optionen die sinnvollere ist, denn es kann durchaus sein, dass ein Panel dauerhaft im Blickfeld des Benutzers gewünscht wird, was natürlich möglich ist, indem die *Verbergen*-Optionen deaktiviert werden. In jedem Fall besteht aber die Möglichkeit, trotz intensiver Nutzung der Panel-Funktionalität stets ausreichend Platz für die eigentlichen Programme auf dem Desktop zur Verfügung zu haben, indem das Panel per Mausklick manuell verborgen wird.

Das automatische Verbergen des Panels empfiehlt sich für Menüleisten, die nur sehr selten benötigt werden. Auch eine Taskleiste, in der alle geöffneten und minimierten Programmfenster über Schaltflächen zugänglich sind, wird nicht generell im Blickfeld benötigt und kann automatisch ein- und ausgeblendet werden, wenn der Mauszeiger in diesen Bereich fährt.

Dauerhaft sollten Panels mit aktuellen Informationsfunktionen – beispielsweise Benachrichtigungen über eingegangene E-Mails, die Uhr, Börsenkurse und ein Wetterbericht – im Blickfeld des Betrachters bleiben.

Bei der erstmaligen Einrichtung von GNOME werden zwei Panels auf der Oberfläche platziert. Sie sind so konfiguriert, dass sie dauerhaft sichtbar sind. Das kann selbstverständlich ebenso verändert werden wie ihre Breite und Position.

Natürlich wird ein automatisch verborgenes Panel auch ebenso automatisch wieder eingeblendet, wenn sich der Mauszeiger auf den jeweiligen Bereich bewegt. Manuell ausgeblendete Panels werden erst dann wieder geöffnet, wenn mit der Maus auf die entsprechende Schaltfläche des minimierten Panels geklickt wird.

Abbildung 7.23: In den Eigenschaften des Panels kann bestimmt werden, ob es automatisch oder manuell verborgen werden soll

Programmstart vom Desktop

Sie haben gerade eben gesehen, dass man mithilfe der Panels jederzeit den Zugriff auf direkte Verknüpfungen zu den wichtigsten Programmen anlegen kann, ohne dabei den Bildschirm zu überfrachten. Möglich wird dies durch die Eigenschaft der Panels, bei Bedarf manuell oder automatisch verborgen zu werden. Das ist in vielen Fällen ein klarer Vorteil gegenüber der Anlage von Starterlinks direkt auf dem Desktop. Allerdings ist auf der GNOME-Oberfläche auch dies möglich, was wir an einem Beispiel demonstrieren wollen.

Wir wollen auf der Arbeitsfläche schnell und ohne Umschweife den direkten Zugriff auf die Textverarbeitung *OpenOffice.org Writer* erlangen können.

OpenOffice.org Writer lernen Sie in einem der folgenden Kapitel recht ausführlich kennen.

Mit einem rechten Mausklick auf den leeren Desktop öffnet sich ein kleines kontextsensitives Menü, in dem wir unter anderem das Hintergrundbild verändern können. Wir wollen jedoch einen so genannten *Starter* anlegen und wählen diese Funktion. Damit gelangen wir in einen Dialog, in dem wir dem Starter zunächst einen Namen geben können. Dieser wird später mit dem Symbol auf dem Desktop angezeigt. Darüber hinaus können wir zusätzliche Informationen eintragen, die das betreffende Programm näher beschreiben. Drei Funktionen sind an dieser Stelle jedoch wichtig:

- ✔ Auswahl des Befehls
- ✔ Auswahl des Startertyps
- ✔ Auswahl eines Symbols

Wenn Sie die Befehlszeile kennen – so als würden Sie das gewünschte Programm mit voller Pfadangabe direkt von der Kommandozeile starten –, können Sie sie direkt in den Dialog eintragen. Etwas einfacher ist es jedoch, sich über die Schaltfläche *Auswählen* durch die grafische Gestaltung des Verzeichnisbaumes hindurchzuklicken und schließlich die gewünschte Applikation zu wählen. Diese wird mit der Schaltfläche *Öffnen* übernommen.

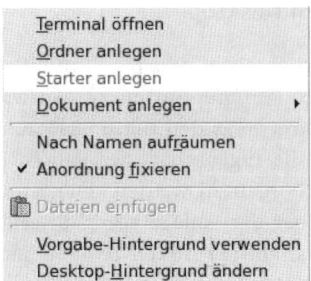

Terminal öffnen
Ordner anlegen
Starter anlegen
Dokument anlegen ▶

Nach Namen aufräumen
✓ Anordnung fixieren

Dateien einfügen

Vorgabe-Hintergrund verwenden
Desktop-Hintergrund ändern

Abbildung 7.24: Wir wollen einen Starter – das ist ein Link zu einem ausführbaren Programm – auf unserem Desktop platzieren. Mit einem rechten Mausklick auf den leeren Desktop öffnet sich dieses Menü

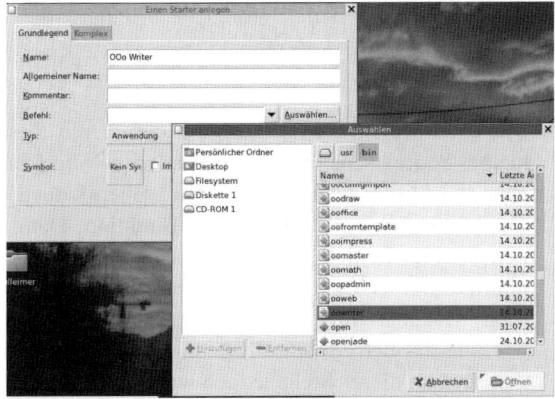

Abbildung 7.25: Neben der Eintragung eines Namens und der Wahl des Programmsymbols ist der Pfad zur aufzurufenden Applikation zu beschreiben. Dazu kann das Programm direkt per Maus im Verzeichnissystem ausgewählt werden

Schubladen

Eine dritte Möglichkeit, geordneten Zugriff auf Systemfunktionen und Programme zu erreichen, bieten die Schubladen. Schubladen sind Elemente, die in einem Panel angeordnet werden können. Sie selbst sind noch kein ausführbares Programm, können aber – wie ein Panel – Starter für die gewünschten Programme aufnehmen. Dazu öffnet der User die Schublade und klickt mit der rechten Maustaste in den geöffneten Bereich – nicht den des Panels. Da es sich bei einer Schublade im weitesten Sinne ebenfalls um ein Panel, jedoch mit anderen Platzierungseigenschaften handelt, finden Sie im kontextsensitiven Menü wieder den Eintrag *Zum Panel hinzufügen*. Über diesen Weg können Sie nach Belieben Ihre Programme oder Dateien auswählen, zu denen Sie den schnellen Zugang über die Schublade wünschen. Wir haben als Beispiel einmal verschiedene Programme des Menüs *Internet* in eine Schublade implementiert und dieser Schublade den Namen *Internet* gegeben.

Übrigens können Schubladen – wie auch Panel – automatisch oder manuell verborgen werden. Es ist auch möglich, eine Schublade dauerhaft geöffnet zu halten, jedoch ist dies im Allgemeinen nicht sinnvoll.

Eine Schublade der GNOME-Oberfläche kann man quasi auch als ein »Fly-out-Panel« bezeichnen. Sie bietet ähnliche Möglichkeiten wie das Panel selbst.

Abbildung 7.26: Das Panel am linken Bildschirmrand enthält zwei *Schubladen*. Eine davon ist mit *Starteraufrufen* für Internetprogramme gefüllt

Applets

Wer mit MS Windows arbeitet, dem sind die kleinen Icon rechts unten auf dem Monitor ein Begriff. Dort findet man beispielsweise die aktuelle Uhrzeit und vor allem Symbole von Programmen, die im Hintergrund aktiv sind. Natürlich wird nicht jeder laufende Hintergrundprozess durch ein Icon in diesem Bereich angezeigt, doch ist dies ein sehr hilfreiches Instrument. Auch GNOME kennt einen Bereich auf dem Fenster, der vergleichbare Funktionen bietet.

Hier werden mit der Standardinstallation die obligatorische Uhr und der Lautstärkeregler eingeblendet. Eine recht nette Applikation, die als zusätzliches *Applet* ergänzt werden kann, ist der aktuelle Wetterbericht. Das muntert den Benutzer besonders auf, wenn bei strahlendem Sonnenschein ein harter Arbeitstag im Büro vor ihm liegt. Was gibt es Schöneres, als in diesem Moment zu wissen, dass draußen 30° C bei herrlichstem Sonnenschein herrschen und pünktlich zum Feierabend ein Gewitter aufziehen wird? – Nun ja, ganz sicher ist es jedenfalls sinnvoll, wenn man nicht regelmäßig selbst in sein E-Mail-Postfach schauen muss, sondern der Computer dies automatisch und im Hintergrund für den Benutzer übernimmt. Auch ein solches Applet kann auf dem Computer dauerhaft aktiviert werden.

Wem es gefällt, der kann seinen Bildschirm auch mit Klebezetteln dekorieren, auf denen Telefonnummern, Notizen zum nächsten Meeting oder einfach nur der PIN-Code fürs eigene Handy etc. notiert werden. Dafür gibt es bekanntlich die nützlichen, aber auf die Dauer sehr lästigen PostIts in verschiedenen Größen. Mit der GNOME-Oberfläche wird eine interessante Alternative geboten: digitale Klebezettel. Dabei handelt es sich um kleine Textfenster, die per Klick auf das Applet im Hauptfenster dargestellt werden, jedoch keine Programmfenster überlagern. Darüber hinaus kann man mit wenigen Mausklicks alle Notizzettel unsichtbar machen.

GNOME-Kontrollzentrum

Das *GNOME-Kontrollzentrum* wird eigentlich nur dann so genannt, wenn der Inhalt des entsprechenden Verzeichnisses in einem Menü einer anderen Oberfläche eingebunden wird. Am leichtesten finden wir diese Werkzeugsammlung im Anwendungsmenü unter *Desktop-Einstellungen*.

Bitte beachten Sie, dass Menübezeichnungen und Platzierungen der Applikationen auf Systemen unterschiedlicher Distributoren, aber auch zwischen den verschiedenen Versionen einer Distribution variieren können. Dieses Buch zeigt Ihnen quasi eine Momentaufnahme der zum Zeitpunkt der Verfassung aktuellen Debian-GNU/LINUX-Distribution (hier: Debian GNU/LINUX 3.1 »Sarge«, noch im Status »testing«).

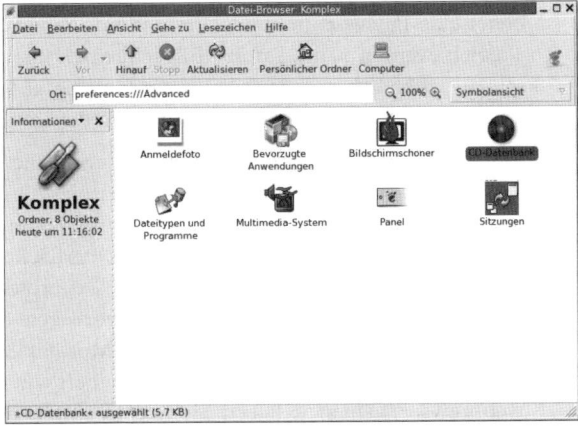

Abbildung 7.27: Das *Komplex*-Menü der GNOME-Desktop-Einstellungen

Um die Funktionen zu erläutern, wollen wir uns vier Beispiele aus dem gesamten Menü herausgreifen:

✔ *Komplex,*

✔ *Bildschirmauflösung,*

✔ *Tastaturkombinationen* und

✔ *Thema.*

Komplex-Menü

Im Menü *Komplex* können Sie Einfluss auf das optische Erscheinungsbild Ihrer GNOME-Oberfläche nehmen. Betrachten wir beispielsweise den Display-Manager *gdm*. Dieser stellt wie bereits erläutert u.a. den Anmeldedialog für die grafische Oberfläche zur Verfügung. Hier können Sie ein individuelles Anmeldefoto definieren.

Während der Arbeitspausen ist ein Bildschirmschoner eine sinnvolle Angelegenheit, denn abgesehen davon, dass er Einbrennungen von Bildpunkten in die Leuchtschicht vermeidet, was insbesondere bei älteren Geräten nötig war, verdeckt der Bildschirmschoner auch gerade geöffnete Dokumente und schützt so in gewissem Maße die Vertraulichkeit der bearbeiteten Dokumente. Einen besseren Schutz bietet eine Passwortfunktion, durch die das Sperren des Bildschirmes aktiviert werden kann. Ist der Bildschirmschoner aktiv und der Bildschirm zusätzlich gesperrt, kann der Zugang ausschließlich mit dem Benutzerkennwort wieder freigegeben werden.

Eine sehr sinnvolle Konfigurationsfunktion ist die Wahl der bevorzugten Anwendungen. Nehmen wir als Beispiel den favorisierten Webbrowser. Wer mit KDE arbeitet, dem wird als Standardbrowser Konqueror angeboten. Bei der GNOME-Oberfläche wird dagegen ein anderer, aber ebenso leistungsfähiger Webbrowser vorkonfiguriert, nämlich Epiphany. Möglicherweise bevorzugen Sie persönlich aber einen völlig anderen Browser wie z.B. Mozilla. Auch diesen können Sie – sofern er auf Ihrem Computer installiert wurde – als bevorzugten Webbrowser wählen. Klicken Sie nun in einem Dokument auf einen Weblink, dann wird die damit adressierte Seite in dem von Ihnen gewünschten Browser geöffnet. Allerdings werden Sie – wenn Sie einen Webbrowser direkt aus dem Programmmenü starten – den hier vorgesehenen Browser aktivieren. Das liegt daran, dass jeder Menüeintrag einen festen Link zu dem jeweiligen Programm darstellt. Mit der Wahl eines bevorzugten Webbrowsers im *Komplex*-Menü wählen Sie also nur den Browser aus, der mit einem HTML-Link verknüpft wird.

Selbst wenn Sie den von Ihnen favorisierten Browser ändern, müssen Sie zusätzlich sicherstellen, dass er auch im Programmmenü gelistet wird.

Abbildung 7.28: Konfiguration der Dateieigenschaften für JPEG-Bilder

Ein weiteres Beispiel für die Konfigurationsfunktionen des *Komplex*-Menüs ist die Einstellung der Multimediaeigenschaften. Besitzen Sie beispielsweise eine LINUX-kompatible Webcam, dann können Sie mithilfe von GNOME-Meeting Bildtelefonate mit Freunden auf der ganzen Wert führen. Dazu benötigen Sie aber zusätzlich eine Sound-plattform. Vorausgesetzt, Sie haben die Audio- und Videohardware korrekt konfiguriert, können Sie diese für Ihre Anwendungen auf der GNOME-Oberfläche nutzbar machen.

Wenn Sie Dokumente aus dem Verzeichnis heraus per Mausklick öffnen wollen, muss der Computer u.a. wissen, mit welcher Applikation er dies tun soll. Darüber hinaus ist für die Übertragung einer Datei per E-Mail oder FTP wichtig, welchem MIME-Typus diese Datei entspricht.

MIME steht für Multipurpose Internet Mail Extension. Wie der Name bereits andeutet, wurde dieses Konzept ursprünglich für die Übertragung von E-Mail-Anhängen entwickelt. Damit war es nicht nur möglich, beliebige E-Mail-Anhänge zu übertragen, obwohl das Internet eigentlich nur die Übermittlung von reinem Text gestattet, sondern auch innerhalb einer Mail klare Trennungen zwischen den Bestandteilen einer E-Mail zu erreichen. Darüber hinaus wird eine Spezifizierung der Dateien erreicht, anhand deren der E-Mail-Client des Empfängers beispielsweise den Attachments die richtigen Symbole zuordnen kann.

Auch Einstellungen zum Verhalten der automatisch verborgenen Panels lassen sich im *Komplex*-Menü vornehmen. Ein sehr wesentlicher Parameter ist die Geschwindigkeit, in der sich Panels wieder »verstecken«, weil hier ein guter Kompromiss gefunden werden muss. Auf der einen Seite ist es unmöglich, den Inhalt des Panels zu studieren, wenn es zu schnell wieder ausgeblendet wird. Man muss es viel zu oft aktivieren, was den Ergonomiegewinn schnell auf null sinken lässt. Andererseits nehmen die eingeblendeten Panels unnötigen Platz auf dem Bildschirm ein. Sie stören also, wenn sie zu lange geöffnet sind. In den *Panel-Einstellungen* kann die Konfiguration des gewünschten Verhaltens vorgenommen werden.

Bildauflösung

Mit welcher Bildschirmauflösung auf dem Computer gearbeitet werden kann, haben Sie mit der Konfiguration des X-Window-Servers festgelegt. Allerdings wissen Sie aus dem entsprechenden Abschnitt in diesem Buch auch, dass Sie durchaus verschiedene Alternativen haben. Nicht immer ist die höchste Auflösung auch tatsächlich die optimale Einstellung für Sie als User, und oft benötigen Sie eine sehr hohe Auflösung. Aus diesem Grunde können Sie auf der GNOME-Oberfläche zwischen den verschiedenen möglichen Bildschirmauflösungen umschalten. Den entsprechenden Dialog finden Sie ebenfalls in den GNOME-Desktop-Einstellungen.

Natürlich können Sie auch Einfluss auf die Wiederholrate nehmen. Eine hohe Bildwechselfrequenz reduziert das Flimmern eines Monitors, stellt jedoch große Ansprüche an Monitor und Grafikkarte. Oft können Sie eine sehr hohe Wiederholrate nur für den Preis einer geringeren Bildschirmauflösung nutzen. Probieren Sie ruhig verschiedene Kombinationen aus Auflösung und Wiederholrate aus, um das für Sie angenehmste Ergebnis zu erreichen.

Wenn Sie die Bildschirmauflösung verändern, erfolgt vor der endgültigen Übernahme Ihrer Wahl ein Test. Sie haben dann noch einmal die Möglichkeit, die Wahl zu bestätigen oder die ursprüngliche Auflösung beizubehalten.

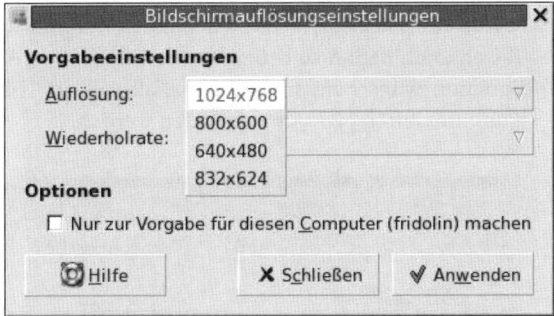

Abbildung 7.29: Sie können zwischen Bildschirmauflösungen wählen, die Ihnen anhand der Möglichkeiten Ihrer Videohardware zur Verfügung stehen

Tastenkombinationen

Was täten wir Autoren, gäbe es nicht die Möglichkeit, Tastenkombinationen zu verwenden, die entweder bereits im Betriebssystem vorgesehen sind oder die wir nachträglich definieren können! Nehmen wir nur dieses Buch als Beispiel: Zahlreiche Begriffe und Textstellen müssen mit ganz klar definierten Layout-Formaten versehen werden. Diese stets aus dem Menü zu wählen würde das Projekt ewig in die Länge ziehen. Also haben wir für häufig vorkommende Aktionen Tastenkombinationen bestimmt, mit denen wir Makros aufrufen oder direkte Formatierungen veranlassen.

Solche Tastenkombinationen sind auch für das Handling der GNOME-Oberfläche vorgesehen. Sie können per Tastatur zwischen Fenstern wählen und in diesen navigieren. Natürlich können Sie die vorgegebenen Tastenkombinationen auch verändern und so Ihren ganz individuellen Bedürfnissen anpassen. An einem Beispiel wollen wir dies demonstrieren:

Wir haben auf unserer GNOME-Oberfläche vier Arbeitsflächen eingerichtet und wollen diese durch Tastenkombinationen direkt aufrufen können. Die entsprechenden Funktionen sind in unserer Auflistung zwar vorgesehen, jedoch deaktiviert. Das wollen wir ändern und klicken einmal auf die betreffende Zeile. Anstelle des Hinweises *Deaktiviert* steht nun in der Spalte *Tastenkombination* der Eintrag *<Neue Tastenkombination>*. Wir müssen nun nur noch die gewünschte Tastenkombination so drücken, wie wir sie zum Aufruf der jeweiligen Funktion wünschen. In unserem Fall soll die *Arbeitsfläche 2* mit der Kombination [Strg] + [F2] aufgerufen werden.

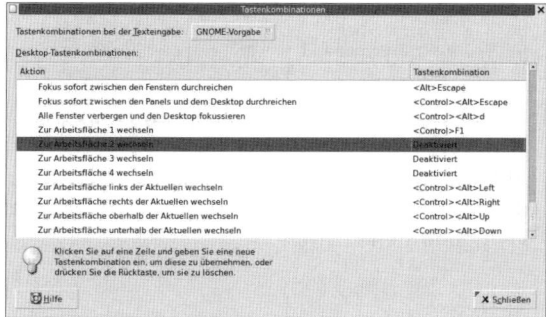

Abbildung 7.30: Zur *Arbeitsfläche 1* wird mit der Kombination [Strg] (Control) + [F1] geschaltet. Für die *Arbeitsfläche 2* wird die entsprechende Kombination definiert, wenn nach der Auswahl des entsprechenden Eintrags [Strg] + [F2] gedrückt wird

Thema

Die Optik der GNOME-Oberfläche wird durch die Form der Symbole, der Fensterrahmen und den Inhalt der Fenster (Farbgebung etc.) bestimmt. Hier bietet GNOME eine Reihe vordefinierter *Themen* an, die Sie nach Ihrem ganz persönlichen Geschmack frei wählen können. Sie können in den Themendetails aber auch individuelle Kombinationen wählen und das Erscheinungsbild Ihrer Oberfläche damit optimieren.

Nautilus, der GNOME-Dateimanager

Die Navigation im Verzeichnissystem ist auf einer Kommandozeile nicht besonders komfortabel. Deshalb hatte man selbst dort ein Hilfsmittel entwickelt, den Midnight Commander, um das Auffinden, Kopieren und Löschen von Dateien sowie das Ändern ihrer Eigenschaften zu erleichtern.

Wenn man den Verzeichnisbaum eines Computers näher betrachtet, stellt man sehr schnell fest, dass in kürzester Zeit Tausende von Dateien in Hunderten von Verzeichnissen zu finden sind. Würde man diese nicht systematisch organisieren, wäre das Chaos schnell perfekt. Ein guter Dateimanager hilft dem Benutzer, sich in diesem Chaos zurechtzufinden. Deshalb werden gewisse Anforderungen an das Programm gestellt:

- ✔ Der Dateimanager muss einfach zu bedienen sein.

- ✔ Er muss übersichtlich sein.

- ✔ Er muss verschiedene Darstellungsformen bieten.

- ✔ Er sollte, wo immer das möglich ist, Vorschaufunktionen anbieten.

- ✔ Es muss möglich sein, die Eigenschaften einer Datei oder eines Verzeichnisses mit dem Dateimanager zu verändern.

- ✔ Grundfunktionen für Dateioperationen (Umbenennen, Kopieren, Verschieben, Ausschneiden, Packen und Löschen etc.) sind Pflicht.

Ein sehr schöner Dateimanager, der diesen Anforderungen entspricht, ist *Nautilus*. Dieses Programm ist der Standard-Dateimanager der GNOME-Oberfläche. Wer das Programm zum ersten Mal aufruft, wird feststellen, dass auf Schnickschnack verzichtet wird und lediglich elementare Funktionen geboten werden. Was nicht direkt von Nautilus geboten wird, ist eine Suchfunktion, mit deren Hilfe eine Datei im Verzeichnissystem ausfindig gemacht werden kann. Dennoch: Da diese Funktion zusätzlich in GNOME implementiert ist, stellt dies keinen schwer wiegenden Nachteil dar.

Nautilus ist im Umgang mit Systemressourcen sehr sparsam und darum schnell und stabil. Aus diesem Grund wird er von vielen Usern auch gegenüber anderen Programmen favorisiert.

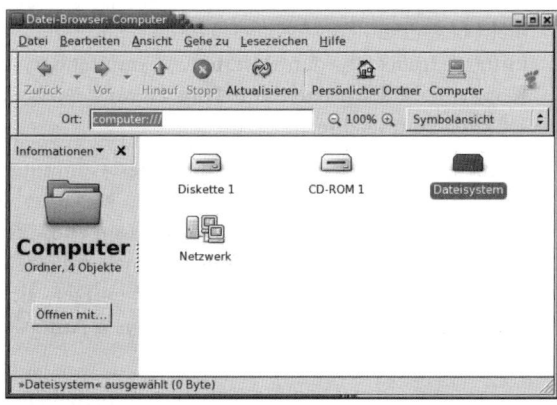

Abbildung 7.31: Der GNOME-Dateimanager Nautilus (Symbolansicht)

Die Auflistung der Verzeichnisinhalte wird sowohl in Symbol- als auch in detaillierter Listenform angeboten. Während die Symbolform zur Platz sparenden und gleichzeitig optisch attraktiven Darstellung der Verzeichnisinhalte dient, wird die detaillierte Listenform gewählt, wenn zusätzlich zu den Verzeichnisinhalten auch Daten über das Erstellungs- bzw. Veränderungsdatum oder zu den Benutzerrechten benötigt werden.

Die Vorschau ist eine sehr wichtige Funktion eines modernen Dateimanagers. Nicht selten wird beispielsweise ein Foto gesucht, eine Situation, die insbesondere Buchautoren sehr genau kennen. Es ist dann enorm zeitaufwändig, mehrere Dutzend Bilddateien zu öffnen, nur um zu prüfen, um welche Aufnahme es sich handelt. Auch diese Funktion sowie die Darstellung von Grafiken in der Form einer Minivorschau in der Symbolansicht (auch »Thumbnails« [Daumennagel] genannt, was sich auf die Größe der Bildchen bezieht), werden von Nautilus unterstützt.

Insbesondere für die User, die oft zwischen Verzeichnissen wechseln müssen, erweisen sich die Menüs *Lesezeichen* und *Gehe zu* als eine optimale Hilfe. Anstatt sich durch das Geäst des vollen Verzeichnisbaumes klicken zu müssen, wird über diese Menüs direkt zur gewünschten Stelle gesprungen. Das spart bei intensiver Nutzung viel Zeit am Computer.

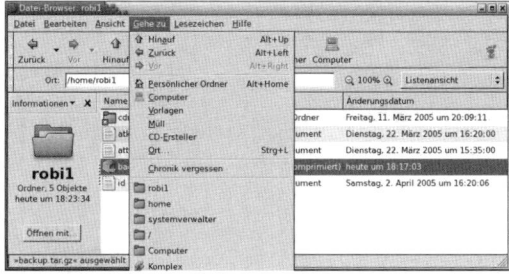

Abbildung 7.32: Nautilus merkt sich die zuletzt besuchten Verzeichnisse, was ein Wiederkehren auch aus einer völlig abgelegenen Position im Verzeichnisbaum gestattet

Interessant ist auch das *Eigenschaften-Menü* des Nautilus. Man erreicht es mit einem rechten Mausklick auf die betreffende Datei bzw. das jeweilige Verzeichnis über das sich öffnende Kontextmenü. Neben den üblichen Grundinformationen (Änderungs- und Zugriffsdatum, Größe, Typ und natürlich den Dateinamen) sowie den Informationen zu den Zugriffsrechten bietet dieses Menü zwei interessante Funktionen, die keineswegs selbstverständlich sind:

✔ Embleme zur optischen Hervorhebung in der Liste sowie

✔ ein Notizfeld.

Mit einem *Emblem* wird die Datei optisch betont. Unterschiedliche Embleme lassen auf die jeweilige Funktion schließen. Der Vorteil dieses kleinen »Gimmicks« ist, dass die gesuchte Datei durch die optische Hervorhebung in Verzeichnissen mit umfangreichem Inhalt schneller gefunden werden kann. Ein Emblem stellt also eine wertvolle Ergänzung zu den üblichen Sortierfunktionen dar.

Mit dem Notizzettel kann eine Kurzbeschreibung ergänzt werden, ohne diese direkt in die Datei zu schreiben. Insbesondere bei längeren Texten kann der User somit bereits im Dateimanager auf den Inhalt des Dokumentes hingewiesen werden. Auch dies trägt dazu bei, schneller die richtige Version einer Datei zu finden. Sinnvolle Einträge sind Änderungs- oder Ersetzungsvermerke.

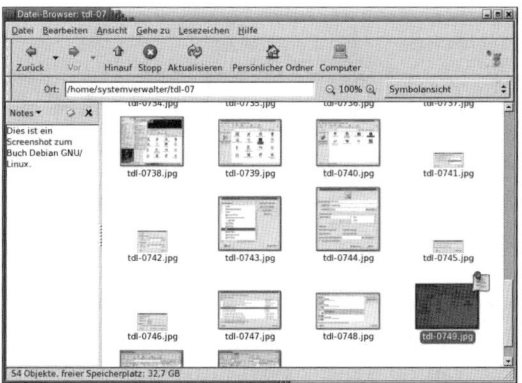

Abbildung 7.33: Die Datei ist mit einer Notiz versehen, die sowohl in deren Eigenschaften als auch in der Randleiste des Nautilus-Dateimanagers angezeigt werden kann

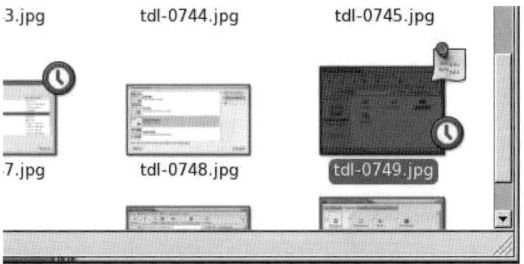

Abbildung 7.34: Das Emblem einer Uhr – hier an einer Datei angelegt – kann auf ein eiliges Projekt hinweisen. Der User ist hier frei in der Definition der Bedeutung

KDE

Bereits bei der Installation des Systems haben Sie erfahren, dass LINUX verschiedene grafische Benutzeroberflächen unterstützt, die auch als *Window-Manager, grafisches Front-End* oder *Graphical User Interface (GUI)* bezeichnet werden. Ein solches – standardmäßig bei Debian GNU/LINUX installiertes – GUI haben Sie in den vorausgegangenen Abschnitten mit GNOME kennen gelernt. Es gibt aber noch zahlreiche Alternativen zu GNOME, beispielsweise die in diesem Abschnitt vorgestellte Oberfläche *KDE (K Desktop Environment)*.

Wir wollen Ihnen in diesem Buch *KDE* nicht vorenthalten, weil diese Oberfläche nicht nur sehr vielseitig ist, sondern sich insbesondere nach der Klärung lizenzrechtlicher Probleme sehr viele interessante Applikationen auf dem Markt etablieren. KDE gehört zu den Favoriten grafischer Oberflächen in der LINUX-Welt. Wir wollen jedoch keinen Vergleich der Systeme anstellen, denn jeder Benutzer muss nach individuellen Gesichtspunkten für sich selbst entscheiden, mit welcher Oberfläche er arbeiten möchte.

KDE wurde anfangs nicht als freie Software im Sinne der GNU GPL angeboten, weil die Entwickler von KDE Bibliotheken nutzten, deren Verwendung nicht frei im Sinne der GNU GPL waren. Mittlerweile hat man dies geändert, und so ist KDE in nahezu jeder Distribution uneingeschränkt zu finden.

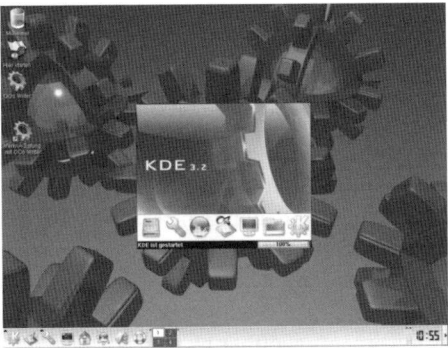

Abbildung 7.35: Oberfläche des K Desktop Environment – KDE

Wo ist was? Erste Übersicht

KDE zeigt einen ähnlichen Aufbau wie das bekannte MS-Windows-Betriebssystem, jedoch sind noch zusätzliche Funktionen implementiert. Zu erkennen ist eine Task- oder Programmleiste, die an verschiedenen – wenn auch nicht unbedingt beliebigen – Stellen des Bildschirms angeordnet werden kann. Häufig genutzte Dateien können auf der Kontrollleiste – dem *KPanel* – abgelegt werden, wodurch ein schneller Programmstart ohne lästiges Durchsuchen des Startverzeichnisses möglich wird. Über diese Leiste werden auch die Startmenüs erreicht. Beides entspricht von der Funktion her der *Start*-Schaltfläche im Windows-Betriebssystem. Auf dem Desktop können selbstverständlich auch Icons abgelegt werden, über die ein Programm gestartet werden kann. Die Bedienung erfolgt in der Regel per einfachem Mausklick.

Die Kontrollleiste von KDE

Betrachten wir die Kontrollleiste, das *KPanel*, ganz rechts außen, dann finden wir zunächst ein recht unscheinbares Icon mit einem kleinen Pfeil. Diese Schaltfläche ist ein durchaus nützliches Werkzeug, denn in der Regel wird die Kontrollleiste nur sehr selten während der Arbeit am Computer benötigt. Man kann sie durch einen Klick auf den Pfeil drastisch minimieren. Übrig bleibt in der Anzeige nur noch das kleine Pfeil-Icon. Der frei gewordene Platz auf dem Monitor steht nun für echte Applikationen zur Verfügung. Insbesondere dann, wenn ganzseitige Layouts bearbeitet werden müssen, erweist sich diese Funktion als sehr wertvoll. Man kann die Ausblendung des *KPanels* übrigens auch automatisieren.

Die erste Schaltfläche des *KPanel*s von links öffnet das KDE-Startmenü. Über dieses Menü können wir nun sämtliche KDE-Applikationen und Einstellfunktionen aufrufen. Ein Klick auf das Symbol gleich daneben blendet alle offenen Fenster der Arbeitsfläche aus, so dass ein komplett freier Desktop erscheint. Die Programme werden jedoch nicht beendet, sondern es werden lediglich die Programmfenster minimiert. Über das dritte Symbol, den »Schraubenschlüssel«, kann ein kleines Spezialmenü geöffnet werden, das die wichtigsten Konfigurationsfunktionen zugänglich macht. Diese Funktionen sind auch über

Umwege im regulären Startmenü zu finden, doch ist es eine positive Eigenschaft von KDE, mehrere Menüs im KPanel zuzulassen, die durchaus auch vom User selbst definiert werden können.

Die Startmenüs im KPanel können vom User nahezu beliebig modifiziert oder durch weitere Menüs ergänzt werden. Die hier gezeigten Beispiele können also durchaus von denen Ihres Computers abweichen.

Generell können Sie verschiedene Menüs im *KPanel* ablegen, die sich im Wesentlichen im Umfang der gebotenen Applikationen und Werkzeuge unterscheiden. Dabei kann es durchaus sein, dass Sie ein und dasselbe Programm in verschiedenen Menüs finden. Wenn Sie ein wenig mit KDE experimentieren, stellen Sie bald fest, dass Sie die Menüs sehr individuell bearbeiten können. Damit vermeiden Sie nicht nur Dubletten, sondern Sie können Anwendungsprogramme und Werkzeuge sinnvoll in verschiedenen Menüs gliedern.

Nehmen Sie sich ruhig einmal die Zeit, einige der Programme des KDE über die Menüs des *KPanel* zu starten und etwas zu experimentieren.

Ein Link auf das persönliche *Heimatverzeichnis* wird in der Standardinstallation unmittelbar neben den Menüschaltflächen platziert und durch ein Haus symbolisiert. Bei einem Klick auf dieses Icon wird sofort im Standard-Dateimanager – bei KDE ist das Konqueror – das Heimatverzeichnis geöffnet, ohne dass Sie sich durch das gesamte Dateisystem bewegen müssen. Das System erkennt übrigens anhand Ihres Usernamens, welches Heimatverzeichnis zu öffnen ist. Wenn Sie sich also mit verschiedenen Accounts im System anmelden, wird Ihnen jedes Mal ein anderes Heimatverzeichnis zur Verfügung gestellt. Damit haben Sie einen schnellen und unmittelbaren Zugriff auf Ihre Daten.

Der erste Block des *KPanels* kann mit weiteren Icons ergänzt werden. Diese dienen beispielsweise dem Aufruf einer Textkonsole (Shell). Es lässt sich aber auch das KDE-Hilfezentrum – symbolisiert durch einen Rettungsring – in das *KPanel* ablegen, um es bei Bedarf sofort aufzurufen zu können. Sinnvoll ist es natürlich auch, häufig verwendete Applikationen wie beispielsweise einen Webbrowser oder das E-Mail-Programm an dieser Stelle zu deponieren.

Eine wirklich interessante Eigenschaft von KDE ist die Möglichkeit, die Applikationen auf verschiedene Arbeitsflächen zu verteilen. Diese Eigenschaft haben Sie auch bereits bei der GNOME-Oberfläche kennen gelernt. Insbesondere wenn auf nur einem PC sehr viele Programme gleichzeitig laufen müssen (z.b. Webbrowser, E-Mail-Client, Verzeichnisse, Textverarbeitung etc.), entsteht schnell ein beinahe unüberschaubares Chaos. Mithilfe der Arbeitsflächen, die bitte nicht mit den verschiedenen LINUX-Konsolen zu verwechseln sind, können diese Applikationen in strukturierter Weise verteilt werden. KDE gestattet die Nutzung von bis zu 16 Arbeitsflächen, denen darüber hinaus sinnvolle Namen zugewiesen werden können. Auch dies werden wir im Zusammenhang mit dem KDE-Kontrollzentrum erläutern.

Dem aufmerksamen Leser wird aufgefallen sein, dass zwischen KDE und GNOME ein Unterschied in der maximalen Anzahl der Arbeitsflächen besteht. In der Tat bietet GNOME bis zu 32 Arbeitsflächen an, während das Limit bei KDE bei nur 16 liegt. In der Praxis werden Sie meist jedoch nicht mehr als vier bis sechs Arbeitsflächen definieren. Viele User arbeiten generell nur mit einer Arbeitsfläche, die meisten nutzen den Komfort dieser Funktion, um mit einer zweiten Arbeitsfläche für spezielle Aufgaben einen stets freien Desktop nutzen zu können.

Die Struktur der Arbeitsflächen selbst ist eine rein individuelle Angelegenheit. So können auf einer Arbeitsfläche Office-Applikationen, auf einer zweiten Internetwerkzeuge und auf einer dritten wiederum Programme zur Grafikbearbeitung gestartet werden. Darüber hinaus können besonders wichtige Applikationen arbeitsflächenübergreifend gestartet werden. Bei diesen Applikationen ist dann kein gezielter Wechsel der Arbeitsfläche mehr nötig. Neben den Schaltflächen des *KPanels* können die Arbeitsflächen allerdings auch über Tastenkombinationen gewechselt werden. Maximal 12 der bis zu 16 Arbeitsflächen wird jeweils eine Funktionstaste zugeordnet, die in Kombination mit der Taste Strg betätigt wird. So wird die erste Arbeitsfläche mit Strg + F1, die fünfte mit Strg + F5 usw. aufgerufen.

Bei der Nutzung der Funktionstasten sei jedoch daran erinnert, dass fortgeschrittene Nutzer den Arbeitsflächen Namen geben werden. Diese sollten der Übersicht wegen immer einen Bezug zur Funktionstaste beinhalten. Ein Beispiel: Auf Arbeitsfläche fünf sollen Internetapplikationen zur Verfügung stehen, dann könnte der neue Name ungefähr so lauten: *5-Internet*. Der Bezug zur Funktionstaste bleibt damit bestehen.

Abbildung 7.36: Schnelles Umschalten der Arbeitsflächen mit den Schaltflächen des *KPanels*

Im weiteren Verlauf werden noch andere Icons in der Kontrollleiste angeordnet. Außerdem sind auf der Kontrollleiste individuell verschiedene kleine Icons zu finden, die – vergleichbar dem *Systemtray* von MS Windows – aktiv im Hintergrund arbeitende Programme darstellen. In unserem Beispiel haben wir u.a. eine kleine Weltzeituhr und einen Wetterbericht installiert.

Wir müssen zwischen im Hintergrund aktiven Applikationen und den Systemdämonen unterscheiden. Letztere werden nicht in der Kontrollleiste dargestellt.

Abbildung 7.37: Ständig im Hintergrund laufende Programme (keine Dämonen) werden in einem kleinen Icon im KPanel symbolisiert

Die Programm- oder Taskleiste

Anders als bei MS Windows, wo es im eigentlichen Sinne keine Kontrollleiste wie bei KDE gibt, können minimierte Programmfenster in einer eigenen Fensterleiste neben der Kontrolleiste auf dem Bildschirm dargestellt werden. Damit ist es möglich, Kontroll- und Fensterleiste an verschiedenen Bildschirmpositionen zu platzieren und die Einblendung der jeweiligen Leisten individuell zu konfigurieren. Wenn beispielsweise die Kontrollleiste manuell minimiert wird, bleibt die Fensterleiste nach wie vor sichtbar. Dies ist sinnvoll, denn erfahrungsgemäß wird die Fensterleiste während der Arbeit am System weitaus öfter bedient als die Kontrollleiste. Nichtsdestotrotz kann natürlich auch der Platzbedarf der Fensterleiste zu groß werden und so ist auch eine automatische Ausblendung vorgesehen. Letzteres kann nach einer gewissen – vom User vorgegebenen – Zeit erfolgen. Sobald der Mauszeiger an den betreffenden Bildschirmrand geschoben wird, an dem die Leiste nunmehr nur noch symbolisch platziert ist, wird diese wieder geöffnet.

Das KDE-Kontrollzentrum

Die Schaltzentrale von KDE ist das *Kontrollzentrum*. Es erinnert ein wenig an die Systemsteuerung unter Windows, wobei jedoch zu bemerken ist, dass hier nicht alle zentralen Funktionen zur Steuerung des gesamten Systems abgelegt wurden. Mit dem KDE-Kontrollzentrum haben wir allerdings die Möglichkeit, unseren Desktop sehr individuell zu gestalten. Dies beginnt natürlich bei der reinen Optik mit Farbgebungen für Schaltflächen, Fenstertitel und Hintergrund. Aber auch Elemente wie die Anzahl der Arbeitsflächen und deren Betitelung werden im KDE-Kontrollzentrum bearbeitet. Aufgerufen wird es über ein spezielles, mit einem Schraubenschlüssel symbolisiertes Programmmenü in der KDE-Kontrollleiste. Dort ist bereits ein direkter Eintrag *Kontrollzentrum* vorhanden.

Das Kontrollzentrum ist in zwei Fenster gegliedert. Auf der linken Seite finden wir ein Menü in der bekannten Darstellungsform. Dieses Menü umfasst im ersten von drei Registern die folgenden Gruppen:

✔ angeschlossene Geräte

- ✔ Arbeitsfläche

- ✔ Energiekontrolle

- ✔ Erscheinungsbild

- ✔ Internet und Netzwerk

- ✔ KDE-Komponenten

- ✔ Regionaleinstellungen und Zugangshilfen

- ✔ Sicherheit und Privatsphäre

- ✔ Sound & Multimedia

- ✔ Systemverwaltung

Die beiden anderen Registerkarten enthalten eine Stichwortsuche und gegebenenfalls eine Hilfefunktion.

Angeschlossene Geräte

In diesem Bereich haben Sie die Möglichkeit, Ein- und Ausgabegeräte wie die Maus bzw. die Tastatur und den Drucker für den Einsatz in der KDE-Umgebung zu konfigurieren. Selbstverständlich übernimmt das KDE-Kontrollzentrum die Systemeinstellungen, so dass Sie hier lediglich Ergänzungen vornehmen oder bereits installierte Geräte überprüfen müssen.

Das KDE-Kontrollzentrum ist eine gute Alternative zu verschiedenen anderen Konfigurationswerkzeugen unter LINUX, vorausgesetzt, Sie verwenden tatsächlich auch KDE. Da dies nicht unbedingt vorausgesetzt werden kann (beispielsweise bei Systemen ohne grafische Oberfläche), haben wir die entsprechenden Konfigurationsabläufe in den vorangegangenen Kapiteln dieses Buches mit Standardwerkzeugen erläutert. Die Prinzipien sind ähnlich.

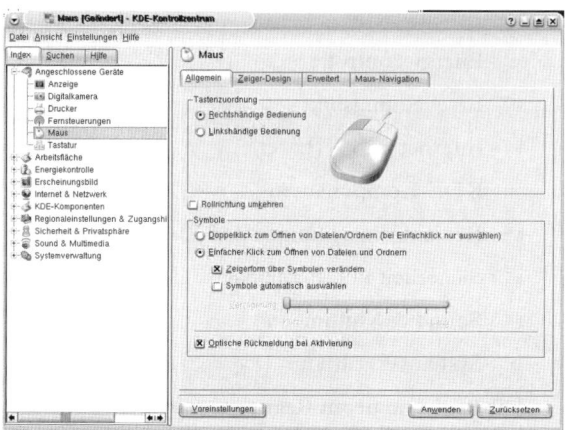

Abbildung 7.38: Konfiguration der Maus im KDE-Kontrollzentrum

Gestaltung der Arbeitsfläche

Die Gestaltung der Arbeitsfläche hat einen großen Einfluss darauf, wie Sie einerseits mit der grafischen Oberfläche zurechtkommen und ob Sie andererseits mit ansprechenden optischen Eigenschaften arbeiten. Sie beginnt mit einer simplen Festlegung der Standardschriftart. Doch Vorsicht: Diese Einstellung betrifft nicht das Erscheinungsbild der Menüs etc. Sehr interessant ist jedoch, dass Sie auf die Reaktionen der KDE-Fenster direkten Einfluss nehmen können. So können Sie die Aktivierung eines Fensters auch automatisieren. Ein in den Hintergrund gestelltes Fenster wird dann aktiviert, indem Sie mit dem Mauszeiger auf einen sichtbaren Teil fahren. Um zu vermeiden, dass die Fenster auf Ihrem Bildschirm »Polka tanzen«, wenn Sie den Mauszeiger bewegen, können Sie die Reaktionszeit individuell bestimmen.

Erwähnenswert ist auch der *Fensterwechsel-Modus* im Register *Aktivierung*. Sie können zwischen zwei Optionen wählen:

✔ KDE

✔ CDE

Damit wird ein Modus zum Umschalten zwischen offenen bzw. minimierten Fenstern verstanden, den Sie auch in einem MS-Windows-

System finden. Sie können mit der Kombination der Tasten [Alt] + [⇄] eine der geöffneten Applikationen auswählen. Im *KDE-Modus* geschieht dies mithilfe kleiner Icons. Beim *CDE-Modus* werden direkt die Fenster gewechselt. Das kann unter Umständen ein wenig konfus werden, wenn sehr viele Applikationen geöffnet wurden.

Beim Fensterwechsel-Modus *KDE* verhält sich der LINUX-Computer beim Einsatz der Tastenkombination [Alt] + [⇄] wie ein Windows-System.

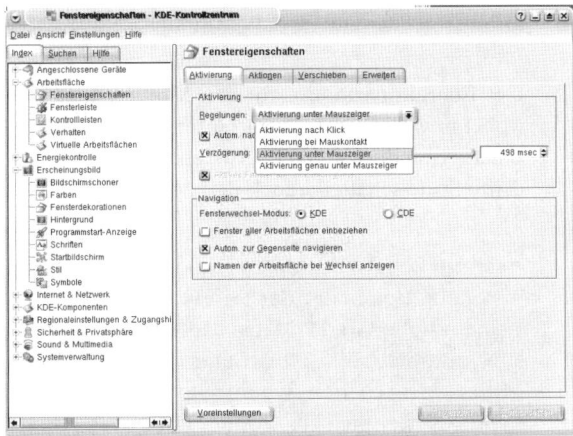

Abbildung 7.39: Sie können festlegen, dass ein Fenster automatisch aktiviert und in den Vordergrund geschoben wird, wenn Sie mit dem Mauszeiger darüber fahren

Abbildung 7.40: Beim Fensterwechsel mit der Tastenkombination [Alt] + [⇄] werden im *KDE-Modus* die einzelnen Programmfenster zunächst symbolisch zur Wahl gestellt

Die von Ihnen bevorzugten Schriftarten können Sie für die verschiedenen Funktionen im KDE-Kontrollzentrum unter *Schriften* festlegen

Energiekontrolle

Insbesondere, aber nicht nur für Laptop-Besitzer interessant: die Energiekontrolle des KDE-Systems. Bei tragbaren Computern wird das Betriebssystem den Ladestand Ihres Akkus überwachen und beim Erreichen einer kritischen Kapazität eine Meldung ausgeben, bei Bedarf akustisch unterstützt. Damit der Akku lange hält, aber auch bei stationären Computern der Stromverbrauch so gering wie möglich gehalten wird, kann der Energiesparmodus des Monitors ausgenutzt werden.

Der Energiesparmodus für den Monitor wird in drei Stufen definiert, wobei in vielen Fällen kein Unterschied zwischen der Stufe 1 (Bereitschaft, Standby) und 2 (Aussetzen, Suspend) zu erkennen ist. Die dritte Stufe schaltet jedoch den Monitor aus.

»Strom kommt aus der Steckdose«, heißt es immer so schön. Das ist wahr, doch läuft der Strom auch über einen Zähler. Selbst bei einem stationären PC (kein Laptop) kann es sich lohnen, den Monitor automatisch auszuschalten oder zumindest in den Standby-Modus zu schalten, wenn gerade nicht am Computer gearbeitet wird. Ein Beispiel: Ein Monitor hat im regulären Betriebsmodus ungefähr eine Leistungsaufnahme von 70 Watt. Für eine gute Grafikkarte müssen zusätzlich noch einmal 50 bis 100 Watt kalkuliert werden. Im Standby-Modus belasten Monitor und Grafikkarte das Netz nur mit ca. 5 Watt (geschätzte Werte, reale Werte hängen von den tatsächlich verwendeten Modellen ab). Gehen wir davon aus, dass 200 Tage im Jahr an dem Computer gearbeitet wird und der Monitor pro Tag im Durchschnitt drei Stunden im Standby-Modus läuft, so entspricht dies einer Einsparung von rund 99 kWh/Jahr.

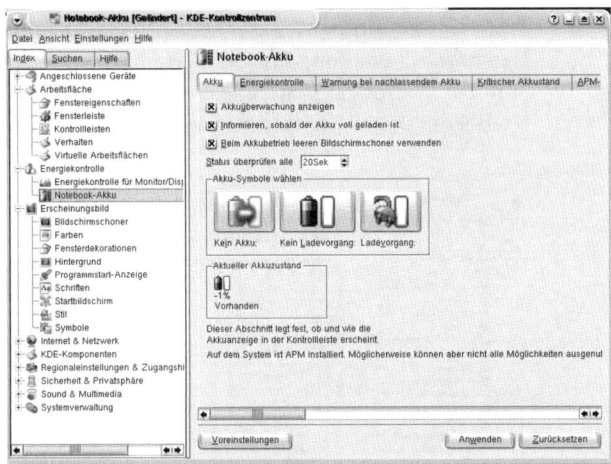

Abbildung 7.41: Überwachung des Akku-Ladestandes bei Laptop-Rechnern. An Desktop-Computern wird erkannt, dass kein Akku vorhanden ist

Erscheinungsbild und Design

In diesem sehr vielseitigen Menü des KDE-Kontrollzentrums legen Sie fest, wie sich Ihnen Ihr Rechner bzw. die KDE-Oberfläche rein optisch präsentiert. Das beginnt mit der möglichen Aktivierung eines Bildschirmschoners, den Sie als eine »Vorstufe« für den Energiesparmodus aktivieren können. Das Angebot an Bildschirmschonern ist sehr vielfältig: von absolut stressigen Animationen bis hin zu »Klassikern«, wie sie auch in einem Windows-Betriebssystem vorhanden sind, ist hier nahezu alles zu finden.

Zur Gestaltung Ihrer Arbeitsfläche haben Sie verschiedene Möglichkeiten: Zum einen können Sie ein vorgefertigtes Design in der Designverwaltung wählen. Das entspricht ungefähr der Wahl eines Design-Themas, wie Sie es bereits bei der GNOME-Oberfläche kennen gelernt haben. Sie können aber auch Farbgebung, Fensterdekorationen und Hintergrundbilder nach eigenem Geschmack wählen.

Die Gestaltung der Fenster sowie der gesamten Oberfläche sollte so gewählt werden, dass der Bildschirm einen vertrauten Eindruck macht. Diese Zeit sollten Sie investieren, um optimal und komfortabel mit Ihrem Computer arbeiten zu können.

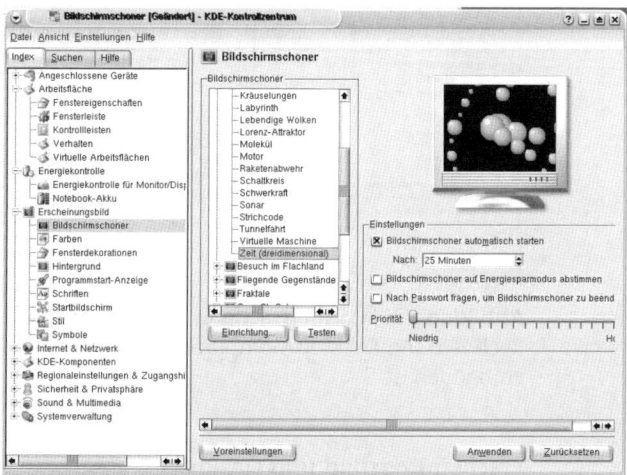

Abbildung 7.42: KDE bietet Bildschirmschoner für nahezu jeden Geschmack

Unter der *Fensterdekoration* versteht man keine Gardine, sondern das Erscheinungsbild eines Programmfensters. Dieses umfasst die Form der Titelleiste sowie die Gestalt der Schaltflächen zum Minimieren, Maximieren und Schließen des Fensters.

Obwohl in der Regel ein neutraler Hintergrund zu mehr Übersicht beiträgt, kann auch bei KDE ein Hintergrundbild frei definiert werden. Natürlich ist auch die Auswahl eines individuellen Hintergrundbildes möglich. Sehr früh schon war es im Entwicklungsfortschritt der KDE-Oberfläche möglich, den Hintergrund automatisch in frei definierten zeitlichen Intervallen zu wechseln.

Sie haben mehrere Kinder und jedes ist beleidigt, wenn es nicht der »Star« Ihres Computers in Form eines Hintergrundbildes ist? – Kein Problem: Definieren Sie mehrere Bilder als Hintergrund und geben Sie ein Intervall zum automatischen Wechsel vor. Doch bitte denken Sie daran: Jede Spielerei beansprucht Rechenleistung Ihres Prozessors. Mit anderen Worten, der PC wird umso langsamer, je mehr »Spaßprogramme« Sie im Hintergrund laufen lassen.

Ein Hintergrundbild können Sie übrigens nicht nur für die Arbeitsfläche als solche festlegen, Sie können auch der Kontrollleiste ein Bild zuweisen. Allerdings ist es wenig ratsam, aufwändige Grafiken zu verwenden, weil damit die Icons der verschiedenen Menüs und Programme sehr undeutlich dargestellt werden. Empfehlenswert ist eine neutrale Farbfläche oder ein dezenter Farbverlauf.

Internet & Netzwerk

Im Menü *Internet & Netzwerk* können Sie den Webbrowser und die Standard-E-Mail-Einstellungen konfigurieren. Darüber hinaus lassen sich Wartezeiten festlegen, nach denen das System einen Verbindungsfehler im Netz erkennt. Interessant ist dieses Menü auch für diejenigen, die ihren Computer in einem drahtlosen Netzwerk (Wireless LAN, WLAN) betreiben. Hier bietet KDE bis zu vier Konfigurationsmöglichkeiten an, die einen Einsatz des Computers in verschiedenen Netzen (z.B. zu Hause oder am Arbeitsplatz im Büro) zulassen.

Auf die Konfiguration des Webbrowsers und des E-Mail-Programms gehen wir in einem eigenen Kapitel detailliert ein.

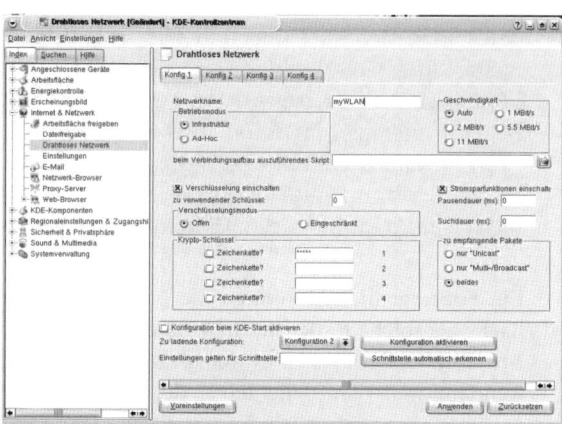

Abbildung 7.43: Beispiel für die Konfiguration eines drahtlosen Netzwerks im Infrastruktur-Modus mit WEP-Verschlüsselung

KDE-Komponenten

Im Menü *KDE-Komponenten* finden wir Einstellfunktionen für die Diensteverwaltung und zur Rechtschreibprüfung etc. Sie können festlegen, welches E-Mail-Programm von KDE als Standardanwendung für die elektronische Kommunikation genutzt wird.

Der von KDE mittlerweile als Standard genutzte Dateimanager Konqueror ist auch gleichzeitig ein exzellenter Webbrowser. Das werden wir in einem späteren Kapitel im Detail besprechen.

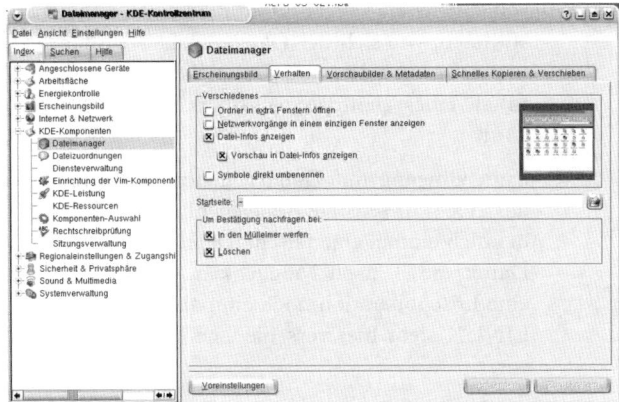

Abbildung 7.44: Konfiguration des KDE-Dateimanagers über das KDE-Kontrollzentrum. Als Startseite wird – symbolisiert durch die Tilde (~) – das Heimatverzeichnis des Users vorgegeben

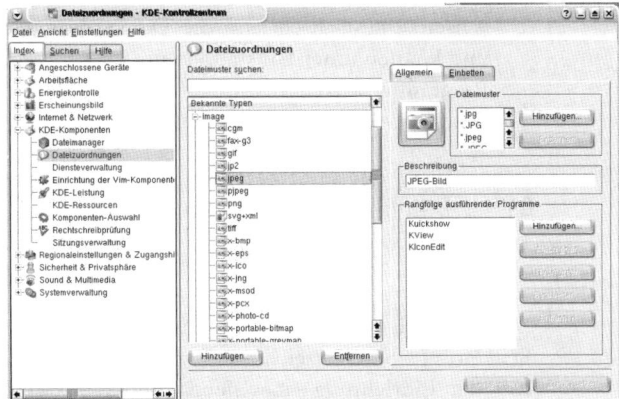

Abbildung 7.45: Zuordnung von Dateitypen zu den entsprechenden Applikationen

Für die Benutzung des Dateimanagers lassen sich verschiedene Grundkonfigurationen festlegen. So können Sie Vorschaubilder zu verschiedenen Text- und Grafikdateien aktivieren und Sie können bestimmen, wie sich der Dateimanager bei der Navigation im Verzeichnissystem verhalten soll. Beispielsweise können Sie vorgeben, dass der Inhalt eines geöffneten Ordners in einem neuen Fenster dargestellt wird.

Zum Umgang mit Dateien gehört auch das Löschen. Allerdings ist das eine sehr sensible Angelegenheit, denn möglicherweise wird versehentlich einmal eine falsche Datei gewählt und ins Nirwana geschickt. Damit dies – nach Möglichkeit – nicht passieren kann, können Sie eine Löschoperation noch einmal zur Bestätigung hinterfragen lassen. LINUX sieht hier verschiedene Verfahren zum Löschen einer Datei vor:

✔ In den Mülleimer werfen: Die Datei wird noch nicht endgültig gelöscht, sondern lediglich in ein spezielles Verzeichnis (nichts anderes ist der »Mülleimer«) verschoben.

✔ Löschen: Die Datei wird endgültig gelöscht. Im Klartext bedeutet dies, dass alle Einträge im Dateisystem entfernt werden, auch Einträge in der Zugriffstabelle der Festplatte, die auf diese Datei verweisen. Physikalisch sind die Daten zwar nach wie vor erhalten und können unter Umständen mit einem speziellen Diskrecovery-Programm wieder hergestellt werden, doch dies ist nur einem Profi mit dem entsprechenden Equipment möglich.

Es empfiehlt sich, generell jede Löschaktion noch einmal bestätigen zu lassen.

Sehr nützlich bei der Konfiguration des Dateimanagers ist die Möglichkeit, ein Startverzeichnis für die Arbeit am Rechner festzulegen. Mit der Einrichtung eines neuen Benutzers wird hier zunächst das Heimatverzeichnis vorgegeben. Dies wird durch das Tilde-Zeichen (~) symbolisiert. Allerdings können Sie auch ein beliebiges anderes Verzeichnis auf dem eigenen Computer bzw. innerhalb des Netzwerkes vorgeben, wenn Sie beispielsweise längere Zeit an einem Projekt arbeiten, bei dem die zugehörigen Dateien in einem speziellen Verzeichnis abgelegt werden.

Regionaleinstellungen & Zugangshilfen

Sie erinnern sich an die Installation des LINUX-Systems: Wir sprachen dort unter anderem von der Konfiguration der Tastatur, da diese in jedem Staat nach einem anderen Schema erfolgt. Eine derartige Konfiguration können Sie auch im KDE-Kontrollzentrum vornehmen. Es handelt sich also um eine *landesspezifische Definition*. Dazu gehören auch andere Parameter. So hat jedes Land seine eigene Währung und es werden verschiedene Formate zur Darstellung eines Datums verwendet. Dies alles können Sie im KDE-Kontrollzentrum im Menü *Regionaleinstellungen & Zugangshilfen* im Detail vorgeben. Sehen wir uns einige Beispiele an und betrachten wir zunächst die Vorgaben für das Land bzw. die Region und die Sprache:

Mit der Vorgabe Ihres Aufenthaltslandes kennt Ihr PC unter anderem auch die Zeitzone im Verhältnis zur Greenwich Mean Time (GMT). Insbesondere für die Kommunikation per E-Mail, mit der ja Ziele auf dem gesamten Erdball erreicht werden können, ist es wichtig, eine überall eindeutige Zeitangabe zu verwenden. Natürlich können Programme, die regionale Dienstleistungen – beispielsweise über das Internet – anbieten, anhand dieser Information bereits ein passendes Angebot erstellen. Auch die Voreinstellungen für Anwahlprogramme (z.B. zum Internet) gehören dazu. Zusätzlich zur Festlegung des Standortes wird eine Sprache für die Benutzerführung eingestellt. In der Regel werden Sie *Deutsch* wählen. Allerdings sollten wir uns auch einmal in die Situation ausländischer Bürger versetzen, die es vorziehen, eine Benutzerführung in ihrer Heimatsprache zu verwenden. Deshalb wird neben der Angabe des Aufenthaltslandes zusätzlich die Vorgabe der Sprache vorgesehen.

Die Festlegung der Standardzahlen- und Währungsformate ist insbesondere für die Arbeit mit Office-Programmen (z.B. OpenOffice) von großer Bedeutung. In Europa werden wir in der Regel die Währung »Euro« einstellen. Darüber hinaus haben Sie die Möglichkeit, zu bestimmen, an welcher Position die Währungsangabe stehen soll (vor dem Betrag oder dahinter etc.). Das Zahlenformat können Sie sowohl für Geldbeträge als auch für reguläre (einheitenlose) Zahlen formatieren. Zur besseren Übersicht lassen sich Tausenderstellen mit einem Trennzeichen – in der Regel mit einem Punkt – voneinander trennen. Dieses Trennzeichen können Sie frei wählen. Ebenso sieht es mit dem

Dezimalzeichen aus. In Deutschland werden wir zumeist das Komma als Dezimalzeichen wählen, jedoch sieht dies in anderen Ländern nicht unbedingt genauso aus. Hier wird auch oft der Punkt verwendet, der dann jedoch nicht mehr zur übersichtlichen Abtrennung der Tausenderstellen verwendet werden sollte.

Datums- und Uhrzeitangaben können ebenfalls nahezu frei gestaltet werden. Hier sind Ihnen Dropdown-Menüs behilflich, die bereits entsprechende Vorgaben anbieten. Insbesondere für organisatorische Anwendungen erweist sich die Definition des »ersten Tages der Woche« als sinnvoll. Je nachdem, wie Sie Ihre Arbeitswoche organisieren, können Sie einen beliebigen Wochentag auswählen. In der Regel wird dies der Montag sein, der als Standard vorgegeben wird. Zu den sonstigen Definitionen zählen die Festlegung des Standard-Papierformates und des Maßsystems.

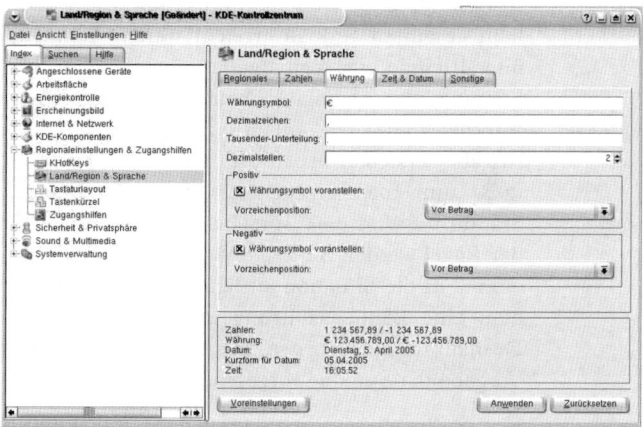

Abbildung 7.46: Wir geben vor, dass Geldbeträge mit einem führenden Euro-Symbol und mit einem Punkt zu Tausendertrennung definiert werden. Ein Geldbetrag soll stets mit zwei Dezimalstellen angegeben werden

Sehen wir uns noch einmal das Tastaturlayout im Detail an, denn hier bieten sich Ihnen sehr interessante Möglichkeiten, um Ihren LINUX-Computer so zu konfigurieren, dass Sie ihn in einer bisher vertrauten

Weise verwenden können. So kennen Sie bei einem Windows-Computer die Kombination der Tasten Alt + F4. Diese schließt das derzeit aktive Fenster, und der »Katzengriff« (Strg + Alt + Entf) öffnet den *Taskmanager*. Derartige *Tastenkürzel* sieht LINUX zunächst nicht vor, jedoch können Sie dieses Verhaltensmuster – und auch nahezu beliebig andere Funktionen – selbst programmieren.

Sicherheit und Privatsphäre

Das Thema Sicherheit am Computer wird oft vernachlässigt, obwohl es insbesondere an einem Mehrbenutzerbetriebssystem wie LINUX von herausragender Bedeutung ist. Dies beginnt bereits bei der einfachen Gestaltung der Arbeitsoberfläche. Während der Eingabe der Zugangsdaten kann es nämlich sein, dass Ihnen jemand über die Schulter blickt. Natürlich wird dieser »Spion« großen Wert darauf legen, sich unauffällig zu verhalten. Daher wird er jede erdenkliche Information benötigen, aus der er Ihr Passwort ableiten kann. Durch die verdeckte Eingabe des Kennwortes, bei der jedes Zeichen durch einen Stern (Asterisk) dargestellt wird, hat es ein Spion bereits recht schwer, das Kennwort in Erfahrung zu bringen. Zur zusätzlichen Verwirrung trägt es bei, wenn jedes einzelne eingegebene Zeichen durch zwei oder mehr solcher Asterisken symbolisiert wird.

Der Austausch von Daten über das Netzwerk – insbesondere das Internet – ist von sehr vielen Risikofaktoren begleitet. Auf der einen Seite können Sie nicht durch das Kabel hindurchschauen. Sie wissen also nicht, wer an der anderen Seite des Netzes mit Ihnen kommuniziert. Auf der anderen Seite können empfangene Daten stets schädliche Inhalte haben. Und nicht zuletzt ist es auch sehr unangenehm, wenn eine dritte Person die von Ihnen übermittelten Daten mitlesen kann.

LINUX unterstützt deshalb verschiedene Verschlüsselungsalgorithmen. Darüber hinaus kann das Betriebssystem Zertifikate auswerten, mit denen sowohl die Echtheit der empfangenen Daten als auch die Authentizität des Absenders bestätigt werden kann.

LINUX gilt zwar – aufgrund der vergleichsweise geringeren Verbreitung im Desktop-Bereich gegenüber MS-Windows – als ein sicheres Betriebssystem, jedoch ermöglichen Konzepte wie z.B. Java problemlos »plattformübergreifende« Attacken mit Viren und Würmern. Darüber hinaus – dies erfahren Sie im Kapitel zum Thema Internet – verrät Ihr Browser dem Webserver, mit welchem System Sie arbeiten. Anhand dieser Information können Angreifer Ihren PC bereits gezielt mit Viren und Trojanern eindecken.

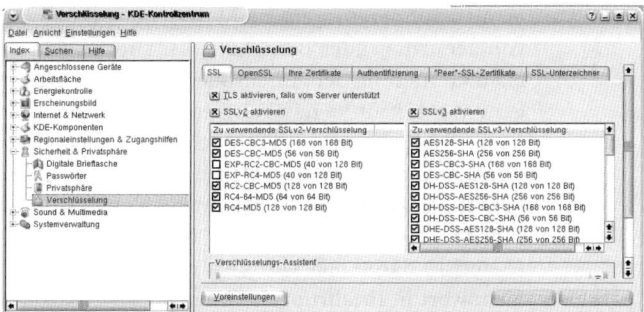

Abbildung 7.47: LINUX beherrscht sehr vielschichtige Verschlüsselungskonzepte und unterstützt auch die Arbeit mit Zertifikaten

Sicherheitskritisch ist aber nicht allein die Arbeit über das Netzwerk. Besonders an einem Mehrbenutzer-Betriebssystem wie LINUX können auch Benutzungsspuren ein Datenschutzproblem darstellen. Rückschlüsse auf das Verhalten des Benutzers geben beispielsweise die zuletzt geöffneten Dokumente oder die Einträge im *Schnellstart*-Menü. Diese haben den Sinn, die Arbeit mit häufig benötigten Applikationen zu beschleunigen und individuell zu erleichtern. Allerdings verraten sie unter Umständen auch anderen Kollegen – sofern es sich um einen PC im Büro handelt –, dass ein wichtiges Projekt möglicherweise deshalb nicht rechtzeitig vollendet wurde, weil der zuständige Mitarbeiter den Highscore beim Spiel »KAsteroids« einstellen musste. Die zuletzt geöffneten Programme finden sich nämlich im *Schnellstart*-Menü, also im Startmenü oberhalb der regulären Menüeinträge, wieder.

Gleiches gilt für zuletzt bearbeitete Dokumente etc. Anhand dieser Informationen kann das Verhalten des Benutzers am Computer recht eindrucksvoll nachvollzogen werden. Doch Vorsicht: Auf unserem Experimentalsystem wurde trotz Aktivierung aller Löschoptionen für die Privatsphäre nicht die Historie der Shell gelöscht. Darüber hinaus bleiben die Regeln zur Verwaltung von Cookies erhalten. Wenn Sie also einmal bestimmt haben, dass Cookies von einer bestimmten Domäne angenommen werden dürfen, werden diese Regeln nicht durch *Aufräumen* im *Privatsphäre-Menü* entfernt.

Auf die Verwaltung von Cookies gehen wir im Kapitel zum Thema Internet näher ein.

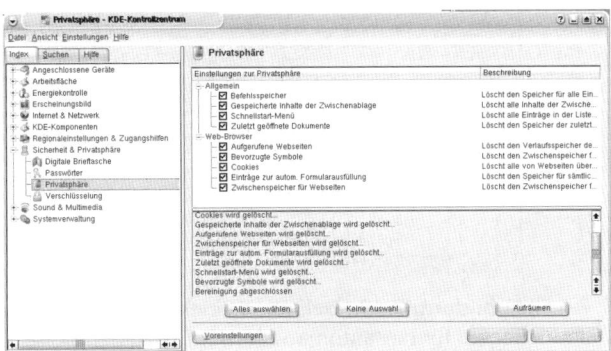

Abbildung 7.48: Persönliche Spuren können über das KDE-Kontrollzentrum vom PC gelöscht werden. Doch Achtung, diese Funktion hat auch ihre Grenzen!

Besonders die Arbeit im Internet unterliegt hohen Sicherheitsansprüchen. So werden viele Dienste im Internet mit einem Passwort vor Missbrauch durch Unbefugte geschützt. Allerdings ist die permanente Eingabe eines Passwortes nicht sehr komfortabel und das »Merken« des Passwortes durch den Webbrowser generell ein lokales Sicherheitsproblem. Eine Zwickmühle also, aus der LINUX jedoch einen Ausweg bietet: die *digitale Brieftasche*.

Wird die *digitale Brieftasche* (KWallet) aktiviert, dann merkt sich der Computer die Passwörter für verschiedene Anwendungen und Internetdienste. Allerdings erfolgt die automatische Übernahme der Zugangsdaten erst nach der Öffnung der digitalen Brieftasche, die ihrerseits durch ein Kennwort des Benutzers geschützt ist. Ein Kennwort muss also in jedem Fall eingegeben werden, doch dafür werden beim Aufruf der jeweiligen Dienste die dafür benötigten Passwörter automatisch verwendet. Für den Benutzer ist dies eine wesentliche Erleichterung, ohne dabei einen Sicherheitsverlust hinnehmen zu müssen. Selbstverständlich werden die sensiblen Zugangsdaten in der digitalen Brieftasche verschlüsselt gespeichert.

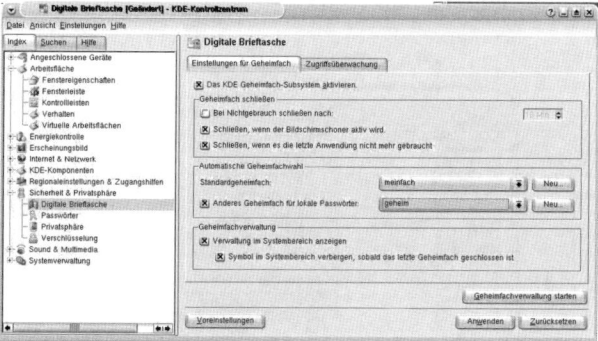

Abbildung 7.49: Definition eines Standard-Geheimfaches und der Regeln für das automatische Schließen der digitalen Brieftasche im KDE-Kontrollzentrum

Bei der Konfiguration zu beachten: Das Geheimfach kann nur dann einen Sicherheitsgewinn darstellen, wenn es nicht permanent geöffnet ist. Ist beispielsweise der Bildschirmschoner aktiv, dann ist das ein klares Signal dafür, dass der legitime Benutzer möglicherweise nicht an seinem Arbeitsplatz ist. In diesem Fall kann die digitale Brieftasche automatisch geschlossen werden. Wer nun auf deren Inhalt zugreifen und die gespeicherten Passwörter für die Nutzung eines Internetdienstes verwenden will, muss zunächst das Kennwort für das Geheimfach eingeben. Es ist auch möglich, das Geheimfach nach Ablauf einer gewissen Zeit zu schließen, wenn es nicht benötigt wurde, oder es generell nach dem Beenden der letzten Applikation zu schließen, die mit der digitalen Brieftasche arbeitet.

Sound & Multimedia

Mit der Einrichtung einer Soundkarte haben Sie die Basis für die akustische Unterstützung Ihrer Arbeit an der grafischen Oberfläche geschaffen. An dieser Stelle können Sie nun unter anderem die Signaltöne für bestimmte Systemereignisse festlegen. Zu den Soundeinstellungen gehört auch die Festlegung und Konfiguration der zu verarbeitenden Audioformate.

Für die Abspielung von Audio-CD-ROMs oder MP3-Dateien werden an dieser Stelle die erforderlichen Positionen der Datenquellen eingetragen. »Nobody is perfect«, heißt es bekanntlich, was auch für Audio-CD-ROMs etc. gilt. Im KDE-Kontrollzentrum lässt sich festlegen, wie der Rechner auf einen eventuellen Fehler reagiert. Einerseits können Fehler möglicherweise während der Wiedergabe korrigiert werden. Auf der anderen Seite kann es auch sinnvoll sein – die Audiowiedergabe ist eine Echtzeitapplikation –, den Fehler einfach zu ignorieren und die fehlerhafte Stelle auszulassen.

Bei der Definition von Signalklängen zu wichtigen Systemereignissen kann eine bereits gespeicherte Audiodatei gewählt werden, die beim Eintreten dieses Ereignisses abgespielt wird. Da reguläre WAV-Dateien zum Einsatz kommen, können Sie selbstverständlich auch eigene Aufnahmen verwenden. So müssen Sie nicht zwingend mit dem Klassiker unter den Systemklängen wie »Sie haben Post« darüber informiert werden, dass eine Nachricht auf Sie wartet. Sie können alternativ eine Fanfare oder einen eigenen kleinen Spruch aufnehmen und abspielen lassen.

Zur Aufnahme von Audiodateien benötigen Sie selbstverständlich ein Mikrofon und ein entsprechendes Programm auf Ihrem Computer. Geeignet sind beispielsweise KRec oder der Audiorecorder.

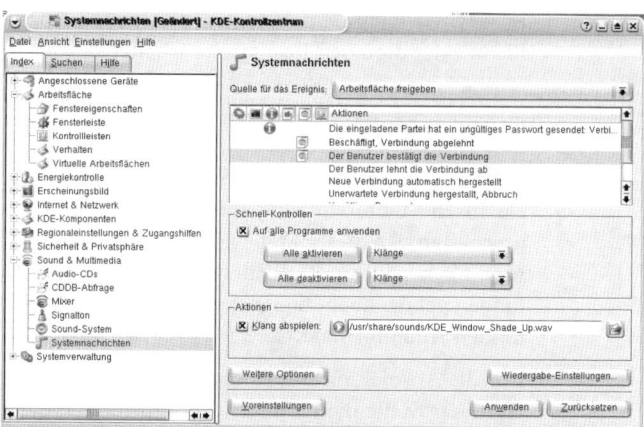

Abbildung 7.50: Wichtige Ereignisse können mit vorgegebenen und selbst aufgenommenen Klängen gemeldet werden

Systemverwaltung

In der Systemverwaltung des KDE-Kontrollzentrums werden beispielsweise die im System verfügbaren Schriftarten und die Form des Login-Dialogs festgelegt. Darüber hinaus können die Dateipfade für den Desktop, den Papierkorb etc. individuell vorgegeben werden.

Für die Vorgabe der Standardpfade Ihres Systems – dies kann von jedem Benutzer individuell eingestellt werden – brauchen Sie lediglich die Maus. Über das Icon rechts neben dem Eingabefeld kann mit dem sich öffnenden Dateimanager das richtige Verzeichnis angewählt werden. Dieses muss dann lediglich mit der Schaltfläche *OK* übernommen werden.

Sehr interessant ist der *Anmeldungsmanager* des KDE-Kontrollzentrums. Hier geben Sie das Layout und die Funktionen des Anmeldedialogs vor, der beim Hochfahren des Rechners oder beim Wechsel des Benutzers eingeblendet wird. Das beginnt mit dem *Erscheinungsbild* des Anmeldungsmanagers. Hier können Sie ein Firmenlogo in das Fenster einbinden oder eine Uhr anzeigen lassen. Auch der Stil der Anmeldeoberfläche lässt sich variieren. Sie können die Fensterdekoration der in einem Windows-System anpassen oder eine andere Gestaltung aus dem Dropdown-Menü wählen.

Bitte beachten Sie, dass sich diese Einstellungen auf die Konfiguration des Display-Managers *kdm* beziehen. Wenn Sie *gdm* oder *xdm* etc. verwenden, müssen Sie die Details über andere Dialoge konfigurieren.

Die Optik des Anmeldungsmanagers können Sie durch Veränderungen der Schriftarten bei der Begrüßung sowie zur Ausgabe von Fehlermeldungen bei der Anmeldung und durch Vorgabe eines Hintergrundbildes Ihren Wünschen entsprechend anpassen. Auch hier können Sie beispielsweise Ihr Lieblingshaustier, ein Familienfoto oder ein Firmenlogo als Hintergrund wählen. Die Vorlage können Sie scannen oder von einer anderen Quelle importieren.

Die Einrichtung eines Scanners wurde im ersten Teil dieses Buches besprochen. Zur Bildbearbeitung benötigen Sie zusätzlich eine geeignete Software wie beispielsweise GIMP. Das Programm wird an späterer Stelle in diesem Teil besprochen.

Zu den Konfigurationen des Anmeldungsmanagers gehört auch die Vorgabe der Sitzungseigenschaften. Hier können Sie bestimmen, wer den Computer herunterfahren und von wo dies möglich sein darf. Beispielsweise ist es sinnvoll, an einem permanent aktiven Serversystem nur dem Systemverwalter (»root«) das Recht einzuräumen, den Rechner herunterzufahren. Gleiches gilt für den Ort, von dem aus der Befehl zum Beenden der Sitzung gesendet wird. Theoretisch ist dies auch von einem beliebigen Rechner innerhalb des Netzwerkes über eine Telnet-Verbindung möglich.

Wenn Sie nun schon einige Male Ihren LINUX-Computer mit der grafischen Oberfläche gestartet und neben dem Systemverwalter (»root«) auch mindestens einen Benutzer mit einfachen Rechten definiert haben, wird Ihnen aufgefallen sein, dass der einfache Benutzer mit einem Mausklick ausgewählt werden kann, worauf sein Benutzername im Anmeldedialog eingetragen wird. Sie müssen lediglich das

Kennwort eingeben. Ihnen wird darüber hinaus aufgefallen sein, dass der Systemverwalter (»root«) nicht in dieser Liste zu finden ist. Zumindest wird dies mit der Installation standardmäßig so eingestellt. Dieser Benutzer wird mit einer *versteckten Benutzerkennung* in der Konfiguration des Anmeldedialoges gespeichert. Zusätzlich zu den Benutzerdaten finden Sie eine kleine Abbildung. Dabei kann es sich um eines der mitgelieferten Icons, aber auch um ein Passfoto des Benutzers handeln. Der Phantasie sind hier kaum Grenzen gesetzt. Natürlich kann auch der Systemverwalter in dieser Liste auftauchen. Darüber hinaus haben Sie die Möglichkeit, die Einträge in der Liste auf eine kleine Anzahl von Benutzern zu beschränken, die den Arbeitsplatz regelmäßig nutzen. Dazu gibt es verschiedene Möglichkeiten:

✔ Die aufzulistenden Benutzer werden markiert und *unter Benutzer anzeigen* wird die Option *Nur ausgewählte* aktiviert.

✔ Es werden die Benutzer markiert, die nicht angezeigt werden, die also *»versteckt«* sind, und es wird die Option *Nicht versteckt* gewählt.

✔ Es lassen sich generell auch gar keine Benutzer im Anmeldedialog anzeigen.

✔ Für komplexere Systeme kann darüber hinaus die Benutzerkennung (UID = User Identifier) als Kriterium für oder gegen eine Anzeige im Anmeldedialog verwendet werden. Im Feld *Benutzerkennungen* wird der Bereich der versteckten Benutzer – im Bild: unter UID = 1000 und über UID = 65000 – angegeben.

Der Systemverwalter (»root«) hat die UID = 0. Diese wird vom vorangehend beschriebenen Prinzip jedoch nicht erfasst, so dass die Regel für »root« mit den zuvor erläuterten Verfahren festgelegt werden muss.

Auf das letzte Register im Menü *Anmeldungsmanager* möchten wir besonders (warnend) hinweisen: Hier haben Sie die Möglichkeit, die Anmeldung am System zu automatisieren. Das kann durchaus sinnvoll sein, wenn es sich um einen Einzelplatz-PC handelt, der ausschließlich von einem Benutzer verwendet wird. Auf gar keinen Fall sollte das Login in dieser Weise automatisiert werden, wenn sich der

Computer im Büro am Arbeitsplatz befindet. Dort haben meist – beginnend bei der Reinigungskraft bis hin zu Mitarbeitern aus allen Unternehmensbereichen – mehrere Menschen Zugang zur Maschine. Eine Automatisierung würde es einem Angreifer nur allzu leicht machen, den Rechner zu manipulieren.

Unterschätzen Sie niemals das Risiko von Mobbing am Arbeitsplatz oder den Humor von Kindern in der Familie. Wenn wichtige Daten auf dem Computer gespeichert sind, sollten diese in jedem Fall mit einem manuell einzugebenden Passwort gesichert sein. Ein automatisches Login ist also keinesfalls empfehlenswert. Die automatische Anmeldung kann in diesem Dialog nur für *kdm* konfiguriert werden. Für die Konfiguration von gdm sieht die GNOME-Oberfläche eigene Applikationen vor.

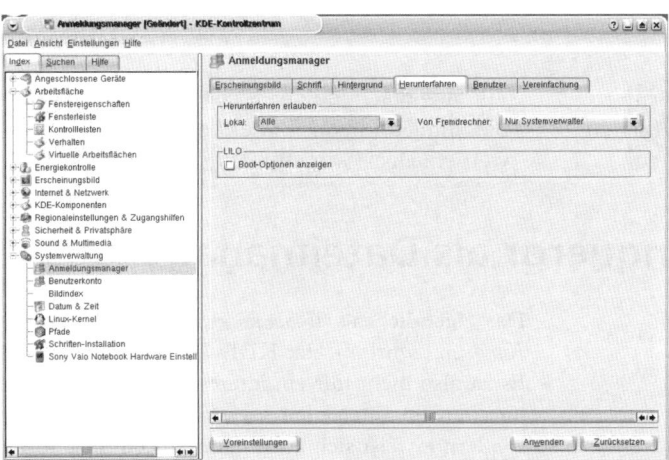

Abbildung 7.51: Das Herunterfahren sollte nur in wirklich sicheren Einzelbenutzerumgebungen allen Usern an jedem PC im Netzwerk erlaubt werden

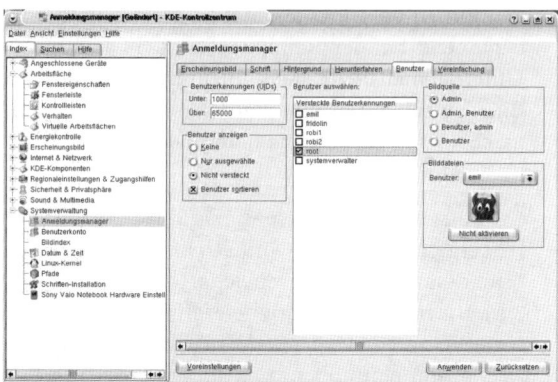

Abbildung 7.52: Zur besseren Übersicht des Anmeldedialoges kann die Anzeige der Benutzer auf wichtige Einträge reduziert und ein individuelles Erkennungsbild gewählt werden

Zur Vereinfachung der Arbeit an einem Einzelplatzcomputer kann die Anmeldung auch über den *Anmeldungsmanager* automatisiert werden. Doch Vorsicht: Das ist ein Sicherheitsrisiko!

Konqueror als Dateimanager

Das eigentlich als *Webbrowser* im System implementierte Programm *Konqueror* wird mit der KDE-Oberfläche als Dateimanager installiert. Es ist also nicht nur ein interessantes und leistungsfähiges Werkzeug, um Dateien aufzurufen, zu verschieben, zu kopieren und zu löschen, sondern erweist sich auch beim Surfen im Internet als sehr leistungsfähig. Dazu aber später mehr. Wird der Verzeichnisbaum eingeblendet, dann wird die Navigation in der gesamten Verzeichnisstruktur recht einfach. Die Möglichkeit, besonders intensiv genutzte Verzeichnisse durch ein Lesezeichen zu markieren, trägt dazu bei, auch ein sehr weit verzweigtes Unterverzeichnis schnell mit nur wenigen Mausaktivitäten aufzurufen. Der *Konqueror* unterstützt außerdem auch die bekannten Darstellungsformen mit verschiedenen Symbolgrößen. In der ausführlichen Textansicht werden die Verzeichnisse und die Dateien mit allen wichtigen Parametern inklusive der User-Rechte, der Dateigröße und des Erstellungs- bzw. Änderungszeitpunkts aufgelistet.

Es lohnt sich durchaus, den Umgang mit dem Konqueror etwas zu üben und seine Funktionen zu erforschen. Wie bei einem Internetbrowser stehen einige nützliche Navigationsinstrumente zur Verfügung. So kann mit den Pfeilschaltflächen problemlos zum letzten Verzeichnis vor- und zurückgeblättert werden. Eine Historie der zuletzt besuchten Verzeichnisse erleichtert die Arbeit mit regelmäßig genutzten Dateien. Auf diese Art können wichtige Verzeichnisse ebenfalls schnell per Mausklick erreicht werden.

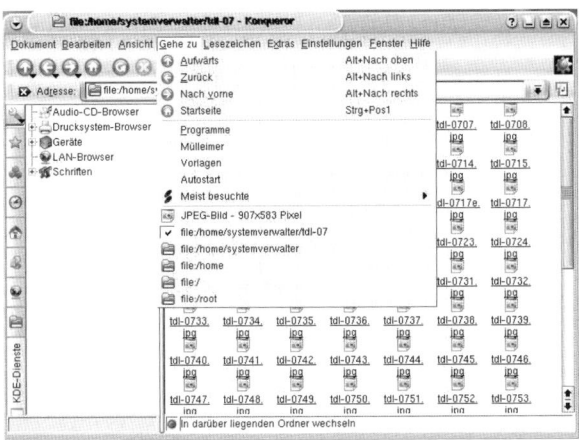

Abbildung 7.53: Der KDE-Webbrowser *Konqueror* ist zusätzlich ein vielseitiger Dateimanager

8 Befehle der Kommandozeile

Unser Bestreben ist es, Ihnen Debian GNU/LINUX als Desktop- und Serverbetriebssystem nahe zu legen. Nun werden Sie feststellen, dass gerade das letztere Einsatzgebiet in der gängigen Fachliteratur dominierend ist. Vielleicht sind Sie ein absoluter Einsteiger in die Thematik und wollen Ihren LINUX-PC als Alternative zu anderen Systemen testen, vielleicht sogar intensiv nutzen. Dabei wollen wir Ihnen helfen und Ihnen den komfortablen Umgang mit LINUX insbesondere im täglichen Gebrauch nahe bringen. Hierbei dominiert natürlich ein grafisch orientiertes Frontend. Dennoch sollten Sie etwas über die kommandozeilenorientierten Wurzeln von LINUX wissen. Deshalb werden wir Ihnen in knapper Form die wichtigsten Befehle der Shell vorstellen.

Aufgrund des begrenzten Umfangs eines Buches können in diesem Kapitel lediglich wichtige Shell-Kommandos und eine Auswahl ihrer Parameter erläutert werden. Darüber hinaus ist nicht auszuschließen, dass mit neueren Versionen Veränderungen in den Bedeutungen vorgenommen werden. Detaillierte Erläuterungen zu Shell-Befehlen und deren Optionen finden Sie im Anhang dieses Buches und in den *Manpages*. Das sind Online-Dokumentationen, die Sie auf den CDs Ihrer Debian-GNU/LINUX-Distribution oder auch – wenn Sie bereits eine Zugriffsmöglichkeit haben – im Internet finden und herunterladen können. Der Aufruf erfolgt dann auf der Shell mit man [Befehlsname] ⏎. An dieser Stelle beschränken wir uns auf allgemeine Erläuterungen der wichtigsten Befehle.

Navigation im Verzeichnisbaum

Zu Beginn wollen wir uns auf der Kommandozeile ein wenig mit der Navigation im Verzeichnissystem von LINUX warm laufen. Sie werden lernen, wie Sie Verzeichnisse anlegen und löschen und wie Sie Laufwerke in den Verzeichnisbaum integrieren. Letzteres ist insbesondere für Wechselmedien wie Disketten und CD-ROMs von Bedeutung.

> Bitte erzeugen Sie mit dem Befehl `mkdir /test` ⏎ ein neues Ver-
> zeichnis für Ihre Experimente. Die Bedeutung dieses Befehls lernen
> Sie im folgenden Abschnitt kennen.

cd: Change Directory

Mit dem Befehl cd wechseln Sie in ein anderes Verzeichnis. Sie können den neuen Pfad relativ zu Ihrer aktuellen Position oder absolut
mit der kompletten Pfadangabe wählen. Angenommen, unser Beispiel-User »robi1« hätte sich eben im System angemeldet, dann wäre
seine aktuelle Position sein Heimatverzeichnis /home/robi1. Um in das
darüber liegende Verzeichnis /home/ zu gelangen, kann er einen sehr
einfachen Befehl mit relativer Adressierung einsetzen:

    cd .. ⏎

> Achtung! Bitte beachten Sie das *Leerzeichen* vor den Punkten bzw.
> allgemein zwischen dem Befehl und dessen Parametern.

Möchte der Beispiel-User dagegen aus seinem Heimatverzeichnis heraus direkt in das Verzeichnis /bin/ wechseln, dann erspart ihm die
direkte Adressierung viel Arbeit. Der Wechsel aus einem beliebigen
Verzeichnis heraus zum gewünschten Ziel (hier: /bin/) ist mit folgendem Befehl möglich:

    cd /bin/ ⏎

Kommando	cd
Aufgabe	Wechsel des Verzeichnisses
Syntax	cd [Option] [Zielverzeichnis]
Option	**Bedeutung**
-L	Folgen eines symbolischen Links
-P	Nutzung der physikalischen Verzeichnisstruktur

Tabelle 8.1: Das Kommando cd

ls: List

Mit dem Befehl ls werden Verzeichnisinhalte aufgelistet. Er kann mit und ohne Optionen verwendet werden. Durch Angabe von Optionen kann eine geordnete und informative Ausgabe erreicht werden. Die Syntax des Befehls lautet:

ls [Option] [Dateiname] ⏎

Im Umgang mit Dateien und Verzeichnissen sind – ähnlich wie unter MS-DOS – durchaus Platzhalter zulässig.

Kommando	ls
Aufgabe	Anzeige des Verzeichnisinhaltes
Syntax	ls [-Optionen] [Pfad]
Option	**Bedeutung**
-a	Anzeige aller Dateien, auch die mit ».« (Punkt) beginnen
-b	Anzeige nicht druckbarer Zeichen in oktaler Codierung
-B	Backupdateien (Endung mit ~) ignorieren
-c	Sortierung nach Änderungsdatum
-C	Mehrspaltige Ausgabe
-d	Auflistung der Verzeichnisse anstelle von Dateien
-f	Unsortierte Ausgabe
-F	Typisierung der Ausgabe
-h	Speichergrößen in möglichst großen Einheiten (KB, MB)
-i	Inodennummer jeder Datei
-I	Mit Angabe eines Musters: Ignoriert alle Einträge, die das Muster enthalten
-l	Ausführliche Auflistung (Rechte, User, Gruppe etc.)
-m	Alle Einträge (getrennt durch Kommata) in eine Zeile
-n	Auflistung der User-/Group-ID anstelle von Namen
-o	Ausführliche Auflistung ohne Gruppeninformation
-r	Reverse Reihenfolge in der Sortierung
-R	Rekursive Auflistung der Unterverzeichnisse

Option	Bedeutung
-s	Dateigröße in Blöcke
-S	Sortierung nach Dateigröße
-t	Auflistung nach Änderungszeitpunkt
-u	Sortierung nach Zeit des letzten Zugriffes
-U	Auflistung in der Reihenfolge wie im Verzeichnis auflisten
-v	Sortierung nach Versionsnummer
-x	Auflistung zeilen-, nicht spaltenweise
-X	Sortierung nach alphabetischer Reihenfolge der Extensionen
--help	Aufruf der Manpage zu *ls*
--version	Version des *ls*-Programms

Tabelle 8.2: Das Kommando `ls`

mkdir: Ein Verzeichnis erzeugen

Mit dem Befehl `mkdir` (*Make Directory*) kann ein neues Verzeichnis in das System eingebunden werden. Dies stellt einen schreibenden Zugriff in die betreffende Verzeichnistabelle dar, weshalb ein Verzeichnis nur von einem User mit entsprechenden Rechten erzeugt werden kann. Wie Sie bereits aus dem Kapitel zur Benutzerverwaltung wissen, können diese Rechte für einzelne Dateien und Verzeichnisse sehr verschieden definiert sein.

Verzeichnisse können sowohl in einer *relativen* als auch in einer *absoluten* Adressierung erzeugt werden. Im Beispiel erzeugen wir zunächst ein neues Unterverzeichnis in einem zuvor (ebenfalls bereits zu Beginn dieses Kapitels) mit `mkdir` erstellten Verzeichnis: */test*. Dort soll der aktuelle Standort sein, d. h., dass Sie sich gerade in diesem Verzeichnis befinden sollten.

Die folgende Kommandozeile ist ein Beispiel für eine *relative* Adressierung, denn der Name des neu zu erstellenden Verzeichnisses wird ohne eine vollständige – mit *root* (*/*) beginnende – Pfadangabe definiert. Dieses Verzeichnis wird relativ zum aktuellen Standort eingerichtet, in unserem Fall also als Unterverzeichnis zu */test*.

```
mkdir neu1 ⏎
```

Für ein weiteres Beispiel mit *absoluter* Adressierung wechseln wir in unser Heimatverzeichnis (hier: */home/robi1*) und geben dort folgenden Befehl ein:

```
mkdir /test/neu2 ⏎
```

Wir wechseln nun wieder in unser Testverzeichnis mit dem Befehl cd /test ⏎ und sehen uns mit ls ⏎ dessen Inhalt an. Das Ergebnis zeigt die Abbildung.

Kommando	mkdir
Aufgabe	Erstellen eines Verzeichnisses
Syntax	mkdir [Optionen] [neues Verzeichnis]
Option	**Bedeutung**
-m	Vergabe von Rechten (vgl.: chmod)
--verbose	Ausgabe einer Nachricht für jedes erzeugte Verzeichnis
--help	Aufruf der Manpage zu mkdir
--version	Version des mkdir-Programms

Tabelle 8.3: Das Kommando mkdir

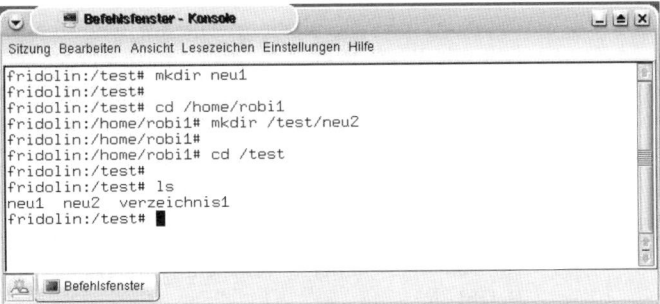

Abbildung 8.1: Wir erstellen mit mkdir zwei neue Unterverzeichnisse von */test*, wobei */test/neu1* durch eine relative Adressierung (ausgehend von */test*) und */test/neu2* durch absolute Adressierung (ausgehend von */home/robi1*) erstellt wird. Mit dem Kommando ls kontrollieren wir die Ergebnisse

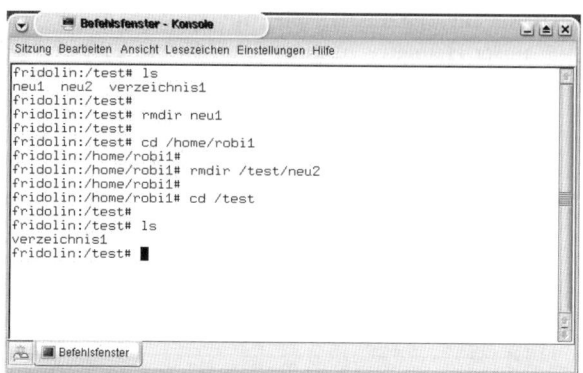

Abbildung 8.2: Auch das Löschen von Verzeichnissen mit dem Kommando rmdir kann mit relativer oder absoluter Adressierung durchgeführt werden

rmdir: Ein Verzeichnis löschen

Ein Verzeichnis kann natürlich auch wieder gelöscht werden. Dazu sieht LINUX den Befehl rmdir *(Remove Directory)* vor. Im vorangehenden Beispiel haben wir zwei Beispielverzeichnisse mit relativer und absoluter Adressierung innerhalb des Verzeichnisbaums erstellt. Ebenfalls mit diesen beiden Adressierungen werden wir diese Verzeichnisse nun wieder entfernen. Relativ adressiert, d.h. abhängig vom aktuellen Standort im Verzeichnisbaum (wir befinden uns im Verzeichnis */test/*), geben wir folgenden Befehl ein:

rmdir neu1 ⏎

Nun wechseln wir in unser Heimatverzeichnis – Sie können auch in ein beliebiges anderes Verzeichnis wechseln – und geben folgenden Befehl ein:

rmdir /test/neu2 ⏎

Wir können im Verzeichnis */test/* das Ergebnis unserer Eingaben mit dem Befehl ls ⏎ bzw. von einer beliebigen Position aus mit ls /test/ ⏎ überprüfen. Die Abbildung zeigt den kompletten Dialog mit dem System.

Kommando	rmdir
Aufgabe	Löschen eines leeren Verzeichnisses
Syntax	rmdir [Optionen] [Verzeichnis]
Option	**Bedeutung**
-p	Löscht übergeordnetes Verzeichnis
-v	Bericht für jedes gelöschte Verzeichnis
--help	Aufruf der Manpage zu *rmdir*
--version	Version des *rmdir*-Programms

Tabelle 8.4: Das Kommando rmdir

df: Disk free

Mit dem Befehl df [⏎] verschaffen Sie sich einen recht schnellen Überblick über die Belegung der verschiedenen Festplatten und deren Partitionen. Die Ausgabe ist tabellarisch strukturiert und gibt neben dem freien Speicherplatz auch den jeweiligen Mount Point im LINUX-System an. Letzteres ist wichtig, weil Sie nach diesem Mount Point im System navigieren. Die Informationen, die Ihnen dieser Befehl liefert, können bei ungleichmäßig ausgelasteten Partitionen durchaus sinnvoll sein, wenn Sie ein neues Verzeichnis im System anlegen möchten.

Kommando	df
Aufgabe	Anzeige der Auslastung des Dateisystems
Syntax	df [Option] [Partition/Verzeichnis]
Option	**Bedeutung**
-a	Alle, auch leere Verzeichnisse
--block-size=n	n = Bytes pro Block
-h	Ausgabe in gebräuchlich lesbarer Form (1K, 1M, 1G, ...)
-i	Ausgabe der Inodeninformation anstelle von Blockdaten
-k	Blockgröße = 1 KB (entspricht --block-size=1024)
-l	Ausschließlich lokales Dateisystem wird gelistet
-m	Blockgröße = 1 MB (entspricht --block-size=1048576)

Option	Bedeutung
-t=typ	Auflistung ausschließlich auf Dateisysteme begrenzen, die »typ« entsprechen
-T	Ausgabe der Typen der Dateisysteme
--help	Aufruf der Manpage zu df
--version	Version des df-Programms

Tabelle 8.5: Das Kommando df

du: Disk Usage

Mit dem Befehl du ⏎ können Sie die Speicherbelegung der einzelnen Verzeichnisse in Kilobyte ermitteln. Der Aufruf von du ohne weitere Optionen umfasst das aktuelle Verzeichnis inklusive der Unterverzeichnisse. In der letzten Zeile der Ausgabe, die – wenn der Befehl im *root*-Verzeichnis gestartet wird – recht lang werden kann, wird die Speichersumme der gelisteten Verzeichnisse angezeigt. Kommt es nur auf diese Summe an, dann kann die Auflistung der einzelnen Verzeichnisse mit der Option –s unterdrückt werden. Es lassen sich auch gezielt einzelne Verzeichnisse (absolute Adressierung) mit du [Verzeichnis] ⏎ abfragen.

Je nach Größe der verwendeten Festplatte(n) kann die Ausgabe des Ergebnisses eines du-Kommandos eine gewisse Zeit auf sich warten lassen, wenn das gesamte Dateisystem analysiert wird.

Kommando	du
Aufgabe	Anzeige der durch einzelne Dateien/Verzeichnisse belegten Blöcke
Syntax	du [Optionen] Datei/Verzeichnis
Option	**Bedeutung**
-a	Zählung der Blöcke aller Dateien (nicht nur Verzeichnisse)
--block-size=n	n = Blockgröße in Byte
-b	Angabe der Größen in Byte
-c	Gesamtsumme

Option	Bedeutung
-h	Ausgabe in gebräuchlich lesbarer Form (1K, 1M, 1G, ...)
-D	Berücksichtigung weiterer Pfade bei symbolischen Links
-L	Berücksichtigung aller symbolischen Links
-k	Blockgröße = 1 KB (entspricht --block-size=1024)
-m	Blockgröße = 1 MB (entspricht --block-size=1048576)
-S	Ausschluss von Unterverzeichnissen
-s	Summenanzeige
--help	Aufruf der Manpage zu *du*
--version	Version des *du*-Programms

Tabelle 8.6: Das Kommando du

mount und umount

Mit dem mount-Befehl wird ein Datenträger in den Verzeichnisbaum eingehängt. Präzise ausgedrückt, legt mount den Typ des Dateisystems und die Position innerhalb unseres Verzeichnisbaums fest. Zu den Angaben gehört allerdings auch eine Gerätedatei im Device-Verzeichnis *(/dev/...)*, die das Laufwerk im LINUX-System beschreibt. Die Einbindung eines CD-ROM-Laufwerkes könnte folgendermaßen aussehen:

```
mount –t iso9660 /dev/hdb /cdrom ⏎
```

Wichtig ist, dass bereits ein Verzeichnis im Dateisystem vorhanden ist, über das später auf unser CD-ROM-Laufwerk zugegriffen werden kann. Wenn wir die CD wechseln, muss diese zunächst aus dem Verzeichnisbaum ausgehängt werden. Dazu dient der Befehl umount. Mit diesem Befehl wird lediglich das Verzeichnis übergeben, das aus der Struktur ausgehängt werden soll.

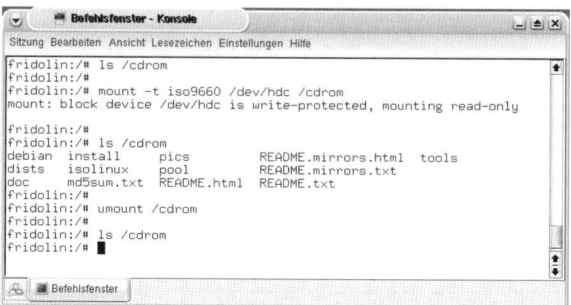

```
fridolin:/# ls /cdrom
fridolin:/#
fridolin:/# mount -t iso9660 /dev/hdc /cdrom
mount: block device /dev/hdc is write-protected, mounting read-only
fridolin:/#
fridolin:/# ls /cdrom
debian  install     pics          README.mirrors.html  tools
dists   isolinux    pool          README.mirrors.txt
doc     md5sum.txt  README.html   README.txt
fridolin:/#
fridolin:/# umount /cdrom
fridolin:/#
fridolin:/# ls /cdrom
fridolin:/# █
```

Abbildung 8.3: In dem Beispiel ist zu sehen, dass zunächst nicht auf das CD-ROM-Laufwerk zugegriffen werden kann. Erst nachdem es als /cdrom mit dem entsprechenden Dateisystem in den Verzeichnisbaum eingehängt wurde (mount), kann der Inhalt des »Silberlings« angezeigt werden. Mit dem umount-Kommando wird die CD-ROM wieder aus dem Dateisystem ausgekoppelt

Bezeichnung	Dateisystem
ext2	LINUX-Standard-Dateisystem ext2fs
iso9660	CD-ROM-Standard-Dateisystem nach ISO 9660
hpfs	Dateisystem unter OS/2
minix	Minix-Dateisystem, kommt meist auf Disketten zum Einsatz
nfs	Network-Dateisystem
msdos	MS-DOS-Dateisystem im Format 8+3
umsdos	MS-DOS mit langen Dateinamen
vfat	DOS-/Windows-Dateisystem

Tabelle 8.7: Dateisystembezeichnungen für mount-Befehl

Kommando	mount
Aufgabe	Einbinden eines Device in das Dateisystem
Syntax	mount [Optionen] [Devicename] [zugeordnetes Verzeichnis]
Option	**Bedeutung**
-a	Mounten aller in /etc/fstab gelisteten Devices

Option	Bedeutung
-h	Hilfe
-n	Mounten des Devices ohne Eintrag in /etc/fstab
-r	Das Filesystem wird im Read-Only-Modus gemountet
-w	Das Filesystem wird im Read-Write-Modus gemountet

Tabelle 8.8: Das Kommando mount

Kommando	umount
Aufgabe	Aushängen eines Device/Verzeichnisses aus dem Dateisystem
Syntax	umount [Optionen] [Device oder Verzeichnis]
Option	**Bedeutung**
-a	Befehl auf alle in /etc/fstab eingetragenen Devices ausführen
-f	Ausführung erzwingen, auch wenn das Device nicht erreichbar ist
-h	Hilfe
-n	Keine Veränderung in /etc/fstab
-r	Bei einem Fehler: Versuch, im Read-Only-Modus zu mounten
-t [Typ]	Beschränkung auf einen bestimmten Dateisystem-Typ
-V	Version des umount-Programms
-v	Ausführlicher Modus

Tabelle 8.9: Das Kommando umount

mc: Der Midnight Commander

Wir gestehen, dass Buchautoren gelegentlich auch die Geisterstunde vor dem PC erleben, wenn sie sich mit einem interessanten Thema auseinander setzen, doch der *Midnight Commander* ist eher ein wertvolles Hilfsmittel denn eine Beschäftigungstherapie. Einigen Lesern wird der *Norton Commander* ein Begriff sein, der unter dem MS-DOS-Betriebssystem eingesetzt wurde und dort menügesteuerte Dateimanager-Funktionen zur Verfügung stellte. MS-DOS war vor der »Windows-Ära« das Microsoft-Betriebssystem, dessen Benutzerschnittstelle ebenfalls die Kommandozeile war.

Der Midnight Commander sollte ein absolutes Muss im Installationsumfang sein, wenn Sie auf ein grafisches Frontend verzichten wollen oder müssen. Er ermöglicht es Ihnen, einfach per Mausklick – vorausgesetzt, die Maus wird auf Ihrem Computer durch den Dämon gpm unterstützt – Verzeichnisse zu erstellen oder zu entfernen, Dateien zu verschieben, zu kopieren und einzusehen. Der Aufruf des Midnight Commanders erfolgt mit mc ⏎.

Der Midnight Commander muss gegebenenfalls nachträglich von Ihnen installiert werden. Bitte nutzen Sie die in einem eigenen Kapitel erläuterten Werkzeuge zum Paketmanagement.

Kommando	mc
Aufgabe	Midnight Commander (Dateimanager für die Shell)
Syntax	mc

Tabelle 8.10: Das Kommando mc

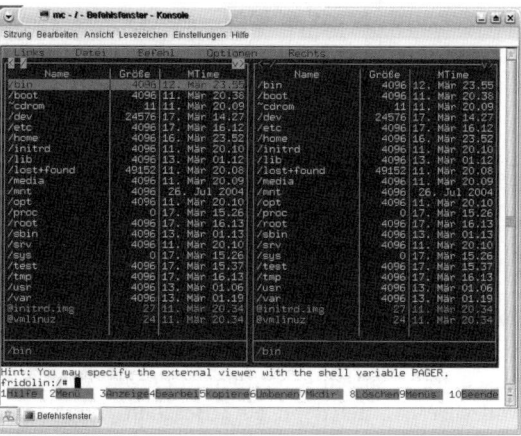

Abbildung 8.4: Der Midnight Commander (mc) macht den Umgang mit Dateien auch bei einem reinen Kommandozeilensystem sehr einfach. Mit diesem Werkzeug lassen sich Verzeichnisse anlegen und löschen, Dateien verschieben, kopieren und löschen oder komprimieren und entkomprimieren

mkfs: Make File System

Sie erinnern sich an die Partitionierungsabläufe, die wir im ersten Teil ausgeführt haben? Zu den Definitionen gehörte auch die Festlegung des Dateisystems, das einer neuen Partition zugeordnet werden sollte. Mit dem Befehl mkfs wird dieser Vorgang von der Kommandozeile aus gestartet. Die Syntax sieht neben einer Option eine klare Festlegung des Dateisystems, der zu bearbeitenden Partition und ihrer Größe in Blöcken vor. Die Partition wird über die Gerätedatei (z.B. /dev/hdc1) beschrieben.

Kommando	mkfs
Aufgabe	Einrichtung eines Dateisystems (zuvor: fdformat)
Syntax	mkfs [Optionen] [Devicename (z.B.: /dev/hda] [Blöcke]
Option	**Bedeutung**
-V	Vollständige Berichtsausgabe inkl. aller Parameter
-t [fstype]	Angabe des Dateisystemtypes (für LINUX beispielsweise ext2)
-c	Prüfung der Partition auf fehlerhafte Blöcke
blocks	Angabe der Inodendichte (Blockgröße)

Tabelle 8.11: Das Kommando mkfs

fdisk

Mit dem fdisk-Befehl können wir eine Festplatte partitionieren. Das ist beispielsweise erforderlich, wenn wir unsere Festplatte für die Debian-GNU/LINUX-Installation vorbereiteten. Wir finden dieses Kommando jedoch nicht nur unter Windows, sondern mit ähnlichen Funktionen, die jedoch am LINUX-Betriebssystem orientiert sind, auch in unserem LINUX-System. Es versteht sich von selbst, dass wir mit fdisk sehr behutsam umgehen und dass dessen Nutzung ausschließlich dem Superuser vorbehalten bleibt. Ein kleiner Irrtum beim Gebrauch von fdisk kann – das wissen Sie bereits – Ihre komplette Installation sowie alle auf der betreffenden Partition gespeicherten Daten zerstören.

Die Neupartitionierung der Festplatte mit fdisk führt zum Verlust der Daten! Bitte experimentieren Sie nicht mit diesem Befehl, sondern setzen Sie ihn wohlbedacht und ausschließlich gezielt ein, wenn Sie Ihre Platte neu strukturieren wollen.

fsck und reiserfsck: File System-Check

Ebenfalls sehr umsichtig sollten Sie mit fsck umgehen, denn auch damit können Sie Ihr System beschädigen. Generell dient fsck jedoch dazu, Ihr Dateisystem zu prüfen. Erkannte Fehler werden – je nachdem, ob und welche Option Sie gesetzt haben – behoben. Generell kann fsck nur vom Superuser ausgeführt werden.

Lesen Sie bitte vor dem Gebrauch von fsck bzw. reiserfsck etc. unbedingt die aktuelle *Manpage* zu diesem Befehl. Am besten, Sie drucken diese Datei aus und archivieren Sie in greifbarer Nähe. Eine falsche Bedienung kann zu einem Datenverlust oder sogar zu einem vollständigen Systemschaden führen!

Um fsck auszuführen, muss das Verzeichnis aus dem System ausgehängt werden. Dies kann mit umount vollzogen werden. Natürlich ist dies nicht mit dem *root*-Verzeichnis zu machen. Dennoch kann es passieren, das fsck bei einem Routinecheck gerade hier einen Fehler entdeckt. In diesem Fall muss das Verzeichnis im Read-Only-Modus gemountet und mit fsck untersucht werden. Zu bedenken ist allerdings stets, dass ein Reparatureingriff von fsck unter Umständen mit einem Datenverlust verbunden ist.

Wie entstehen eigentlich Fehler auf der Festplatte oder im Dateisystem? Hier gibt es eine ganze Reihe von Möglichkeiten, die solche Fehler wahrscheinlich machen. Zunächst einmal ist die Festplatte ein Speichermedium mit viel Mechanik. Überhitzung, Staubpartikel und Erschütterungen sind die größten Feinde der Festplatte. Ungeeignete minderwertige oder zu lange Datenkabel können die Schreib- und Lesevorgänge negativ beeinflussen, und nicht zuletzt finden Sie in Low-Cost-Computern aus dem Supermarkt nicht selten auch nur ein Low-Cost-Netzteil, das gerade einmal die Funktionen des gelieferten Systems (manchmal ist das Netzteil selbst dafür zu gering dimensioniert) unterstützt. Kommt es während eines Schreibvorganges (hier benötigt die Festplatte etwas mehr Strom) zu einem Spannungsabfall am Netzteil, ist also die Versorgungsspannung für den PC nicht mehr stabil, können Systemabstürze und Schreibfehler die Folge sein. Die Festplatte ist also absolut kein sicheres Speichermedium!

Auch das System startet gelegentlich das Programm fsck. So werden die Verzeichnisse bzw. die Festplatten generell nach einer gewissen Anzahl von Bootvorgängen untersucht. Auch eine nicht ordnungsgemäße Beendigung einer Sitzung, wenn also der Rechner ausgeschaltet wird, ohne das System herunterzufahren, oder wenn der Strom ausfällt, kann zum automatischen Start von fsck führen. Stellt das Programm Fehler fest, so wird versucht, die betroffenen Dateien zu reparieren. Ist dies nicht ohne weiteres möglich, dann wird der Bootvorgang abgebrochen und das Login des Superusers angefordert. Dieser muss nun manuell versuchen, das System mit fsck zu reparieren. Der Superuser kann dabei wählen, ob das System vor einer Änderung eine Rückfrage hält oder ob Änderungen generell automatisch durchgeführt werden sollen. Folgende Optionen sind von Bedeutung:

Kommando	fsck
Aufgabe	Prüfung und Reparatur des Dateisystems
Syntax	fsck [Optionen] [Device]
Option	**Bedeutung**
-A	Prüfung der in *fstab* aufgeführten Devices
-a	Automatische Reparatur des Dateisystems
-C	Anzeige des Bearbeitungsfortschrittes
-N	Simulation der Prüfung ohne Eingriff in die Struktur des Systems
-P	Bei Option –A: auch Prüfung des Device mit *root*-Verzeichnis
-R	Bei Option –A: keine Prüfung von */root* (auch Read-Only-Modus)
-r	Reparatur des Dateisystems nach Rückfrage

Option	Bedeutung
-t [Typ]	Vorgabe des zu prüfenden Dateisystems
-V	Ausführlicher Bericht

Tabelle 8.12: Das Kommando fsck

e2fsck – Extended-2-Filesystem

LINUX unterstützt eine ganze Reihe verschiedener Dateisysteme. Sie können sogar innerhalb eines Systems auf einer Festplatte mehrere Partitionen mit unterschiedlichen Dateisystemen formatieren. Allerdings hat diese Vielfalt auch einen kleinen ergonomischen Nachteil, denn wenn Sie beispielsweise eine Partition prüfen wollen, die mit dem Extended-2-Filesystem (*ext2fs*) formatiert ist, nutzt Ihnen fsck nicht viel. Sie brauchen ein spezielles Tool, das mit diesem speziellen Dateisystem umzugehen weiß. Hier kommt e2fsck für das *ext2fs* zum Einsatz. Abgesehen vom neuen Kommando und eigenen Befehlsoptionen gelten für die Dateisystemprüfung jedoch die gleichen Regeln wie bei fsck: Sie müssen das zu überprüfende Dateisystem zunächst mit umount aus dem Verzeichnisbaum aushängen und können erst dann e2fsck einsetzen.

Kommando	e2fsck
Aufgabe	Prüfung und Reparatur des LINUX-Dateisystems *ext2fs*
Syntax	e2fsck [Optionen] [Gerät (*/dev/...*)]
Option	**Bedeutung**
-a	Automatische Reparatur
-B [Blockgröße]	Vorgabe für die Suche von *e2fsck* nach dem Superblock
-b [superblock]	Vorgabe einer eigenen Superblockdefinition im Störungsfall
-c	Erkennung und Markierung von »Bad Blocks«
-d	Ausgabe der Debugging-Informationen
-D	Optimierung der Verzeichnisanordnung
-f	Erzwingung der Prüfung, wenn das System fehlerfrei erscheint
-n	Antwort auf alle Rückfragen = Nein
-p	Automatische Reparatur

Option	Bedeutung
-v	Ausführlicher Bericht zum Ablauf
-y	Antwort auf alle Rückfragen = Ja

Tabelle 8.13: Das Kommando e2fsck

reiserfsck – Reiser-Filesystem

Das Reiser-Filesystem ist – wie auch ext2fs – ein in der LINUX-Welt sehr beliebtes Dateisystem. Auch hier gilt das eben Ausgeführte: Um das Dateisystem zu prüfen, wird ein eigenes Kommando benötigt, das mit reiserfsck zur Verfügung steht.

Kommando	reiserfsck
Aufgabe	Prüfung und Reparatur des LINUX-Dateisystems ReiserFS
Syntax	reiserfsck [Optionen] [Gerät *(/dev/...)*]
Option	**Bedeutung**
--check	Prüft das Dateisystem, repariert es aber nicht sofort
--fix-fixable	Markiert gestörte Bereiche
--rebuild-sb	Stellt den »Superblock« des ReiserFS wieder her
--rebuild-tree	Stellt den ursprünglichen Verzeichnisbaum des ReiserFS wieder her
--clean-attibutes	Reinigt reservierte Felder für statische Daten
--journal-device	Journalausgabe
--adjust-file-size	Korrigiert die Dateilängen
--logfile [datei]	Definiert einen Dateinamen zur Ausgabe des Journals
--nolog	Kein Bericht zu den Aktivitäten von reiserfsck
--quiet	Keine Ausgabe zum Fortschritt der Überprüfung eines ReiserFS
-a	Informationen zum bezeichneten Dateisystem, keine Prüfung
-f	Druckt Version und beendet das Programm
-j	Journalausgabe
-n	Keine Ausgabe oder Protokollierung der Ereignisse während der Prüfung

Option	Bedeutung
-q	Keine Ausgabe zum Fortschritt der Überprüfung eines ReiserFS
-V	Druckt Version und beendet das Programm
-z	Korrigiert die Dateilängen

Tabelle 8.14: Das Kommando reiserfsck

tune2fs

Mit dem Kommando tune2fs haben Sie die Möglichkeit, jederzeit gewisse Parameter des Extended-2-Filesystems zu verändern. Hierbei handelt es sich um administrative Parameter, beispielsweise um Vorgaben, wann eine Prüfung des Dateisystems vorgenommen werden soll oder wie viel Platz auf der Platte für den Systemverwalter bzw. das System selbst reserviert werden soll.

Kommando	tune2fs
Aufgabe	Nachträgliche Veränderung der Parameter eines *ext2fs*
Syntax	tune2fs [Optionen] [Device]
Option	**Bedeutung**
-c [Anzahl]	Angabe, nach wie vielen Mount-Vorgängen eine Laufwerksprüfung ausgeführt wird
-i [Tage]	Angabe, nach wie vielen Tagen die Partition geprüft wird
-l	Inhalt des Dateisystem-Superblocks
-m [Prozent]	Angabe, wie viel Kapazität des Devices für root reserviert ist
-u	Benutzer, der die reservierten Blöcke nutzen darf

Tabelle 8.15: Das Kommando tune2fs

fdformat: Floppy-Disk-Format

Floppy-Disk-Format ist ein Werkzeug zur Formatierung einer Diskette. Hier ist es wichtig, dass das Laufwerk korrekt im Stil der LINUX-Schreibweise angegeben wird. Wer diesbezüglich noch an Windows-Bezeichnungen gewöhnt ist, muss ein wenig umdenken: */dev/fd0* (A:\) */dev/fd1* (B:\).

Kommando	fdformat
Aufgabe	Low-Level-Formatierung einer Diskette
Syntax	fdformat [-n] [Device]
Option	**Bedeutung**
-n	Keine Verifizierung
/dev/fd0	3,5«-Diskette 1,44 MB in Laufwerk »A«
/dev/fd1	3,5«-Diskette 1,44 MB in Laufwerk »B«

Tabelle 8.16: Das Kommando `fdformat`

Umgang mit Dateien

Dateien werden nicht nur einfach von irgendwelchen Applikationen angelegt oder gelesen, sie sind das Herz aller Ihrer Arbeiten. So müssen Sie gelegentlich den Inhalt der Dateien untersuchen, diese archivieren oder auf einen anderen Datenträger übertragen. Es gibt deshalb im LINUX-Betriebssystem eine Reihe nützlicher Befehle zur Manipulation von Dateien.

cp: Copy

Es kann verschiedene Gründe dafür geben, dass eine Kopie einer Datei erstellt werden muss. Ein wesentlicher Grund ist die Sicherheit. So empfehlen wir beispielsweise, vor jeder Arbeit an System- bzw. Konfigurationsdateien ein Backup, also eine Kopie der einwandfrei funktionierenden Version dieser Datei zu erstellen. Für die Archivierung wird eine Kopie auf einem anderen Datenträger erstellt. Wie bei allen Befehlen, in denen Dateien und Verzeichnisse adressiert werden, ist eine *absolute* und eine *relative* Pfadangabe möglich. Die Abbildung zeigt den Kopiervorgang einer Datei, die sich im aktuellen Verzeichnis befindet. Die Adressierung erfolgt hier relativ. Die Syntax des *Copy*-Befehls lautet:

```
cp [Quelle] [Ziel] ↵
```

Kommando	cp
Aufgabe	Kopieren von Dateien
Syntax	cp [Quelldatei] [Zieldatei] oder cp [Quelldatei] [Zielverzeichnis]
Option	**Bedeutung**
-a	wie –dpR
-b	Anlegen eines Backups
-d	Erhalten von Links
-f	Löschen bestehender Zieldateien ohne Rückfrage, wenn diese nicht geöffnet werden können
-i	Rückfrage vor Überschreibung einer Datei
-l	Erstellung eines Verweises anstelle einer Kopie
-p	Erhalten der Dateiattribute
-r	Rekursives Kopieren
-R	Rekursives Kopieren von Verzeichnissen
-s	Erstellung eines symbolischen Links anstelle einer Kopie
-u	Nur Dateien kopieren, die nicht der Zieldatei entsprechen
-v	Ausführlicher Bericht des Vorganges
--help	Aufruf der Manpage zu *cp*
--version	Version des *cp*-Programms

Tabelle 8.17: Das Kommando cp

dd: Double Disk

Bitgenaues Kopieren ist insbesondere dann wichtig, wenn bootfähige Datenträger aus Image-Dateien erzeugt werden sollen. Praktische Beispiele sind Systemdisketten, mit denen der Computer bei einem defekten Dateisystem auf der Festplatte auch vom Floppylaufwerk gebootet werden kann. Auch für die Installation von Debian GNU/LINUX über das Netzwerk wird eine CD-ROM oder Diskette zum Booten des Computers benötigt. Die zur Herstellung dieser Datenträger erforderlichen Images sind im Internet beispielsweise unter *www.debian.de/distrib/floppyinst* zu finden und können auf einem LINUX-System mit dd auf die Diskette geschrieben werden.

Bitte verwechseln Sie das Kopieren einer Datei mit dd nicht mit cp. Während dd absolut bitgenau kopiert, wird das Schreiben der Daten bei cp vom Controller des Laufwerkes organisiert.

Kommando	dd
Aufgabe	Kopierkommando (auch bitgenaues Kopieren)
Syntax	dd if=[Quelle] of=[Ziel] [Optionen]
Option	**Bedeutung**
bs=[Bytes]	Anzahl zu kopierender Bytes (setzt ibs und obs)
cbs=[Bytes]	Konvertiert die genannte Anzahl von Bytes in eine Zeile
count=[Block]	Anzahl der zu kopierenden Blöcke
ibs=[Bytes]	Anzahl der Bytes, die als eine Zeile gelesen werden
if=[Datei]	Lesen aus einer Datei und nicht von der Standardeingabe
obs=[Bytes]	Anzahl der Bytes, die als eine Zeile geschrieben werden
of=[Datei]	Schreiben in eine Datei und nicht in die Standardausgabe
seek=[Blocks]	Überspringt in der Ausgabe Blöcke mit der Größe von *obs*
skip=[Blocks]	Überspringt beim Einlesen Blöcke mit der Größe von *ibs*
noerror	Fortsetzung nach dem Lesen eines Fehlers
--help	Aufruf der Manpage zu dd
--version	Versions des *dd*-Programms

Tabelle 8.18: Das Kommando dd

mv: Datei verschieben bzw. umbenennen

Move steht für das *Verschieben* einer Datei. Im Klartext bedeutet dies, dass eine Datei gelesen, am aktuellen Platz gelöscht und im Ziel erneut geschrieben wird. Theoretisch können das Quell- und das Zielverzeichnis identisch sein und lediglich der Name der Zieldatei von dem der Quelldatei abweichen. Aus diesem Grunde wird der Befehl mv sowohl zum eigentlichen Verschieben als auch zum Umbenennen einer Datei genutzt. Die Syntax ist ähnlich der des cp-Befehls:

```
mv [Quelle] [Ziel] ⏎
```

Kommando	mv
Aufgabe	Verschieben von Dateien
Syntax	mv [Optionen] [Quelle] [Ziel]
Option	**Bedeutung**
-b	Erstellt vor dem Verschieben ein Backup
-f	Entfernt eventuell existierende Zieldatei
-i	Rückfrage vor dem Entfernen einer Datei
--help	Aufruf der Manpage zu *mv*
--version	Version des *mv*-Programms

Tabelle 8.19: Das Kommando mv

rm: Remove File

Mit dem Befehl rm [Datei] ⌐⌐⌐ wird eine Datei oder auch ein Verzeichnis gelöscht. Es empfiehlt sich, die Option −i zu verwenden und die damit provozierte Sicherheitsabfrage noch einmal zum Anlass zu nehmen, den Löschbefehl zu überprüfen.

Kommando	rm
Aufgabe	Entfernen von Dateien und Verzeichnissen
Syntax	rm [Option] [Datei/Verzeichnis]
Option	**Bedeutung**
-f	Nicht existierende Dateien werden ohne Meldung ignoriert
-d	Entfernung der Verknüpfung auf ein Verzeichnis (ungeachtet dessen, ob dies Daten enthält)
-i	Rückfrage vor Entfernung einer Datei/eines Verzeichnisses
-R	Entfernung des Inhaltes von Unterverzeichnissen
-v	Bericht zu den ausgeführten Löschaktivitäten
--help	Aufruf der Manpage von *rm*
--version	Version des *rm*-Programms

Tabelle 8.20: Das Kommando rm

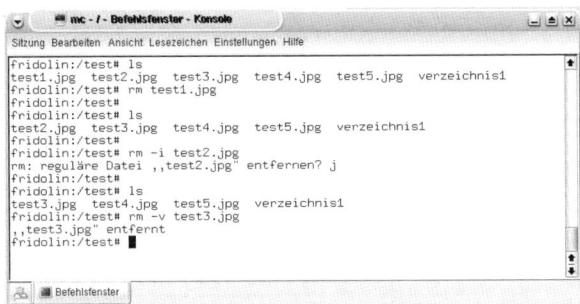

Abbildung 8.5: Der Remove-Befehl (rm) kann mit verschiedenen Optionen ergänzt werden, die zu einer Sicherheitsrückfrage und/oder zu einem Ergebnisbericht führen

file: Dateityp bestimmen

Im LINUX-Dateisystem haben Extensionen, wie sie im MS-DOS- und MS-Windows-Betriebssystem zur Definition des Dateityps verwendet werden, eine untergeordnete Bedeutung. Aus diesem Grund ist der Befehl file ein sehr hilfreiches Werkzeug. In der Abbildung zeigen wir die Funktion des Befehls anhand dreier Beispiele: Zunächst lassen wir die Datei *test* überprüfen. Diese Datei hat keine Extension (Dateinamenerweiterung). file erkennt korrekt ein JPEG-Foto. Auch im zweiten Beispiel haben wir keine Dateinamenerweiterung gesetzt. Die Datei *dokument* ist ein PDF, das ebenfalls korrekt erkannt wurde. Es stellt sich nun die Frage, ob file mit einer falschen Dateinamenerweiterung überlistet werden kann. Dazu kopieren wir die Datei *dokument* in die Datei *dokument.exe* (gleiches Verzeichnis):

```
cp dokument dokument.exe ⏎
```

Sie werden erkennen, dass sich file nicht ins Bockshorn jagen lässt und den Dateitypus nach wie vor korrekt erkennt.

Wichtig: LINUX unterscheidet zwischen Groß- und Kleinschreibung. Beachten Sie dies bitte auch bei der Eingabe von Dateinamen auf der Shell.

Kommando	file
Aufgabe	Bestimmung des Dateitypes
Syntax	file [Optionen] [Datei]
Option	**Bedeutung**
-f [namefile]	Die zu untersuchenden Dateien stehen im namefile (1 Datei/Zeile)
-L	Folgen symbolischer Links
-v	Version des *file*-Programms
-z	Versuch, Dateien in Archiven zu untersuchen

Tabelle 8.21: Das Kommando file

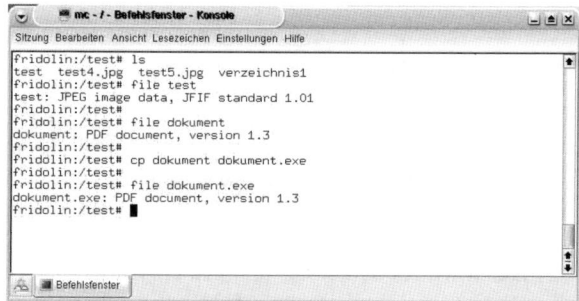

Abbildung 8.6: Der Typ einer Datei lässt sich mit dem Kommando file zuverlässig bestimmen. Das gilt auch dann, wenn man mit einer – unter MS Windows – bezeichnenden Dateinamenerweiterung versucht, einen anderen Charakter der Datei vorzutäuschen

find: Finden von Dateien im System

Von der modernen grafischen Oberfläche eines zeitgemäßen Betriebssystems erwarten Sie heute längst eine gute Suchfunktion, die Ihnen hilft, eine Datei anhand bestimmter Informationen im Gesamtsystem zu finden. Wenn Sie bedenken, dass sich im Laufe der Zeit durchaus mehrere tausend Dateien ansammeln können, ist bereits klar, dass es nur zwei Möglichkeiten gibt, den Überblick zu behalten:

✔ eine strukturierte Anordnung logisch bezeichneter Verzeichnisse sowie

✔ eine gute Suchfunktion.

Wie Sie Verzeichnisse anlegen, wissen Sie bereits. Dass aber auch eine Suchfunktion vorhanden ist, die sich durchaus mit der eines Windows-Dateimanagers messen kann, obwohl wir es bei einer Shell mit einer textbasierenden Oberfläche zu tun haben, wird Sie vielleicht verblüffen. Der Befehl heißt find und arbeitet mit verschiedenen Optionen, die das Suchkriterium, den Suchbereich und die Ausgabeform festlegen. Die Suchkriterien sind sehr vielseitig: Sie können Dateien nach Namen, Größen, Besitzern und Datum suchen. In unserem Beispiel führen wir verschiedene Suchdurchläufe nach Namen und nach Dateien durch.

Kommando	find
Aufgabe	Finden von Dateien im Verzeichnisbaum
Syntax	find [Datei] [Optionen]
Option	**Bedeutung**
-amin n	Dateien, auf die bis vor n Minuten zuletzt zugegriffen wurde
-atime n	Dateien mit Zugriff innerhalb von n * 24 Stunden
-cmin n	Dateistatus wurde innerhalb von n Minuten verändert
-empty	Leere Datei oder leeres Verzeichnis
-group [name]	Die Datei gehört der bezeichneten Gruppe an
--help	Kurzanleitung zum Gebrauch des Kommandos
-inum n	Datei in Inode n
-maxdepth n	n = maximale Anzahl der Unterverzeichnisebenen
-mindepth n	n = minimale Anzahl der Unterverzeichnisebenen
-nogroup	Datei mit Group-ID ohne Gruppenbezug
-nouser	Datei mit User-ID ohne Userbezug
-user [name]	Datei gehört dem bezeichneten User

Tabelle 8.22: Das Kommando find

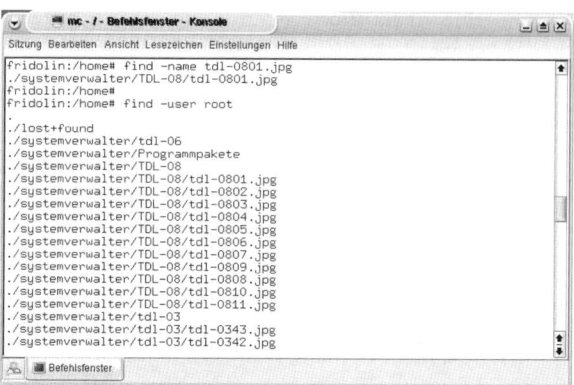

```
mc - / - Befehlsfenster - Konsole                                    _ ≜ ⊠
Sitzung Bearbeiten Ansicht Lesezeichen Einstellungen Hilfe
fridolin:/home# find -name tdl-0801.jpg
./systemverwalter/TDL-08/tdl-0801.jpg
fridolin:/home#
fridolin:/home# find -user root
.
./lost+found
./systemverwalter/tdl-06
./systemverwalter/Programmpakete
./systemverwalter/TDL-08
./systemverwalter/TDL-08/tdl-0801.jpg
./systemverwalter/TDL-08/tdl-0802.jpg
./systemverwalter/TDL-08/tdl-0803.jpg
./systemverwalter/TDL-08/tdl-0804.jpg
./systemverwalter/TDL-08/tdl-0805.jpg
./systemverwalter/TDL-08/tdl-0806.jpg
./systemverwalter/TDL-08/tdl-0807.jpg
./systemverwalter/TDL-08/tdl-0809.jpg
./systemverwalter/TDL-08/tdl-0808.jpg
./systemverwalter/TDL-08/tdl-0810.jpg
./systemverwalter/TDL-08/tdl-0811.jpg
./systemverwalter/tdl-03
./systemverwalter/tdl-03/tdl-0343.jpg
./systemverwalter/tdl-03/tdl-0342.jpg
  🖳 Befehlsfenster
```

Abbildung 8.7: Suche nach Dateien über die Kommandozeile: Zuerst einmal suchen wir eine Datei mit einem bestimmten Namen. In einem zweiten Schritt suchen wir nach den Dateien im Verzeichnis */home* (einschließlich der Unterverzeichnisse), die dem Superuser (»root«) gehören

grep, egrep und fgrep: Suche nach Zeichenfolgen

Get Regular Expression bedeutet so viel wie »Suche nach einem bestimmten Ausdruck«. Der Suchbereich ist eine Datei. Sie können diese Funktion ungefähr mit der Suchfunktion in einer Textverarbeitung vergleichen, in der Sie einen Begriff innerhalb des Textes suchen lassen. Der Befehl grep ist etwas komplex und kennt eine Reihe von *Optionen* und *Metazeichen*. Die Syntax lautet:

```
grep [Optionen] [Suchbegriff] [Datei(en)] ⎵
```

Anhand der Optionen lassen sich die Suchregeln präzise definieren. Somit kann beispielsweise festgelegt werden, ob Groß- und Kleinschreibung zu beachten ist. Sinnvoll ist auch die Option -n, die eine Angabe der Zeilennummern erzwingt. Besonders bei der Suche in größeren Dokumenten kann dies hilfreich sein, um die gesuchte Stelle zu finden. Die Suche nach Stichworten innerhalb einer Datei kann auch verallgemeinert werden, wenn die Datei durch ein Jokerzeichen ersetzt wird. grep durchsucht dann alle Dateien des Verzeichnisses. Etwas problematisch wird es, wenn der Begriff einen Punkt beinhaltet.

Dieser Punkt wird von grep nicht als Textelement, sondern als *Metazeichen* verstanden, das als Platzhalter für ein beliebiges anderes Zeichen steht. Damit werden nicht nur die Stellen der durchsuchten Datei gelistet, die exakt diesen Begriff enthalten, sondern es werden auch andere Textstellen aufgelistet, die anstelle des Punktes ein beliebiges Zeichen enthalten, ansonsten aber dem Suchmuster entsprechen. Die Funktion als Metazeichen wird durch den Backslash (\) deaktiviert, so dass auch gezielt nach einem Begriff gesucht werden kann, der einen Punkt beeinhaltet.

Zum Befehl grep gibt es noch Abwandlungen. Zu nennen sind hier *fast grep* (fgrep) und *enhanced grep* (egrep).

Kommando	grep
Aufgabe	Durchsuchung einer Datei nach einem Begriff
Syntax	grep [Option] [Suchbegriff] [Datei]
Option	**Bedeutung**
-c	Unterdrückt volle Ergebnis-Ausgabe (Anzahl der Zeilen)
-f	Suchbegriffe (einer pro Zeile) werden aus Datei bezogen
-H	Ausgabe des Dateinamen in jeder Ergebniszeile
-h	Unterdrückung des Dateinamen bei Prüfung von Dateilisten
-L	Anzeige der Dateinamen, die *nicht* den Suchbegriff enthalten
-l	Anzeige der Dateinamen, die den Suchbegriff enthalten
-n	Anzeige von n dem Suchbegriff vor- und nachgestellten Zeilen
-q	Unterdrückung der Ergebnisausgabe, liefert 0 oder 1 an Programm
-v	Auswahl nicht zutreffender Zeilen
-w	Suche nach ganzen Wörtern

Tabelle 8.23: Das Kommando grep

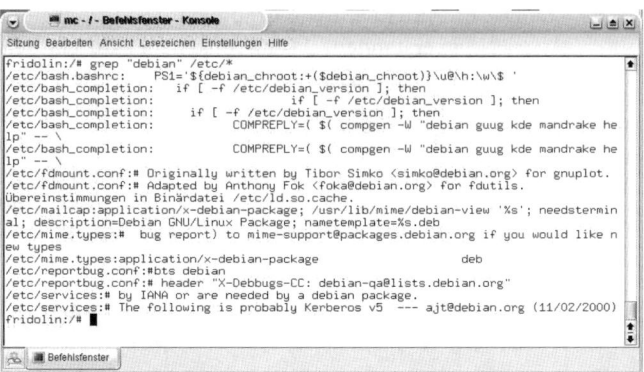

Abbildung 8.8: Suche mit `grep` in mehreren Dateien: In diesem Beispiel werden alle Dateien unseres Verzeichnisses */etc* nach dem Begriff »debian« durchsucht

more, less, head und tail

Der Befehl more ermöglicht eine kontrollierte Ausgabe auch längerer Dateiinhalte. more kann sowohl als eigener Befehl als auch als Argument eines anderen Ausgabebefehls, wie beispielsweise ls, eingesetzt werden. Wichtig ist, dass more die Ausgabe auf eine Bildschirmseite begrenzt. Auf diese Weise huschen die Informationen nicht unlesbar über den Bildschirm, sondern können in aller Ruhe studiert werden. Ist more gestartet, dann kann die Ausgabe des Dateiinhalts mit der Tastatur gesteuert werden. Zur Verfügung stehen beispielsweise:

✔ *h* oder *?*: Hilfe,

✔ *Leertaste*: eine Seite vorwärts,

✔ *b*: eine Seite zurückblättern und

✔ *q*: Quit.

Im Zusammenhang mit dem Befehl ls wird more als Argument gesetzt. Mit dessen Hilfe werden längere Verzeichnisse in der bereits beschriebenen Weise dargestellt. more wird dabei durch ein *Pipe* (|) vom übrigen Befehl getrennt.

Beispiele:

Der folgende Befehl listet den Inhalt der Datei */etc/inetd.conf* mit more auf.

```
more /etc/inetd.conf ⏎
```

Mit der folgenden Zeile wird das Verzeichnis */dev* in lesbarer Form gelistet:

```
ls /dev | more ⏎
```

Kommando	more
Aufgabe	Seitenweise Anzeige des Inhaltes einer Datei
Syntax	more [Optionen] [Datei]
Option	**Bedeutung**
+[Nummer]	Start bei Zeilennummer
-c	Überschreiben bestehender Zeilen beim Weiterblättern (nicht an jedem Terminal möglich)
-d	Ausgabe einer Aufforderung zur Fortsetzung der Ausgabe
-s	Reduzierung der Anzahl von folgenden Leerzeilen auf eins
-u	Unterdrückung von Unterstrichen
Kommandos	**Bedeutung**
! [Kommando]	Startet eine Shell, auf der die übergebene Kommandozeile ausgeführt wird
:f	Anzeige des aktuellen Dateinamens und der Zeilennummer
=	Anzeige der aktuellen Zeilennummer
b	Rückwärts scrollen
h bzw. ?	Hilfe
Space oder z	Nächste Seite
v	Start des Editors vi an aktueller Zeile

Tabelle 8.24: Das Kommando more

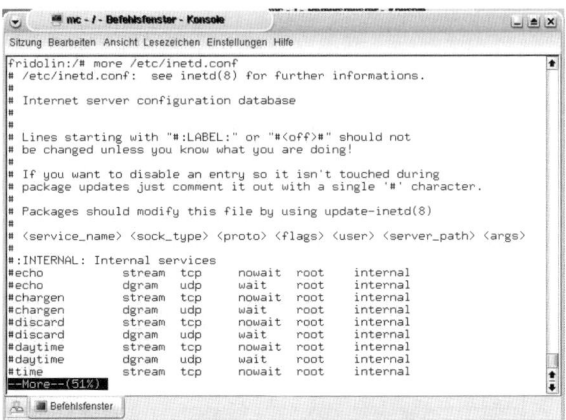

Abbildung 8.9: Mit dem Kommando more können wir die recht lange Datei */etc/inedt.conf* so ausgeben, dass nur so viele Zeilen auf den Bildschirm geschrieben werden, wie dieser darstellen kann.
Das gilt auch für ein Konsolenfenster mit variabler Größe auf einer grafischen Oberfläche

Eine ähnliche Funktion wie more bietet less, wobei allerdings mit Cursortasten gescrollt werden kann. Wem ein kleiner Einblick in die Datei genügt, der kann mit dem Befehl head einen Blick in die ersten Zeilen und mit tail einen Blick in die letzten Zeilen des Dokuments werfen. Als Standard werden jeweils zehn Zeilen gelistet, allerdings lässt sich der Darstellungsbereich durch eine Option verändern.

Kommando	head
Aufgabe	Anzeige der ersten Zeilen einer Datei
Syntax	head [Optionen] [Datei]
Option	**Bedeutung**
ohne Option	Es werden die ersten zehn Zeilen angezeigt
-c [Bytes]	Es wird der beginnende Dateibereich in Byte angezeigt
-n	Ausgabe der n ersten Zeilen
-q	Unterdrückung von Headern mit Dateinamen
-v	Ausgabe einschließlich Dateiheader

Option	Bedeutung
--help	Aufruf der Manpage zu *head*
--version	Version des *head*-Programms

Tabelle 8.25: Das Kommando head

Kommando	tail
Aufgabe	Ausgabe der letzten Zeilen einer Datei
Syntax	tail [Optionen] [Datei]
Option	**Bedeutung**
-c	Ausgabe des letzten Dateibereiches in Byte
-f	Angehängte Daten ausgeben, während die Datei bei Bearbeitung wächst
-n	Ausgabe des letzten Dateibereiches in Zeilen
-q	Keine Ausgabe von Datei-Headern
-retry	Wiederholter Versuch, eine Datei zu öffnen
-s	Aktualisierungsintervall bei -*f* von einer Sekunde
--sleep-intervall=[time]	Aktualisierungsintervoll von »time« Sekunden bei -*f*
-v	Auch Ausgabe des Datei-Headers
--help	Aufruf der Manpage zu *tail*
--version	Version des *tail*-Programms

Tabelle 8.26: Das Kommando tail

cat: Kopieren, Zusammenfassen und Aufzeichnen

Der Befehl cat zählt ganz sicher zu den vielseitigsten Befehlen im LINUX-Betriebssystem. Mit diesem Befehl können Sie direkt von der Tastatur in eine Datei schreiben, Sie können Dateien kopieren und aneinander hängen. In Anbetracht des Funktionsumfangs sollten Sie allerdings auch recht vorsichtig mit cat umgehen, damit Sie nicht versehentlich Dateien beschädigen. Im Gegensatz zu einer Textverarbeitung, mit der Sie Änderungen bei Bedarf vor dem Speichern verwerfen können, arbeiten Sie mit cat direkt an der offenen Datei. Die Standardsyntax von cat ist folgendermaßen definiert:

```
cat [-Optionen] [Quelldatei(en)] > [Zieldatei] ⏎
```

Dies entspräche eigentlich einem Kopierbefehl, doch cat ist weit mehr. Geben Sie nur den reinen cat-Befehl ohne weitere Angaben ein, so verursacht dies nicht etwa eine Fehlermeldung. Stattdessen öffnet cat ⏎ die Standardeingabe (dies ist die Tastatur) zum Lesen und die Standardausgabe (den Bildschirm) zum Schreiben. Sie können dies einmal ausprobieren: Der gewohnte Prompt verschwindet und Sie schreiben wie gewohnt direkt in die Konsole. Wenn Sie jetzt aber die Eingabetaste ⏎ drücken, wird die Zeile wiederholt ausgegeben. Um cat zu beenden, müssen Sie die Tastenkombination Strg + D eingeben.

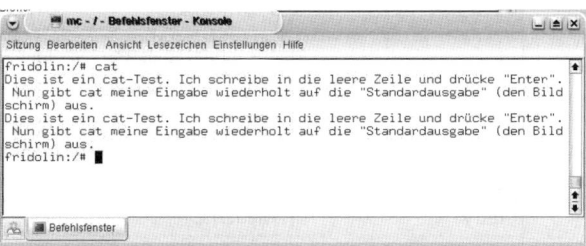

Abbildung 8.10: Experiment mit cat: Die Eingabe von cat öffnet die Standardeingabe als »Quelle« und die Standardausgabe als »Ziel«. Mit der Eingabe von ⏎ wird eine Eingabe vollendet. cat wird mit Strg + D verlassen

Wenn cat die von uns gemachten Eingaben nicht auf den Bildschirm, sondern in eine Datei schreiben soll, dann müssen wir dies mit dem vorangestellten Symbol > im Befehl angeben. Im Beispiel haben wir die Datei /test/cattest von cat erstellen lassen. Ein weiteres Beispiel zeigt den Einsatz von cat als Kopierbefehl, wobei die Datei /test/cattest in die Datei /test/cattest2 kopiert wurde. Die Befehle der Beispiele in der Übersicht:

- ✔ cat ⏎ (Lesen von der Tastatur, Schreiben auf den Bildschirm),

- ✔ cat > /test/cattest ⏎ (Lesen von der Tastatur, Schreiben in eine Datei) und

- ✔ cat /test/cattest > /test/cattest2 ⏎ (Kopieren einer Datei)

Kommando	cat
Aufgabe	Verkettung von Dateien, Texteingaben etc.
Syntax	cat [Optionen] [Datei(en)]
Option	**Bedeutung**
-A, --show-all	Vollständige Anzeige (vergleichbar mit –vET)
-b	Zählung nicht leerer Ausgabezeilen
-e	Anzeige nicht druckbarer Inhalte mit Zeilenende (wie –vE)
-E	Anzeige des Zeilenendes mit $
-n	Anzahl der Ausgabezeilen
-s	Reduzierung auf max. eine leere Zeile in Folge
-t	Ausgabe nicht druckbarer Zeichen, Darstellung von TAB mit ^I
-T	Darstellung von Tabulatoren (TABs) mit ^I
-v	Anzeige nicht druckbarer Zeichen (außer TAB und Zeilenende)
--help	Anzeige der Manpage zu *cat*
--version	Versionsnummer des *cat*-Programms

Tabelle 8.27: Das Kommando cat

Eine besondere Funktion von cat ist das Verknüpfen mehrerer Dateien in einer gemeinsamen Datei. Am Beispiel der beiden eben erstellten Testdateien wollen wir dies veranschaulichen. Jede der beiden Dateien enthält unseren kleinen Text, den wir über cat editiert haben. Der Befehl

```
cat /test/cattest /test/cattest2 > /test/cattest3 ⏎
```

bewirkt nun, dass eine neue Datei erzeugt wird, in der die Inhalte beider Dateien hintereinander enthalten sind. Damit dies deutlich wird, haben wir für dieses Beispiel noch eine weitere Datei erstellt, die an das Ende von *cattest* angehängt werden soll: *anhang*.

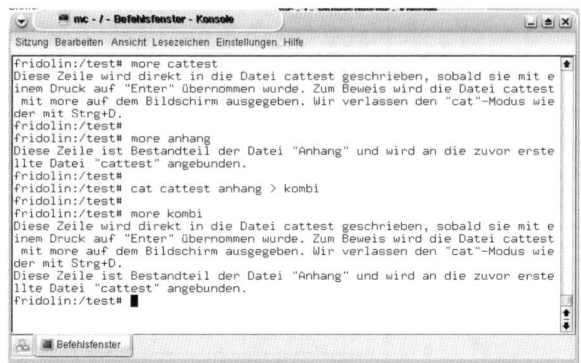

Abbildung 8.11: Verknüpfung von Dateien mit `cat`: Die Abbildung zeigt zunächst die Inhalte der Dateien cattest und anhang, die schließlich mit `cat` verknüpft werden. Das Ergebnis wird in der Datei kombi ausgegeben und wiederum mit `more` angezeigt

wc: Statistische Dateidaten

Nicht nur für uns Journalisten ist es mitunter wichtig, einen Überblick über die Anzahl der Zeichen, Worte und Zeilen eines Beitrags zu haben, es gibt auch beliebig viele andere Fälle in Schule, Ausbildung und Büro, in denen diese Daten festgestellt werden müssen. Ohne Angabe einer Option gibt wc als Ergebnis die Anzahl der Zeilen, der Wörter und in der dritten Spalte die Anzahl der Zeichen aus. Die letzte Spalte enthält den Dateinamen. Die Syntax lautet:

`wc [-Optionen] [Dateiname]` ⏎

Kommando	wc
Aufgabe	Statistische Angaben zu Dateiinhalten (Zeichen, Zeilen etc.)
Syntax	wc [Optionen] [Datei(en)]
Option	**Bedeutung**
-c	Anzahl der Bytes
-l	Anzahl der Zeilen
-L	Länge der längsten Zeile in der Datei
-m	Anzahl der Zeichen

Option	Bedeutung
-w	Anzahl der Worte (aufeinander folgende Zeichenketten)
--help	Aufruf der Manpage zu *wc*
--version	Version des *wc*-Programms

Tabelle 8.28: Das Kommando wc

ln: Link

Mit dem Kommando ln kann ein Link auf eine Datei erstellt werden. Sowohl feste als auch symbolische Links sind möglich. Sinnvoll ist ein solcher Link, wenn Sie beispielsweise ein Programm installiert haben, dessen Aufruf von jedem Punkt im Dateisystem ohne die lästige Angabe eines Pfades möglich sein soll. In diesem Fall wird ein Link auf dieses Programm in einem Standardpfad (z.B. */bin)* erstellt.

Kommando	ln
Aufgabe	Erstellung eines Verweises auf eine Datei
Syntax	ln [Option] [Zieldatei] [Linkname]
Option	Bedeutung
-b	Legt ein Backup einer bestehenden Datei mit dem Linknamen an
-f	Entfernt eine mit dem Linknamen existierende Datei
-i	Rückfrage vor dem Entfernen einer Datei
-s	Erzeugung eines symbolischen Links
-v	Ausgabe jedes Dateinamen vor dem Verweis
--help	Aufruf der Manpage zu *ln*
--version	Versionsnummer des *ln*-Programms

Tabelle 8.29: Das Kommando ln

tar, gzip & Co.: Archivierungsprogramme

Sicher ist Ihnen bekannt, dass Dateien in komprimierter Form sehr platzsparend archiviert werden können. Bereits unter MS-DOS waren Packer und Entpacker wie *lha* und *zip* bestens bekannt. Unter Windows ist es mittlerweile fast selbstverständlich, Dateien zu »zippen«. LINUX oder – noch weiter zurück in die Vergangenheit – auch frühe UNIX-Versionen kannten allerdings auch schon Archivierungsprogramme. Den Umgang mit Archiven sollten Sie beherrschen. Wenn Sie nämlich jemals ein interessantes neues Programm für LINUX im Internet oder auf einer CD-ROM einer Fachzeitschrift entdecken, wird das Programmpaket mit ziemlicher Sicherheit als Archiv vorliegen. Wir wollen uns auf zwei wesentliche Achivierungs- und Kompressionsprogramme beschränken: *gzip* und *tar*. In der Regel bekommen Sie zu anderen Programmen, die übrigens auch Bestandteil Ihrer Distribution sein können, Hilfestellung vom System. Die Abbildung zeigt dies am Beispiel des Befehls gzip.

Es ist übrigens keine Seltenheit, dass *tar*-Archive zusätzlich mit gzip komprimiert werden, was Sie an Dateiendungen wie *.tar.gz* erkennen können. Aus diesem Grund ist die Kenntnis beider Befehle sehr wichtig.

Der Befehl gzip startet lediglich ein Kompressions- und Dekompressions-Tool. Für Letzteres wird auch der Befehl gunzip eingesetzt, der jedoch auch durch gzip –d ersetzt werden kann. Große Dateien werden in der Regel nur in gezipptem Format gespeichert, um Plattenspeicher zu sparen. Unter Umständen kann es sinnvoll sein, einen schnellen Kompressionsmodus zu wählen, was jedoch zu Lasten der Packungsdichte gehen muss. Wegen der Bedeutung dieser Befehle wollen wir Ihnen eine Auflistung wichtiger Optionen für gzip nicht vorenthalten:

Kommando	gzip
Aufgabe	Kompression von Dateien und Archiven
Syntax	gzip [Optionen] [Datei(en)]
Option	**Bedeutung**
-a	ASCII-Text-Modus
-c	Ergebnis an Standard-Ausgabe (Original bleibt erhalten)
-d	Dekompression
-f	Ersetzt bestehende Dateien mit Extension .z
-h	Hilfe
-r	Rekursive Kompression inkl. Unterverzeichnisse

Option	Bedeutung
-t	Integritätscheck der komprimierten Datei
-v	Ausführliche Kompressionsinformationen (prozentualer Erfolg)
--version	Version des *gzip*-Programms

Tabelle 8.30: Das Kommando gzip

Die Syntax des gzip-Befehls lautet:

gzip [-Optionen] Dateiname ⏎

Der Befehl gzip führt den Befehl aus und löscht die Originaldateien. Nach der Kompression einer Datei ist nur noch die komprimierte Version mit der zusätzlichen Endung *.gz* zu finden. Ähnlich verhält sich der Umkehrvorgang mit gzip -d.

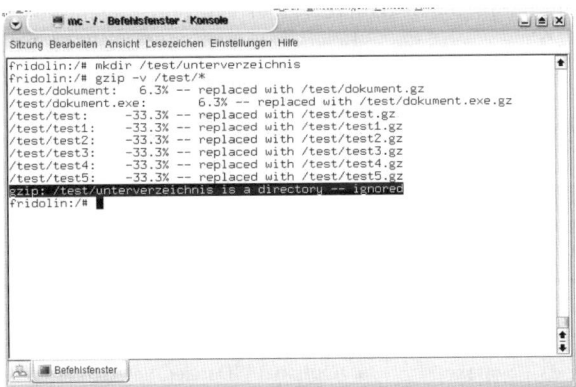

Abbildung 8.12: gzip kann keine Verzeichnisse komprimieren. Es werden lediglich die gelisteten Dateien einzeln komprimiert. Das Verzeichnis *unterverzeichnis* wird ignoriert

Die Kompression mit gzip ist eigentlich recht komfortabel und würde völlig ausreichen, wenn auch mehrere Dateien in einem Archiv zusammengefasst sowie eventuelle Unterverzeichnisse einbezogen werden könnten. Hier stößt gzip jedoch an seine Grenzen. Es hilft ein Klassiker der UNIX-Welt, um dieses Problem zu beseitigen: der *Tape Archiver* oder kurz *tar*.

Kaum jemand nutzt heute noch Streamer im täglichen Gebrauch, schließlich stellen CD-R-, CD-RW- und Wechselfestplattensysteme sehr leistungsfähige und preiswerte Speichermedien dar. Die Bezeichnung *Tape Archiver* darf also nicht allzu wörtlich genommen werden. *tar* ist auch in modernen Zeiten noch immer eines der wichtigsten Archivierungstools für UNIX und LINUX.

Die allgemeine Syntax von tar lautet:

```
tar [-Funktion] [-Option] [Archiv.tar] [Datei(en) bzw.
Verzeichnis(se)] ⏎
```

Wichtig ist, dass die Funktion eindeutig klassifiziert wird und darüber hinaus weitere Einzelheiten mit den Optionen definiert werden. Der Funktionsparameter – hier kann pro Befehl nur eine Auswahl getroffen werden – gibt an, wie tar das Archiv zu bearbeiten hat. In Betracht kommen das Erstellen eines Archivs *(-c = create)*, das Anhängen einer Datei, der Vergleich mit dem Inhalt eines bestehenden Archivs und dessen Update sowie eine Inhaltsangabe und das Entpacken des Archivs. Wie und wo diese Funktion ausgeführt und worauf der Befehl im Detail angewendet wird, ist mit den Optionen näher zu bestimmen.

Kommando	tar
Aufgabe	Archivprogramm (ursprünglich für Streamerlaufwerke)
Syntax	tar [Optionen] [Dateien/Verzeichnisse]
Option	**Bedeutung**
-A	Anhängen von tar-Dateien an ein Archiv
-c	Neues Archiv anlegen
-d	Differenzen zwischen dem Archiv und dem Dateisystem finden
-r	Datei an Archiv anfügen
-t	Inhalt des Archivs auflisten
-u	Nur geänderte Dateien im Archiv updaten

Option	Bedeutung
-x	Archiv auspacken
-f [Datei]	Angabe einer Archivdatei, eines Verzeichnisses oder Device
-k	Erhalten alter Dateien
-O	Auspacken des Archivs in die Standardausgabe
-p	Zugriffsrechte beim Entpacken beibehalten
-v	Vollständige Auflistung der bearbeiteten Dateien
-V	Label-Namen erzeugen
-W	Verifizierung des Archivinhaltes
-Z	Kompression und Dekompression mit compress
-z	Anwendung von gzip bzw. ungzip

Tabelle 8.31: Das Kommando tar

Bitte beachten Sie, dass die Funktion –r nicht mit –A zu vergleichen ist. Mit append werden Dateien, mit catenate Archive in das Archiv integriert.

Als Beispiel wollen wir das gesamte Heimatverzeichnis aller User (*/home*) in ein mit gzip komprimiertes Archiv packen, das im Verzeichnis */test* in der Datei */test/testhome.tar.gz* abgelegt werden soll. Anschließend wollen wir dieses mit dem Befehl gzip –d entkomprimieren und den Inhalt mit tar ansehen. Sie können selbstverständlich noch weitere Experimente mit diesem interessanten Werkzeug durchführen.

Das Programm *arc* ist ein weiteres Kompressionsprogramm, dessen Wurzeln eher in der Historie des Microsoft-Betriebssystems MS-DOS liegen. Allerdings wird *arc* nicht generell auf jedem LINUX-Computer installiert und muss optional nachträglich zur Verfügung gestellt werden. In der Praxis ist die Bedeutung dieses Werkzeuges jedoch sehr gering. Das gilt auch für das Microsoft-Umfeld.

arc ist in der Regel nicht von Haus aus installiert. Sie werden es – wenn überhaupt – auch nur recht selten benötigen.

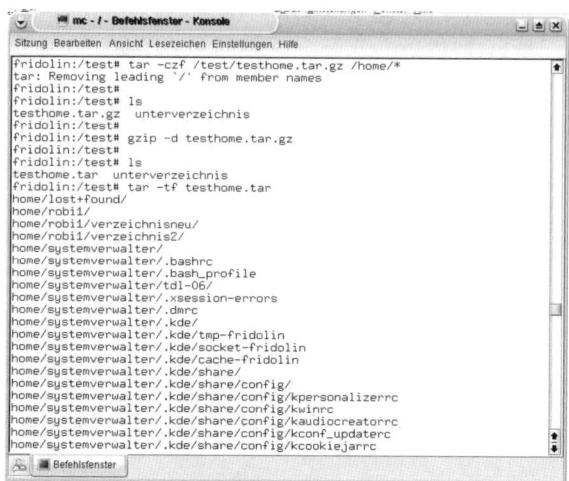

```
fridolin:/test# tar -czf /test/testhome.tar.gz /home/*
tar: Removing leading `/' from member names
fridolin:/test#
fridolin:/test# ls
testhome.tar.gz   unterverzeichnis
fridolin:/test#
fridolin:/test# gzip -d testhome.tar.gz
fridolin:/test#
fridolin:/test# ls
testhome.tar   unterverzeichnis
fridolin:/test# tar -tf testhome.tar
home/lost+found/
home/robi1/
home/robi1/verzeichnisneu/
home/robi1/verzeichnis2/
home/systemverwalter/
home/systemverwalter/.bashrc
home/systemverwalter/.bash_profile
home/systemverwalter/td1-06/
home/systemverwalter/.xsession-errors
home/systemverwalter/.dmrc
home/systemverwalter/.kde/
home/systemverwalter/.kde/tmp-fridolin
home/systemverwalter/.kde/socket-fridolin
home/systemverwalter/.kde/cache-fridolin
home/systemverwalter/.kde/share/
home/systemverwalter/.kde/share/config/
home/systemverwalter/.kde/share/config/kpersonalizerrc
home/systemverwalter/.kde/share/config/kwinrc
home/systemverwalter/.kde/share/config/kaudiocreatorrc
home/systemverwalter/.kde/share/config/kconf_updaterc
home/systemverwalter/.kde/share/config/kcookiejarrc
```

Abbildung 8.13: Experimente mit dem Befehl `tar`

Kommando	arc
Aufgabe	Archivierungsprogramm aus der PC-Welt (MS-DOS, Windows)
Syntax	arc [Kommandos] [Optionen] archive [Dateinamen]
Kommando	**Bedeutung**
a	Hinzufügen von Dateien zum Archiv (Originale bleiben erhalten)
m	Hinzufügen von Dateien zum Archiv (Originale werden gelöscht)
u	Update der Archivdateien, automatische Ergänzung des Archives
f	Update der Archivdateien ohne Ergänzung
d	Löschen von Dateien aus dem Archiv
x, e	Auspacken von Dateien aus dem Archiv
r	Starten einer Datei aus dem Archiv heraus
p	Kopie einer Archivdatei zur Standardausgabe
l	Auflistung des Archivinhaltes
v	Umfangreiche Auflistung des Archivinhaltes (Detaildaten)

Kommando	Bedeutung
t	Integritätstest des Archivs
c	Konvertierung des Archivs auf aktuellen Packungsstandard
Option	**Bedeutung**
b	Backup des Archivs erstellen (Extension: .bak)
s	Unterdrückung der Kompression
w	Unterdrückung der Ausgabe von Warnungen
n	Unterdrückung von Kommentaren
o	Überschreiben existierender Dateien beim Entpacken
g	Verschlüsselung (alles Folgende wird als Passwort betrachtet!)

Tabelle 8.32: Das Kommando arc

User und Rechte verwalten

Sie haben in diesem Teil bereits etwas über die Verwaltung von Benutzern, Gruppen von Benutzern sowie deren Rechte im System erfahren. Sehr einfach ist die User-Verwaltung natürlich mit den Werkzeugen der grafischen Oberfläche durchzuführen, doch kann es natürlich auch vorkommen, dass gerade diese nicht zur Verfügung steht. Das ist insbesondere bei Serversystemen der Fall, bei denen man die volle Rechenleistung den jeweiligen Diensten zur Verfügung stellen möchte und die Performance nicht durch eine grafische Benutzeroberfläche schmälern will. Doch gerade hier ist die User-Verwaltung von großer Wichtigkeit. Deshalb sollten Sie die Basisbefehle der Shell für diesen Zweck kennen.

useradd/usermod/userdel und groupadd/groupmod/ groupdel

Mit dem Befehl useradd wird ein neuer User im System angelegt. Dabei werden die jeweiligen Daten des neuen Users mit dem Befehl als Option übergeben. Zeigt sich jedoch, dass ein Parameter bei der Eingabe vergessen wurde, dann kann der User nicht mehr mit dem Befehl useradd bearbeitet werden. In diesem Fall wird usermod eingesetzt, mit dem Änderungen am User-Konto vorgenommen werden. Ähnliche Funktionen haben die Befehle groupadd und groupmod, mit denen eine Gruppe neu angelegt bzw. die Parameter einer vorhandenen Gruppe verändert werden können.

In einem Beispiel wollen wir einen weiteren Benutzer mit dem Namen »*roland*« anlegen. Dabei werden wir zur Demonstration absichtlich eine falsche User-ID (*888*) programmieren und versuchen, diesen Parameter sowohl mit useradd als auch mit usermod nachträglich in den Wert *505* zu verändern. Sie werden erkennen, dass useradd nicht in der Lage ist, einen bestehenden User-Eintrag zu bearbeiten. Zur Überprüfung der Aktivitäten setzen wir die bereits erläuterten Befehle ls – damit betrachten wir die Änderungen im Verzeichnis */home* – und grep – hier werfen wir einen Blick in die Datei */etc/passwd* – ein.

Nachdem wir einen User erstellt und dessen Parameter bearbeitet haben, zeigt das Beispiel zusätzlich, wie ein User wieder mit dem Befehl userdel aus dem System entfernt wird. Wichtig ist in diesem Fall die Option r, weil ohne deren Angabe das Heimatverzeichnis bestehen bleibt. Dies kann gelegentlich sinnvoll sein, belastet jedoch im Normalfall nur unnötig die Festplatte.

Es versteht sich von selbst, dass User-Definitionen ausschließlich dem Superuser vorbehalten sind. Bitte melden Sie sich in diesem Fall als »*root*« in Ihrem System an.

Kommando	useradd
Aufgabe	Einrichten eines neuen Users im System
Syntax	useradd [Optionen] [neuer Username]
Option	**Bedeutung**
-c	Kommentar
-d [Pfad]	Heimatverzeichnis
-e [Datum]	Datum (YYYY-MM-DD), an dem der Account erlischt
-f [Tage]	Tage, nachdem das Kennwort bei Nichtnutzung ungültig wird
-G [GID,...]	Weitere Gruppenzugehörigkeiten des Users
-g [GID]	Gruppe des Users
-m	Anlegen eines noch nicht existierenden Heimatverzeichnisses

Option	Bedeutung
-p [Passwort]	Definition des ersten Passwortes (Vorsicht bei NDS-Passwörtern)
-s [Shell]	Definition der Login-Shell (z.B.: bash)
-u [UID]	ID des neuen Users

Tabelle 8.33: Das Kommando useradd

groups

Das Kommando groups beantwortet mit einem Befehl die Frage, welchen Gruppen der Benutzer angehört.

Kommando	groups
Aufgabe	Anzeige aller Gruppen eines Users
Syntax	groups [Optionen] bzw. [Username]
Option	**Bedeutung**
--help	Aufruf der Manpage zu *groups*
--version	Version des *groups*-Programms

Tabelle 8.34: Das Kommando groups

passwd, finger: Passwörter und Gültigkeitsbedingungen

Mit dem Befehl passwd und der Angabe eines Users kann der Superuser direkten Einfluss auf das Kennwort und dessen Gültigkeitsdauer nehmen. Diese Berechtigung kann sinnvoll sein, wenn der User – vielleicht nach einem längeren Urlaub – sein Passwort vergessen hat. Die Berechtigung, das eigene Passwort zu verändern, ist auch jedem User gegeben. Dies ist sogar ausdrücklich erwünscht und wird häufig in regelmäßigen Zeitabständen vom Systemverwalter vorgeschrieben. Gerade diese Vorgaben kann jedoch nur der Superuser verändern.

Das eigene Passwort wird mit der folgenden einfachen Kommandozeile geändert:

```
passwd ⏎
```

Der Computer antwortet mit der Aufforderung, zunächst das alte Passwort einzugeben. Dies dient der Legitimierung des Users am System. Auf diese Weise werden »kleine Scherze« verhindert, die sich womöglich ein Kollege während einer kurzen Abwesenheit des Users am System leistet. Schließlich ist ja Mobbing am Arbeitsplatz mittlerweile ein »Volkssport« geworden. Erst jetzt fordert das System zur Eingabe eines neuen Kennworts auf, das wie üblich in verdeckter Form angezeigt und deshalb ein zweites Mal eingegeben werden muss. Sicherheit – auch die des Systems durch individuelle Passwörter – hat stets ihren Preis. Dies betrifft natürlich auch jeden einzelnen User, der diesen Preis durch Einbußen in seiner Bequemlichkeit erbringen muss. Somit schiebt das System einen Riegel vor zu leicht zu erratende Passwörter. Der Beispiel-User »robi1« wird also kein gleichnamiges Kennwort eingeben können. Das System lehnt dies ab, weil der User es Hackern zu leicht machen würde, in das System einzudringen.

Kommando	passwd
Aufgabe	Ändern eines User-Passwortes
Syntax	passwd
Option	**Bedeutung**
-f	Änderung User-spezifischer Einträge in /etc/passwd
-s	Definition der Login-Shell
-x maximal	Maximale Gültigkeitsdauer eines Passworts
-w Tage	Warnfrist vor Ablauf der Passwort-Gültigkeitsdauer
-i Tage	»Galgenfrist« nach Ablauf der Passwort-Gültigkeitsdauer
-l	Sperre des Accounts
-S	Status eines Accounts
-g	Änderung eines Gruppen-Passworts
-u	Aufhebung der Account-Sperre

Tabelle 8.35: Das Kommando passwd

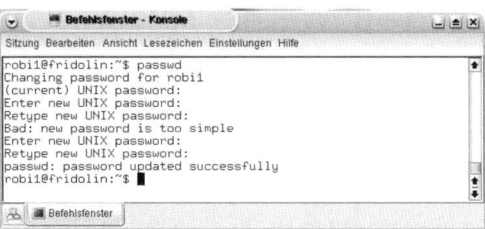

Abbildung 8.14: Der Befehl `passwd` ist sehr intelligent: Wird ein leicht zu erratendes Passwort gewählt, verweigert der Computer dessen Annahme. Der User wird quasi zu seiner Sicherheit gezwungen

Interessant ist bei `passwd` auch die Statusabfrage (Option -S). Als Ergebnis wird eine Zeile ausgegeben, die mit dem Namen des betreffenden Users beginnt. In der zweiten Position folgt ein Buchstabencode, der eine Aussage darüber macht, ob ein Passwort definiert ist und ob der Zugang eventuell gesperrt ist. An dritter Stelle ist das Datum der letzten Passwortänderung zu finden. Die vier letzten Spalten geben Auskunft über die Gültigkeitzeit des Passworts (Mindest- und Maximalter, Tage, in denen vor Ablauf der regulären Gültigkeit gewarnt wird, und die Anzahl der Tage, in denen eine Überschreitung des letzten Änderungstermines geduldet wird).

Eine recht schöne Information – insbesondere für den Systemverwalter – bietet der Befehl `finger`. Damit lassen sich schnell wichtige Systemdaten aller bekannten User abfragen. Diese – übrigens öffentlich verfügbaren – Daten sind u.a. der Login-Name, die Position des Heimatverzeichnisses, aber auch Datum und Zeit des letzten Logins bzw. die aktuelle Verweildauer im System sowie der Ort, an dem sich der User (bei der letzten Sitzung) eingeloggt hat. Im Beispiel haben wir die Daten eines Beispiel-Users betrachtet. So ist der User »robi1« augenblicklich an einer Textkonsole (tty1) angemeldet. Dort arbeitet er seit 2 Minuten und 19 Sekunden.

Im zweiten Beispiel ist der Beispiel-User »robi1« augenblicklich nicht am System angemeldet. Seine letzte Sitzung fand am 18. März um 01:37 Uhr statt. Er loggte sich an der Konsole tty1 ein.

chmod, chgrp, chown: Wechselspiele

Wie Sie wissen, können Verzeichnisse und Dateien nur im Rahmen gewisser Rechte genutzt werden, die für jede Datei bzw. jedes Verzeichnis individuell definiert sind. Die Nutzbarkeit dieser Rechte ist abhängig vom Besitzverhältnis. Im Klartext bedeutet dies, dass für den Besitzer und für Mitglieder der Gruppe des Besitzers jeweils andere Rechte gelten als für alle übrigen User des Systems. Das heißt allerdings nicht, dass eine einmal vorgenommene Definition auf ewig festgeschrieben ist, denn der Besitzer kann durchaus Änderungen in den Rechten vornehmen. Diese führt er mit chmod aus. Wir wollen wieder ein Beispiel ansehen:

Mit dem Befehl ls –l /test ⏎ sehen wir uns den Inhalt des Verzeichnisses */test* im Detail an. Unser Augenmerk richtet sich auf die Datei */test/cattest*. Deren Rechte sind durch den String *-rw-r--r--* definiert. Damit hat der Eigentümer der Datei *(»root«)* alle Rechte (Lesen und Schreiben, das Recht zum Ausführen gibt es nur bei ausführbaren Programmdateien und mit einer etwas anderen Bedeutung bei Verzeichnissen), die anderen User jedoch nur ein lesendes Recht. Wir wollen nun mit chmod den Zugriff auf die Datei so einschränken, dass neben *»root«* nur noch Mitglieder der gleichen Gruppe die Datei lesen und ausführen können. Dazu geben wir den folgenden Befehl ein:

        chmod o-r /test/cattest ⏎

Die Befehlszeile zeigt ein Beispiel mit absoluter Adressierung. Wenn Sie sich bereits in dem betreffenden Verzeichnis befinden, können Sie die Datei auch mit relativer Adressierung ohne Angabe des vollen Pfades bearbeiten: chmod o-r cattest ⏎.

Dieser Befehl entzieht nun der Benutzergruppe *Others* (*o*) das Recht zum Lesen (*-r*) für die Datei */test/cattest*. Mit dem Befehl ls -l ⏎ überprüfen wir den Erfolg der Maßnahme. Wir sehen, dass nunmehr nur noch der Besitzer der Datei und Gruppenmitglieder Rechte für den Zugriff haben, wobei die Rechte der Gruppenmitglieder ausschließlich auf einen lesenden Zugriff beschränkt sind.

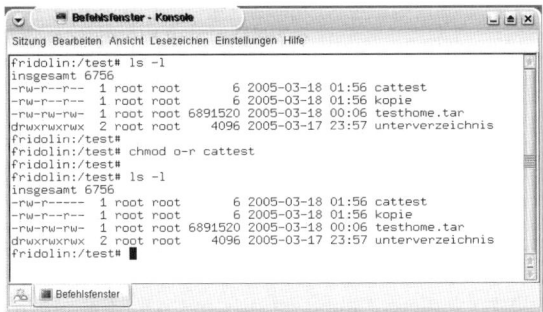

Abbildung 8.15: Beispiel für das Entfernen von Rechten an einer Datei mit chmod. Durch den Befehl wird Usern, die weder Besitzer der Datei noch Gruppenmitglieder sind, auch das bisher definierte Recht zum Lesen von *cattest* genommen

Natürlich können wir auch Rechte vergeben. Im Beispiel wollen wir nun allen Benutzern, die weder Besitzer noch Gruppenmitglieder sind, an der Datei */test/cattest* großzügig das Recht zum Lesen und zum Schreiben verleihen. Dazu rufen wir den Befehl chmod mit den Parametern *o+r+w* auf. Wer es sich aber einfacher machen möchte, kann sich einer oktalen Schreibweise bedienen. Mit der oktalen Schreibweise wird für jede Rechtskategorie eine Oktalzahl (0 ... 7) gesetzt. Dabei ist die Reihung der Stellen folgendermaßen zu betrachten:

✔ erste Stelle: Besitzer der Datei,

✔ zweite Stelle: Gruppe, dessen Mitglied der Besitzer ist und

✔ dritte Stelle: alle anderen User des Systems.

Die Bewertung der Rechte, wobei mehrere Rechte durch Addition der Werte vergeben werden, sieht folgendermaßen aus:

Wert	Recht
0	Kein Recht
1	Recht zum Ausführen
2	Recht zum Schreiben
4	Recht zum Lesen

Tabelle 8.36: Datei-/Verzeichnisrechte in oktalen Werten

Um mehrere Rechte gleichzeitig zu manipulieren, werden die Werte entsprechend addiert. Wollen Sie beispielsweise des Recht zum Schreiben und zum Lesen zulassen, so wird der (oktale) Wert »6« übergeben. Soll dagegen nur das Recht zum Lesen erlaubt sein, setzen Sie den oktalen Wert »4«. Alle eventuell zuvor eingeräumten anderweitigen Rechte werden damit für diese Benutzergruppe entzogen.

Wenn wir nun beispielsweise die Rechte der Datei /test/kopie so verändern wollen, dass die Gruppenmitglieder zusätzlich das Recht zum Schreiben bekommen, alle anderen User aber sämtliche Rechte an der Datei verlieren, dann ist dies mit dem folgenden Befehl sehr elegant möglich:

     chmod 660 /test/kopie ⏎

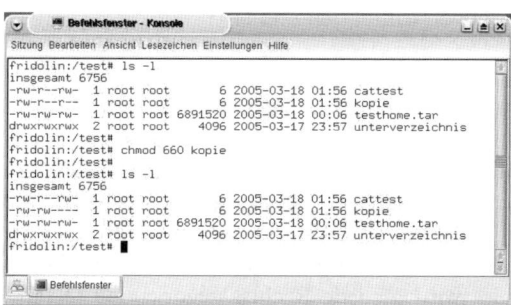

Abbildung 8.16: In diesem Beispiel – mit chmod werden die Parameter in der Form oktaler Zahlenwerte übergeben – bekommen sowohl der Eigentümer als auch die eigenen Gruppenmitglieder Rechte zum Lesen und zum Schreiben. Alle anderen User haben keine Rechte mehr an der Datei

Kommando	chmod
Aufgabe	Änderung der Datei-/Verzeichnis-Zugriffsrechte
Syntax	chmod [Optionen] [neue Definition] [Datei]
Option	**Bedeutung**
-c	Ähnlich –v, ausführlicher Bericht jedoch nur bei Änderung
-f	Unterdrückung von Fehlermeldungen

Option	Bedeutung
-R	Rekursive Behandlung von Dateien und Verzeichnissen
-v	Ausführlicher Diagnosebericht
--help	Aufruf der Manpage zu *chmod*
--version	Versionsnummer des *chmod*-Programms

Tabelle 8.37: Das Kommando chmod

Neben den Zugriffsrechten für eine Datei können noch weitere Änderungen vorgenommen werden. Ein Beispiel wäre der Wechsel der Zuständigkeiten. So kann eine Datei beispielsweise mit chown an einen anderen User übergeben werden. Nach Ausführung dieses Befehls ist der andere User der neue Eigentümer und hat damit die entsprechenden Rechte. Die Rechte des bisherigen Eigentümers der Datei orientieren sich nunmehr am Besitzstatus des neuen Eigentümers. Ist dieser Mitglied der gleichen Gruppe, so gelten für ihn die entsprechenden Gruppenrechte. Andernfalls hat der bisherige Besitzer nur die Rechte, die in der Klasse »*Others*« definiert sind. Weder eine Rückübertragung noch eine Änderung der Zugriffsrechte ist nach dem Gebrauch von chown durch den bisherigen Besitzer möglich. Die Syntax lautet:

```
chown [Username] [Datei(en)] ⏎
```

Kommando	chown
Aufgabe	Änderung der Eigentumsrechte an einer Datei
Syntax	chown [neuer Eigentümer] [Datei(en)]
Option	**Bedeutung**
-c	Ähnlich –v, ausführlicher Bericht jedoch nur bei Änderung
-f	Unterdrückung eventueller Meldungen
-h	Einwirkung auf symbolische Links
-v	Ausführlicher Bericht der Aktion
--help	Aufruf der Manpage zu *chown*

Tabelle 8.38: Das Kommando chown

Die Gruppenberechtigung einer Datei kann von deren Eigentümer oder vom Superuser mit dem Befehl chgrp neu definiert werden. Dabei wird der Eigentümer der Datei nicht verändert. Der Befehl lautet:

chgrp [Gruppenname] [Datei(en)] ⏎

Eine Übersicht der möglichen Gruppen kann man sich mit dem Befehl groups [Username] ⏎ auflisten lassen. Wird der Befehl ohne einen Benutzernamen eingegeben, dann bezieht sich die Ausgabe auf den eigenen Account.

Kommando	chgrp
Aufgabe	Übertragung der Eigentumsrechte an eine andere Gruppe
Syntax	chgrp [Optionen] [Gruppe] [Datei/Verzeichnis]
Option	**Bedeutung**
-c	Ähnlich –v, jedoch nur Berichtsausgabe bei einer Änderung
-f	Unterdrückung von Fehlermeldungen
-R	Rekursiver Datei- und Verzeichniswechsel
-v	Ausführlicher Diagnosebericht für jede Datei
--help	Aufruf der Manpage zu *chrgp*
--version	Angabe der Version des *chgrp*-Programms

Tabelle 8.39: Das Kommando chgrp

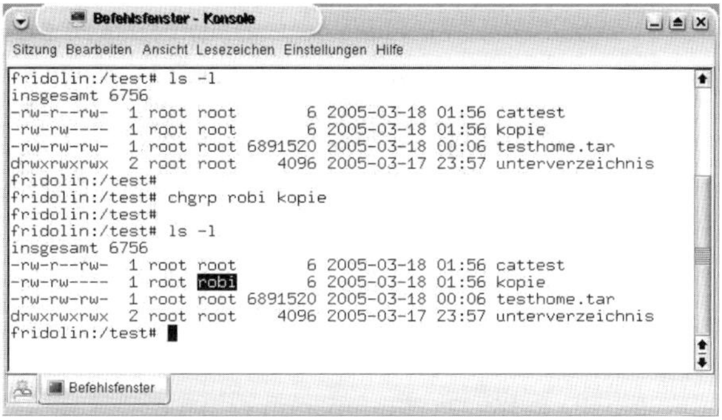

Abbildung 8.17: Neuzuordnung der Benutzergruppe für eine Datei

umask

In den Ausführungen zur Benutzerverwaltung haben Sie erfahren, dass für Dateien und Verzeichnisse unterschiedliche Rechte für den Besitzer der Datei – dies ist in der Regel derjenige, der sie erstellt hat –, die Benutzergruppe, der dieser User angehört, und für alle übrigen Benutzer definiert sein können. Diese Rechte werden in Form gesetzter Bits festgelegt oder durch nicht gesetzte Bits entzogen. Mit umask wird für neu erstellte Dateien ein Vorgabewert gesetzt, mit dem Rechte präziser definiert werden können, als es die Standardvorgabe vorsieht. Es ist dadurch mithilfe von umask möglich, spätere Konfigurationen in der Rechteverwaltung zu vermeiden oder zumindest die Zahl der Fälle zu minimieren, in denen das noch nötig wird.

Generell wird als Standard für die Rechtemaske der oktale Wert 666 gesetzt. Abgebildet auf die Rechtemaske entspricht dies: »-rw-rw-rw-«. Geben wir nun die folgende Kommandozeile ein, dann verändert sich diese Maske zu »-rw-------«.

umask 066 ⏎

Der durch umask übergebene Wert wird also von den gesetzten Bits in der Standardeinstellung *abgezogen*. Mit der Eingabe von umask 000 ⏎ wird übrigens wieder der Standardwert gesetzt.

> Die im Beispiel mit umask übergebenen Werte sind Oktalzahlen (Ziffern 0 bis 7 sind gültig).

Kommando	umask
Aufgabe	Definition eines Rechte-Schemas für neu zu erstellende Dateien
Syntax	umask [Option] [Modus]

Tabelle 8.40: Das Kommando umask

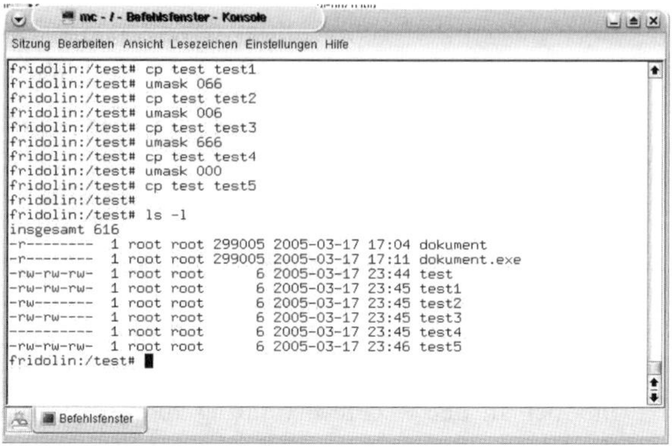

Abbildung 8.18: Es werden nacheinander fünf Kopien der Datei *test* erzeugt, wobei zwischen jeder Kopie das Kommando umask mit unterschiedlichen Werten gesetzt wird. Die Wirkung dieser Aktionen wird deutlich, wenn mit ls -l die Dateien einschließlich der Benutzerrechte aufgelistet werden

w: Wer ist gerade im System?

Einen sehr schnellen Überblick darüber, welcher User gerade an welcher Konsole im System arbeitet, bietet der Befehl w ⌐⌐. Dieser einfache Befehl listet in tabellarischer Form alle Daten wie User-Name, Konsole, Anmeldezeit etc. auf.

Kommando	w
Aufgabe	Anzeige angemeldeter User
Syntax	w [Optionen] [User]
Option	**Bedeutung**
-h	Unterdrückung der Spaltenüberschriften bei der Ausgabe
-s	Kurzansicht
-V	Version des *w*-Programms

Tabelle 8.41: Das Kommando w

su: Substitute User

Mit dem Kommando Substitute User (su) ist es möglich, mit einer anderen Benutzerkennung am System zu arbeiten, ohne sich zuvor abzumelden. Insbesondere für den Systemverwalter, der ja als Superuser »root« uneingeschränkte Rechte am System besitzt, damit aber auch unter Umständen ein hohes Risiko eingeht, wird empfohlen, einen zweiten, gewöhnlichen Account anzulegen. Mit diesem eingeschränkten Account arbeitet der Systemverwalter wie ein normaler Benutzer am System. Allerdings kann es von Zeit zu Zeit erforderlich werden, tatsächlich mit Superuser-Rechten zu arbeiten, um beispielsweise ein Programm zu installieren oder einen neuen Benutzer einzurichten.

Mit dem Kommando su hat der Systemverwalter nun die Möglichkeit, ohne Wechsel der Arbeitsumgebung und ohne Zeit raubende Ab- und Anmeldeprozeduren in den Superuser-Modus zu wechseln. Mit diesem Status kann er die anstehenden Aufgaben erledigen und anschließend wieder durch exit ⏎ in den Status des normalen Users zurückzukehren.

Unser Beispiel demonstriert dies (das Kommando whoami wird gesondert erläutert): Der User »robi1« ist ein Benutzer mit durchschnittlichen Rechten am System. Mit diesem Account arbeitet derzeit der Systemverwalter in der LINUX-Umgebung. Für den Wechsel in den Superuser-Status muss er nur su ⏎ eingeben. Er wird nach seinem Passwort gefragt. Nach dessen Eingabe ist er als Superuser »root« im System angemeldet und kann mit dessen vollen Rechten arbeiten. Sobald diese Aufgabe erfüllt ist, meldet er sich als »root« mit dem Kommando exit ⏎ wieder vom System ab. Damit wechselt er automatisch wieder zurück zum normalen Account (hier: »robi1«) und kann seine reguläre Arbeit ohne weitere Anmeldeprozedur fortsetzen.

Natürlich kann auch zu jedem anderen Benutzer-Account gewechselt werden, wobei in diesem Fall die explizite Eingabe des Usernamen erforderlich ist.

Wenn der Wechsel zu einem Standard-Account durch den Superuser »root« erfolgt, muss dieser kein Passwort eingeben. Der Wechsel zwischen zwei normalen User-Accounts erfordert neben der Angabe des gewünschten Usernamens immer zusätzlich die Eingabe des Passwortes. Der Wechsel in den Superuser-Modus setzt keine Angabe des Usernamens voraus. Auch hier wird in jedem Fall das Passwort abgefragt.

Kommando	su
Aufgabe	Wechsel in den Superuser-Modus
Syntax	su [Optionen] [User]
Option	**Bedeutung**
-, -l	Aufruf der Shell des angegebenen Users
-m	Beibehaltung der Systemumgebung
-p	Beibehaltung der Systemumgebung
-c [Kommando]	Führt nur das Kommando mit der neuen Userkennung aus
-s	Festlegung einer Startshell
--help	Hilfeaufruf
--version	Version des aktuell verwendeten su-Programms

Tabelle 8.42: Das Kommando su

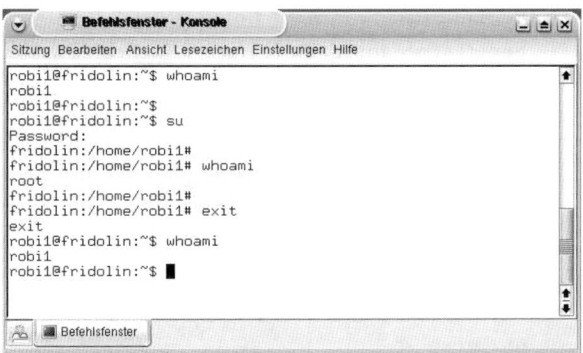

Abbildung 8.19: Der Benutzer »robi1« wechselt mit dem Kommando su in den Superuser-Status (»root«). Mit dem Kommando exit kehrt er zu seinem normalen Account zurück

Service

Eine Reihe von hilfreichen Befehlen erleichtert den Umgang mit dem System und bringt mehr Übersicht. So löscht der Befehl clear einen völlig überfrachteten Bildschirm. Die Befehle who und whoami verraten Ihnen, unter welchem Account Sie sich eingeloggt haben und auf welcher Konsole Sie sich befinden.

who

Mit dem Kommando who lässt sich feststellen, wer gerade an welchem Ort/Konsole eingeloggt ist. Darüber hinaus können die Zeit des Login und die Aktivitätsdauer angezeigt werden.

Kommando	who
Aufgabe	Informationen über im System befindliche User
Syntax	who [Option]
Option	**Bedeutung**
-H	Zusätzliche Kopfzeile mit Spaltentiteln
-i	Dauer der aktuellen Sitzungen (nur in alten Versionen)
-l	Versuch, den Computernamen per DNS zu ermitteln
-m	Rechnername und Benutzer mit Standardeingabe
-q	Summe und Namen der aktiven User
-T	Markierung aller User (mit »+«), die eine Mail empfangen können
-u	Dauer der aktuellen Sitzungen
-w	Markierung aller User (mit »+«), die eine Mail empfangen können

Tabelle 8.43: Das Kommando who

whoami

Den Befehl whoami haben Sie bereits im Zusammenhang mit su in Aktion gesehen. Er dient in der Tat der Ermittlung der eigenen User-Kennung, wenn häufiger mit su gearbeitet wird.

Ein Hinweis auf die eigene User-Kennung kann auch die Form des Eingabe-Prompts auf der Befehlszeile sein.

Kommando	whoami
Aufgabe	Ermittlung der eigenen User-ID (sinnvoll bei Nutzung von *su*)
Syntax	whoami [Optionen]
Option	**Bedeutung**
keine Option	Ausgabe der eigenen User-ID
--help	Aufruf der Manpage zu *whoami*
--version	Version des *whoami*-Programms

Tabelle 8.44: Das Kommando whoami

clear: Konsole löschen

Das Kommando clear löscht den Bildschirm der Shell und entfernt damit alle optisch störenden Zeilen. Allerdings sind diese Zeilen nicht aus dem Speicher des Computers gelöscht und können mit dem history-Kommando jederzeit wiederholt verwendet werden.

Kommando	clear
Aufgabe	Löschen des Bildschirminhaltes
Syntax	clear

Tabelle 8.45: Das Kommando clear

history: Das Gedächtnis der Shell

Vielleicht haben Sie während der letzten Abschnitte einmal die Cursortasten für die Auf- und Abwärtsbewegung benutzt? In diesem Fall werden Sie festgestellt haben, dass in der aktuellen Befehlszeile mit jedem Cursorklick ein bereits verwendeter Befehl angezeigt wird. Mit dieser interessanten Eigenschaft können Sie sich in vielen Fällen jede Menge Tipparbeit ersparen. Sie verdanken diese Funktion einem Werkzeug der Shell: history.

Auch hier sollten Sie ein wenig experimentieren. Geben Sie bitte zunächst einmal folgende Befehlszeile ein:

history ⏎

Als Ergebnis werden Ihnen zwei Spalten angezeigt: In der ersten Spalte finden Sie eine laufende Nummer, in der zweiten die von Ihnen bereits eingegebenen Befehlszeilen. Eine solche Historie wird für jeden User individuell erstellt. Die Historie bietet Ihnen aber nicht nur die Möglichkeit, Ihre letzten Eingaben – eventuell zur Fehlersuche – nachzuvollziehen, Sie können auch sehr schön damit arbeiten. In unserem Beispiel haben wir an Position 588 den Befehl *ping 100.100.100.30* aufgelistet bekommen. Bitte suchen Sie sich in Ihrer Auflistung ebenfalls eine Kommandozeile aus und geben Sie – mit der entsprechend modifizierten Zeilennummer – den folgenden Befehl ein:

!588 ⏎

Mit diesem Befehl wird nun die vollständige Kommandozeile an Position 588 in der Historie noch einmal aufgerufen. Sie erkennen das Potenzial des Befehls, das Ihnen insbesondere bei längeren Eingaben sehr hilfreich sein kann. Nun haben Sie mit dem reinen history-*Befehl* natürlich eine unglaublich lange Auflistung erzeugt, die Sie eigentlich kaum brauchen werden. Sie können die Ausgabe deshalb auch auf ein geringeres Maß reduzieren, indem Sie mit dem folgenden Befehl die Auflistung auf *n* Zeilen (die zuletzt verwendeten Kommandos) beschränken. Sie können für *n* eine beliebige Zahl wählen:

history n ⏎

Kommando	history
Aufgabe	Anzeige der zuletzt ausgeführten Shell-Kommandos
Syntax	history [Optionen]
Option	**Bedeutung**
ohne Option	Auflistung der Historie mit Zeilennummern
-n	Gibt die letzten *n* Befehle mit ihrer Zeilennummer aus

Tabelle 8.46: Das Kommando history

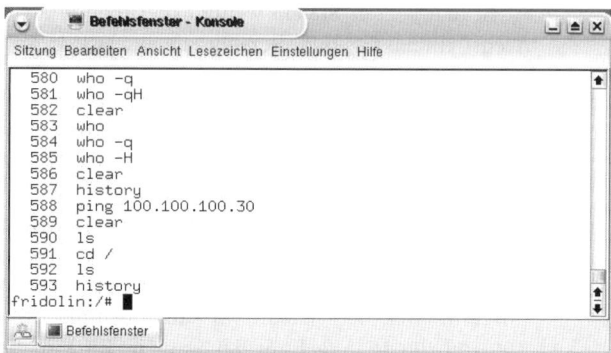

Abbildung 8.20: Die Historie der Shell kann recht umfangreich sein, jedoch bietet sie sehr einfache Möglichkeiten, um im Problemfall bisherige Aktionen nachvollziehen zu können oder durch Auswahl der Zeile einen komplexen Begriff zu verkürzen

alias, unalias: neue Namen für »alte« Befehle

Wechseln Sie häufig zwischen bestimmten Verzeichnissen oder müssen Sie einen bestimmten Befehl stets mit viel Schreibaufwand eingeben? Warum machen Sie sich das Leben unnötig schwer? Es gibt mit dem Befehl alias die Möglichkeit, eigene Befehle zu kreieren, die natürlich etablierte Funktionen aufrufen. Mit alias definieren Sie quasi einen *Substituten*, der Ihnen das Leben auf der Shell erleichtert. Aber nicht nur lange Befehlsaufrufe können Sie mit alias verkürzen, Sie können – womöglich als klassischer MS-DOS-Nutzer – eine Reihe von UNIX-/LINUX-Befehle an Ihre gewohnte Form anpassen. Um nur ein berühmt-berüchtigtes Beispiel zu nennen: Unter MS-DOS bzw. auf der MS-Windows-Konsole wechseln Sie mit dem Befehl cd.. ⏎ in das nächsthöhere Verzeichnis. Im LINUX-Betriebssystem müssen Sie ein *Leerzeichen* zwischen cd und den Punkten einfügen. Wenn Sie sich nun einige Male vertippt haben, können Sie das Problem ganz einfach beseitigen, indem Sie LINUX klarmachen, dass beide Befehle die gleiche Bedeutung haben. Eben diese Aufgabe nimmt alias wahr. Die Syntax ist einfach:

```
alias Kurzbezeichnung=["Befehlszeile"] ⏎
```

Kommando	alias
Aufgabe	Erzeugung eigener praktischer Kommandokürzel
Syntax	alias [neues Kommando] [»auszuführender Shell-Befehl«]
Option	**Bedeutung**
-p	Auflistung der definierten *alias*-Kommandos

Tabelle 8.47: Das Kommando alias

Wie Sie sehen, wird die gesamte Kommandozeile, die durch den Alias ersetzt wird, in Anführungszeichen gesetzt. Natürlich lässt sich ein Alias auch wieder löschen. LINUX und auch UNIX-Betriebssysteme sehen für diesen Zweck den Befehl unalias vor. Die Syntax lautet:

```
unalias Kurzbezeichnung ⏎
```

Kommando	unalias
Aufgabe	Löschen eines Alias für ein Kommando
Syntax	unalias [Option] [Name des Alias]
Option	**Bedeutung**
-a	Löschung aller Alias-Definitionen

Tabelle 8.48: Das Kommando unalias

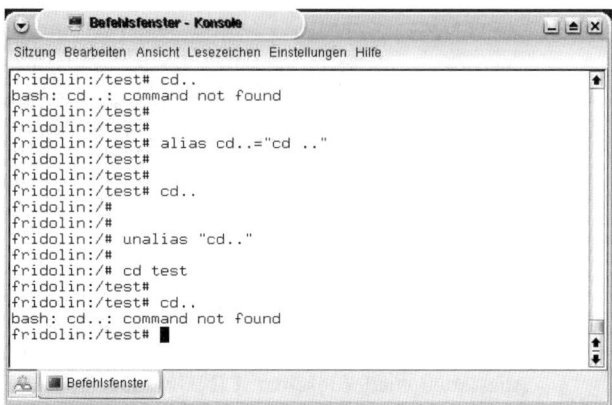

Abbildung 8.21: Der Versuch, mit dem MS-DOS-Kommando cd.. in
das nächsthöhere Verzeichnis zu wechseln, scheitert. So wird kurzer-
hand mit dem alias-Kommando bestimmt, dass cd.. die gleiche Funktion haben soll wie cd .. (mit Leerzeichen). Jetzt funktioniert auch der
MS-DOS-Befehl. Mit unalias wird das neu definierte Kommando
wieder aus dem Befehlssatz entfernt

date, cal: Die Shell als Kalender

Stellen Sie sich vor, Sie sitzen bei Ihrer Arbeit und benötigen aus
irgendeinem Grund einen Kalender. Sicher gehört so etwas zur Stan-
dardausstattung eines Computers mit grafischem Frontend, aber auf
der Shell? Auch hier ist es kein Problem, das aktuelle Tagesdatum zu
erfragen, denn dafür gibt es den Befehl date. Brauchen Sie eine etwas
umfangreichere Auskunft, dann können Sie sich beispielsweise mit
dem Befehl cal -y 2010 ⏎ den Kalender des Jahres 2010 anzeigen
und in Verbindung mit dem Druckerbefehl lpr ausdrucken lassen.
Der Aufruf von cal ohne weitere Angaben listet den aktuellen Monat
auf.

Kommando	cal
Aufgabe	Anzeige eines Kalenders
Syntax	cal [Optionen] [Monat] [Jahr]

Option	Bedeutung
-3	Anzeige des Vormonats, des aktuellen und des nächsten Monats
-j	Nummer der Tage des Jahres, beginnend beim 1. Januar
-m	Montags ist erster Tag der Woche (Default = Sonntag)
-y	Kalender des ganzen Jahres (ohne weitere Angabe = aktuelles Jahr)

Tabelle 8.49: Das Kommando cal

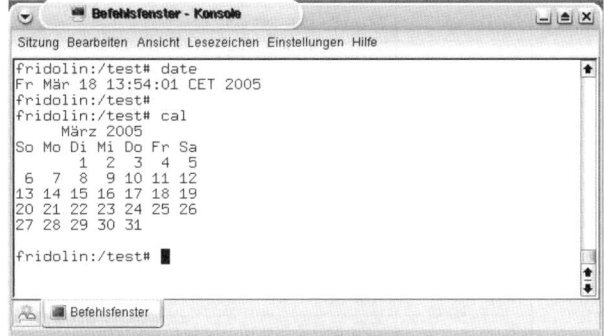

Abbildung 8.22: Datumsausgabe mit date und cal

Kommando	date
Aufgabe	Anzeige und Setzen des Systemdatums bzw. der Systemzeit
Syntax	date [Optionen] [Format]
Option	**Bedeutung**
-d	Anzeige der Zeit in der Struktur des folgenden Formates
-r	Anzeige der letzten Änderung einer Datei
-s	Setzen der Zeit im folgend definierten Format
-u	Interpretation aller Zeitangaben als UTC
--help	Aufruf der Manpage zu *date*
--version	Version des *date*-Programms

Format	Bedeutung
%B	Monatsname (ausgeschrieben)
%c	Lokales Datum und Uhrzeit
%d	Tag des Monats (01 bis 31)
%D	Datum (MM/TT/JJ)
%e	Tag des Monats (1 bis 31)
%%	Das Zeichen »%«
%a	Der Wochentag (Kurzform)
%A	Der Wochentag (ausgeschrieben)
%b	Monatsname (Kurzform)
%H	Stunde (00 bis 23)
%I	Stunde (01 bis 12)
%j	Tag des Jahres (001 bis 365)
%k	Stunde (0 bis 23)
%l	Stunde (0 bis 12)
%m	Monat (01 bis 12)
%M	Minute (00 bis 59)
%n	Zeilenumbruch
%p	AM oder PM
%r	Zeit in 12-Stunden-Form (hh:mm:ss AP/PM)
%S	Sekunden (00 bis 59)
%t	Tabulator
%T	Zeit in 24-Stunden-Form (hh:mm:ss)
%U	Wochennummer (Sonntag ist erster Tag der Woche) 00 bis 52
%V	Wochennummer (Montag ist erster Tag der Woche) 00 bis 52
%w	Wochentag (0 = Sonntag bis 6 = Samstag)
%W	Wochennummer (Montag ist erster Tag der Woche) 01 bis 53
%x	Lokale Datumsanzeige (MM/TT/JJ)
%X	Lokale Zeitanzeige (%H:%M:%S)
%y	Jahreszahl (zweistellig)
%Y	Jahreszahl (vierstellig)
%Z	Zeitzone

Tabelle 8.50: Das Kommando date

lpr, lpc, lpq und lprm: Drucken von der Shell

Gehen wir davon aus, dass Sie erfolgreich einen Drucker installiert haben, dann wollen Sie diesen natürlich auch von der Shell aus benutzen. Es gibt dabei allerdings einiges zu beachten. So ist LINUX bekanntlich ein Multiuser-Betriebssystem. Es kann Ihnen also passieren, dass verschiedene andere User zeitgleich etwas ausdrucken wollen. Der Druckdämon sieht deshalb eine Warteschlange (*Queue*) vor, in die jeder Druckauftrag eingereiht und nacheinander abgearbeitet wird.

Achten Sie darauf, dass der Drucker korrekt installiert ist. Darüber hinaus muss der Druckdämon *lpd* installiert und aktiviert sein.

Der Befehl lpc zeigt Ihnen den Inhalt der aktuellen Druckerwarteschlange (*Queue*) und den Status der Aufträge (*Jobs*) an. Den Status des Druckdämon *lpd* zeigt der Befehl lpc mit dem Parameter status an. Darüber hinaus kann mit lpc Einfluss auf die Druckreihenfolge genommen werden.

Kommando	lpc
Aufgabe	Druckersteuerung
Syntax	lpc [Kommando] [queue]
Option	**Bedeutung**
abort	Abbruch des aktuellen Druckjobs
disable	Keine Annahme weiterer Druckaufträge
down	Deaktivierung des Druckers
enable	Start der Annahme von Druckaufträgen
start	Starten / Fortsetzen des Druckvorganges
status	Systemstatus des *lpd*-Druckdämons
stop	Anhalten des Druckvorganges
topq [ID]	Verschiebung des genannten Druckjobs an die erste Stelle
up	Aktivierung des Druckers

Tabelle 8.51: Das Kommando lpc

Kommando	lpq
Aufgabe	Einblick in die Druckerwarteschlange
Syntax	lpq [Optionen]
Option	**Bedeutung**
-a	Auflistung aller Drucker
-l	Ausführliche Information zu den Druckjobs
-P[Drucker]	Benennung eines speziellen Druckers

Tabelle 8.52: Das Kommando lpq

Kommando	lpr
Aufgabe	Drucken einer Datei
Syntax	lpr [Optionen] [Datei]
Option	**Bedeutung**
-h	Druckt keinen Header bei diesem Auftrag
-m [Mail to]	Sendet bei einem Problem eine Mail an den User

Tabelle 8.53: Das Kommando lpr

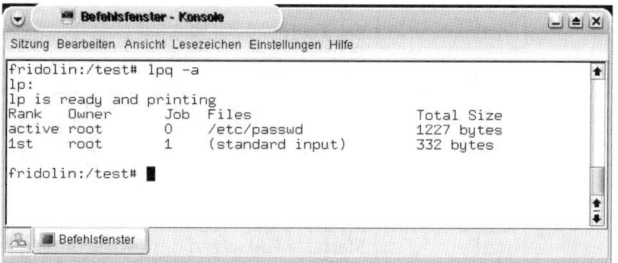

Abbildung 8.23: Was liegt an in der Druckerwarteschlange? –
Das Kommando lpq gibt Antwort auf diese Frage

Interessant ist aber der Druckbefehl selbst: lpr. Er kann einerseits als
eigener Befehl gesetzt werden, um eine Datei auszudrucken, wie es
das folgende Beispiel zeigt:

```
lpr /etc/passwd ⏎
```

Auf der anderen Seite kann er auch die Ergebnisausgabe eines anderen Befehls auf den Drucker umlenken, wenn er mit dem *Pipe-Symbol* (|) verwendet wird. Ein Beispiel wäre folgende Befehlszeile:

```
ls -l /home | lpr ⏎
```

Schließlich darf im Zusammenhang mit der Druckerqueue nicht vergessen werden, dass Jobs in der Warteschlange auch gelöscht werden können. Man stelle sich vor, ein User gibt versehentlich den Befehl, eine – leider falsche – mehrseitige Datei auszudrucken oder druckt wegen eines Fehlers mehrere Male ein und dieselbe Datei aus. Dies verschwendet nicht nur unnötig Papier und Tinte bzw. Toner, es verlängert auch die Wartezeiten für die Ausgabe anderer Druckaufträge, die später gereiht sind. Mit dem Befehl lprm können gezielt einzelne Jobs oder alle Jobs einer Queue bzw. die eines einzelnen Users gelöscht werden. lprm ist für alle User zugänglich, jedoch können »einfache« User nur eigene Aufträge löschen. Der Superuser kann dagegen konsequent alle Jobs aus der Warteschlange entfernen. Welcher Job zu löschen ist, kann mit dem Kommando lpq festgestellt werden.

Kommando	lprm
Aufgabe	Löschen von Druckaufträgen aus der Warteschlange (Queue)
Syntax	lprm [Optionen] [Job-ID bzw. all]
Option	**Bedeutung**
-	Entfernung aller dem User gehörenden Aufträge aus der Queue
-P[Drucker]	Angabe der Druckerwarteschlange

Tabelle 8.54: Das Kommando lprm

ping: »Hallo, bist du da?«

Mit dem Befehl ping steht Ihnen ein sehr einfaches und doch effizientes Werkzeug zur Verfügung, um sowohl die Funktion der eigenen Netzwerkkarte zu überprüfen als auch die Anwesenheit eines bestimmten Computers im LAN festzustellen. Ohne tief in die Details der Netzwerkprotokolle einzusteigen, kann ping allgemein als »Echoanforderung« umschrieben werden. Mit ping werden Testdatenpakete an den adressierten Computer gesendet, der – sofern ein entsprechender Dämon auf diesem Computer aktiviert ist, was allerdings in fast allen Betriebssystemen zur Standardeinstellung gehört – die Nachricht erkennt und das empfangene Paket an den Absender zurücksendet. Der Absender wartet nun den Eingang der Rückantwort ab und ermittelt nach deren Eintreffen die Laufzeit und eventuelle Übertragungsfehler. Lässt die Antwort zu lange auf sich warten, dann nimmt ping jedoch an, dass der adressierte Computer augenblicklich nicht im Netz verfügbar ist und gibt eine entsprechende Meldung aus.

Der Befehl ping wirkt recht harmlos, doch gab es in älteren Betriebssystemen Probleme beim Empfang von großen Testdatenpaketen (> 64 KB), die bis zum Absturz des Systems reichten. Hacker machten sich seinerzeit gerne einen Scherz aus diesem Umstand und sendeten den »Ping of Death«. Die Konsequenzen können in diesen Situationen allerdings sehr unangenehm sein, da ping – wie jedes Datenpaket im TCP/IP-System – stets auch die Absenderadresse führt und den »Attentäter« auf dem Silbertablett serviert. Profis wissen leider auch dies zu umgehen. Darauf werden wir hier jedoch nicht eingehen.

Wie fast jeder Befehl kann auch ping durch weitere Optionen präzisiert werden. Geben wir beispielsweise lediglich den Befehl ping 100.100.100.30 ⏎ ein, dann sendet unser Rechner endlos viele Echoanfragen. Würde dies jeder Rechner im Netz tun, könnte man bereits von einer erheblichen Belastung des Gesamtsystems sprechen. Brauchbare Testergebnisse bekommt man allerdings schon mit nur wenigen Echoanfragen. So lässt sich die Anzahl der Testpakete mit der Option –cn auf *n* Anfragen begrenzen. In unserem Beispiel haben wir für *n* = 5 eingesetzt.

Mit Strg + D können Sie einen endlosen ping beenden.

Mit der Option –s *[Paketgröße in Byte]* können wir auf die Größe des Testpakets direkten Einfluss nehmen. Bitte seien Sie allerdings vorsichtig mit Paketen, die größer als 64 KB sind, wenn Sie ping an einen

Rechner mit einem älteren Betriebssystem senden. Der daran arbeitende Kollege könnte womöglich Probleme bekommen. Ebenso wie die Paketgröße kann auch das Sendeintervall modifiziert werden. So können Sie mit der Option −i *[Sekunden]* eine Wartezeit zwischen den einzelnen »Pings« definieren. Sie sollten aber auch mit diesem Befehl sehr vorsichtig umgehen, denn wenn Sie mit ping eine Adresse im Internet adressieren und sich darauf verlassen, dass Ihre Internetverbindung bei Nichtbenutzung automatisch nach einer von Ihnen vorgegebenen Zeit getrennt wird, dann sorgt ping für eine Dauerverbindung. Die Telefonrechnung und die Ihres Providers kann – bei zeitabhängigen Tarifen – damit unter Umständen recht kräftig ausfallen.

Der Befehl ping ist ausgesprochen nützlich, doch sollten Sie im eigenen Interesse unbedingt jeden Missbrauch verhindern.

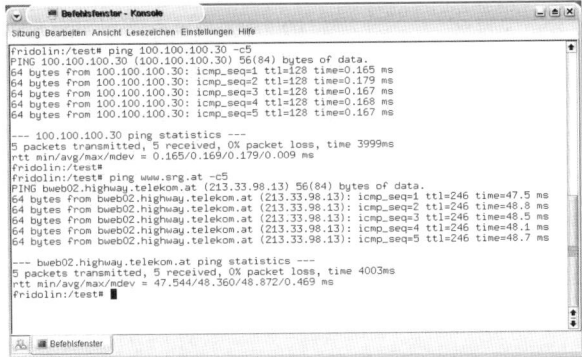

Abbildung 8.24: Zwei Beispiele für einen erfolgreichen Kontakt mit ping: Im ersten Fall wurde ein Rechner im lokalen Netz kontaktiert. Das zweite Beispiel zeigt, dass auch die Erreichbarkeit von Webadressen geprüft werden kann

make: Kompilierung & Co. nach Anweisungsliste

Wenn Sie programmieren oder ein neues Programm auf Ihrem System installieren wollen, dann müssen Sie dieses zunächst aus einem Archiv entpacken, dabei womöglich dekomprimieren und schließlich nach exakt festgelegten Regeln installieren. LINUX kennt – einmal abgesehen von vorgegebenen Verfahren der verschiedenen Distributionen – kein Setup-Tool à la Microsoft, das unsere neue Software – insbesondere wenn sie als unkompiliertes Quellprogramm vorliegt – per Mausklick in der gewünschten Form installiert. Dennoch bietet LINUX eine Möglichkeit, vorgegebene Abläufe zu automatisieren. Der Befehl make führt dabei die Instruktionen aus, die in einer zusätzlichen Datei eingetragen werden. Damit erleichtern Sie sich jedoch nicht nur die Arbeit bei der Nachinstallation von Software, auch Programmierer profitieren von dieser Möglichkeit, wenn make dazu verwendet wird, nur einzelne Programmmodule neu zu kompilieren. Die Zeitersparnis ist unter Umständen erheblich.

Kommando	make
Aufgabe	Automatische Abarbeitung in einer Datei vordefinierter Abläufe
Syntax	make [Optionen] [Ziel]
Option	**Bedeutung**
-f [Dateiname]	Bezeichnung der Vorgabedatei (Makefile)
-i	Ignorieren aller Fehler
-I [Verzeichnis]	Angabe eines Verzeichnisses zur Suche von Vorgabedateien
-n	Ausgabe, jedoch nicht Ausführung der vorgegebenen Kommandos
-s	Unterdrückung von Meldungen (silent mode)

Tabelle 8.55: Das Kommando make

System- und Prozessmanagement

So ein Computer ist ein sehr schweigsames Gerät. Er kann viel, die richtige Programmierung vorausgesetzt, doch wir wissen meist nicht, was er gerade macht. Welche *Systemprozesse* laufen gerade? Wie stark ist das System ausgelastet? Möglicherweise hängt ein Prozess – auch bei LINUX! – und muss durch einen Eingriff des Superusers beendet werden.

Übersicht zu den laufenden Vorgängen im System liefern Befehle wie ps, pstree, top. Das Beenden eines Prozesses kann mit dem Kommando kill erzwungen werden. Dies ist nicht so mörderischer Natur, wie es zunächst den Anschein hat.

Auch Befehle wie lsmod, modprobe und halt dienen im weitesten Sinne der Systemverwaltung, sei es der Aktivierung zusätzlicher Module, der Automatisierung verschiedener Abläufe oder schlicht und einfach dem Herunterfahren des Systems.

ps

Das Kommando ps bietet eine einfache Möglichkeit, die aktuell laufenden Prozesse im System zu listen, wobei verschiedene Filter die Ausgabe beeinflussen. Diese Filter werden durch Optionen gesetzt, die mit dem Kommando übergeben werden. Auch die Form der Anzeige lässt sich beeinflussen. So ist insbesondere für Softwareentwickler in der Testphase interessant, welche Inhalte die Prozessorregister aktuell führen.

Kommando	ps
Aufgabe	Anzeige der aktuellen Prozesse
Syntax	ps [Optionen]
Option	**Bedeutung**
a	Alle Prozesse dieses Terminals (inkl. die anderer User)
-A	Alle Prozesse
-p	Auswahl nach Prozess-ID
T	Alle Prozesse dieses Terminals
-t	Auswahl nach Konsole (tty)
-u	Auswahl nach User-ID
X	Prozessanzeige und Registerinhalte (altes LINUX i386-Format)

Tabelle 8.56: Das Kommando ps

pstree

Eine baumförmige Auflistung der laufenden Prozesse sieht nicht nur ansprechend aus, sie bietet auch den Vorteil, dass Abhängigkeiten zwischen den einzelnen Prozessen deutlich werden.

Kommando	pstree
Aufgabe	Ausgabe einer baumförmigen Prozessliste
Syntax	pstree [Option]
Option	**Bedeutung**
-G	VT 100-Zeichensatz
-h	Hervorhebung aktueller Prozesse
-n	Numerische Sortierung
-p	Anzeige mit Prozess-ID
-V	Version des pstree-Programms

Tabelle 8.57: Das Kommando pstree

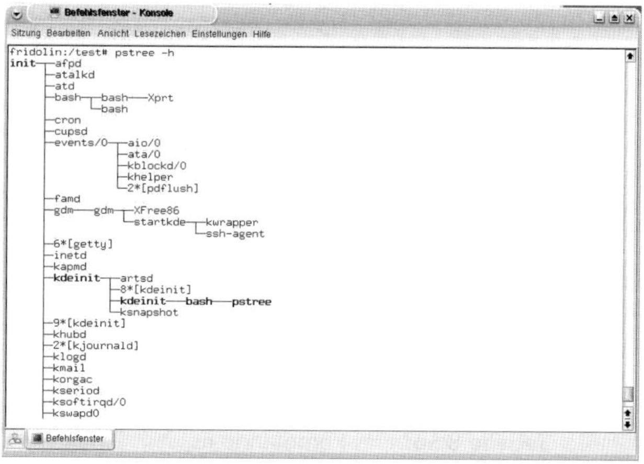

Abbildung 8.25: Mit der Option -h werden im Darstellungsbaum von pstree die derzeit aktiven Prozesse hervorgehoben

top

Das Kommando top ruft eine tabellarische Auflistung der System-prozesse auf, die sich jedoch durch eine automatische permanente Aktualisierung auszeichnet. Diese Darstellung eignet sich sehr gut zur kontinuierlichen Beobachtung der Systemabläufe. Das Aktualisie-rungsintervall kann mithilfe der Option -d verändert werden. Zur bes-seren Übersicht ist es auch möglich, die Anzeige auf nur einen tatsäch-lich interessanten Prozess zu reduzieren.

Kommando	top
Aufgabe	Regelmäßige Anzeige der CPU-Prozesse
Syntax	top [Option]
Option	**Bedeutung**
-b	Batch-Modus
-c	Zeigt die Kommandozeile anstelle des Prozessnamens an
-d[Sekunden]	Zeit zwischen den Aktualisierungen
-h	Hilfe zum Befehl *top*
-i	Ignoriert *idle*- oder *zombie*-Prozesse
-n	Anzahl der Aktualisierungen begrenzen auf *n*
-p[Prozess-ID]	Lediglich stets aktuelle Anzeige des gewählten Prozesses

Tabelle 8.58: Das Kommando top

kill

Mit dem Kommando kill können gezielt Prozesse im System beendet werden. Zusätzlich kann durch Eingabe der Option -9 dafür gesorgt werden, dass ein Prozess sofort beendet wird. Das bedeutet, dass diesem Prozess nicht einmal mehr die Gelegenheit gegeben wird, Ein-stellungen und Daten zu speichern.

Kommando	kill
Aufgabe	Signal an laufenden Prozess (z.B. beenden bzw. neu starten)
Syntax	kill [Option] [Prozess-ID]

Option	Bedeutung
-9	Beenden eines Prozesses
-HUP	Neustart eines Prozesses
-l	Liste definierter Signalnamen für –s-Option
-p	Lediglich Ausgabe der Prozess-ID des benannten Prozesses
-s	Spezifikation des Signals (-s SIGHUP, -s SIGKILL etc.)

Tabelle 8.59: Das Kommando `kill`

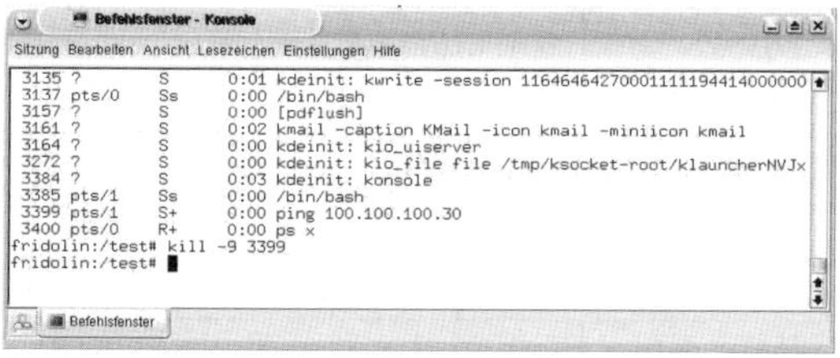

Abbildung 8.26: Der Prozess einer `ping`-Serie soll auf der Stelle beendet werden. Dazu wird dem `kill`-Kommando neben der Prozess-ID auch die Option -9 übergeben

halt, shutdown, poweroff: Geordnetes Sitzungsende

Moderne Betriebssysteme haben eines gemeinsam: Am Ende einer jeden Sitzung wird der Computer nicht nur einfach ausgeschaltet, sondern kontrolliert heruntergefahren. Da unterscheiden sich auch MS Windows und LINUX nicht voneinander. Sinn der Maßnahme ist es unter anderem, noch offene Dateien zu schließen und damit einen eventuellen Datenverlust zu verhindern. Darüber hinaus wird auch der Computer aufgeräumt, d.h., nicht mehr benötigte temporäre Daten werden gelöscht etc. Bei LINUX wird bekanntlich jedes Laufwerk und jedes Verzeichnis als Datei betrachtet. Auch diese Dateien müssen geschlossen werden. Um das System herunterzufahren, kennt LINUX verschiedene Befehle: `halt`, `shutdown` (mit der Option –h) und `poweroff` haben ähnliche Funktionen. Gemeinsam ist ihnen in der Regel, dass ausschließlich dem Superuser das Recht zum Herunterfahren des Systems eingeräumt wird. Es wäre auch fatal, wenn jeder User in einem größeren Netzwerk aus »reinem Vergnügen« wichtige Server herunterfahren könnte.

Kommando	halt
Aufgabe	Beendet alle aktiven Prozesse und fährt das System herunter
Syntax	halt [Optionen]
Option	**Bedeutung**
-n	Keine Synchronisation vor dem Herunterfahren
-h	Alle Festplatten in Standby-Modus vor dem Herunterfahren
-i	Schließt alle Netzwerkschnittstellen vor dem Herunterfahren
-p	Poweroff nach Herunterfahren

Tabelle 8.60: Das Kommando halt

Kommando	poweroff
Aufgabe	Beendet alle aktiven Prozesse und fährt das System herunter
Syntax	/sbin/poweroff [Optionen]
Option	**Bedeutung**
-h	Alle Festplatten in Standby-Modus vor dem Herunterfahren
-i	Schließt alle Netzwerkschnittstellen vor dem Herunterfahren
-n	Keine Synchronisation vor dem Herunterfahren
-p	Poweroff nach Herunterfahren

Tabelle 8.61: Das Kommando poweroff

Kommando	shutdown
Aufgabe	Fährt den Computer herunter
Syntax	/sbin/shutdown [Option] [time] [Text einer Warnung an alle User]
Option	**Bedeutung**
-a	verwendet /etc/shutdown.allow
-c	Abbruch eines Shutdown-Befehls (wenn noch möglich)
-f	Überspringen von fsck nach Neustart

Option	Bedeutung
-F	fsck nach Neustart erzwingen
-h	Halt
-k	Kein Shutdown, sondern nur Warnung an alle User
-r	Reboot nach dem Herunterfahren (Neustart)
-t [Sekunden]	Zeit zwischen Warnung und kill-Signal
time	Shutdown-Zeit

Tabelle 8.62: Das Kommando shutdown

Das Kommando shutdown zeichnet sich dadurch aus, dass vor dem eigentlichen Herunterfahren des Systems eine Warnung an alle aktiven User ausgegeben werden kann. Diese haben dann die Möglichkeit, eventuell bearbeitete Dateien zu speichern bzw. zu schließen, um Datenverlust zu vermeiden. Auch kann das Herunterfahren des Rechners zu einem exakt definierten Zeitpunkt terminiert werden.

runlevel

Die verschiedenen möglichen Betriebszustände eines LINUX/UNIX-Betriebssystems werden als Runlevel bezeichnet. Beim Hochfahren, während des regulären Betriebes und beim Anhalten des Systems sind also verschiedene Runlevel definiert. In jedem dieser Zustände ist es nur einer eng umrissenen Zahl von Prozessen gestattet, aktiv zu sein. Hier müssen wir aber ein wenig unterscheiden zwischen einem Debian-GNU/LINUX- und einem LINUX-System anderer Distributionen, denn Debian hat möglicherweise andere Definitionen implementiert. Welche Runlevel im System definiert sind, kann mit einem Blick in die Datei */etc/inittab* ermittelt werden. Allgemein gilt:

- ✔ Runlevel 0 = Anhalten des Systems
- ✔ Runlevel 1 = Single-User-Modus
- ✔ Runlevel 6 = Reboot des Systems
- ✔ Runlevel 2 bis 5 sind den verschiedenen Multiuser-Modi mit und ohne X-Window-Server zugeordnet

In welchem Betriebszustand sich der Rechner befindet, kann mit dem Kommando runlevel ermittelt werden. Das Ergebnis ist der vorherige und der aktuelle Runlevel. Kann nur der aktuelle Wert gelistet werden, dann steht für den vorherigen Level der Buchstabe »N«.

Kommando	runlevel
Aufgabe	Ermittlung des aktuellen System-Runlevels
Syntax	runlevel

Tabelle 8.63: Das Kommando runlevel

Verwaltung von Kernel-Modulen

Bei der Einrichtung neuer Hardware muss oft mit verschiedenen Befehlen zur Verwaltung der Kernel-Module gearbeitet werden. Dazu gehören die Befehle lsmod und modprobe. Diese und auch andere Befehle zur Einbindung und Entfernung von Kernel-Modulen in das System wollen wir uns einmal näher ansehen.

Es versteht sich von selbst, dass die Verwaltung des Kernels durch den Superuser erfolgt. Bitte loggen Sie sich in diesen Fällen als »*root*« ein.

Ein Kernel-Modul lässt sich mit dem Befehl insmod direkt in das System integrieren. Wie alle Programme zur Kernel-Verwaltung ist auch dieses im Verzeichnis /sbin zu finden, auf das ausschließlich der Superuser eine Zugriffsberechtigung hat. Ebenso wie ein Modul integriert werden kann, lässt es sich mit rmmod wieder entfernen. Eine Auflistung bereits geladener Module bietet der Befehl lsmod.

Die eben genannten Befehle reichen für die Integration von Treibermodulen in der Regel völlig aus, jedoch kann es vorkommen, dass ein neues Kernel-Modul nur dann einen Sinn macht, wenn auch ein anderes Modul installiert ist. Es besteht dann also eine *Abhängigkeit* des neuen Moduls zu einem weiteren Modul, das noch vor dem eigentlich gewünschten Modul installiert werden muss. Diese Abhängigkeiten ermittelt depmod (*dep* kommt von engl. to *depend* = abhängen von).

Damit das Programm *modprobe* auf diese Auflistung der Abhängigkeiten zugreifen kann, muss depmode diese in einer Datei */lib/modules/ [Kernelversion]/modules.dep* speichern. Mit der Option –v listet depmod alle Kernel-Module auf, die vom System verwendet werden. Sie sollten dies einmal ausprobieren und werden sich wundern, wie viele Module bereits ein kleines System haben kann.

Anhand der Einträge in der Datei */lib/modules/.../modules.dep* kann man nun das Programm *modprobe* das gewünschte Kernel-Modul in das System einbinden lassen. Dabei werden die jeweils in Abhängigkeit stehenden Module in der richtigen Reihenfolge installiert. Wie bereits erläutert, kann der Erfolg der Maßnahme auch hier wieder mit lsmod überprüft werden.

```
modprobe [neues Modul]  ⏎
```

modprobe dient der Einbindung zusätzlicher Kernel-Module, beachtet dabei jedoch auch, dass gegebenenfalls weitere Module zu installieren sind, zu denen eine Abhängigkeit besteht. Dieses Kommando ist unter Umständen zur Integration neuer Hardware erforderlich.

Kommando	modprobe
Aufgabe	Einbindung eines Moduls nach Prüfung von Abhängigkeiten
Syntax	modprobe [Optionen] [Modul]
Option	**Bedeutung**
-a	Laden aller zutreffenden Module
-c	Anzeige der aktuellen Konfiguration
-l	Auflistung der Module
-r	Entfernen von Modulen
-s	Bericht nicht an *stderr*, sondern an *syslog*
-v	Ausgabe aller Kommandos, die gerade ausgeführt werden
-V	Version des *modprobe*-Programms

Tabelle 8.64: Das Kommando modprobe

lsmod

Eine Auflistung der geladenen Kernel-Module kann mit dem Kommando lsmod angezeigt werden. Funktioniert eine Hardware nicht, beispielsweise ein USB-Device oder die Soundkarte, kann hier geprüft werden, ob überhaupt entsprechende Kernel-Module installiert sind.

Kommando	lsmod
Aufgabe	Auflistung geladener Module
Syntax	lsmod

Tabelle 8.65: Das Kommando lsmod

```
fridolin:/test# lsmod | more
Module                Size  Used by
r128                 92836  2
apm                  19948  1
appletalk            32820  20
lp                   10408  2
ipv6                229764  16
8139cp               19072  0
snd_via82xx          26660  0
snd_ac97_codec       59268  1 snd_via82xx
gameport              4736  1 snd_via82xx
snd_mpu401_uart       7296  1 snd_via82xx
snd_usb_audio        65120  0
snd_rawmidi          23204  2 snd_mpu401_uart,snd_usb_audio
snd_seq_device        7944  1 snd_rawmidi
snd_pcm              85384  2 snd_via82xx,snd_usb_audio
snd_page_alloc       11144  2 snd_via82xx,snd_pcm
snd_timer            23172  1 snd_pcm
snd                  50660  8 snd_via82xx,snd_ac97_codec,snd_mpu401_uart,sn
d_usb_audio,snd_rawmidi,snd_seq_device,snd_pcm,snd_timer
audio                42240  0
uhci_hcd             29328  0
usbcore             104164  5 snd_usb_audio,audio,uhci_hcd
pci_hotplug          30640  0
--More--
```

Abbildung 8.27: Auflistung installierter Kernel-Module mit lsmod

Zeitsteuerung

Verschiedene Abläufe lassen sich unter LINUX automatisieren. Das kann bis hin zu einem turnusmäßigen Systemneustart führen, der vom Systemverwalter vorbestimmbar ist. Zu den interessantesten Möglichkeiten dieser Funktionen gehören aber zweifellos automatisch erstellte Sicherheitskopien wichtiger Dateien. Auf diese Weise werden die Ergebnisse der Arbeit ohne weiteres Zutun des Users automatisch gesichert.

at und atrm

Mit dem Kommando at können Sie die Ausführung eines bestimmten Kommandos zu einer genau definierten Zeit konfigurieren. Denkbar ist der Einsatz von at insbesondere dann, wenn zu bestimmten Zeiten das System neu gestartet werden soll. Gerade wenn Sie Serverdienste anbieten, kann das sinnvoll sein, um eventuell hängende Prozesse wieder zu reaktivieren. Allerdings müssen Sie bedenken, dass Sie damit bestehende Sessions gnadenlos abbrechen. Es empfiehlt sich also, einen Systemneustart nicht ohne vorherige Information der Benutzer durchzuführen. Ebenfalls denkbar ist der Einsatz von at in Verbindung mit apt-get oder dpkg, um in weitgehend ungenutzten Zeiten automatisch ein Systemupdate zu fahren. Was jedoch sehr nahe liegt, ist der Schutz wichtiger Arbeitsergebnisse. Es ist wirklich sehr ärgerlich, wenn die beinahe fertige Diplomarbeit versehentlich gelöscht oder durch einen Festplattenschaden etc. unwiederbringlich zerstört wird. »Das ist nicht wahrscheinlich«, werden viele anmerken, doch es ist auch keinesfalls unmöglich. Warum sollte man nicht sicherstellen, dass die wichtigen Daten in der Mittagspause automatisch gesichert werden? Auch hierfür lässt sich mit at ein Termin vorgeben.

Kommando	at
Aufgabe	Ausführung von Aktivitäten zu einer bestimmten Zeit
Syntax	at [Optionen] [Zeit]
Option	**Bedeutung**
-d [Job]	Löschen wartender Jobs
-f [file]	Die auszuführenden Aufgaben werden einer Datei entnommen
-l	Auflistung der wartenden Jobs mit einer Jobnummer
-m	User wird per Mail über das Ergebnis des Jobs informiert
-q [queue]	Bezeichnung einer »Warteschlange« mit a ... z bzw. A ... Z
-v	Anzeige der Ausführungszeit eines Jobs

Tabelle 8.66: Das Kommando at

Mit Aufruf von at `[Zeitpunkt]` ⏎ wird eine neue Shell gestartet, auf der die zu diesem Zeitpunkt auszuführenden Befehlszeilen eingegeben werden. Es ist also durchaus möglich, mehrere Befehle für die Ausführung zu ein und demselben Zeitpunkt zu programmieren.

Um nicht vollständig den Überblick zu verlieren, kann mit dem Kommando at `-l` ⏎ (auch atq ⏎ ist hier möglich) eine Übersicht zu anstehenden Jobs aufgerufen werden. Soll einer dieser Jobs nicht ausgeführt werden, so kann jeder Job anhand seiner Job-ID eindeutig identifiziert und mit atrm `[Jobnummer]` ⏎ wieder gelöscht werden.

Kommando	atrm
Aufgabe	Entfernen von Jobs, die mit at programmiert wurden
Syntax	atrm [Option] job [Job-Nummer]
Option	**Bedeutung**
-V	Ausgabe der Versionsnummer von *atrm* an die Standardausgabe

Tabelle 8.67: Das Kommando atrm

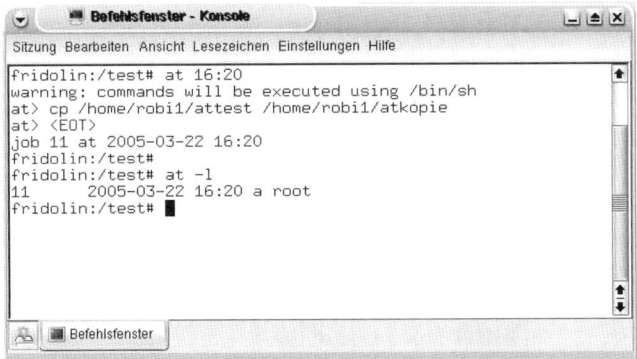

Abbildung 8.28: Programmierung eines Kopierbefehls zu einem bestimmten Zeitpunkt (hier: 16:16 Uhr) mit dem Kommando at

cron

Um regelmäßig durchzuführende Vorgänge im System zu programmieren, sollte nicht at verwendet werden. Hier kommt der Dämon *cron* zum Einsatz, der alle in einer speziellen Tabelle (*/etc/crontab*) aufgeführten Jobs zu den vorgesehenen Terminen startet. In der Regel werden Sie in dieser Tabelle verschiedene Skriptaufrufe vorfinden, die stündlich oder täglich gestartet werden. Sie können aber natürlich auch individuelle Prozesse programmieren.

> Neben */etc/crontab* existieren auch benutzerspezifische Tabellen zur Konfiguration zeitlicher Abläufe, die jedoch nur den jeweiligen User betreffen. Diese werden von cron unter */var/spool/cron/crontabs* erwartet.

Die direkte Konfiguration von *cron* findet also ausschließlich in diesen Tabellen statt. Aus diesem Grunde sollte der Dämon nach jeder Änderung an einer dieser Tabellen neu gestartet werden. Dies erfolgt durch Eingabe der folgenden Kommandozeile:

```
/etc/init.d/cron restart ⏎
```

Alternativ dazu können Sie den Dämon auch anhalten und manuell neu starten. Dazu sind jedoch zwei Kommandozeilen erforderlich:

```
/etc/init.de/cron stop ⏎
/etc/init.d/cron start ⏎
```

Kommando	cron
Aufgabe	Start des Dämons zur Ausführung zeitlich geplanter Kommandos
Syntax	/etc/init.d/cron [Befehl]
Befehl	**Bedeutung**
start	Starten des *cron*-Dämons
stopp	Anhalten des *cron*-Dämons
restart	Neustart des *cron*-Dämons

Tabelle 8.68: Das Kommando cron

Es ist allerdings in der Regel nicht erforderlich, die Tabelle */etc/crontab* bzw. die entsprechenden benutzerspezifischen Tabellen direkt zu editieren.

Im Verzeichnis */etc* finden sich nämlich einige Unterverzeichnisse, die uns nach einem Studium der Tabelle */etc/crontab* bekannt vorkommen werden. In diesen Verzeichnissen werden Skripte abgelegt, die von *cron* indirekt aufgerufen werden. Um einen regelmäßig erforderlichen Vorgang zu automatisieren, ist also lediglich die Erstellung eines Skriptes erforderlich, das in dem entsprechenden Verzeichnis abgelegt wird:

✔ Skripte für stündliche Ereignisse werden im Verzeichnis */etc/cron.hourly* abgelegt.

✔ Skripte für tägliche Ereignisse werden im Verzeichnis */etc/cron.daily* abgelegt.

✔ Skripte für wöchentliche Ereignisse werden im Verzeichnis */etc/cron.weekly* abgelegt.

✔ Skripte für monatliche Ereignisse werden im Verzeichnis */etc/cron.monthly* abgelegt.

Diese Struktur kann in verschiedenen Distributionen anders definiert sein. Auch ist es denkbar, dass in neueren Versionen einer Distribution andere Festlegungen getroffen werden. Sie sind auf der sicheren Seite, wenn Sie vor der Ablage eines Skriptes in eines der genannten Verzeichnisse die Einträge in */etc/crontab* überprüfen.

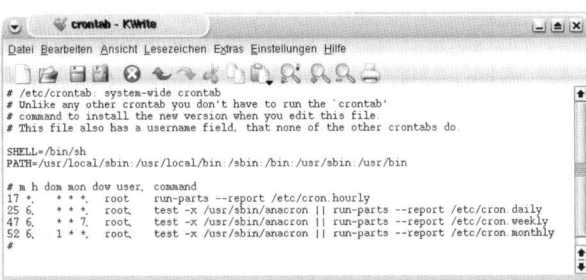

Abbildung 8.29: Inhalt der Steuerdatei für zeitlich regelmäßig zu wiederholende Abläufe (*/etc/crontab*)

In einem Beispiel wollen wir stündlich ein Backup der aktuellen Arbeit des Benutzers »Systemverwalter« erstellen lassen. Die Dateien sind im Verzeichnis */home/systemverwalter/TDL-08* abgelegt worden. Das Backup soll in einer komprimierten Datei im Verzeichnis */home/robi1* gespeichert werden. Besser wäre es natürlich, ein vollkommen neutrales Speichermedium, also im Idealfall ein Verzeichnis auf einer anderen Festplatte zu wählen. Zur Darstellung des Prinzips der Möglichkeiten, die uns *cron* bietet, soll das einfache Beispiel allerdings genügen.

Mit dem folgenden Shellskript wird stündlich ein neues Zip-Archiv angelegt bzw. ein bestehendes überschrieben. Gehen Daten im Heimatverzeichnis von »systemverwalter« bzw. in dessen Unterverzeichnissen verloren, so ist dieses Risiko allein auf die Arbeiten beschränkt, die maximal innerhalb der letzten 60 Minuten gemacht wurden. Größerer Schaden kann somit auch im Falle einer Störung des Systems nicht entstehen.

Prüfen Sie, ob das Shellskript als ausführbar deklariert wurde. Hier hilft ein Blick in die *Eigenschaften* bzw. in die detaillierte Auflistung des Verzeichnisinhaltes mit `ls -l` ⏎

```
#! /bin/sh
# /etc/cron.hourly/backup: Backup-script
tar -czf /home/robi1/backup.tar.gz /home/systemverwalter/
TDL-08/*
```

Aus drucktechnischen Gründen kann die dritte Zeile des Skriptes – sie enthält das eigentliche Kommando – nicht in einer Zeile dargestellt werden. Es handelt sich jedoch um *eine einzige* Kommandozeile ohne einen Zeilenumbruch.

Verwaltung von Programmpaketen

Debian GNU/LINUX ist eine Distribution mit sehr leistungsfähigen Werkzeugen zur Installation und Verwaltung von Programmpaketen im System. Diese erlauben es, mit wenigen Befehlseingaben ein komplettes System zu installieren und auf dem aktuellsten Stand zu halten.

Grundlage dieses Konzeptes ist der Debian GNU/LINUX package manager (*dpkg*). Auf dessen Funktionalität setzen verschiedene grafische und kommandozeilenbezogene Frontends auf. Für die Kommandozeile ist dies *apt-get*. APT ist das Advanced Package Tool der Debian-GNU/LINUX-Distribution.

Aus drucktechnischen Gründen kann die dritte Zeile des Skriptes – sie enthält das eigentliche Kommando – nicht in einer Zeile dargestellt werden. Es handelt sich jedoch um *eine einzige* Kommandozeile ohne einen Zeilenumbruch.

Die Paketverwaltung der Debian-GNU/LINUX-Distribution ist Thema eines eigenen, recht ausführlichen Kapitels in diesem Buch.

Kommando	dpkg
Aufgabe	Installation, Aktualisierung und Entfernung von Programmpaketen
Syntax	dpkg [Option] [/Pfad/Paketname]
Option	**Bedeutung**
-i	Installation eines Programmpaketes
-I	Information zu einem Programmpaket
-L	Auflistung aller installierten Dateien des Programmpaketes
-P	Vollständiges Entfernen eines Programmpaketes inkl. aller Konfigurationen
-r	Entfernen eines Programmpaketes
-s	Anzeige der Informationen zu einem Programmpaket
-S	Suche nach einer Datei innerhalb eines Programmpaketes

Tabelle 8.69: Das Kommando dpkg

Kommando	apt-get
Aufgabe	Installation, Aktualisierung und Entfernung von Programmpaketen
Syntax	apt-get [Option] [/Pfad/Paketname]
Befehl	**Bedeutung**
check	Bewirkt ein Update des Paket-Cache und eine Suche nach unerfüllten Abhängigkeiten
clean	Bereinigt lokale Speicherplätze empfangener Pakete
install	Installation eines Paketes
remove	Entfernen eines Paketes
source	Laden von Paketen im Quellcode
update	Ermittlung aktueller Versionen eines Paketes
upgrade	Aktualisierung eines Paketes auf aktuellem Versionsstand
Option	**Bedeutung**
-c	Bestimmt die Verwendung einer speziellen Konfigurationsdatei
-d	Nur Download, vorläufig keine Installation
-f	Versucht, definierte Abhängigkeiten zu erfüllen
-h	Hilfe
-m	Ignoriert fehlende Pakete bei definierten Abhängigkeiten
-u	Listet alle aktualisierten Pakete auf
-V	Zeigt die vollen Versionsangaben aller aktualisierten und installierten Pakete
-v	Zeigt die Programmversion

Tabelle 8.70: Das Kommando `apt-get`

apt-setup

Kommando	apt-setup
Aufgabe	Definition der Bezugsquellen der Datenpakete auf Datenträgern oder im LAN bzw. im Internet
Syntax	apt-setup

Tabelle 8.71: Das Kommando `apt-setup`

Editoren

Lange bevor komfortable Textverarbeitungsprogramme auf einem breiten Markt verfügbar waren, wurden bereits ASCII-Editoren eingesetzt. Auch heute noch sind Editoren ein wichtiges Werkzeug, das insbesondere für die Bearbeitung von Systemdateien und zur Programmierung eingesetzt wird. Dies begründet sich damit, dass weder Quelltexte noch das System etwas mit formatierten Texten anfangen können. Diese Texte beinhalten nämlich Zusatzinformationen, die nicht jedes Programm und schon gar nicht ein Betriebssystem oder ein Compiler lesen und verstehen können. Darüber hinaus ist der AS-CII-Code ein Standardcode, der international und plattformübergreifend gültig ist. Kompatibilitätsprobleme, die bereits bei der Textverarbeitungssoftware eines einzigen Herstellers auftreten können, wenn ein Text von einem Partner empfangen wird, der eine aktuellere Version einsetzt, sind reinen ASCII-Editoren unbekannt. Eine LINUX-Distribution liefert eine ganze Reihe interessanter Editoren, die von der Kommandozeile gestartet werden können.

Zum Programmieren verwenden Sie vorzugsweise einen Editor. Reine ASCII-Editoren stehen sowohl für die Shell als auch für grafische Frontends zur Verfügung. Formatierte Texte eines Textverarbeitungsprogramms sind für Compiler nicht lesbar. Gleiches gilt für die Bearbeitung von Systemdateien.

Der Editor *Joe* eignet sich vor allem deshalb für die Nutzung durch Einsteiger, weil der Befehlssatz nicht nur recht überschaubar gehalten, sondern eine Hilfefunktion über die Tastenkombination Strg + K H in das Fenster eingeblendet werden kann. Etwas verwirrend mag dem Einsteiger das Zeichen ^ erscheinen, das die Taste Strg verkörpert. Profis setzen in der Regel auf Standardeditoren wie *emacs* bzw. dessen Clones. Diese Editoren unterstützen Funktionen wie beispielsweise Compiler-Aufrufe. In jeder LINUX- oder UNIX-Umgebung ist der Editor *vi* zu finden. Seine Bedienung ist allerdings insbesondere für den Einsteiger etwas gewöhnungsbedürftig.

Der Editor *Joe* wird nicht unbedingt als Standard installiert. Sollte das Kommando joe unbekannt sein und Sie diesen Editor verwenden wollen, dann installieren Sie bitte das entsprechende Programmpaket nach.

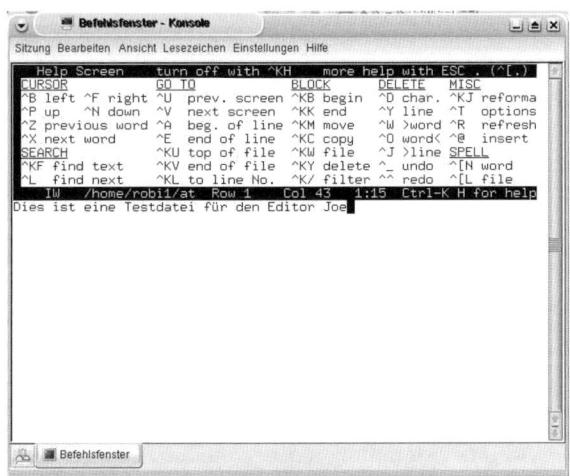

Abbildung 8.30: Der ASCII-Datei mit dem Editor *Joe*: Im unteren Bereich ist der editierte Text zu erkennen. Im oberen Bereich wurde mit der Tastensequenz ⌜Strg⌟ + ⌜K⌟⌜H⌟ die Hilfe für die Bedienung des Editors geöffnet

Aufruf von Dokumentationen

Befehle auf der Kommandozeile erscheinen oft kryptisch und unverständlich und nicht selten hat man bei der Arbeit am PC gerade kein Handbuch griffbereit. Doch selbst wenn eine Publikation die Befehle auf der Shell dokumentiert, ist es möglich, dass in verschiedenen Versionen des hinter dem Befehl stehenden Programms andere Optionen definiert sind. In diesem Fall bietet es sich an, einen Blick in die so genannten Manpages zu werfen. Das sind Dokumentationen zu verschiedenen LINUX-Programmen. Der Aufruf ist extrem einfach:

```
man [Programmname] ⌊⎵⌟
```

Mit diesem Befehl wechselt man direkt in das Programm, in dessen Fenster die Dokumentation dargestellt wird. Mit den ⎡Bild↑⎤- und ⎡Bild↓⎤-Tasten kann man nach oben oder unten um jeweils eine Bildschirmseite scrollen. Mit den Tasten ⎡↑⎤ bzw. ⎡↓⎤ wird Zeile für Zeile gescrollt. Um das Manual zu verlassen, genügt ein Druck auf die Taste ⎡Q⎤.

Kommando	man
Aufgabe	Aufruf eines Manuals
Syntax	man [Kommandoname]

Tabelle 8.72: Das Kommando man

9 OpenOffice.org

Wenn Sie nach den bereits behandelten Kapiteln immer noch Zweifel haben, ob Ihr LINUX-Computer auch wirklich den Anforderungen des Schreibtischs gerecht wird, dann kann das zweierlei Gründe haben: Der erste Grund wäre, dass Sie einen sehr alten und rechenschwachen Computer verwenden, auf dem noch keine grafische Oberfläche mit einer vernünftigen Performance installiert und betrieben werden kann. Der zweite mögliche Grund ist, dass Sie im Büro auf ein leistungsfähiges Office-Paket Wert legen, das Ihnen sowohl eine Textverarbeitung als auch eine Tabellenkalkulation bietet. Alles aus einer Hand, versteht sich. Darüber hinaus soll alles mit dem Microsoft-Office-Paket kompatibel sein. Leider ist dies noch nicht für LINUX verfügbar, was aus verständlichen betriebswirtschaftlichen Gründen auch nicht so bald zu erwarten ist.

Die Firma Sun Microsystems, bekannt durch die Entwicklung der Programmiersprache Java, hatte Ende der 90er Jahre die Rechte an einem Office-Paket erworben und dies überarbeitet, so dass es vom Umfang und von der Leistungsfähigkeit her geeignet ist, den Mitbewerbern aus den Häusern Microsoft und ehemals Lotus ernsthafte Konkurrenz zu machen: *StarOffice*. Eine ganze Weile wurde dieses Programm zum freien Download angeboten und unter anderem in verschiedenen LINUX-Distributionen vertrieben. Mittlerweile ist *StarOffice* wieder ein kommerzielles Programm, das gekauft werden muss. Allerdings muss betont werden, dass der Preis dieser leistungsfähigen Office-Suite noch mit Abstand weit unter dem liegt, was eine einzige Komponente des MS-Office-Paketes kostet. Dennoch gibt es eine OpenSource-Variante des StarOffice-Programms, die den Namen OpenOffice.org trägt. Beide Office-Suiten werden nun unabhängig voneinander weiterentwickelt, wobei jedoch Sun Microsystems nach wie vor aktiv bei OpenOffice.org engagiert ist. OpenOffice.org ist also durchaus ein sehr gutes Produkt, kostenlos aus dem Internet ladbar und liegt auch der aktuellen Debian-GNU/LINUX-Distribution bei.

OpenOffice.org bietet neben einer Tabellenkalkulation und einer Textverarbeitung auch Tools zur Erstellung von Präsentationen inkl.

der grafischen Illustration und ist in der Lage, Internetpräsentationen zu erstellen.

Installation von OpenOffice.org

OpenOffice.org gehört zu den OpenSource-Programmen, die Sie als Bestandteil der Debian-GNU/LINUX-Distribution in Ihrem CD- bzw. DVD-Image finden oder vom Debian-Server laden können. Die Installation erfolgt in zwei Schritten:

✔ Zuächst einmal müssen Sie das *OpenOffice.org*-Programmpaket – falls Sie dies nicht bereits mit der Einrichtung des Betriebssystems getan haben – auf Ihrem Computer installieren. Achten Sie darauf, dass alle erforderlichen Abhängigkeiten erfüllt sind.

✔ Anschließend wird beim ersten Start ein *Setup*-Programm von *OpenOffice.org* ausgeführt.

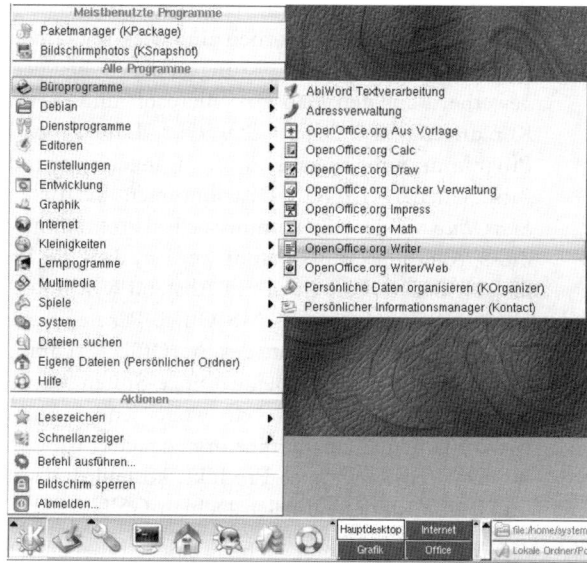

Abbildung 9.1: OpenOffice.org wird – hier am Beispiel von KDE – im Menü *Büroprogramme* gestartet

OpenOffice.org läuft problemlos auf der KDE- und auf der GNOME-Oberfläche. Auch auf anderen Oberflächen, die auf dem X-Window-System basieren, sind keine Probleme zu erwarten.

Bedenken Sie, dass *OpenOffice.org* recht viel Speicherplatz beansprucht, der insbesondere in der Partition zur Verfügung stehen muss, in der das Verzeichnis */usr* enthalten ist. Darüber hinaus müssen Sie eine ausreichend große Kapazität für Ihre Dokumente vorsehen. Diese können beim Speicherplatz auf der Festplatte sehr anspruchsvoll sein, wenn neben reinem Text auch Grafiken enthalten sein sollen.

Erste Schritte mit OpenOffice.org

Nach der Installation von *OpenOffice.org* wollen wir uns die einzelnen Teilprogramme näher ansehen. Wir werden zunächst einen kleinen Text entwerfen und ein wenig mit der Tabellenkalkulation experimentieren. Zunächst jedoch wollen wir einen Blick auf die Oberfläche des Programms und in dessen Menüs werfen. Diese zeichnen sich für das gesamte Programmpaket durch eine weitgehend einheitliche Darstellung aus. Lediglich spezielle Funktionen, deren Existenz sich durch den Zweck des jeweiligen Teilprogramms begründen, modifizieren das Outfit.

In der ersten Zeile innerhalb des Fensters finden wir wie üblich eine Menüleiste. Es folgen – wenn alle Leisten aktiviert sind – eine Funktions-, eine Objekt- und eine Werkzeugleiste, mit denen per Mausklick u.a. Texte formatiert, gespeichert oder gedruckt werden. Diese Leisten lassen sich nach individuellen Anforderungen bearbeiten und sind – wie schon angedeutet – mit den speziellen Funktionen der verschiedenen Applikationen ausgestattet. Mit OpenOffice.org *Writer* können beispielsweise Vorlagen definiert werden, die einem Absatz- oder Textabschnitt zugewiesen werden können. An der linken Bildschirmseite finden Sie verschiedene Icons, mit denen oft gebrauchte Funktionen aufgerufen werden. Beispielsweise können Sie mit verschiedenen Methoden nach einem Begriff suchen lassen:

✔ über das Menü *Bearbeiten* mit *Suchen & Ersetzen* oder

✔ über einen Klick auf das entsprechende Icon an der linken Bildschirmseite.

Zu guter Letzt befindet sich am Fuße des Fensters eine Statusleiste, die Informationen zum aktuellen Absatzformat, zur Anzahl der Seiten des Dokuments bzw. der aktuellen Seitenzahl, die durch den Cursor markiert ist, und zur Darstellungsgröße bzw. dem Zoomfaktor etc. bietet. Die meisten Leisten können im Menü *Ansicht* bedarfsweise ein- oder ausgeblendet werden.

Die OpenOffice.org-Menüstruktur

Interessant ist bei OpenOffice.org die vollständige Integration der verschiedenen Applikationen. So stellt sich Ihnen OpenOffice.org – egal, welches Programm Sie über das Menü *Büroprogramme* starten – stets als nur eine Anwendung dar, mit der Sie verschiedene Dokumentarten erstellen und bearbeiten können. Sie können also in verschiedenen Programmfenstern eine Tabelle, einen Text und eine Präsentation bearbeiten. Aus jedem dieser Programme können Sie über die Menüfunktion *Neu* ein beliebiges andersartiges Dokument eröffnen. Die Menüleiste von OpenOffice.org unterstreicht dieses einheitliche Erscheinungsbild und besteht in allen Anwendungen aus Standardfunktionen wie z.B. *Datei, Bearbeiten, Ansicht, Einfügen, Format, Extras, Fenster* und *Hilfe*. Darüber hinaus sind spezifische Menüs für die jeweiligen Applikationen des OpenOffice.org-Programmpakets – z.B. *Daten* in der Tabellenkalkulation – vorgesehen.

Wir werden uns zunächst mit dem Menü *Datei* befassen, das verschiedene Funktionen beinhaltet, mit denen die obigen Ausführungen unterstrichen werden.

OpenOffice.org-Menü: Datei/File

Gleich der erste Menüpunkt – *Neu/New* – zeigt deutlich, dass wir mit *OpenOffice.org* und nicht primär mit einer Textverarbeitung oder einer Tabellenkalkulation etc. arbeiten. Wir öffnen lediglich unsere Anwendung und erstellen ein beliebiges Dokument (Text Document) bzw. eine Tabelle (Spreadsheet) oder eine Präsentation (Presentation). Es ist somit nicht ungewöhnlich, in *OpenOffice.org* verschiedene Dateitypen in einer Applikation nebeneinander in verschiedenen Fenstern zu bearbeiten. Bleiben wir noch einen Augenblick bei diesem Menü, denn es zeigt auf einen Blick die Vielfalt des Programms, für die von anderen Herstellern sehr viel Geld verlangt wird. Auf die Details werden wir zu gegebener Zeit eingehen. Die Flexibilität von OpenOffice.org wird darüber hinaus auch beim Öffnen einer bestehenden Datei unterstrichen. So werden mit der Auswahl des Dateifilters *Alle Dateien* nicht nur sämtliche Dateien des jeweiligen Verzeichnisses gelistet, sondern – wenn die Datei zu OpenOffice.org kompatibel ist – auch direkt mit der richtigen Applikation geladen. Bemerkenswert ist die Auswahl der Dateiformate, denn es lassen sich neben regulären OpenOffice.org-Formaten auch verschiedene Microsoft-, Lotus- und andere Dateitypen öffnen.

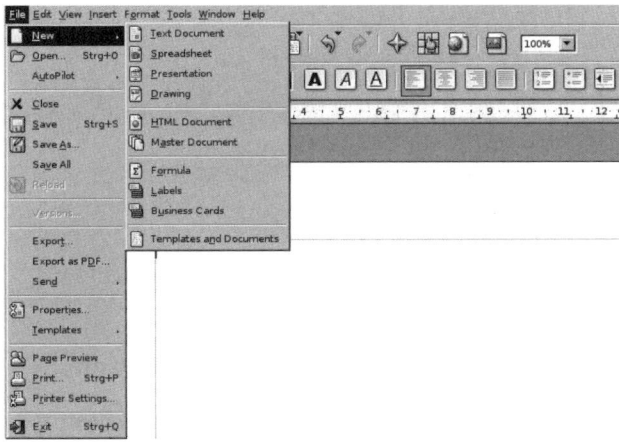

Abbildung 9.2: Das Menü *Datei* (*File*) von OpenOffice.org

Der *AutoPilot* ist ein sehr hilfreicher Assistent zur Erstellung von Standardtexten, Tabellen u.v.m. Sie können damit einen vorbereiteten Geschäftsbriefbogen laden, in den Sie lediglich die Empfängeradresse eingeben und den eigentlichen Text formulieren müssen. Alles weitere, inklusive der Eingabe des aktuellen Datums, erledigt der Computer für Sie. Der *AutoPilot* bietet aber noch eine weitere nützliche

Funktion an: die automatische Konvertierung von MS-Office-Doku-
menten in das OpenOffice.org-Format. Dies betrifft neben WinWord
auch Excel- und PowerPoint-Dokumente und -Vorlagen.

Die übrigen Funktionen des Menüs entsprechen dem Standard. So
können Sie Ihr Dokument speichern und drucken. Sie finden Informationen zu den Eigenschaften des Dokuments und können in diesem
Menü die OpenOffice.org-Sitzung beenden.

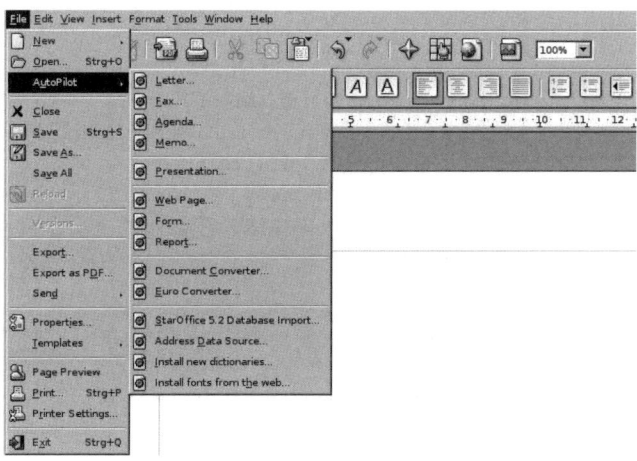

Abbildung 9.3: Der OpenOffice.org-*AutoPilot*

OpenOffice.org-Menü: Bearbeiten/Edit

Das Menü *Bearbeiten* (*Edit*) darf heute eigentlich in keiner grafisch orientierten Applikation mehr fehlen. Es enthält Funktionen, um Aktivitäten rückgängig zu machen, um Inhalte der Dokumente auszuschneiden bzw. zu kopieren und um Inhalte in ein Dokument einzufügen.
Eine ebenfalls – zumindest in modernen Textverarbeitungen – nicht
mehr wegzudenkende Funktion ist *Suchen & Ersetzen*.

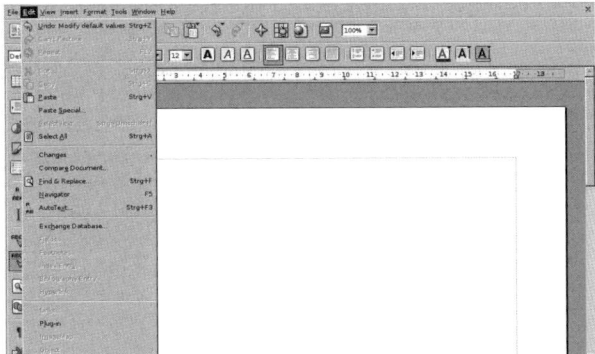

Abbildung 9.4: Das Menü *Bearbeiten (Edit)* von OpenOffice.org

OpenOffice.org-Menü: Ansicht/View

Mit den Einstellungen im Menü *Ansicht (View)* nehmen Sie direkten Einfluss auf das Outfit Ihres OpenOffice.org-Programms und damit auch auf die Bedienungsqualität. Sie müssen selbst abwägen, ob Sie möglichst alle Funktionen jederzeit per Mausklick zur Verfügung haben wollen und dabei einerseits nicht die Übersicht verlieren und andererseits noch ausreichend verbleibenden Platz für Ihr eigenes Dokument haben. Jede Symbolleiste schränkt nämlich den sichtbaren Darstellungsbereich für Ihr Projekt ein.

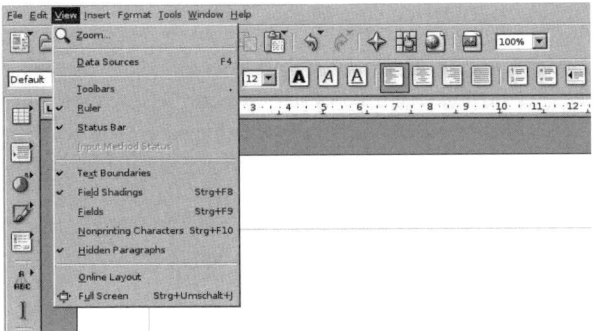

Abbildung 9.5: Das Menü *Ansicht (View)* von OpenOffice.org

OpenOffice.org-Menü: Einfügen/Insert

Das Angebot des Menüs *Einfügen* (*Insert*) ist abhängig von der jeweils aktiven Applikation. So werden für eine Tabelle in erster Linie Zeilen, Spalten und weitere Tabellenblätter, für einen Text dagegen Feldbefehl, Kopf- und Fußzeilen, Hyperlinks, Textmarken etc. angeboten.

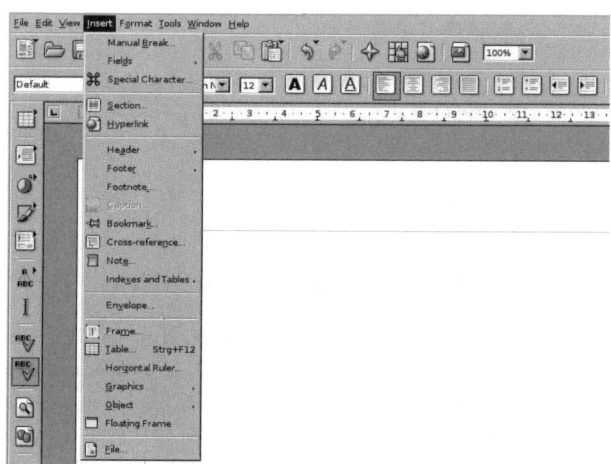

Abbildung 9.6: Das Menü *Einfügen* von OpenOffice.org am Beispiel von OpenOffice.org Writer

OpenOffice.org-Menü: Format

Auch die Formatierung der jeweiligen Projekte ist natürlich abhängig vom Dateityp. So beziehen sich die Formate eines Textes im Wesentlichen auf die Seite, die Zeichensätze und die Absätze. Bei einer Präsentation interessieren uns dagegen die Hintergrundflächen, eventuell verwendete Linien u.v.m. Mit den Funktionen des Menüs *Format* nehmen wir also direkten gestalterischen Einfluss auf das spätere Erscheinungsbild unserer Arbeit.

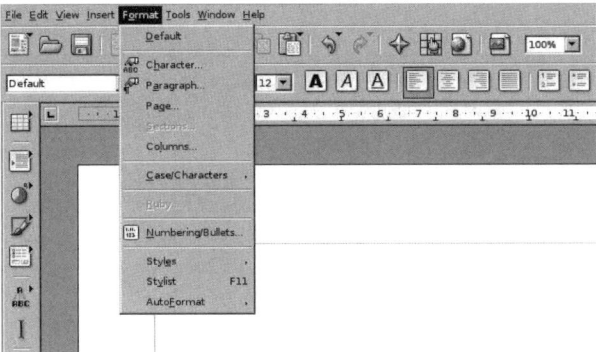

Abbildung 9.7: Das Menü *Format* von OpenOffice.org am Beispiel von OpenOffice.org *Writer*

OpenOffice.org-Menü: Extras/Tools

In den *Extras* (*Tools*) finden wir zahlreiche nützliche Funktionen, die uns die Arbeit erleichtern können. Bei der Textverarbeitung sind dies beispielsweise die Silbentrennung und die Rechtschreibprüfung (Spellcheck). Darüber hinaus gibt es eine Kapitel- und Zeilennummerierung und die Möglichkeit, Fußnoten zu setzen. Bei der Tabellenkalkulation lassen sich die Zelleninhalte auf Wunsch neu berechnen und das Modul für die Grafikbearbeitung der OpenOffice.org-Suite bietet u.a. eine »Pipette«, mit der per Mausklick die Vordergrundfarbe in den Speichern zur weiteren Verwendung übernommen werden kann.

Sehr wichtig sind die Funktionen *Makro* und *Optionen*. Mithilfe eines Makros lassen sich häufig benötigte, aber komplexe Abläufe automatisieren. Mit den Optionen kann auf die Grundeinstellungen von OpenOffice.org und den einzelnen Applikationen Einfluss genommen werden.

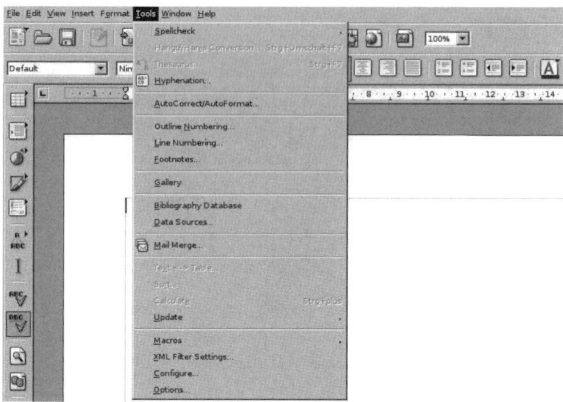

Abbildung 9.8: Das Menü *Extras* von OpenOffice.org

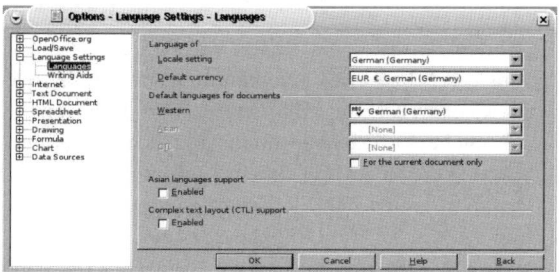

Abbildung 9.9: Sehr wichtig: Das Menü *Extras / Optionen*

OpenOffice.org-Menü: Fenster/Window

Wenn Sie verschiedene Projekte gleichzeitig bearbeiten, dann werden diese innerhalb von OpenOffice.org in verschiedenen Fenstern dargestellt. Es versteht sich von selbst, dass es mit steigender Anzahl von Fenstern ausgesprochen problematisch werden kann, alle gleichzeitig sichtbar zu machen. In der Regel ist für uns nur ein Fenster interessant, nämlich das, in dem wir gerade aktiv ein Projekt bearbeiten. Andererseits gibt es Gründe dafür, von einem Dokument gleichzeitig verschiedene Bereiche darstellen zu lassen. Beispielsweise kann damit eine Tabelle in zwei Fenstern einer Programmoberfläche dargestellt werden. In einem dieser Teilfenster lässt sich eine Überschriftenleiste des Dokumentes anzeigen. Im zweiten Teilfenster wird dann der Bereich dargestellt, der sich in Abhängigkeit dieser Werte verändert. Die Möglichkeit, ein Dokument in verschiedenen Teilfenstern darzustellen, macht sich besonders bei größeren Projekten positiv bemerkbar.

Das Menü *Fenster (Window)* bietet aber nicht nur die Auswahl der Darstellungsform von geöffneten Projekten, es findet sich auch eine Auflistung aller Fenster in diesem Menü. Auf Mausklick kann somit blitzschnell das Dokument und – OpenOffice.org integriert ja alle Applikationen in einem Programm – auch zwischen den Anwendungen gewechselt werden.

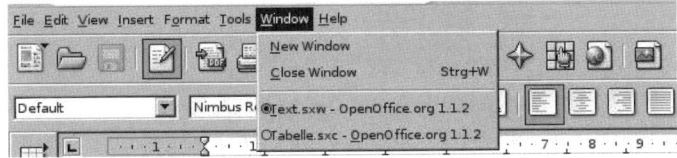

Abbildung 9.10: Das Menü *Fenster (Window)* von OpenOffice.org

OpenOffice.org-Menü: Hilfe/Help

OpenOffice.org ist ein recht komplexes Programmpaket und damit ist die Wahrscheinlichkeit groß, dass wir zu der einen oder anderen Funktion eine kleine Frage haben. So darf natürlich auch eine Hilfefunktion nicht fehlen. Dies ist insbesondere deshalb von Bedeutung, weil OpenOffice.org nicht mit einem gedruckten Handbuch geliefert wird. Im Falle einer Unklarheit sollte also zunächst die Hilfefunktion des Programms zu Rate gezogen werden.

In diesem Menü finden wir aber nicht nur eine aktive Hilfe, sondern auch Informationen zum Produkt selbst und dem Inhaber des Copyrights. Darauf basierend können Sie sich registrieren lassen, wenn Sie die Software nutzen wollen. Dies können Sie online erledigen, wenn Sie im Menü *Hilfe (Help)* die Funktion *Registrierung (Registration)* auswählen.

Spezielle Menüs

Die meisten Applikationen bieten noch eigene Menüs an, wenn deren Funktionen nicht in die oben genannten Standardmenüs integriert werden können. So wird in der Tabellenkalkulation *OpenOffice.org Calc* ein spezielles Menü *Daten* (*Data*) vorgesehen, in dem beispielsweise Zellen sortiert werden können. In *OpenOffice.org Impress* können über das Menü *Präsentation* (*Slide Show*) verschiedene Effekte und Animationen eingestellt sowie der *Diawechsel* definiert werden.

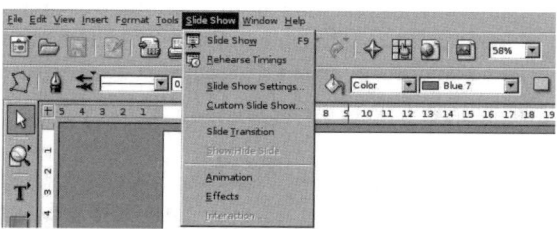

Abbildung 9.11: Das Menü *Präsentation* (*Slide Show*) der Applikation OpenOffice.org.org Impress

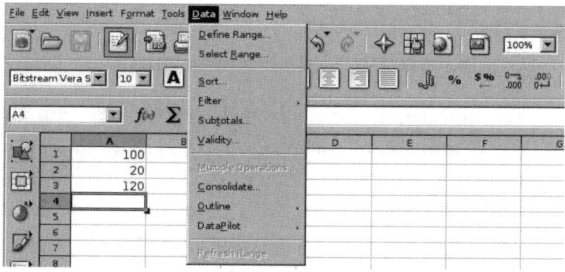

Abbildung 9.12: Das Menü *Daten* (*Data*) in OpenOffice.org Calc

Die Applikationen von OpenOffice.org im Überblick

Wie bereits angedeutet wurde, ist OpenOffice.org nicht *ein* Programm, sondern eine Sammlung mehrerer in einer gemeinsamen Oberfläche integrierter Applikationen. Bevor wir uns mit den wichtigsten davon im Detail befassen, wollen wir Ihnen einen kurzen Überblick vermitteln. OpenOffice.org enthält die nachfolgend aufgeführten Applikationen, die automatisch bei der Erstellung oder dem Öffnen eines bestimmten Dokumententyps gestartet werden.

> Gegenüber der kommerziellen Version – StarOffice von Sun Microsystems – verzichtet OpenOffice.org auf verschiedene Programmmodule.

Es ist – wie bereits gesehen – möglich, verschiedenartige Applikationen in nur einer Sitzung zu nutzen. OpenOffice.org setzt sich zusammen aus:

- ✔ einer Textverabeitung: *OpenOffice.org Writer*,
- ✔ einem Tabellenkalkulationsprogramm: *OpenOffice.org Calc*,
- ✔ einem Präsentationsprogramm: *OpenOffice.org Impress*,
- ✔ einem Zeichenprogramm: *OpenOffice.org Draw* und
- ✔ einem Formeleditor: *OpenOffice Math*.

>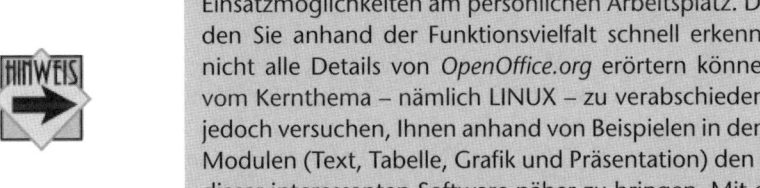
> Wir halten die Beigabe von *OpenOffice.org* für einen der wichtigsten Entwicklungsschritte des LINUX-Betriebssystems und seiner Einsatzmöglichkeiten am persönlichen Arbeitsplatz. Dennoch werden Sie anhand der Funktionsvielfalt schnell erkennen, dass wir nicht alle Details von *OpenOffice.org* erörtern können, ohne uns vom Kernthema – nämlich LINUX – zu verabschieden. Wir wollen jedoch versuchen, Ihnen anhand von Beispielen in den wichtigsten Modulen (Text, Tabelle, Grafik und Präsentation) den Umgang mit dieser interessanten Software näher zu bringen. Mit etwas Übung werden Sie darauf basierend eigene Erfahrungen sammeln und das Programm allmählich voll ausschöpfen können.

Textverarbeitung mit OpenOffice.org Writer

Die wohl am meisten benötigte Office-Anwendung ist die Textverarbeitung. Mit *OpenOffice.org Writer* lässt sich recht gut und vor allem stabil unter LINUX arbeiten. Die Gestaltung der Oberfläche erinnert – ganz offensichtlich durchaus beabsichtigt – an die des Microsoft-Pendants MS Word. Auch in Sachen Kompatibilität haben sich die Entwickler von OpenOffice große Mühe gegeben. So konnten unsere MS-Word-97/2000-Dokumente problemlos eingelesen und bearbeitet werden. Diese Dokumente waren auch später, als sie wieder mit MS Word geöffnet wurden, in den meisten Fällen störungsfrei zu bearbeiten. Allerdings würden wir – egal, welche Office-Programme Sie im allgemeinen verwenden – stets mit Testdokumenten die uneingeschränkte Kompatibilität überprüfen, wenn einer Ihrer Mitarbeiter bzw. Geschäftspartner oder Freunde mit einem anderen Programm arbeitet als Sie selbst. Das gilt sogar dann, wenn Sie verschiedene Versionen eines Herstellers verwenden. So gesehen kann man also davon ausgehen, dass OpenOffice.org *Writer* eine sehr gute Alternative zu kommerziellen Programmen ist. Denkbare Inkompatibilitäten sind beispielsweise möglich, wenn Sie mit Rahmen arbeiten. Hier können durchaus Verschiebungen vorkommen.

Wenn es auf einem älteren Computer etwas länger dauert, bis *OpenOffice.org* startet, dann klicken Sie bitte nicht nervös auf dem Icon herum. Es werden sonst mehr Fenster geöffnet, als Ihnen recht ist. Die Sanduhr, die Sie von anderen Betriebssystemen kennen, gibt es hier leider nicht.

Beginnen wir also mit der Verfassung eines Textes mit *OpenOffice.org Writer*, einem Modul in *OpenOffice.org*. Nach dem Öffnen von *OpenOffice.org* wählen Sie im Menü *Datei / Neu (File / New)* das *Textdokument* aus. Es öffnet sich nun ein Fenster in der beschriebenen Struktur, auf dem sich eine weiße Fläche befindet. In unserem Fall ist der beschreibbare Bereich umrissen und wir sehen in der linken oberen Ecke den blinkenden Cursor. Wer beim Editieren des Textes auf Hinweise zu *nicht gedruckten Zeichen* wie beispielsweise Absatzmarken oder Leerzeichen Wert legt, kann diese im Menü *Ansicht (View)* die Optionen *Textbegrenzung (Text Boundaries)* und *Steuerzeichen (Non Printing Characters)* aktivieren.

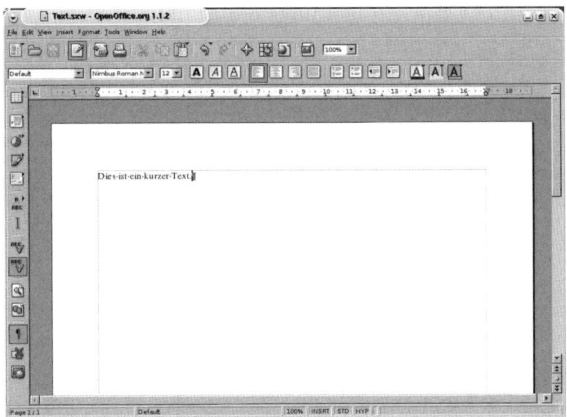

Abbildung 9.13: Die Oberfläche von OpenOffice.org Writer

Wie Sie in unserer Abbildung erkennen können, ist es kein Problem, unmittelbar nach dem Start der Textverarbeitung ein paar Zeilen zu formulieren. Dass wir diesem Text einen Dateinamen zuordnen und ihn unter diesem Namen speichern können, versteht sich von selbst. Wir müssen uns allerdings nicht unbedingt mit dem OpenOffice.org-Writer-Format zufrieden geben, denn das Programm kann den Text auch im Microsoft-Word-Format (bis zur Version 97/2000/XP) abspeichern. Natürlich lassen sich auch entsprechende Microsoft-Dokumente öffnen. Damit ist Ihr Arbeitsplatz auch zu anderen Systemen kompatibel, die noch vollständig auf eine Windows-Umgebung setzen.

Modi und Standardfunktionen

Wir gehen davon aus, dass Sie bereits ein wenig Erfahrung mit einer Textverarbeitung haben. Aus diesem Grunde werden wir Funktionen wie den Einfüge- oder Überschreibmodus nur kurz ansprechen. Sie können zwischen den beiden Modi mit der Taste Einfg wechseln. Beim *Einfügen* verschiebt jeder Anschlag den nachfolgenden Text um eine Position nach rechts und fügt das neue Zeichen ein. Beim *Überschreibmodus* wird mit jedem Anschlag das rechts neben dem Cursor stehende Zeichen gelöscht.

Interessant ist allerdings die Funktion *direkter Cursor*. Sie ermöglicht es Ihnen, den Cursor an einer beliebigen Stelle auf dem »Blatt« zu positionieren, auch wenn diese Stelle unter der letzten Absatzmarke des Dokuments liegt. Sie wissen, die letzte Absatzmarke definiert normalerweise auch das Ende des Textes. Mit dem *direkten Cursor* wird eine Automatik von *OpenOffice.org Writer* aktiviert, die den davor liegenden Dateiabschnitt mit Absätzen und Tabulatoren ergänzt. Dies ist insbesondere bei der Gestaltung von Formularen eine sehr schöne Funktion, die Ihnen viel Tipparbeit ersparen kann.

Eine Textverarbeitung wäre ein sehr schlechtes Werkzeug, könnte man nicht mit der Maus Text markieren, löschen, kopieren oder verschieben. Natürlich sind dies auch bei *OpenOffice.org Writer* Grundfunktionen. Sie können einen Text mit der Maus markieren und bei gehaltener linker Maustaste an einen anderen Ort des Dokuments in die Taskleiste ziehen. Dies funktioniert auch dokumentenübergreifend. Sie können auch einen Textabschnitt über die Schaltfläche eines anderen Dokumentes ziehen und den Text dann an der gewünschten Stelle im nun geöffneten Fenster ablegen.

Für die Ergonomie ist es wichtig, nicht mit zu kleinen Buchstaben auf dem Bildschirm »kämpfen« zu müssen. Wenn Sie nicht allzu oft bei Ihrem Optiker vorbeischauen möchten, dann empfehlen wir, bei Dokumenten mit viel Kleingedrucktem die Ansicht zu vergrößern. Sie können dabei über den Menübefehl *Ansicht / Maßstab* (*View / Zoom*) zwischen vorgegebenen Zoomfaktoren wählen oder einen eigenen Zoomfaktor als stufenlos definierbaren Wert eingeben.

OpenOffice.org nutzt bei der Auswahl *Optimal* im Menü *Ansicht / Maßstab* (*View / Zoom*) die Bildschirmbreite möglichst effektiv aus und stellt den Text so groß wie möglich dar.

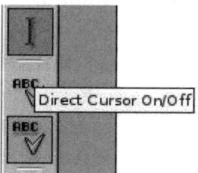

Abbildung 9.14: Aktivierung des direkten Cursors

Formatierung eines Textes

Stellen Sie sich vor, dieses Buch wäre in nur einer einzigen Schriftart mit nur einer einzigen Zeichengröße geschrieben worden. Nun, wir sind dem Zeitalter der mechanischen Schreibmaschine zum Wohl unserer Hände glücklicherweise entkommen und können durchaus auf das Aussehen unseres Textes Einfluss nehmen. Wir können in unserem Text fette oder kursive Zeichen verwenden und wir können Textpassagen unterstreichen, einrücken bzw. mit Aufzählungssymbolen versehen. Wir erreichen all dies durch eine Zuweisung von *Formaten*. Es lassen sich allerdings nicht nur einzelne Zeichen, sondern auch Absätze und ganze Dokumente formatieren.

Wir ergänzen den Beispieltext um eine Überschrift und eine Aufzählung und sehen ihn uns noch einmal unformatiert an.

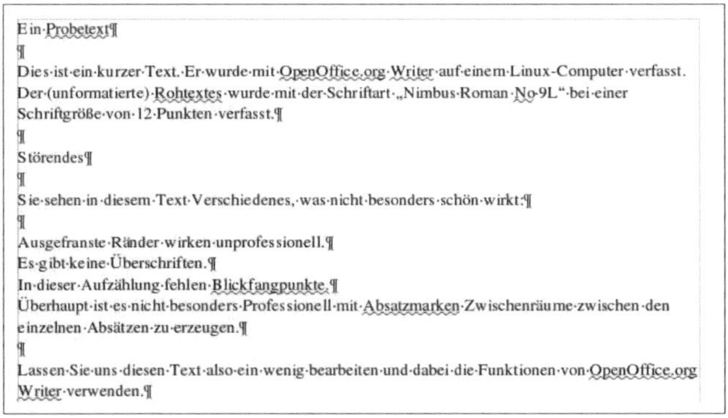

Ein·Probetext¶
¶
Dies·ist·ein·kurzer·Text.·Er·wurde·mit·OpenOffice.org·Writer·auf·einem·Linux-Computer·verfasst.
Der·(unformatierte)·Rohtextes·wurde·mit·der·Schriftart·„Nimbus·Roman·No·9L"·bei·einer
Schriftgröße·von·12·Punkten·verfasst.¶
¶
Störendes¶
¶
Sie·sehen·in·diesem·Text·Verschiedenes,·was·nicht·besonders·schön·wirkt:¶
¶
Ausgefranste·Ränder·wirken·unprofessionell.¶
Es·gibt·keine·Überschriften.¶
In·dieser·Aufzählung·fehlen·Blickfangpunkte.¶
Überhaupt·ist·es·nicht·besonders·Professionell·mit·Absatzmarken·Zwischenräume·zwischen·den
einzelnen·Absätzen·zu·erzeugen.¶
¶
Lassen·Sie·uns·diesen·Text·also·ein·wenig·bearbeiten·und·dabei·die·Funktionen·von·OpenOffice.org
Writer·verwenden.¶

Abbildung 9.15: Ein unformatierter Text ist nicht nur wenig spektakulär, er wirkt schlicht und einfach langweilig auf den Leser. Das muss geändert werden

Wie Sie selbst feststellen werden, wirkt dieser Text noch etwas »farblos«. In einem größeren Dokument wäre es schon recht schwierig, die Überschrift auf den ersten Blick zu erkennen. Völlig unmöglich dürfte es dann sein, Dokumente zu interpretieren, die in mehrere Überschriftsebenen gegliedert sind. Stellen Sie sich dazu bitte wieder dieses Buch als unformatierten Text vor.

Wenn Sie einmal sehen wollen, wie ein unformatierter Text – noch dazu in englischer Sprache verfasst – auf den Leser wirken kann, dann lesen Sie einmal eine *Request for Comment* (RFC) der IETF *(www.ietf.org)*. Man publiziert diese Dokumente ausschließlich als reinen Text (ohne Formatierungen und ohne Einbindung grafischer Elemente). Das hat auch einen speziellen Grund, denn die in diesen RFCs definierten Standards sollen auf allen Plattformen möglichst uneingeschränkt lesbar sein.

Unser Text hat eine Überschrift: »Ein Probetext«. Diese wollen wir durch eine andere Schriftart und eine andere Schriftgröße vom übrigen Text abheben. Dazu markieren wir den betreffenden Text und rufen im Menü *Format* das Untermenü *Zeichen (Character)* auf. Wir bekommen ein aus fünf Registern bestehendes Menü angeboten, von dem uns zunächst nur das Register *Schrift (Font)* interessieren soll. Wir suchen uns in der Auswahlbox unsere gewünschte Schriftart – dies soll *Helvetica* sein – und wählen auf der rechten Seite für die *Größe (Size)* eine Schrift mit *14 Punkten*. Mit der Schaltfläche *OK* übernehmen wir die Definition und weisen diese damit dem markierten Text zu.

Nun ist die Überschrift vom übrigen Text deutlich zu unterscheiden, doch stört uns noch immer die Form der Aufzählung. Wir markieren die betreffende Textpassage mit der Maus und suchen im Menü *Format* das Untermenü *Nummerierung / Aufzählung (Numbering / Bullets)*. Auch hier besteht das Angebot aus mehreren Registern. Wir suchen uns ein beliebiges Zeichen aus und weisen es als Aufzählungsmarke unserem Textabschnitt zu. Jeder Absatz wird nun zu Beginn mit dieser Aufzählungsmarke als Blickfang – bei Bedarf kann dies auch eine fortlaufende Nummerierung sein – versehen und der Text entsprechend eingerückt.

Darüber hinaus können wir einem markierten Text Standardformate wie *fett (bold)*, *kursiv (italic)* und *unterstrichen* über entsprechende Icons in der Objektleiste auf kurzem Wege zuweisen.

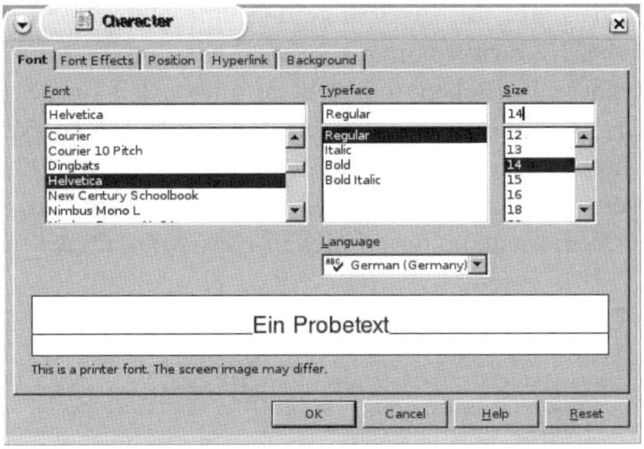

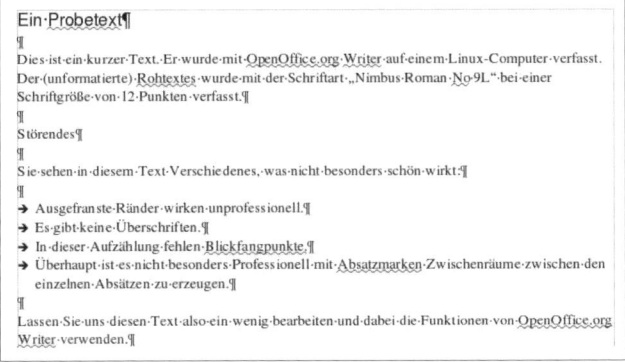

Abbildung 9.16: Formatierung von Zeichen

```
Ein·Probetext¶
¶
Dies·ist·ein·kurzer·Text.·Er·wurde·mit·OpenOffice.org·Writer·auf·einem·Linux-Computer·verfasst.
Der·(unformatierte)·Rohtextes·wurde·mit·der·Schriftart·„Nimbus·Roman·No·9L"·bei·einer
Schriftgröße·von·12·Punkten·verfasst.¶
¶
Störendes¶
¶
Sie·sehen·in·diesem·Text·Verschiedenes,·was·nicht·besonders·schön·wirkt:¶
¶
➜ Ausgefranste·Ränder·wirken·unprofessionell.¶
➜ Es·gibt·keine·Überschriften.¶
➜ In·dieser·Aufzählung·fehlen·Blickfangpunkte.¶
➜ Überhaupt·ist·es·nicht·besonders·Professionell·mit·Absatzmarken·Zwischenräume·zwischen·den
   einzelnen·Absätzen·zu·erzeugen.¶
¶
Lassen·Sie·uns·diesen·Text·also·ein·wenig·bearbeiten·und·dabei·die·Funktionen·von·OpenOffice.org
Writer·verwenden.¶
```

Abbildung 9.17: Vorläufiges Ergebnis der Textformatierung

Sie erkennen sicher, dass der Text bereits eine gewisse Struktur bekommen hat und wichtige Abschnitte hervorgehoben werden. Wenig elegant ist es jedoch, dass für die Abstände zwischen den einzelnen Absätzen wiederum leere Absätze verwendet werden. Dies lösen wir – nachdem wir die gewünschten Absätze mit der Maus markiert haben – über den Menübefehl *Format / Absatz (Format / Paragraph)* im Register *Einzüge und Abstände (Indents&Spacing)*. Wir können damit für jeden Absatz einen Abstand oberhalb und/oder unterhalb des Textes definieren. Im Regelfall genügt eine Definition für *unten (Below Paragraph)*. Darüber hinaus können wir den Text auf diesem Wege linksbündig einrücken und rechtsbündig in der Breite begrenzen. Es stehen also sehr viele Formatierungsmöglichkeiten zur Verfügung, von denen die meisten natürlich auch in anderen marktüblichen Applikationen verfügbar sind. Wesentlich ist uns jedoch, zu zeigen, dass OpenOffice.org keine funktionellen Einschränkungen mit sich bringt.

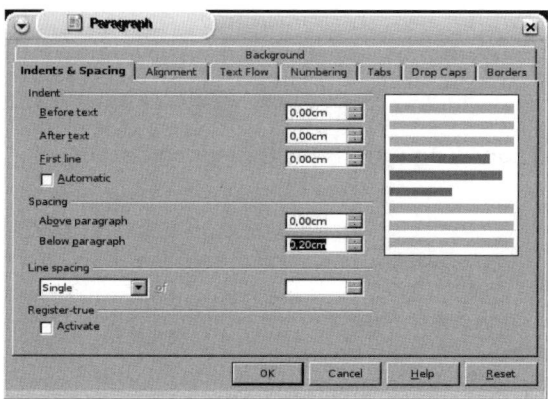

Abbildung 9.18: Zwischen den einzelnen Absätzen soll ein Abstand von 2 mm (0,20 cm) eingerichtet werden. Die »leeren Absätze« werden anschließend aus dem Dokument entfernt

Sonderzeichen und Feldfunktionen

In eine professionelle Korrespondenz gehören auf der einen Seite immer wieder Sonderzeichen wie das Trademark-Zeichen ™ oder das Zeichen für Copyright © und viele mehr. Von einer guten Textverarbeitung darf man also erwarten, dass auch diese Zeichen, die ja nicht direkt auf der Tastatur zu finden sind, zur Verfügung stehen. Hier ist der Ablauf völlig identisch mit MS Word, denn eine Auflistung der verfügbaren Sonderzeichen ist im Menü *Einfügen (Insert)* unter *Sonderzeichen (Special Character)* zu finden. Im Menü *Einfügen (Insert)* können auch Seitenumbrüche manuell erzwungen oder Hyperlinks gesetzt werden. Für die Gestaltung eines Textes empfiehlt sich gelegentlich die nähere Erläuterung eines Fachbegriffs, was mit einer *Fuß-*

note (*Footnote*) problemlos und ohne den eigentlichen Text zu zerreißen möglich ist. Auf mehrseitigen Publikationen – dieses Buch ist ein hervorragendes Beispiel, weshalb wir auf eine Illustration zu diesem Thema verzichten – finden Sie oft in der Kopfzeile die Überschriften der beiden höchsten Gliederungsebenen des Textes und entweder in der Kopf- oder in der Fußzeile eine Paginierung (Seitenzahl).

Nicht immer sagt ein Text alles aus, was man von ihm wissen möchte. Auf einem Blatt Papier werden Sie deshalb ungeniert zu einem Kugelschreiber greifen und die betreffenden Textstellen mit einer handgeschrieben Erläuterung versehen. Wenn es also darum geht, nur eine persönliche Bemerkung zu ergänzen, ohne den Text als solchen zu verändern, dann können Sie an den betreffenden Stellen eine Notiz einfügen: *Einfügen / Notiz (Insert / Note)*.

Mithilfe einer Feldfunktion (*Fields*) können Sie immer wieder benötigte Daten automatisch in der stets aktuellen Form in Ihr Dokument eintragen lassen. Auf diese Weise können Sie das tagesaktuelle Datum in ein Dokument einfügen lassen, wann immer Sie es auch bearbeiten oder ausdrucken. Auch die bereits angesprochene Seitennummerierung wird durch eine Feldfunktion ermöglicht. Stellen Sie sich vor, der Autor eines mehrere hundert Seiten umfassenden Buches müsste jede Seite einzeln nummerieren. Diese Arbeit kann man sich natürlich sparen. Feldfunktionen sind eine sehr effektive Methode, um Dokumente als Vorlagen zu gestalten, denen in der praktischen Anwendung stets aktuelle Daten zugewiesen werden.

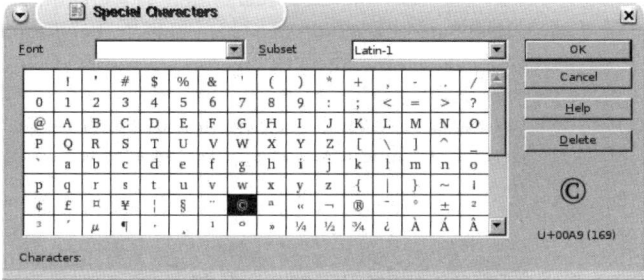

Abbildung 9.19: Einfügen von Sonderzeichen

Serienbriefe

Stellen Sie sich vor, Sie müssten Rundschreiben noch persönlich adressieren. Insbesondere wenn Massensendungen zu Ihrem Tagesgeschäft werden, wird dies eine recht langwierige und teure Angelegenheit. Doch auch wenn Sie »nur« die Einladungen für Ihre – etwas größere – Gartenparty versenden möchten, erwarten Sie von Ihrem Computer mittlerweile mit Recht, dass er den von Ihnen einmal verfassten Text mit der jeweils korrekten Anrede und den richtigen Adressen versieht. Mit einer *Serienbrieffunktion*, die heute eigentlich jede Textverarbeitung bieten sollte, ist das kein Problem mehr. Dies betrifft auch die unter LINUX lauffähige Version des Moduls OpenOffice.org *Writer*.

Um den Serienbrief mit den jeweiligen Empfängerdaten (Anschrift, persönliche Anrede etc.) zu versehen, benötigen Sie eine Datenbank, die diese Daten bereits enthält. In der Praxis werden Sie beispielsweise mit OpenOffice.org *Calc* eine eigene Datenquelle erstellen und als Datenquelle nutzen.

Um einen Serienbrief zu erstellen, können Sie mithilfe eines Assistenten, dem *AutoPilot*, ein neues Dokument erstellen oder in einem bereits bestehenden Dokument mithilfe der Feldfunktionen die Variablen für die individuellen Daten der Empfänger eintragen. Der *AutoPilot* ist ein sehr komfortables Dialogsystem, das Mustervorlagen verwendet und Sie damit recht einfach an Ihr Ziel führt. Wenn Sie ein bestehendes Dokument als Serienbrief versenden wollen, dann können Sie auch die entsprechenden Felder, die anschließend von der Datenbank ausgefüllt werden, über die Feldfunktionen implementieren. Aus der bereits bestehenden Datei, die wir im Register *Datenbank* des Menüs *Einfügen / Feldbefehle / Andere* finden, übernehmen wir die benötigten Felder. Diese werden durch Auswahl mit der Maus und der Schaltfläche *Einfügen* an die jeweils gewünschten Stellen im Dokument platziert.

Bei der Platzierung von Datenfeldern für einen Serienbrief muss jedes Feld individuell an den gewünschten Ort eingefügt werden.

Nachdem wir unseren Text mit den Feldern der Datenbank ergänzt haben, müssen wir nun die jeweiligen Datensätze selektieren, die zu den wirklich gewünschten Empfängern gehören. Wenn Sie also Großhändler sind, der gerade ein günstiges Angebot für Autoradios unterbreiten kann, dann wollen Sie das Schreiben natürlich nicht an die Kunden senden, die sich ausschließlich mit dem Vertrieb von Telekommunikationssystemen oder Computern befassen. Abgesehen davon, dass man Ihren Brief an den falschen Stellen in den Mülleimer werfen wird, kostet Sie eine ungefilterte Massensendung unnötig viel Porto bzw. – wenn Sie faxen – Telefongebühren.

Zur Selektion haben Sie zwei Möglichkeiten:

✔ die manuelle Auswahl der betreffenden Datensätze und

✔ die automatische Auswahl unter Verwendung von *Filtern.*

In kleineren Datenbanken können Sie die benötigten Daten durchaus selbst per Mausklick in der geöffneten Datenbank auswählen. Wenn Sie mehrere Datensätze selektieren wollen, dann können Sie dies während des linken Mausklicks durch gleichzeitigen Druck auf die Taste Strg bzw. – wenn Sie ganze Bereiche markieren möchten – durch gleichzeitigen Druck auf die ⇧-Taste tun.

Wenn Sie größere Datenbanken mit sehr vielen potenziellen Empfängern nutzen, ist die manuelle Methode natürlich nicht nur sehr zeitaufwändig, sie ist auch unsicher, denn Sie können leicht einen womöglich wichtigen Datensatz vergessen. Aus diesem Grund können Sie *Filter* setzen.

Hier haben Sie mit einem manuellen und einem automatischen Filter wieder verschiedene Möglichkeiten. Am einfachsten ist der Umgang mit dem automatischen Filter. Sie markieren einfach in der im *Beamer* eingeblendeten Datenbank ein Feld, das Ihren Filterbedingungen entspricht, und klicken anschließend auf das Symbol für den automatischen Filter. Dies wird durch einen kleinen Trichter mit einem Pluszeichen oben rechts dargestellt. Das Ergebnis dieser Aktion ist, dass nunmehr nur noch die Datensätze eingeblendet sind, die Ihrer Bedingung entsprechen.

Tabellenkalkulation mit OpenOffice.org Calc

Die Tabellenkalkulation *OpenOffice.org Calc* können Sie – wie bereits beim OpenOffice.org *Writer* beschrieben – über den Menübefehl *Datei / Neu / Tabellendokument* (*File / New / Spreadsheet*) starten. Wenn Sie eine bereits bestehende Tabelle bearbeiten möchten, dann können Sie die Applikation automatisch durch *Öffnen* der betreffenden Datei starten. Möchten Sie eine neue Tabelle erstellen, dann wird Ihnen nach dem Start des Programms ein leeres Tabellenblatt präsentiert, das zunächst einmal eines von drei Arbeitsblättern darstellt. Die Äußerlichkeiten sind auch hier denen von MS Excel sehr ähnlich und auch Dateien der Microsoft-Produkte (bis zur Version Office 2000 lassen sich die jeweiligen Dokumente bearbeiten) sind kompatibel. Sogar die Syntax ist vergleichbar, so dass jemand, der bislang mit Excel gearbeitet hat, keine gravierenden Eingewöhnungsprobleme haben sollte.

Die Tabellenkalkulation OpenOffice.org Calc wird über *Büroprogramme / OpenOffice.org.Calc* gestartet.

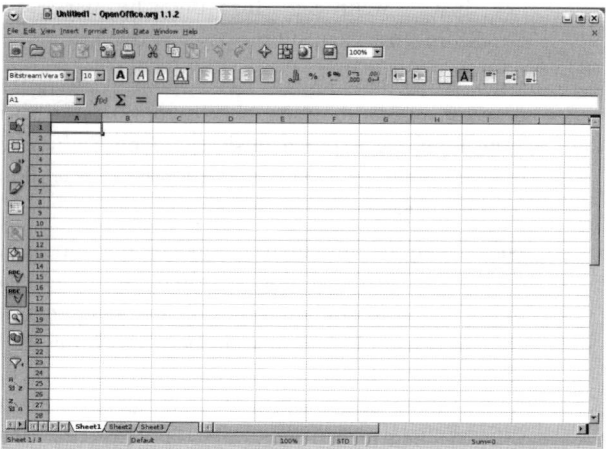

Abbildung 9.20: MS Excel sehr ähnlich: die Oberfläche von OpenOffice.org Calc

Spreadsheet formatieren

Damit eine Tabelle nicht zu einer unübersichtlichen Anhäufung von Zahlen verkommt, ist eine Formatierung des *Spreadsheets* – so bezeichnet man das »Tabellenblatt« – mit Umrahmungen, verschiedenen Hintergründen und Schriften anzuraten. Darüber hinaus können Zellen der Tabelle miteinander verbunden werden, wodurch zusätzliche gestalterische Möglichkeiten bestehen. Wir wollen dies wieder an einem Beispiel erläutern.

Eine Einnahmen-/Ausgabenrechnung, wie sie von vielen Freiberuflern durchzuführen ist, soll in einer übersichtlichen Form dargestellt werden. Gehen wir davon aus, dass in der heutigen Zeit selbst wichtige Unterlagen ausgesprochen »wüst« abgeheftet werden, so bekommt eine blickfangende Überschrift eine gravierende Bedeutung. Aus diesem Grund soll eine einzige Zelle in der ersten Zeile entstehen, die grau unterlegt und auch in ihrer Höhe auffällig gestaltet werden soll. Eine Umrandung ergänzt die Hervorhebung. Weil wir nicht zeilenweise verschiedene Zellenbreiten festlegen können, müssen wir in der ersten Zeile mehrere Zellen miteinander zu einer Zelle verbinden. Dazu markieren wir den gewünschten Bereich und rufen über den Menübefehl *Format / Zellen zusammenfassen (Format / Merge Cells)* die Funktion *Festlegen (Define)* auf. Zu einem späteren Zeitpunkt können wir eine Zellenverbindung im gleichen Menü mit *Aufheben (Remove)* wieder zurücknehmen.

Jede Formatierung von Zellen betrifft nur den jeweils markierten Bereich. Bitte stellen Sie vor jeder Neudefinition sicher, dass die gewünschten Zellen markiert sind. Wenn Sie einen Fehler gemacht haben, ist das allerdings auch kein Problem, denn unter *Bearbeiten (Edit)* finden Sie die allseits bekannte Funktion *Rückgängig (Undo)*.

Die Breite bzw. die Höhe ganzer Zeilen und Spalten kann auf verschiedene Arten unseren Wünschen entsprechend angepasst werden. Auf der einen Seite lassen sich diese Dimensionen recht einfach mit der Maus einstellen. Dazu werden jeweils die Grenzlinien zwischen den Zeilennummern bzw. den die Spalten bezeichnenden Buchstaben angefasst und verschoben. Die jeweils rechts liegenden Spalten bzw.

die unterhalb der verschobenen Linie befindlichen Zeilen werden lediglich etwas verschoben, nicht jedoch in ihren Dimensionen verändert. Alternativ zu dieser rein subjektiven Festlegung der Zellendimensionen können wir auch exakte Werte festlegen, wenn wir im Menü *Format* den Eintrag *Zeile/Höhe* (*Row/Height*) bzw. *Spalte/Breite* (*Column/Width*) auswählen. Der Wert wird in der Maßeinheit angegeben, die Sie über den Menübefehl *Extras / Optionen / Tabellendokument / Allgemein* (*Tools / Options / Spreadsheet / General*) selbst einstellen können.

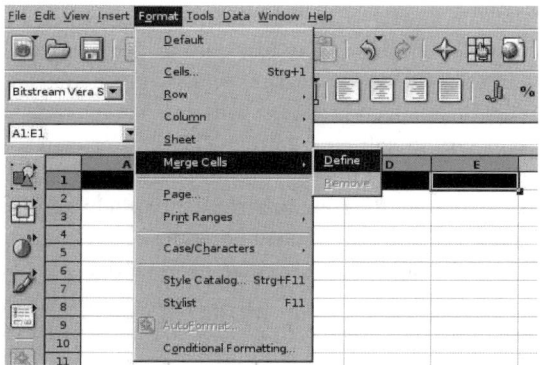

Abbildung 9.21: Verbindung mehrerer Zellen

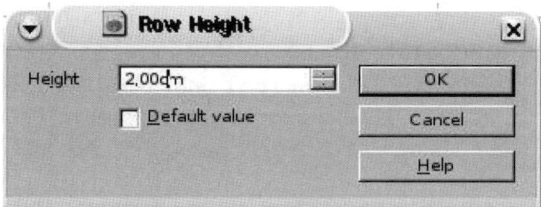

Abbildung 9.22: Festlegung der exakten Zeilenhöhe

Um die Zelle weiter zu formatieren, um ihr beispielsweise eine Hintergrundfarbe bzw. ein Muster zuzuweisen und die Schriftart festzulegen, müssen wir wiederum das Menü *Format / Zelle* (*Format / Cells*) aufrufen. Es wird uns ein sehr umfangreiches Registermenü eingeblendet, mit dem wir die Zahlenformate, die Schriftart, die Ausrichtung innerhalb der Zelle, die Umrandung und den Hintergrund festlegen können. Mit der ebenfalls in diesem Menü verfügbaren Funktion *Zellschutz* (*Cell Protection*) können wir beispielsweise festlegen, ob der Inhalt einer Zelle beim Ausdruck ausgegeben wird bzw. ob Formeln sichtbar sind oder nicht.

Mit dem Zahlenformat können Sie u.a. festlegen, wie viele Kommastellen verarbeitet werden sollen, ob negative Zahlen rot dargestellt und ob zwischen den um den Faktor 1000 verschobenen Stellen jeweils Punkte zur Übersicht eingefügt werden sollen. Es werden verschiedene Zahlenkategorien wie z.B. Prozent, Währung, Datum und Zeit angeboten. Damit legen Sie nicht nur die Ausgabe einer eventuellen Einheit fest, jede Zahl wird auch in ein bestimmtes Format umgewandelt. So können wir ein bestimmtes Datumsformat vorgeben, das vielleicht den Wochentag, den Kalendertag, den ausgeschriebenen Monat und das Jahr darstellen soll. Geben wir für dieses Feld eine rein numerische Schreibweise (z.B. 10.4.2005) ein, dann wird OpenOffice.org Calc dies nicht in dieser Form darstellen. Die Ausgabe in der Zelle lautet: *Sonntag, 10. April 2005*.

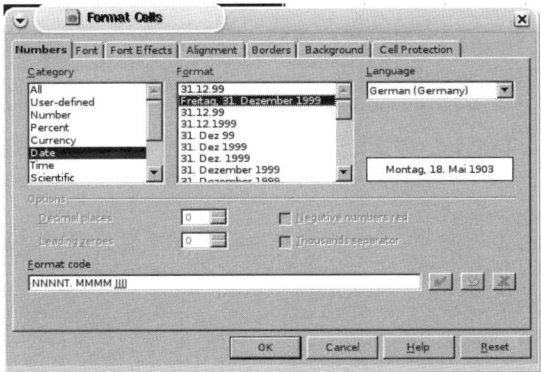

Abbildung 9.23: Festlegung des Datumsformats

Auf diese Weise können natürlich auch andere Parameter der Zelle eingestellt werden. So werden wir für unser Beispiel anstelle des Datums in unserer Überschrift eine Textzelle verwenden. Für die Schrift stellen wir im nächsten Register als Schriftart *Helvetica* ein, die lediglich als Kontur, dafür aber mit einer Schattierung dargestellt werden soll. Die Schriftgröße – wir wählen *16* – wird in Punkten angegeben. Wir wollen die Schrift *vertikal* – hier spricht man von der mittigen Ausrichtung – und *horizontal zentrieren*. Als Spielerei und nur zur Demonstration probieren wir auch die Einstellung der Schreibrichtung aus. Wir drehen an dem »Rädchen«, bis wir beispielsweise eine Drehrichtung von *60 Grad* eingestellt haben. Dies ist übrigens eine sehr interessante Funktion, wenn es beim späteren Ergebnis auch auf eine ansprechende Gestaltung des Dokuments ankommt.

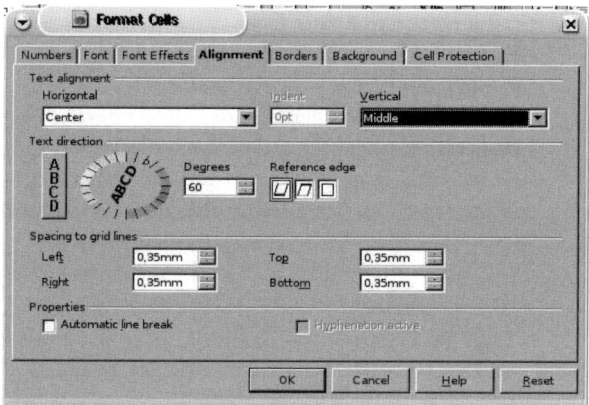

Abbildung 9.24: Zur optischen Aufwertung des Spreadsheets können verschiedene Schrifteffekte gewählt werden

Mit einer wieder begradigten Ausrichtung der Schrift werden wir uns nun ansehen, wie ein Zelle umrahmt und mit einem Hintergrund versehen werden kann. Eine Umrandung können wir sehr individuell festlegen. Dabei helfen uns zunächst einmal fünf Standardsymbole für eine Vorgabe. Wir können aber auch direkt per Mausklick auf das darunter liegende Modellbildchen zugreifen. Der Stil des Rahmens kann einerseits durch verschieden dicke Linien bzw. durch Doppellinien sowie durch Schattierungen und Farben definiert werden. Für die Betonung des Hintergrundes steht eine Farbpalette zur Verfügung.

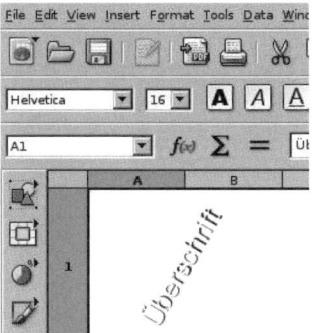

Abbildung 9.25: Das Ergebnis einer gedrehten Ausrichtung

Weiß ist eine Farbe und keine transparente Zelle. Dies wird oft und gerne verwechselt und kann bei einem Ausdruck recht überraschende Ergebnisse zutage fördern.

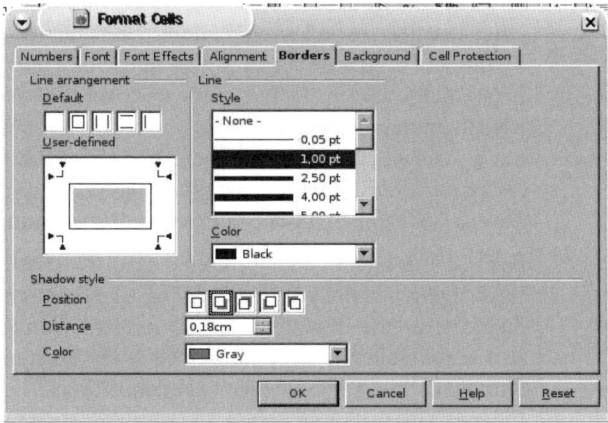

Abbildung 9.26: Umrahmung einer Zelle bzw. eines Zellenbereichs

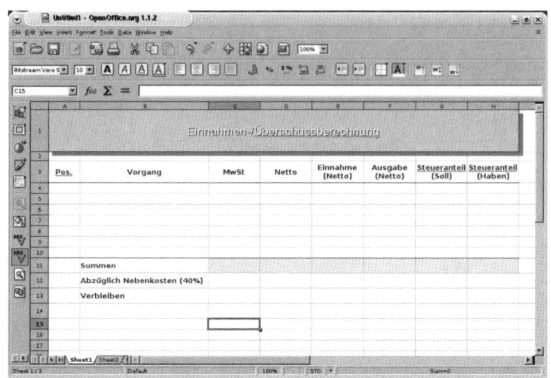

Abbildung 9.27: Formatiertes Spreadsheet

Einfache Berechnungen und Bedingungen

Nachdem wir uns nun ein wenig mit den Möglichkeiten der optischen Formatierung eines Spreadsheets beschäftigt haben, wollen wir dieses mit Leben erfüllen. Wir haben unser Beispielblatt mit Linien und Überschriften sowie Hintergrundfarben nach den eben beschriebenen Verfahren komplettiert und wollen nun Werte und vor allem Rechenoperationen erfassen. Dabei werden wir schrittweise vorgehen und zunächst einmal die Spalten *Vorgang* und *Netto* in unserer Beispieltabelle mit einfachen Eingaben versehen. Wir haben übrigens die Spalten D bis H mit dem Zahlenformat *Währung* (*Currency*) versehen und uns für das Währungssymbol des *Euro* zur Bezeichnung entschieden.

Nach der Eingabe der Positionen und der Nettobeträge haben wir zwar eine recht hübsche Aufstellung, doch hätten wir dazu natürlich nicht extra eine Tabellenkalkulation verwenden müssen. Wir wollen also etwas mehr. Beispielsweise soll jeder Buchung eine fortlaufende Nummer zugewiesen werden, die dann für alle weiteren Vorgänge als Referenz übernommen wird. Wir könnten uns nun die Mühe machen, manuell für jede Zeile eine Nummer zu vergeben, doch ist dies sehr umständlich. Daher wollen wir dies mit einer einfachen Rechenoperation automatisieren und beginnen in unserem Beispiel in der Zelle A5. Dort geben wir Folgendes ein:

=A4+1 ⏎

Das Ergebnis, das anschließend in der Zelle dargestellt wird, ist *1*. Das liegt daran, dass Zelle A4 leer ist und als null interpretiert wird. Der Inhalt von A4 – also Null – plus 1 ist also unser Ergebnis eins. Leider ist dies noch immer nicht zufrieden stellend, denn wir wollen ja alle Positionen automatisch nummerieren lassen. Deswegen markieren wir den in Frage kommenden Wertebereich – in unserem Fall von A5 bis A10 – und rufen im Menü *Bearbeiten / Ausfüllen* (*Edit / Fill*) die Funktion *Unten* (*Down*) auf. Sehen wir uns an, was passiert: Alle Zellen in dem markierten Bereich führen nun eine Zahl, die jeweils Zeile für Zeile um den Wert 1 (wegen +1) erhöht wird.

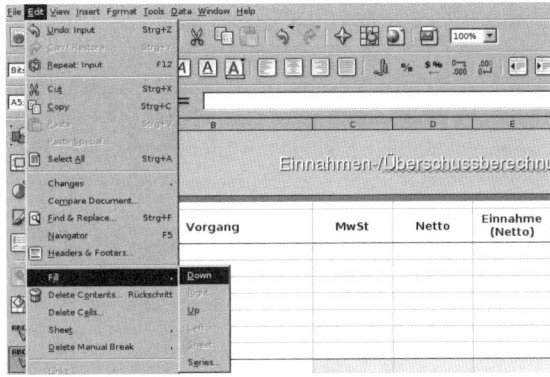

Abbildung 9.28: Ausfüllen des gesamten markierten Zellenbereichs nach unten (Vorgabe ist die erste markierte Zeile)

Die Forderung nach einer laufenden Nummerierung ist zwar mit der beschriebenen Operation erfüllt, doch werden auch leere Zeilen nummeriert. Wenn uns jedoch die Anzahl der Positionen interessiert und wir zur weiteren Verarbeitung dieser Werte auf ein Summenfeld zurückgreifen wollen, dann ist diese Darstellungsform noch nicht ausreichend. Wir möchten also nur dann die Folgenummer erhöhen, wenn die *Bedingung* »Das Feld *Vorgang* ist nicht leer« erfüllt ist. Um dies zu erreichen, sehen wir uns das Menü *Einfügen / Funktion* im Register *Funktionen* einmal näher an. Da wir das Problem auf eine *Ja/Nein*- bzw. *Wahr/Unwahr*-Aussage reduzieren können, müssen wir eine Funktion in der Kategorie *Logisch* suchen. Dort entdecken wir die

Funktion *WENN*. Die Funktion *WENN* prüft, ob die genannte Bedingung wahr oder unwahr ist und führt auf der Basis des Ergebnisses eine von zwei möglichen Operationen aus. Die Eingabe der Funktion ist an dieser Stelle – selbst wenn sie schon komplex erscheinen mag – noch recht übersichtlich. Bitte stellen Sie sich vor, dass es auch möglich ist, verschiedene Funktionen ineinander zu verschachteln, wobei schnell der Überblick verloren geht und die Wahrscheinlichkeit wächst, einen Fehler zu machen. *OpenOffice.org* bietet uns daher einen *Eingabe-Assistenten*, mit dessen Hilfe in übersichtlicher Form Bedingungen sowie Aktionen definiert werden können, die je nach dem Ergebnis auszuführen sind.

Wir wollen prüfen, ob das benachbarte Feld in Spalte B leer ist. Ist dies der Fall, dann wird der Wert der Folgenummer aus der nächsthöheren Zeile übernommen. Ist jedoch ein Eintrag zu erkennen, dann soll die Folgenummer erhöht werden. Die entstehende Funktion können wir natürlich alternativ auch manuell in die Eingabezeile eintragen. Dazu müssen wir folgenden Befehl schreiben:

Wenn Sie mit der englischsprachigen Version von OpenOffice.org arbeiten, müssen Sie dies auch bei der Wahl und der Schreibweise der Funktionen berücksichtigen. Die deutsche Funktion `=SUMME()` heißt in der englischsprachigen Version `=SUM()`. Anstelle der Funktion `=WENN()` müssen Sie entsprechend mit `=IF()` arbeiten.

```
=WENN(B5="";A4;A4+1) ⏎
```

Über den Menübefehl *Bearbeiten / Ausfüllen / Unten* (*Edit / Fill / Down*) können wir die Definition auch den jeweiligen Zellen in den folgenden Zeilen zuordnen.

Sie erkennen, dass sich bei der beschriebenen Ausfüll-Operation die Adressen anpassen. Wir haben es also mit einer *relativen Adressierung* zu tun. Wollen wir auch bei Kopier- oder Ausfüll-Operationen stets eine feste Zelle ansprechen, so müssen wir diese *absolut* adressieren. Es ist möglich, sowohl Zeilen als auch Spalten relativ und absolut zu adressieren. Daraus folgt, dass auch eine Mischadressierung denkbar ist. Wir werden später noch darauf zu sprechen kommen.

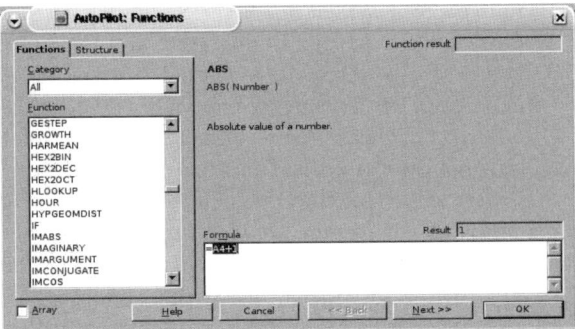

Abbildung 9.29: Der Funktions-AutoPilot kann über das Menü *Einfügen / Funktion* oder aber direkt über das Icon im Programmfenster aufgerufen werden

Ähnlich wie eine logische Funktion können auch mathematische Formeln und Funktionen erzeugt werden. Dabei ist von einer einfachen Summenrechnung bis hin zur Zinseszinsrechnung beinahe alles möglich. Am Beispiel einer Summenbildung über unsere Nettobeträge wollen wir Ihnen zeigen, wie Sie sich die Tipparbeit deutlich vereinfachen können. Wir wollen die Summe im entsprechenden Feld in der Zeile 11 darstellen. Diesmal – obwohl dies wesentlich komfortabler ist – verzichten wir bewusst auf den Funktions-AutoPiloten und geben Folgendes manuell ein (Achtung, nicht mit der Taste ⏎ abschließen!):

    =SUMME (

Bei einer englischsprachigen Version muss die Funktion folgendermaßen lauten: =SUM (

Nun ziehen wir mit der Maus (linke Taste gedrückt halten) über den zu summierenden Bereich. Sie erkennen, dass Bewegung in die eingegebene Formel kommt, denn *OpenOffice.org Calc* übernimmt den markierten Bereich automatisch in die Funktion, die Sie nun lediglich mit dem Schließen der Klammer und der ⏎-Taste vervollständigen müssen. Wir wollen an dieser Stelle das Thema abschließen, allerdings können Sie zur Übung gerne das Beispiel vervollständigen. So können Sie in der Spalte C mit der Überschrift *MwSt* einen Indikator definieren, der festlegt, ob eine Mehrwertsteuer berechnet werden soll oder nicht. Unsere kleine Beispielfirma soll international in Europa tätig sein, wobei gewisse Gesetze zur Abwicklung der Mehrwert- bzw. Umsatzsteuer gelten. Der Indikator kann ein einfaches Ja/Nein oder ein Landeskürzel sein. Darüber hinaus können Sie eine *WENN-Funktion* zwischen positiven und negativen Werten unterscheiden lassen, wodurch Sie die Beträge in feste Ein- und Ausgangsspalten zuordnen.

Adressierung von Zellen

Wie bereits angedeutet, gibt es im Wesentlichen zwei verschiedene Möglichkeiten zur Adressierung einer Zelle:

✔ *relative Adressierung*

✔ *absolute Adressierung*

Zusätzlich kann innerhalb einer Tabelle eine gemischte Adressierung auftreten, weil Zeilen und Spalten getrennt betrachtet werden müssen. Grundsätzlich geht die Tabellenkalkulation von OpenOffice.org zunächst einmal von einer relativen Adresse aus. Das bedeutet, ein Verweis auf eine Adresse A4 ist ein relativer Verweis, obwohl die Adresse (scheinbar) eindeutig ist. Um die Vorgänge zu verdeutlichen, wollen wir annehmen, dass aktuell die Zelle A5 aktiv ist. Geben wir in A5 beispielsweise eine Operation =A4+10 ein, dann bedeutet dies, dass der Wert einer Zelle, die in der gleichen Spalte – nämlich Spalte A – eine Zeile höher – nämlich Zeile 4 – um den Wert 10 erhöht in die Zelle A5 eingetragen wird. Um dies etwas transparenter zu machen: Wir haben also den Wert einer Zelle untersucht, die »0 Spalten« und um »-1 Zeile« in der Position vom aktuellen Standort abweicht. Deutlich wird dies erst, wenn wir nun den Inhalt von A5 mit $\boxed{\text{Strg}}$ + $\boxed{\text{C}}$ kopieren und mit $\boxed{\text{Strg}}$ + $\boxed{\text{V}}$ in A6 einfügen. Betrachten wir nun die Zelle A6, dann werden wir feststellen, dass sich darin auch die Adressdaten verändert haben. Anstelle von des Inhaltes von A4 wird nun der von A5 um zehn erhöht und in A6 eingetragen.

Die grundsätzlich verwendete *relative Adressierung* ist von Vorteil, wenn wir Formeln kopieren müssen, die sich auf einen Bereich mit einem direkten nachbarschaftlichen Zusammenhang beziehen. Wie z.B. im Fall der oben beschriebenen Folgenummer, wo stets die Bedingung erfüllt sein musste, dass jeweils der Wert der darüber liegenden Zelle um eins erhöht übernommen wurde. Eine relative Adresse kann aber auch ein Problem werden, wenn bestimmte Daten generell in genau definierten Bereichen zur Verfügung gestellt werden sollen. Sie könnten beispielsweise den Mehrwertsteuersatz in der Beispieltabelle an einem zentralen Ort festlegen. Im Falle einer Steueränderung müssen Sie diesen Wert nur einmal korrigieren. Dazu benötigen Sie jedoch eine *absolute Adresse*.

Absolute Adressen werden in OpenOffice.org *Calc* – wie übrigens auch in MS Excel – mit einem vorangestellten Dollarzeichen ($) festgelegt. Sie können dies manuell tun – nachdem Sie die betreffende Adresse mit der Maus markiert haben – oder mit der Tastenkombination ⇧ + F4 zwischen relativer und absoluter Adressierung wechseln. Wie bereits angedeutet, können Sie die Adressierungsarten sowohl auf die Zeilen- als auch auf die Spaltenadresse individuell anwenden. Daraus ergeben sich folgende Möglichkeiten:

✔ A5: Spalte und Zeile werden *relativ* adressiert,

✔ $A5: Die Spalte wird *absolut*, die Zeile *relativ* adressiert,

✔ A$5: Die Spalte wird *relativ*, die Zeile *absolut* adressiert und

✔ A5: Spalte und Zeile werden *absolut* adressiert.

Sowohl das Verfahren zur Kennzeichnung relativer und absoluter Adressen als auch die Tastenkombination ⇧ + F4 entsprechen dem Vorgehen im Tabellenkalkulationsprogramm Excel™ von Microsoft.

Präsentieren mit OpenOffice.org Impress

Stellen Sie sich vor, Sie halten einen Vortrag. Sie stehen also vor einem mehr oder weniger an Ihren Ausführungen interessierten Publikum, versuchen, dessen Interesse zu wecken und den Inhalt Ihres Vortrages verständlich zu vermitteln. Sie können reden wie ein Wasserfall, es wird nichts nutzen! Kaum jemand wird das, was Sie sagen, wirklich verinnerlichen. Besser geht es da schon, wenn Sie Ihren Vortrag *visualisieren* und mit etwas Begleitmaterial untermauern, auf dem sich Ihre Zuhörer Notizen machen können. Der Vortrag gewinnt dadurch enorm an Qualität, obwohl der Inhalt und Ihre Ausführungen möglicherweise gleich sind.

Sie erreichen eine derartige Visualisierung mithilfe eines Präsentationsprogramms. Bei OpenOffice.org wird Ihnen ein solches Programm mit *Impress* zur Verfügung gestellt.

Erste Schritte

Mit *Impress* können Sie eine automatische Diashow erstellen, die Sie dann direkt von Ihrem Computer mithilfe eines so genannten Beamers – eines digitalen Projektors – auf eine Leinwand projizieren. Theoretisch können Sie Ihren Vortrag auch auf ein Tonband sprechen und den Wechsel der Dias entsprechend Ihren Ausführungen vorprogrammieren.

Wir wollen einmal ein sehr einfaches Beispiel aus einigen Folien entwerfen, um Ihnen die Möglichkeiten zu verdeutlichen.

Impress stellt gewissermaßen das Pendant zur MS-Office-Komponente *PowerPoint* dar. Sie können Ihre Präsentation auch in diesem Format speichern und an einem PC weiter bearbeiten, der mit *PowerPoint 97/2000/XP* arbeitet.

Wie allgemein bei OpenOffice.org üblich, beginnen wir unsere Arbeit im Dateimenü einer beliebigen OpenOffice.org-Applikation. Wir wählen *Datei / Neu / Präsentation (File / New / Presentation)* und starten damit einen Assistenten, der uns durch die Grunddefinitionen unserer Darstellung führen wird. Sie haben hier die Möglichkeit, die Arbeit auf der Basis einer bereits fertigen Präsentation zu beginnen, eine von Ihnen möglicherweise zuvor angelegte Vorlage zu nutzen oder eine vollkommen leere Präsentation als Ausgangsbasis zu wählen. Im letzteren Fall müssen Sie natürlich sehr detaillierte Grunddefinitionen vornehmen. Diese beginnen bei der Wahl eines Hintergrundes für Ihre

Dias, einer *Seitenvorlage (Design)*. Mit dieser Seitenvorlage erzeugen Sie beim Publikum bereits eine gewisse Stimmung. Geht es Ihnen bei der Präsentation darum, ein Produkt zu vermarkten, dann benötigen Sie Blickfangpunkte. Eine Schulung dagegen, die wesentlich auf den Inhalt fixiert ist, sollte in jedem Fall mit sehr dezent gestalteten Folien unterstützt werden.

Ein optisches Gimmick stellen *Überblendeffekte (Slides)* dar, die natürlich nur dann einen Sinn machen, wenn Sie die Präsentation direkt vom Computer vorführen. Wie bereits ausgeführt, gibt es Projektoren – so genannte Beamer –, die anstelle eines Monitors die Bildschirmanzeige an eine Leinwand projizieren.

Das eigentliche Layout, also die Anordnung von Überschriften, Text-, Grafik- und Tabellenbereichen, kann für jede Seite individuell gewählt werden. Es würde wenig Sinn machen, dies für die gesamte Präsentation zu vereinheitlichen, denn sie besteht in der Regel aus verschiedenen Elementen – beginnend bei einer Inhaltsübersicht über den eigentlichen Vortragsinhalt und Zusammenfassungen bis hin zu einer Schlussfolie.

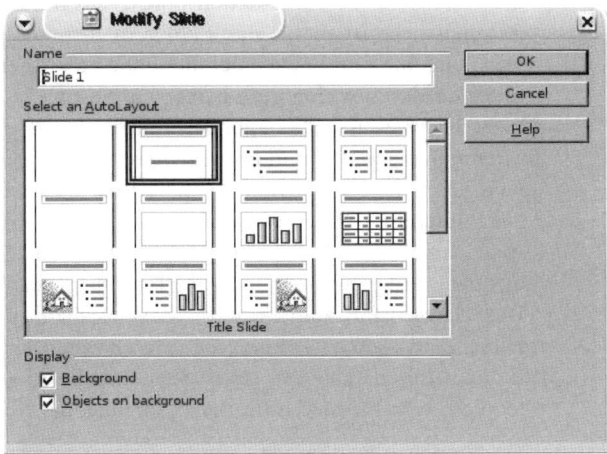

Abbildung 9.30: Für jede Seite kann ein vordefiniertes Seitenlayout gewählt werden

Abbildung 9.31: Unser erstes Dia besteht aus zwei Textelementen

Inhaltliche Gestaltung und Animation

Wenn die Dias mit den ersten Inhalten versehen sind, kann man sich daranmachen, die Präsentation optisch noch ein wenig aufzuwerten. Beispielsweise ist es für das Publikum nicht besonders spektakulär, wenn eine bis zum Letzten gefüllte Folie präsentiert wird und der Vortragende darüber eine gute halbe Stunde spricht. Das bedeutet aber nicht zwangsweise, dass man den Inhalt komplexer Dias aus dem Zusammenhang reißen und über mehrere Seiten verteilen muss, sondern man kann die Attraktivität der Seite und damit die Aufmerksamkeit des Publikums durch eine Reihe von Effekten steigern. So können beispielsweise Grafiken aus dem Nichts heraus von der Mitte her aufgeblendet werden oder einer Kurve folgend in das Bild »einschweben«. Das Ganze kann zusätzlich mit Zeitvorgaben automatisiert werden. Diese Zeitvorgaben können für jede einzelne Seite definiert werden. Es steht Ihnen auch frei, einige Seiteninhalte zu automatisieren, während Sie verschiedene Einzelseiten manuell per Mausklick wechseln.

Sie können die Aktionen – beispielsweise Diawechsel oder Einblendung von Inhalten – auch mit Klängen begleiten lassen. Das können vordefinierte Systemklänge sein, was für erste Experiment durchaus ausreichend ist. Für eine professionelle Präsentation können diese Ereignisse auch musikalisch untermalt oder mit eigenen Erläuterungen begleitet werden, die Sie zuvor mit dem Mikrofon aufgenommen haben.

Bedenken Sie bei der Verwendung von Musikstücken zur Untermalung Ihrer Präsentation, dass unter Umständen Abgaben an die GEMA zu leisten sind, wenn Sie die Präsentation vor einem öffentlichen Publikum zeigen.

Abbildung 9.32: Das markierte Bild öffnet sich innerhalb des eingeblendeten Dias nach der gewählten Effektvorlage

Natürlich kann die Präsentation auch mit Tabellen und Diagrammen versehen werden, mit denen sich in hervorragender Weise Geschäftsberichte veranschaulichen lassen.

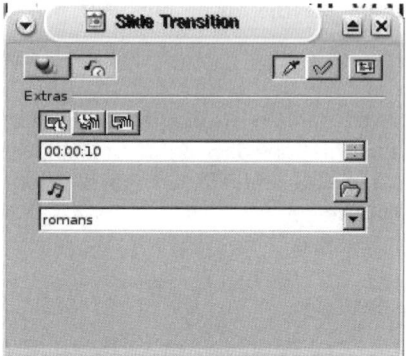

Abbildung 9.33: Der Diawechsel erfolgt automatisch nach 10 Sekunden und wird von einem Klang begleitet

Präsentation und Begleitunterlagen

Nachdem die Präsentation fertig ist, soll sie natürlich auch gezeigt werden. Das Publikum wird es allerdings nicht interessieren, mit welchem tollen Programm Sie die Diashow erstellt haben, sie wollen die Inhalte sehen. Deshalb kennt OpenOffice.org *Impress* den Modus *Bildschirmpräsentation (Slide Show)*. Ihr Computer wechselt in den Vollbildmodus, so dass lediglich Ihre Dias auf dem Bildschirm erscheinen. Dabei erfolgt die Darstellung in der Form, wie Sie Ihre Präsentation programmiert haben, mit allen Effekten und akustischen Untermalungen. Der Wechsel der Dias erfolgt nach Ihrer Vorgabe manuell per Mausklick oder zeitgesteuert automatisch.

Wenn Sie einmal an einem professionell organisierten Seminar teilgenommen und dafür womöglich einige hundert Euro Gebühren auf den Tisch gelegt haben, dann haben Sie nicht nur einen (hoffentlich) gut durchdachten Vortrag genossen, sondern dazu auch umfangreiches Lehrgangsmaterial erhalten. Damit sollen Sie den nach einem festen Zeitplan vermittelten Stoff nach der Veranstaltung noch einmal vertiefen können. Auf der anderen Seite ist es für Sie auch wichtig, im Kontext zum vermittelten Vortrag Notizen anzufertigen. Dies ist die Basis für Fragen an den Vortragenden nach Abschluss seiner Ausführungen. Solches Begleitmaterial können Sie mit OpenOffice.org

Impress neben der Bildschirmpräsentation gleich mit erstellen lassen. Es kostet Sie im einfachsten Fall nur die Zeit für eine Auswahl im Menü.

Abbildung 9.34: Verschiedene Arbeitsansichten können im Menü *Ansicht* gewählt werden

Für die Erstellung von Begleitmaterial, das Ihrem Publikum als Nachschlagewerk bzw. Notizunterlage dient, aber auch Ihnen als Referent quasi als »roter Faden« nützlich sein kann, finden Sie im Menü *Ansicht / Arbeitsansicht* die entsprechenden Funktionen:

- ✔ Zeichnungsansicht (Drawing),
- ✔ Gliederungsansicht (Title),
- ✔ Diaansicht (Slide),
- ✔ Notizansicht (Notes) und die
- ✔ Handzettelansicht (Handout).

Die *Zeichnungsansicht* haben Sie in diesem Kapitel bereits kennen gelernt. Damit haben wir die einzelnen Seiten unserer Präsentation erstellt. Die *Gliederungsansicht* ist auf den ersten Blick ein wenig »gewöhnungsbedürftig«, denn sie ist natürlich nicht dazu geeignet, dem Publikum präsentiert zu werden. Allerdings verschafft sie in chronologischer Reihenfolge eine schnelle Übersicht zum Vortrag, weil ihre Inhalte ausschließlich Textelemente sind. Der Referent kann diese Unterlage durchaus als roten Faden durch seinen Vortrag verwenden, denn er weiß genau, an welcher Stelle der Präsentation er augenblicklich steht und welche Dias mit den nächsten Bildwechseln kommen werden.

Etwas Ähnliches bietet die *Diaansicht*. Auch aus ihr ist die chronologische Reihenfolge der Präsentation zu entnehmen und die Darstellung umfasst auch grafische Elemente. Darüber hinaus bietet das Programmfenster von Impress nützliche Informationen zur Planung und Programmierung der Präsentation. So erfahren Sie mit einem Blick, welchen Effekt das Dia mit welcher Geschwindigkeit nutzt. Sie wissen, ob der Wechsel automatisch erfolgt und können Einfluss auf die Darstellungsdauer nehmen. Die *Diaansicht* ist hervorragend geeignet, um den zeitlichen Verlauf einer Computerpräsentation im Nachhinein zu optimieren.

In der Notizansicht wird im oberen Bereich des Blattes das Dia und im unteren Feld ein Freiraum für Notizen vorgesehen. Diesen können Sie so belassen, wie er ist, und die Seiten einfach als Lehrgangsunterlage ausdrucken. Damit hat der Teilnehmer des Seminars die Möglichkeit, eigene handschriftliche Notizen einzutragen und aus diesen mithilfe der Darstellung des gezeigten Dias auch zu einem späteren Zeitpunkt noch den Zusammenhang zum Vortrag zu erkennen. Auf der anderen Seite können Sie jedoch auch zusätzliche Informationen – Literaturangaben, Internetlinks etc. – in dieses Feld eintragen und die Seite komplett ausdrucken.

Zu guter Letzt möchten wir noch auf die *Handzettelansicht* hinweisen. Damit lassen sich mehrere Dias in verkleinerter Form auf einer Druckseite darstellen. Diese Unterlage kann für den Vortragenden als »Spickzettel« eingesetzt werden, weil – im Falle einer Darstellung von vier Dias pro Seite – die Handzettel mit dem Format DIN A6 nur so groß wie Karteikarten sind.

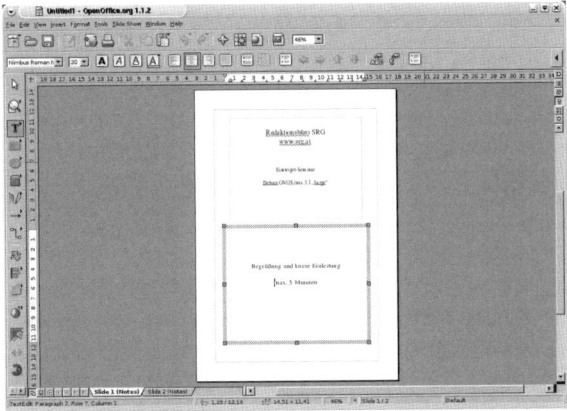

Abbildung 9.35: Die *Notizansicht* zeigt jeweils ein Dia und bietet Raum für ergänzende Informationen

Zeichnen mit OpenOffice.org Draw

Wir wollen das Kapitel zu OpenOffice.org mit einem kurzen Einblick in das Zeichenprogramm der Suite beschließen. Mit *OpenOffice.org Draw* steht Ihnen ein hochwertiges Programm zur Erstellung von Vektorgrafiken zur Verfügung. Die Zeichnungen können auch im HTML-Format gespeichert und mit Java-Applets als extern ergänzte Objekte versehen werden. Rein zeichnerisch bietet das Programm die Standardfunktionen wie das Erstellen von Kreisen/Ellipsen bzw. Quadraten/Rechtecken mit und ohne Füllung, das Zeichnen von Linien und die Eingabe von Textelementen. Darüber hinaus lassen sich mit wenigen Mausklicks dreidimensionale Objekte einbinden. Diese können in der Darstellung von Lichteffekten bearbeitet und um einen beliebigen Raumpunkt rotiert werden.

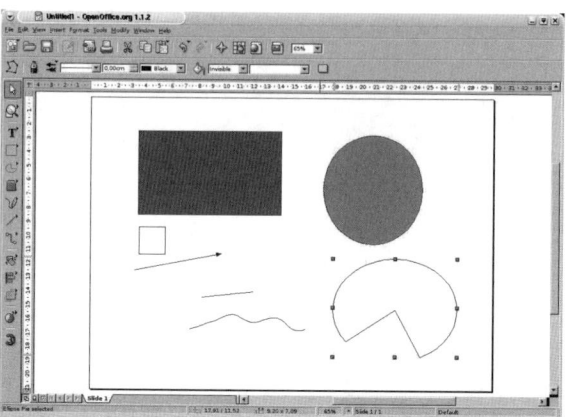

Abbildung 9.36: Auswahl der Grafikelemente einer OpenOffice.org-Draw-Zeichnung

Neben den reinen Elementen einer klassischen Vektorgrafik kann eine Zeichnung mit OpenOffice.org *Draw* um weitere Elemente ergänzt werden, die von ihrer Natur her keine Grafiken sind. So lassen sich Tabellen oder Texte einbinden. Selbstverständlich können auch Diagramme in die Zeichnung integriert werden. Damit haben Sie die Möglichkeit, grafisch sehr anspruchsvoll aufbereitete Unterlagen für eine Konferenz herzustellen.

Das soll an dieser Stelle als Einblick in das Programm OpenOffice.org genügen. Wie bereits erwähnt, kann im Rahmen eines einzelnen Kapitels die Funktionalität des Gesamtprogramms nur an der Oberfläche angekratzt werden. Eine detaillierte Behandlung des Themas wäre durchaus geeignet, ein Buch der Art zu füllen, wie Sie es gerade in Ihren Händen halten.

Zu den Funktionen von OpenOffice.org *Draw* zählt übrigens auch eine einfache Bildbearbeitung. So ist es möglich, ein Foto direkt aus dem Scanner einzulesen und zu bearbeiten. Allerdings bietet die Debian-GNU/LINUX-Distribution für die Bildbearbeitung noch eine weitere, sehr hochwertige Software, die in einem eigenen Kapitel vorgestellt werden soll: *GIMP*.

10 Bildbearbeitung mit GIMP

GIMP ist die Abkürzung für *GNU Image Manipulation Program*. Der Name ist eine Abkürzung der LINUX-Entwickler. Wenn Sie GIMP starten möchten und es im *Graphik*-Verzeichnis des KDE-Startmenüs suchen, werden Sie es möglicherweise nicht direkt finden. Die Applikation ist als *Image Editor (GIMP Image Editor)* im Menü *Graphik* gelistet. *GIMP* wird übrigens ständig weiterentwickelt. Die stets aktuelle Version kann im Internet auf der offiziellen Seite *www.gimp.org* gefunden werden. Dort finden Sie auch die Dokumentation, die mittlerweile in mehreren Sprachen vorliegt.

Für den Fall, dass Sie GIMP nicht an der beschriebenen Stelle finden, prüfen Sie bitte, ob es auch wirklich installiert wurde. Die Installation der Programmpakete im Debian-GNU/LINUX-System wurde in diesem Buch sowohl auf der Kommandozeile als auch auf den grafischen Oberflächen GNOME und KDE bereits erläutert. Darüber hinaus muss berücksichtigt werden, dass alle LINUX-Distributionen ständig weiterentwickelt und optimiert werden. Deshalb ist es denkbar, dass auch Programmmenüs umorganisiert werden. Möglicherweise finden Sie GIMP deshalb plötzlich an einer vollkommen anderen Position im Menü.

Wenn Sie GIMP im *Start*-Menü an der genannten Stelle gestartet haben, stellt sich Ihnen das eigentliche Programmfenster als eine Sammlung von Schaltflächen vor. Wenn Sie das Bild etwas größer aufziehen, werden Sie erkennen, dass es sich um zwei Schaltflächen, eine Werkzeugleiste und ein kleines Menü handelt. Einen Arbeitsbereich, wie ihn die meisten klassischen Programme bieten, finden Sie zunächst einmal nicht. Sie haben lediglich eine Toolbox geöffnet. Am Beispiel des Umganges mit einigen Bilddateien wollen wir verdeutlichen, was es damit auf sich hat.

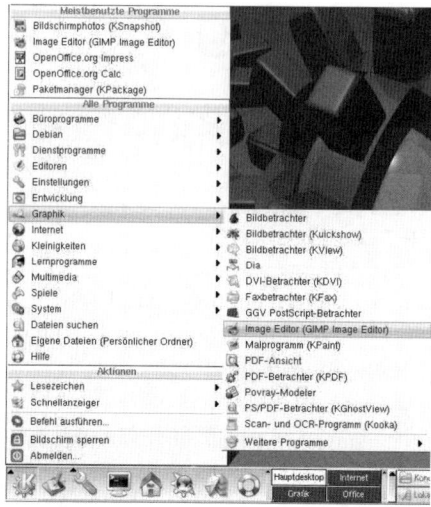

Abbildung 10.1:
Start des GIMP Image
Editors aus dem KDE-
Menü

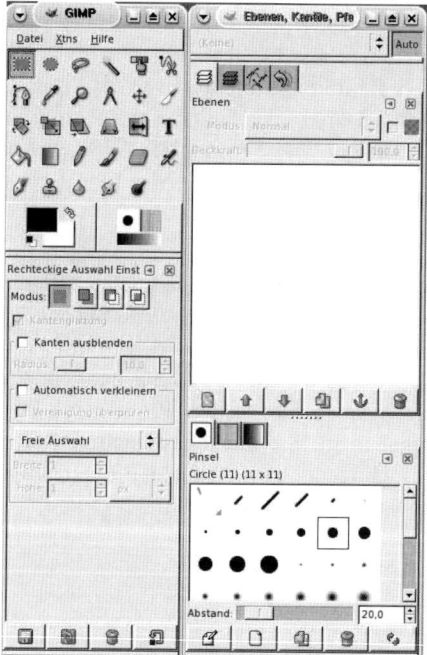

Abbildung 10.2: Mit
GIMP öffnen sich nach
dem Start neben dem
Hauptprogramm zahl-
reiche Werkzeugfenster

Dokumentationen zu GIMP gibt es im Internet unter *www.gimp.org*. Auch eine deutschsprachige Seite ist zu GIMP im Netz verfügbar: *www.gimp.de*. Wir können nur empfehlen, gelegentlich diese Seite auszuprobieren. Darüber hinaus gibt es verschiedene weitere deutschsprachige Quellen zu GIMP im Internet.

Bilder öffnen, speichern und aufnehmen

GIMP kann Fotos in sehr vielen Grafikformaten verarbeiten. Das Öffnen eines bereits bestehenden Bildes ist dabei noch sehr einfach, denn wir müssen lediglich das Menü *Datei / Öffnen* auswählen oder den Suchdialog mit der Tastenkombination Strg + O aufrufen. Es öffnet sich ein Suchdialogfenster, dessen linke Seite die Navigation im Verzeichnisbaum und dessen rechte Seite die Auswahl der Datei ermöglicht. Im unteren Bereich finden Sie ein Dropdown-Menü zur Selektion des Dateityps und ein Voransichtenfenster. Mithilfe des Dropdown-Menüs haben Sie zwei Möglichkeiten zur Vorgabe einer Filtereinstellung:

✓ *Automatisch*: Jedes gültige Datenformat wird gelistet.

✓ *Selektives Filter*: Es werden nur die gewünschten Daten gelistet. Dies schafft bei Verzeichnissen mit einem sehr heterogenen Inhalt ein wenig Übersicht.

Für einen intensiven Einsatz von GIMP empfehlen wir eine schnelle, aber dennoch von LINUX unterstützte Grafikkarte sowie einen leistungsfähigen PC mit zeitgemäßer Taktfrequenz und einen ausreichenden Arbeitsspeicher. Auch die Festplatte sollte ausreichend Platz bieten, denn insbesondere hochauflösende »True-Colour«-Fotos sind sehr speicherintensiv!

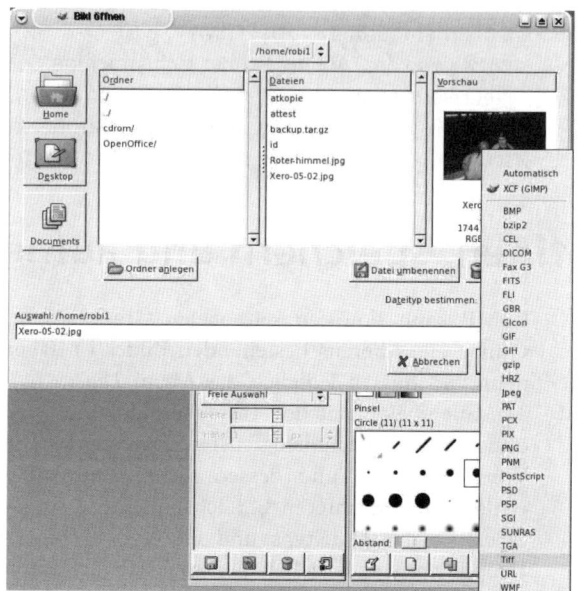

Abbildung 10.3: GIMP bietet vielfältige Importfilter zum Öffnen einer Datei an

Es gibt noch einen anderen Weg, um ein Bild zu laden, der zum Standard von GIMP gehört: einen Screenshot anzufertigen. Was Screenshots sind, sehen Sie, wenn Sie dieses Buch durchblättern, denn fast alle Illustrationen sind Schnappschüsse unserer Experimente mit GIMP und mit KSnapshot. Nun haben wir natürlich keine Kamera vor den Bildschirm gehalten, sondern dessen Inhalt von *GIMP* »abfotografieren« lassen.

Im Menü *Datei / Holen* finden Sie die Funktion *Screen Shot*. Darüber öffnen Sie ein kleines Fenster, mit dem Sie zunächst einmal entscheiden, ob Sie ein einzelnes Fenster oder den gesamten Screen aufzeichnen wollen. Nicht zuletzt können Sie eine gewisse Verzögerungszeit einstellen, die es Ihnen erlaubt, den Bildschirm vor der Aufzeichnung wunschgemäß herzurichten.

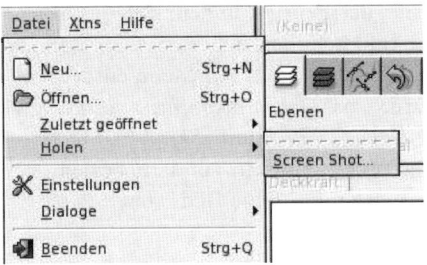

Abbildung 10.4: Aufruf der Screenshot-Funktion im Menü von GIMP

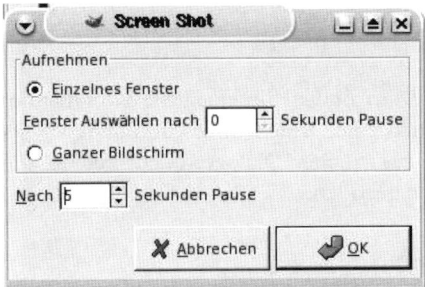

Abbildung 10.5: Screenshot vorbereiten

Sie werden sich sicher über die merkwürdige Struktur in diesem Kapitel ein wenig wundern. Während es nachvollziehbar erscheint, zunächst zu erläutern, wie eine Datei mit verschiedenen Filtern geöffnet wird, erscheint es unlogisch, die Aufzeichnung von Screenshots darzustellen, bevor über das Sichern eines Bildes gesprochen wurde. Nun, wenn Sie dieser Meinung sind, dann versuchen Sie doch einmal, einen eben aufgezeichneten Screenshot unter einem beliebigen Namen zu speichern. Sie kennen sicher die allgemein übliche Gestaltung der Hauptmenüstruktur? – Also los: *Datei / ... ???* Aha!

Wir kommen der Sache ein wenig näher, denn im Menü *Datei* gibt es weder einen *Sichern*- noch einen *Sichern-unter*-Befehl. Das bedeutet allerdings nicht, dass wir die Bildinformationen wie in der Steinzeit in Schieferplatten meißeln müssen, denn die Befehle sind durchaus vorhanden. Nur eben an einer anderen Stelle.

Wenn Sie sich das Fenster, in dem sich das bearbeitete oder eben auf-gezeichnete Bild befindet, näher ansehen, dann werden Sie in diesem neuen Bildfenster ebenfalls ein Menü entdecken, das eine sehr klassi-sche Struktur aus *Datei, Bearbeiten, Auswahl, Ansicht, Bild, Ebene, Werkzeuge, Dialoge, Filter* und *»Skript-Fu«* bietet. Allerdings gilt dieses Menü nicht programmweit, sondern bezieht sich ausschließlich auf das in dem Fenster sichtbare Bild.

Menübefehle zum Sichern oder Bearbeiten eines Bildes sind im Hauptprogrammfenster nicht zu finden. Sie werden erst im direk-ten Zusammenhang mit einem geöffneten Arbeitsbereich zur Verfügung gestellt. Daher enthält das Hauptprogramm lediglich Dateibefehle zum *Öffnen* und zur Erstellung eines Screenshot.

Im Menü *Datei* finden Sie einerseits Kommandos zum Öffnen bzw. zum Erstellen eines neuen Bildes und andererseits Kommandos zum Aktivieren zusätzlicher Dialoge. Nicht zuletzt können Sie GIMP an dieser Stelle beenden.

Abbildung 10.6: Das *Datei*-Menü im Hauptfenster enthält KEINE Speicherfunktionen!

Die Werkzeugleiste von GIMP

Unmittelbar nach dem Start von GIMP wird eine sehr umfangreiche Werkzeugleiste – die *Toolbox* – eingeblendet. Diese ermöglicht es uns, bestimmte Bildausschnitte zu markieren und diese entweder direkt zu bearbeiten oder sie zu rotieren, zu verschieben bzw. in ein anderes Bild zu integrieren. Wir können ein Bild mit Titeltexten oder Erläuterungen versehen und vieles mehr. Sehen wir uns die Werkzeuge einmal an.

Ausschnitte selektieren

Zunächst einmal bietet GIMP verschiedene Selektionsmöglichkeiten, mit deren Hilfe einzelne Bildabschnitte für die weitere Bearbeitung ausgewählt werden können. Dies können sehr einfache Funktionen sein, wie beispielsweise ein rechteckiger oder quadratischer, ein elliptischer oder kreisrunder Ausschnitt. Es können aber auch andere Möglichkeiten zur Selektion gewählt werden, deren Benutzung ein wenig geübt werden sollte. So kann mit dem *Lasso* per Handarbeit eine Umrisslinie »gemalt« werden. Dieses Werkzeug sollte nicht bei einer zu kleinen Darstellung eingesetzt werden, weil hier höchste Präzision gefordert ist. Die Arbeit mit dem *Lasso* ist zwar reines Handwerk, doch können Sie damit sehr komplizierte und farblich unterschiedliche Gebilde selektieren.

Die Veränderung des *Schwellwertes* mit gehaltener linker Maustaste, wie sie im Folgenden beschrieben wird, ist nur dann eine komfortable Lösung, wenn ein leistungsfähiger PC als Plattform gewählt wurde. Gute Prozessorleistung und eine schnelle Grafikkarte sind für Grafikapplikationen stets eine wichtige Voraussetzung, um optimal und fließend arbeiten zu können. Was auf einem schnellen 2,4-GHz-Rechner durchaus attraktiv war, wirkte am Beispiel eines 733-MHz-Pentium III doch etwas gequält.

Der *Zauberstab* ist ein farbbezogenes Selektionswerkzeug. Es werden die Bildinhalte markiert, deren »Farbwert« innerhalb einer gewissen Toleranz zu dem des angeklickten Punktes liegt. Von dem *Schwellwert* hängt also das Ergebnis der Selektion ab. Er lässt sich sehr einfach mit der Maus festlegen. Wenn Sie mit dem *Zauberstab* einen Ausschnitt anklicken, wird dieser – wie bereits angedeutet – innerhalb der Farbtoleranzen markiert. Bewegen Sie jedoch die Maus bei gedrückt gehaltener linker Taste aufwärts oder abwärts, dann werden Sie Änderungen in der Umrisslinie erkennen. Sie benötigen also kein numerisches und damit viel zu abstraktes Menü, sondern können direkt am Objekt die gewünschte Einstellung vornehmen. Natürlich können Sie dennoch eine Einstellung in einem Menü vornehmen, das Sie per Doppelklick auf das *Werkzeug*-Icon aufrufen.

Abgesehen vom Werkzeug *Verschieben* können zu allen GIMP-Werkzeugen per Doppelklick Konfigurationsmenüs aufgerufen werden.

Vielleicht haben Sie in einem vektororientiertem Zeichenprogramm schon einmal mit Bézierkurven gearbeitet? GIMP nutzt dieses Verfahren nicht zur Darstellung von Linien, sondern zur Definition eines Ausschnittsbereiches. Sie können also eine grobe Selektion des gewünschten Ausschnittes durch Setzen von Markierungspunkten vornehmen. Diese Punkte definieren einen Knoten der Umrisslinie, zu dem jeweils noch zwei automatisch gesetzte Steuerpunkte gehören. Winkel und Entfernung der Steuerpunkte vom Knotenpunkt haben direkten Einfluss auf die Form der Umrisskurve.

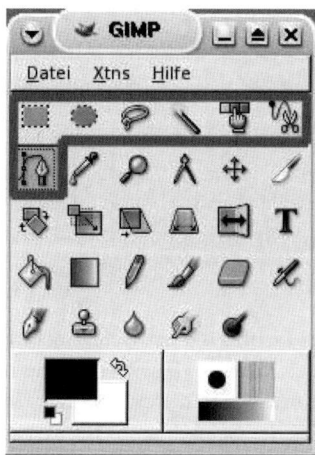

Abbildung 10.7: Selektionswerkzeuge von GIMP

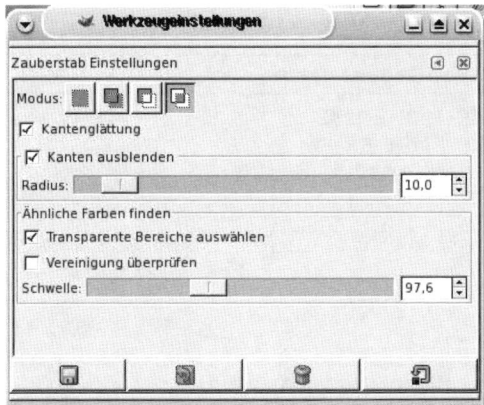

Abbildung 10.8: Feinkonfiguration des *Zauberstabes*

Betrachten und Bewegen

Eines der wichtigsten Werkzeuge jeder Bildbearbeitung überhaupt ist die *Zoom*-Funktion, die in der Werkzeugleiste zweckmäßigerweise als Lupe dargestellt wird. Je nachdem, in welchem Modus die *Zoom*-Funktion geschaltet ist – dies wird in einem kleinen Menü festgelegt –, wird der Bildinhalt vergrößert oder verkleinert. Ein wie vorangehend beschrieben markierter Bildbereich kann mit GIMP gedreht oder innerhalb des Bildes verschoben werden. Selbstverständlich ist es auch möglich, Bildausschnitte auszuschneiden oder zu kopieren, um diese dann in ein neues bzw. anderes bereits bestehendes Bild einzufügen.

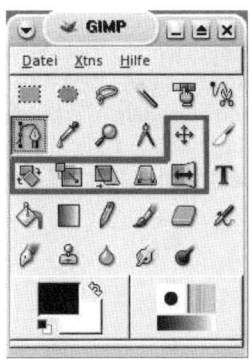

Abbildung 10.9:
Verschieben, Drehen und Zoomen mit GIMP

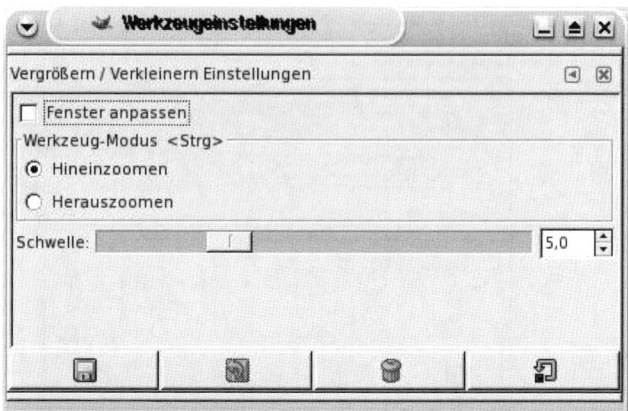

Abbildung 10.10: *Zoom*-Definition: vergrößern oder verkleinern

Text editieren

Mit GIMP können auch Texte in ein Bild eingefügt werden. Mit dieser Funktion lassen sich nicht nur Titel und Beschreibungen editieren, sie ist auch von großer Bedeutung, wenn Firmenlogos auf der Basis einer vorhandenen Fotografie entworfen werden sollen. Auch Plakate oder sonstige Illustrationen, denen Text hinzugefügt werden soll, lassen sich mit dieser Funktion komplettieren, ohne das Foto später noch einmal mit einem Zeichenprogramm nachbearbeiten zu müssen.

In unserem Beispiel haben wir ein Foto unserer »Co-Autoren« mit einem kleinen Spruch dekoriert. Dazu wurde das Werkzeug *Text* ausgewählt und der Mauszeiger mit einem Klick auf die gewünschte Stelle im Bild gesetzt. Es öffnet sich ein Text-Editor, in dem wir den gewünschten Text verfassen oder einen Text aus einer vorhandenen Textdatei impotieren können. In den Werkzeugeinstellungen zum *Textwerkzeug* – Sie wissen, diese können Sie in der Toolbox per Doppelklick auf das *Textwerkzeug* öffnen – können nun die Schriftart und -größe etc. bestimmt werden.

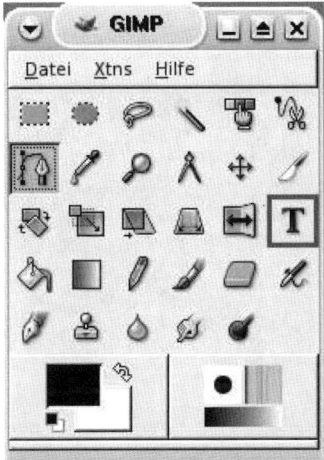

Abbildung 10.11:
Das *Textwerkzeug*

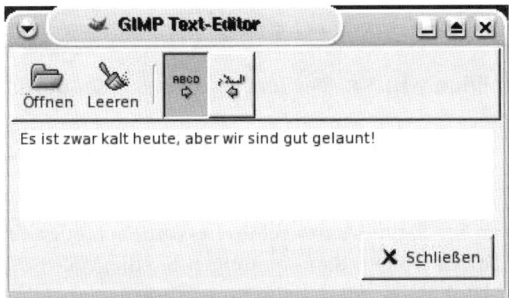

Abbildung 10.12:
Texteingabe im
GIMP-Text-Editor

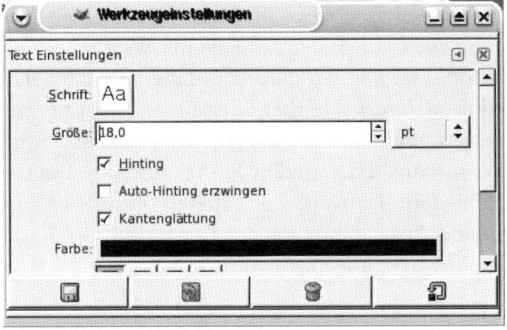

Abbildung 10.13:
Schriftart und
-größe werden in
den Werkzeug-
einstellungen
des *Textwerkzeuges*
festgelegt

Abbildung 10.14: Der Text erscheint an der gewünschten Stelle

Malen, Sprayen, Füllen und Radieren

Wenn Sie Details eines Bildes hervorheben oder eine markierte Fläche einfärben wollen, dann benötigen Sie die Mal- und Füllwerkzeuge des GIMP. Insbesondere bei diesen Werkzeugen sollten Sie sich mit dem Gebrauch der jeweiligen Optionen vertraut machen, die Sie jeweils in einer kleinen Dialogbox finden. Diese Dialogbox öffnen Sie mit einem Doppelklick auf das entsprechende Werkzeug. Doch nicht immer finden Sie dort alle wirklich benötigten Parameter. Ein Beispiel ist das Werkzeug *Pinsel*. Hierbei handelt es sich um einen Zeichenstift, der unter anderem in sehr verschiedenen Breiten und Formen verwendet werden kann. Hier finden Sie im unteren Teil des Werkzeugdialoges verschiedene Buttons. Zwei dieser Buttons (*Neu* und *Bearbeiten*) öffnen eine Auswahlbox, in der Form und Größe des Stiftes individuell festgelegt bzw. angepasst werden können.

Abbildung 10.15: Mal- und Füllwerkzeuge

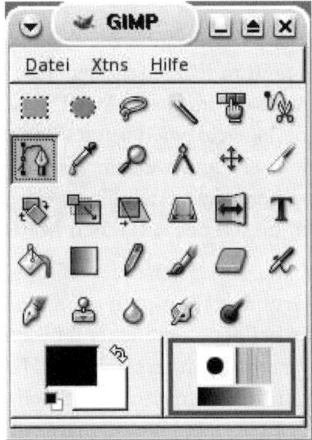

Abbildung 10.16: Konfiguration des Zeichenstiftes aufrufen

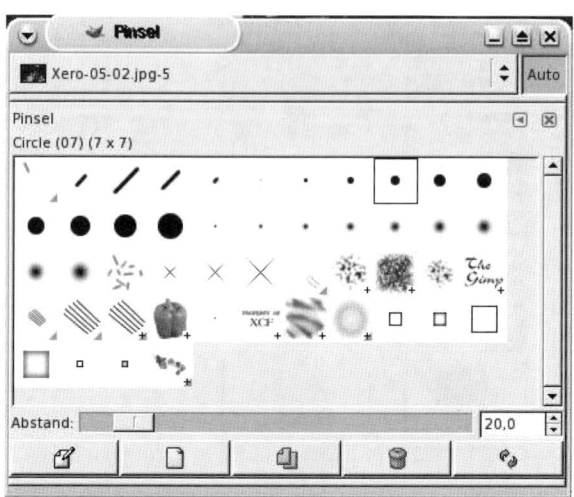

Abbildung 10.17: Auswahlbox für den Stil des Zeichenstiftes

Alternativ zum Zeichenstift kann auch die virtuelle Sprühdose eingesetzt werden, um interessante Effekte zu erzielen. Je nach Einstellung
deckt die Sprühdose nur sehr langsam. Wird diese Funktion mit verschiedenen Farben überlagernd wiederholt, dann entstehen Effekte,
die von einem Stift nicht erreicht werden können. Wer dennoch eine
möglichst schnelle und gesättigte Ausfüllung eines markierten Bereiches wünscht, der kann diesen per einfachen Mausklick ausfüllen.

Natürlich können Sie auch Bereiche des Bildes ausradieren. Diese
Aktion entspricht im Grunde genommen auch einem Zeichenvorgang,
der jedoch – anders wie bei den vorangehend beschriebenen Verfahren
– nicht mit der Vordergrund-, sondern mit der Hintergrundfarbe ausgeführt wird. Vorder- und Hintergrundfarbe definieren Sie über den
großen Button links unten im Hauptprogrammfenster (unter der
Toolbox).

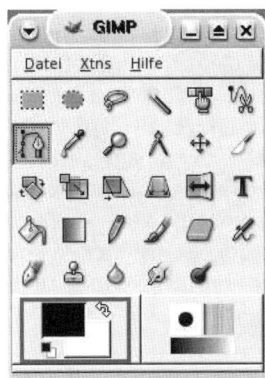

Abbildung 10.18: Festlegung der Vorder- und Hintergrundfarben

Die GIMP-Menüs

Die eben gezeigte Funktionsauswahl, die freilich nur die elementaren Funktionen einer Bildbearbeitung ansprechen konnte, und noch viele weitere Funktionen stehen auch über das Arbeitsmenü in den Grafikfenstern zur Verfügung. Die Menügestaltung des GIMP ist nicht ganz unumstritten, denn Kritiker vermissen in vielen Fällen die Übersicht. Ein Beispiel haben wir bereits angesprochen, als wir den Umgang mit Dateien im GIMP erläuterten. Sicher wäre dies in keinem anderen Programm ein derart ausgeprägtes Thema gewesen. Dennoch: Die direkte Ankopplung der wichtigsten Menüs an das jeweils zu bearbeitende Bild trägt zur Übersicht auf dem Bildschirm bei. Selbst wenn alle aktuell unwichtigen Bilder und Fenster minimiert werden, stehen sämtliche für das offene Bild wichtigen Funktionen unmittelbar zur Verfügung.

GIMP »müllt« Sie also nicht pauschal mit gewaltigen Menüinhalten zu, sondern bietet Ihnen stets die Funktionen an, die Sie für die Arbeit an Ihrem Bild augenblicklich benötigen. Im Prinzip finden Sie eine derartige Verfahrensweise auch in kommerzieller Software, in der seit langem schon so genannte kontextsensitive Menüs (Kontext = der Zusammenhang), die mit der rechten Maustaste geöffnet werden können, fester Bestandteil der Benutzerführung sind.

Die im Folgenden besprochenen Menüs werden in den Bildfenstern durch einen Klick auf die rechte Maustaste geöffnet. Bitte beachten Sie weiterhin, dass sowohl deutsch- als auch englischsprachige Versionen verfügbar sind. Die Nutzung des Programms ist in jedem Fall vergleichbar. Darüber hinaus wird GIMP ständig weiterentwickelt, so dass aktuellere Versionen Abweichungen gegenüber dem hier gezeigten Programm aufweisen können. Die grundsätzliche Arbeit mit GIMP ist jedoch seit langer Zeit unverändert geblieben. Im Internet ist unter *www.gimp.org/de* ein deutschsprachiges Benutzerhandbuch zu finden.

Das Menü Datei / File

Das Menü *Datei* oder *File* – je nachdem, ob Sie eine deutsch- oder englischsprachige Version auf Ihrem PC eingerichtet haben – haben wir bereits zu Beginn dieses Kapitels kennen lernen können. Es bietet die Möglichkeit, ein neues Bild zu erzeugen, ein bestehendes zu öffnen und dies mit verschiedenen Varianten zu speichern. Sie können das Bild direkt aus GIMP drucken oder per E-Mail versenden. Mit *Schließen* schließen Sie lediglich das Bild, mit *Beenden* verlassen Sie das gesamte Programm. Bedenken Sie aber, dass sich die *Datei*-Menüs, die im Kontext zu geöffneten Bildern stehen, von dem des Hauptprogrammfensters deutlich unterscheiden. Im Letzteren fehlen Funktionen zum Drucken, Versenden einer E-Mail und zum Schließen eines einzelnen Bildes.

Die Funktionen *Drucken* (*Print*) und *Verschicken* (*Mail Image*) sind nur nutzbar, wenn der Computer entsprechend konfiguriert ist! Das bedeutet, dass zum Drucken ein Druckertreiber konfiguriert werden muss, der entweder direkt einen am PC angeschlossenen Drucker bedient oder einen Drucker im Netzwerk anspricht. Möglich ist es auch, in eine Datei zu drucken.

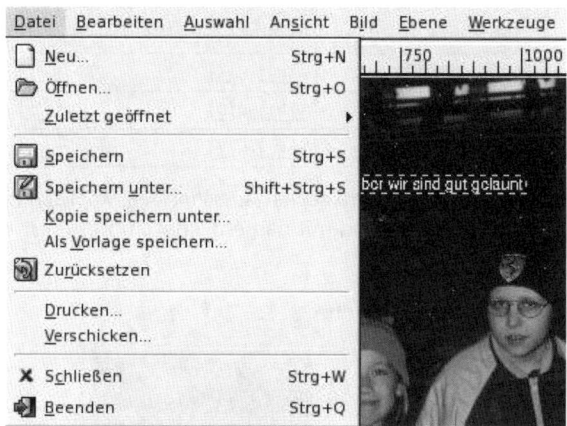

Abbildung 10.19: Das Menü *Datei* bzw. *File* von GIMP

Das Menü Bearbeiten / Edit

Das Menü *Bearbeiten (Edit)* erscheint auf den ersten Blick wenig spektakulär. Es enthält nämlich klassische Funktionen wie z.b. *Ausschneiden, Kopieren und Einfügen*, die beinahe jedes grafisch orientierte Programm in einem vergleichbaren Menü bietet. Ebenfalls fast schon selbstverständlich sind die Funktionen *Rückgängig* und *Wiederholen*. Etwas interessanter ist allerdings das Untermenü *Ablage*, denn hier finden Sie Möglichkeiten, um Bildausschnitten einen Namen zu geben. Wenn Sie nun beispielsweise einen Bildausschnitt kopieren möchten, dann können Sie dies natürlich nach wie vor etwa mit *Kopieren* tun, was jedoch zur Folge hat, dass exakt dieser Bildausschnitt von der Funktion *Einfügen* wieder eingesetzt wird. Wählen Sie jedoch *Bearbeiten / Ablage / Kopieren* bzw. *Bearbeiten / Ablage / Ausschneiden*, dann können Sie den zwischengespeicherten Bildausschnitt neben zahlreichen anderen zu einem späteren Zeitpunkt gezielt mit der Funktion *Bearbeiten / Ablage / Einfügen* wieder selektieren. Die Befehle klingen also nur identisch, haben aber sehr eigene Funktionen. Darüber hinaus gibt es Shortcuts (Tastenkombinationen) mit denen Sie diese Kopier-, Ausschneide- und Einfügefunktionen direkt von der Tastatur aufrufen können. Auch diese unterscheiden sich natürlich von den regulären Funktionen, was wir in einer kleinen Tabelle zeigen.

Funktion	reguläre Funktion	namentliche Funktion
Ausschneiden	Strg + X	⇧ + Strg + X
Kopieren	Strg + C	⇧ + Strg + C
Einfügen	Strg + V	⇧ + Strg + V

Tabelle 10.1: Funktionen *Ausschneiden*, *Kopieren* und *Einfügen* in GIMP: regulär und mit namentlicher Zuordnung

Abbildung 10.20: Das Menü *Bearbeiten* von GIMP

Abbildung 10.21: Mit *namentlichen Ausschneide-, Kopier- und Einfüge-funktionen* können gezielt mehrere Bildausschnitte gewählt und im Bild platziert werden

Das Menü Auswahl / Select

In der Toolbox des Hauptprogrammfensters haben Sie verschiedene Markierungswerkzeuge kennen gelernt. Die Funktionen des Menüs reichen allerdings noch etwas weiter, denn es lassen sich die Übergänge an den Markierungsgrenzen mit der Funktion *Ausblenden* etwas weicher bzw. mit der Funktion *Schärfen* schärfer abzeichnen. Auch die Dimensionen des Markierungsbereiches lassen sich über das Menü modifizieren. Dazu kommen beispielsweise die Funktionen *Vergrößern* und *Verkleinern* zum Einsatz.

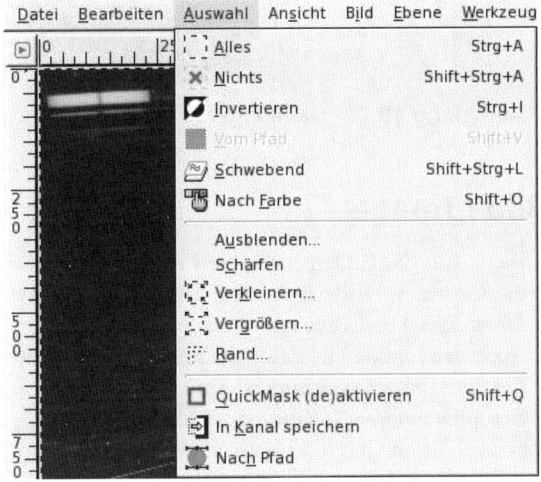

Abbildung 10.22: Das Menü *Auswahl* von GIMP

Das Menü Ansicht / View

Die Ansicht eines Fensters bzw. dessen Inhaltes sollte eigentlich in keiner grafikbasierten Applikation fehlen. Völlig undenkbar wäre beispielsweise in einem Bildverarbeitungsprogramm der Verzicht auf eine *Zoom*-Funktion, die im Menü *Ansicht* zu finden ist. Darüber hinaus lässt sich das Fenster um wertvolle Zusätze wie eine Statuszeile und Lineale ergänzen bzw. diese lassen sich bei höherem Platzbedarf auf dem Bildschirm abschalten.

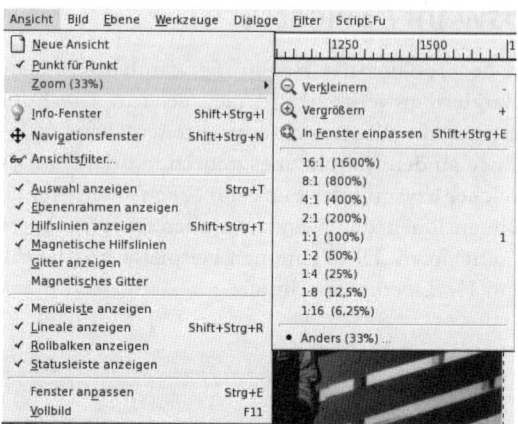

Abbildung 10.23: Das Menü *Ansicht (View)* von GIMP

Das Menü Bild / Image

Wenn Sie die Bildeigenschaften als solche, z.b. das Farbformat oder die Größe, verändern wollen, dann bietet GIMP im Menü *Bild* bzw. *Image* die Möglichkeiten dafür. Eine Neuskalierung kann sich beispielsweise anbieten, wenn ein Bild zu groß ist. In diesem Fall würden Sie ohne eine Skalierung unnötig Speicherplatz vergeuden, wenn das Ergebnis einer verkleinerten Version immer noch Ihren Vorstellungen entspricht und auch im späteren Verarbeitungsverlauf (z.B. Druckerei) noch ausreichend ist. Auf der anderen Seite können Sie – eine entsprechende Auflösung vorausgesetzt – mit einer höheren Skalierung das Bild auch für Poster etc. aufbereiten.

Wir wollen nicht vergessen, darauf hinzuweisen, dass der Bildinhalt auch mit einfachem Mausklick im Menü *Bild / Transformation / Rotieren* in 90-Grad-Schritten gedreht werden kann.

Einen Rotationsbefehl finden Sie auch im Menü *Ebene* bzw. *Layer*. Dieser bezieht sich allerdings nicht auf das gesamte Bild, sondern nur auf die gewünschte Ebene. Hier können Sie interessante Effekte erzielen, wenn Sie ein wenig mit der Überlagerung von Bildelementen in verschiedenen Ebenen experimentieren.

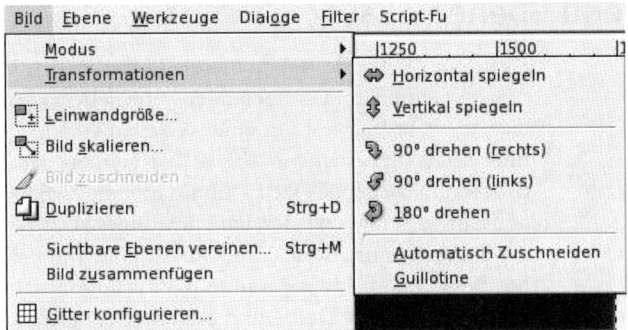

Abbildung 10.24: Das Menü *Bild (Image)* von GIMP

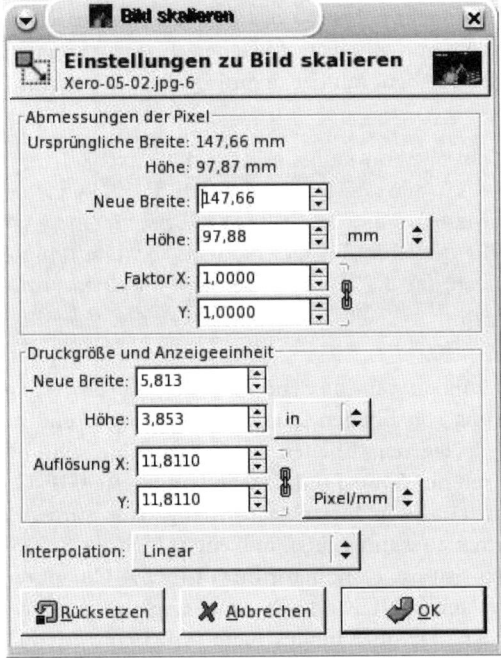

Abbildung 10.25: Neue Skalierung eines Bildes

Das Menü Ebenen / Layer

Wenn Sie die Illustrationen dieses Buches zu den Menüs *Bild* und *Ebenen* betrachten und miteinander vergleichen, werden Sie feststellen, dass wir sehr bewusst auf eine scheinbar doppelt vergebene Funktion hinweisen: die *Rotation*. Wie es die Namen der Menüs bereits ausdrücken, beziehen sie sich – und damit auch die *Rotations*-Funktion – auf sehr verschiedene Bereiche des Bildes. Das Menü *Bild* – hier sind die Drehungsfunktionen im Untermenü *Transformation* zu finden – bearbeitet nämlich das gesamte Bild, während sich das Menü *Ebenen* – auch hier werden Dreh- und Rotations-Funktionen in einem Untermenü *Transformation* angeboten – nur auf jeweils eine Ebene des Bildes beschränkt. Es ist also denkbar, ein Bild in verschiedenen Schichten aufzubauen. Stellen Sie sich vor, Sie wollen eine Gebäudefotografie mit zusätzlichen Elementen versehen, um im Vorfeld einer Baumaßnahme bereits das Endergebnis präsentieren zu können. Sie können nun mit verschiedenen Ebenen arbeiten, wodurch Sie die Chance haben, mit der ursprünglichen Datei sehr flexibel umzugehen.

Nicht alle Formate speichern die verschiedenen Ebenen eines Bildes. Für die weitere Bearbeitung empfehlen wir die Nutzung des GIMP-Standardformates (XCF) bzw. für eine Animation das Format GIF. Probieren Sie verschiedene Formate ruhig einmal aus. Einige fassen das Bild zu einer Bitmap auf einer einzigen Ebene zusammen.

Sie können verschiedene Entwürfe durch Aktivierung und Deaktivierung von Ebenen kurzfristig einbringen und bestimmte Details in jeweils eigenen Ebenen darstellen. Eine sehr beliebte Einsatzmöglichkeit der *Layer*-Funktion sind animierte GIF-Grafiken (z.B. Werbebanner), die in Internetseiten eingebaut werden können. Die fertige Animation kann später mit einem nahezu beliebigen Webbrowser – beispielsweise Konqueror Ihres LINUX-Computers, Mozilla auf Windows und LINUX oder Internet Explorer unter Windows – angesehen werden. Darüber hinaus bietet GIMP im Menü *Filter* die Funktion *Animation / Animation abspielen*, die Ihnen bereits in der Erstellungsphase zeigt, wie das spätere Ergebnis wirkt.

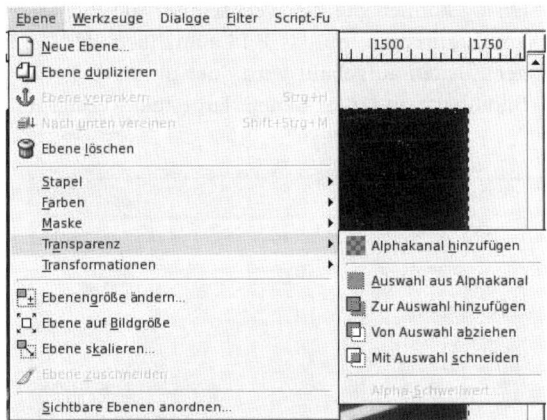

Abbildung 10.26: Das Menü *Ebenen* von GIMP

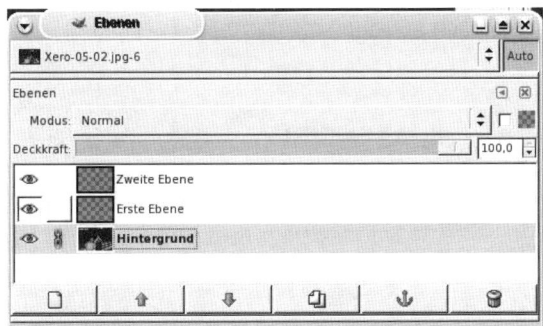

Abbildung 10.27: Definition einer Ebene mit GIMP aus dem *Layer*-Dialog (zu öffnen beispielsweise aus dem Hauptprogramm oder dem kontextsensitiven *Dialog*-Menü im Bildfenster)

Die Erzeugung animierter GIFs ist recht einfach. Für die Herstellung einer Vorlage müssen Sie lediglich dafür sorgen, dass sich die wechselseitig dargestellten Bildinhalte auf verschiedenen Ebenen befinden. Anschließend speichern Sie das Bild im Format GIF ab. GIMP erkennt nun, dass es sich um ein Bild in verschiedenen Ebenen handelt und bietet Ihnen an, eine Animation zu generieren. In einem weiteren

Dialog können Sie die Wechselintervalle (in Millisekunden) festlegen und bestimmen, ob das Bild allmählich als Kombination verschiedener Ebenen aufgebaut wird oder ob die Layer abwechselnd ohne die Bildinhalte anderer Ebenen dargestellt werden sollen.

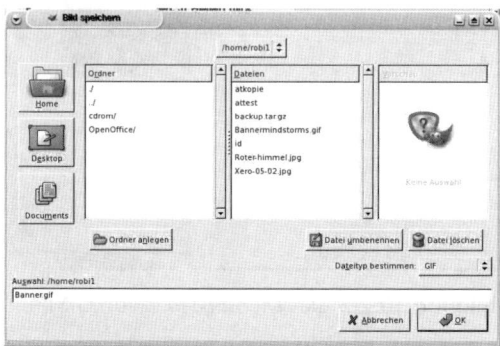

Abbildung 10.28: Eine Animation wird beim Speichervorgang (nur GIF!) erzeugt

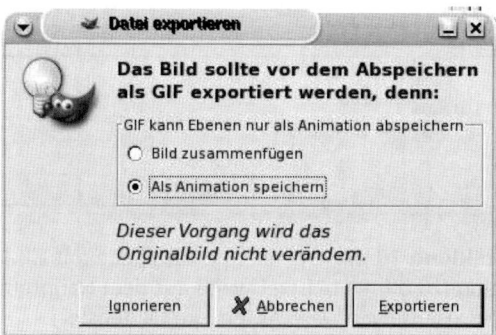

Abbildung 10.29: Die Entscheidung liegt bei Ihnen: Sollen die verschiedenen Ebenen des GIF-Bildes zu einer mehrstufigen Grafik zusammengefasst oder als Animation gespeichert werden? Im letzteren Fall werden die Ebenen – je nachdem, ob sie sich ersetzen oder überlagern sollen – dem Betrachter wie eine »Diashow« präsentiert

Abbildung 10.30: Einstellung der Animationseigenschaften

Das Menü Werkzeuge / Tools

Wenn Sie sich mit der Maus den regelmäßigen Weg zur Toolbox im Hauptprogrammfenster ersparen möchten – auch dies kostet schließlich bei größeren Projekten unter Umständen einen erheblichen Anteil Ihrer Arbeitszeit –, dann können Sie die Werkzeuge auch direkt aus dem gleichnamigen Menü aufrufen. Sie finden hier ziemlich übersichtlich die Markierungs- und Zeichenwerkzeuge sowie Werkzeuge zur Umwandlung und Bewegung von Bildinhalten.

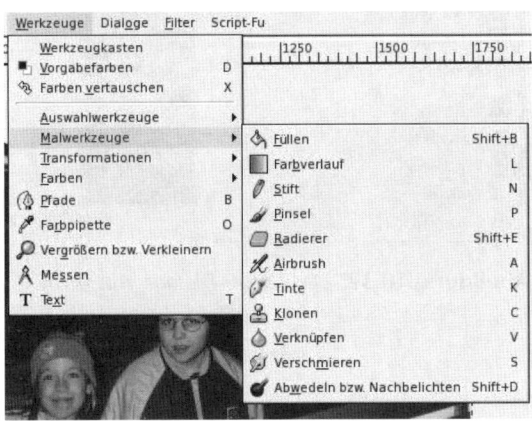

Abbildung 10.31: Das Menü *Werkzeuge* von GIMP

Das Menü Dialoge / Dialogs

An verschiedenen Stellen dieses Kapitels – insbesondere bei den Funktionen der Werkzeugleiste – haben wir auf interessante Dialogboxen hingewiesen, mit denen die Feinkonfiguration der einzelnen Werkzeuge etc. vorgenommen werden kann. Im Menü *Dialoge* werden diese verschiedenen Dialogboxen zusammengefasst und können gezielt und schnell aufgerufen werden.

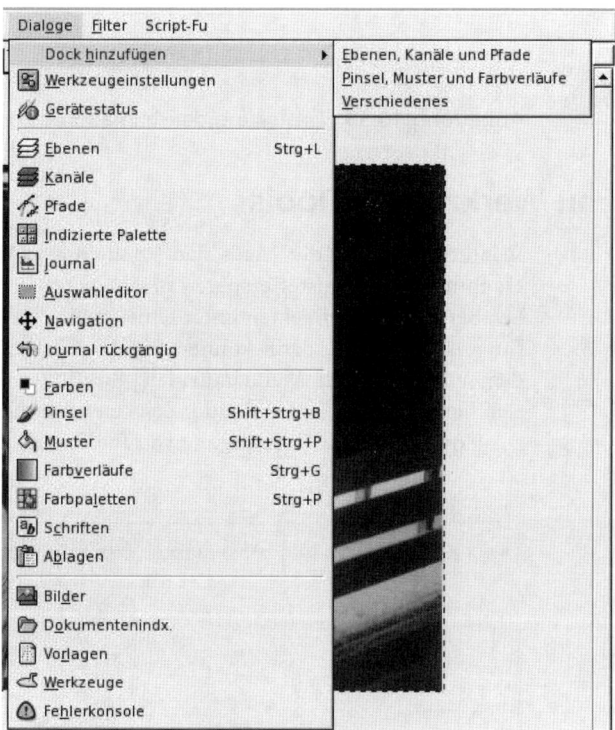

Abbildung 10.32: Das Menü *Dialoge* von GIMP

Das Menü Filter / Filters

Ein wichtiges Werkzeug zur Erzeugung ungewöhnlicher Effekte, aber auch zur Hilfe bei einer weiteren Bearbeitung – beispielsweise zur Betonung von Umrissen etc. – sind die *Filter*. Zu den möglichen Effekten, die wir Ihnen auch in den Illustrationen zeigen, gehören *Mosaikdarstellungen* und Lichteffekte wie die *Supernova*.

Wir empfehlen, ein wenig mit Kopien von Bildern zu experimentieren. In manchen Fällen kann es sein, dass einige Filterfunktionen nicht anwendbar sind. Probieren Sie dann zunächst, die Eigenschaften des Bildes im Menü *Image* zu verändern. Beispielsweise konnten Bilder im Modus *Indexed* so gut wie gar nicht mit Filtern versehen werden. Nach einer Konvertierung in den RGB-Modus gab es mit der gleichen Vorlage keine Probleme mehr.

Die folgenden Illustrationen zu Filterbeispielen wurden mit einem Ihnen aus diesem Kapitel bereits bekannten Foto erzeugt.

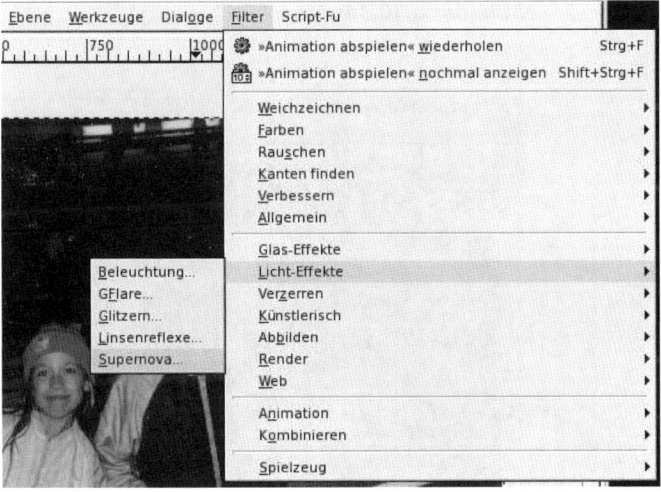

Abbildung 10.33: Das Menü *Filter* von GIMP: der Lichteffekt *Supernova*

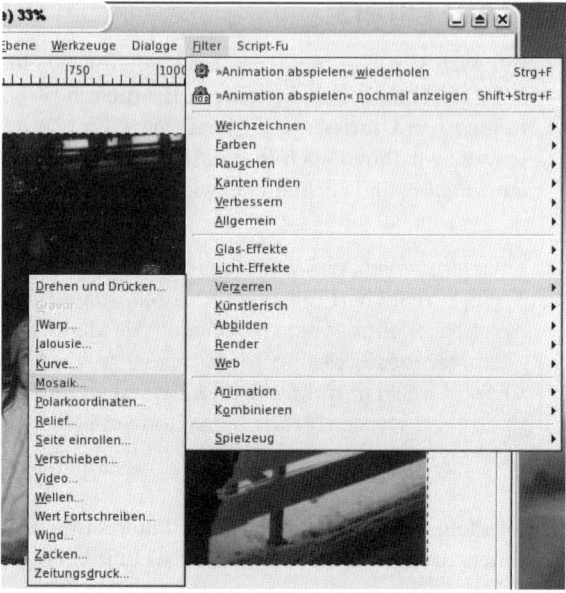

Abbildung 10.34: Der *Mosaik*-Filter

Abbildung 10.35: Sehr beliebt ist der Effekt *Supernova*

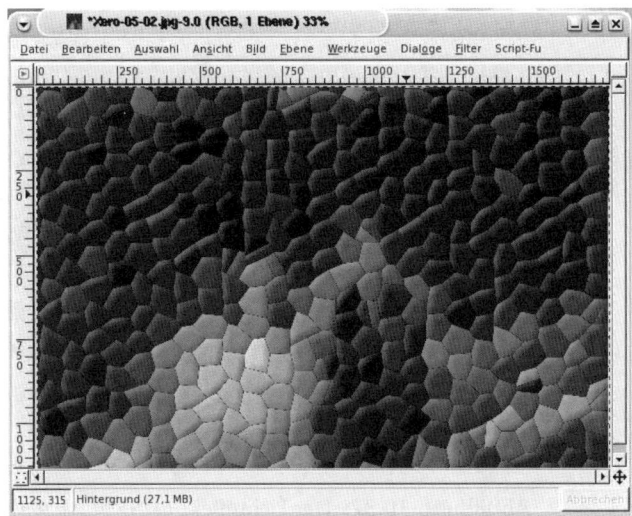

Abbildung 10.36: Einsatz des *Mosaik*-Filters (hier ein sechseckiges Mosaik)

Weitere GIMP-Menüs

Wir wollen an dieser Stelle die wie immer keineswegs den Anspruch auf Vollständigkeit erhebende Betrachtung von GIMP und dessen Menüstruktur beschließen. Dennoch soll nicht unerwähnt bleiben, dass es noch einige weitere Menüs gibt, mit denen Skripte verarbeitet und Videosequenzen als Einzelbilder bearbeitet werden können. Darüber hinaus können Rasterlinien sowie physikalische oder optische Zentrierungslinien gesetzt werden.

Abbildung 10.37: Der Lichteffekt *Beleuchtung* wirkt, als wäre der Bildausschnitt mit einem Spot angestrahlt worden. Anders als beim *Supernova*-Effekt gehen vom Lichtzentrum keine Strahlen aus

Abbildung 10.38: Mit dem entsprechenden Filter entsteht der Eindruck, das Bild würde durch eine Lupe betrachtet. Der jeweilige Brechungsindex der *Lupe* kann in einem Menü frei gewählt werden

Abbildung 10.39: Die Betrachtung des Bildes erscheint wie durch eine Wand aus Glasbausteinen mit dem gleichnamigen Filter

11 Mit LINUX ins Internet

Das wichtigste Werkzeug für das Internet ist der Webbrowser. Spätestens seit der gerichtlichen Kontroverse wegen der direkten Ankopplung des MS Internet Explorers an das MS-Windows-Betriebssystem – genau genommen durch den damit bereits vor der Entscheidung der Wettbewerbshüter erreichten Gewinn von Marktanteilen – wird oft nicht mehr vom Webbrowser, sondern vom MS Internet Explorer gesprochen. Diesen gibt es natürlich unter LINUX nicht und doch – man höre und staune – kann man mit einem LINUX-Computer im Internet surfen.

Debian GNU/LINUX bietet uns nicht nur einen Webbrowser, sondern gleich im Paket mehrere Alternative an. Hier eine Auswahl:

- ✔ Mozilla: Der Mozilla-Browser ist die nicht kommerzielle Variante des Netscape Navigator.

- ✔ Epiphany: Ein auf dem Mozilla-Browser basierender Webbrowser für die GNOME-Oberfläche.

- ✔ Konqueror: Der Konqueror ist der Dateimanager der KDE-Oberfläche und zudem ein ausgesprochen leistungsfähiger Webbrowser.

- ✔ Lynx: Textbrowser.

Nach einer kleinen Einführung zu den Möglichkeiten, den Computer an das Internet anzubinden, wollen wir Ihnen in diesem Kapitel kurze Einblicke in die Möglichkeiten der drei Browser für die grafische Oberfläche eröffnen. Darüber hinaus stellen wir Ihnen das Programm *Kopete* vor. Es handelt sich um einen sehr universellen Instant-Messenger-Client, der u.a. für Yahoo!, MSN und ICQ eingesetzt werden kann.

Dem aufmerksamen Leser wird in dieser kleinen Übersicht etwas Wichtiges fehlen: die E-Mail-Kommunikation. Auf diese gehen wir in einem weiteren Kapitel ein, weil E-Mail und Terminverwaltung zunehmend in Groupware- und Unified-Messaging-Lösungen zusammenwachsen.

Wege ins Internet

Obwohl heute die Zeiten eines analogen Modems oder einer ISDN-Karte für den Kontakt zum Internet beinahe vorüber zu sein scheinen – so verkündet es uns das Werbefernsehen mit DSL-Werbespots –, soll nicht vergessen werden, dass es auch diese Geräte noch im Einsatz gibt. Damit ergeben sich grundsätzlich zwei verschiedene Möglichkeiten, um einen Computer an das Internet anzubinden:

✔ direkte Einwahl über Modem, ISDN-Karte oder DSL-Modem (hier wird lediglich die Authentifizierung benötigt),

✔ Zugang zum Internet über einen Internet Access Router.

Damit der Zugang zum Internet konfiguriert werden kann, ist es wichtig, dass die jeweilige Hardware (Modem, ISDN-Adapter oder Netzwerkkarte) korrekt im System eingerichtet und funktionsfähig ist.

Konfiguration auf der Shell

Wenn Sie die Verbindung zum Internet konfigurieren wollen, hängt dies davon ab, mit welchem Medium Sie kommunizieren. So werden Sie bei einer Wählverbindung (ISDN oder analoges Telefonnetz) eine PPP-Verbindung (Point to Point Protocol) verwenden, bei einem DSL-Anschluss dagegen eine PPPoE-Verbindung einrichten. Entsprechend unterscheiden sich die Konfigurationswerkzeuge auf der Shell: Für eine Wählverbindung rufen Sie *pppconfig* auf, für eine DSL-Verbindung *pppoeconf*.

Als Beispiel für die Konfiguration auf der Shell wollen wir *pppconfig* für Wählverbindungen heranziehen.

Nicht jeder LINUX-Computer verfügt bekanntlich über eine grafische Benutzeroberfläche. Aus diesem Grunde wollen wir uns zunächst einmal ein Tool näher ansehen, mit dessen Hilfe wir – von der Shell ausgehend – einen PPP-Zugang zum Internet konfigurieren wollen:

pppconfig. Es ist das Konfigurationswerkzeug für den Dämon *ppd*, der den Kontakt zum Internet über Modem oder ISDN-Adapter herstellt.

DSL-Benutzer arbeiten mit *pppoeconfig.* Hier gibt es einen Dämon *pppoed*, der die protokollarischen Besonderheiten des DSL-Anschlusses berücksichtigt.

Bevor die Konfiguration des Internetzugangs beginnen kann, müssen Sie erst einmal die Zugangsdaten bereitlegen. Dazu gehören:

- Benutzername (wie er Ihnen von Ihrem Internet Service Provider zugewiesen wurde),

- Passwort (für die Authentifizierung am Einwahlknoten des Internet Service Providers),

- Rufnummer (möglicherweise auch eine alternative Rufnummer, unter der ein Einwahlknoten des Internet Service Providers erreichbar ist).

Zu prüfen ist auch, ob der Provider möglicherweise gebündelte Einwahlen zulässt. Das ist für ISDN-Benutzer interessant, die so ihre Bandbreite verdoppeln können. Statt 64 kbps (brutto) stehen dann 128 kbps (brutto) zur Verfügung. Doch Vorsicht: Damit sind dann auch die Verbindungskosten doppelt so hoch wie bei einer einfachen Einwahl, und nicht jeder Provider lässt dies zu.

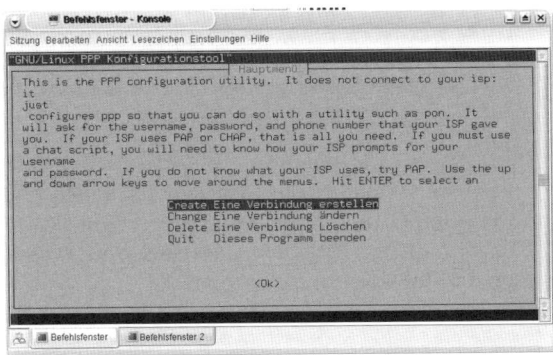

Abbildung 11.1: Das GNU/LINUX-PPP-Konfigurationswerkzeug *pp-pconfig* läuft auf jedem Computer – auch ohne grafische Benutzeroberfläche

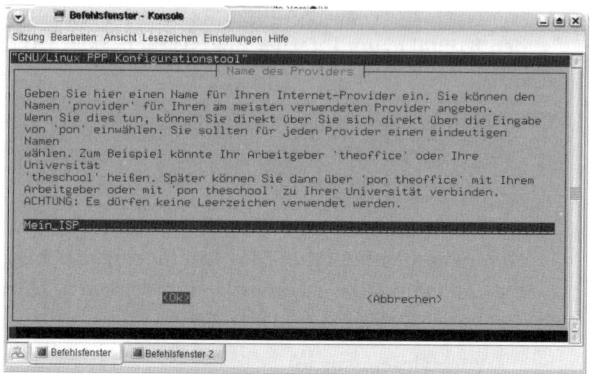

Abbildung 11.2: Der erste Schritt: Der Verbindung wird ein Name gegeben. Das macht es einfacher, bei mehreren Definitionen die richtige Verbindung zu wählen

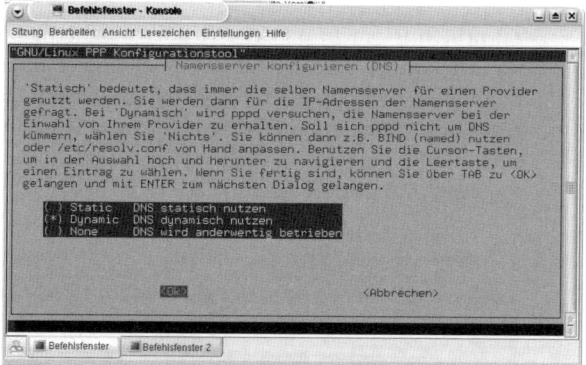

Abbildung 11.3: Wenn Sie die Adresse des Domain Name Services Ihres Internet Service Providers kennen, können Sie die statische DNS-Einstellung nutzen. Andererseits wird Ihrem Gerät diese Adresse heute von den meisten Providern automatisch zugewiesen. Hier empfiehlt sich die Wahl des dynamischen DNS

Die Konfiguration mit *pppconfig* erfolgt Schritt für Schritt und ist deshalb trotz der Shell-Oberfläche, die von vielen Neueinsteigern mit

Vorbehalt betrachtet wird, sehr einfach durchzuführen. So wird mit der Antwort im ersten Dialog entschieden, ob eine neue Verbindung konfiguriert oder eine bestehende bearbeitet werden soll. Im zweiten Schritt – wir gehen von einer Neueinrichtung aus – wird der Verbindung ein Name gegeben. In den meisten Fällen wird es nur eine einzige Internetverbindung bei privaten Computern geben. Hier kann ein Name wie »Internet« oder »Web« etc. bereits alles sagen. Möglicherweise haben Sie aber bei verschiedenen Anbietern einen Account, was durchaus Sinn machen kann, wenn man bedenkt, dass mal ein Internetknoten besetzt und somit die Einwahl nicht möglich ist. Gerade eine solche Situation ist ärgerlich, wenn schnell eine dringende E-Mail abgesetzt werden soll. Auch ist es denkbar, dass eine Verbindung zum Rechensystem des Arbeitgebers etc. gewünscht wird. In diesen Fällen werden Sie mehrere PPP-Verbindungen auf dem Computer haben, die Sie anhand eindeutiger Namen voneinander unterscheiden können.

Der Domain Name Service (DNS) ermöglicht es Ihnen, Webadressen als Namen – beispielsweise *www.srg.at* – einzugeben. Was uns selbstverständlich erscheint, ist jedoch für das Internet selbst keine gültige Adresse, um Daten zu transportieren. Das ist nur möglich, wenn die IP-Adresse des Zielrechners bekannt ist. Die Übersetzung des Uniform Resource Locators (URL), wie unsere Webadresse (z.B. *www.srg.at*) auch genannt wird, in eine IP-Adresse übernimmt der DNS. Der Webbrowser sendet eine Anfrage mit der in die Adresszeile eingetragenen URL an den DNS und erhält von dort die gewünschte IP-Adresse. Heute darf erwartet werden, dass die meisten Internet Service Provider ihre Einwahlknoten so konfiguriert haben, dass dem Computer mit dem Verbindungsaufbau automatisch eine oder mehrere gültige DNS-Adressen zugewiesen werden. Es ist allerdings auch möglich, dass Sie diese Adressen selbst eintragen müssen. In diesem Fall finden Sie die erforderlichen Daten in den vom Internet Service Provider übergebenen Unterlagen mit den Zugangsdaten.

Heute ist es eigentlich unüblich, DNS-Adressen manuell zu konfigurieren. In den meisten Fällen können Sie sie automatisch (dynamisch) beziehen und müssen sich nicht darum kümmern.

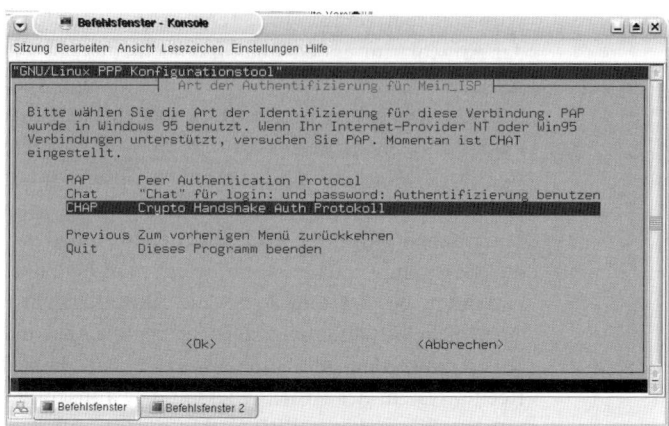

Abbildung 11.4: Das Anmeldeverfahren am Einwahlknoten des Internet Service Providers kann auf verschiedenen Wegen erfolgen. Wenn es der Provider zulässt, ist CHAP die sicherste Variante

Die Authentifizierung ist ein wichtiger Schritt bei der Einwahl in den Knoten Ihres Providers, denn schließlich wollen Sie ja nicht, dass ein Fremder auf Ihre Kosten surfen kann oder womöglich in Ihrem Namen verbotenes Material über das Internet bezieht oder verbreitet.

Der Zugang zum Internet wird deshalb mit einer Kombination aus einem Benutzernamen und einem Passwort geschützt. Ihr Benutzername identifiziert Sie gegenüber dem Internet Service Provider. Das ist erforderlich, damit Ihnen die übertragene Datenmenge oder die Onlinezeit korrekt in Rechnung gestellt werden kann. Darüber hinaus – neue Gesetze und Verordnungen wie die Telekommunikations-Überwachungsverordnung (TKÜV) etc. machen es erforderlich – werden diese Informationen auch für die Kontrolle durch Vater Staat benötigt und müssen vom Provider eine gewisse Zeit gespeichert werden.

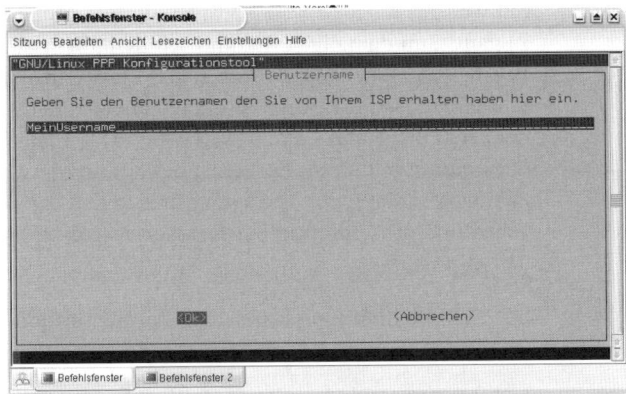

Abbildung 11.5: Damit Sie sich am Einwahlknoten zum Internet anmelden können, müssen Sie Ihren Benutzernamen eintragen

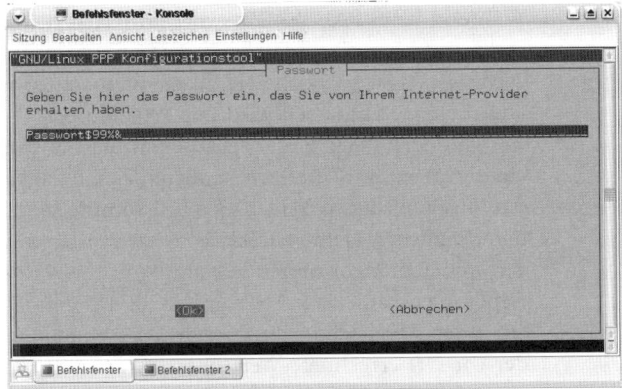

Abbildung 11.6: Die Bestätigung, dass Sie auch wirklich der User sind, dem der Benutzername zugewiesen wurde, geben Sie mit Ihrem geheimen Passwort ab

Diese Zugangsdaten sind also sehr sensibel und durchaus wertvoll. Sie sollten nicht in fremde Hände gelangen. Deshalb ist auch die Wahl des Authentifizierungsverfahrens nicht ohne Bedeutung. In den 80er Jahren war das analoge Netz nämlich als eine große Schwachstelle beim Zugang zum damaligen Btx und seit den 90ern auch für den Internetzugang angesehen worden, weil das Belauschen analoger Leitungen sehr einfach ist. ISDN ist wesentlich abhörsicherer und dennoch sollte man sich nicht blind darauf verlassen, dass keine »fremden Ohren« in der Leitung mithören. Es stehen deshalb mittlerweile zwei Authentifizierungsverfahren zur Verfügung, mit denen der Benutzername übergeben und die Gültigkeit des Passwortes geprüft werden kann:

✔ PAP (Password Authentication Protocol)

✔ CHAP (Challenge Handshake Authentication Protocol)

> Sofern dies vom Provider unterstützt wird, empfiehlt es sich, CHAP gegenüber PAP vorzuziehen, weil bei CHAP nie das Passwort selbst im Klartext über die Leitung gesendet wird.

Der Unterschied beider Verfahren liegt in der Prüfung des Passwortes. Während beim PAP das Passwort im Klartext übertragen und so mit recht einfachen Decodern von Angreifern ausgespäht werden kann, wird das Passwort beim CHAP niemals – auch nicht verschlüsselt – übertragen. Stattdessen wird mit Prüfsummen – so genannten Hashwerten oder Fingerprints – gearbeitet, die aus den Zugangsdaten und einer vom Einwahlknoten gesendeten Zufallszahl nach einer bestimmten Regel erzeugt werden. Diese Prüfsumme kann niemals mehr in die ursprünglichen Daten zurückübersetzt werden, nicht einmal wenn die verwendeten Algorithmen bekannt sind. Selbst der Rechner im Einwahlknoten kann dies nicht, er erstellt aus den ihm vorliegenden Daten einen Vergleichswert. Stimmen die empfangene Prüfsumme und der vor Ort errechnete Wert überein, dann ist das eingegebene Passwort in Ordnung und der Zugang zum Internet wird freigegeben.

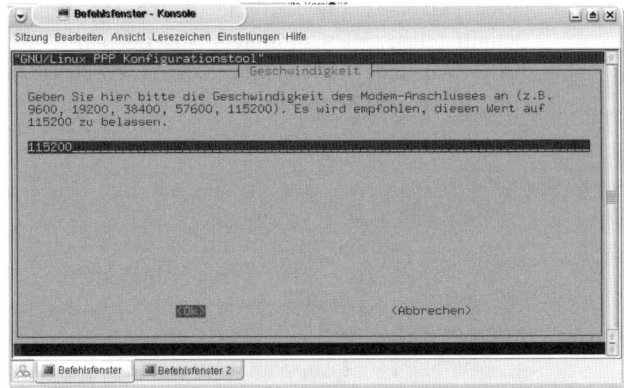

Abbildung 11.7: Auch wenn Sie sich mit einem 56k-Modem ins Internet einwählen, sollten Sie die maximale Modemgeschwindigkeit auf 115.200 bps einstellen. In der Regel ist selbst dies bei Verwendung eines Kompressionsverfahrens innerhalb des Modems noch zu langsam

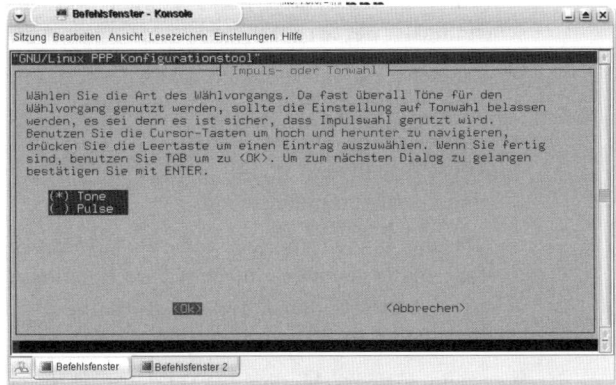

Abbildung 11.8: Diese Einstellung hat nur dann Auswirkungen, wenn Sie ein analoges Modem verwenden. Es empfiehlt sich, die erheblich schnellere Tonwahl zu verwenden

Die Konfiguration des Modems und der Anschlussschnittstelle sind nicht nur dann erforderlich, wenn Sie tatsächlich ein Modem oder einen ISDN-Adapter an eine der beiden standardmäßigen seriellen Schnittstellen des Computers anschließen. Auch wenn für interne Karten virtuelle serielle Schnittstellen emuliert werden, müssen diese entsprechend konfiguriert werden. Dabei ändert sich im Prinzip lediglich die Bezeichnung der seriellen Schnittstelle.

Die seriellen Schnittstellen eines Computers werden im Allgemeinen recht unterschiedlich bezeichnet. Gelegentlich finden Sie auf den Gehäuserückseiten Bezeichnungen wie »A« und »B« für die seriellen Schnittstellen. Unter MS Windows werden sie mit COM1 und COM2 bezeichnet. LINUX kennt dagegen Device-Namen, die als Datei im Filesystem angesprochen werden, beispielsweise /dev/ttyS0 und /dev/ttyS1.

Interessant ist auch die Geschwindigkeitsdefinition für die serielle Schnittstelle. Wichtig: Sie bezieht sich keinesfalls auf das Modem selbst, sondern legt fest, mit welcher Brutto-Datenrate die Kommunikation zwischen dem Computer und dem Modem verläuft. Diese Geschwindigkeit sollte stets höher gewählt werden als die Nominalgeschwindigkeit des Modems, was zwei Gründe hat:

✔ Zunächst einmal ist das Protokoll der seriellen Schnittstelle (Start-Stop-Protokoll) technisch so ausgelegt, dass nur 80 Prozent der Übertragungsrate tatsächlich für Informationen höherer Protokollschichten und damit weniger als 80 Prozent für reine Nutzdaten zur Verfügung stehen.

✔ Darüber hinaus arbeiten moderne Modems mit Kompressionsverfahren, die eine wesentlich größere Datenmenge mit dem Internet Service Provider austauschen, als es ihre physikalische Geschwindigkeit zulässt.

Wenn ein analoges Modem verwendet wird, ist auch das Wahlverfahren einzustellen. Heute gibt es ausschließlich digitale Vermittlungsstellen, die das Tonwahlverfahren (MFV) unterstützen. Dies ist bedeutend schneller als das veraltete Impulswahlverfahren und sollte deshalb den Vorzug bekommen.

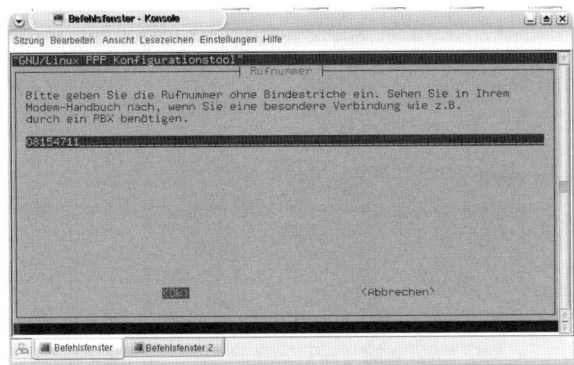

Abbildung 11.9: Nun müssen Sie noch die Rufnummer des Einwahl-knotens Ihres Internet Service Providers eintragen, damit der Rechner diesen auch anwählen kann

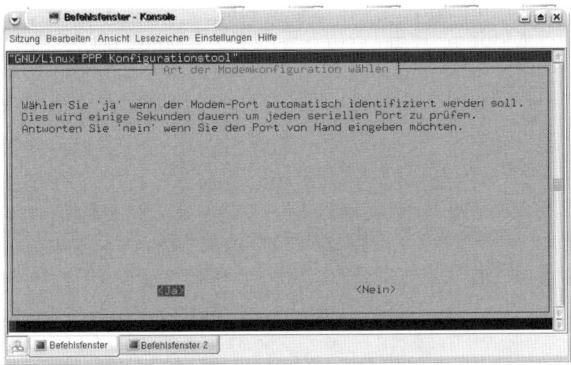

Abbildung 11.10: Wenn Sie bereits ein Modem an Ihrem Computer angeschlossen haben, können Sie dieses automatisch erkennen lassen

Ganz wichtig ist natürlich die Telefonnummer Ihres Internet Providers, denn nur so kann Ihr Computer über das Modem bzw. die ISDN-Karte überhaupt eine Verbindung zum Einwahlknoten herstellen. Auch diese Rufnummer gehört zur Grundkonfiguration des (PPP)-Internetzugangs.

DSL-Benutzer konfigurieren keine PPP-Verbindung. Das bei ihnen verwendete Protokoll heißt PPPoE (Point to Point Protocol over Ethernet).

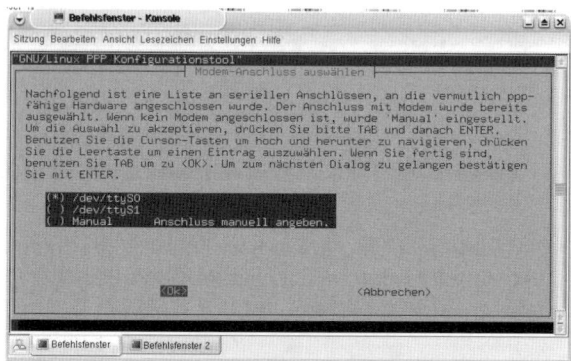

Abbildung 11.11: Dieses Beispiel geht davon aus, dass sich ein Modem an der ersten seriellen Schnittstelle (*/dev/ttyS0* bzw. bei MS-Betriebssystemen als COM1 bekannt) befindet. Dies haben wir hier manuell festgelegt

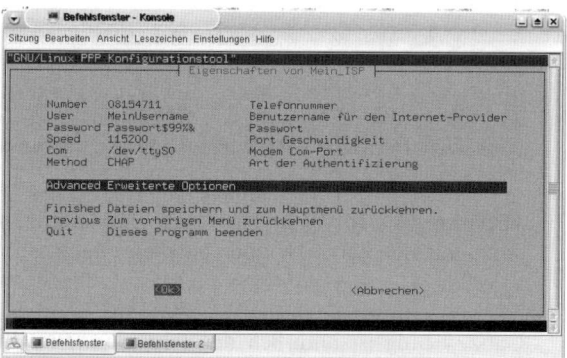

Abbildung 11.12: Die Grundkonfiguration ist an dieser Stelle abgeschlossen. Die Einstellungen müssen gespeichert werden, bevor das Programm beendet wird. Sie können aber noch erweiterte Optionen festlegen

Im Prinzip ist die Konfiguration des PPP-Zugangs, wie er für die Einwahl mit einem analogen Modem oder mit einem ISDN-Adapter (mit AT-Befehlssatz) benötigt wird, an dieser Stelle abgeschlossen. In wenigen speziellen Fällen kann es erforderlich werden, erweiterte Optionen zu bearbeiten. Ein Beispiel dafür wäre, wenn die Einwahl nicht ins Internet, sondern in ein privates Netzwerk erfolgen soll, in dem der Computer eine feste IP-Adresse besitzt, diese also nicht vom Einwahlknoten zugewiesen bekommt.

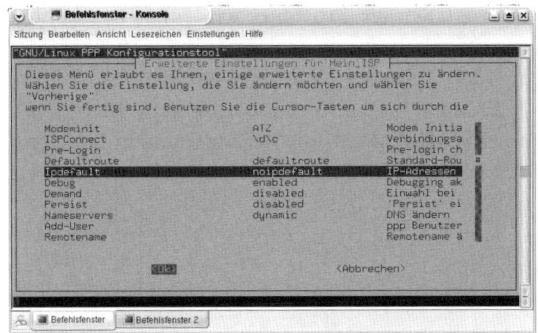

Abbildung 11.13: Die erweiterten Optionen sind nur in wenigen Fällen zu verändern, wenn beispielsweise keine dynamische IP-Adressierung erfolgt

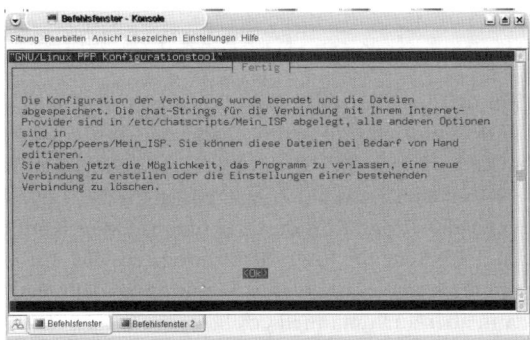

Abbildung 11.14: Das war es schon. Die generierte PPP-Verbindung kann nun für die Einwahl ins Internet verwendet werden

Die Anbindung eines DSL-Modems erfolgt über eine Netzwerkschnittstelle. Im ersten Zug versucht der Computer, die an diesem Rechner angeschlossenen Netzwerkschnittstellen zu erkennen. Anschließend analysiert das Programm die DSL-Verbindung bis zum Access Concentrator und erleichtert so die Konfiguration. Ein wesentliches Merkmal, was die Konfiguration einer PPP- von einer PPPoE-Verbindung unterscheidet, ist die fehlende Rufnummer bei PPPoE. Da es sich um einen fest geschalteten Link zum Access Concentrator handelt, ist diese nicht erforderlich. Der Link zum Einwahlknoten des Internet Service Providers wird über fest konfigurierte Datenkanäle vom Netzbetreiber eingerichtet und verwaltet. Deshalb erscheint DSL aus der Sicht des Benutzers wie eine Festverbindung zum Internet. Allerdings: Eine echte Festverbindung ist DSL nicht! Sie müssen sich am Einwahlknoten mit Benutzernamen und Passwort anmelden und bekommen von dort für einen gewissen Zeitraum eine – im Internet gültige – IP-Adresse zugewiesen (dynamische Adressierung). Nur solange Sie am System Ihres Providers angemeldet sind, besteht die Verbindung ins Internet. Mit einer echten Festverbindung wären Sie tatsächlich permanent online, sobald Ihr Computer hochgefahren ist.

Ein DSL-Anschluss erscheint wie eine Festverbindung ins Internet, ist aber keine. Sie ersparen sich lediglich die Anwahlprozedur mit einer Rufnummer, die beispielsweise bei Wählverbindungen mit ISDN und analogen Modems erforderlich ist.

Konfiguration auf der grafischen Oberfläche

Wer den Internetzugang über die grafische Oberfläche – beispielsweise KDE – einrichten möchte, kann dies mit entsprechenden Tools tun. KDE sieht hier KPPP vor, das in verschiedenen Registern organisiert ist. Für eine Auswahl bedeutender großer Internet Service Provider bietet das Programm darüber hinaus einen Konfigurationsassistenten an, der bereits die Einwahlrufnummern, das Authentifizierungsverfahren und den Namen der Verbindung definiert. Die Konfiguration kann aber auch manuell erfolgen.

Auf die Eigenschaften der Parameter sind wir bereits in den Ausführungen zur PPP-Konfiguration auf der Shell eingegangen.

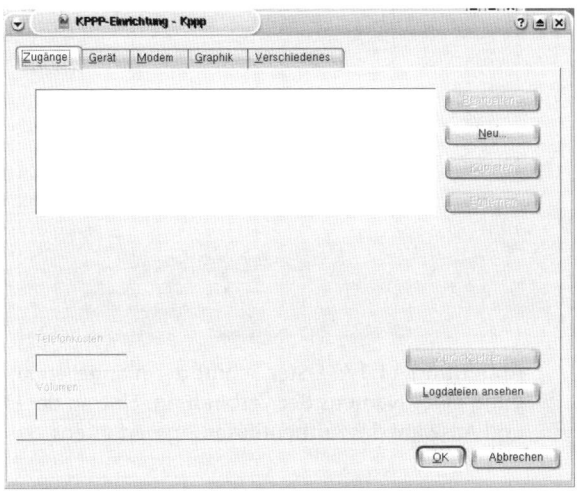

Abbildung 11.15: Oberfläche von KPPP: Über die Schaltfläche *Neu* wird eine neue PPP-Verbindung eingerichtet

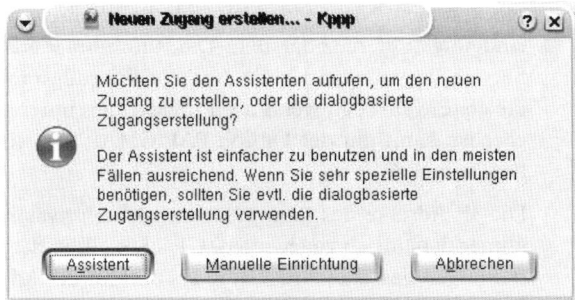

Abbildung 11.16: Bei Bedarf kann die Internetverbindung mithilfe eines Assistenten eingerichtet werden, der die elementaren Zugangsdaten verschiedener Provider bereits kennt

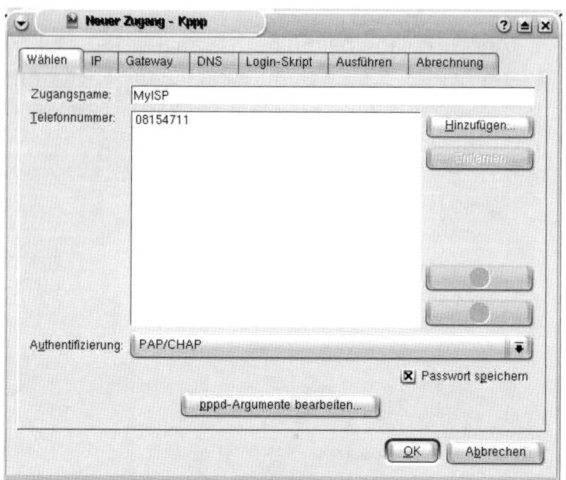

Abbildung 11.17: Erster Schritt der manuellen Konfiguration: Festlegung eines Namens der Verbindung, Eintrag der Einwahl-Rufnummer und Auswahl des Authentifizierungsverfahrens

Die ersten Daten, die Sie in die Konfiguration eintragen müssen, sind wieder der Name der Verbindung, die Rufnummer des Einwahlknotens und das zu verwendende Authentifizierungsprotokoll. Beim Namen sind Sie in der Wahl vollkommen frei. Sie sollten aber einen aussagekräftigen Namen wählen, der bei mehreren Verbindungen eine eindeutige Referenz darstellt. Die Rufnummer erhalten Sie von Ihrem Service Provider und beim Authentifizierungsprotokoll sollte CHAP die erste Wahl sein, wenn der Provider dies unterstützt. Wer hier unsicher ist, kann mit der Option PAP/CHAP eine automatische Einstellung vorgeben.

Die IP-Adresse des Computers wird bei privaten Internet-Accounts immer dynamisch zugewiesen. Gleiches gilt in der Regel auch für Einstellungen des Standard-Gateways und für die Adressen zum Domain Name Service (DNS). Nur in wenigen Ausnahmefällen müssen diese Adressen noch manuell eingetragen werden.

Bei privaten Internetzugängen obligatorisch: Die IP-Adresse wird vom Einwahlknoten dynamisch vergeben. An den Einstellungen zum *Gate-*

way sollte in der Regel nichts verändert und die Route zum Standard-Gateway belassen werden.

Ähnliches gilt für die DNS. Nur dann, wenn die Adresse(n) des DNS-Servers nicht automatisch mit dem Login vom Einwahlknoten übergeben wird, muss sie manuell eingetragen werden

Sollen mit, vor, während oder nach dem Verbindungsaufbau automatisch Programme gestartet werden (beispielsweise könnten ein Instant Messenger, das E-Mail-Programm und der Webbrowser automatisch aktiviert werden), dann bietet das Register *Ausführen* von KPPP die Möglichkeit, entsprechende Festlegungen zu treffen. Bitte beachten Sie jedoch beim Eintrag eines zu startenden Programms, dass der absolute Pfad zu diesem Programm im Dateisystem gewählt wird. Darüber hinaus müssen Sie bedenken, dass diese Programme nur mit den Rechten des Users ausgeführt werden, der gerade die Verbindung aktiviert. Ist dies nicht »*root*«, dann können keine Programme gestartet werden, die Superuser-Rechte erfordern.

Ein kleines Gimmick ist die *Abrechnung*. Eine Auswahl von Internet Service Providern ist bereits vordefiniert. Zusätzlich können Sie noch einstellen, ob Ihr Tarif eine zeit- oder volumenabhängige Abrechnung vorsieht. Doch Vorsicht: Die hier erstellten Daten sind keine Grundlage für einen erfolgreichen Widerspruch gegen eine Abrechnung des Providers. Sie können bestenfalls eine individuelle Orientierung darstellen.

Die Abrechnungsdaten von KPPP können keinesfalls zur Kontrolle der Richtigkeit einer Abrechnung vom Service Provider herangezogen werden. Weder kann der exakte Zeitpunkt der Rechnungsstellung ermittelt werden noch ist bekannt, welchen Anteil an Protokoll-Overhead der Provider möglicherweise herausrechnet. Bitte seien Sie bei der Interpretation der Ergebnisse immer sehr vorsichtig.

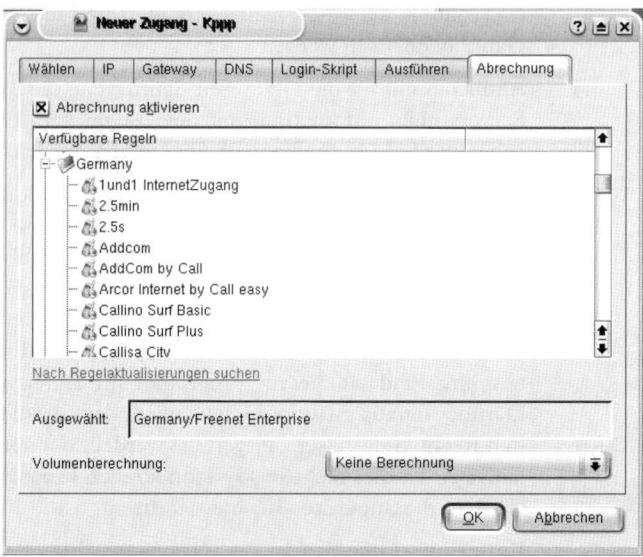

Abbildung 11.18: Die Abrechnungsregeln in KPPP können eine Orientierungshilfe darstellen, um die eigenen Kosten innerhalb gewisser Toleranzen kalkulieren zu können

Internetzugang über einen Router

Wenn der Internetzugang über einen zentralen Router erfolgt, der allen Computern im LAN den Zugang zum weltweiten Netz eröffnet, ist die Konfiguration recht einfach. Es muss lediglich in die Konfiguration der Netzwerkkarte – z.B. */dev/eth0* – editiert werden, damit dem Computer die Adressen des Routers (Standard-Gateway) und der Namenauflösung (DNS) bekannt sind. In beiden Fällen wird die IP-Adresse des Routers eingetragen.

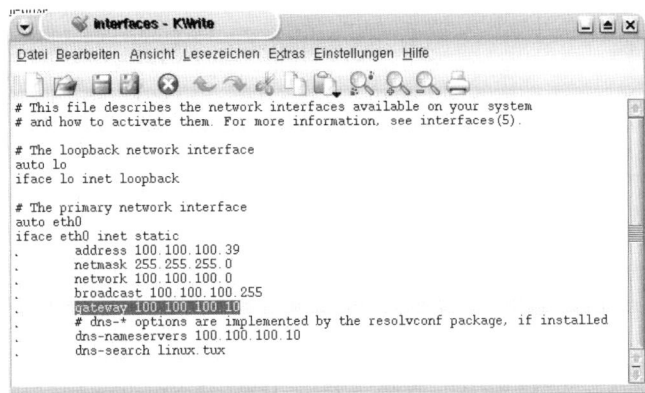

Abbildung 11.19: Konfiguration des Internetzugangs über das Standard-Gateway im LAN (Router) in der Datei */etc/network/interfaces*. Wichtig: Auch der Eintrag zu *dns-nameservers* muss zum Gateway oder zur IP-Adresse des DNS im Internet verweisen

Webbrowser für LINUX

Mit der Debian-GNU/LINUX-Distribution werden bereits drei sehr interessante Webbrowser geliefert:

- ✔ Konqueror (KDE)
- ✔ Mozilla
- ✔ Epiphany

Beim Mozilla-Browser handelt es sich um die freie Version des Netscape Navigator. Wer also bereits mit Netscape gearbeitet hat, wird hier entsprechende Parallelen erkennen. Konqueror und Epiphany werden mit den grafischen Oberflächen geliefert, wobei Epiphany Bestandteil des GNOME-Paketes ist und Konqueror zu KDE gehört. Letzterer ist nicht nur Webbrowser, sondern obendrein auch der Standard-Dateimanager der KDE-Oberfläche. In beiden Funktionen ist das Programm sehr leistungsfähig.

> Wir können in diesem Kapitel nur auf die Grundfunktionen der Programme eingehen. Bitte experimentieren Sie ein wenig mit den Programmen. Sie werden viele sehr nützliche Funktionen entdecken.

Konqueror

Konqueror ist der Dateimanager des KDE-Systems und gleichzeitig auch ein leistungsfähiger Webbrowser. Wenn Sie in dessen Adressleiste einmal eine Internetadresse wie z.B. *www.srg.at* eingeben, wird – vorausgesetzt, Sie haben einen funktionsfähigen Internetzugang konfiguriert – je nach Ihrer Einstellung automatisch eine Verbindung ins Internet aufgebaut bzw. der manuelle Aufbau der Internetverbindung angefordert. Das Ergebnis entspricht dem, was man von einem modernen Webbrowser erwarten darf. Unsere Internetseite mit Frames und JavaScript-Elementen wurde in guter Qualität angezeigt.

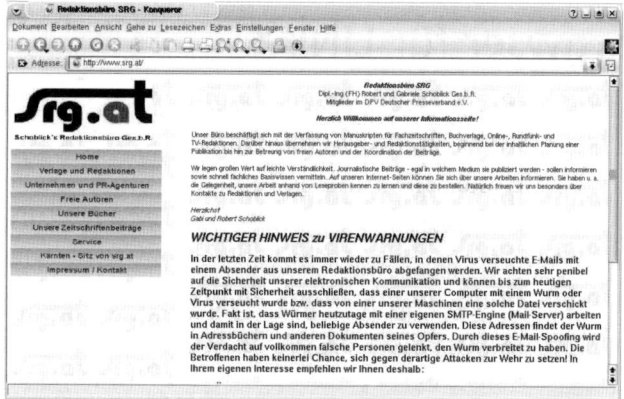

Abbildung 11.20: Aufruf einer Internetseite mit Konqueror

Die Konfiguration des *Konqueror* für das Internet lässt sich im Menü *Einstellungen / Konqueror einrichten* vornehmen. Die Funktionen dieses eigentlichen »No-Name-Browsers« können sich durchaus sehen lassen und sind gemessen am Niveau der heutigen Marktführer Microsoft und Netscape äußerst attraktiv. Lassen Sie uns bitte einen kurzen Blick in das Menü werfen, das sich sehr umfangreich darstellt, und einige interessante Funktionen herausgreifen.

Die sorgfältige Konfiguration eines Webbrowsers ist die wichtigste Grundlage, um nach dem jeweils aktuellen Stand der Technik möglichst sicher im Internet surfen zu können.

Sehen wir uns zunächst einmal an, welche Informationen der Webbrowser über uns bereitstellen kann. Das macht eigentlich jeder Browser, unabhängig vom Anbieter, jedoch erlaubt uns der Konqueror, direkten Einfluss auf die gesendeten Informationen zu nehmen. So können wir die Informationen entweder auf das unbedingt erforderliche Maß reduzieren oder schlicht und einfach völlig falsche Daten übertragen. In unserem Beispiel haben wir einmal die *User-Agent-Kennung* eines Windows-NT-Computers vorgetäuscht, der mit dem Internet Explorer 6.0 arbeitet. Allerdings haben wir festgelegt, dass lediglich eine bestimmte Webseite bzw. Domäne diese gelogenen Daten erhalten soll.

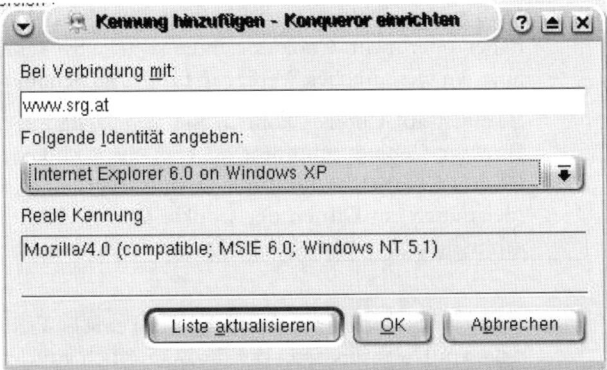

Abbildung 11.21: Dieser Webbrowser gibt die maximal möglichen Informationen in der User-Agent-Kennung preis. Lediglich unserer Webseite – *www.srg.at* – schwindelt er eine falsche Identität vor

Auf der Webseite *www.srg.at/security/* können Sie testen, ob Ihr Browser Informationen über Ihr Betriebssystem und Ihre Arbeitsoberfläche etc. preisgibt oder nicht. Sie können über diese Seite auch die Wirkung einer Veränderung der *User-Agent-Kennung* überprüfen.

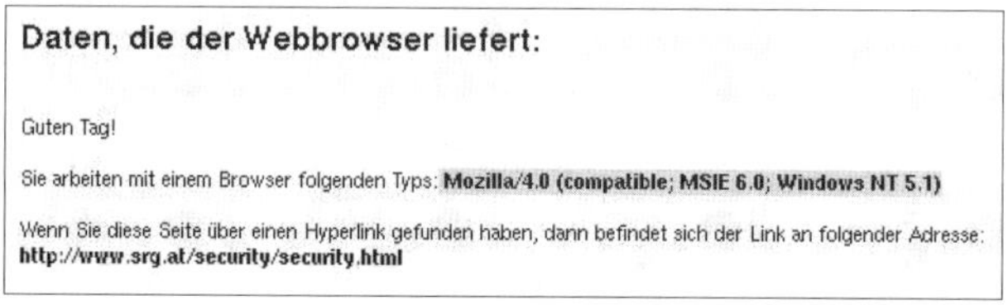

Daten, die der Webbrowser liefert:

Guten Tag!

Sie arbeiten mit einem Browser folgenden Typs: **Mozilla/4.0 (compatible; MSIE 6.0; Windows NT 5.1)**

Wenn Sie diese Seite über einen Hyperlink gefunden haben, dann befindet sich der Link an folgender Adresse:
http://www.srg.at/security/security.html

Abbildung 11.22: Das Ergebnis: Obwohl wir offensichtlich auf einem LINUX-PC mit dem Browser Konqueror arbeiten, geht der Webserver von einem Microsoft-System aus

Ein weiteres Beispiel für die Möglichkeiten zur Steigerung der Sicherheit beim Surfen, die Ihnen der Konqueror bietet, ist die individuelle Verwaltung von Cookies. Diese kleinen Textdateien verraten dem Betreiber einer Webseite, ob Sie seine Publikation schon einmal besucht haben oder nicht. Cookies richten zwar selbst keinen Schaden an, sind aber ein wesentliches Werkzeug für das so genannte *Usertracking*.

Bezogen auf Cookies können Sie Regeln definieren, nach denen der Browser Cookies annimmt oder ablehnt, und Sie können auf Ihrem Rechner gespeicherte Cookies verwalten. Letzteres ist sinnvoll, da meist auch ein Öffnen der Cookie-Datei keinen nennenswerten Aufschluss darüber gibt, welche Daten darin tatsächlich gespeichert sind.

Bei einem Cookie handelt es sich um eine einfache kleine Textdatei, die vom Webserver an den Browser noch vor der Übertragung der ersten Seiteninhalte übergeben wird. Die Wiedererkennung eines Besuchers einer Webseite ist die Hauptfunktion eines Cookies, die insbesondere für Online-Shop-Systeme von großer Wichtigkeit ist. Das Cookie wird nicht vom Webserver direkt auf die Festplatte geschrieben. Bei einem erneuten Seitenaufruf werden die zur

Domäne der Webseite gehörigen – und nur diese – Cookies an den Server übertragen, der sich die Inhalte in seinen Umgebungsvariablen merkt. Diese Variablen kann der Betreiber der Webseite auslesen und deren Inhalte in einer Datenbank speichern.

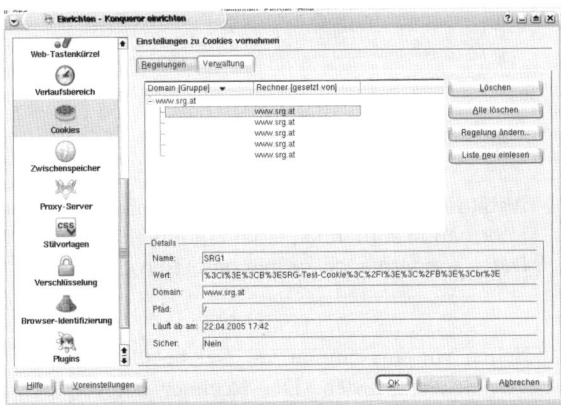

Abbildung 11.23: Von der Seite *www.srg.at* hat der Browser ein aus fünf Elementen bestehendes Cookie-Array empfangen

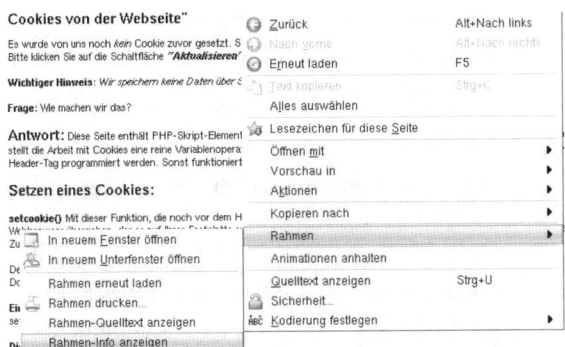

Abbildung 11.24: Zu jedem Rahmen einer Webseite kann über einen Klick mit der rechten Maustaste im Kontextmenü eine Information aufgerufen werden

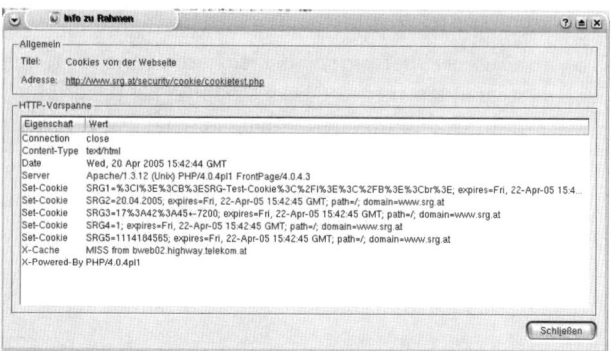

Abbildung 11.25: Ebenfalls sehr vorbildlich beim Konqueror: Die Information zum Inhalt eines Frames enthält nicht Daten zur HTML-Datei, sondern auch zu den gesetzten Cookies

Sehen wir uns einmal an, welche Cookies auf unserem Computer gespeichert wurden. Der Rechner hat von der Domain *www.srg.at* insgesamt fünf Cookies empfangen und auf der eigenen Festplatte gespeichert. Ein Cookie besteht in den meisten Fällen aus sechs Parametern:

✔ dem *Namen* des Cookies,

✔ dem eigentlichen *Wert* des Cookies,

✔ der *Domäne*, die das Cookie gesetzt hat und die es abfragen darf,

✔ einer *Pfadangabe*,

✔ einem *Ablaufdatum*

✔ und einer Information über den *Sicherheitsstatus* (ein »sicheres« Cookie kann nur über eine gesicherte Verbindung [HTTPS] abgerufen werden).

Die Verwaltung von Cookies macht natürlich erst dann einen Sinn, wenn bereits ein Cookie auf dem Computer gespeichert wurde. Nun ist es bekanntlich nicht immer wünschenswert, dass genau dies passiert, und so bietet Ihnen der Konqueror die Möglichkeit, die Annahme von Cookies generell abzulehnen. Das geschieht, indem Sie die Option *Cookies zulassen* deaktivieren. Damit erhöhen Sie Ihre persönliche Sicherheit, werden aber Schwierigkeiten bei Online-Einkäufen bekommen. Wenn Sie beispielsweise ein Produkt in den Warenkorb legen und damit »zur Kasse gehen«, dann wechseln Sie die Internetseite. Der Betreiber des Online-Shops muss nun sicherstellen, dass in der Zwischenzeit nicht zufällig ein anderer Kunde mit der zuvor von Ihnen genutzten IP-Adresse den Shop besucht. In der Regel können Sie ja bekanntlich auch zwischenzeitlich Ihre Internetsitzung trennen und zu einem späteren Zeitpunkt den Einkauf fortsetzen. Dazu verwendet er – um seine Kunden mit legalen Absichten wiedererkennen zu können – Cookies. Aus diesem Grunde können (und sollten) Sie Cookies unter eingeschränkten Bedingungen zulassen.

Sie können ausschließlich Cookies akzeptieren, die vom Server der besuchten Seite stammen, oder die Annahme von Cookies auf so genannte Sitzungs-Cookies beschränken. Das sind Cookies, die nach dem Schließen des Browsers automatisch gelöscht werden und lediglich in Ihrem Arbeitsspeicher während der aktiven Sitzung zur Verfügung gehalten werden. Sie können sogar noch einen Schritt weiter gehen und – unabhängig von den Vorgaben des Cookies bzw. dessen Absenders – generell *alle* Cookies als Sitzungs-Cookie einstufen. Damit werden nach der Sitzung alle »digitalen Kekse« aus Ihrem System entfernt. In diesem Fall werden zwar keine Rückfragen mehr gestellt, ob Sie ein Cookie annehmen wollen oder nicht, jedoch bieten die empfangenen Cookies ohnehin keine Möglichkeit mehr, Ihre Surfgewohnheiten über einen längeren Zeitraum zu analysieren.

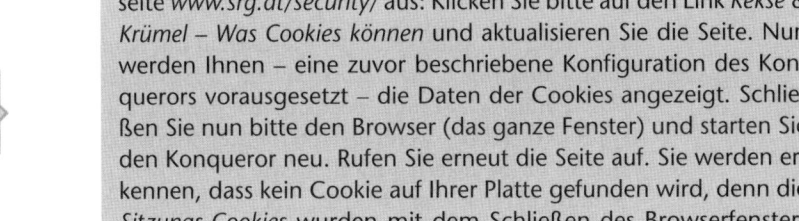

Probieren Sie diese Einstellung ruhig einmal mithilfe unserer Testseite *www.srg.at/security/* aus: Klicken Sie bitte auf den Link *Kekse & Krümel – Was Cookies können* und aktualisieren Sie die Seite. Nun werden Ihnen – eine zuvor beschriebene Konfiguration des Konquerors vorausgesetzt – die Daten der Cookies angezeigt. Schließen Sie nun bitte den Browser (das ganze Fenster) und starten Sie den Konqueror neu. Rufen Sie erneut die Seite auf. Sie werden erkennen, dass kein Cookie auf Ihrer Platte gefunden wird, denn die *Sitzungs-Cookies* wurden mit dem Schließen des Browserfensters gelöscht.

Sollten Sie diese Wahl nicht treffen wollen und die Speicherung von Cookies zulassen, dann werden Sie dennoch nicht »entmündigt«. Sie können eine von drei Standardregelungen treffen (generell annehmen bzw. ablehnen oder von Fall zu Fall entscheiden) und Sie können für verschiedene Domänen individuelle Regeln definieren. Das erlaubt es Ihnen, eine zwar oft besuchte, aber mit Cookies nur so um sich werfende Seite zu entschärfen.

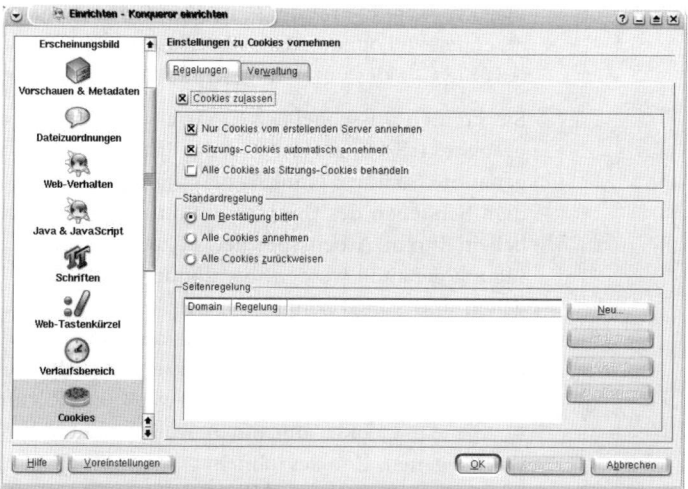

Abbildung 11.26: Regelungen zum Umgang mit Cookies machen es Spionen schwer, ein Profil über Ihre Surfgewohnheiten zu erstellen

Eine ausgesprochen sinnvolle Eigenschaft des Konquerors ist die Unterstützung von *Unterfenstern*. Solche Unterfenster können im Menü *Fenster* mit *Neues Fenster* oder mithilfe der Tastenkombination ⌨Strg + ⌨⇧ + ⌨N geöffnet werden. Unterfenster werden vom Browser in der Form von Registern verwaltet, wie Sie es bereits von komplexeren Menüstrukturen her kennen. Das erleichtert die Übersicht beim Arbeiten in mehreren Browserfenstern.

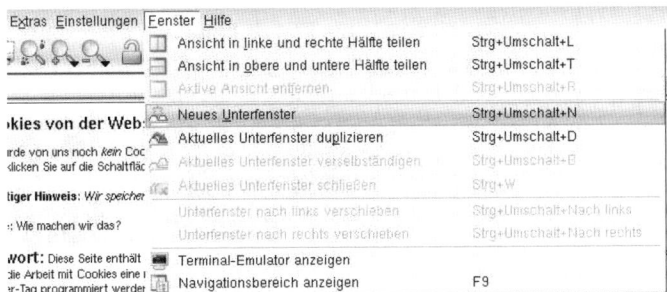

Abbildung 11.27: Öffnen eines neuen Unterfensters im Konqueror

Abbildung 11.28: Durch die Unterfenstertechnik können in einem Browserfenster zwei verschiedene Webseiten zeitgleich aufgerufen werden

Epiphany

Mit der GNOME-Oberfläche wird der Webbrowser *Epiphany* installiert, der sich ebenfalls sehen lassen kann. Auch Epiphany bietet eine Unterfenstertechnik, wie Sie sie bereits beim Konqueror kennen lernen konnten. Zwar ist Epiphany »nur« ein Webbrowser, also nicht unbedingt als Dateimanager einsetzbar, dafür ist der Browser aber übersichtlich gehalten und bietet dennoch alle wichtigen Funktionen.

Natürlich können Sie mit Epiphany auch durch das LINUX-Datei-system navigieren, jedoch handelt es sich hier ausschließlich um HTML-Darstellungen der Verzeichnisinhalte. Sie können Dateien im Browserfenster öffnen, jedoch nicht unbedingt die Eigenschaften einer Datei oder eines Verzeichnisses prüfen. Auch ist es Ihnen nicht möglich, direkte Manipulationen dieser Eigenschaften – z.B. die Vergabe von Benutzerrechten – vorzunehmen.

Abbildung 11.29: Die Oberfläche des Webbrowsers Epiphany ist einfach und übersichtlich gestaltet

Einstellungen von Epiphany

Nachdem Konqueror ein sehr umfassendes Menü für die *Einstellung* aufgefahren hat, wirkt das gleichnamige Menü, das unter *Bearbeiten* gefunden werden kann, sehr spartanisch. Es konzentriert sich in vier Registerkarten auf die elementaren Funktionen, wie beispielsweise die Wahl der Startseite, die Formatierung der Schriftarten und Farben und der Sprache. Sehr interessant ist das Register *Privatsphäre*. Darin können wir dem Browser verbieten, uns lästige Popups auf dem Bildschirm anzuzeigen, mit denen wir quasi gezwungen werden, Werbung zu konsumieren. Ähnlich sieht es auch mit Java-Skripten bzw. Java-Applets aus. Allerdings ist bei der Deaktivierung aktiver Inhalte stets zu bedenken, dass viele Webseiten nicht mehr korrekt dargestellt werden.

Auf der anderen Seite können mit aktiven Inhalten auch Daten Ihres Computers erkundet werden. Zwar gehen die Möglichkeiten von Java nicht so weit, dass über eine Webseite direkt der PC attackiert werden kann, doch können mehr Informationen über die Hardware des Computers abgerufen werden, als dies mit Standard-HTML-Methoden möglich wäre.

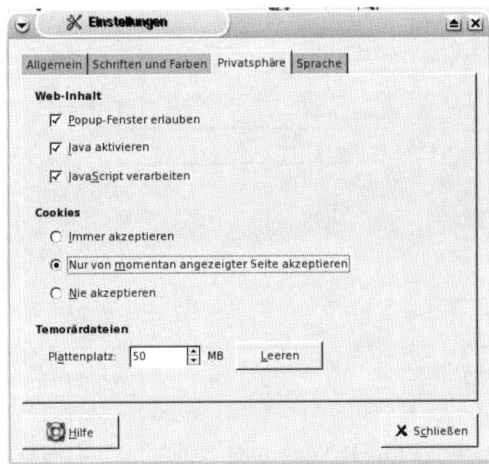

Abbildung 11.30: Im Register *Privatsphäre* der Eigenschaften von Epiphany kann die Reaktion des Browsers auf aktive Inhalte sowie auf angebotene Cookies gesteuert werden

Nicht weniger wichtig als die Einstellungen zur Privatsphäre sind die Konfigurationen der Schriftarten und Farben. Sie entscheiden darüber, ob die Webseite ansprechend dargestellt wird und ob Sie das gleiche *Look and Feel* wahrnehmen wie auf einem MS-Windows-PC. Der Vergleich ist an dieser Stelle durchaus angebracht, denn die Mehrzahl aller Webseiten wird auf Windows-Plattformen entwickelt oder zumindest der MS Internet Explorer zum Testen der Seiten verwendet.

In der Regel haben Sie natürlich auch eine favorisierte Startseite, die mit dem Start des Browsers automatisch geladen wird. Diese können Sie ebenfalls in den Einstellungen von Epiphany vorgeben. Mit dem nächsten Aufruf des Browsers erscheint die gewünschte Seite im Fenster.

Selbstverständlich können Sie den Browser auch mit einer leeren Seite starten, was zu empfehlen ist, wenn Sie über eine Wählverbindung ins Internet gehen.

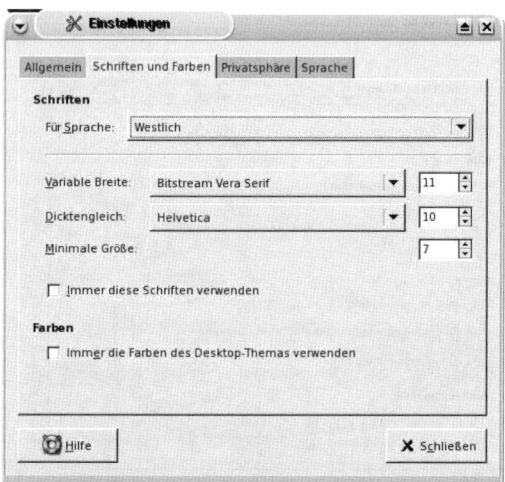

Abbildung 11.31: Wesentlichen Einfluss auf die Darstellung der Schrift einer Webseite hat das Register *Schriften und Farben* der Epiphany-Einstellungen

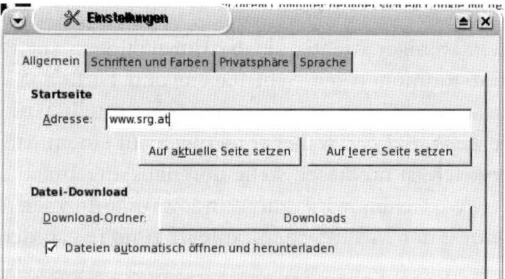

Abbildung 11.32: Welche Seite mit dem Programmstart aufgerufen werden soll, legen Sie mit dem ersten Register der Epiphany-Einstellungen fest

Wie Sie bereits gelesen haben, sind Cookies, die über Webseiten vom Webserver an den Browser übergeben und von diesem auf Ihrer Festplatte gespeichert werden, ein sehr sensibles Thema. Sie dienen der Wiedererkennung Ihres Computers beispielsweise in einem Online-Shop, sind aber auch dazu geeignet, als Spionagewerkzeug zu dienen, mit dem Ihr Surfverhalten ausspioniert wird. Ein guter Browser bietet Ihnen also nicht nur eine Übersicht zu den auf Ihrem Computer gespeicherten Cookies, sondern auch die Möglichkeit, deren Inhalte zu lesen.

Der Inhalt, der Pfad und auch das Verfallsdatum des Cookies können in den Cookie-Eigenschaften ausgelesen werden. Allerdings sei angemerkt, dass nicht alle Cookie-Inhalte im Klartext lesbar sind.

Bezogen auf die Analysefunktionen für Cookies haben alle der in diesem Kapitel vorgestellten Browser klare Vorteile gegenüber dem Microsoft-Pendant.

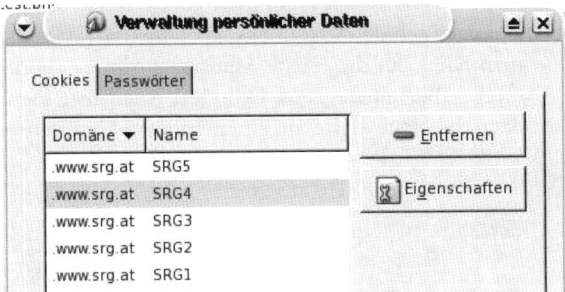

Abbildung 11.33: Auch mit Epiphany haben Sie die auf Ihrem Computer deponierten Cookies stets im Griff

Als sehr nützlich erweisen sich auch bei Epiphany Unterfenster, mit denen verschiedene Webseiten in nur einem einzigen Browserfenster aufgerufen werden können. Sie kennen diese Technik bereits aus den Ausführungen zum Konqueror. Der Unterschied zu diesem Programm ist lediglich der Name, denn bei Epiphany heißt die Funktion *Reiter*. Diese Funktion trägt zur Übersicht auf dem Bildschirm bei, was insbesondere dann sinnvoll ist, wenn bei einer Suche im Internet mehrere interessante Seiten als Ergebnis in Frage kommen und näher zu prüfen sind.

Abbildung 11.34: Die Eigenschaften der Cookies verraten etwas über den Inhalt der kleinen Textdateien und zu deren Gültigkeitsdauer. Hier ist ein Zählwert – die Zahl 3 – gespeichert

Einen neuen Reiter kann man über das Menü *Datei* anlegen. Denkbar ist aber auch der Weg über das kontextsensitive Menü, das sich mit einem Klick auf die rechte Maustaste öffnet, wenn sich der Mauszeiger direkt über einem Link befindet. Auch hier kann bestimmt werden, dass die neue Seite in einem neuen Unterfenster (Reiter) geöffnet wird.

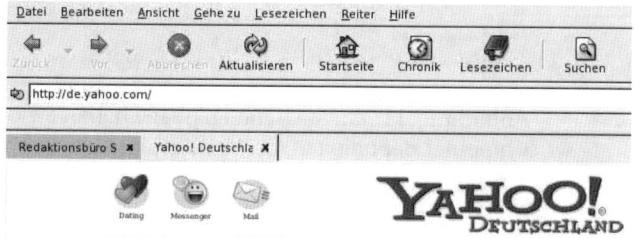

Abbildung 11.35: Die »Unterfenster« heißen bei Epiphany »Reiter«. Ansonsten überzeugt diese Technologie auch bei diesem kleinen smarten Webbrowser

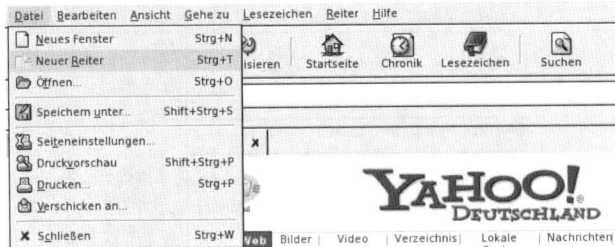

Abbildung 11.36: Ein neuer »Reiter« kann über das *Datei*-Menü des Browsers angelegt werden

Es gibt bei jedem User eine Reihe von Webseiten, die immer wieder aufgerufen werden. Dies können Wetterberichte im Internet, Nachrichtenseiten oder einfach nur eine »digitale Programmzeitschrift« sein. Solche Seiten möchte man schnell und ohne aufwändige Eingaben von Adressen aufrufen können. Hier gibt es zwei Möglichkeiten:

✔ Auswahl der Seite aus der Liste bereits besuchter Seiten (Chronik)

✔ Auswahl über ein Lesezeichen

Beide Alternativen dürfen von einem modernen Webbrowser erwartet werden. Sie sind Ihnen aber – wie bei verschiedenen anderen Beispielen – unter anderen Namen bekannt. So heißt die *Chronik* in Epiphany bei einem MS Internet Explorer beispielsweise *Verlauf*. Das *Lesezeichen* wird hier als *Favoritenliste* bezeichnet.

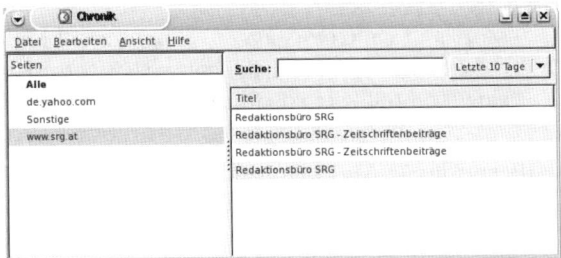

Abbildung 11.37: Lobenswert übersichtlich ist die *Chronik* des Epiphany-Browsers, eine Funktion, die auch allgemein bei anderen Browsern als *Verlauf* bekannt ist

Abbildung 11.38: Eine *Favoriten*-Funktion, die bei Epiphany *Lesezeichen* heißt, darf in keinem Webbrowser fehlen

Mozilla

Vielen von Ihnen wird ein gutes, aber kommerzielles Browserprogramm bekannt sein, das zu den Marktführern in dieser Sparte gehört: *Netscape.* Leider ist Netscape nicht Bestandteil einer LINUX-Distribution, allerdings gibt es eine OpenSource-Variante: Mozilla. Mozilla bietet neben der reinen Browserfunktion noch weitere Komponenten:

✔ den *Mozilla-Navigator,*

✔ den *Mozilla-E-Mail-Client* und

✔ den *Mozilla-Composer,* einen HTML-Editor.

Mozilla ist ein OpenSource-Projekt, das der Netscape-Familie sehr nahe steht. In diesem Kapitel wollen wir uns ausschließlich mit einer Komponente von Mozilla, dem Navigator, beschäftigen.

Beim *Mozilla-Navigator* handelt es sich um einen recht komfortablen Internetbrowser, der, abgesehen von einigen Microsoft-spezifischen Funktionen wie Laufschrift etc., beinahe alle möglichen Websites darstellen kann. Auf der anderen Seite – Microsoft und Netscape stehen bereits seit Jahren in einem knallharten Wettbewerb – bietet auch Netscape durch einen eigenen HTML-Dialekt Funktionen an, die andere Browser nicht unterstützen.

Die verschiedenen »Browserdialekte« sind der Grund, warum für viele HTML-Programmierer die Auswertung der *User-Agent*-Kennung so wichtig ist. Dabei sendet der Browser seinen »Namen« sowie die Bezeichnung des Betriebssystems und ggf. Angaben zum Prozessor des Computers an den Webserver. Weniger seriöse Betreiber von Webseiten benutzen diese Daten als einen Baustein in einem gesamten Benutzerprofil.

Der Aufbau des Programmfensters lässt sich durch Ein- und Ausblendung verschiedener Komponenten individuell gestalten. In der einfachsten Form wird eine *Menüleiste* am Kopf und eine *Statusleiste* am Fuße des Fensters eingeblendet. Der Raum zwischen Kopf- und Fußleiste steht dann vollständig dem Inhalt der Internetseite zur Verfügung. Sinnvoll ist allerdings zumindest eine *Navigationssymbolleiste*, in der gezielt eine Internetseite aufgerufen werden kann. Auf diese Leiste sollte nur dann verzichtet werden, wenn ausschließlich über die Links der HTML-Seiten navigiert wird und bereits ein Menü als Startseite vorgegeben wird.

In vielen firmeninternen Netzen können auf diese Weise Informations- und Dialogangebote genutzt werden. Sinnvoll kann auch die *persönliche Symbolleiste* sein, mit deren Hilfe auf einfachen Mausklick sofort wieder die Startseite erreicht oder die aktuelle Seite erneut geladen werden kann. Mit der *persönlichen Symbolleiste* lassen sich auch wichtige Internetseiten, die als *Lesezeichen* im Navigator registriert wurden, per Mausklick aufrufen. Hier können beispielsweise Suchmaschinen etc. gespeichert werden. Um optimal mit dem Mozilla-Navigator arbeiten zu können, wollen wir einen Blick in dessen Menüstruktur werfen.

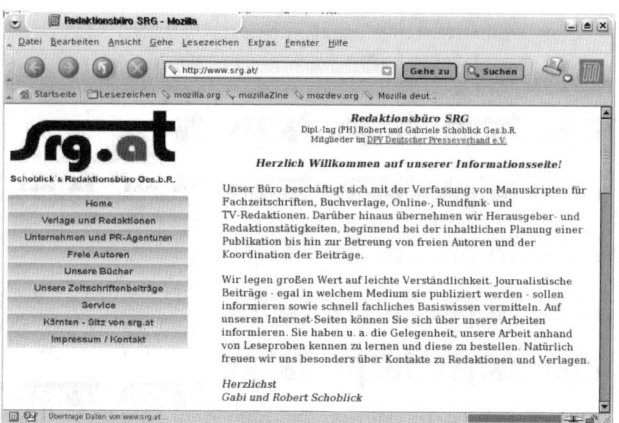

Abbildung 11.39: Aufruf einer Seite mit dem Mozilla-Navigator

Das Menü *Datei* (File)

Die klassische Bedeutung eines Dateimenüs ist es, Dateien – in diesem Fall Webseiten – aus einem Verzeichnis heraus zu öffnen, auf dem Computer zu speichern oder auszudrucken. So weit, so gut, doch geht der Mozilla-Navigator noch einen Schritt weiter. So ist es möglich, über die Funktion *Seite bearbeiten* bzw. das Tastenkürzel Strg + E einen Editor aufzurufen, mit dem die Seiten bearbeitet werden können. Dies ist sehr hilfreich bei der Entwicklung eigener HTML-Seiten. Dabei werden natürlich auch Internetpräsentationen unterstützt, die durch Frames in einer übersichtlichen Form strukturiert werden.

Es bedarf nicht viel Fantasie, um zu erkennen, dass Angreifer aus dem Internet, die mit dem so genannten *Phishing* ahnungslosen Opfern das Geld aus der Tasche – genauer von deren Konto – ziehen möchten, mit dieser Funktion enorm viel anfangen können. Es ist für sie kein Problem, die optische Gestalt der Webseite einer Bank oder eines Online-Auktionshauses in eine eigene – gefälschte – Seite zu kopieren. Seien Sie bitte stets misstrauisch.

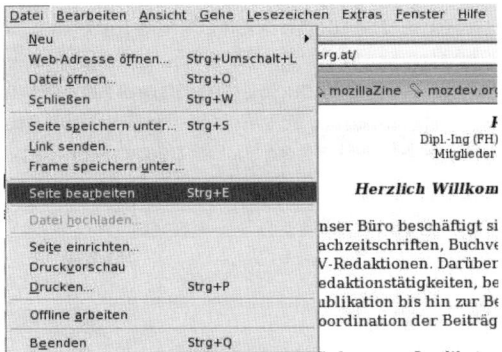

Abbildung 11.40: Das Menü *Datei* des Mozilla-Navigators

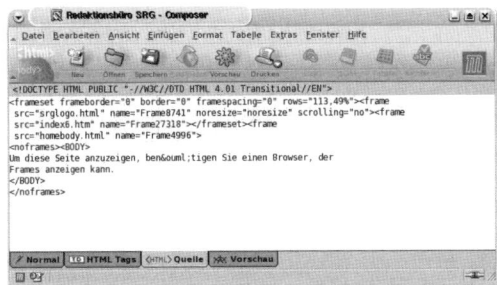

Abbildung 11.41: Über das *Datei*-Menü kann der Composer, der Mozilla-HTML-Editor, aufgerufen und die aktuell im Browser befindliche Webseite im Quelltext angesehen und bearbeitet werden

Das Menü *Bearbeiten* (Edit)

Das Menü *Bearbeiten* gehört ebenfalls beinahe zum Standard einer jeden grafisch unterstützten Anwendung. Es enthält auch beim Mozilla-Navigator die obligatorischen Ausschneide-, Einfüge- und Kopierbefehle sowie die Möglichkeit, fehlerhafte Aktivitäten rückgängig zu machen. Interessant ist aber der Menüpunkt *Einstellungen*. Hier haben wir die Möglichkeit, auf das Verhalten und auf die Darstellung unseres Navigators Einfluss zu nehmen. So können Sie Farbgebungen und Zeichensätze verändern, und darüber hinaus können Sie Einstellungen für die verschiedenen Mozilla-Tools vornehmen.

Bitte experimentieren Sie ein wenig mit den verschiedenen Zeichensätzen und den anderen Gestaltungsmöglichkeiten, um den Navigator Ihren Bedürfnissen entsprechend anzupassen. Insbesondere die Funktion *Schriftarten* im Erscheinungsbild des Mozilla-Navigators sollten Sie genauer betrachten, wenn die Schriften der aufgerufenen Seiten nicht Ihren Ansprüchen gerecht werden.

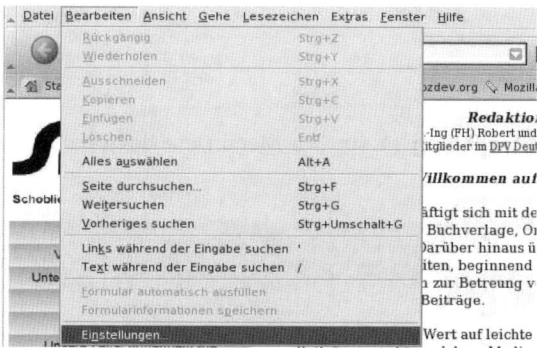

Abbildung 11.42: Das Menü *Bearbeiten* des Mozilla-Navigators

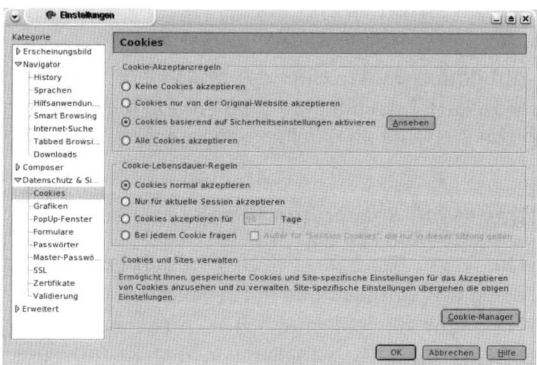

Abbildung 11.43: In den Mozilla-Einstellungen können Sie Einfluss auf das Erscheinungsbild des Browsers, auf die Darstellung der aufgerufenen Webseiten und nicht zuletzt auf die Sicherheit Ihres Browsers nehmen

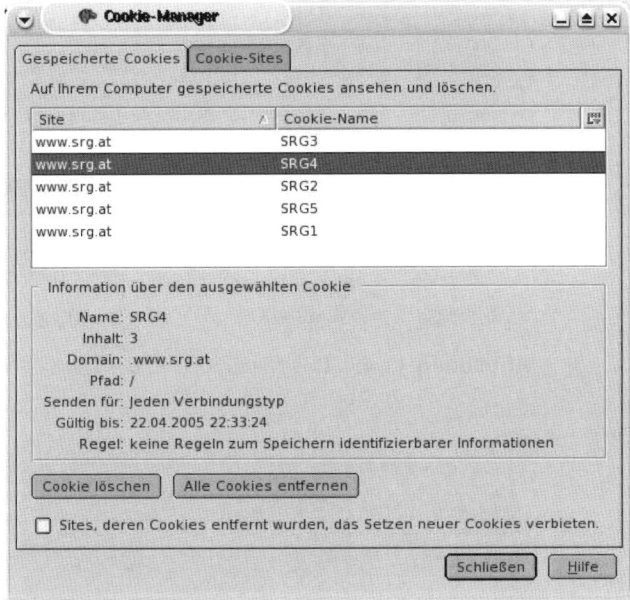

Abbildung 11.44: Der Cookie-Manager zeigt nicht nur an, welche Cookies gespeichert wurden, sondern auch deren Inhalte

Das Menü *Ansicht* (View)

In diesem Menü können Sie die verschiedenen Steuerleisten des Navigators ein- und ausblenden. Sie können aber auch eine Internetseite erneut laden, wenn Sie erwarten, dass sich deren Inhalt in der Zwischenzeit verändert hat. Darüber hinaus können Sie Informationen zur Struktur der Seite abfragen. Interessant ist auch die Funktion *Seiten-Quelltext anzeigen*. Damit wird der Inhalt der Seite im HTML-Code dargestellt. So haben Sie beispielsweise die Möglichkeit, anhand praktischer Beispiele die Seitenbeschreibungssprache HTML zu studieren oder bei der Entwicklung einer eigenen Seite sofort den Fehler im Quelltext zu suchen.

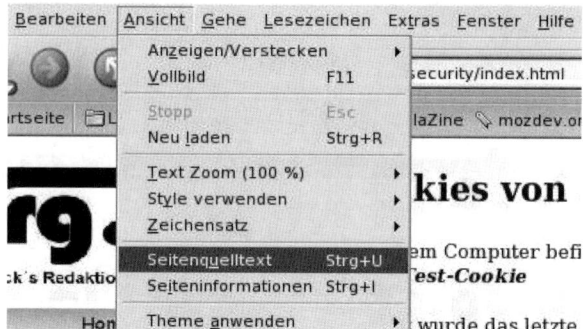

Abbildung 11.45: Das Menü *Ansicht* des Mozilla-Navigators

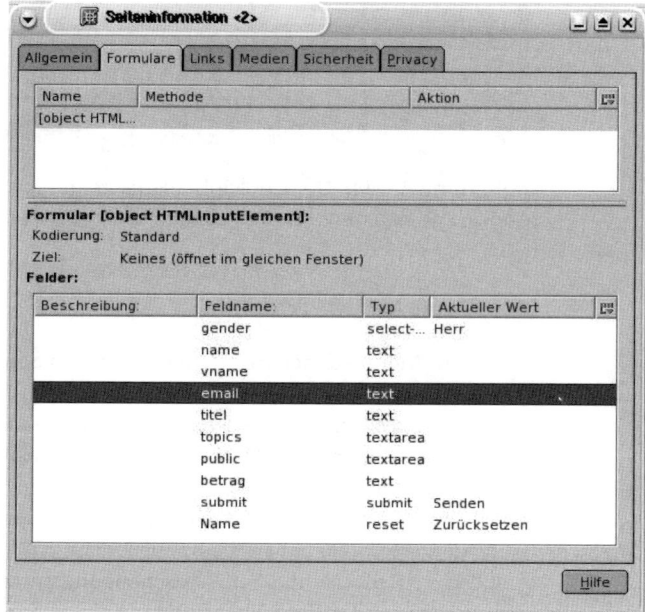

Abbildung 11.46: Informationen zur Struktur der Seite und ihrer Inhalte: Beispielsweise können Sie hier sehen, wie Online-Formulare gestaltet wurden

Das Menü *Gehe zu* (Go)

Die zuletzt besuchten Seiten sowie die Startseite können über dieses Menü direkt angewählt werden. Zu beachten ist allerdings, dass Mozilla hier die Gestaltung des Menüs etwas ungeschickt gewählt hat, denn die Funktion Bookmarks bzw. Lesezeichen wäre hier besser platziert gewesen. Nun ja, diese finden wir im nächsten Menü.

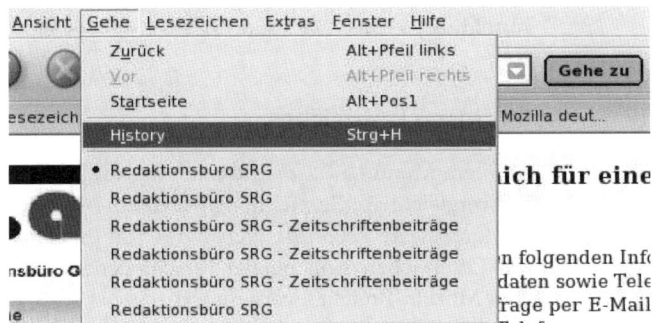

Abbildung 11.47: Das Menü *Gehe* des Mozilla-Navigators

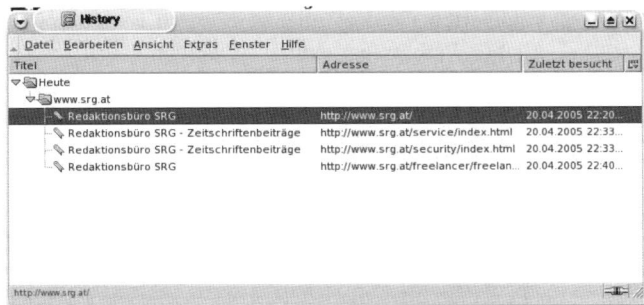

Abbildung 11.48: Informationen zu den zuletzt besuchten Seiten findet man im Menü *Gehe / History* im Mozilla-Navigator

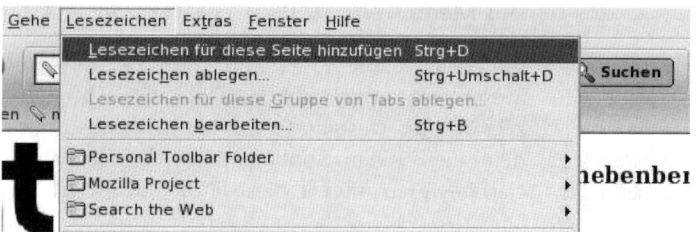

Abbildung 11.49: Das Menü *Lesezeichen* des Mozilla-Navigators

Das Menü Lesezeichen

Mit dem Menü *Lesezeichen* können Sie auf Ihre Lesezeichen zugreifen. Die vergleichbare Bezeichnung bei einem Microsoft-Browser (Internet Explorer) wäre *Favoriten*. Neben den von Ihnen individuell definierbaren Lesezeichen sind bereits verschiedene Einträge – beispielsweise zum Mozilla-Projekt – vordefiniert.

Das Menü Extras

Nützliche *Extras* informieren Sie beispielsweise detailliert über die installierten Cookies oder verhindern lästige Popup-Seiten, die als beliebte Werbeträger eingesetzt werden.

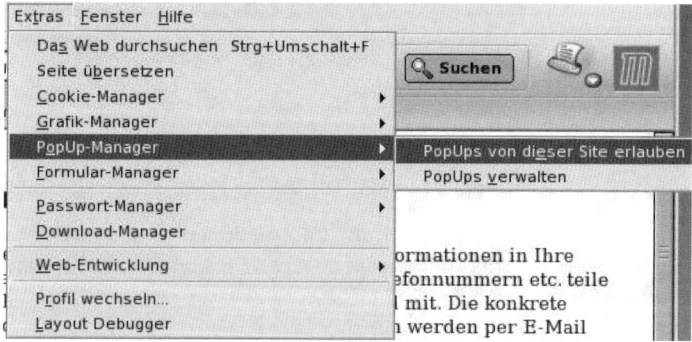

Abbildung 11.50: Die *Extras des Mozilla-Navigators*

Abbildung 11.51: Im Menü *Fenster* kann zu anderen Mozilla-Komponenten gesprungen oder – wenn mehrere Browserfenster geöffnet sind – zwischen den verschiedenen Inhalten gewechselt werden

Menüs Fenster und Hilfe

Die Menüleiste des Mozilla-Navigators wird mit zwei obligatorischen Menüs geschlossen: *Fenster* und *Hilfe*. Im *Hilfe*-Menü können Informationen zu den Programmfunktionen und zu den Entwicklern der Software aufgerufen werden. Die vorherige Installation der Softwarekomponenten ist natürlich vorausgesetzt.

Das Menü *Fenster* hat generell die Funktion, dem Benutzer den Wechsel zwischen mehreren Browserfenstern zu erleichtern. Darüber hinaus können aus diesem Menü andere Komponenten des Mozilla-Projektes aufgerufen werden, sofern die jeweiligen Programmpakete installiert wurden.

Instant Messenger Kopete

Instant Messenger gehören zu den schnellsten Kommunikationsmedien überhaupt. Der Vorteil dieser Technologie: Man sieht, welcher von den Freunden, Verwandten oder Kollegen gerade online ist und erkennt anhand von diesem gesetzter Hinweise, ob eine Kontaktaufnahme augenblicklich Erfolg versprechend ist. Darüber hinaus können Nachrichten gesendet werden, die – im Falle der Abwesenheit des Kommunikationspartners – bei dessen nächstem Login zugestellt werden.

Bei Instant-Messenger-Services laufen die Nachrichten immer über einen Server und können dort durchaus im Klartext gespeichert sowie von den Administratoren gelesen werden. Für eine vertrauliche Kommunikation ist dieser Dienst in der Regel ungeeignet.

Nun gibt es nicht DEN Standard unter den Instant-Messenger-Services, sondern eine ganze Reihe verschiedener Anbieter und Systeme. Die wohl bekanntesten Vertreter sind:

- ✔ ICQ
- ✔ Yahoo!
- ✔ AOL
- ✔ MSN

Die meisten Client-Programme für die Teilnahme an diesen Instant-Messenger-Services sind für das Windows-Betriebssystem vorgesehen. Allerdings bietet beispielsweise Yahoo! auch einen Client für LINUX und andere Betriebssysteme an. Allerdings enthält die Debian-GNU/LINUX-Distribution eine interessante Alternative, mit der verschiedene Services gleichzeitig genutzt werden können: *Kopete*.

Wir wollen Ihnen die Funktion von *Kopete* anhand eines MSN-Accounts demonstrieren. Unter Umständen verwenden Sie einen anderen Instant Messenger, dessen Zugang sinngemäß konfiguriert wird. In unserem Test hatten wir jedoch mit dem Yahoo!-Messenger-Service Probleme beim Login, was möglicherweise auf Versionsunterschiede zwischen dem Yahoo!-Protokoll und der von uns verwendeten Version von Kopete zurückzuführen ist. Wir empfehlen bei Schwierigkeiten dieser, Art die Updates auf dem Debian-Server im Auge zu behalten und das Programm bei Bedarf zu aktualisieren.

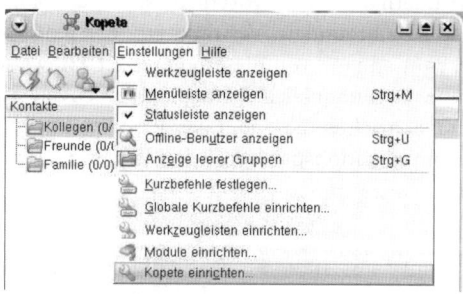

Abbildung 11.52: Bevor mit *Kopete* gearbeitet werden kann, muss zunächst eine Verbindung zu einem Instant-Messenger-Service eingerichtet werden. Diese Aufgabe gehört zur Einrichtung von *Kopete*

Um *Kopete* nutzen zu können, muss zuerst ein Zugang zu mindestens einem Instant-Messenger-Service angelegt werden. In diesem Beispiel wird ein MSN-Account für Kopete konfiguriert. Sie können aber durchaus auch mehrere Zugänge verschiedener Anbieter definieren und die jeweiligen Einträge in den *Buddy-Listen* kombiniert im Kopete-Fenster darstellen lassen. Es erscheint Ihnen dann, als wären alle Freunde, Kollegen und Verwandten, die Sie gelistet haben, in nur einem einzigen System vereint.

Die Einrichtung der Zugänge ist ausgesprochen einfach und wird von einem Assistenten unterstützt. Dieser nimmt Ihnen die Konfiguration der Besonderheiten der verschiedenen Anbieter ab, so dass Sie sich nur noch auf die Eingabe Ihrer Benutzerdaten (Username bzw. -ID und Passwort) konzentrieren müssen.

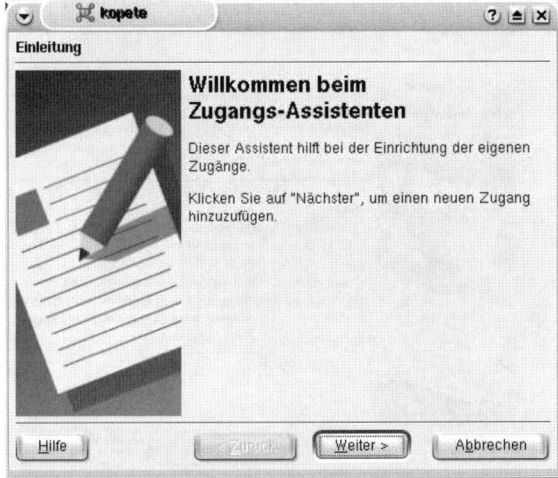

Abbildung 11.53: Die Einrichtung eines Zuganges zu einem Instant-Messenger-Service erleichtert ein Assistent

Im ersten Schritt des Assistenten wählen Sie den Instant-Messenger-Service aus, bei dem Sie Ihren Account angelegt haben. Wenn Sie noch keinen Account haben, so ist dies auch kein Problem, denn im Dialog stellt Ihnen Kopete einen Link zur Anmeldeseite des Betreibers im Internet zur Verfügung. Sie müssen also keine aufwändigen Recherchen betreiben, um sich beim Instant-Messenger-Service registrieren zu lassen. Weil wir einen Account des MSN-Messenger-Services verwenden wollen, müssen wir im Dialog des Assistenten diesen Dienst auswählen. Damit geben wir Kopete bereits die wichtigsten Informationen (z.B. Serveradresse etc.) mit auf dem Weg. Um diese Daten müssen Sie sich also nicht mehr kümmern.

Wie bereits ausgeführt, ist ein Instant-Messenger-System immer eine Client-Server-Applikation. Der Server wird vom Anbieter im Internet betrieben. Der Client ist das Instant-Messenger-Programm auf Ihrem PC. Um an einem Instant-Messenger-Service teilnehmen zu können, ist eine Anmeldung beim Server erforderlich, mit der Sie die Zugangsdaten (Username und Passwort) festlegen. In den meisten Fällen ist der Dienst kostenlos zu nutzen.

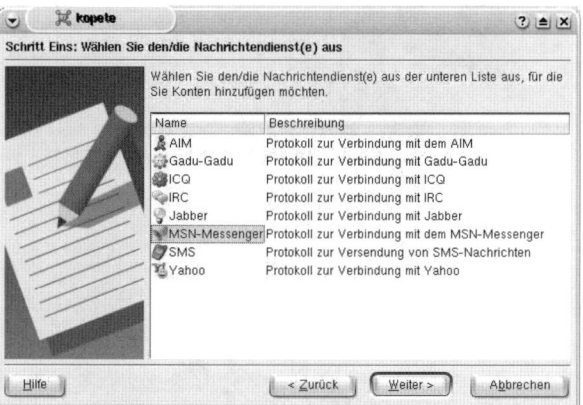

Abbildung 11.54: Wir wollen einen Zugang zum MSN-Messenger-Service einrichten. Allerdings sehen Sie deutlich, dass auch eine Reihe weiterer bekannter Dienste unterstützt wird

Nach der Anmeldung am Instant-Messenger-Service und die Einrichtung des Zugangs in Kopete könnte es eigentlich – ein funktionsfähiger Internetzugang vorausgesetzt – schon losgehen. Zuvor sollen jedoch noch einige Details angesprochen werden, die Einfluss auf das Erscheinungsbild des Messengers haben. Es wäre schließlich sehr unangenehm, in einem Chatfenster die eigenen Nachrichten nicht von denen des Gesprächspartners unterscheiden zu können. Darüber hinaus kann es durchaus der Fall sein, dass Sie von verschiedenen Personen gleichzeitig oder zumindest kurz hintereinander Nachrichten zugeschickt bekommen.

Abbildung 11.55: Haben Sie bereits einen Account beim gewünschten Instant-Messenger-Service? Wenn ja, müssen Sie nur noch Ihre Zugangsdaten eintragen. Anderenfalls können Sie über den Link im unteren Bereich des Fensters die Webseite des Anbieters aufrufen

Wenn diese Vorgänge ein wahres »Bombardement« mit Chatfenstern zur Folge haben, kommt das einer massiven Störung der Arbeit am PC gleich, die nicht erwünscht sein kann. Schließlich würden Sie allmählich die Übersicht verlieren, was unter zusätzlichem Stress zu peinlichen Versehen führen kann. Stellen Sie sich nur vor, Sie beantworten die Frage eines Gesprächspartners im Chatfenster eines anderen. Abgesehen davon, dass dieser keinen Zusammenhang Ihrer Worte mit dem ihm bekannten Dialog erkennen wird, könnten Sie in einer solchen Situation möglicherweise auch vertrauliche Informationen preisgeben.

Ein übersichtliches Instant-Messenger-System erspart unnötigen Stress und im Extremfall auch Peinlichkeiten.

Mehr als eine lustige Spielerei sind übrigens die so genannten Emoticons (»Smileys«). Das sind kleine Symbole mit Gesichtern, die dem ansonsten sehr unpersönlichen Textchat eine zusätzliche persönliche Note verleihen. In erster Linie werden die Emoticons als Spielerei angesehen und sind insbesondere in »Business-Gesprächen« eher selten zu finden. Allerdings bieten diese kleinen Symbole auch einen zusätzlichen Kommunikationskanal, den wir bei jedem persönlichen Gespräch mit einem unmittelbar gegenübersitzenden Partner stets unterbewusst nutzen. Unsere Mimik und Gestik verrät viel über die Bedeutung unserer Worte. So erkennt z.b. der Gesprächspartner an unserer Tonlage und am Gesichtsausdruck Ironie und weiß diese entsprechend zu werten.

Ein Beispiel: Stellen Sie sich vor, Sie erklären jemandem mit rollenden Augen und in die Länge gezogenem Verb: »Ich liebe diesen Regen!« Anhand Ihrer Gestik und Tonlage weiß Ihr Gesprächspartner sofort, was Sie wirklich meinen, nämlich: »So ein Sauwetter!« Nun stellen Sie die Wirkung Ihrer Aussage in einem Textchat vor, in dem Sie nur die Zeile »Ich liebe diesen Regen!« senden. Ihr Gesprächspartner muss Sie zwangsweise falsch verstehen und wird Sie womöglich für einen nahen Verwandten von Jörg Kachelmann halten. Ergänzen Sie diesen Ausdruck jedoch um ein Emoticon – zum Beispiel ein Augenzwinkern –, dann wird die Ironie Ihrer Aussage deutlich.

Emoticons sind mehr als nur Spielerei. Sie eignen sich gut dazu, die Bedeutung gefühlsbetonter Aussagen zu unterstreichen.

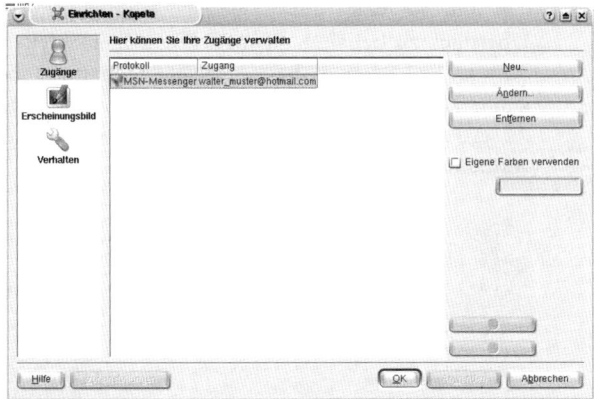

Abbildung 11.56: Das war schon der wesentliche administrative Teil der Einrichtung des Instant-Messenger-Clients. Der gewünschte Zugang steht nun zur Verfügung

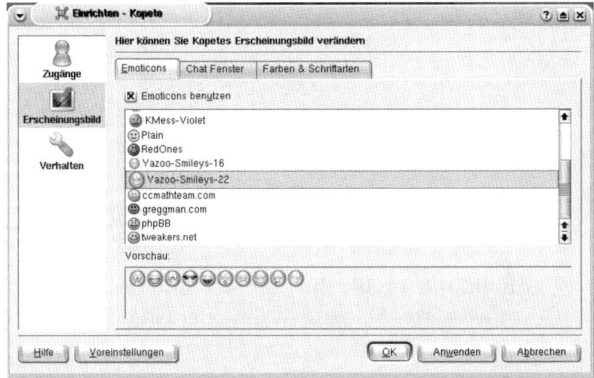

Abbildung 11.57: In vielen Chats mittlerweile sehr beliebt: Emoticons drücken Gefühlslagen aus und helfen Bedeutungen von Texten zu unterstreichen

Wie bereits angedeutet, ist es wichtig, im Chat die eigenen Texte von denen des Partners unterscheiden zu können. Noch wichtiger ist dies in einer Konferenz aus mehreren Teilnehmern. Farbige Hervorhebun-

gen und die Wahl unterschiedlicher Schriftarten erleichtern es, den
Überblick zu behalten. Kopete bietet hier bereits einige vorgefertigte
Stile an, mit denen die Gestalt des Chatfensters optimiert werden
kann. Darüber hinaus können Sie auch eigene Stile entwerfen und
dieser Liste hinzufügen. Selbstverständlich ist es auch möglich, bereits
vorhandene Stile zu bearbeiten.

Bei der Bearbeitung oder der Definition eines eigenen Stils sollte
beachtet werden, dass hier XML-Kenntnisse vorausgesetzt werden.

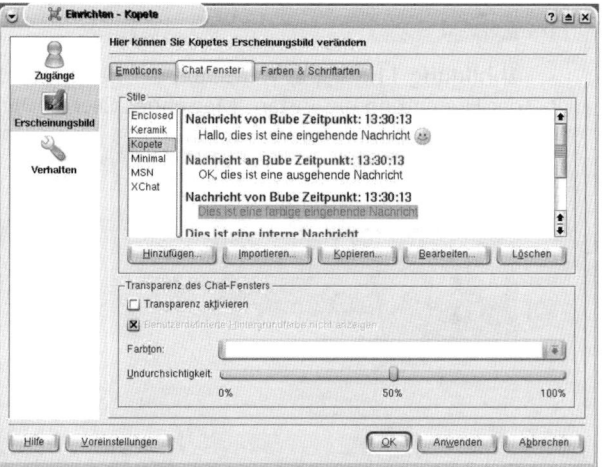

Abbildung 11.58: Zur Formatierung des Chatfensters kann ein
vordefinierter Stil ausgewählt oder ein neuer definiert werden

Die Besonderheit des Instant-Messenger-Services ist, dass man absolut spontane Nachrichten bekommen kann, während man am Server
angemeldet ist. Nun kann es sehr unangenehm sein, wenn urplötzlich
ein Nachrichtenfenster aufklappt und ein anderes Fenster überdeckt,
an dem möglicherweise gerade gearbeitet wird. Stellen Sie sich vor,
Sie bearbeiten gerade einen Bauplan, wo sehr genaue Zeichnungen erforderlich sind, und in diesem Augenblick platzt ein Fenster über den
Bildschirm.

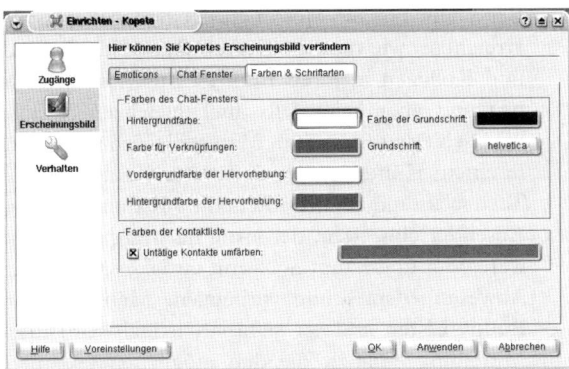

Abbildung 11.59: Mit der richtigen Schriftart und Farbgebung wird das Chatfenster übersichtlich

Derartige »Spontan-Attacken« sieht Kopete nicht vor, jedoch ist es ebenso unerwünscht, eingehende Nachrichten nicht zu bemerken. Hier kann ein sehr guter Kompromiss gewählt werden, bei dem mit einer kleinen Sprechblase am rechten Bildschirmrand der Eingang einer Mitteilung angezeigt wird. Zusätzlich können Nachrichteneingänge durch ein akustisches Signal angezeigt werden.

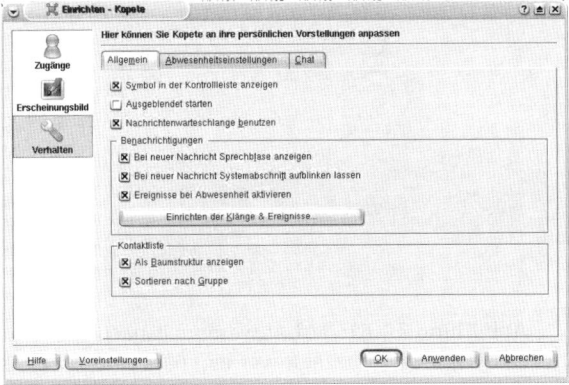

Abbildung 11.60: Die Anzeige eingehender Nachrichten wird im allgemeinen Teil des *Verhalten*-Menüs konfiguriert

Bei einem Instant-Messenger-System gilt man allgemein so lange als erreichbar, wie man am Server angemeldet ist und dies den Freunden und Kollegen in ihren Buddy-Listen angezeigt wird. Online zu sein bedeutet aber keinesfalls auch gleichzeitig, dass Gespräche augenblicklich erwünscht sind. Man stelle sich vor, man befindet sich gerade in einem Kundengespräch oder arbeitet hoch konzentriert an einem Text, während im Minutentakt Meldungen von ein und demselben Absender eintreffen, der lästig nachfragt, ob man denn nun am Platz wäre oder überhaupt noch mit ihm spreche. Dem kann man mit einer Abwesenheitsmeldung vorbeugen. Man ist zwar als online in den Buddy-Listen anderer sichtbar, jedoch wird dieser Eintrag um eine Mitteilung ergänzt, die den möglichen Gesprächspartnern klar anzeigt, dass augenblicklich keine Nachrichten gewünscht werden oder dass mit einer Antwort erst in einiger Zeit gerechnet werden kann.

Neben vorgefassten Abwesenheitsmeldungen können auch eigene Texte verfasst werden.

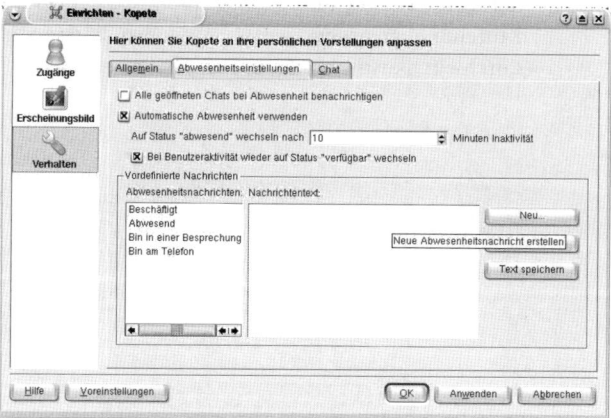

Abbildung 11.61: Mit Abwesenheitsnachrichten kann den Kommunikationspartnern gezeigt werden, dass eine direkte Kontaktaufnahme derzeit nicht sinnvoll ist

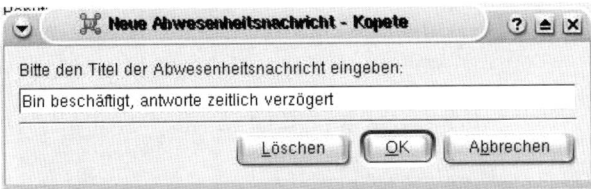

Abbildung 11.62: Abwesenheitsnachrichten können individuell verfasst werden

Wenn wir bei der Ordnung der Chatfenster sind, muss auch der Fall berücksichtigt werden, dass nicht nur eine Konferenz zwischen mehreren Usern gleichzeitig erfolgt, die gemeinsam alle Nachrichten des Chats lesen können, sondern dass parallel Chats mit verschiedenen Usern stattfinden können. Wie bereits erwähnt, muss es vermieden werden, versehentlich die Korrespondenzen zu verwechseln. Auf der anderen Seite ist aber Ordnung auf dem Monitor enorm wichtig. So können Sie Nachrichten einer Gruppe oder eines Zugangs in einem gemeinsamen Fenster zusammenfassen.

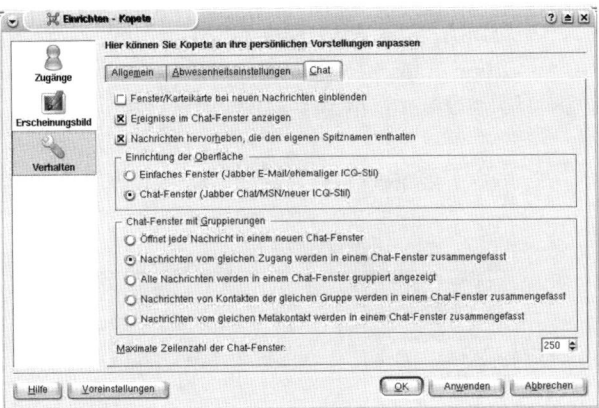

Abbildung 11.63: Es ist schon sehr lästig, wenn für jede Nachricht ein neues Fenster geöffnet wird. Ebenso lästig ist es aber, wenn Dialoge mit verschiedenen Personen im gleichen Fenster eintreffen. Das kann im Chat-*Verhalten* optimiert werden

Unter dem Begriff des Zugangs versteht man bei Kopete einen User-Account bei einem Instant-Messenger-Service, wobei verschiedene Accounts kombiniert in einer Liste zusammengefasst werden können und der Nachrichtenaustausch entsprechend automatisch gesteuert wird.

Mitglieder der Buddy-Liste

Wir haben nun Kopete mit einem Zugang eingerichtet und dessen Chatfenster und Verhalten beim Nachrichteneingang konfiguriert. Nun wird es Zeit, dass wir den ersten Dialog mit einem Kollegen oder Freund führen. Dazu müssen wir jedoch zuerst unsere Buddy-Liste füllen, falls Sie nicht bereits Einträge aus früheren Sitzungen vom Server laden können. Auch beim Anlegen eines neuen Kontaktes unterstützt uns wieder ein Assistent.

Zuerst stellen wir eine Verbindung zu unserem Instant-Messenger-Service – hier MSN – her. Alle bereits bestehenden Einträge der Buddy-Liste werden vom Server geladen. Wir wollen im Beispiel einen Eintrag in der Gruppe *Kollegen* ergänzen und markieren diesen im Dialog des Assistenten. Sie können auch beliebige neue Gruppen erstellen und – dies jedoch nicht in diesem Assistenten – bestehende Gruppen löschen. Auf diese Weise organisieren Sie Ihren Messenger-Client so, wie Sie es für richtig halten.

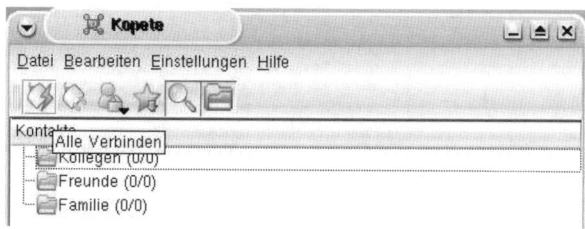

Abbildung 11.64: Die Verbindungsaufnahme mit dem Server des Instant-Messenger-Dienstes erfolgt über einen Klick auf das erste Icon im Hauptfenster

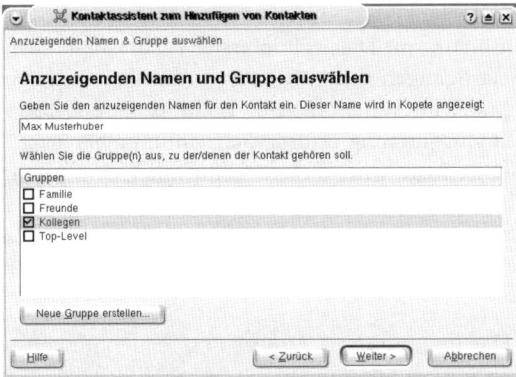

Abbildung 11.65: Der neue Kontakt soll in der Rubrik *Kollegen* eingerichtet werden

Wie der neue Kontakt eingerichtet wird, hängt maßgeblich vom Verfahren ab, das beim jeweiligen Instant-Messenger-Service üblich ist. In unserem Fall suchen wir den neuen »Kollegen« im Verzeichnis von MSN anhand von dessen E-Mail-Adresse. Wie Sie wissen, ist jeder Teilnehmer des Messenger-Services auf dem Server des Anbieters registriert. Nur ein solcher Teilnehmer kann in die Liste eingetragen werden und in direkten Dialog mit Ihnen treten. Die E-Mail-Adresse ist bei MSN das Suchkriterium.

Andere Instant-Messenger-Services haben möglicherweise abweichende Verfahren zur Suche eines Mitglieds ihres Angebotes. Bitte beachten Sie die Unterschiede.

Abbildung 11.66: Um den gewünschten Kontakt in die Buddy-Liste eintragen zu können, muss dieser zunächst anhand eines vom Betreiber vorgegebenen Suchkriteriums in dessen Verzeichnis gefunden werden

Ein Instant-Messenger-Service ist eine sehr formelle Kommunikationsplattform. Dies soll in erster Linie Missbrauch und unerwünschte Belästigungen verhindern. So kann nicht jeder einen beliebigen Teilnehmer im System in seine Buddy-Liste eintragen, denn dazu ist dessen Zustimmung erforderlich. Unmittelbar nach dem Eintrag in die Buddy-Liste wird diesem Teilnehmer eine Nachricht in Form einer Dialogbox gesendet, in der er per Mausklick der Aufnahme in die Buddy-Liste zustimmen, diese ablehnen oder ihr zustimmen und selbst den jeweiligen Kontakt in seine Liste eintragen kann.

Der erfolgreiche Eintrag eines Teilnehmers in die eigene Buddy-Liste ist nur dann möglich, wenn dieser seine Zustimmung erteilt. Allerdings gilt dies nur mit der Einschränkung, dass auch der Anbieter des Dienstes eine entsprechende Zustimmung vorsieht. Das ist nicht zwingend immer der Fall.

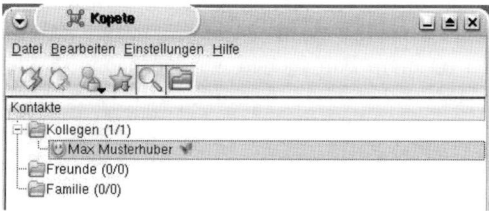

Abbildung 11.67: Der gewünschte Kontakt erscheint nun in der Buddy-Liste

Die erste Nachricht

Lassen Sie uns abschließend noch einen kleinen Dialog zwischen unseren beiden Beispielprotagonisten zeigen: Max sendet seinem Kollegen Walter über den MSN-Service auf seinem Computer eine Kurznachricht. Diese wird – wir hatten das so festgelegt – in einer Sprechblase am unteren Bildschirmrand eingeblendet. Mit einem Klick auf *Anzeigen* öffnen wir ein Chatfenster und können uns darin nun mit unserem Kollegen unterhalten.

Natürlich ist es auch möglich, dass wir unsererseits Kontakt zu dem Teilnehmer aufnehmen. In diesem Fall öffnen wir das Chatfenster beispielsweise mit einem Doppelklick auf dessen Namen in der Buddy-Liste.

Abbildung 11.68: Der Eingang einer Nachricht wird mit einer Sprechblase signalisiert. So hatten wir es konfiguriert

Abbildung 11.69: Beispiel eines kurzen Dialoges im Kopete-Chatfenster. Die Kommunikation lief in diesem Beispiel zwischen MSN-Teilnehmern ab.

12 E-Mail und Terminplanung

Ein typischer Arbeitstag: Der Wecker läutet, den Kreislauf bringt nur starker Kaffee in Schwung und das Frühstück ist hektisch. Was ist nach solch einem Start beliebter als der Blick auf den persönlichen Terminplaner, der einem freundlich, aber bestimmt kundtut, mit welchen Aufgaben der weitere Tag verhagelt wird! Hat man sich an den Gedanken gewöhnt, den riesigen Stapel abzuarbeiten und dem Feierabend zuzusteuern, kommt die zweite große Errungenschaft der Menschheit ins Spiel: Es macht »Pling« oder der Computer spricht sogar: »Sie haben Post!«, und schon gerät alles aus den Fugen. Eine E-Mail enthält einen dringenden Auftrag, der den Terminplan ad absurdum führt. Wir wollen Ihnen in diesem Kapitel einige Programme vorstellen, mit deren Hilfe Sie Ihren Tag wie beschrieben oder vielleicht doch etwas angenehmer organisieren können.

Sehr schöne Programme sind für die KDE-Oberfläche verfügbar, weshalb wir in diesem Kapitel vorzugsweise darauf eingehen werden.

E-Mail-Kommunikation

Die E-Mail-Kommunikation ist beinahe so wichtig geworden wie das Telefonieren. Auch für LINUX gibt es Programme, mit denen E-Mails gesendet und empfangen werden können. In diesem Kapitel wollen wir KMail – dieses Programm ist Bestandteil des KDE-Paketes – vorstellen. Es gibt natürlich noch weitere Programme für LINUX, die auch Bestandteil der Distributionen sind. Diese funktionieren im Prinzip ähnlich, wenn sie auch anders aufgebaut und im Menü individuell organisiert sind.

Die folgenden Ausführungen setzen voraus, dass ein E-Mail-Account bei einem lokalen oder öffentlichen Mailserver besteht.

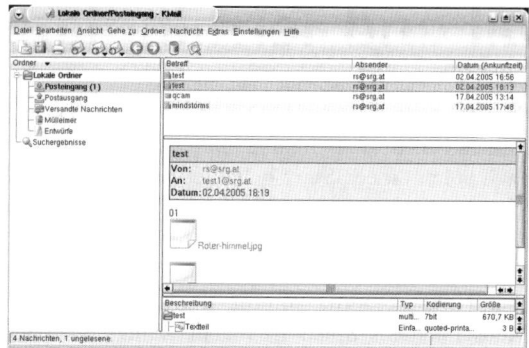

Abbildung 12.1: Das E-Mail-Programm KMail ist Bestandteil des KDE-Paketes, das mit der Debian-GNU/LINUX-Distribution geliefert wird

Identitäten

Vor der Benutzung eines jeden Programms steht bekanntlich dessen Konfiguration. E-Mail-Programme machen da keine Ausnahme. Das Programm arbeitet stets als Client mit einem Server zusammen, der entweder vom Internet Service Provider oder im lokalen Netzwerk bereitgestellt wird. Wichtig ist, dass vor der Konfiguration die benötigten Zugangs- und Adressdaten bereitgelegt werden. Das sind:

✔ Username (für den Mailserver, nicht für das LINUX-System),

✔ Zugangspasswort,

✔ Adressen für den POP3/IMAP4- (Mailabruf) und den SMTP-Server (Mailversand) sowie

✔ nicht zu vergessen: die eigene E-Mail-Adresse sollte bekannt sein.

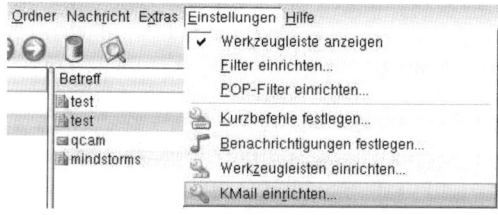

Abbildung 12.2: Der erste Schritt: Wir müssen KMail für unser System individuell einrichten

Die Konfiguration des E-Mail-Accounts im Client-Programm KMail erfolgt über das Menü *Einstellungen / KMail einrichten*. Hier sind zunächst einmal die Identitäten festzulegen. Darunter sind die individuellen Mail-Accounts zu verstehen. Es können durchaus mehrere Identitäten in dem Programm gespeichert werden, denn in Anbetracht der massiven Spam-Belastung empfiehlt es sich geradezu, mehrere Adressen für verschiedene Empfänger zu verwenden.

Es macht heutzutage durchaus einen Sinn, mehrere E-Mail-Adressen zu besitzen: Eine beständige, aber weitgehend geheim gehaltene Adresse ist nur für besondere (vertrauenswürdige) Freunde, eine weitere für Geschäftspartner vorgesehen. Für die eigene Webseite sollte eine Adresse gewählt werden, die auch für die normale Kommunikation geeignet ist. Allerdings ist davon auszugehen, dass diese Adresse im Laufe der Zeit als Spamcontainer »zugemüllt« wird. Gleiches gilt für E-Mail-Adressen, die in Online-Formulare eingetragen werden. Hier ist stets Misstrauen berechtigt, denn nicht selten werden über diese Formulare Adresslisten gefüllt, die gegen Cash an Spamverteiler veräußert werden. Sie können hier alles vergessen, was man über Datenschutz sagt, wenn die Ganoven im Ausland ansässig sind.

Durch das Anlegen mehrerer Identitäten kann vor dem Versand einer Mail gezielt entschieden werden, welche Adresse der Empfänger als Absender mitgeteilt bekommt. Doch Vorsicht: Zu viele Identitäten gehen zu Lasten der Übersicht. Schnell passiert es dann, dass ein Kommunikationspartner plötzlich zwei oder drei Adressen von Ihnen kennt. Das kann Probleme geben, denn die speziellen Postfächer für Onlineauftritte, die zunehmend mit Spam belastet werden, sollen ja bei Bedarf aufgelöst werden können, ohne wichtige Kontakte zu verlieren.

Zu viele Identitäten stiften beim Inhaber selbst und dessen Kommunikationspartnern im Laufe der Zeit Verwirrung, weil möglicherweise mehrere Absenderadressen in der Kommunikation mit einem Partner zum Einsatz kommen.

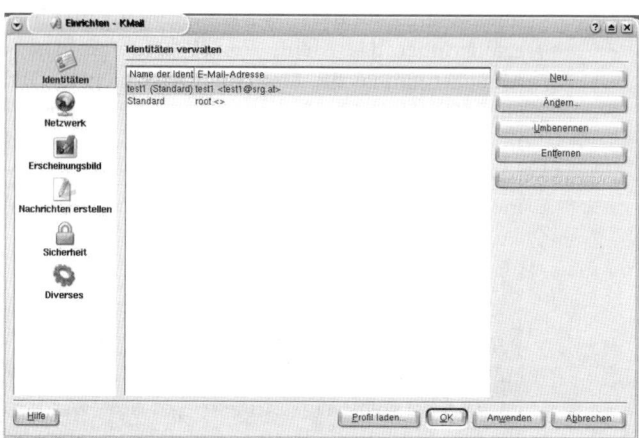

Abbildung 12.3: E-Mail ist ein personalisierter Dienst. Deshalb müssen gegenüber dem Mailserver Identitäten definiert werden

Eine Identität wird bei KMail in mehreren Schritten angelegt. In einem ersten Schritt wird ein Name definiert, anhand dessen später die Auswahl erfolgt. Der Name sollte möglichst aussagekräftig sein, um Verwirrung zu vermeiden.

Dann geht es daran, Daten zu definieren, die mit der E-Mail übertragen werden. Das ist zunächst einmal der eigene Name, der im Posteingang des späteren E-Mail-Empfängers angezeigt wird. Fehlt dieser Name, dann wird die E-Mail-Adresse des Absenders gelistet, was jedoch sehr unpersönlich ist und in stark frequentierten Postfächern leicht dazu führt, dass die Mail übersehen und möglicherweise sogar mit Spam gleichgesetzt wird. Auch die zu verwendende E-Mail-Adresse wird einer Identität zugewiesen.

Es sieht im Posteingang des Empfängers besser aus, wenn in der Adressspalte der Name und nicht allein die E-Mail-Adresse gelistet wird.

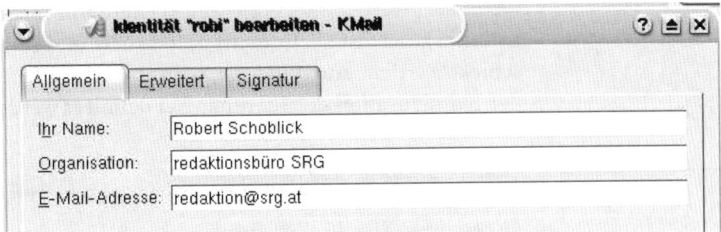

Abbildung 12.4: Die allgemeinen Informationen enthalten u.a. den Namen und die E-Mail-Adresse des Users

Neben der regulären Absenderadresse kann auch zusätzlich eine spezielle Antwortadresse definiert werden. Klickt der Empfänger einer E-Mail auf die *Antwort-* bzw. *Reply*-Schaltfläche, dann wird diese spezielle Adresse für die Rückantwort verwendet.

E-Mail ist eine sehr schnelle Kommunikationsform. Man sieht den Posteingang – bei einigen Personen kann dieser regelmäßig gut gefüllt sein – und versucht, möglichst jede Mail zu beantworten. Das funktioniert dann folgendermaßen: Doppelklick auf die Mail, um diese zu lesen. Ein kurzer Klick auf die *Antwort*-Schaltfläche und ein paar Zeilen – oft sehr hektisch zwischen Telefonaten und Aktenbergen – getippt, dann wird die *Senden*-Schaltfläche angeklickt. Das Ergebnis kann meist ohne Zweifel als Diskussionsgrundlage für weitere Schritte in der Rechtschreibreform betrachtet werden. Neben einer sehr eigenartigen Form deutscher Grammatik mutieren die Schreibweisen einzelner Wörter teilweise ins Unverständliche. Der Grund ist, dass kaum jemand das Geschriebene noch einmal liest.

Kann jedoch ein Wörterbuch verwendet werden, dann weisen rote Unterstreichungen auf eventuelle Schreibfehler hin. Dieser rein optische Effekt trägt dazu bei, dass auch E-Mails wieder etwas verständlicher und korrekt geschrieben werden.

Um zu einem späteren Zeitpunkt bereits verschickte Nachrichten noch einmal nachvollziehen zu können, gibt es die Möglichkeit, diese zu speichern. In der Regel ist dafür ein Ordner *Versandte Nachrichten* vorgesehen. Es kann aber unter Umständen auch ein anderes Archiv gewünscht werden. Ein anderer Fall: Eine Mail soll sehr konzentriert formuliert werden, doch die Zeit reicht dafür nicht aus. In diesem Fall kann sie zunächst als Entwurf gespeichert und später beendet und verschickt werden. Auch hierfür kann das entsprechende Verzeichnis bei der Konfiguration der Identität frei definiert werden.

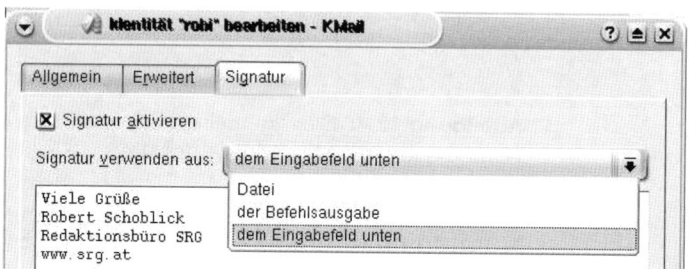

Abbildung 12.5: Die Schlussformel einer Mail kann als Signatur im Profil bereits gespeichert und so später sehr einfach in die Nachrichten übernommen werden

Wie bereits gesagt: E-Mail ist ein hektisches Kommunikationsmedium geworden. Alles muss schnell gehen und so verwundert es nicht, dass Zeit (und Mühe) gespart wird, wo immer es geht. Das betrifft auch die Schlussformel. Gewöhnlich sind das ein paar herzliche Worte, für die man sich bei guten Freunden doch ein wenig Zeit nehmen sollte. Aber nichts da! Die Schlussformel und vielleicht noch ein paar Kontaktdaten werden in einer vorgefertigten Signatur gespeichert und jeder Mail angehängt. Nun ja, einen gewissen Einfluss darauf, wie die Mail aussieht, hat der Absender nach wie vor. Schließlich wirkt eine romantische Mail an die Freundin oder Ehefrau etwas ungeschickt formuliert, wenn ihr die Geschäftssignatur anhängt. In der Konfiguration der Identitäten können Sie deshalb individuelle Signaturtexte entwerfen.

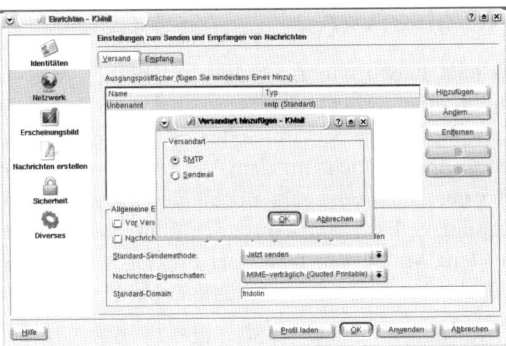

Abbildung 12.6: Sehr wichtig: Die Versandart der E-Mail muss gewählt und im Folgenden detailliert konfiguriert werden

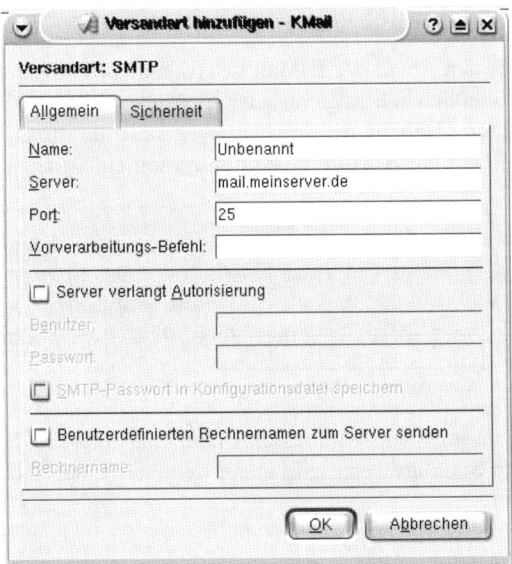

Abbildung 12.7: Der SMTP-Versand erfolgt generell über den standardisierten Port 25. Als Name muss der vom Provider vergebene Username eingetragen werden. Auch die Serveradresse wird vom Provider benannt

Kontakt zum Mailserver

Bis jetzt haben wir uns damit beschäftigt, wie wir unserem E-Mail-Client eine individuelle Note verleihen können, und verschiedene Identitäten angelegt, unter denen wir wahlweise eine E-Mail versenden können. Doch mit dem Versand klappt es noch nicht, denn der Weg der Nachricht geht über einen E-Mail-Server ins Internet zum Empfänger bzw. vom Absender über das Internet in unser Postfach auf dem Mailserver. Von dort müssen wir unsere Post abholen. Das bedeutet im Klartext, wir müssen zwei Serverkontakte einrichten:

✔ für den E-Mail-Versand und

✔ für den E-Mail-Abruf.

Der Versand der Mail erfolgt mit dem SMTP (Simple Mail Transfer Protocol). Der Server wird mit dem Port 25 adressiert. Die einzige Information, die vom Internet Service Provider bzw. dem Anbieter des E-Mail-Services benötigt wird, ist die Adresse des SMTP-Servers.

Für den Abruf der E-Mail ist etwas mehr Aufwand erforderlich, denn schließlich soll ja nicht jeder Einblick in das persönliche Postfach erhalten. Neben der Serveradresse sind also noch ein Benutzername und ein Passwort in die Konfiguration einzutragen.

> Aus Sicherheitsgründen kann es zweckmäßig sein, das Passwort bei jeder Sitzung manuell einzutragen. Das ist zwar etwas unkomfortabel, jedoch schließt dies den Missbrauch des Programms aus, wenn andere Personen unkontrollierten Zugang zum Rechner haben.

Während beim Mailversand über das Internet das Protokoll SMTP den Standard setzt, gibt es für den Abruf der Nachrichten zwei Alternativen:

✔ POP3

✔ IMAP4

Sie werden in den Dialogen von KMail noch verschiedene weitere Protokolle für den Mailtransport finden. In der Praxis – also für die Korrespondenz über öffentliche Server – haben jedoch nur die hier erläuterten Protokolle eine Bedeutung.

POP3 ist bei fast allen Anbietern eine Art Standard. Allerdings sind die Funktionen nur sehr einfach und auf den reinen Abruf von E-Mails sowie das Löschen gelesener Nachrichten vom Server beschränkt. *IMAP4* kann weitaus mehr. So lassen sich Ordner auf dem Server anlegen und verwalten. Insbesondere für Unified-Messaging-Lösungen ist IMAP4 daher ein hervorragendes Kommunikationsprotokoll, denn es erlaubt es, Nachrichten auf dem Server zu belassen und damit – unabhängig vom verwendeten Computer oder Internetzugang – jederzeit die Daten zur Verfügung zu haben.

IMAP4 ist eine sehr attraktive Möglichkeit, um den Posteingang auf dem Server zu verwalten, jedoch wird es nicht von jedem Anbieter unterstützt.

In unserem Beispiel wurde ein POP3-Postfach verwendet. Die Konfiguration erfolgt – wie auch die des E-Mail-Versandes – im Menü *Netzwerk* unter *Einstellungen / Einrichten*. Es ist lediglich das Register *Empfang* zu wählen und eine neue Konfiguration hinzuzufügen.

In dem sich öffnenden Dialog werden nun die bereits angesprochenen Daten abgefragt (Benutzername, Passwort und Serveradresse). Die Portadresse für POP3 lautet stets 110. Sehr wichtig ist in der Konfiguration das kleine Kreuzchen bei der Option *Nachricht nach dem Abholen vom Server löschen*. Die Speicherkapazität auf öffentlichen Mailservern ist in den meisten Fällen stark limitiert. Viele Provider machen bei einigen wenigen Megabyte den Deckel zu, so dass keine weiteren Nachrichten mehr empfangen werden können. Da es jedoch möglich ist, E-Mails auch auf dem eigenen Computer zu speichern, ist es nicht nötig, zusätzlich Platz auf dem Server zu belegen.

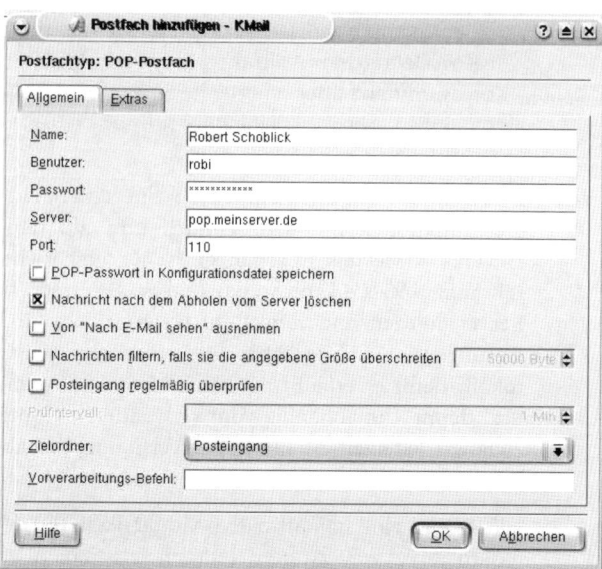

Abbildung 12.8: Auch bei der POP3-Konfiguration müssen wieder Daten eingetragen werden, die vom Provider vorgegeben sind. Es empfiehlt sich, die Nachrichten nach dem Abruf vom Server zu löschen, weil dessen Kapazitäten meist streng limitiert werden

Sicherheit

Wenn von E-Mail-Kommunikation und Sicherheit die Rede ist, scheint es, als träfen zwei vollkommen unterschiedliche Welten aufeinander. Doch es gibt eine Reihe von einfachen Möglichkeiten, mit denen die Sicherheit erheblich gesteigert werden kann.

Beispielsweise sind HTML-Mails potenzielle Träger gefährlicher aktiver Inhalte. Auch Cookies sind nicht unumstritten. Dem Risko kann man entgegenwirken, wenn man die Verwendung von HTML im Mailbody grundsätzlich vermeidet. Zwar verzichtet man damit auf einige attraktive Formatierungsmöglichkeiten für die Mail, jedoch sollte Sicherheit hier den Vorrang haben.

Eine E-Mail ohne HTML-Formatierung wirkt optisch immer etwas langweilig, da reiner Text keine Formatierung enthält. Hier schafft HTML Abhilfe, aber leider bringen Multimedia-Implementationen und Skripte auch Risiken mit sich.

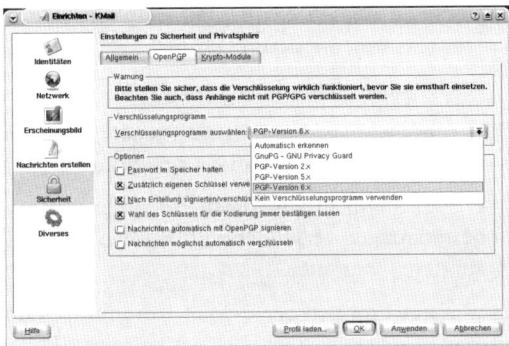

Abbildung 12.9: Wer E-Mail-Inhalte verschlüsselt übertragen möchte, kann dies – ein entsprechendes Verschlüsselungsprogramm auf dem Computer vorausgesetzt – bereits mit dem E-Mail-Client erledigen

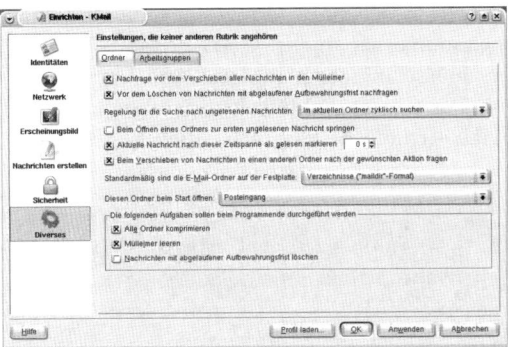

Abbildung 12.10: Ein wenig Komfort und Ordnung im System lassen sich kombinieren. Mit dem Schließen des Programms wird der Papierkorb geleert und damit Speicher freigegeben. Wird mit dem Start des Programms der Posteingang geöffnet, hat man sofort den Überblick im Postfach

Vorsicht ist aber auch aus anderer Sichtweise geboten: Derzeit wird diskutiert, ob die automatischen Empfangsbestätigungen legitim sind oder ob sie persönliche Rechte des Empfängers verletzen. Eine Empfangsbestätigung überträgt nämlich immer gewisse Daten. Der Empfänger kann so ableiten, wann seine Mail gelesen wurde. Das ist zwar im Sinne dieser Funktion, jedoch ist es oft so, dass Empfangsbestätigungen ohne Wissen des E-Mail-Empfängers automatisch verschickt werden. Das wird wiederum gar nicht gerne gesehen.

Daraus leiten sich zwei Folgerungen ab:

✔ Fordern Sie am besten nicht generell eine Empfangsbestätigung an. Das ist bei Bedarf im Einzelfall immer möglich.

✔ Lassen Sie nicht vom eigenen Computer automatisch Empfangsbestätigungen versenden und bleiben Sie stets Herr der Vorgänge auf dem Computer.

Ein weiteres Problem der E-Mail-Kommunikation ist die Vertraulichkeit. Eine E-Mail wird im Klartext als reiner Text übertragen. Theoretisch kann sie also auf dem Weg zu ihrem Empfänger von jedem gelesen werden. Geheime Informationen verschickt man somit generell besser nicht per E-Mail. Man kann Nachrichten aber auch verschlüsseln. Bekannt ist hierfür beispielsweise Pretty Good Privacy von Phil Zimmerman. PGP gibt es in verschiedenen Versionen auch für LINUX, jedoch ist das Programm mittlerweile kommerzialisiert. Die OpenSource-Variante ist GNU Privacy Guard (GNU PG). Wenn ein Verschlüsselungsprogramm auf dem Computer installiert ist und mit dem Partner ein Schlüsseltausch stattgefunden hat, kann auch mit KMail vertrauliche Post übermittelt werden.

Große Schlüssellängen gelten zwar als sehr sicher, aber eine hundertprozentige Sicherheit gibt es nicht! Geheimdienste können sehr wahrscheinlich die geläufigen Schlüssel knacken, auch wenn dies in den Medien oft bestritten wird. Sie würden es uns schließlich nicht verraten. Das ist aber auch nicht der eigentliche Maßstab, denn es geht darum, die Schwelle für einen Angreifer so hoch zu legen, dass der Aufwand, den Code zu knacken, für diesen zu hoch wird.

Die erste Mail

Wenn die Konfigurationen abgeschlossen sind, kann mit einem einfachen Test ausprobiert werden, ob alles korrekt gemacht wurde: Erstellen Sie eine neue Mail und senden Sie diese an sich selbst.

Um eine neue Mail zu erstellen, kann man über das *Datei*-Menü den entsprechenden Dialog aufrufen oder einfach auf die Schaltfläche am linken Rand der Symbolleiste klicken. Das sich öffnende Nachrichtenfenster besteht grob aus fünf Elementen:

✔ ein *Menü*, in dem beispielsweise Funktionen zur Bearbeitung des Dringlichkeitsstatus etc. enthalten sind,

✔ ein *Dropdown-Menü* zur Auswahl der Identität, mit der die Nachricht verschickt werden soll,

✔ das *Adressfeld*, in dem alle Empfänger sowie eine Betreffzeile eingetragen werden können,

✔ der eigentliche *Nachrichten-Body*, der den Text der Nachricht enthält, und

✔ ein *Attachment-Bereich* (nur wenn Anhänge gesendet werden sollen), in dem beispielsweise Fotos, Zeichnungen oder PDF-Dateien etc. der Mail beigefügt werden.

Der Mailversand an die eigene Adresse ist kein Problem und läuft ausschließlich über den Server des eigenen Providers. Es handelt sich dennoch um einen realen Test, weil die E-Mail generell an den Server geschickt werden muss und nicht vom eigenen Computer bearbeitet werden kann.

Um eine Mail zu empfangen, genügt ebenfalls ein Klick auf die entsprechende Schaltfläche. Allerdings muss gegebenenfalls ein Passwort eingegeben werden, sofern dies nicht in der zuvor beschriebenen Konfiguration anders vorgegeben wurde.

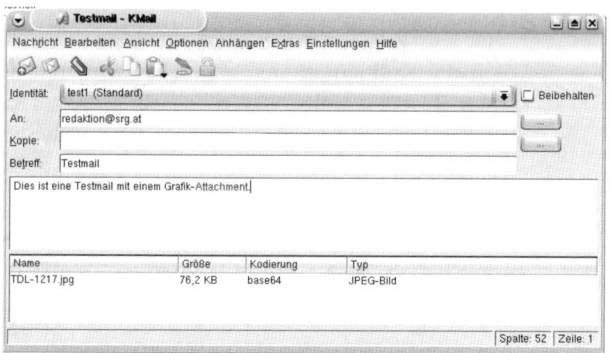

Abbildung 12.11: Nachdem alles richtig konfiguriert ist, kann die erste Nachricht geschrieben werden

KOrganizer

Termine sind heute sehr eng gesetzt und nicht allein eine Marotte in den Chefetagen. Gerade weil es so flexible Kommunikationsmedien wie das Handy oder die E-Mail gibt, ist immer mehr in immer kürzerer Zeit zu erledigen. Der Terminkalender im Papierformat hat allmählich ausgedient. Das sollte nicht falsch verstanden werden, denn ein handschriftlicher Eintrag in den Kalender ist meist schneller erledigt als ein Termineintrag in einen elektronischen Organizer. Allerdings kippt diese Feststellung, wenn plötzlich mehrere Kollegen den Termin übernehmen sollen, ohne dabei einen Fehler zu machen. Aufwändig wird es auch, wenn Kontakte ausgetauscht werden sollen.

Natürlich kann all das auch auf Papier erledigt werden, aber die Einberufung einer Besprechung per E-Mail und die Übernahme der Termine in einen Organizer auf elektronischem Wege kann in der Tat vieles vereinfachen. Nicht zu vergessen ist die Erinnerungsfunktion: Papier kann sich nicht bemerkbar machen, wenn ein Termin bevorsteht, der Computer kann das schon.

Auch der Austausch von Kontakten und Terminen zwischen dem Computer auf dem Schreibtisch und dem tragbaren PDA für unterwegs ist wichtig. Hier gibt es – dies nur nebenbei bemerkt – für den Palm Tools zum Abgleich der Daten mit dem PDA.

Neben Terminen gehört auch die Planung und Verwaltung von Aufgaben zu den Funktionen eines guten Organizers. Insbesondere hier kann es wichtig sein, diese Informationen auch anderen Kollegen zugänglich zu machen. Die Aufgabenverwaltung wird damit nicht nur zu einem Erinnerungswerkzeug, sondern vielmehr zu einer Plattform für den Informationsaustausch. Ganze Teams können – sogar an verschiedenen Standorten – koordiniert an einer gemeinsamen Aufgabe arbeiten.

Die beschriebenen Szenarien sind klassische Funktionen professioneller Groupwarelösungen. In diesem Buch zeigen wir keine echte Groupware, da diese einen Server voraussetzt. Über den Server kann der Informationsaustausch bedeutend einfacher abgewickelt werden, als es im Folgenden beschrieben wird. Leider sind professionelle Groupwarelösungen auch sehr teuer und so für Privatpersonen oder kleine Unternehmen meist nicht interessant.

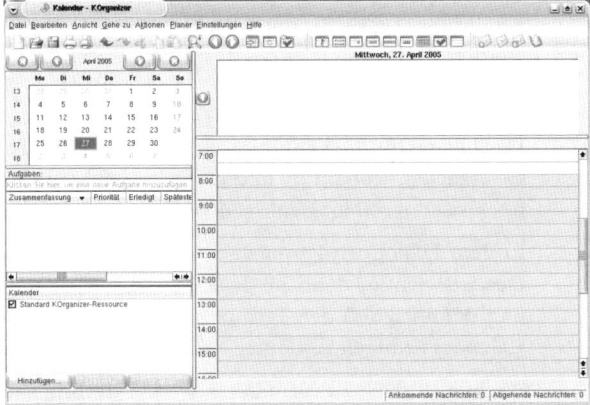

Abbildung 12.12: Der KDE-Organizer gestattet es, Termine zu planen, an deren Einhaltung zu erinnern und per E-Mail mit anderen Kollegen abzugleichen. Hier: Die Tagesdarstellung

Termine verwalten

Wenn wir KOrganizer öffnen, präsentiert er sich zunächst wie ein Kalender mit universeller Gestaltungsmöglichkeit. Wir können zwischen Tages-, Wochen- und Monatsansichten etc. wählen oder einen Zeitraum über mehrere Tage frei wählen, wenn wir die gewünschten Tage im Kalender markieren.

In der Mitte der Symbolleiste finden wir Werkzeuge, mit denen wir beispielsweise einen neuen Termin anlegen können. Der Aufruf des sich öffnenden Dialoges ist aber auch auf andere Weise möglich. Beispielsweise genügt ein Doppelklick auf einen Tag im Kalender oder es kann das *Aktionen*-Menü gewählt werden. Wir haben in den Illustrationen den direkten Weg über die Symbolleiste bevorzugt.

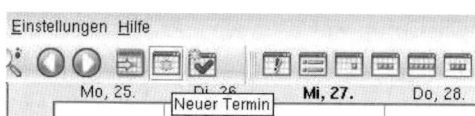

Abbildung 12.13: Es soll zunächst ein neuer Termin eingetragen werden

Der Dialog für die Definition des Termineintrages besteht aus vier Registerkarten, wobei uns in diesem Beispiel lediglich die beiden ersten interessieren sollen. Beginnen wir im ersten Register:

In dem Dialog wird zunächst einmal dem Termin ein Titel gegeben. Das ist wichtig, denn im Kalenderfenster ist später nur wenig Platz und dennoch soll der Termin schnell zu finden und beim Lesen des Kalenders einfach zu deuten sein.

Wichtig ist auch zu vermerken, wo der Termin stattfinden soll. Damit niemand im Notizfeld suchen muss, ist auch für diese wichtige Information ein eigenes Feld vorgesehen worden.

Der Titel sollte kurz (also Platz sparend) und dennoch sehr aussagekräftig gewählt werden. Damit wird er selbst bei einem gut gefüllten Terminplan noch immer leicht zu finden sein.

Abbildung 12.14: Der Aufbau des Terminfensters entspricht weitgehend dem, was Sie auch bei anderen Programmen finden. Allerdings sind die Menüregister *Wiederholung* und *Anhänge* ein Novum

Es wäre kein Termin, gäbe es nicht auch ein Datum und eine Uhrzeit, zu der er stattfinden soll. Hier kann man sich die Arbeit mithilfe der Dropdown-Menüs stark vereinfachen und bequem per Mausklick Startzeit und Ende auswählen. Es ist wichtig, die Endzeit gut zu kalkulieren, denn in der Regel wird die nachfolgende Zeit als frei verfügbar angesehen und möglicherweise mit einem neuen Termin belegt. Sie sollte also nicht zu knapp bemessen werden und auch Wege- und Vorbereitungszeiten etc. berücksichtigen. Andererseits ist eine zu großzügige Auslegung auch nicht ideal, denn die überschüssige Zeit verstreicht dann oft sinnlos und verursacht zu einem anderen Zeitpunkt zusätzlichen Stress.

Wie Sie sehen, ist es beim Öffnen des Termineditors per Doppelklick auf den Kalender nicht nötig, das exakte Datum des Termins zu treffen. Das Start- und das Enddatum können im Dialog frei gewählt werden.

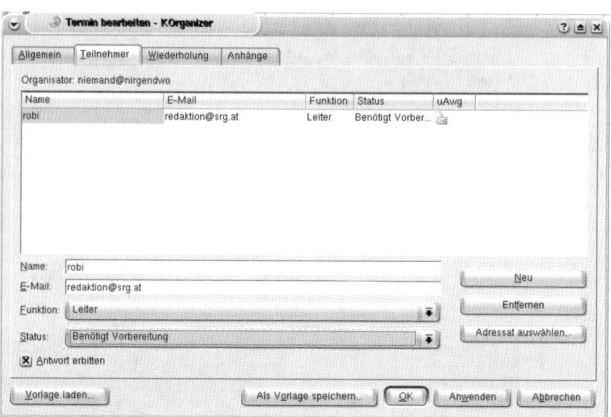

Abbildung 12.15: Zu dem Termin können weitere Teilnehmer eingeladen werden, indem eine Verteilerliste erstellt wird. Die Teilnehmer
bekommen ihre Einladung via E-Mail zugestellt

Eine Erinnerungsfunktion ist in hektischen Zeiten besonders wertvoll,
denn ist man unter großem Stress auf eine Sache konzentriert, vergisst
man leicht eine andere. Die Erinnerung kann sehr flexibel eingestellt
werden. So kann mehrere Tage oder auch erst wenige Minuten vor
dem Termin erinnert werden.

Die Erinnerung kann – eine korrekt konfigurierte Soundkarte vorausgesetzt – auch von einem akustischen Signal begleitet werden.

Zu beachten ist auch, dass ein Termin nicht unbedingt gleichbedeu-
tend mit einem reservierten Zeitabschnitt sein muss. Wird beispielsweise im Terminplaner vermerkt, dass um 8 Uhr am nächsten Tag ein
Werkstatttermin für das Auto angemeldet ist, das bereits um 18 Uhr
wieder abgeholt werden kann, so kann dieser Vorgang durchaus als
Termin erfasst werden. Er bindet aber nicht direkt die Zeit des Benutzers. Dieser kann in der Zeit – wenn auch ohne Auto – zusätzlich
andere Termine wahrnehmen. Eine wichtige Information im Terminplaner ist also auch, ob der Zeitraum belegt oder noch frei ist.

Neben Ort und Zeit können in den Dialog noch zusätzliche Informationen hineingeschrieben werden. Sehr nützlich ist dies beispielsweise für einen Journalisten auf einer Fachmesse. Hier liegen die Termine meist extrem eng, so dass keine Zeit für lange Erkundungen bleibt, um den gesuchten Stand zu finden. Besser ist es, sich den Weg vorher beschreiben zu lassen und mit kurzen Stichworten im Terminplaner zu vermerken.

Bleiben wir noch ein wenig bei den Informationen, die in diesem ersten Register vermerkt werden können. So lassen sich die Termine auch in bestimmte Kategorien einteilen. Damit wird beispielsweise beim ersten Blick deutlich, ob an diesem Tag der Kulturstrick (Krawatte) oder das Businesskostüm aus dem Schrank zu holen ist oder ob eher ein lockeres Klima zu erwarten ist (z.B. Geburtstagsfeier).

Ein Geburtstag ist ein stets wiederkehrendes Ereignis. Auch solche Arten von Termine kann KOrganizer verwalten. Hierzu bietet das dritte Register *Wiederholung* die entsprechenden Funktionen, die wir in diesem Buch jedoch nicht beschreiben können.

Last but not least sei auf den Zugriffsvermerk hingewiesen: Hier kann besonders auf eine *Vertraulichkeit* des Termins hingewiesen werden. Das darf jedoch nicht mit einer Verschlüsselung der Informationen gleichgesetzt werden. Es handelt sich lediglich um einen Hinweis, wie mit dem Termin und dem Wissen darüber umzugehen ist.

Wie bereits gesagt, ist der E-Mail-Service alles andere als ein vertrauliches Medium. Dennoch wollen wir in diesem Beispiel zeigen, wie Termine und Einladungen per E-Mail übermittelt werden. Es kommt immer darauf an, wie Sicherheit zu definieren ist und wie hoch die Hemmschwelle eines potenziellen Angreifers ist.

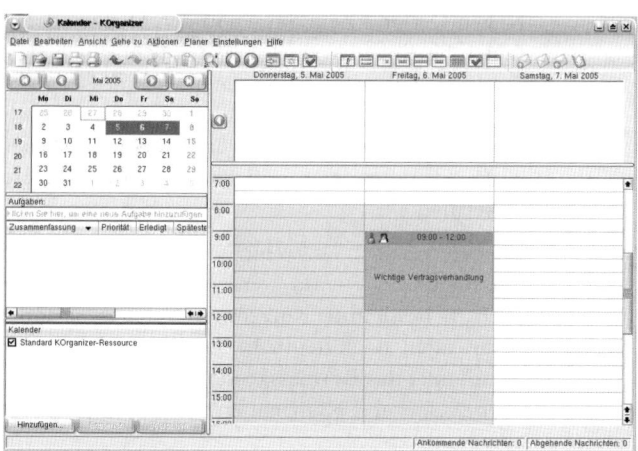

Abbildung 12.16: Der Termin erscheint nun im Organizer
(hier dargestellt: jeweils ein Tag vor und nach der Veranstaltung)

Soll der Termin nicht nur auf dem eigenen Rechner gespeichert, sondern sollen auch andere Teilnehmer eingeladen werden, dann muss eine Verteilerliste erstellt werden. Dies geschieht im zweiten Register. Eingetragen werden der Name und die E-Mail-Adresse der Teilnehmer, was entweder manuell oder über das KDE-Adressverzeichnis erfolgen kann.

Eine präzise Terminplanung setzt natürlich den Dialog zwischen den Teilnehmern voraus, denn eine Einladung bedeutet noch nicht gleichzeitig, dass alle gewünschten Teilnehmer überhaupt Zeit haben. Deshalb kann mit Statusmeldungen die Bedeutung der Nachricht signalisiert werden. Beispielsweise kann der Organisator mit dem Status *Versuchsweise* anzeigen, dass er zunächst einmal die Möglichkeiten der Teilnehmer an dem gewünschten Termin sondieren möchte. Die eingeladenen Teilnehmer können durch Beantwortung des Termins mit einem anderen Status – beispielsweise *Akzeptiert* oder *Abgelehnt* – deutlich anzeigen, ob der Zeitraum in ihren eigenen Plan passt oder nicht.

Eine professionelle Groupwarelösung ist in der Lage, freie Termine automatisch anhand der Einträge in den persönlichen Terminplanern zu erkennen. Aufwändige Recherche-Korrespondenz entfällt dort. Dies ist mit der hier beschriebenen Lösung ohne einen Server natürlich nicht möglich.

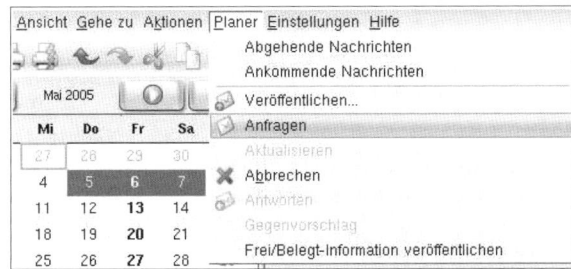

Abbildung 12.17: Die Einladungen sollen per E-Mail verschickt werden. Dazu wird über das Menü *Planer* eine Anfrage erzeugt und im Nachrichtenausgang abgelegt

Wenn die Bearbeitung des Termins und der Teilnehmerliste abgeschlossen sind, wird der Termin mit der Schaltfläche *OK* gespeichert. Eintragungen in den einzelnen Registern können mit der Schaltfläche *Anwenden* übernommen werden. Nach dem Schließen des Dialoges erscheint der Termin nun im persönlichen Kalender des Organisators. Allerdings haben die anderen Teilnehmer zu diesem Zeitpunkt noch keine Kenntnis davon, denn sie wurden nicht mit dem Speichervorgang informiert.

Die Einladungen müssen zunächst für den Versand per E-Mail aufbereitet werden. Das geschieht im Hauptmenü *Planer*. Ein Klick auf *Anfragen* stellt die Nachrichten für den Versand zusammen. Sie tauchen nun im Ausgangsverzeichnis des Terminplaners auf, der wiederum über die Funktion *Abgehende Nachrichten* zu erreichen ist.

Der Empfänger des Termins kann diesen über *Ankommende Nachrichten* verwalten.

Die Schaltfläche *Nachricht senden* im Dialog *Abgehende Nachrichten* ist ein wenig irreführend bezeichnet, denn sie leitet noch nicht den eigentlichen Versand der Einladungen ein. Stattdessen wird der Termin an den E-Mail-Client – in unserem Fall ist das KMail – übergeben. Erst wenn in diesem Fenster der Versand der Mail gestartet wird, geht der Termin bzw. die Einladung wirklich auf die Reise zum Empfänger.

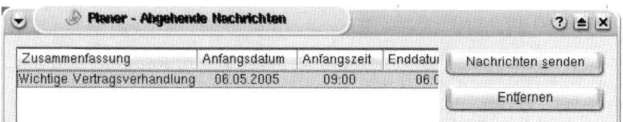

Abbildung 12.18: Die Anfrage befindet sich nun im Nachrichtenausgang. Von dort kann sie direkt versendet oder noch gespeichert werden, bis alle Termine geplant sind, die gemeinsam in einer Sitzung verschickt werden

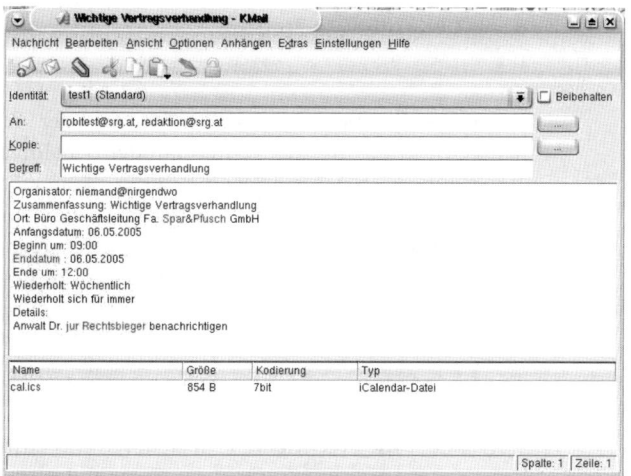

Abbildung 12.19: Der Termin wird in einem E-Mail-Fenster (hier KMail) eingetragen und zusätzlich als ICS-Datei im Attachment verschickt. Damit kann der Termin auch von anderen Programmen (z.B. MS Outlook) erfasst werden

Aufgabenverwaltung

Die Verwaltung von Aufgaben funktioniert im Grunde genommen ähnlich wie die eines Termins. Allerdings gibt es in der Bedeutung der beiden Begriffe Unterschiede. Ein Termin reserviert einen festen Zeitraum im Kalender, in dem – sofern der Zeitraum als belegt markiert wird – keine anderen Termine wahrgenommen werden sollen. Eine Aufgabe beschreibt ein Projekt, das möglicherweise in verschiedenen Arbeitsschritten realisiert wird. Insbesondere wenn ein Team mit der Aufgabe betraut ist, ist es wichtig, dass jedes Teammitglied über den Stand des Arbeitsfortschrittes auf dem Laufenden bleibt. Hier greifen zwei Funktionen der Aufgabenverwaltung:

✔ Der Notizbereich bietet Raum für Einträge der Teammitglieder, die in Stichworten über den Arbeitsfortschritt informieren.

✔ Ein einfaches Balkendiagramm symbolisiert annähernd den prozentualen Fortschritt.

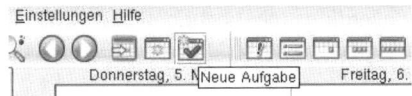

Abbildung 12.20: Eintrag einer neuen Aufgabe

Neue Aufgabe anlegen

Der Dialog zur Definition einer neuen Aufgabe wird über das *Aktionen*-Menü oder über die Symbolleiste aufgerufen. Optisch erinnert das Fenster an den bereits beschrieben Termineditor. Allerdings sieht der Aufgaben-Editor nur drei Register mit jeweils angepassten Inhalten vor. Es gibt auch wieder ein Register *Teilnehmer*, über das eine Verteilerliste für alle am Projekt beteiligten Teammitglieder erstellt werden kann. Der Versand der Aufgabe erfolgt vergleichbar der Terminplanung. Bleiben wir also an dieser Stelle beim Register *Allgemein*, in dem die eigentliche Aufgabe beschrieben wird.

Zu erkennen sind bereits bekannte Elemente wie der Titel, eine Ortsangabe in einem eigenen Feld sowie Start- und Endzeiten. Bei den Zeiten ist allerdings zu erkennen, dass die Reihenfolge variiert, denn während es bei einem Termin auf pünktliches Erscheinen ankommt, steht bei der Aufgabe der Erledigungszeitraum im Vordergrund. Deshalb wird der Erledigungstermin zuerst gelistet.

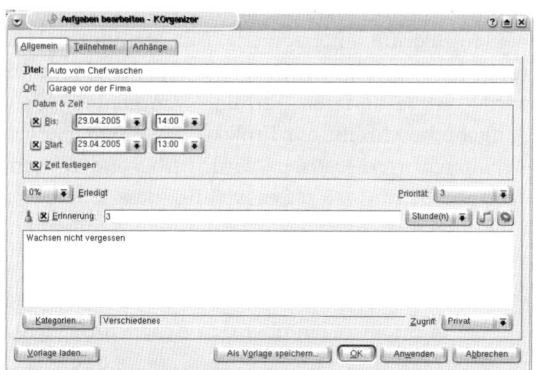

Abbildung 12.21: Das Anlegen eines neuen Aufgaben-Eintrags sieht ähnlich aus wie bei einem Termin. Interessant ist der Erledigungsvermerk, der allerdings rein nachrichtlichen Charakter hat

Ebenfalls bekannt sind die *Erinnerungsfunktion* sowie die Felder *Kategorien* und *Zugriff*. Diese haben die gleichen Bedeutungen wie bei der Terminplanung. Das gilt auch für das Notizfenster, wobei es in der Nutzung beim Aufgabenmanagement anders gehandhabt wird. Während bei der Terminplanung *vor dem Termin* in das Notizfeld die wichtigsten Informationen eingetragen werden, wächst der Informationsgehalt dieses Feldes bei der Aufgabenverwaltung mit jedem einzelnen Erledigungsabschnitt an. Hier kann nämlich vermerkt werden, welche Teilaufgaben des Projektes bereits erledigt sind und wo gegebenenfalls zusätzliche Schwierigkeiten zu erwarten sind. Das Feld ist damit ein Informationsforum für die Teammitglieder.

Markant für die Aufgabenverwaltung sind zwei Elemente:

✔ der Erledigungsstatus und

✔ die Priorität.

Mit der Priorität kann ein allgemeiner Hinweis auf die Wichtigkeit der Aufgabe festgelegt werden, der es einem Entscheidungsträger erleichtert, bei zeitlichen Überschneidungen einem bestimmten Projekt den Vorzug zu geben. Auch der Erledigungsstatus ist eine Information, die sowohl Teammitglieder als auch Entscheidungsträger gleichermaßen interessiert. Anhand einer groben prozentualen Einschätzung des Erledigungsfortschritts kann bereits in der Aufgabenliste erkannt werden, wo noch wie viel Arbeitsaufwand investiert werden muss.

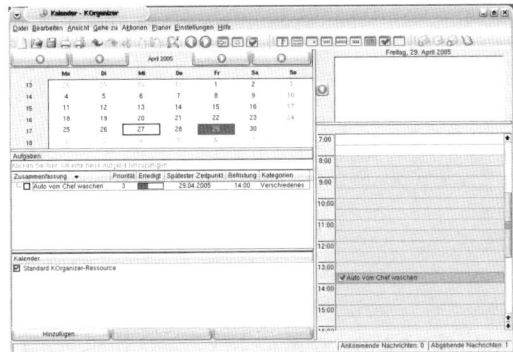

Abbildung 12.22: Die Aufgabe wird ähnlich einem Termin im Organizer eingetragen. Zusätzlich taucht sie – mit Informationen zum Erledigungsstand – in der Aufgabenliste des Fensters auf

Kontact – der KDE-Groupware-Client

Wir wollen dieses Kapitel mit einem kurzen Blick auf ein interessantes Tool des KDE-Paketes beschließen: *Kontact* – der KDE-Groupware-Client. Wie bereits ausgeführt, haben wir es natürlich bei den beschriebenen Programmen noch nicht mit einem professionellen Groupwarekonzept zu tun. Auch Kontact ist keine Groupwarelösung im Sinne dieses Begriffs. Das Programm ist vielmehr eine Plattform, über die verschiedene Spezialprogramme gestartet werden können, die der Organisation und Kommunikation dienen. Dabei handelt es sich unter anderem um die beiden eben beschriebenen Programme: den E-Mail-Client *KMail* und den Organizer *KOrganizer*.

Darüber hinaus können eine Kontaktliste, Haftnotizen und ein Newsgroup-Client in *Kontact* eingebunden werden. Welche Programme letztlich in dieser Oberfläche integriert werden, hängt individuell vom Benutzer ab. Sinnvoll sind in jedem Fall der E-Mail-Client sowie der

Kalender und die Aufgabenliste. Die beiden letzteren Elemente kennen Sie bereits von den Ausführungen zum KOrganizer.

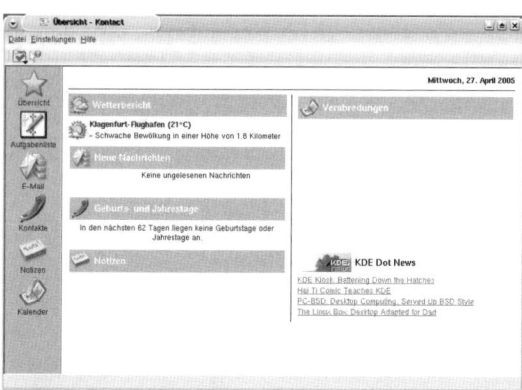

Abbildung 12.23: Kontact ist gewissermaßen ein Startmenü für verschiedene Groupware- und Organisationsprogramme aus dem KDE-Paket. Von hier aus können bequem der KOrganizer oder KMail aufgerufen werden

In der Übersicht von Kontact wird auch die Anzahl neu eingetroffener E-Mails angezeigt, jedoch setzt dies voraus, dass KMail korrekt konfiguriert wurde und automatisch im Postfach nach neuen Maileingängen sucht.

Damit Kontact automatisch neue E-Mail-Eingänge anzeigen kann, muss KMail so konfiguriert werden, dass regelmäßig der Posteingang überprüft wird. Dies wird mit der Konfiguration des POP3-Zugangs erledigt. Drei Voraussetzungen müssen in diesem Dialog erfüllt sein: Erstens muss das Passwort bereits in die Konfiguration eingetragen werden. Zweitens muss das Passwort mit der Konfiguration gespeichert werden, was durch Aktivierung der entsprechenden Option veranlasst wird. Im letzten Schritt muss die regelmäßige Prüfung aktiviert und ein Prüfintervall gewählt werden. Mit *OK* wird die Einstellung übernommen und von diesem Moment an im festgelegten zeitlichen Abstand auf dem Mailserver nach neuer Post gesucht.

13 Spielen mit LINUX

Um eines gleich vorwegzunehmen: Wenn Sie das ultimative 3-D-Actionspiel, den neuesten Hit in den Spielecharts erwarten, werden Sie im Umfang Ihrer LINUX-Distribution – damit ist nicht nur Debian GNU/LINUX gemeint – sehr lange suchen müssen. Zugegeben: Die aktuellsten kommerziellen Spiele sind nicht oder kaum für LINUX zu bekommen. Vielmehr können Sie das Angebot – hier aber sehr stark erweitert – mit dem Zubehör anderer kommerzieller Betriebssysteme vergleichen, die Ihnen ein Kartenspiel oder eine Flippersimulation offerieren. Zur Wahl stehen unter anderem Kategorien wie

✔ Arkade

✔ Kartenspiele

✔ Kinderspiele

✔ Taktik & Strategie

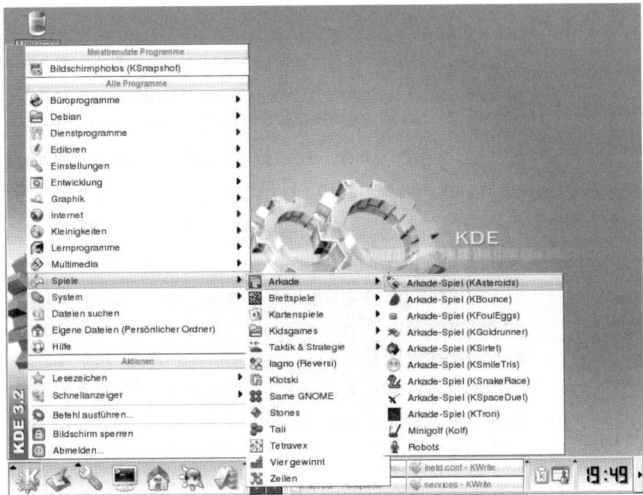

Abbildung 13.1: Ein Blick in das Startmenü – hier auf der KDE-Oberfläche – zeigt bereits, dass LINUX mit einer großen Spielesammlung daherkommt

Dieses Buch ist zwar recht umfangreich, aber dennoch in der Seitenzahl begrenzt. Aus diesem Grunde ist es nicht möglich, die einzelnen Spiele im Detail zu beschreiben. Stattdessen wollen wir uns darauf beschränken, Ihnen eine kleine Übersicht zu Spielen zu liefern, die Bestandteil Ihrer Debian-GNU/LINUX-Distribution sind. Da das Volumen dieser Spiele sehr groß ist und ständig ergänzt wird, kann diese Übersicht nicht den Anspruch auf Vollständigkeit erheben.

Arkade-Spiele

Der Begriff *Arkade* beschreibt eigentlich antike Säulengänge oder einseitig offene Bogengänge, wie sie oft in Schlössern oder Burgen zu finden sind. Die Überleitung zu einem Computerspiel fällt da schwer. Sehr wahrscheinlich ist jedoch, dass der Begriff des Arkade-Spiels aus den USA kommt. In den 30er Jahren gab es dort öffentliche Automatenspielhallen, die so genannten Penny Arcades. Zu den »*Einarmigen Banditen*« dieser Spielhallen gesellten sich in den späten 70er Jahren die ersten Videospiele hinzu. Nach einfachen Ping-Pong-Spielchen wurden Grafik und Sound immer spektakulärer. Allerdings: Arkade-Spiele waren keine Adventure Games und sahen keine sehr lange Spielzeit vor, sondern es handelte sich um sehr einfache, aber actionreiche Spiele. Sie mussten schnell und ohne größere Anleitung zu verstehen sein und dennoch Spaß bieten.

Es gibt noch immer diese klassischen Videospielautomaten, und gelegentlich kann man sogar einen ausgemusterten Automaten auf einem Flohmarkt entdecken. Wer aber nicht unbedingt eine solche sperrige Kiste von der Verkaufswiese nach Hause tragen will, kann alternativ dazu seinen LINUX-Computer einschalten und in das Menü *Spiele / Arkade* hineinsehen. Möglicherweise ist der gewünschte Klassiker aus der Spielhalle dort zu finden, wenn auch gelegentlich unter einem anderen Namen.

Wir haben zwei Arkade-Spiele als Beispiel herausgegriffen, die wir Ihnen kurz vorstellen möchten.

KAsteroids

Die Handlung des Spiels: Ein Raumschiff bewegt sich in einem Asteroidenhaufen. Ziel des Spiels ist es, so viele Asteroiden wie möglich zu zerstören. Dazu ist das Raumschiff mit einem unendlichen Vorrat an Munition ausgestattet, den Sie gnadenlos verballern dürfen. Allerdings ist die Anzahl der Schüsse, die gleichzeitig unterwegs sein dürfen, stark eingeschränkt. Nur zwei Geschosse können gleichzeitig ihr Ziel suchen. Erst wenn ein Geschoss getroffen hat oder vom Schirm verschwunden ist, kann wieder geschossen werden. Das kann sehr ärgerlich sein, wenn ein Geschoss das Ziel verfehlt hat und ein Asteroid auf das Raumschiff zufliegt.

Zum Beginn ist alles ganz einfach: Es gibt nur das Raumschiff und einen großen Asteroiden. Wird dieser getroffen, zerfällt er in kleinere Asteroiden, die sich jeweils bei einem Treffer erneut teilen. Erst die ganz kleinen Partikel werden mit einem Treffer endgültig vernichtet. Jeder Asteroid – egal, wie groß er ist – stellt für das Raumschiff eine Gefahr dar. Eine Kollision zerstört das Raumschiff.

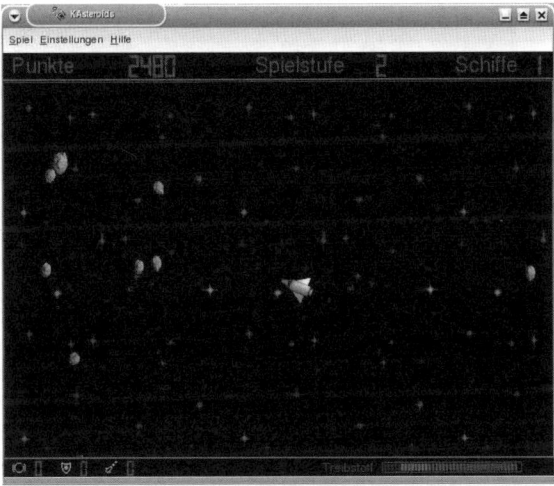

Abbildung 13.2: Hier fliegt viel Müll durch den Weltraum, der Beulen in der Raumschiffkarosserie hinterlässt. Schießen Sie die Asteroiden doch einfach ab

Um einen Asteroiden abzuschießen, können Sie mit der Leer feuern. Mit den ←] und →]-Tasten können Sie das Raumschiff um die eigene Achse drehen. Natürlich können Sie sich auch von der Stelle bewegen. Dazu beschleunigen Sie das Raumschiff mit der ↑]-Taste. Leider hat die Sache einen Haken: Je öfter Sie drehen und beschleunigen, desto mehr Treibstoff verbrauchen Sie. Nachtanken können Sie, wenn Sie in ein Treibstoffsymbol fliegen, das gelegentlich beim Treffen eines Asteroidenbruchstückes abgesondert wird. Weitere Symbole rüsten Ihr Schiff mit einem Schutzschild und mit einer zusätzlichen Bremsfunktion auf. Doch Achtung: Auch das Bremsen und der Schutzschild verbrauchen Treibstoff. Sind Sie auf dem Trockenen, können Sie nicht mehr manövrieren.

Erlauben Sie uns eine kleine Ironie im Hinblick auf die Realitätsnähe dieses Spiels: Der Treibstoff wird immer knapper, die Munition aber offensichtlich nie!

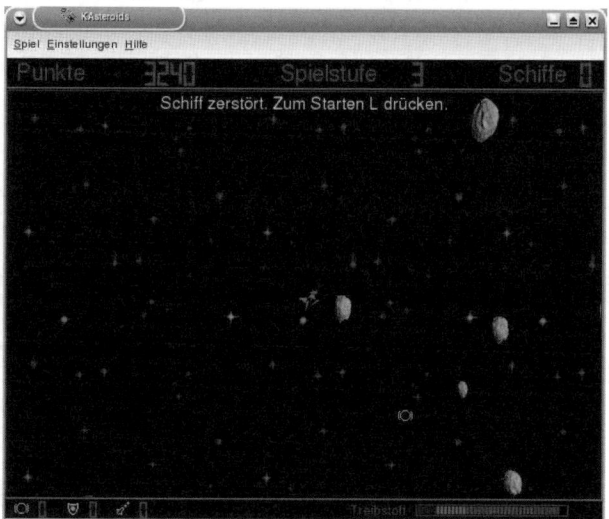

Abbildung 13.3: Und tschüs! Einem Asteroiden weicht man besser aus, denn jeder Treffer ist sofort ein Totalschaden!

Sie können in den Einstellungen des Spiels festlegen, wie viele Raumschiffe Sie pro Spiel zu Schrott fliegen wollen. Wenn das letzte Schiff zu Sternenstaub verwandelt wurde, bleibt Ihnen – vorausgesetzt, Sie haben genügend Punkte erworben – nur noch der Eintrag in die Bestenliste.

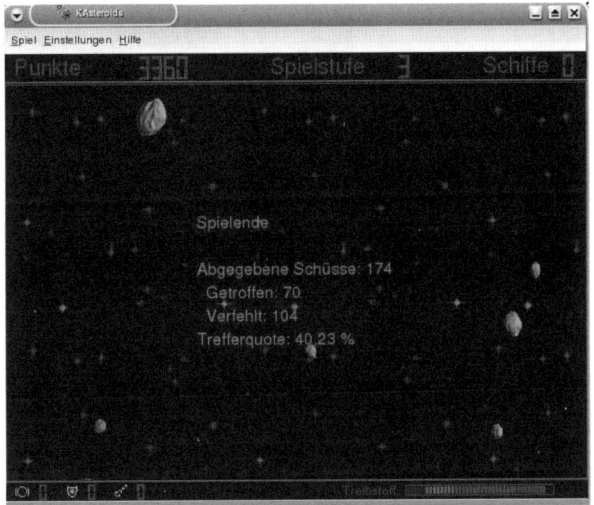

Abbildung 13.4: Game over! Bei einer Trefferquote von 40 Prozent sollte man noch etwas Zielwasser zu sich nehmen. Die Statistik hat aber wenig Einfluss auf das Ranking in der Bestenliste. Da zählen die erreichten Punkte

Minigolf (Kolf)

Golf ist das Spiel der Manager und Millionäre. Eine »Light«-Version gibt es für den LINUX-Computer. Bevor das Spiel beginnt, wird festgelegt, wer mitspielt. Darüber hinaus können verschiedene Plätze mit unterschiedlichen Schwierigkeitsstufen gewählt werden. Nun kann das Spiel beginnen. Jeder Spieler hat abwechselnd jeweils einen Schlag.

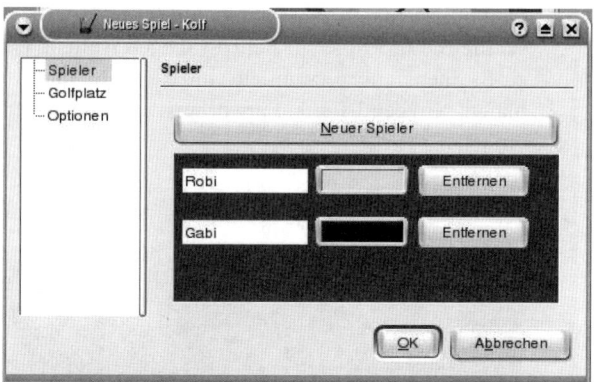

Abbildung 13.5: Laden Sie Ihre Kollegen und Freunde zu einer gemütlichen Partie Golf ein

Das Spiel selbst ist sehr einfach, denn mit der Position der Maus wird die Richtung des Schlages festgelegt. Man muss hier ein scharfes Auge haben, denn es wird über Bande gespielt. Genau genommen ist Kolf eine Mischung aus virtuellem Golf und Minigolf. Einerseits spielt man über Bande und um Hindernisse. Auf der anderen Seite gibt es auch Teiche, in denen der Ball versinken kann, worauf er wieder neu auf dem Spielfeld platziert werden muss.

Die Stärke des Schlages hängt davon ab, wie lange die Maustaste gedrückt wird. Wenn die Taste losgelassen wird, wird der Ball gespielt. Allerdings kann nicht endlos weit ausgeholt werden. Ab einem bestimmten Punkt wird der Ball auch mit gedrückter Maustaste gespielt.

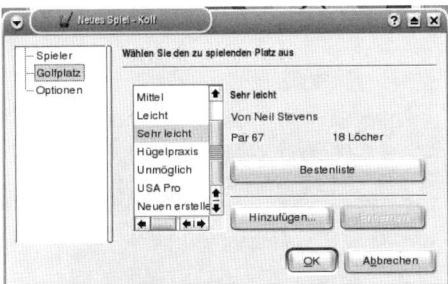

Abbildung 13.6: Auf welchem Platz wollen Sie spielen? Suchen Sie die anspruchsvolle Herausforderung oder wollen Sie einen möglichst unspektakulären Zeitvertreib bis zum Feierabend?

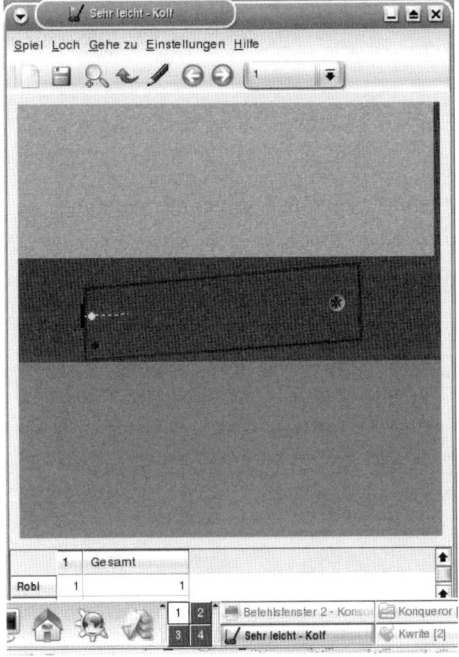

Abbildung 13.7: Eigentlich ganz einfach: Richten Sie den Schläger aus und spielen Sie den Ball mit einer von Ihnen bestimmten Schlagstärke

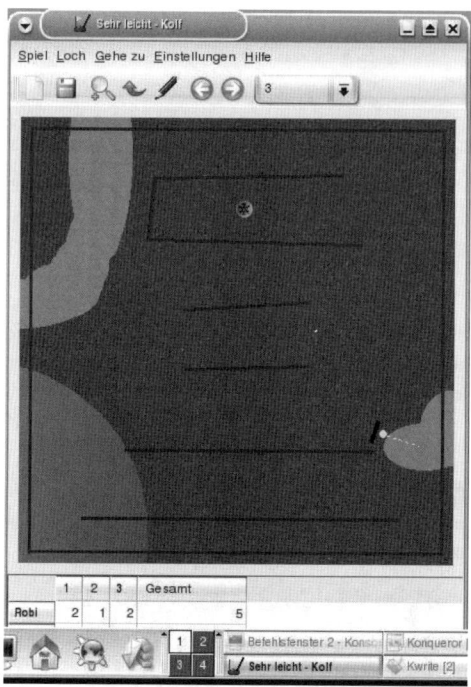

Abbildung 13.8: Das sollten Sie nicht tun, denn ein Golfball kann nicht schwimmen

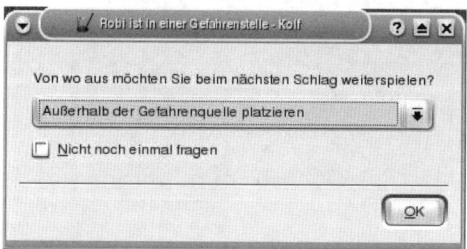

Abbildung 13.9: Dumm gelaufen: Leider ist der Ball baden gegangen, doch keine Sorge: Es gibt keine nassen Füße. Der Computer platziert den Ball automatisch außerhalb des Teichs

Brettspiele

Brettspiele haben auf dem Computer eine lange Tradition. Schon in den 70er Jahren gab es Schachcomputer, die sehr spielstark waren. Mittlerweile gibt es für den PC fast alle Arten von Brettspielen. Bevorzugen Sie Backgammon, Mühle, Dame oder Schach oder wollen Sie lieber Monopoly spielen? Theoretisch ist alles möglich. Sie müssen nur die gewünschten Spiele installieren.

Als Beispiele für die Kategorie Brettspiele haben wir uns *Backgammon* und *Vier gewinnt* ausgesucht. Durchsuchen Sie bitte auch hier die Paketliste, um festzustellen, welche Spiele Ihnen noch von der Distribution geboten werden.

Backgammon

Backgammon ist ein klassisches Brettspiel, bei dem die Spieler in entgegengesetzte Richtungen ziehen. Jeder Spieler besitzt auf dem Spielbrett 15 Steine. Ein Spieler führt die schwarzen, der andere die weißen Steine. Es werden zwei Würfel geworfen und die Steine entsprechend der Augenzahl gesetzt.

Das Ziel des Spieles ist es, alle Steine in das eigene Heimatfeld zu bringen. Von dort aus werden die Steine dann abgetragen. Sobald ein Spieler alle Steine vom Feld gebracht hat, hat er gewonnen.

Nach dem Würfeln wird gezogen. Dabei kann der Spiele entweder einen oder zwei Steine bewegen. Die Aufteilung der beiden Würfelaugen auf zwei Steine ist möglich, jedoch muss die Augenzahl eines Würfels komplett mit einem Stein gezogen werden.

Ein Stein kann auf ein leeres oder auf ein von eigenen Steinen besetztes Feld gezogen werden. Hier ist jedoch zu beachten, dass sich maximal fünf Steine auf einem Feld befinden dürfen. Eine Besonderheit stellen Felder dar, die nur mit einem Stein besetzt sind. Hier kann der gegnerische Stein geschlagen werden, wenn man mit seinem Stein auf das Feld gelangt. Der geschlagene Stein wird auf die Bar gesetzt und muss wieder von vorne ins Spiel eingesetzt werden.

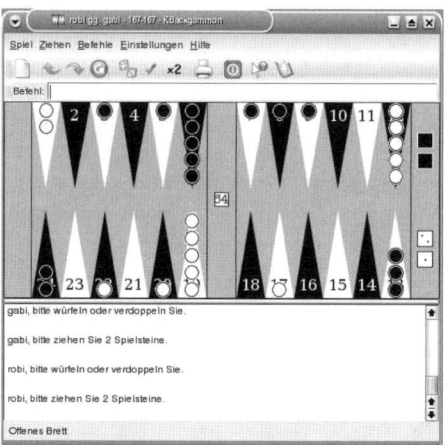

Abbildung 13.10: Ein Klassiker unter den Brettspielen: Backgammon

Vier gewinnt

Vier gewinnt ist ein sehr einfaches Spiel: Es kommt darauf an, vier Steine gleicher Farbe übereinander, nebeneinander oder diagonal in eine Reihe zu bekommen. Wer dies zuerst schafft, gewinnt das Spiel.

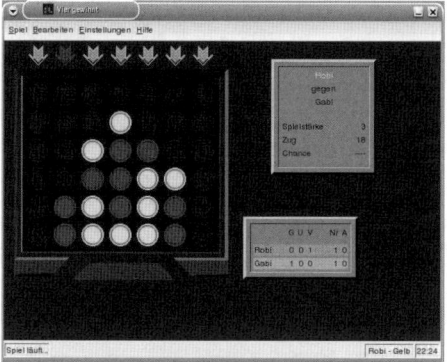

Abbildung 13.11: Hier heißt es jetzt aufpassen: Die roten Steine könnten im nächsten Zug in der Diagonale eine Viererreihe bilden und damit das Spiel gewinnen

Kartenspiele

Wie die Brettspiele können Sie auch Kartenspiele auf dem Computer spielen. Wir haben als Beispiele *Blackjack* und *Offiziersskat* ausgesucht.

Geschmäcker sind bekanntlich sehr verschieden. Auch wenn man vom einfachen Solitär bis zum Skat nahezu jedes Kartenspiel für den Computer bekommt, fehlt doch ein wichtiges Spielelement. Was ist schon Skat ohne die Tritte vor das Schienbein und die »unauffälligen« Andeutungen wie z.B. »Ich hatte in der letzten Woche so wahnsinnige Kreuzschmerzen«? Knisternde Karten sind durch Siliziumchips einfach nicht zu ersetzen.

Blackjack

Blackjack ist auch unter dem Namen »Siebzehn und vier« bekannt. Es geht darum, mehr Punkte zu bekommen als die Bank. Allerdings muss man aufpassen: Bei 21 liegt das Limit. Mehr als 21 Punkte ist tot.

Zur Ermittlung der Punkte zählen die Karten mit ihren Werten. Bilder zählen zehn Punkte und das Ass entweder einen oder elf Punkte.

Blackjack ist in jedem Casino zu finden. Dabei wird in der Regel um das liebe Geld gespielt. Auch beim KDE-Blackjack muss ein Einsatz gebracht werden, allerdings werden die Jetons nicht an der Kasse gekauft, sondern vom Computer mit dem Start des Spiels »spendiert«.

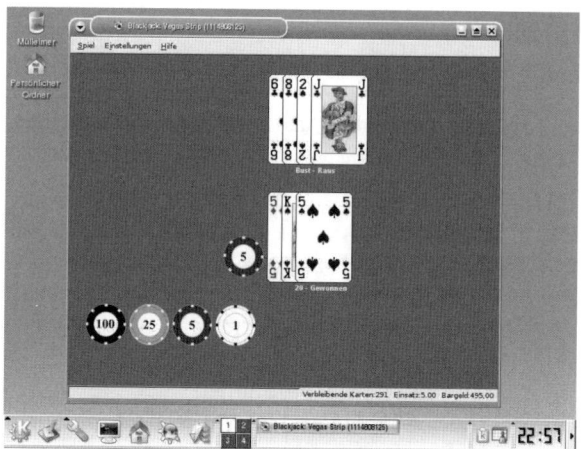

Abbildung 13.12: Glück gehabt und gewonnen: Der Spieler hat 20 Punkte und die Bank ist mit 26 Punkten deutlich über das Limit hinausgeschossen

Offiziersskat

Skatfreunde kennen das Problem: 32 Blatt liegen auf dem Tisch, doch es fehlt der »dritte Mann«. Für zwei Spieler gibt es jedoch eine Alternative zum traditionellen »18, passe, Kontra«: Offiziersskat, auch »Bauernskat« genannt.

Beim Offiziersskat werden die Karten nicht verdeckt in den Händen gehalten, sondern in vier Reihen zu jeweils vier Stapeln aus zwei Karten auf dem Tisch ausgelegt. Die Verteilung der Karten erfolgt so, dass die jeweils unten liegenden Karten verdeckt sind und die oberen Karten offen aufgelegt werden. Der Spieler, der nicht gegeben hat, verkündet normalerweise, was Trumpf ist und beginnt mit dem Ausspielen. Beim KDE-Offiziersskat wird die Trumpffarbe nach dem Zufallsprinzip vom Computer bestimmt. Es können Farben (Kreuz, Pik, Herz und Karo) ebenso gespielt werden wie alle anderen Spiele des regulären Skat, zum Beispiel Grand (nur Buben sind Trumpf). Es entfällt allerdings das so genannte »Reizen«, bei dem anhand der Bubenformation auf der Hand und des gewünschten Spiels errechnet wird, wer das Spiel machen darf.

Während des Spiels besteht grundsätzlich der Zwang, die gespielte Farbe zu bedienen. Der höhere Wert sticht den niedrigeren, Trumpf sticht reguläre Farben. Gewonnen hat, wer mehr als 60 Punkte bekommt.

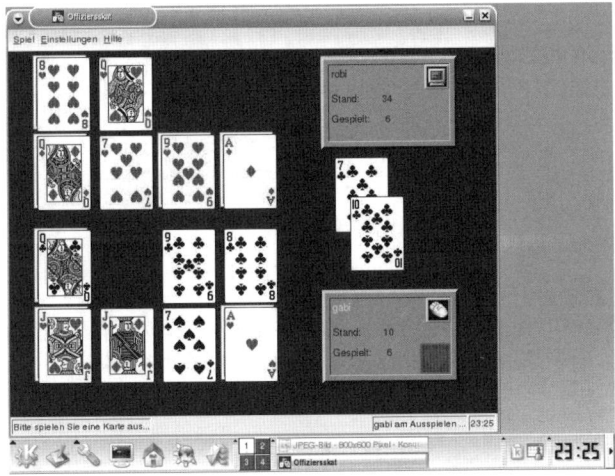

Abbildung 13.13: Offizierskat kann auf dem LINUX-PC gegen den Computer, einen anderen Spieler am Tisch oder über das Netzwerk gespielt werden

Kinderspiele

Für kleine Kinder sind bekanntlich nicht alle Spiele empfehlenswert. Der *Kartoffelknülch* ist aber absolut jugendfrei und fördert – sagen wir mal – die Kreativität des kindlichen Geistes. Es geht darum, einer Kartoffel eine Identität zu verleihen. Das geschieht durch Ansetzen von Augen, Ohren, Nase und Mund. Man kann variieren und so entsteht stets eine neue Figur. Wem es zu langweilig wird, der kann auch das LINUX-Maskottchen Tux, den freundlichen Pinguin, etwas umgestalten.

Abbildung 13.14: »Ich esse nichts, was Augen hat!«, wird Ihnen Ihr Kind erklären, wenn es keine Kartoffeln mag

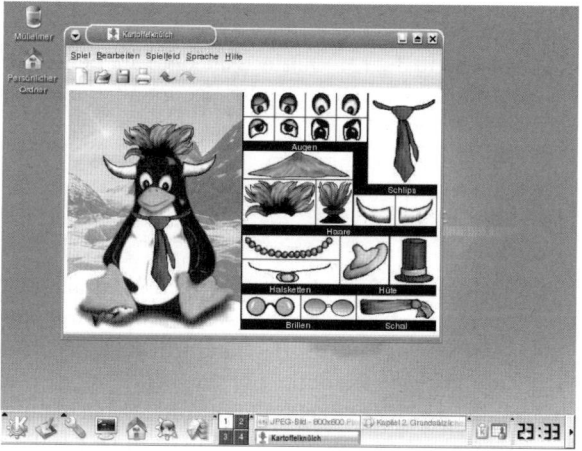

Abbildung 13.15: Ein Pinguin mit Hörnern? Die Evolution bringt viele Überraschungen

14 Nützliches und Unterhaltsames

Es gibt eine ganze Reihe kleiner Programme, die mit nahezu jeder LINUX-Distribution ausgeliefert werden. Das reicht von der Weltzeituhr über den Mondphasenanzeiger bis hin zum Wetterbericht. Letzteren haben wir im Zusammenhang mit der GNOME-Oberfläche bereits vorgestellt.

Sehen wir uns wieder einen sehr kleinen Ausschnitt der Programmvielfalt von LINUX an.

Debian GNU/LINUX umfasst mehrere tausend Programme. Es würde Tage dauern, bis Sie jede einzelne Beschreibung gelesen haben, aber es lohnt sich, einmal systematisch zu studieren, welche Schätze die Distribution birgt. Nicht immer finden gute Programme den Weg zu den Titelseiten der Fachpublikationen. Ausprobieren kann sich also lohnen.

Taschenrechner

Ohne einen Taschenrechner geht heute kaum noch etwas. Es ist verblüffend, wie wir ohne Taschenrechner und Computer einmal einen Schulabschluss schaffen konnten. Aber es ging. Der Taschenrechner ist schneller als die Rechnung auf dem Papier und sicherer als die Rechnung im Kopf. Es ist jedoch kaum zu glauben, dass in einem Büro im 21. Jahrhundert noch immer Taschenrechner neben leistungsfähigen Computern auf dem Schreibtisch liegen, denn auch ein PC mit LINUX bietet alle Funktionen eines guten Taschenrechners.

Die etwas ironische Formulierung sollte noch ein wenig relativiert werden. Auch die Autoren dieses Buches arbeiten noch gerne mit dem klassischen Taschenrechner. Der Grund ist die »Macht der Gewohnheit«. Es tippt sich scheinbar besser auf der kleinen Tastatur des Taschenrechners als auf der des Computers. Eigentlich ist das ein interessantes psychologisches Phänomen.

Der mit der Debian-GNU/LINUX-Distribution mitgelieferte und im Menü *Dienstprogramme* installierte Rechner ist ausgesprochen flexibel einsetzbar. Ob für die alltäglichen Aufgaben im Haushalt und in der Schule ein guter übersichtlicher Rechner oder in der Finanzwelt bzw. in wissenschaftlichen Kreisen ein Rechner mit speziellen Funktionen benötigt wird – das Programm wird jedem Bedarf gerecht. Es muss lediglich in die gewünschte Ansicht umgeschaltet werden.

Der besondere Clou gegenüber fast allen einfachen Taschenrechnern: Es stehen bis zu zehn Speicherplätze zur Verfügung, die gezielt belegt werden können.

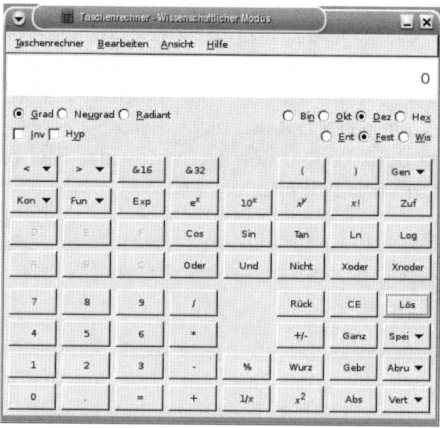

Abbildung 14.1: Hier kommen Techniker auf ihre Kosten: die wissenschaftliche Ansicht des Taschenrechners

Weltzeituhr

In der heutigen globalisierten Geschäftswelt ist es nicht unüblich, mit Kollegen in den USA, in Asien oder Australien eng zusammenzuarbeiten. Natürlich muss man in diesem Fall auch wissen, wie spät es beispielsweise im New Yorker Büro ist, wenn man morgens um 9 Uhr versucht, dort anzurufen. Dazu müssen Sie sich nicht unbedingt mehrere Uhren an die Wand hängen. Es geht mit LINUX wesentlich eleganter: Eine Weltzeituhr löst Ihr Problem.

Abbildung 14.2: Wie man sieht, wird in Sibirien gerade das Mittagessen serviert, während diese Zeilen in Mitteleuropa um 3:30 Uhr (MESZ) in der Früh entstehen

Mondphasen

Manch ein Mensch ist mondsüchtig, und viele Zeitgenossen richten ihr Leben nach dem Mondkalender aus. Andere wiederum planen Reisetermine zu Vollmondzeiten, weil in der Nacht die Autobahnen leerer sind und es sich beim Licht des Mondes entspannter fahren lässt. Es gibt also verschiedene Gründe dafür, dass sich Menschen für die Mondphasen interessieren. Auch hier hat LINUX das passende Werkzeug für diejenigen, die auf dem Laufenden bleiben wollen: den Mondphasenanzeiger.

Der Mondphasenanzeiger ist ein kleines, nahezu unspektakuläres Programm, das in die Kontrollleiste der grafischen Oberfläche integriert wird. Es bietet lediglich ein Symbol mit der Ansicht des Mondes, wie er an diesem Tag am Himmel zu sehen sein wird. Man kann die Ansicht auch für die südliche Halbkugel der Welt einrichten, weil sie dort seitenverkehrt zu sehen ist. Neben der Symbolansicht gibt es bei Berührung mit dem Mauszeiger auch einen Hinweis darauf, wie viele

Tage die Mondphase gerade vor oder nach einem vollen Ereignis (Neumond oder Vollmond) steht.

Abbildung 14.3: Der Mondphasenanzeiger integriert sich unauffällig in die Kontrollleiste der grafischen Oberfläche

Lernprogramme

Lernprogramme sind sowohl für Schüler als auch für Studenten interessant. Sehr schön ist beispielsweise der Funktionsplotter, mit dem auch komplexe Funktionen optisch dargestellt werden können. Sie können aber auch prüfen, wie schnell Sie auf der Maschine schreiben können, und wer Probleme mit der Bruchrechnung hat, dem stellt der Computer Übungsaufgaben.

Funktionsplotter KmPlot

In der Schule oder im Studium und nicht zuletzt in Entwicklungsabteilungen wird viel mit Funktionen gerechnet. Die Ergebnisse werden oft grafisch dargestellt. Ohne elektronische Hilfe ist das sehr aufwändig. Zuerst einmal muss eine Wertetabelle erstellt werden, die auf verschiedenen Variablen in der Funktion basiert. Je mehr Werte errechnet werden, umso genauer wird später der Kurvenverlauf darstellbar sein. Allerdings ist auch der Aufwand wesentlich größer als bei einer Wertetabelle mit weniger Einträgen. Die Daten der Tabelle werden dann in ein Koordinatensystem eingetragen und mithilfe eines speziellen Kurvenlineals verbunden. Der Funktionsplotter, der mit KDE geliefert wird, macht die Arbeit bedeutend leichter. Sie müssen lediglich die Funktion in einer mathematisch korrekten Form in den dafür vorgesehenen Dialog eintragen und können das Rechnen dem Computer überlassen.

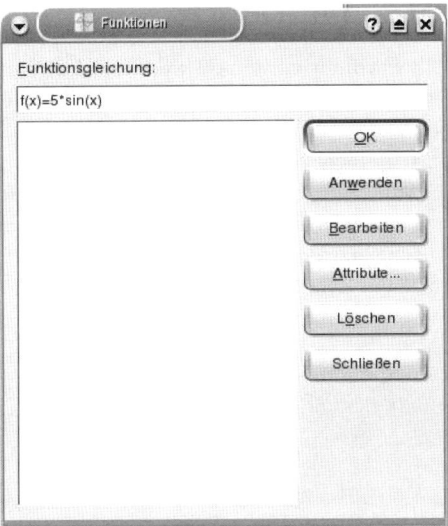

Abbildung 14.4: Die Vorbereitung: Eingabe einer mathematischen Funktion

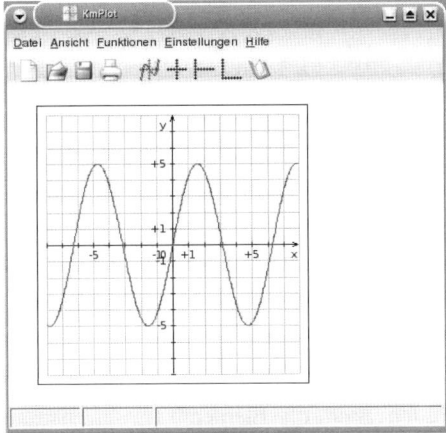

Abbildung 14.5: Das Ergebnis: Eine saubere Sinuskurve mit der Amplitude »5« wird gezeichnet

Schreibmaschinentrainer KTouch

Egal ob für Fachjournalisten oder Sekretärinnen, die Schreibmaschine – genau genommen der Computer mit der Textverarbeitung – ist das wichtigste Werkzeug im Büro. Je schneller man fehlerfrei schreiben kann, umso einfacher ist die Arbeit und umso weniger muss nachbearbeitet werden. Zugegeben: Auch Menschen, die berufsbedingt oft und viel schreiben, neigen gelegentlich dazu, die falsche Taste zu treffen. Übung macht hier den Meister, was besonders dann gilt, wenn man »blind« mit dem Zehnfingersystem schreiben will.

»Blind« schreiben bedeutet, beim Tippen nicht auf die Tastatur, sondern auf die Vorlage bzw. auf den Bildschirm zu blicken.

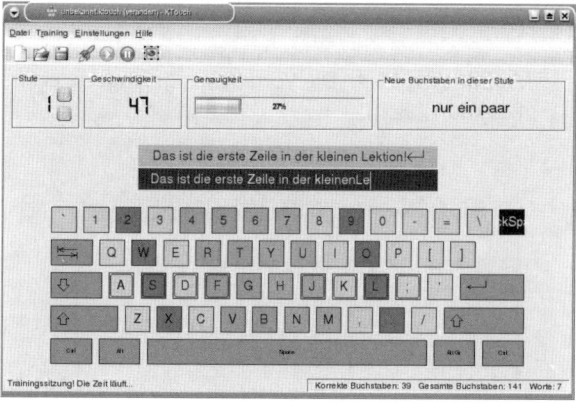

Abbildung 14.6: Schreiben Sie schnell und fehlerfrei auf der Maschine? Mit KTouch können Sie Ihre Fähigkeiten optimieren

Das Periodensystem der Elemente

Das Periodensystem der Elemente ist uns allen aus der Schule in der Form einer Wandtafel ein Begriff. Das LINUX-Programm bietet verschiedene Ansichten des Systems, wobei Gruppen, Blöcke und die Eigenschaften der Elemente hinsichtlich ihres Säureverhaltens farbig hervorgehoben werden können. Klickt man auf einen Eintrag, dann werden detaillierte Daten in einem neuen Fenster angezeigt.

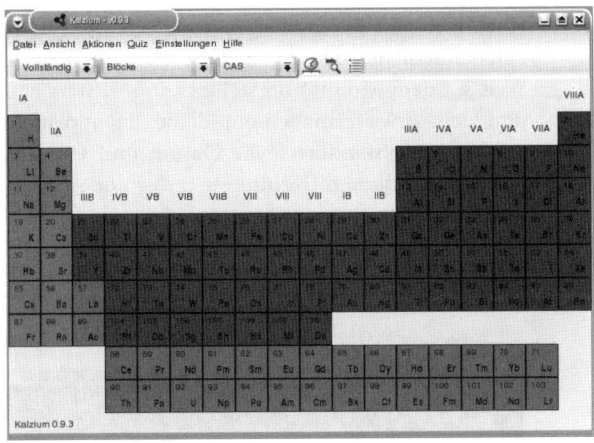

Abbildung 14.7: Farbige Zusammenfassung der Elemente zu Blöcken

Das Planetarium auf dem Bildschirm

Wissen Sie, wie Ihre Sterne stehen? – Nein, wir wollen Ihnen nicht das Horoskop stellen, sondern meinen die astronomischen Eigenschaften des Himmels in einer sternenklaren Nacht. Wenn Sie im ländlichen Raum leben, werden Sie bedeutend mehr Sterne erkennen können als in der Stadt, wo die Sicht durch das Streulicht der Häuser und Straßenbeleuchtungen beeinträchtigt wird. Dennoch ist es für ein ungeübtes Auge schwierig, interessante Himmelskörper zu finden und zu beobachten.

Eine Sternenkarte kann helfen, doch auch diese muss man zu deuten wissen, denn die Sicht auf den Himmel hängt wesentlich vom Datum und der Uhrzeit und nicht zuletzt vom eigenen Standort und von der Blickrichtung ab. Das erscheint sehr kompliziert und ist in der Tat nicht immer ganz einfach. Besonders wenn Sie einen Planeten beobachten möchten, genügt der Blick auf die Sternenkarte allein nicht mehr, denn die Planeten bewegen sich über das Firmament. Abhängig vom Tag und von der Uhrzeit stehen sie an völlig unterschiedlichen Positionen. Um sie zu finden, müssen ihre Positionen aus Planetentabellen errechnet werden.

Auch hier gibt es jedoch mit der Debian-GNU/LINUX-Distribution einen nützlichen Helfer, der die Himmelsansicht für jeden Ort der Welt auf dem Monitor darstellen kann. KStars wird mit KDE geliefert und stellt gewissermaßen ein kleines Heimplanetarium dar. Sie müssen lediglich Standort sowie Datum und Uhrzeit eingeben und können den zu diesem Termin zu erwartenden Sternenhimmel simulieren. Darüber hinaus können Sie Himmelskörper suchen und beschriftet anzeigen lassen. Auch Sternbilder können mit Hilfslinien deutlich hervorgehoben werden.

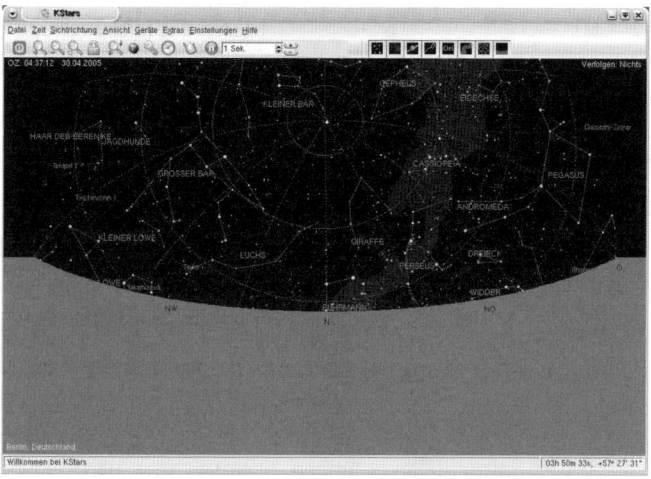

Abbildung 14.8: In Berlin hatte man am 30. April 2005 um 4:37 Uhr diese Sicht auf den nördlichen Sternenhimmel (zumindest dort, wo das Streulicht gering war)

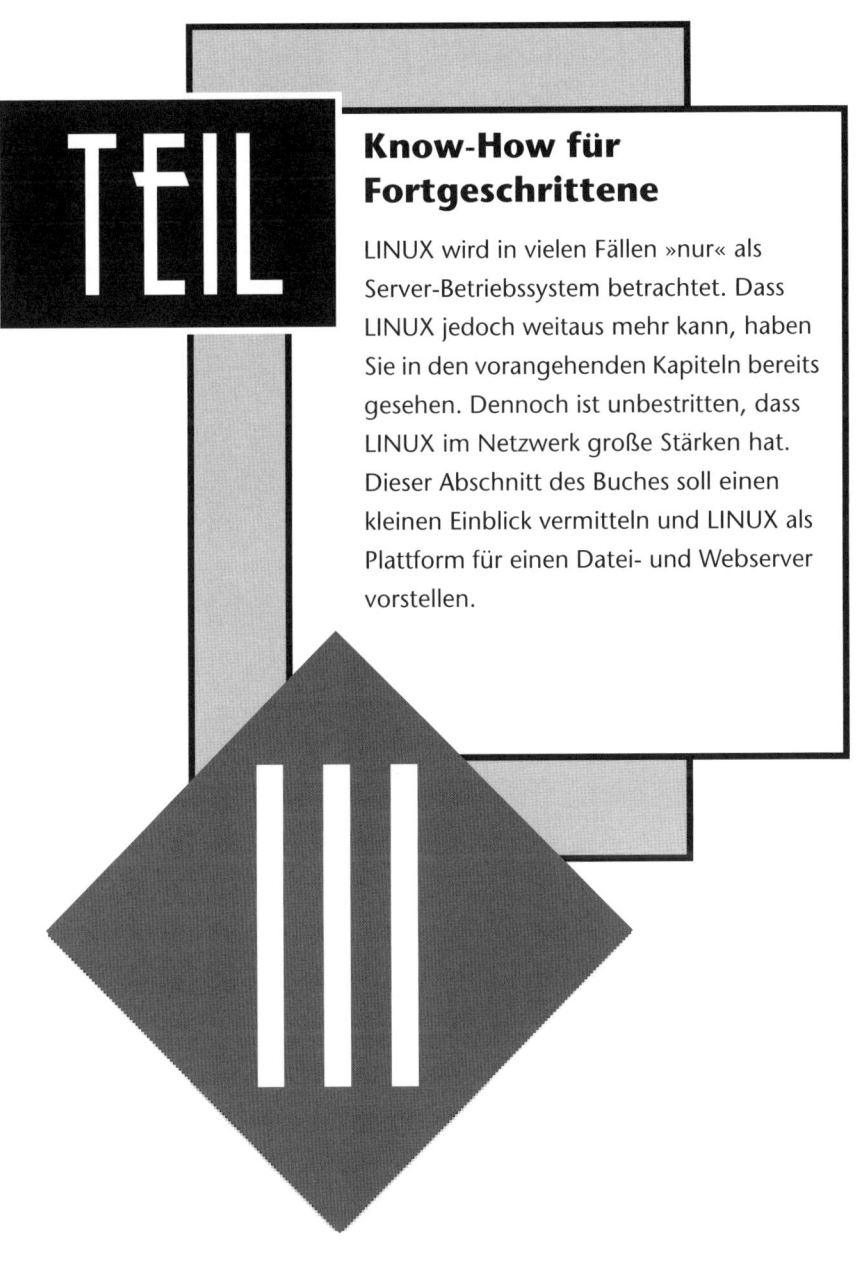

TEIL

Know-How für Fortgeschrittene

LINUX wird in vielen Fällen »nur« als Server-Betriebssystem betrachtet. Dass LINUX jedoch weitaus mehr kann, haben Sie in den vorangehenden Kapiteln bereits gesehen. Dennoch ist unbestritten, dass LINUX im Netzwerk große Stärken hat. Dieser Abschnitt des Buches soll einen kleinen Einblick vermitteln und LINUX als Plattform für einen Datei- und Webserver vorstellen.

III

15 Netzwerke und Netzwerkdienste

Unsere Computer werden immer leistungsfähiger, doch in größeren Arbeitsbereichen und mittlerweile auch im privaten Umfeld ist es unumgänglich, mehrere Computer miteinander zu vernetzen. Klar ist, dass hierfür ein Kabel benötigt wird. Theoretisch wäre es sogar mit LINUX möglich, verschiedene Computer über eine serielle Schnittstelle an einem Server anzuschließen. Das ist natürlich nicht mehr zeitgemäß, obwohl wir, die Autoren, auch diese Zeiten noch in guter Erinnerung haben. Mittlerweile haben wir jedoch bereits die ersten ernst zu nehmenden Netzwerkkonzepte auf der Basis von Koaxialkabeln hinter uns gelassen und reden schon vom Gigabit-Ethernet. Den Standard stellen Systeme mit einer Geschwindigkeit von 100 Mbps dar, die auch für die private Nutzung interessant sind.

Das LINUX-Betriebssystem stellt hier als *Serversystem* eine interessante Ergänzung eines solchen Netzwerks dar. Dies betrifft sowohl den Heimbereich als auch professionelle Umfelder. Bevor wir jedoch drei wichtige Serverapplikationen kennen lernen, die bereits mit der Debian-GNU/LINUX-Distribution mitgeliefert werden, wollen wir etwas mehr über lokale Netze und die Netzwerkdienste erfahren.

Einstieg in die Netzwerktechnik

Die Vernetzung von Computern kann sehr vielseitig erfolgen. Dabei sind auf der einen Seite verschiedene Verbindungssysteme mit unterschiedlichen Geschwindigkeiten im Einsatz, die aus Twisted-Pair-Kabeln (10/100/1000 Mbps), Funkstrecken (11 bis teilweise 128 Mbps) sowie Hubs, Switches und anderen *aktiven* Komponenten gebildet werden. Auf der anderen Seite – die Verwirrung soll ja schließlich komplett sein – gibt es auch sehr verschiedene Netzwerkprotokolle wie TCP/IP, IPX, AppleTalk u.v.m. Außerdem darf der Begriff der *Topologie* nicht vergessen werden. Auch hier – wie sollte es anders sein – gibt es wieder verschiedene Systeme zur Auswahl. Am wichtigsten sind Bus- und Ringsysteme. Von der Auswahl der Topologie hängt es schließlich ab, welches *Zugriffsverfahren* zum Einsatz kommt. Einerseits kann der Zugriff – dies ist insbesondere in Ringsystemen der Fall, aber auch in Bussystemen möglich – über einen *Token* gesteuert werden. Beim Token handelt es sich um Datenpaket, das ständig im Netzwerk »unterwegs« ist und anhand der mitgeführten Adress- und Statusinformationen klar festlegt, welcher Rechner eigene Daten versenden darf. Für Ethernet-Bussysteme – diese sind am preiswertesten und somit am weitesten verbreitet – wird das *CSMA/CD*-Verfahren verwendet. Dieses Verfahren funktioniert ein wenig nach dem »Faustrecht«, hat sich aber auch in sehr schnellen Systemen durchaus etablieren können. Letztendlich kommen nun noch die drahtlosen Netzwerke ins Spiel: Sie handeln die Zugriffszeiten mit dem *CSMA/CA*-Verfahren aus, dessen wichtigste Eigenschaft die Vermeidung von Kollisionen in einem Funkbereich ist, der aus der Sicht jeder einzelnen Station anders aussieht. Lassen Sie uns die Informationen des letzten Abschnittes ein wenig sortieren und dabei den Fokus auf das auch in den meisten privaten Systemen zu findende Ethernet-LAN setzen.

Topologie und Verkabelung im Ethernet-LAN

Das Ethernet-LAN, wie es insbesondere auch in kleinen Firmennetzen und in privaten Heimnetzwerken zum Einsatz kommt, basiert auf einer busförmigen Topologie. Unter einem *Bus* ist normalerweise ein einziger Leitungsstrang zu verstehen, an dem alle Computer des Systems angeschlossen werden. Besonders deutlich war dies an der klassischen Vernetzung mit Koaxialkabeln zu sehen, die jedoch in der Praxis kaum noch zu finden sind. Beim so genannten 10Base-2-LAN werden die Computer über BNC-T-Stücke in das Kabelsystem integriert. Anfang und Ende des Leitungsstranges werden mit dem Wellenwiderstand der Leitung (50 Ohm) abgeschlossen. Auch diese Abschlusswiderstände, die für 2 bis 3 Euro zu bekommen sind, werden über ein BNC-T-Stück mit dem Leitungsstrang an die jeweils letzten Computer des Systems angeschlossen.

Eine Sonderform des Busses ist die sternförmige Installation, die in 10/100Base-T-Netzwerken zum Einsatz kommt. Diese auf der Basis von Cat.-5-Twisted-Pair-Kabeln basierende Infrastruktur hat verschiedene Vorteile gegenüber der zuvor erwähnten Koaxialverkabelung:

✔ Das System kann recht einfach auf eine schnellere Technologie (1000 Mbps) umgestellt bzw. mit geeigneten Geräten erweitert werden,

✔ einzelne Computer können während des Betriebes auch physikalisch vom System getrennt werden, ohne andere Rechner zu stören.

10/100/1000Base-T-Netze benötigen aktive Verteilergeräte, die so genannten Hubs, oder besser noch: Switches. Diese Hubs sind schon ab ca. 70 Euro inkl. zwei Ethernet-LAN-Adaptern (Netzwerkkarten für den PC) und entsprechenden vorkonfektionierten Kabeln zu bekommen. Wer seine Kabel selbst anfertigen möchte, kann dies mit einer speziellen Zange (Kostenpunkt: ca. 30 bis 50 Euro) und Steckerrohlingen tun, die in etablierten Elektronikfachgeschäften oder Versandhäusern zu bekommen sind.

> Der Selbstbau von Netzwerkkabeln setzt etwas Erfahrung, hochwertiges Material und eine passende Crimpzange voraus. Ganz wichtig ist absolut penibles und sorgfältiges Arbeiten. Ungenauigkeiten können zu massiven Störungen des Netzwerkes führen.

Ein 10/100/1000Base-T-LAN kann durch Kaskadierung mehrerer Switches nahezu beliebig erweitert werden. Dabei sollte lediglich beachtet werden, dass jeder zusätzliche Computer zur Reduzierung der Netzwerkperformance beiträgt, was mit dem Zugriffsverfahren CSMA/CD – wir gehen gleich darauf ein – zu begründen ist.

> Für die Kaskadierung von Hubs bzw. Switches kann kein Standard-LAN-Kabel verwendet werden. Es wird stattdessen ein so genanntes *Cross-Over-Cable*, ein »gekreuztes« Kabel, benötigt. Alternativ zu diesem Spezialkabel bieten einige Geräte die Möglichkeit, einen Switch an einem besonders gekennzeichneten Port anzuschließen, der über einen kleinen Umschalter sowohl für die Kaskadierung als auch für den direkten PC-Anschluss nutzbar ist.

Neben den rein drahtgebundenen Netzwerken gibt es mittlerweile auch lokale Netzwerktechnologien auf der Basis einer Funkverbindung. Diese so genannten Wireless LAN (WLAN) sind zwar in der Anschaffung der Geräte etwas teurer als die drahtgebundenen Netze, jedoch erspart man sich zum Teil aufwändige Verdrahtungsarbeiten. Ein sehr schönes Einsatzgebiet sind so genannte Ad-hoc-Netze, die in Besprechungsräumen, aber auch in Klassenzimmern von Schulen bei Informatik-Lehrveranstaltungen sinnvoll sein können. Die Sitzungsteilnehmer müssen lediglich ein paar kleine Installationen vornehmen und sind damit völlig flexibel. WLAN-Systeme für Technologien mit einer Brutto-Transferrate von bis zu 54 oder sogar 108 Mbps werden u.a. von Lancom Systems und Funkwerk Enterprise Communications etc. angeboten.

Adressen und Netzwerkdienste

Nachdem wir einen kleinen Einblick in die Technik der Netzwerkverkabelung bekommen haben, wollen wir uns mit der *Adressierung* im Netzwerk befassen. Sie werden das Prinzip kennen lernen, wie Computer miteinander im Netz kommunizieren und wie zwischen verschiedenen Diensten unterschieden wird. Wir wollen dabei allerdings nur den Weg zum Verständnis der weiteren Kapitel ebnen. Wer etwas versierter in der Materie ist, möge uns nachsehen, dass wir die Vorgänge auf der so genannten MAC-Ebene übergehen und direkt mit der IP-Ebene beginnen.

Der Begriff eines »Schichtenmodells« beschreibt in einem gesamten Kommunikationssysteme (auch lokale Netzwerke) verschiedene aufeinander aufbauende und auch voneinander abhängige Protokollbereiche, die *Ebenen* oder *Schichten* bzw. *Layer*. Die Betrachtung beginnt stets bei einer physikalischen Ebene. Die vollständige Betrachtung eines komplexen Systems endet bei der Anwendung.

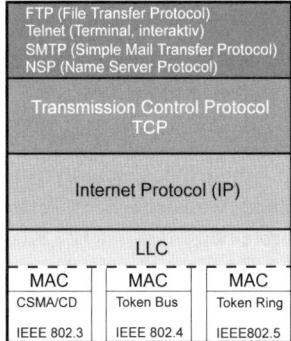

Abbildung 15.1: Das Schichtenmodell eines TCP/IP-Netzwerks

Die IP-Adresse

In einem TCP/IP-Netzwerk werden die einzelnen Hosts – egal, ob es sich um einen Server, eine einfache Workstation, einen Router etc. handelt – über die IP-Adresse erreicht. Die IP-Adresse besteht aus insgesamt 32 Bit. Dies gilt jedenfalls für die derzeit aktuelle Version IPv4, die auch im Internet verwendet wird. Zur Vereinfachung der Schreibweise wird vorzugsweise die Form *Decimal Dotted* (mit einem Punkt voneinander getrennte Dezimalzahlen mit Werten von jeweils 0 ... 255) verwendet. Möglich ist natürlich auch eine binäre oder hexadezimale Schreibweise, wie sie eventuell in rein netzwerkspezifischer Fachliteratur oder bei der Programmierung eingesetzt werden kann. Wir wollen – nicht zuletzt wegen der weit verbreiteten Nutzung – ausschließlich die Decimal-Dotted-Schreibweise (z.B. 192.0.10.99) verwenden, wenn wir von einer IP-Adresse sprechen.

IP-Adressklassen

Die IP-Adresse besteht aus zwei Teilen:

✔ einer Netzwerkadresse und

✔ einer Hostadresse.

Welcher Anteil der 32 Bit dabei auf welchen Adressbereich entfällt, hängt von der Adressklasse ab. *IPv4* definiert insgesamt fünf Adressklassen, wobei lediglich die ersten drei Klassen für die direkte Adressierung von Computern genutzt werden. Die Klasse D ist dem *Multicasting* und die Klasse E noch nicht definierten Anwendungen vorbehalten. Die übrigen IP-Adressklassen sehen folgendermaßen aus:

✔ In der Klasse A wird lediglich das erste Byte der Adresse für Netzwerkadressen vergeben. Weil jedoch das erste Bit auf den Wert null gesetzt wird, verbleiben maximal 127 Klasse-A-Adressen, die im Internet natürlich nur an sehr große Institutionen vergeben werden.

✔ Bereits 2 Byte lang ist die Netzwerkadresse der IP-Klasse B. Hier werden die beiden ersten Bits des ersten Bytes zur Unterscheidung genutzt. Während das erste Bit den Wert eins führt, ist in der Klasse-B-Adresse das zweite Bit stets null.

✔ Fast jede Adresse im Internet, die an kleine Firmen oder private Personen vergeben wird, ist – wenn es sich nicht um einen wirklich großen Anbieter mit sehr großem Adressvolumen handelt – eine Klasse-C-Adresse. Lediglich das letzte Byte dient der Adressierung des Hosts. Die drei ersten Bytes adressieren das Netzwerk.

Die Adressklasse wird durch die Position der ersten Null im ersten Byte der IP-Adresse ersichtlich. Ist die erste Null bereits im ersten Bit zu finden, ist es eine Klasse-A-Adresse. Steht sie dagegen im vierten Bit, dann haben wir es mit einer Klasse-D-Adresse zu tun.

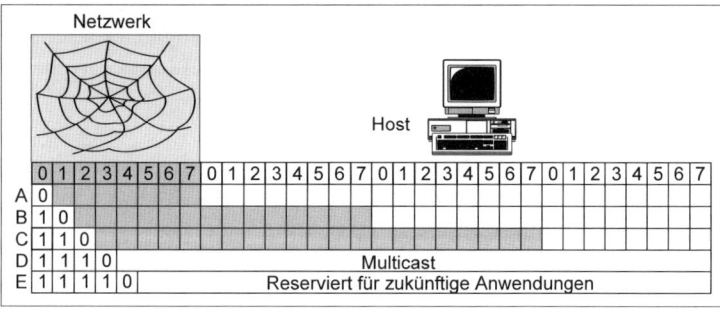

Abbildung 15.2: Struktur der IP-Adressklassen im IPv4

Für die Hostadresse dürfen niemals die Werte 0 – dies kennzeichnet eine Netzwerkadresse – oder 255 (Broadcasting) vergeben werden. Darüber hinaus müssen öffentliche, im Internet gültige IP-Adressen beim jeweiligen *Network Information Center* (*NIC*) beantragt werden, wenn ein Computer mit dieser Adresse direkt im Internet auftritt. Dies kann erforderlich werden, wenn Sie einen eigenen Webserver – Sie lernen etwas später den Apache-Webserver kennen – im Internet betreiben wollen. Die Anforderung einer internationalen IP-Adresse kann über den jeweiligen Provider abgewickelt werden.

Subnetzmaske

Auf den ersten Blick erscheint es ziemlich unlogisch, dass eine Adresse in einen Netzwerk- und einen Hostteil gegliedert wird und zudem verschiedene Klassen definiert werden. Dies hat jedoch etwas mit der Wegesuche im Netz, dem *Routing* zu tun. Um das Prinzip zu verdeutlichen, wollen wir einmal einen Porsche-Fahrer betrachten. Wenn dieser von Hamburg startend zum Münchner Hauptbahnhof gelangen möchte, dann ist diese Aufgabe zunächst einmal recht kompliziert. Damit er nicht wahllos jede Straße entlangfährt, in der Hoffnung, irgendwann sein Ziel zu erreichen, sucht er zunächst einen Weg, der ihn *in die Nähe* seines Zieles bringt. Er stellt also zunächst fest, dass der Münchner Hauptbahnhof nicht in Hamburg liegt. Seine Entscheidung ist also, die Stadt zu verlassen. Er sucht sich somit einen Weg aus der Stadt heraus. Wir wollen dies mal als *Gateway* bezeichnen. Nun wird er feststellen, dass er München in Bayern findet. Er benötigt also einen Weg (eine Route) nach Bayern und nicht etwa die Autobahn nach Lübeck.

Lassen Sie uns an dieser Stelle wieder zur IP-Adresse zurückkehren. Wir haben festgestellt, dass eine IP-Adresse aus einer Netzwerk- und einer Hostadresse besteht. Wenn wir davon ausgehen, dass wir sowohl Computer innerhalb unseres Netzwerks als auch im Internet erreichen wollen, wird die Parallele zu unserem Autofahrer deutlich. Innerhalb unseres Netzes haben alle Computer die gleiche Netzwerkadresse. Sie unterscheiden sich also lediglich in der Hostadresse. Adressieren wir nun einen Computer mit der lokalen Netzwerkadresse, dann werden die Daten auch nur lokal zugestellt. Wählen wir jedoch eine fremde Netzwerkadresse, dann gibt es hier ein Problem. Das Gateway (z.B. ein Router) muss nämlich wissen, welcher Teil der Adresse das Netz und welcher den Host adressiert. »Kein Problem«, werden Sie anmerken, »die Unterscheidung kann doch anhand der ersten Null des ersten Bytes getroffen werden.« Leider ist dies nur dann zutreffend, wenn es die Umstände im Netz gestatten, sich an diese Struktur zu halten. Schwieriger wird es jedoch, wenn Sie selbst eigene Unternetzwerke (Subnetze) definieren müssen, was übrigens keinesfalls selten ist. Hierfür verwenden Sie eine so genannte Netzmaske (Subnetzmaske), die dem Router die richtige Verteilung der Adressbereiche mitteilt. Bei dieser Subnetzmaske handelt es sich um einen 32 Bit langen Wert, der mit der gesamten IP-Adresse über eine *UND-Verknüpfung* verglichen die Netzwerkadresse herausfiltert. Entspricht das Ergebnis im gefilterten Bereich noch immer dem Wert der lokalen Netzwerkadresse, dann verbleiben die Daten innerhalb des eigenen Netzes. Gibt es jedoch eine Differenz, dann befindet sich der angesprochene Computer nicht im LAN. Ein Router würde nun anhand der Einträge in seiner Routingliste einen Weg zu einem anderen Netz suchen. Sie erinnern sich: Der Porsche-Fahrer erkennt, dass der Münchner Hauptbahnhof nicht in Hamburg liegt, und verlässt die Stadt. Seine detaillierten Informationen (vergleichbar mit der Routingliste) verraten ihm, dass er die A7 nach Süden verwenden muss, um Bayern zu erreichen. Übrigens: Genauso wie der Autofahrer auch eine alternative Strecke (z.B. die A24 nach Berlin und dann die A9 nach Bayern) fahren kann, gibt es diese Möglichkeit auch in komplexer gestalteten IP-Systemen wie z.B. dem Internet.

Wert 1	Operation	Wert 2	Ergebnis
0	UND	0	0
0	UND	1	0
1	UND	0	0
1	UND	1	1

Tabelle 15.1: Prinzip der UND-Verknüpfung als Grundlage des IP-Routings

Bit	1	2	3	4	5	6	7	8
Adresse	1	1	1	0	0	1	1	1
Netzmaske	1	1	1	1	1	0	0	0
Ergebnis	1	1	1	0	0	0	0	0

Tabelle 15.2: Beispiel für eine lokale Netzwerkadresse an einem 8-Bit-Beispiel

Bit	1	2	3	4	5	6	7	8
Adresse	1	1	1	0	0	1	1	1
Netzmaske	1	1	0	1	1	0	0	0
Ergebnis	1	1	0	0	0	0	0	0

Tabelle 15.3: Weiteres Beispiel für eine externe Netzwerkadresse an einem 8-Bit-Beispiel

Die Tabellen zeigen noch einmal das Prinzip, mit dem ein Router seine Entscheidung trifft: In der ersten Tabelle wird die UND-Regel gezeigt, nach der die Netzmaske mit der IP-Adresse verknüpft wird. Die beiden anderen Tabellen – deren Darstellung wir aus Gründen der Übersichtlichkeit auf 8 Bit reduziert haben – zeigen scheinbar das Gleiche an. Bitte vergleichen Sie jedoch in beiden Fällen jeweils das Bit 3 in den Zeilen *Adresse* und *Ergebnis*. Im zweiten Fall ist das Bit 3 in der Netzmaske mit null besetzt worden. In der Konsequenz ergibt sich im Ergebnis an der Position des Bit 3 ein anderer Wert als der des Bit 3 in der Adresse. Diese Differenz führt nun dazu, dass der Router nur eine einzige Aussage trifft: Das Datenpaket gehört nicht in das lokale Netz. Wohin genau er es letztlich routet, entscheidet der Router anhand einer *Routingtabelle* wieder unter Auswertung der dort gespeicherten Netzmasken.

Resümee

Nachdem wir nun einiges über das Zugriffsverfahren, die IP-Adressierung und das Routing erfahren haben, beschreiben wir die Übertragung von IP-Datenpaketen in der Zusammenfassung also folgendermaßen.

Ein Rechner sendet ein Datenpaket an eine bestimmte IP-Adresse. Weil jeder Computer das Übertragungsmedium beobachtet, erkennt er also auch, ob das Datenpaket für ihn selbst bestimmt ist oder nicht. Erkennt der Computer seine eigene IP-Adresse im entsprechenden Adressfeld, dann empfängt er das Datenpaket und verarbeitet es entsprechend weiter. Entsprechend weiter? – Nun, was im Folgenden mit dem Datenpaket geschieht, hängt von verschiedenen Faktoren ab:

- ✔ Zunächst einmal muss der Computer überhaupt den Zugang eines vom Netzwerk kommenden Datenpakets gestatten.

- ✔ Auf der anderen Seite kann ein Datenpaket zu einem beliebigen Kommunikationsdienst gehören, der zunächst einmal festgestellt werden muss.

Zur Auswertung der Datenpakete, der Erkennung des jeweiligen Kommunikationsdienstes und der Entscheidung, ob dieser Dienst überhaupt bedient wird, benötigt der Computer ein kleines Programm, das im Hintergrund arbeitend die Vorgänge im Netzwerk beobachtet. Erst bei Bedarf wird ein weiteres Programm aufgerufen, das den jeweiligen Kommunikationsdienst unterstützt. Ein solches »stilles« Programm wird als *Dämon* bezeichnet. Weil dieser Begriff im allgemeinen – nicht computerbezogenen – Sprachgebrauch etwas eher Diabolisches beschreibt, wird ein Dämon eines Betriebssystems von Laien oft fälschlicherweise mit Viren etc. gleichgesetzt. Bitte lösen Sie sich von dieser Vorstellung, denn es handelt sich bei Dämonen um durchaus für die Funktion des Computers wichtige Hintergrundprogramme. Richtig ist jedoch, dass insbesondere Netzwerkdämonen bei fehlerhafter Konfiguration zu einem Sicherheitsproblem werden können. Bevor Sie nun einen sehr wichtigen Dämon Ihres LINUX-Computers kennen lernen, wollen wir zunächst auf die Netzwerkdienste allgemein eingehen.

Netzwerkdienste und Portadressen

Wir wollen zwei kleine Experimente machen. Dazu rufen wir über einen im Netzwerk integrierten Windows-XP-Computer einmal eine HTML-Seite auf und starten zum anderen einen Telnet-Client. In beiden Fällen adressieren wir unser Ziel mit 100.100.100.39. Sehen wir uns in den Abbildungen an, was passiert.

> Achtung! Diese im Beispiel verwendete Adresse ist nur in unserem Versuchsnetz, nicht jedoch im Internet gültig! Auch in Ihrem Netz sieht die Adressstruktur sehr wahrscheinlich anders aus! Wichtig ist: Das Experiment kann im ersten Fall nur gelingen, wenn der Apache-Webserver bereits auf Ihrem LINUX-Computer eingerichtet und gestartet ist.

Beim Aufruf unseres LINUX-Computers mit der Adresse `HTTP://` `100.100.100.39` ⏎ in der Adressleiste des Browsers bekommen wir eine Webseite präsentiert. Dies liegt daran, dass auf diesem Computer bereits ein Webserver (Apache) installiert ist, den wir in einem späteren Kapitel kennen lernen werden. Nun starten wir den *Ausführen*-Dialog im Windows-Startmenü eines anderen Computers innerhalb des Netzwerkes und geben folgende Zeile ein:

    telnet 100.100.100.39 ⏎

Das Ergebnis ist nun ein völlig anderes! Obwohl wir den gleichen Computer adressiert haben, bekommen wir diesmal keine Webseite, sondern die Aufforderung zu einem Login auf einer Konsole geboten. In der Tat können wir uns nun unter einem gültigen Account auf unserem LINUX-Computer anmelden. Wenn Sie dies für den Superuser erlauben, dann sollten Sie das Kennwort sehr sicher gestalten und wie einen Augapfel hüten. Theoretisch könnten Sie so auch via Internet auf Ihren Computer zugreifen.

> Diese Ausführungen sollen Ihnen das Prinzip der Serverprogramme und der Dämonen, von denen diese Server gesteuert werden, verdeutlichen. Wenn der Telnet-Dienst (in diesem Fall der Telnet-Dämon *telnetd*) auf Ihrem LINUX-Computer nicht eingerichtet oder aktiviert ist, wird natürlich das Experiment scheitern, über einen

fremden Rechner im Netz per Telnet auf den LINUX-Computer zu-zugreifen. Sie können das auch aus einer besonderen Perspektive sehen: Ihr Computer ist in dieser Hinsicht gegen externe Angriffe abgesichert. Das ist keine Ironie, sondern unser dringender Rat: Wenn Sie den Telnet-Dienst nicht brauchen, deaktivieren Sie ihn bitte. Das gilt auch für alle anderen ungenutzten Netzwerkdienste.

Portadressen

Die beiden Beispiele zeigen, dass die IP-Adresse unmöglich ausreicht, um mit einem Computer innerhalb eines Netzwerks zu kommunizieren. Es muss also noch einen weiteren Adressbestandteil geben, mit dem der *Dienst* bezeichnet wird. Dies wird in einem TCP/IP-System über so genannte Portnummern erreicht.

Wir wollen an dieser Stelle auf die Erläuterung der verschiedenen Protokolle TCP, UDP etc. verzichten. Dies ist zum Verständnis der hier behandelten Materie auch nicht erforderlich. Bitte beachten Sie jedoch, dass es durchaus Unterschiede geben kann. Die Informationen der jeweiligen Protokolle folgen unmittelbar dem IP-Header.

Für den Aufruf eines Dienstes (z.B. HTTP, Telnet, FTP etc.) wird die den Dienst betreffende *Portnummer* mit dem Datenpaket gesendet. Das Datenpaket selbst wird wie bereits beschrieben in der IP-Ebene anhand der 32 Bit langen Adresse dem Computer zugestellt. Dieser wertet nun nur noch den Inhalt des Pakets aus. Um das zu verdeutlichen, wollen wir wieder ein Beispiel »aus dem Leben« bringen: Angenommen, Oma Klafutzke sendet ein Weihnachtspaket an die Familie ihrer Tochter. Dort gibt es eine ganze Menge Enkel, die ja alle ein Paket bekommen sollen. Nun schauen die Empfänger natürlich nicht bei jedem Paket auf die äußere Verpackung und prüfen die Postadresse. Im Gegenteil: diese befindet sich längst im Recyclingcontainer. Es interessieren nur noch die »Adressen«, die innerhalb des Pakets übergeben werden. In unserem Fall sind dies nicht die kleinen Enkel, sondern die Netzwerkdienste. Die Adresse des Netzwerkdienstes wird also auch nicht mit »Klein Bernie«, sondern durch eine Portnummer angegeben.

m Internet finden Sie die offiziell gültigen Portadressen auf den Webseiten der IANA (Internet Associated Numbers Authority).

Wie bereits angedeutet, sendet der Computer seine Daten mit einer zum Dienst passenden Portadresse an den *Server*, also an den Rechner, der den Dienst anbietet. Auf der anderen Seite muss auch der Server eine Portadresse zur Verfügung gestellt bekommen, mit der er die Anfrage des Computers, den wir als *Client* bezeichnen, beantworten kann. Die Portadresse des Clients, der diese bereits mit der ersten Nachricht als *Source-Port* an den Server übergibt, wird in diesem Fall keinen speziellen Netzwerkdienst, sondern eine Kommunikationsverbindung bezeichnen. Der Clientrechner wartet also auf ein Datenpaket, das die jeweilige Portadresse enthält, und ordnet diese dann der richtigen Applikation zu.

Wie Sie jetzt schon vermuten werden, erfolgt zwar die Anfrage beim Server mit einer dienstspezifischen Portadresse. Als »Absender« wird jedoch eine beliebige Adresse aus dem oberen Nummernbereich eingesetzt. Dies ist auch der Grund dafür, dass Sie über einen einzigen Computer – und somit über eine einzige IP-Adresse – mehrere Browserfenster öffnen und in diesen jeweils völlig eigenständige Internetsitzungen bearbeiten können. Jedes dieser Fenster stellt die Verbindung nämlich mit einer eigenen Source-Portadresse her und somit können alle empfangenen Pakete innerhalb des Computers dem richtigen Browserfenster zugewiesen werden.

Network Adress Translation (NAT)

Aus dem Zusammenspiel von IP- und Portadressen ergeben sich allerdings noch weitaus interessantere Varianten der Kommunikation über das Internet bzw. über ein segmentiertes lokales Netzwerk. Es können nämlich nicht nur mehrere Fenster auf einem PC mit verschiedenen Internetapplikationen geöffnet werden, es können sogar mehrere Computer gleichzeitig über einen »Router« auf das Internet zugreifen. Möglich macht dies die so genannte *Network Adress Translation (NAT)*.

Wie es der Begriff »Translation« (= Übersetzung) schon andeutet, nimmt der Router bezogen auf die IP-Adresse eine Dolmetscherfunktion wahr. Er besitzt bei einem Internetzugang zwei IP-Adressen, nämlich eine lokal gültige Adresse innerhalb des LANs und eine öffentliche IP-Adresse, die in der Regel beim Internetzugang dynamisch vom Provider vergeben wird. Wenn nun ein Computer im LAN eine Internetseite aufrufen möchte, dann gibt er als Ziel eine IP-Adresse und den Port 80 (HTTP) an. Als »Absender« übergibt er seine lokal gültige IP-Adresse und eine Portnummer im oberen Bereich. Der Router merkt sich die Absenderdaten und gibt das komplette Datenpaket nun mit seiner eigenen IP-Adresse und einer entsprechenden Portnummer an das Internet weiter. So verfährt er mit den Daten eines jeden Computers im LAN, der ein Ziel im Internet aufruft.

Die Antworten aus dem Internet werden wieder mit der (öffentlichen) IP-Adresse des Routers und dessen Absender-Portadresse empfangen. Anhand dieser Daten kann der Router erkennen, welcher Rechner im LAN das Datenpaket bekommen soll. Er setzt nun wieder die originalen Daten des lokalen Computers ein und sendet sie ansonsten unverändert in das lokale Netzwerk.

> Auch ein LINUX-Computer kann als IP-Router eingerichtet werden. Dies wird dadurch unterstützt, dass die ISDN-Karte bereits als Netzwerkadapter ins System integriert wurde.

Der Netzwerkdämon inetd

Wenn Sie die vorangehenden Abschnitte dieses Kapitels gelesen haben, wissen Sie jetzt, dass es in einem Netzwerk nicht nur verschiedene Computer gibt, die zu adressieren sind, sondern dass in jedem dieser Computer ein Programm existieren muss, das jeweils einen Netzwerkdienst bedient. Diese Programme arbeiten im Hintergrund. Sie beobachten die Nachrichtenpakete des Netzwerks und werden erst aktiv, wenn sie über ihre Portadresse adressiert werden. Solche im Hintergrund aktiven Dienstprogramme werden als *Dämonen* bezeichnet. Dies ist übrigens kein LINUX-spezifischer Begriff. Wenn Sie einmal mit einem Windows-NT-Server zu tun hatten, dann wissen Sie, dass dieser Begriff dort in ähnlichem Zusammenhang gebraucht wird.

Kommen wir aber zurück zu unserem LINUX-System. LINUX – vergessen wir einmal kurz, dass wir auch auf einer grafischen Oberfläche arbeiten können – zeichnet sich ja eigentlich durch einen sparsamen Umgang mit dem Speicherplatz sowohl im RAM als auch auf der Festplatte aus. In der Tat könnten Sie einen leistungsfähigen Router bereits mit einem einfachen Pentium-I-Rechner aufbauen. Diesem Anspruch würde es aber widersprechen, wenn für jeden möglichen Netzwerkdienst ständig ein eigener Dämon aktiv wäre. Schließlich muss ein solcher Dämon beim Booten im RAM installiert werden. Bei LINUX geht man daher einen einfacheren Weg. Man verzichtet auf die ständige Installation unzähliger Netzwerkdämonen und fährt stattdessen nur einen einzigen Netzwerkdämon hoch. Wir sprechen vom »Superserver« *inetd*.

Die Aufgabe von *inetd* ist es, Portadressen von Datenpaketen aus dem Netzwerk zu überprüfen, die an den eigenen Computer gerichtet sind. Diese Portadressen werden nun bei älteren Systemen ohne grafische Benutzerführung mit einer Datei */etc/inetd.conf* verglichen. Darin ist festgelegt, ob der Netzwerkdienst für diesen Computer zulässig ist und wenn ja, welcher Netzwerkdämon nun zu starten ist. Der Dämon *inetd* steuert also lediglich die Aktivitäten der verschiedenen Netzwerkdämonen und sorgt dafür, dass der Arbeitsspeicher nicht unnötig belastet wird. Man bezeichnet den *inetd* daher oft auch als *Superserver*.

Den Dämon *inetd* völlig zu deaktivieren ist in den meisten Fällen nicht wünschenswert. Alle Dienste freizugeben ist jedoch gefährlich.

Konfiguration des inetd

Die Funktion des Dämons *inetd* richtet sich nach den Einträgen in dessen Konfigurationsdatei. Sie wirkt auf den ersten Blick ein wenig unübersichtlich, weil es sich um eine sehr umfangreiche Auflistung verschiedener Kommandozeilen handelt. Bei genauerer Betrachtung und unter Berücksichtigung der ersten Abschnitte dieses Kapitels verliert die Datei allmählich ihren Schrecken. Die meisten Einträge der Datei */etc/inetd.conf* sind durch das Zeichen # deaktiviert. Um zu prüfen, welche Funktionen der Dämon *inetd* augenblicklich unterstützt,

müssen wir also lediglich die nicht »auskommentierten« Zeilen betrachten. Soll ein Dienst aktiviert werden, so kann er – wenn dies
schon vorbereitet ist – durch Entfernung des #-Zeichens am Anfang
der jeweiligen Zeile aktiviert werden.

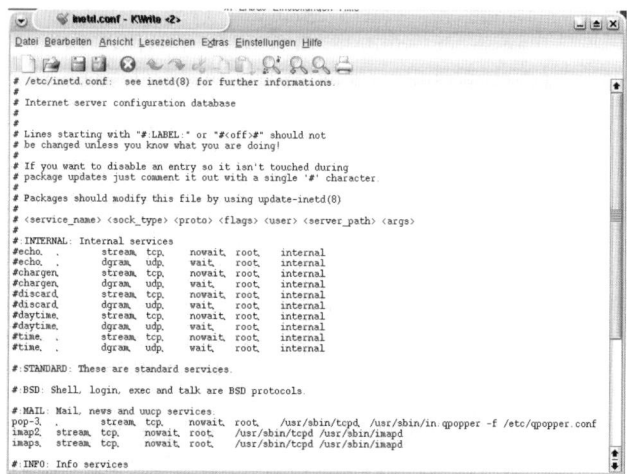

Abbildung 15.3: Die Konfiguration des *inetd* erfolgt in der Datei */etc/
inetd.conf*

Struktur der Datei /etc/inetd.conf

Interessant sind für die Aktivierung und die Deaktivierung der
Dienste zunächst einmal nur die tabellarisch strukturierten Zeilen.
Von links nach rechts haben die Spalten folgende Bedeutung:

service_name: Hier wird der Dienst namentlich benannt, der freigegeben werden soll. Wie Sie ja schon wissen, werden in den Datenpaketen, die über das Netzwerk übertragen werden, keine Namen, sondern
nur Portnummern und IP-Adressen transportiert. Aus diesem
Grunde muss es im System also noch eine Instanz geben, die den Namen des Dienstes in die entsprechende Portnummer umsetzt. Diese
Funktion nimmt die Datei */etc/services* wahr. Die namentliche Angabe
eines Dienstes ist weitaus übersichtlicher als die einer Portnummer.
Daher ist diese Syntax der Datei */etc/inetd.conf* durchaus sinnvoll.

Die Portliste ist im Internet auf der Seite der IANA *(www.www.iana.org/assignments/port-numbers)* zu finden. Dort sind die offiziell gültigen Adressen verankert.

sock_type: Hier wird die Art des Verbindungsdienstes definiert. Möglich sind sowohl der verbindungsorientierte Dienst (stream) als auch ein verbindungsloser Dienst (dgram).

proto: An dieser Stelle erfolgt die Angabe des Transportprotokolls. Sie wissen, dass ein IP-Datenpaket lediglich für die Zustellung des Pakets im Netzwerk zuständig ist. In den höheren Ebenen, also bereits für die gezielte Zustellung zu einem Vertreter des entsprechenden Netzwerkdienstes, wird ein Transportprotokoll wie TCP oder UDP verwendet.

flags: Je nachdem, wie es der jeweilige Dienst erfordert, kann das *wait*-oder das *nowait*-Flag gesetzt werden. Hier wird grob gesagt festgelegt, ob der Dienst nur einmalig (wait) gestartet wird oder ob ein mehrfacher Aufruf vorgesehen ist.

user: Hier wird der Eigentümer des Netzwerkdienstes angegeben, unter dem der Dienst im System als Prozess laufen wird.

server_path: *inetd* fungiert bekanntlich als Superserver. Der Dämon bearbeitet also nicht selbst die verschiedenen Netzwerkdienste, sondern ruft die jeweiligen Dämonen auf. Mit *server_path* wird der Pfad für diesen Systemaufruf festgelegt.

args: Wie Sie wissen, können zu den Systemkommandos durchaus noch optionale Parameter oder Argumente übergeben werden. Diese werden in der letzten Spalte eingetragen.

Wenn Sie die Datei */etc/inetd.conf* aufrufen, dann werden Sie erkennen, dass es bereits eine Vielzahl von Kommandozeilen für verschiedene Netzwerkdienste gibt. Die meisten davon sind auskommentiert, d.h., Sie werden durch das Kommentarzeichen # nicht von *inetd* beachtet. Wenn Sie nun einen Standarddienst freigeben möchten, dann müssen Sie nichts weiter tun, als in der entsprechenden Zeile das Kommentarsymbol zu löschen. Diese Änderung nehmen Sie in einem Texteditor vor.

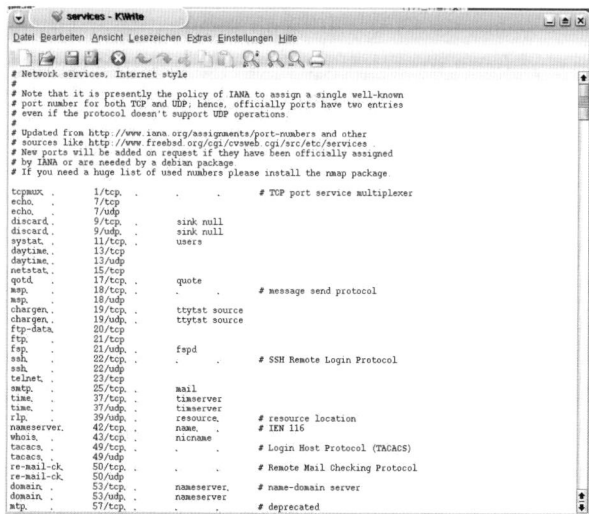

Abbildung 15.4: In der Datei */etc/services* wird den Portadressen ein Name gegeben

Auf der anderen Seite können Sie einen Netzwerkdienst aber auch sperren. Wir wollen dies einmal am Beispiel des Telnet-Dienstes demonstrieren. Telnet ermöglicht es anderen im Netz befindlichen Computern, eine Verbindung zu unserem LINUX-PC herzustellen. Nach dem Aufbau einer Telnet-Verbindung wird auf diesen Computern in einem Terminalfenster ein Login-Dialog (textorientiert) angeboten. Ist nun beispielsweise für den Superuser »root« der Zugang über eine solche Verbindung generell erlaubt und gelingt es einem Hacker, das Passwort zu erraten, dann hat dieser direkten Zugang zu unserem System. Dabei spielt es keine Rolle, ob die Vernetzung lokal (ausschließlich LAN) oder durch das Internet dargestellt wird. Betrachten Sie dazu die markierten Bereiche in den beiden folgenden Abbildungen.

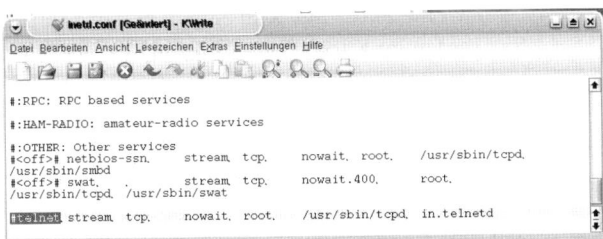

Abbildung 15.5: Telnet-Dienst ist gesperrt

Übernahme der Änderungen

Wenn Sie bislang mit einem MS-Windows-Computer gearbeitet haben, dann kennen Sie das Problem, dass jede Änderung in einer Systemdatei erst nach dem erneuten Start des Computers wirksam wird. Auch im Falle des *inetd*-Dämons ist ein Neustart erforderlich, der auch durchaus über ein vollständiges System-Reboot erreicht werden kann. Wir sind uns aber sicher alle darüber einig, dass dies nicht die ideale Variante sein kann, denn einerseits dauert es auch bei LINUX eine gewisse Zeit, bis das System wieder hochgefahren ist, und andererseits könnte – wenn es sich um einen aktiven Server handelt – die Arbeit verschiedener User beeinträchtigt werden. Sinnvoller ist es daher, lediglich den *inetd*-Dämon neu zu starten. Hier gibt es aber (noch) keine Schaltfläche auf dem Bildschirm, über die das für uns erledigt wird. Gehen wir also systematisch vor:

Nachdem Sie im Texteditor Ihre Änderungen – in unserem Beispiel die Deaktivierung des Telnet-Dienstes – durchgeführt und die Datei gespeichert haben, können Sie den *inetd*-Dämon mit dem Kommando kill gezielt neu starten. Sie erinnern sich, dass kill dazu eingesetzt wird, einen Prozess zu beenden. Mit der Option –HUP wird jedoch ein Neustart des Dienstes erzwungen. Die Syntax lautet also:

```
kill –HUP [Prozess-ID des inetd] ⏎
```
Obwohl die Kommandozeile recht einfach aussieht, haben wir ein kleines Problem. Wir müssen die *Prozessnummer* ermitteln, mit der *inetd* im System aktiv ist. Diese ist selbstverständlich bei jedem Systemstart anders, so dass wir also keinen Standardwert einsetzen können. Sie lässt sich aber ermitteln.

Blättern Sie bitte ein wenig zurück in den zweiten Teil dieses Buches. Sie werden im Kapitel zum Umgang mit der Shell auf folgende Kommandos stoßen, die im aktuellen Zusammenhang für uns interessant sind:

✔ cat und

✔ ps.

Mit dem Kommando ps x ⏎ können wir eine Auflistung der aktuellen Systemprozesse erzeugen, in der wir auch unseren *inetd*-Dämon finden. Wenn wir die Auflistung durchsehen, werden wir eine Zeile mit dem Eintrag */usr/sbin/inetd* finden. In unserem Fall ist dem *inetd*-Dämon die Prozess-ID 2657 zugeordnet, die wir nun mit dem kill-Kommando übergeben können. Nun kann diese Liste aber auch recht lang werden, wodurch es nicht unbedingt leicht und komfortabel ist, die Prozess-ID zu ermitteln. Daher können Sie diese auch alternativ mit dem cat-Kommando feststellen lassen: Probieren Sie einmal folgende Kommandozeile aus:

    cat /var/run/inetd.pid ⏎

Das Ergebnis ist bedeutend angenehmer, denn es liefert uns ohne viel Drumherum sofort den Wert der gesuchten Prozess-ID. Nun erhebt sich natürlich die Frage, ob es nicht möglich wäre, den gesamten Neustart des *inetd*-Dämons in nur einer einzigen Kommandozeile durchzuführen. Dies hätte Vorteile, denn der Befehl ließe sich ja recht einfach jederzeit über die Historie der Shell wiederholen. In der Tat kann die cat-Zeile als Argument des kill-Kommandos eingesetzt werden. Somit sieht der Neustart des *inetd* folgendermaßen aus:

    kill –HUP `cat /var/run/inetd.pid` ⏎

Nach der Eingabe dieses Befehls werden Ihre Änderungen in der Datei */etc/inetd.conf* sofort wirksam. In unserem Fall ist also ab sofort der Telnet-Dienst gesperrt.

> Bitte beachten Sie die einfachen Anführungszeichen (`), die das cat-Kommando umschließen.

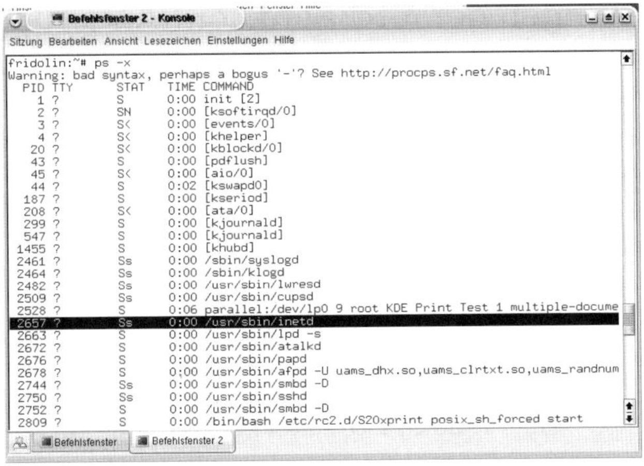

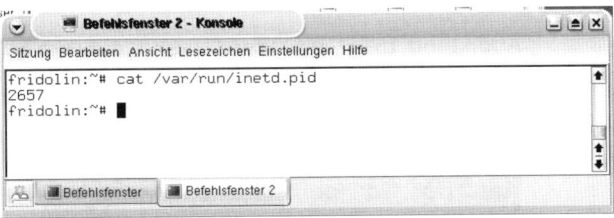

Abbildung 15.6: Ermittlung der Prozess-ID mit ps -x ⏎

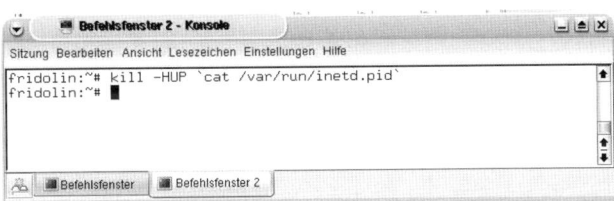

Abbildung 15.7: Eine bessere Alternative, die direkt zum Ziel führt: gezielte Prozess-ID-Feststellung mit cat

Abbildung 15.8: Es geht auch alles in einer einzigen Kommandozeile

Auswirkungen der /etc/inetd.conf-Änderungen

Wir wollen das Beispiel noch einmal kurz aus der Sicht des potenziellen Klienten betrachten, der den Telnet-Dienst nutzen möchte. Bei einem freigegebenen Dienst ruft der Klient mit telnet [IP-Adresse] ⏎ ein Terminalfenster auf und stellt eine entsprechende Verbindung über den Port 23 her. Es erscheint auf seinem Bildschirm ein Login-Prompt. Anders sieht es dagegen aus, wenn der Dienst nicht freigegeben ist. Zwar wird lokal das Terminalfenster geöffnet, doch kommt keine Verbindung zustande. Es scheint, als wäre der angesprochene Rechner gar nicht da. Auch wenn bereits eine Telnet-Verbindung besteht, reagiert das System sofort auf eine Sperre des Dienstes. Es wird jede bestehende Sitzung des Dienstes sofort beendet. Man kann dies natürlich auch auf andere Dienste übertragen.

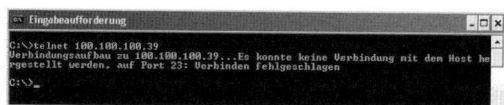

Abbildung 15.9: Der Telnet-Dienst ist auf dem Server gesperrt: keine Antwort!

Abbildung 15.10: Der Telnet-Dienst ist verfügbar, der gerufene Rechner antwortet

16 Der Apache-Webserver

Der Apache-Webserver ist wie der ebenfalls in diesem Buch beschriebene Samba-File-/Printserver ein frei zugängliches OpenSource-Produkt. Das heißt, die Quellen können frei aus dem Internet bezogen werden. Apache hat übrigens nichts mit einem berühmten Indianerstamm gemeinsam, sondern leitet sich ab von *A patched Server*. Seine Wurzeln liegen an der Universität von Illinois und avancierten durch viele Ergänzungen und Änderungen (Patches) zum jetzt bekannten Apache-Webserver. Die Internetseite der Apache-Software-Foundation finden Sie unter *www.apache.org*. Allerdings werden die in den Distributionen verwendeten Versionen – je nach Status der Stabilität – ebenfalls auf dem aktuellsten Stand gehalten. Wie Sie bereits im Kapitel zur Paketverwaltung gesehen haben, kennt Debian GNU/LINUX leistungsstarke Programme, mit denen selbst installierte Programmpakete regelmäßig aktualisiert werden können.

Das World Wide Web

Das Internet ist den meisten von uns heute sehr vertraut und es ist kein Problem, durch Seiten auf Servern der ganzen Welt zu surfen, denn es muss lediglich die Adresse, die im Normalfall in einer leicht merkbaren Form vorliegt, in die Adressleiste eingegeben werden. Viele weitere Seiten werden dann meist nur noch per Mausklick erreicht. Für den Betreiber eines solchen Netzwerks – ganz gleich ob wir über das Internet oder ein kleines firmeneigenes Intranet sprechen – ist dieser scheinbar simple Vorgang jedoch das Ergebnis eines funktionierenden Zusammenspiels recht komplexer Abläufe.

Auflösung von Namen

Eine Internetadresse wie beispielsweise *http://www.srg.at* besteht aus einer Reihe von aneinander gereihten Namen. Mit *http* wird zunächst einmal der Netzwerkdienst festgelegt. Dahinter verbirgt sich ein spezielles Kommunikationsprotokoll, das durch eine Portadresse (http = 80) innerhalb eines Datenpakets bezeichnet wird. Diese Übersetzung erledigt bereits der Webbrowser. Anders sieht es aber beim eigentlichen Domainnamen (z.B. *srg.at*) aus. Hier kann der Browser bei den zig Millionen möglichen Adressen natürlich nicht jeden Computer im System befragen, ob er zu dieser Domain gehört und womöglich noch eine HTML-Seite anzubieten hat.

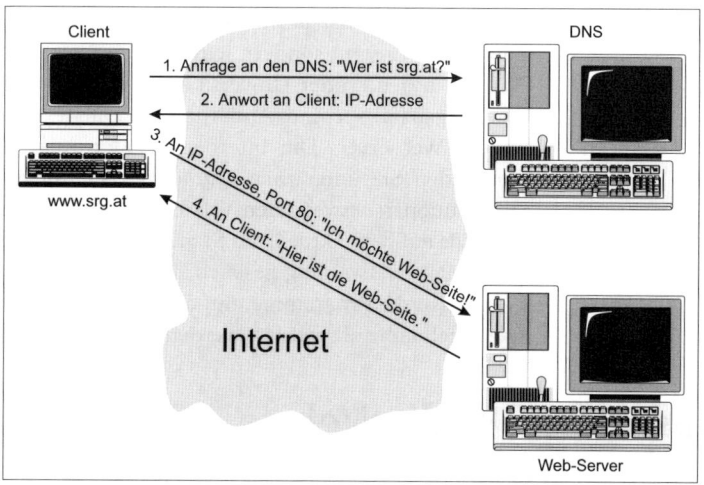

Abbildung 16.1: Stark vereinfachtes Prinzip eines Webseitenaufrufes

Man fragt also jemanden, der sich damit auskennt: *einen Domain Name Server (DNS)*, dessen Adresse entweder bei der Einwahl ins Internet automatisch bezogen wird oder bei einigen Intranetsystemen in den jeweiligen Rechnern fest programmiert werden muss. Dazu wird mit einem speziellen Protokoll eine Anfrage an den DNS gesendet. In der Regel wertet dieser zunächst die so genannte Top-Level-Domain *(.at, .de, .com, .org* etc.) aus. Darauf basierend wird entschieden, ob das System selbst die Domain auflösen kann oder nicht. In dieser Form wird allmählich ein DNS gefunden, der die zur namentlich eingetragenen Adresse passende IP-Nummer des jeweiligen Servers an den Browser zurückliefert. Der Vorgang läuft meist so schnell, dass Sie davon lediglich etwas merken, wenn in der Statusleiste eine Meldung wie »Suche ...« erscheint. Ist dem Browser die Adresse des Servers bekannt, dann sendet er eine HTTP-Nachricht (Port 80) an den Server.

Dort wird nun geprüft, ob die Seite verfügbar und gegebenenfalls eine Authentifizierung erforderlich ist. Dann werden die Dateien der Seite (HTML-Seite sowie eventuell eingebundene JPEGs und GIFs etc.) an den Browser übertragen.

Integration in das Internet

Mit den Kenntnissen, die Ihnen dieses Buch vermittelt, werden Sie noch keinen professionellen Webserver einrichten und betreiben können. Dazu sind weitere Detailkenntnisse erforderlich, die den hier verfügbaren Rahmen deutlich überschreiten würden. Dennoch wollen wir Ihnen nicht vorenthalten, dass es Ihnen natürlich mit Ihrem LINUX-Computer – und sei es nur ein gewöhnlicher Rechner mit einem Pentium-Prozessor – möglich ist, einen eigenen Server in das Internet zu integrieren. Damit haben Sie verschiedene Vorteile: Sie können Ihr Angebot bis an die Grenzen Ihrer Speicherkapazität ausschöpfen und ohne den Blick auf die Uhr (als Synonym für den Gebührenzähler) im Internet surfen. Sie müssen sich aber auch darüber im Klaren sein, dass Sie in diesem Fall weitaus mehr brauchen als eine Telefonleitung, nämlich eine Standleitung zu mindestens einem bestehenden Netzknoten eines Internet Service Providers. Darüber hinaus benötigen Sie eine eigene öffentliche IP-Adresse. Beides kostet viel Geld, sowohl bei der Einrichtung als auch im laufenden Betrieb.

Es gibt auch spezielle Services – z.B. DynDNS.org –, die den permanenten Betrieb eines Webservers trotz der allgemein üblichen dynamischen Adressierung eines privaten Internetzugangs ermöglichen. Ein DSL-Anschluss mit echter Flatrate sollte aber dennoch verwendet werden, um zu verhindern, dass das Webangebot zu Kosten in exorbitanter Höhe führt.

Wenn Sie eine Firma betreuen, kann aber gerade der eigene Betrieb eines öffentlich zugänglichen Servers für Sie interessant werden. Nun beschränken sich Ihre Planungen allerdings nicht mehr ausschließlich darauf, wie Sie einen virtuellen Server einrichten und darauf Seiten anbieten, Sie müssen sich auch sehr intensiv mit Fragen zur Sicherheit des Systems auseinander setzen. Die Abschottung des Intranetbereiches, also des lokalen Netzwerkbereiches, gegenüber dem Internet mit einer – möglichst mehrstufigen – Firewall wird damit zu Pflichtübung.

Auch der Zugang zum Server muss strengen Beschränkungen unterliegen. Wir brauchen nicht auszuführen, wie vom Geschäftspartner ein »nicht jugendfreies Motiv« an einer Stelle interpretiert wird, wo er eine Produktpräsentation erwartet.

Zum Betrieb eines öffentlichen Webservers gehört eine fachlich fundierte Ausbildung. Keineswegs sollten die ersten Experimente mit einem Webserver an einem öffentlich zugänglichen System durchgeführt werden!

Server und virtuelle Server

Gehen wir vom einfachsten Fall aus, dass sich hinter jedem Computer nur eine IP-Adresse verbirgt, und nehmen wir an, dass jeder dieser Computer auch nur ein einziges Internetangebot beherbergt, dann erscheint alles recht einfach. Die Adressierung ist klar und damit wird lediglich noch ein kleiner Netzwerkdämon auf dem Server benötigt, der in sein »Säckchen« schaut und die darin gefundene HTML-Seite präsentiert. Ungeachtet der Dimensionen des Internets wollen wir uns an dieser Stelle in die Situation des Betreibers eines Webservers hineinversetzen, der Seiten mehrerer seiner Kunden ins Internet stellen möchte. Würde für jeden Kunden, der vielleicht nur eine kleine Seite zu seinen persönlichen Hobbys präsentiert, ein eigener Computer mit einer eigenen IP-Adresse bereitgestellt, so hätte dies für den Internet Service Provider (ISP), also den Anbieter und Betreiber des Servers, folgende Konsequenzen:

- ✔ Er müsste für jeden Kunden einen eigenen Computer bereitstellen (Kosten- und Platzproblem).

- ✔ Er müsste für jeden Kundenserver eine eigene IP-Adresse vergeben (Kosten- und Verfügbarkeitsproblem).

- ✔ Er müsste diese ganze Struktur in irgendeiner Art und Weise verwalten können.

Man stelle sich an dieser Stelle einfach vor, der ISP wären jetzt nicht Sie, sondern er hieße T-Online, AOL oder ähnlich. Dort füllen die Server, die – um dies vorwegzunehmen – anders organisiert sind, bereits Hallen! Man geht also einen anderen Weg und konstruiert eine fiktive Serverwelt, die auf nur einem Computer oder vergleichbar wenigen Rechnern abgebildet wird und scheinbar für jeden Kunden einen eigenen Webserver bereitstellt. Aus diesem Grund spricht man auch von einem virtuellen Server.

Ein virtueller Server ist ein Bereich auf einem Webserver, der wie ein eigener Server angesprochen werden kann. Es können allerdings alle virtuellen Server des Systems – wenn dies nicht ausdrücklich anders gewünscht wird – unter nur einer einzigen IP-Adresse (Non-IP Virtual Host) erreicht werden. Dies setzt jedoch voraus, dass im Header der vom Client kommenden Anfrage der Hostname des angesprochenen Servers übergeben wird. Hier haben ältere Browser, die lediglich HTTP 1.0 unterstützen, Probleme mit dem Zugriff.

> Einige Provider bieten in der Tat ihren Kunden auch individuelle Servercomputer – ausgestattet meist mit dem LINUX-Betriebssystem, u.a. Debian GNU/LINUX – zur Bereitstellung eigener Dienste an. Diese Computer stehen in den Serverräumen des Providers und werden über dessen Datenleitungen an das Internet angebunden. Wir sprechen von Dedicated Servern, die zu besonderen Tarifen gemietet werden können. Auch hier läuft in den meisten Fällen der Apache-Webserver.

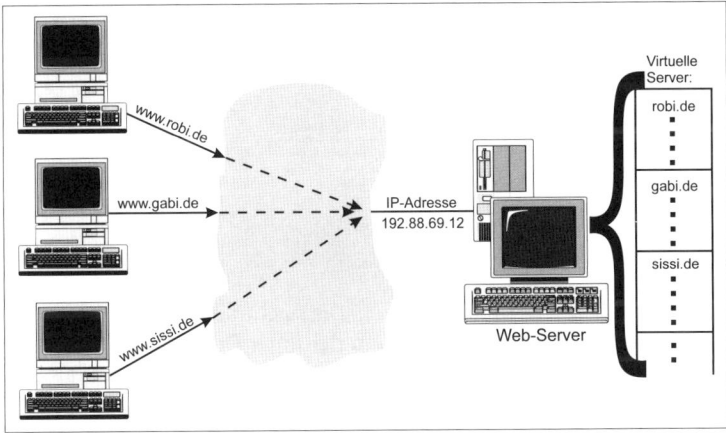

Abbildung 16.2: Prinzip eines virtuellen Servers

Installation und Start des Webservers

Die Grundinstallation des Apache-Webservers kann entweder gleich direkt mit der Basisinstallation des Betriebssystems erfolgen – Sie erinnern sich an die grobe Auswahl mit *tasksel* bzw. *dselect* – oder Sie installieren das Programmpaket apache2.

Es werden Ihnen sowohl die ältere Version Apache 1.3 als auch die aktuelle Version 2.0 angeboten. Beide Versionen werden nach wie vor auch in kommerziellen öffentlichen Systemen eingesetzt. Wir besprechen in diesem Kapitel die Version 2.0.

Mit der Installation des Apache-Webservers kann noch nicht die vollständige professionelle Konfiguration von Apache erfolgen, jedoch werden bereits gewisse Grundeinstellungen in Form einer voreditierten Konfigurationsdatei geliefert. Zu diesen Erstkonfigurationen gehören u.a. der Port, auf dem der Server »lauschen« soll. Dies ist in der Regel Port 80. Detaillierte Konfigurationen müssen nach wie vor in den Konfigurationsdateien vorgenommen werden.

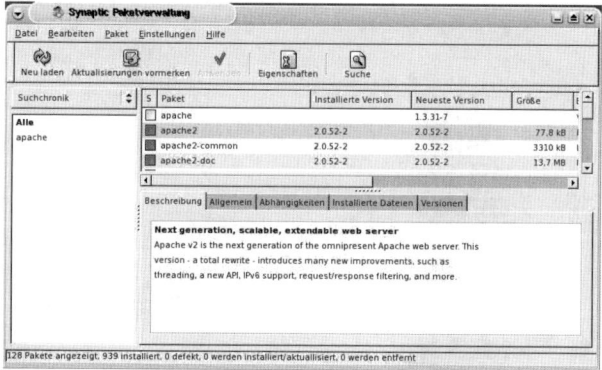

Abbildung 16.3: Die nachträgliche Installation des Apache-Webservers ist mit einem der unter Debian GNU/LINUX nutzbaren Programme zur Paketverwaltung möglich. Hier als Beispiel: Synaptic

Um die Funktion des Servers nach dem Start des Dienstes zu testen, sollten die Apache-Beispielwebseiten installiert werden. Der Testaufruf kann lokal mit `http://localhost` ⏎ in der Adressleiste des Browsers durchgeführt werden.

Abbildung 16.4: Es klappt: Der lokale Test ist unmittelbar nach der Grundinstallation erfolgreich

Bestandteile des Apache-Webservers

Der Apache-Webserver ist kein Programm, das gestartet und über die Menüleiste einer grafischen Oberfläche konfiguriert werden kann, sondern ein Netzwerkdämon, dessen Eigenschaften und Funktionen über eine – recht umfangreiche – Konfigurationsdatei definiert werden. Dies umfasst auch die Einbindung der jeweiligen Module des Apache. So wird für die Ausführung von CGI-Skripten oder eine gesicherte SSL-Verbindung beispielsweise jeweils ein eigenes Modul benötigt. Die Module sind im Verzeichnis */usr/lib/apache/* bzw. */usr/lib/apache2/* zu finden und werden über einen `LoadModule`-Eintrag in der Konfigurationsdatei */etc/httpd/httpd.conf* in den Server eingebunden. Dieses Verfahren verwirrt zwar zunächst jeden, der sich das erste Mal mit dem Apache auseinander setzen muss, es verleiht dem Server aber auch gerade die Flexibilität, die ihn – auch im kommerziellen Bereich – so beliebt macht. So ist es nicht nur relativ problemlos möglich, dem

Server neue Funktionen zu verleihen oder bestimmte Funktionen durch eine simple Auskommentierung in der Konfigurationsdatei auszusperren, es ist auch denkbar, völlig neue Leistungsmerkmale zu entwickeln und als Modul in den eigenen Server zu integrieren.

Der Kern des Apache-Webservers – der Dämon *httpd* – koordiniert also im Prinzip nur das Zusammenspiel der einzelnen Module nach den Regeln der Konfigurationsdateien. Diese sind der zweite wesentliche Bestandteil des Servers. Sie bilden gewissermaßen seine Schaltzentrale. In ihnen wird festgelegt, welche Funktionen der Server hat, welche virtuellen Server existieren und wo sich die jeweiligen Daten befinden.

Module des Apache-Webservers

Der Apache ist wie schon angedeutet ein modular aufgebauter Webserver. Durch einfaches Hinzufügen oder Löschen von Modulen kann sein Leistungsumfang exakt definiert werden.

Wenn Sie die Module der früheren Apache-Versionen 1 und die des aktuellen Apache-Webservers Version 2.0 miteinander vergleichen, dann werden Sie feststellen, dass die »Auswahl« in der neuen Version bedeutend übersichtlicher geworden ist. Das begründet sich damit, dass in der Version 1 ständig neue Module kreiert wurden, die dann neben anderen mit ähnlichen Funktionen im Portfolio enthalten waren. Allmählich wurde dies natürlich – auch für routinierte Administratoren – sehr unübersichtlich. Allerdings ist der Apache-Webserver in der Version 1.3 nach wie vor sehr weit verbreitet und auch bei größeren öffentlichen Internet Service Providern im Einsatz. Generell zeichnet sich der Apache-Webserver 2.0 gegenüber seinem Vorgänger um diverse Verbesserungen aus, die sich insbesondere in der Skalierbarkeit und in der Unterstützung des modernen Internetprotokolls IPv6 bemerkbar machen. Darüber hinaus ist Verschlüsselung ein wichtiges Thema geworden. Der *Secure Socket Layer* (SSL) muss nunmehr nicht mehr durch ein separates Modul implementiert werden, sondern gehört zum Kern des Webservers. Zusätzlich wurden neue Module zur sicheren Authentifizierung der Besucher von Webseiten geschaffen. An der Struktur des modularen Aufbaus des Servers hat sich natürlich nichts geändert. Auch die Konfiguration mit entsprechenden Konfigurationsdateien, wobei die Zentraldatei jetzt */etc/*

apache2/apache2.conf heißt, ist nach wie vor obligatorisch. Allerdings wird die Konfiguration der Details in verschiedenen Zusatzdateien vorgenommen. Diese werden per include-Anweisung in die *etc/apache2/apache2.conf* übernommen. Beispielsweise werden die Module des Servers in einem eigenen Verzeichnis abgelegt und mit den darin ebenfalls befindlichen Konfigurationsdateien für den individuellen Zweck eingerichtet. Daneben gibt es ein Verzeichnis mit den verfügbaren Modulen. Die Verzeichnisse sind:

✔ */etc/apache2/mods-available/* (verfügbare Module)

✔ */etc/apache2/mods-enabled/* (aktivierte Module)

Um ein Modul in die Konfiguration des Apache zu übernehmen, muss im Verzeichnis */etc/apache2/mods-enabled* ein symbolischer Link auf den jeweiligen Ladebefehl des verfügbaren Moduls im Verzeichnis */etc/apache2/mods-available* angelegt werden.

In älteren Apache-Versionen – beispielsweise in der letzten Version 1.3 – wurden alle Konfigurationen in einer einzigen Datei vorgenommen. Einschließlich der Kommentarzeilen war diese Datei meist rund 20 Seiten und mehr lang. Der Ergonomie kommt die Aufteilung der Konfiguration auf mehrere zweckmäßige Dateien sehr entgegen.

Um ein Modul in den Server zu integrieren, muss eine Ladeanweisung im Verzeichnis */etc/apache2/mods-enabled* vorhanden sein. Eine solche Anweisung ist in einer Datei mit der Endung *.load* gespeichert. Sie gibt den Pfad auf die eigentlichen Moduldateien an, welche die Dateinamenerweiterung *.so* führen. Die Module sind in der Regel im Verzeichnis */usr/lib/* und dessen Unterverzeichnissen zu finden.

Konfigurationsdateien

Die Konfiguration des Apache-Webservers basiert auf mehreren Konfigurationsdateien. Die zentrale Konfigurationsdatei ist */etc/apache2/apache2.conf*. In dieser Datei, die bei älteren Versionen des Apache-Webservers durchaus alle Konfigurationseinträge enthalten kann, werden bei der vorliegenden Version – Apache 2.0 – weitere Konfigurationsdateien über eine include-Direktive aufgerufen. Durch diese Verfahrensweise wird die Gesamtkonfiguration des Servers erheblich übersichtlicher. Wenn man erst einmal den Überblick zu den verschiedenen Dateien erlangt hat – dies ist zugegebenerweise noch eine Herausforderung für den Einsteiger –, dann lassen sich Änderungen sehr schnell und gezielt in einer übersichtlichen Datei vornehmen.

Beibehalten wurde aber das Prinzip der Auskommentierung von Anweisungen in den Konfigurationsdateien. So sind die meisten wichtigen Einträge bereits in der Datei eingetragen. Um den Server zu konfigurieren, müssen also lediglich Anpassungen – beispielsweise in den Verzeichnispfaden etc. – vorgenommen und die Auskommentierung mit dem Zeichen »#« entfernt werden.

In anderen Systemen ist eine Datei mit dem Namen /etc/apache2/httpd.conf bekannt, welche die gleichen Funktionen wie /etc/apache2/apache2.conf in unserem Beispiel hat. Beim Apache 1.3 waren noch alle Konfigurationen ausschließlich in der Datei .../httpd.conf vorzunehmen. Diese Datei kann in anderen Systemen als dem hier beschriebenen auch im Verzeichnis /etc/httpd/ zu finden sein. Im Zweifelsfall hilft die Suchfunktion weiter, beispielsweise die des Konquerors, wenn dieses Programm als Dateimanager eingesetzt wird. Auch in der Debian-GNU/LINUX-Distribution werden Sie eine Datei mit dem Namen /etc/apache2/httpd finden, jedoch enthält diese lediglich Kommentare und keine wirksamen Anweisungen.

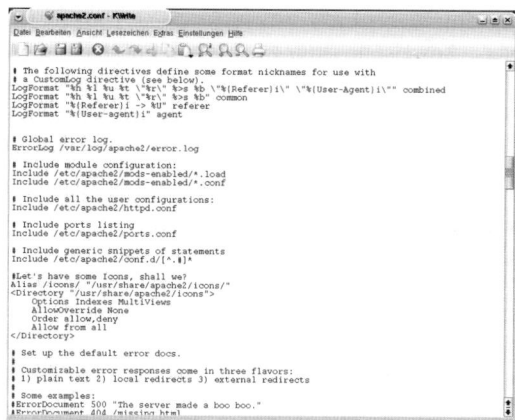

Abbildung 16.5: Die umfassend kommentierte Datei /etc/apache2/apache2.conf ruft weitere Konfigurationsdateien auf. Sie ist die Zentrale des Apache-Webservers

Die Datei */etc/apache2/apache2.conf* ist – allerdings in englischer Sprache – umfassend kommentiert. Mehr als die Hälfte des gesamten Umfanges dieser Datei besteht aus Kommentarzeilen. Daneben enthält die Datei eine Reihe bedingter Abschnitte, deren Funktionen von den eingangs getroffenen Definitionen abhängen.

Anders als bei den vorherigen Versionen des Apache finden hier jedoch nicht die eigentlichen Konfigurationen statt. Betrachtet man die Datei genauer, dann findet man bis auf wenige Ausnahmen ausschließlich include-Direktiven, von denen die eigentliche Konfiguration für die jeweilige Funktion geladen wird. Nach etwas Gewöhnung stellt man schnell fest, dass dies sehr hilfreich ist, denn nicht nur die Datei */etc/apache2/apache2.conf* selbst ist wesentlich übersichtlicher geworden, auch die eigentlichen Konfigurationsdateien konzentrieren sich auf das Wesentliche.

Allgemeine Konfigurationen

Direkt in der Datei */etc/apache2/apache2.conf* werden zentrale Konfigurationen zu den allgemeinen Einstellungen des Servers vorgenommen. Alle detaillierten Konfigurationen erfolgen – wie bereits beschrieben – in eigenen Dateien, die in dieser Zentraldatei mit include-Anweisungen aufgerufen werden. Es ist zwar Geschmackssache, ob es sinnvoll ist, den Port des Webservers, auf dem er den Kontakt aus dem Netz erwartet, in einer eigenen Konfigurationsdatei zu definieren, doch wird beispielsweise dazu die Datei */etc/apche2/ports.conf* aufgerufen. Diese Datei enthält per Default nur eine einzige Zeile, jedoch können Sie zusätzliche Einträge ergänzen, wenn der Server auch über einen anderen Port angesprochen werden soll.

Der Standard ist Port 80. Diese Adresse wird auch von den Browsern auf den Client-Computern als Standard eingesetzt, wenn nicht ausdrücklich ein anderer Port erzwungen wird (durch Doppelpunkt getrennt nach der Adresse oder per Voreinstellung im Browser). Ein Beispiel dafür, dass der HTTP-Dienst über einen anderen Port als 80 abgewickelt werden kann, werden Sie übrigens beim Samba-Konfigurationstool *swat* kennen lernen. Dabei handelt es sich gewissermaßen auch um einen Webserver, der auf den Port 901 anspricht und nur für diesen einen Anwendungsfall vorkonfiguriert wurde. Ein anderes Beispiel stellte bereits die Konfiguration des Printservers CUPS dar.

Zu den allgemeinen Konfigurationen gehören beispielsweise der Time-out-Wert und die Festlegung der Inhaltsstrukturen von Logdateien. Damit der Server nicht überlastet wird, haben Sie in dieser Datei die Möglichkeit, die Anzahl parallel laufender Serverprozesse und die der gleichzeitig auf den Server zugreifenden Clients einzuschränken. Welche Werte Sie hier vorgeben, hängt entscheidend von der Leistungsfähigkeit Ihrer Maschine ab. Ein verstaubter 486er – dieser könnte ohne eine grafische Benutzeroberfläche durchaus als Webserver eingesetzt werden – ist natürlich schnell an den Grenzen seiner Belastbarkeit angelangt. Ein superschneller 3-Gigahertz-Rechner mit einem 64-Bit-Prozessor kann dagegen um ein Vielfaches großzügiger konfiguriert werden.

Sehr wichtig: Der Webserver ist – wenn auch nur eine Software – ein User im gesamten LINUX-System, dem gewisse Rechte zugewiesen sind. Mit den Einträgen »user« und »group« wird dem Apache seine Benutzerkennung zugewiesen. Diese Informationen müssen selbstverständlich auch in der allgemeinen Konfiguration des Systems eingetragen werden. Unter Umständen ist also in der Benutzerverwaltung der entsprechende Account für den Apache anzulegen. Keinesfalls sollte jedoch »root« als Username gewählt werden, denn dann haben alle, die den Webserver besuchen, die gleichen Rechte wie der Systemverwalter. Sicherheitstechnisch wäre das der Super-GAU!

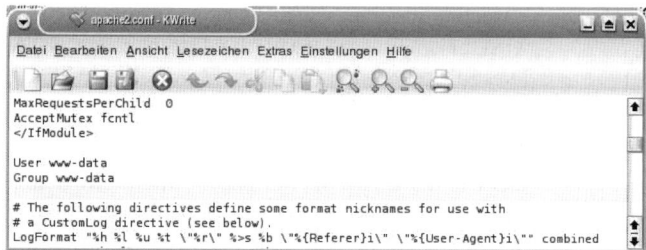

Abbildung 16.6: Das sind wichtige Einträge in der Datei */etc/apache2/apache2.conf*: Hier wird festgelegt, mit welchem Usernamen und in welcher Gruppe der Webserver läuft

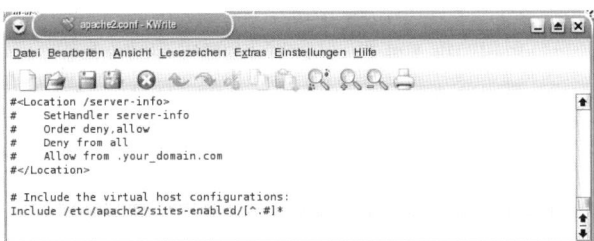

Abbildung 16.7: Virtuelle Hosts werden über jeweils eigene Konfigurationsdateien in das System eingebunden. Dies erfolgt mit dem pauschalen Aufruf aller Dateien im Verzeichnis */etc/apache2/sites-enabled/*

Bereitstellung der Webseiten

Wichtig ist für den Betreiber einer Webseite natürlich, an welcher Stelle des Computers die entsprechenden Daten (HTML-Seiten, GIF- und JPEG-Bilder etc.) zu deponieren sind, damit diese beim Aufruf des Servers gefunden und auf dem Browser angezeigt werden können. Mit der neuen Version des Apache-Webservers wird für diese Konfiguration ein neuer Weg beschritten: Für jede Webpräsentation (virtueller Server) wird eine eigene Konfigurationsdatei angelegt. Bleiben wir in diesem Beispiel aber bei der Beschreibung der Defaultseite. Das ist die Seite, die vom Apache-Webserver angeboten wird, wenn es keinen weiteren virtuellen Server auf der Maschine gibt oder wenn dieser aus den Adressdaten nicht zu ermitteln ist.

Aus ihr geht auch hervor, wo die HTML-Seiten deponiert wurden, die vom Browser abgerufen werden können. Die Konfigurationsdatei sieht daher den Parameter `DocumentRoot` vor, mit dessen Hilfe der Pfad benannt wird, wo der Webserver die Seiten suchen muss, die dem Browser überreicht werden. Zusätzlich muss durch einen weiteren Eintrag mit dem Parameter `</Directory>` der Zugriff auf Pfade zu den Dateien der Publikation legitimiert werden.

Wenn Sie eine Adresse in Ihren Webbrowser eintragen, dann geben Sie lediglich die Adresse des Computers sowie bei Bedarf zusätzlich Unterverzeichnisse innerhalb der Publikation an. Sie werden niemals einen direkten Verzeichnispfad des Serverrechners ansprechen. Diesen können Sie als Besucher der Seite auch nicht kennen. Aus diesem

Grunde muss der Webserver wissen, an welcher Stelle auf seiner Festplatte die von Ihnen gewünschten Daten liegen.

Neben der Definition des Zielverzeichnisses und dessen Legitimation mit der Direktive </Directory> müssen Sie natürlich auch auf der Festplatte die Rechte für den Zugriff auf das Verzeichnis sowie die darin enthaltenen Dateien und Unterverzeichnisse prüfen. Hier empfiehlt es sich, bei reinen HTML-Inhalten ausschließlich Rechte zum *Lesen* einzuräumen. Muss der Server dagegen schreibend auf das Verzeichnis zugreifen, zum Beispiel weil eine Datenbank gepflegt werden muss, dann müssen für ihn entsprechende Rechte vorgesehen werden. Achten Sie aber stets darauf, dass keine externe Person freien Zugang zu Ihrem System erlangt.

Beachten Sie, dass der Webserver zwar eine eigene Zugriffsbeschränkung auf die Verzeichnisse des Serverrechners realisiert, diese jedoch keine Einschränkungen außer Kraft setzen kann, die Sie innerhalb des Verzeichnissystems definiert haben.

Abbildung 16.8: Mit den Direktiven DocumentRoot und </Directory> legen wir fest, wo die aufzurufenden Webseiten auf der Festplatte deponiert sind und geben webserverseitig den Zugriff darauf frei

Wenn wir uns das Ergebnis unseres Webseitenaufrufes ansehen, dann erkennen wir zwar unsere Dateien wieder, sind aber natürlich mit dem Ergebnis nicht zufrieden. Wer soll sich denn schon in einem derartig gefüllten Verzeichnis zurechtfinden? Wir haben in der Illustration die Datei *index.htm* hervorgehoben. Das hat einen Grund, denn diese ist die eigentliche Homepage unserer Publikation.

Auf anderen Webservern, wie beispielsweise dem *Microsoft Internet Information Server* (IIS), wird die Homepage mit *default.htm* bzw. *default.html* bezeichnet.

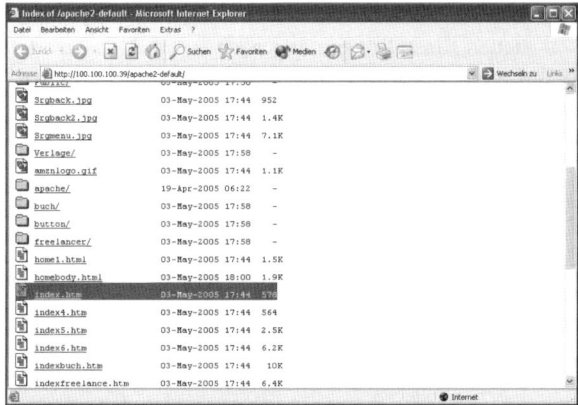

Abbildung 16.9: Mit den Default-Konfigurationen kann die Hompage *(index.htm)* mit dieser Extension nicht aufgerufen werden

Der Apache-Webserver sieht vor, dass eine ganz bestimmte Datei aufgerufen wird, wenn im Webbrowser lediglich der Pfad eingetragen wird. Aus diesem Grunde muss dem Server mitgeteilt werden, wie die Indexdatei heißt, die standardmäßig aufgerufen wird, wenn keine genaue Dateiangabe in der Adresse erfolgt. Wenn wir unsere zentrale Konfigurationsdatei */etc/apache2/apache2.conf* noch einmal durchsuchen, dann finden wir am Ende dieses Bereiches einen interessanten Eintrag:

DirectoryIndex index.html index.html.var

Beachten Sie die Extension des Dateinamens: html. Unsere Indexdatei heißt aber ganz anders, nämlich nur *index.htm*. Aus diesem Grunde konnte sie der Apache nicht als Homepage erkennen. Wir haben also zwei Möglichkeiten:

✔ Wir benennen unsere Dateinamen gemäß der Vorgabe des Servers um oder

✔ wir ändern den Eintrag entsprechend unserer fertigen Publikation.

Wir wollen uns für das Letztere entscheiden und sehen, was passiert.

Der neue Eintrag lautet also nun:

```
DirectoryIndex index.htm index.html.var
```

Bei jeder Änderung der *Datei /etc/apache2/apache2.conf* werden die neuen Einstellungen erst nach einem Neustart des Webservers aktiv.

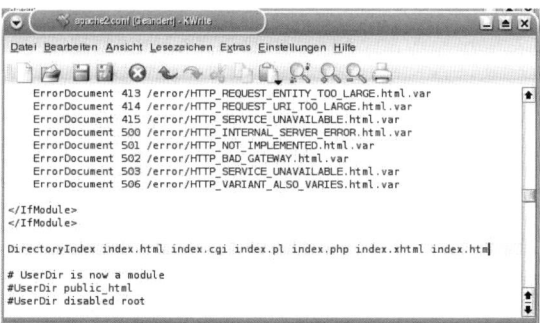

Abbildung 16.10: Wir ergänzen den `DirectoryIndex`-Eintrag um `index.htm`. Dann wird die Webseite nach einem Serverneustart korrekt geladen

Abbildung 16.11: Das war es: Unser Webserver stellt im von uns festgelegten Verzeichnis die gewünschte Publikation zur Verfügung, ohne dass wir einen bestimmten Dateinamen angeben müssen

Was hier durch Eingabe einer IP-Adresse – wir arbeiten in einem lokalen Netzwerk – erreicht wurde, ist im öffentlichen Internet noch viel wichtiger. Eine Adresse wie *http://www.srg.at/index.htm* wirkt lang und unübersichtlich. Rein optisch wesentlich besser ist dagegen *http://www.srg.at*. Genau diese Möglichkeit der Adresseingabe wurde mit den eben gezeigten Konfigurationen erst möglich.

Es folgen in dieser Datei weitere Einstellungen zu Pfaden und Alias-Definitionen, die den Hauptserver betreffen. Ein solcher Alias kann in der Konfigurationsdatei folgendermaßen aussehen:

alias /doc/ /usr/share/doc/

Beim Aufruf der Adresse `http://100.100.100.39/doc` ⏎ mit einem Browser eines beliebigen Rechners innerhalb unseres Testsystems würde die Datei *index.html* im Verzeichnis */usr/share/doc/* geöffnet werden. Zu den weiteren Parametern gehören noch Vorgaben zu Dokumenttypen, eventuelle Kompressionen und zur Authentifizierung.

Authentifizierung ist im Allgemeinen auch ein wichtiges Stichwort, denn wenn für die Zielverzeichnisse nicht die erforderlichen Rechte freigegeben wurden, dann wird der Zugriff auf die darin enthaltenen Dateien verweigert.

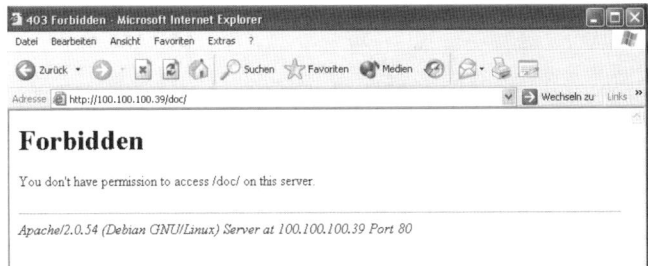

Abbildung 16.12: Irgendetwas verweigert uns den Zugriff auf die gewünschten Dateien. Es kann sich um ein Konfigurationsproblem des Webservers oder um fehlende Zugriffsrechte im LINUX-System handeln

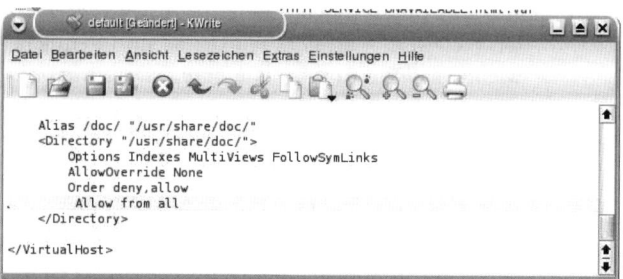

Abbildung 16.13: Wenn wir den Pfad zu unserem *Alias* mit der Direktive </Directory> legitimieren, dürfen wir die darin enthaltenen Daten nutzen, sofern sie nicht zusätzlich auf der Systemebene gesperrt sind

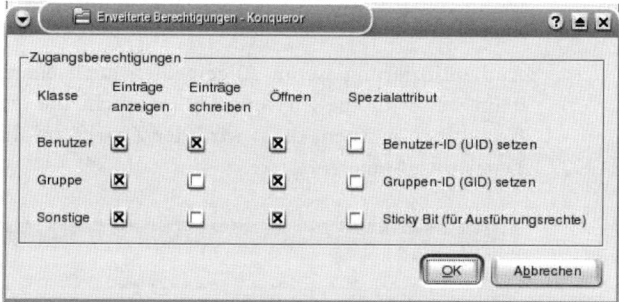

Abbildung 16.14: Damit die *Howto*-Dateien auf dem Webbrowser angezeigt werden können, geben wir der Allgemeinheit ein lesendes Zugriffsrecht auf die betreffenden Verzeichnisse

Beachten Sie bitte, dass es einen Unterschied zwischen der Definition eines Pfades mit den Direktiven DocumentRoot und Alias gibt. In beiden Fällen müssen Sie die Verzeichnisse zwar auch mit einer </Directory>-Direktive sowie mit entsprechenden Rechten im Verzeichnissystem für den Zugriff durch den Server freigeben, jedoch steht Alias als Substitut für einen komplexen Datei- bzw. Pfadnamen. In DocumentRoot legen Sie das Stammverzeichnis Ihres Servers fest.

Die in diesem Beispiel genannten Verzeichnispfade können Sie natürlich nur dann direkt verwenden, wenn die »Howtos« auch auf Ihrem System an diesen Stellen eingerichtet wurden. Sollte dies nicht der Fall sein, müssen Sie die Pfadangaben entsprechend anpassen. Sie können auch verschiedene andere HTML-Präsentationen über die Alias-Funktion definieren und damit beispielsweise jedem Ihrer Familienmitglieder einen eigenen Darstellungsbereich auf dem Server zur Verfügung stellen, ohne aufwändig virtuelle Hosts zu definieren.

Protokolle des Webservers

Wenn wir im Internet surfen, hinterlassen wir Spuren! Diese Weisheit sollte mittlerweile jedem von uns geläufig sein. Doch wie werden diese Informationen erhoben und welche Daten kann der Betreiber eines Webservers überhaupt über uns in Erfahrung bringen? Die Antworten auf diese Fragen liefern Ihnen die Experimente mit Ihrem Apache-Webserver. Dazu wollen wir noch einmal einen Blick in die Datei */etc/apache2/httpd.conf* werfen. Das ist eine gute Gelegenheit, uns ein wenig mit den Protokollierungsfunktionen des Servers zu befassen.

Wenn wir uns die Konfiguration ansehen, finden wir jede Menge *Variablen*. Diese werden mit einem Prozentzeichen dargestellt, gefolgt von einem Buchstabenkürzel. Ein Beispiel ist *%h*. Dahinter verbirgt sich die IP-Adresse des Besuchers. Für jeden einzelnen Zugriff auf eine Datei oder den Webserver selbst erstellt der Apache einen Eintrag in eine Logdatei. Im Klartext bedeutet dies, dass nicht für den Besuch der Seite *www.srg.at* eine Zeile, sondern jeweils eine Zeile für jedes einzelne Element dieser Publikation in die Logdatei geschrieben wird. Eine Seite mit vielen Grafikelementen erzeugt damit schon einen recht beachtlichen Inhalt in der Logdatei. Entsprechend unübersichtlich ist es, diese auszuwerten. Weil die Logdateien jedoch als reiner ASCII-Text gespeichert werden, lassen sie sich mit jedem Editor oder einer guten Textverarbeitung öffnen. Der Text kann in eine Tabelle umgewandelt und damit nach bestimmten Suchkriterien (IP-Adresse, Dateiname, Datum oder Uhrzeit) geordnet und ausgewertet werden. Denkbar ist natürlich auch, dass für die Auswertung klassische Suchfunktionen der Textverarbeitung genutzt werden. Professionelle »Usertracker« haben für diese Zwecke natürlich spezielle Software entwickelt. Das sei nur am Rande erwähnt.

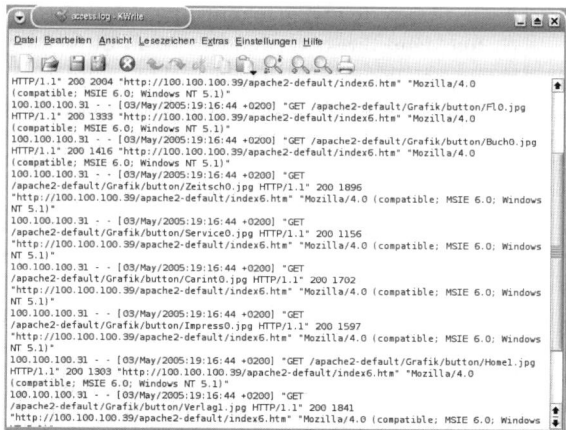

Abbildung 16.15: Die Datei */var/log/apache2/access.log* ist extrem umfangreich, denn jeder einzelne Zugriff wird gelistet

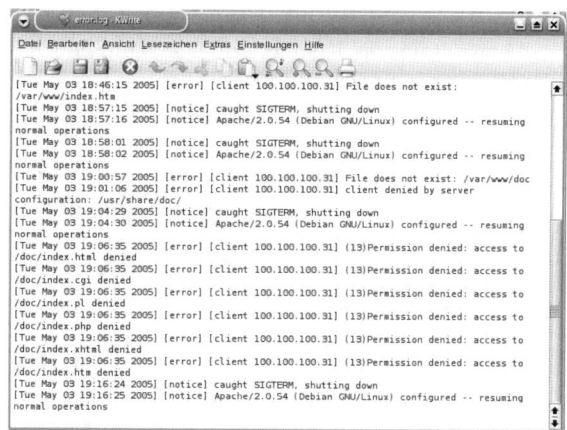

Abbildung 16.16: Wenn Fehler aufgetreten sind, findet man diese und ihre Begründungen in der Datei *.../error_log*

Nun ist es natürlich nicht generell interessant zu wissen, ob ein Besucher auch tatsächlich alle Inhalte der Seite abgerufen hat. Vielmehr ist es beispielsweise wichtig, woher der Besucher kam. Hat er die Seite über einen Link erreicht, so wird dies mit dem so genannten *Referer* mitgeteilt. Auch diese Information lässt sich protokollieren. Der *Referer* hat keinen Inhalt, wenn der Besucher die Seite manuell in der Adressleiste des Browsers gewählt hat. Für die Werbebranche ergeben sich allein daraus grundlegende Informationen:

✔ Der *Referer* gibt einen Ursprungslink an: Die Anzahl der Einträge mit diesem *Referer* lässt Rückschlüsse darüber zu, ob das geschaltete Werbebanner tatsächlich sein Geld wert war oder ob man die Investition in diesen Link künftig sparen kann. Auch Verweise aus Suchmaschinen werden mit dieser Methode erkannt.

✔ Der *Referer* ist leer: Tauchen diese Einträge sehr häufig auf, dann spricht dies für einen breiten Bekanntheitsgrad der Webseite. Diese Information kann – wenn die Seite als Werbeträger angeboten wird – durchaus den Wert beeinflussen.

Es macht also Sinn, die vom Webserver protokollierten Informationen auf das Wesentliche zu reduzieren, um das Maximum an wirklich wichtigen Daten gewinnen zu können.

Server-Variable	Bedeutung
%{Referer}i	Adresse der Seite, über deren Hyperlink die eigene Webseite aufgerufen wurde
%{UserAgent}i	Daten zum Computer, Betriebssystem und dem verwendeten Webbrowser des Besuchers
%>s	Statusmeldung bzw. Fehlermeldung bei nicht ladbaren Inhalten
%b	An den Webbrowser übertragene Datenmenge in Byte ohne Headerinformationen der Übertragungsprotokolle
%h	Steht für die IP-Adresse des Besuchers
%l	Loginname des Benutzers bei Seiten mit Authentifizierungspflicht
%r	Erste Zeile der Browseranfrage an den Server
%t	Zeitstempel nach dem internationalen Darstellungsformat
%u	Benutzer

Tabelle 16.1: Auswahl von Apache-Protokollvariablen

Die Webseite auf den Server laden

Damit nun ein Besucher des Webservers die gewünschten Seiten vorfindet, müssen wir dafür sorgen, dass diese sich auch in dem in der Konfigurationsdatei für den gewünschten virtuellen Host definierten Verzeichnis befinden. Wenn wir unseren LINUX-Computer als solchen auch zur Erstellung der Webseiten verwenden, dann können diese Seiten entweder direkt in den Zielverzeichnissen abgelegt und bearbeitet werden, oder wir kopieren sie nach einem abschließenden Test in das Serververzeichnis.

Das funktioniert allerdings nur dann, wenn Sie direkt an diesem Computer arbeiten (dürfen). Das ist bei einem Webserver nicht immer der Fall. In einem lokalen Netzwerk können Sie möglicherweise die Webpräsentation auf einem vollkommen anderen Computer erstellt haben. Auch hier – wenn es sich ebenfalls um einen LINUX-Rechner handelt – haben Sie die Möglichkeit, Ihre Dateien in das entsprechende Verzeichnis des Servers zu kopieren. Das setzt allerdings voraus, dass das Verzeichnis in den Netzwerkcomputern gemountet ist und dass Sie die entsprechenden Zugriffsrechte besitzen. In einem Netzwerk mit MS-Windows-Computern wird übrigens der Samba-Server für diese Zwecke interessant.

Die gängigste Methode, Webseiten auf dem Webserver abzulegen, ist aber die Verwendung des File Transfer Protocols (FTP). Das setzt voraus, dass auf dem Servercomputer neben dem Webserver auch ein FTP-Server vorhanden ist. Als FTP-Client kommen heutzutage bereits alle modernen Webbrowser in Betracht. Zudem gibt es spezielle FTP-Client-Programme. Auch die Einrichtung eines FTP-Servers wird in einem eigenen Kapitel in diesem Teil des Buches besprochen.

17 Der Samba-Server

Der Samba-Server wird oftmals schon als File- und Printserver-Ersatz für den Windows-NT/2000-Server angesehen. Dies wollen wir nicht beurteilen, obwohl solche pauschalen Äußerungen sehr vorsichtig bewertet werden sollten. Fakt ist, dass die Leistungsmerkmale von Samba mittlerweile einen weit fortgeschritten Standard erreicht haben. In (sehr) vielen Bereichen wird also ein LINUX-Server mit einer Samba-Installation durchaus eine preiswerte, aber dennoch leistungsfähige und sichere Alternative zum MS-Windows-Serversystem darstellen können. Welche neuen Funktionen mit dem jeweiligen Release implementiert sind, erfährt man auf der offiziellen Samba-Seite im Internet unter *www.de.samba.org/samba/samba.html*. Wer den Samba-Server intensiv nutzen möchte, der sollte regelmäßig einen Blick auf diese Seite werfen und die Samba-News lesen. Dort erfahren Sie u.a., welches Software-Release gerade aktuell ist, und können die Dateien auch aus dem Internet herunterladen. Dieses Kapitel wird Ihnen eine Einführung in den Betrieb des Samba-Servers geben.

Installation des Samba-Servers

Das Programmpaket Samba wird – wie soll es anders sein – mit der aktuellen Debian-GNU/LINUX-Distribution geliefert und mit den entsprechenden Tools (apt-get, dpkg oder auf der grafischen Oberfläche KPackage bzw. Synaptic) installiert. Darüber hinaus wird Samba auf Ihrem PC installiert, wenn Sie bei der Einrichtung des Grundsystems das Metapaket *File Server* wählen. Alternativ dazu können Sie natürlich auch die Installation aus dem *tar*-Archiv durchführen, wenn Sie Samba aus dem Internet geladen haben. Das Archiv liegt im **.tar.gz*-Format vor. Die jeweils aktuellste Version wird auf dieser Seite mit dem Namen *samba-latest.tar.gz* bereitgestellt. Natürlich existiert parallel dazu eine Version, aus der im Namen das jeweilige Release erkennbar ist. Wir empfehlen zwar, stets die Datei in letzterer Schreibweise zu laden, weil es die Übersicht in Ihrer persönlichen Archivierung erleichtert, wollen aber in den folgenden Abschnitten die allgemeine Form verwenden. Das Verfahren ist identisch.

Beachten Sie bitte das Kapitel zum Umgang mit Shell-Kommandos im zweiten Teil des Buches. Insbesondere sind die Kommandos tar und make bei der Installation des Samba-Pakets aus einem Archiv heraus von Bedeutung.

Wenn Sie das Paket selbst kompilieren, werden Sie den Samba-Server zweckmäßigerweise in einem gemeinsamen Verzeichnis installieren. Dazu kopieren Sie zunächst das Archiv an diese Stelle und dekomprimieren es mit dem tar-Kommando. Beachten Sie, dass das Archiv in der Regel zusätzlich »gezippt« ist, was Sie an der Endung *.tar.gz* erkennen können. Wechseln Sie bitte in das Zielverzeichnis, in dem sich nun Ihr Archiv befinden sollte, und entpacken Sie die Datei wie folgt:

```
tar -xfvz ./samba-latest.tar.gz ⏎
```

Damit werden Ihnen nun alle im Archiv enthaltenen Programme zur Verfügung gestellt. Bevor nun die Kompilierung über die in den *Makefiles* vorgegebenen Regeln durchgeführt wird, müssen Sie bei dieser Installationsform eine Grundkonfiguration durchführen, die mit dem Kommando configure ⏎ automatisiert wird. Mit dem Kommado ./make ⏎ wird nun die Kompilierung gestartet und mit ./make install ⏎ die Installation durchgeführt. Einfacher geht es allerdings, wenn Sie Samba aus Ihrer Debian-Distribution mit einem der beschriebenen Programme zum Paketmanager installieren.

Wenn Sie die Installationsdateien aus dem Internet beziehen, wird Samba in ein in der Grundkonfiguration festgelegtes Verzeichnis installiert. Sollten Sie eigene Vorstellungen über die Installationsorte der Dateien haben oder diese bei einem Update an Ihre vorhandene Installation anlehnen wollen, dann müssen Sie unmittelbar nach dem configure-Aufruf die Datei *makefile* editieren. Geeignet ist wieder jeder Texteditor. Im ersten Bereich finden Sie die vorgegebenen Installationspfade, die Sie nach den Eigenschaften Ihres Systems modifizieren können. Beachten Sie jedoch stets die aktuellen Dokumentationen. Samba ist ständig in der Entwicklung!

Wenn Sie nicht sicher sind, in welchen Verzeichnissen eine bereits vorhandene Samba-Installation zu finden ist, dann können Sie die jeweiligen Dateien beispielsweise mit der Suchfunktion – z.B. des Konquerors – finden lassen, den Sie in diesem Buch sowohl als Dateimanager wie auch als Webbrowser kennen gelernt haben. Bitte nutzen Sie auch die Gelegenheit, gleich ein Backup zu erstellen. Auf diese Weise können Sie eventuelle Installationspannen jederzeit wieder rückgängig machen.

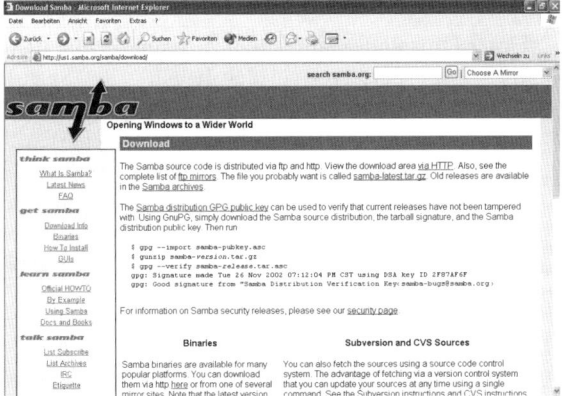

Abbildung 17.1: Der Downloadbereich der offiziellen Samba-Seite bietet stets die aktuelle Version

Wenn Sie nun Ihre Dateien auf dem System installiert haben, sind Sie bereits einen wesentlichen Schritt zur Integration Ihres LINUX-Computers in eine vorhandene MS-Windows-Welt (bzw. umgekehrt) vorangekommen. Es fehlen aber noch einige wichtige Schritte. So stellt Samba bekanntlich als Server einen eigenen Netzwerkdienst in Ihrem System dar. Im vorangehenden Kapitel haben Sie den Dämon *inetd* und dessen Bedeutung kennen gelernt. Theoretisch würde man nun darüber nachdenken, Samba über *inetd* bedarfsweise zu starten und damit das System zu entlasten. In den meisten Distributionen ist der Samba-Server allerdings in der Form eigenständiger Dämonen vorgesehen, die mithilfe eines Skriptes im Verzeichnis */etc/init.d* aufgerufen werden. Das sind:

✔ *nmbd* und

✔ *smbd*.

Im Gegensatz zu älteren bzw. anderen Distributionen sieht Debian GNU/LINUX 3.1 »Sarge« nur ein Skript im Verzeichnis */etc/init.d/* zum Start des Samba-Servers vor. Es handelt sich um */etc/init.d/ samba*. Die Programme, welche die Dämonen *nmbd* und *smbd* verkörpern, sind im Verzeichnis */usr/bin/* zu finden und werden vom Skript */etc/init.d/samba* aufgerufen.

Unter Umständen müssen Sie – wenn Sie die Installationsdateien von einem Internetserver geladen haben – das Startskript *samba* an Ihre eigenen Verzeichnisstrukturen anpassen, was Sie wie immer mit einem Texteditor machen können. Wir empfehlen, den Samba-Server direkt aus dem Debian-Paket zu installieren. Dabei werden nicht nur die Programmdateien an den richtigen Orten installiert, es werden auch alle relevanten Änderungen in den Konfigurations- und Bootdateien vorgenommen, so dass wir uns darum zunächst (fast) gar nicht mehr kümmern müssen.

Natürlich müssen Sie systemspezifische Konfigurationen und die benutzerspezifischen Freigaben durchführen. Weil das nicht ganz so unkompliziert ist, wie es sich hier zunächst liest, haben wir dieses Kapitel für Sie verfasst.

Was ist eigentlich Samba?

Wie Sie sicher vermuten werden, ist dieses Kapitel keine Hommage an die Freunde des lateinamerikanischen Tanzsports, sondern es geht um eine Serverapplikation für LINUX- und UNIX-Systeme. Genau gesagt integriert Samba unseren LINUX-Computer in ein bereits bestehendes MS-Windows-Netzwerk und stellt bei entsprechender Freigabe die Verzeichnisse und Drucker den jeweils autorisierten Usern im Netz zur Verfügung. Dabei handelt es sich jedoch nicht nur um die Öffnung des LINUX-Computers für alle Beteiligten im System, wie es in der Regel beim einfachen Vernetzungsverfahren – beispielsweise in

Windows-95/98/ME-Peer-to-Peer-Netzen auf »Freigabeebene« – genutzt wird. Das allein wäre sehr fahrlässig, hätte dann doch jeder ungehinderten Zugriff auf Dateien, die auf der eigenen Maschine nur dem Superuser zur Verfügung stehen. Ganz im Gegenteil: Samba ist durchaus in der Lage, die Zugangsberechtigungen der einzelnen User zu überprüfen. Darüber hinaus – und das ist gerade die wesentliche Eigenschaft des Servers – wird die NetBIOS-Namensgebung der Windows-Systeme unterstützt, wobei Samba auch als *NetBIOS Name Server* einsetzbar ist.

Samba ist nicht nur ein Programm, das auf eine Steuerdatei (*/etc/samba/smb.conf*) zugreift, es handelt sich um ein Paket mehrerer verschiedener Programme:

✔ *smbd*: Der SMB-Dämon verwaltet die Verbindungen der verschiedenen MS-Windows-Klienten bzw. die Zugriffe der LINUX- und UNIX-Rechner, die das Programm *smbclient* einsetzen.

✔ *nmbd*: Um die Microsoft-spezifischen Computernamen in IP-Adressen aufzulösen, wird ein NetBIOS-Name-Dämon benötigt. Dieser wird mit *rmbd* ins System integriert.

✔ *smbclient*: Weil LINUX- und UNIX-Computer normalerweise nicht das SMB-Protokoll einsetzen, können diese Rechner nicht ohne weiteres auf den Samba-Server zugreifen, obwohl er auch auf einem LINUX-Computer läuft. Damit die Kompatibilität gewährleistet werden kann, enthält das Samba-Paket das Programm *smbclient*, dass auf allen LINUX-Workstations installiert werden muss, die auf den Server zugreifen sollen.

✔ *smbtar*: Das Programm entspricht in der Funktion dem Programm tar, bezieht sich aber auf Samba-Shares.

✔ *smbpasswd*: Das Programm gestattet es einem Administrator, das verschlüsselte Kennwort mit Samba zu verändern.

✔ *smbstatus*: Mit diesem Programm können aktuell aktive Verbindungen zu Freigaben auf dem Samba-Server angezeigt werden.

✔ *testparm*: Das Programm dient der Überprüfung der Samba-Konfigurationsdatei.

✔ *testprns*: Es handelt sich um ein Testprogramm für den Zugriff des Servers auf den lokalen Drucker.

Die Aufzählung entspricht dem Paket *Samba* aus der zum Zeitpunkt der Verfassung dieses Buches aktuellen Version. Sie ist jedoch
scheinbar – im Vergleich zum Inhalt der originalen Installationsdateien, die Sie direkt von der Internetseite des Samba-Projektes
beziehen können – unvollständig. Es fehlt das Programm *swat*. Bei
swat handelt es sich um einen Konfigurationsassistenten für die
Datei */etc/samba/smb.conf*. Es wird Ihnen allerdings nicht unter-
schlagen, sondern gewissermaßen »still und heimlich« mit installiert. Möglicherweise müssen Sie jedoch *swat* noch in der Datei
/etc/inetd.conf freigeben und selbstverständlich *inetd* neu starten.

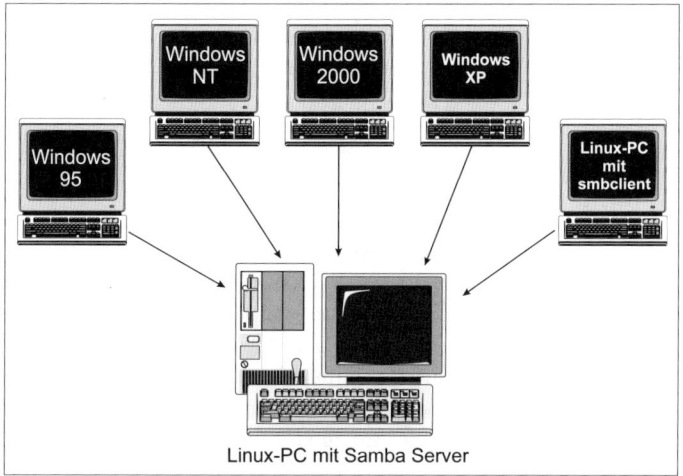

Linux-PC mit Samba Server

Abbildung 17.2: Mischnetzwerk aus Windows-Computern und einem
LINUX-Rechner mit dem Samba-Server

Einrichtung im System

Nach der Installation der Programmpakete muss der Samba-Server
im System eingerichtet und der externe Zugriff konfiguriert werden.
Für Letzteres gibt es – wie schon angedeutet – die Datei */etc/samba/
smb.conf*, die in größeren Netzwerken mit entsprechender Userzahl
doch recht umfangreich werden kann. Neben dem eigentlichen

Samba-Server – genauer gesagt den Netzwerkdiensten, die unter diesem Begriff zusammengefasst werden – werden wir auch ein Administrationstool kennen lernen, das uns nicht nur die Konfiguration relativ übersichtlich durchführen, sondern uns auch an einer beliebigen Stelle im Netzwerk auf den Server zugreifen lässt. Ganz klar: hier ist wieder auf die nötige Sicherheit zu achten.

Die Datei /etc/samba/smb.conf

Die Konfigurationsdatei */etc/samba/smb.conf* enthält alle wichtigen Parameter für den Betrieb des Samba-Servers. Dies betrifft neben der Zugriffsverwaltung für das Dateisystem und den Drucker auch sehr allgemeine Fragen wie beispielsweise die Zugehörigkeit zu einer Workgroup. Diese Einstellungen tauchen im Abschnitt *[global]* der Datei auf. In den folgenden Abschnitten wollen wir uns die Datei */etc/samba/smb.conf* anhand eines Beispiels einmal näher ansehen und sie mit einigen weiteren individuellen Einstellungen modifizieren. Debian hat u.a. bereits folgende Abschnitte eingerichtet:

✔ *[global]*,

✔ *[homes]*,

✔ *[printers]* und

✔ *[print$]*.

Darüber hinaus wird der Abschnitt *[cdrom]* angeboten, der jedoch zunächst durch ein vorangestelltes Semikolon auskommentiert ist. In der aktuell von uns verwendeten Version ist die Datei in der oben genannten Form gegliedert.

Wenn Sie unser Kapitel mit eigenen praktischen Versuchen begleiten möchten, empfehlen wir, ein Backup der Datei */etc/samba/ smb.conf* anzulegen. Sie können dies mit cp /etc/samba/smb.conf /etc/samba/smb.conf.bak ⏎ erreichen.

In unserer Installation wurde die Konfigurationsdatei *smb.conf* in das Verzeichnis */etc/samba/* installiert. Das muss nicht zwingend auch bei Ihrem Rechner der Fall sein. Ältere Installationen deponieren die Datei direkt in das Verzeichnis */etc/*. Bitte überprüfen Sie dies gegebenenfalls noch einmal.

Globale Konfigurationen in /etc/samba/smb.conf

Den vorgegebenen Eintrag für *Workgroup* ersetzen wir durch den Namen unserer Arbeitsgruppe, in die der Samba-Server integriert werden soll. In unserem Beispiel heißt die Arbeitsgruppe »Oemworkgroup«. Diese muss mit dem Eintrag in der Identifikation der Windows-Rechner in deren Netzwerkeigenschaften übereinstimmen, die zur jeweiligen Arbeitsgruppe gehören. Ein weiterer wichtiger Parameter ist *guest account*. Samba wird im Normalfall für diesen Benutzer einen Account in die Datei */etc/password* bzw. bei verschlüsselten Kennwörtern in die Datei */etc/shadow* eintragen und diesen User seinen Rechten entsprechend bedienen. Sollen auch andere User im Windows-Netzwerk auf den Samba-Server zugreifen, die keinen Account auf dem LINUX-Computer besitzen, oder soll der LINUX-Rechner in eine einfache Peer-to-Peer-Umgebung eingebunden werden, dann muss in jedem Fall ein *guest account* definiert werden. Dieser wird vom System mit *nobody* vorgeschlagen. Für diesen Benutzer können Sie auf dem LINUX-Computer bestimmte Bereiche reservieren und festlegen, welche Rechte er genießen soll. Natürlich können Sie – wie bereits in vorherigen Kapiteln erwähnt – einen beliebigen User im System wählen oder definieren, den Sie anstelle von »nobody« eintragen.

Es empfiehlt sich, einen speziellen Account mit entsprechend eingeschränkten Benutzerrechten zu definieren, wenn Sie beliebigen Usern in einem Peer-to-Peer-Netz Ihre freigegebenen Ressourcen (Shares) zur Nutzung anbieten. Vermeiden Sie es bitte, »root« als Substitut für den Gastzugang zu verwenden. Dieser Benutzer hätte damit uneingeschränkten Zugriff auf das System, was besonders problematisch wäre, wenn als Heimatpfad das Wurzelverzeichnis *(path = /)* definiert wäre. Es ist zudem möglich, mit der Direktive

> invalid users = root den Systemverwalter-Account grundsätzlich vom Zugriff auf das System über den Samba-Service auszuschließen. Das macht durchaus einen Sinn, denn selbst der (verantwortungsvoll agierende) Systemverwalter wird sich bei seiner regulären Arbeit am System nur mit einem Standard-Account mit eingeschränkten Rechten anmelden. Damit reduziert er nämlich das Risiko, nachhaltigen Schaden am System anzurichten, wenn er einmal einen Fehler macht.

Der *guest account* sieht also vor, dass öffentliche User auf bestimmte Bereiche des Systems zugreifen dürfen, wenn dies mit einem Eintrag public = yes in den jeweiligen Abschnitten legitimiert wurde. Wichtig ist, dass die Zeilen *guest account = ...[user]* im globalen Abschnitt enthalten sind, da der Samba-Server sonst nicht von den anderen (Windows-) Arbeitsplätzen in deren Netzwerkumgebung erkannt werden kann.

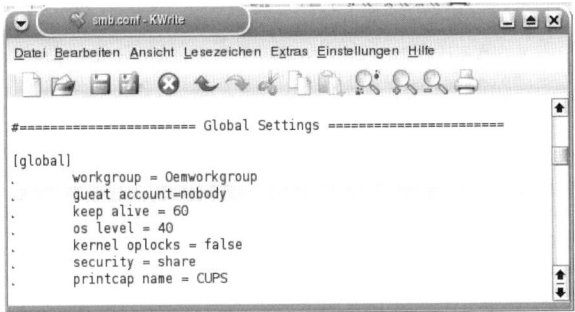

Abbildung 17.3: Globaler Bereich der Datei /etc/smb.conf (nicht in der mit dem Programm gelieferten Urform)

Ein weiterer interessanter Parameter ist *keep alive*. Der Server fragt in an dieser Stelle vorgegebenen Zeitabständen (in Sekunden) nach, ob die angemeldeten Rechner noch aktiv sind. Dies ist sinnvoll, denn ansonsten würde der Server für jeden Clienten unnötige Ressourcen im System binden, obwohl diese womöglich nicht gebraucht werden. Darüber hinaus werden allgemein Client-Rechner in einem LAN nicht rund um die Uhr betrieben. Samba verschafft sich also selbstständig einen Überblick über die versammelte Nachbarschaft im Netz.

Abbildung 17.4: Auswahl der gewünschten Arbeitsgruppe in einer MS-Windows-Netzwerkumgebung

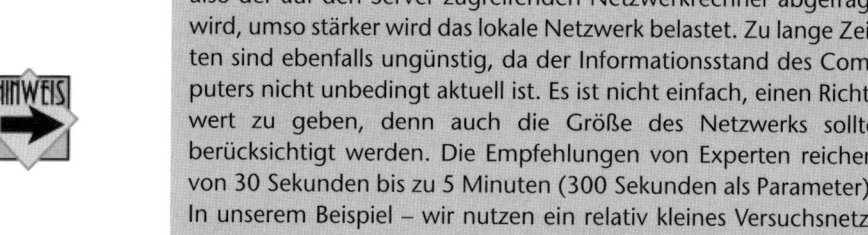

Je kürzer der Zeitabstand ist, mit dem die Verfügbarkeit der Hosts, also der auf den Server zugreifenden Netzwerkrechner abgefragt wird, umso stärker wird das lokale Netzwerk belastet. Zu lange Zeiten sind ebenfalls ungünstig, da der Informationsstand des Computers nicht unbedingt aktuell ist. Es ist nicht einfach, einen Richtwert zu geben, denn auch die Größe des Netzwerks sollte berücksichtigt werden. Die Empfehlungen von Experten reichen von 30 Sekunden bis zu 5 Minuten (300 Sekunden als Parameter). In unserem Beispiel – wir nutzen ein relativ kleines Versuchsnetzwerk – waren wir der Ansicht, dass 60 Sekunden einen guten Wert darstellen.

In unserer globalen Einstellung werden Sie einen etwas merkwürdigen Wert – *os level* – finden. Auf diesen Parameter könnte man auch verzichten oder ihn mit einem sehr geringen Wert versehen. Wir haben mit 40 einen vergleichsweise hohen Wert gewählt. Um dies zu verstehen, wollen wir ein wenig ausholen und überlegen, wie denn ein MS-Windows-Computer in seiner Netzwerkumgebung Namen in IP-Adressen auflösen kann. Er arbeitet ja nicht mit einem DNS, denn das wäre für ein einfaches Peer-to-Peer-Netzwerk viel zu aufwändig. Stattdessen verwenden Windows-Computer Suchlisten, in denen jeder gefundene Computer mit seinem Namen und seiner IP-Adresse eingetragen wird. Es wäre eine Menge los im Netz, wenn jeder Rechner eine solche Suchliste erstellen und verwalten müsste. Aus diesem Grunde hat man sich geeinigt, dass nur *ein* Rechner im Netzwerk eine derartige Suchliste verwaltet. Man nennt diesen Rechner den *Master Browser*.

Es gibt auch noch so genannte *Backup Browser*, jedoch wollen wir an dieser Stelle nicht darauf eingehen und sie nur der Vollständigkeit halber erwähnen.

Das klingt alles sehr schön, hat aber einen Haken. Stellen Sie sich eine Mannschaft von zehn Lagerarbeitern vor. Einer dieser Arbeiter soll nichts weiter zu tun haben, als den Wareneingang zu kontrollieren und jedes verladene Gut in eine Liste einzutragen. Die übrigen neun Arbeiter müssen die ganzen Kisten »schleppen«. Nun gibt der Chef vor, die Arbeiter mögen sich selbst einigen. Gibt es keine Regel, dann endet die Situation möglicherweise in einer munteren Schlägerei. Es muss also eine Regel geben, nach der ein Arbeiter bestimmt wird, der den Wareneingang kontrolliert, ohne zu riskieren, dass die gesamte Mannschaft mit mittelschweren Verletzungen ins Krankenhaus eingeliefert wird. In einem Microsoft-Netzwerk gibt es diese Regel: Jedem Betriebssystem wird ein bestimmter Wert zugewiesen. Der Rechner, dessen Betriebssystem den höchsten Wert hat, wird Master Browser. Beispielsweise haben Windows-9X-Computer den Wert »1«, ein Windows-NT-Server arbeitet mit dem Wert »33«.

Es ist sinnvoll, einen Server zum Master Browser zu machen, weil dieser in der Regel die längste Zeit am Netz angeschaltet ist. Ständige Wechsel des Master Browsers belasten unnötig das Netz und führen möglicherweise dazu, dass nicht generell alle verfügbaren Computer im LAN in der Netzwerkumgebung aufgelistet werden.

»Tolle Sache«, werden einige von Ihnen jetzt einwerfen, »wenn das ganze Netzwerk aus fünf Windows-XP-Computern aufgebaut wurde.« In diesem Fall werden identische (!) *os-level*-Werte verwendet und es entscheidet die längere Anwesenheitsdauer im Netz darüber, wer die Liste führt. Mit einem Wert von 40 haben wir also beschlossen, diese Aufgabe unserem Samba-Server zu übertragen, denn neben einigen Windows-9X- und -XP-Rechnern haben wir auch einen NT-Server im System in Betrieb.

Zu beachten ist noch der Parameter *security*. Eine oft gewählte Vorein-stellung in kleinen Netzwerken sieht hier den Parameter *share* vor. Das bedeutet, dass sich der Client nicht unbedingt mit seinem Namen und einem Passwort beim Server, sondern bei der von ihm genutzten Sys-temressource legitimiert. Mit den Einstellungen *user* und *server* erfolgt die Authentifizierung direkt beim Server. Aus der Sicht des Clients ist zwischen den beiden Verfahren kein Unterschied zu erkennen. Server-seitig hängt die Festlegung allerdings von den Gegebenheiten ab. Während die Authentifizierung mit dem Parameter *user* beim Samba-Server erfolgt, berücksichtigt *server* einerseits die in Windows-NT-Sys-temen gebräuchlichen *Primären Domain Controller* (*PDC*) und unter-stützt darüber hinaus verschüsselte Passwörter. Wir wollen die Aus-führungen in diesem Buch für die Allgemeinheit verständlich halten und verzichten deshalb auf tiefer greifende Darstellungen. Unser Bei-spiel begnügt sich mit der Security-Stufe *share*.

Schließlich wird in der globalen Konfiguration noch der Druckerzu-griff berücksichtigt. Wir nutzen in unserem System den CUPS-Trei-ber, dessen Installation und Einsatz wir bereits in einem früheren Ka-pitel beschrieben haben. Es ist jedoch zu beachten, dass gelegentlich auch das Paket *filters* mit installiert wird. Diese beiden Druckersys-teme vertragen sich nicht. Im Falle einer Störung sollte also das Paket *filters* aus dem System entfernt werden.

Der Bereich [homes] in /etc/smb/conf

Mit dem Abschnitt *[homes]* werden die Vorgaben festgelegt, mit denen jeder Client – sofern er im LINUX-System als User registriert ist – über das SMB-Protokoll von einer Windows-Workstation bzw. von einem Samba-Client im Netzwerk den Zugang zu seinem Heimatver-zeichnis erhält. Wie auch bei einem normalen Login, das beispiels-weise direkt an der Konsole oder über Telnet etc. erfolgen kann, wird dieses Verzeichnis automatisch angeboten. Wichtig für das Verständ-nis ist allerdings, dass natürlich mehrere User auch gleichzeitigen Zu-griff auf den Samba-Server bekommen können. Folglich dienen die Einstellungen jedem User, der natürlich sein eigenes Heimatverzeich-nis erreichen soll. Anhand der Zugangsdaten wird deshalb serverin-tern mit virtuellen Bereichen gearbeitet, wodurch individuelle Zugriffe auf das System – auch durch mehrere User gleichzeitig – möglich wer-den. Jeder User arbeitet also mit einem eigenen *Freigabedienst*.

Ohne eine spezielle Pfadangebe wählt Samba die offiziellen Heimatverzeichnisse des Systems. Es lassen sich aber auch andere Pfade vorgeben. Nur in diesem Fall ist an dieser Stelle eine konkrete Angabe erforderlich. Das ist dann allerdings nicht mehr ganz unkompliziert. Sie müssen nicht nur den Pfad genau festlegen, sondern auch einen Weg finden, die jeweils zum User passende Freigabe zu wählen. Dazu sieht Samba Variablen vor, deren Syntax sehr einfach ist: Sie werden durch das Prozentzeichen (%) eingeleitet und durch einen Buchstaben klassifiziert. Die Variable für die Zuweisung des Usernamens wäre beispielsweise %S. Eine Pfadangabe im Abschnitt *[homes]* hätte somit die folgende Struktur:

```
path=/ihrpfad/%S
```

Weitere geläufige Variablen finden Sie in der folgenden Tabelle. Selbstverständlich müssen Sie anstelle von `ihrpfad` den korrekten Weg auf Ihrem System eintragen.

Bedenken Sie bitte, dass die Variable %S einen Usernamen enthält, der bei einer Verwendung in einem Pfad auch gleichzeitig der Name eines dort zu findenden Verzeichnisses sein muss!

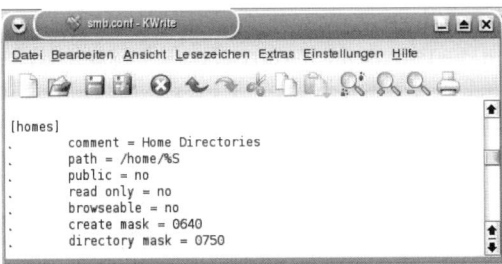

```
[homes]
.       comment = Home Directories
.       path = /home/%S
.       public = no
.       read only = no
.       browseable = no
.       create mask = 0640
.       directory mask = 0750
```

Abbildung 17.5: Beispiel für den Abschnitt *[homes]* der Datei */etc/samba/smb.conf*

Variable	Bedeutung
%g	Gruppe, der der User (%u) angehört
%G	Gruppe, die den Session-Usernamen zugeordnet ist

Variable	Bedeutung
%H	Heimatverzeichnis des Users (%u)
%I	IP-Adresse des Clients
%L	NetBIOS-Name des Servers
%m	NetBIOS-Name des Clients
%P	root-Verzeichnis des aktuellen Dienstes
%S	Aktueller Dienst/Share
%T	Datum und Uhrzeit
%u	Username
%U	Session-Username (vom Client beim Server angefordert)

Tabelle 17.1: Variablen zur Konfiguration der */etc/samba/smb.conf* (Auszug)

Wenn Sie die Netzwerkumgebung eines kleinen privaten MS-Windows-Systems kennen – wir meinen ein Peer-to-Peer-System, das im relativ einfachen Freigabemodus arbeitet –, dann wissen Sie bereits, dass die im System freigegebenen Ressourcen aller Rechner aufgelistet werden. Mit der Option browseable in der Datei */etc/samba/smb.conf* können Sie dies für die betreffenden Ressourcen Ihres LINUX-Computers beeinflussen. Setzen Sie als Argument browseable = yes, dann sind die betreffenden Verzeichnisse in den Netzwerkumgebungen der Klienten generell *sichtbar*. Wird die Einstellung auf no gesetzt, dann findet nur der jeweils legitime User sein Verzeichnis in der Netzwerkumgebung wieder. Anderen bleibt der Einblick verwehrt.

Eine Aktivierung der Option browsable bedeutet nicht gleichzeitig, dass der Benutzer, der das betreffende Verzeichnis im System entdeckt, darauf auch einen Zugriff erhalten kann. Hier wird lediglich festgelegt, dass andere User von der Existenz dieser Ressource Kenntnis erlangen dürfen.

Ob auf das Verzeichnis geschrieben werden darf oder nicht, legen Sie mit dem Parameter writeable = yes/no oder alternativ mit read only = yes/no fest. Beide Parameter haben sinngemäß die gleiche Bedeutung, auch wenn sie natürlich invers zu setzen sind. Soll der schreibende Zugriff erlaubt werden, dann muss also `writeable` = yes oder `read only` = no gesetzt werden.

In den einzelnen Bereichen der */etc/samba/smb.conf* wird ein wichtiger Parameter – `create mode` – gesetzt, der die Berechtigungen betrifft. Genau genommen betrifft dieser Parameter die Umsetzung der in den Samba-Definitionen eingetragenen Rechte auf das LINUX-Format. Sie erinnern sich an die früheren Kapitel dieses Buches. Darin haben wir die Vergabe von User-Rechten und beispielsweise deren Änderung mit dem Kommando `chmod` beschrieben. Unter anderem konnten Sie in diesem Zusammenhang erfahren, dass die drei *Berechtigungsgruppen* (»user«, »group« und »other«) durch jeweils drei Bits für die Lese-, Schreib- und Ausführungsberechtigung symbolisiert werden. Diese drei Bits lassen sich in Oktalzahlen darstellen (Ziffernbereich von 0 bis 7). Wenn Sie nun für den jeweiligen Abschnitt die zulässigen Rechte festlegen und diese als Oktalzahl darstellen, dann wird dieser Wert in der Datei */etc/samba/smb.conf* als `create mask` dem Parameter `create mode` übergeben. Aus den in dem jeweiligen Abschnitt durch yes oder no festgelegten Rechten wird nun über eine UND-Verknüpfung festgestellt, wie diese Rechte auf die verschiedenen Berechtigungsgruppen zu verteilen sind. Damit ist die Kompatibilität zum LINUX-System an dieser Stelle wieder hergestellt. Im Klartext: Auch wenn womöglich ein allgemeiner schreibender Zugriff durch `writeable` = yes definiert ist, bleibt dieses Recht bei einem `create mode` = 700 ausschließlich dem User selbst vorbehalten.

> Die Technik der UND-Verknüpfung haben wir bereits im Zusammenhang mit den Netzmasken im vorherigen Kapitel angesprochen.

Oktal	Bitmaske	Rechte
750	111 101 000	user: rwx, group: rx, other -
544	101 100 100	user: rx, group: r, other r
775	111 111 101	user: rwx, group: rwx: other rx

Tabelle 17.2: Beispiele zur Gestaltung der `create mask`

Frei definierte Shares

Neben dem Bereich *[Home]* können Sie auch beliebige Freigaben setzen und von Samba verwalten lassen. In unserem Beispiel haben wir den Bereich *[Visitors]* definiert, den wir für unregistrierte Besucher vorsehen. Sie erinnern sich, dass wir in den globalen Konfigurationen mit guest account = ... einen Gast-Account definiert haben. Dieser User soll ausschließlich Zugriff auf sein Heimatverzeichnis (hier: /home/gast/) bekommen. Damit ein Gast – also ein nicht auf dem LINUX-Computer registrierter Benutzer – auf diesen Bereich zugreifen kann, müssen Sie den Parameter public = yes setzen. Nur dann ist dieser Bereich wirklich öffentlich. Setzen Sie an dieser Stelle public = no, dann kann sich lediglich ein Benutzer mit dem Namen »Gast« einloggen, wenn er zusätzlich das definierte Kennwort kennt. Sie haben also die Möglichkeit, einen öffentlichen Bereich mit den Rechten eines bestimmten Users zu gestalten, können aber gleichzeitig auch einen ausschließlich diesem User vorbehaltenen Bereich schaffen, auf den kein öffentlicher Zugriff möglich ist.

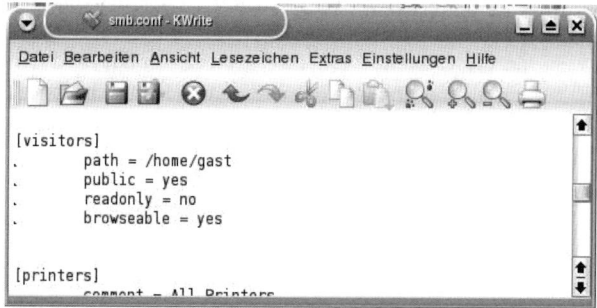

Abbildung 17.6: Die Ressource *[visitors]* ist problemlos per Mausklick zu erreichen. Es gibt keine Zugangsrestriktion (*public = yes*)

Die übrigen Parameter entsprechen denen, wie sie bereits erläutert wurden. Es sei noch darauf hingewiesen, dass Sie Samba noch wesentlich detaillierter konfigurieren können, jedoch wollen wir an dieser Stelle lediglich einen Einstieg vermitteln. Eine Dokumentation wird Ihnen mit Samba mitgeliefert. Darüber hinaus sind im Internet zahlreiche Quellen verfügbar, die sich auch in deutscher Sprache mit dem Thema befassen.

> Eine gute Hilfe bekommen Sie auch, wenn Sie die speziell für Samba entwickelte Weboberfläche (swat) verwenden. Diese ist mit zahlreichen kontextsensitiven Hilfefunktionen ausgestattet. Sie lernen swat in diesem Kapitel noch kennen.

Der Bereich [printers] in /etc/samba/smb.conf

Samba dient in MS-Windows-Netzwerkumgebungen nicht nur als Fileserver, sondern bietet den angeschlossenen Clients auch den Drucker des LINUX-Rechners zur Nutzung an. Auch hier ist eine Definition vorzunehmen, die teilweise mit bereits besprochenen Parametern (browseable, create mode etc.) durchzuführen ist. Das temporär für den Drucker freigegebene Verzeichnis ist in der Regel nicht geeignet, um direkt Dateien darin abzulegen. Es ist also nicht beschreibbar, was eigentlich einen Widerspruch darstellt. Wenn man nämlich im Sinne der LINUX-Strukturen denkt, dann ist ja ein Druckvorgang nichts anderes als das Schreiben von Daten in eine Datei. Im Falle des Druckers wird dieses Verbot jedoch durch den Parameter printable = yes eingeschränkt. So wird durchaus ein schreibender Zugriff gestattet, jedoch nur für die Übergabe an den Druckspooler.

In der Abbildung zum Bereich *[printers]* finden Sie übrigens einen Parameter public. Sie erinnern sich vielleicht noch an die Ausführungen zum globalen Teil. Darin legen Sie – anhand der Zuweisung eines Users unter »guest account« im globalen Bereich – fest, mit welchen Rechten sich ein Gast in den vom Samba-Server definierten Bereichen bewegen darf. Für den Gast sind die Bereiche offen, die mit dem Eintrag public = yes bzw. guest ok = yes versehen sind.

In unserer Illustration finden Sie noch einen weiteren Bereich: *[print$]*. Darin sind keine benutzerspezifischen Details definiert, wenn man davon absieht, dass der Drucker natürlich systemintern für sich auch einen Benutzer darstellt. Dies erklärt die Funktion create mask an dieser Stelle. Dieser Bereich definiert die Spoolverzeichnisse für die jeweiligen Druckertreiber, die unter LINUX als Warteschlangen bzw. als Queue bezeichnet werden.

```
[printers]
.        comment = All Printers
.        browseable = no
.        path = /tmp
.        printable = yes
.        public = yes
.        create mode = 0600


[print$]
        comment = Printer Drivers
        path = /var/lib/samba/printers
        write list = @ntadmin root
        force group = ntadmin
        create mask = 0664
        directiry mask = 0775
```

Abbildung 17.7: Der Abschnitt printers in */etc/samba/smb.conf*

Start des Samba-Servers

Bisher waren wir sehr fleißig und haben nicht nur die Software des Samba-Servers auf unserem Computer installiert, sondern auch einen ersten Einblick in die Konfigurationsdatei */etc/samba/smb.conf* bekommen. Bitte lassen Sie sich jedoch nicht irritieren. Allein über diese Datei könnte man schon beinahe ein Buch verfassen. Der vorangehende Abschnitt macht Sie also noch keineswegs zum Samba-Experten. Wir werden allerdings im Laufe dieses Kapitels mit *swat* noch ein interessantes Konfigurationswerkzeug kennen lernen, das uns die Optimierung unseres Samba-Servers erheblich erleichtern, aber die Konfigurationsdatei auch möglicherweise stark aufblähen wird. Zuvor wollen wir jedoch einmal versuchen, mit einem Windows-Computer auf den Samba-Server zuzugreifen.

Natürlich haben wir in den vorausgegangenen Ausführungen schon ein wenig vorgegriffen, denn wie Sie an den Beispielen gesehen haben, hatten wir mit einem Windows-Computer bereits Kontakt zum Samba-Server. Im Folgenden wollen wir Ihnen nun zeigen, wie Sie den Server aktivieren.

Der erste Versuch ...

Die Voraussetzung des Windows-Clients ist mindestens, dass dieser die Arbeitsgruppe kennt, die wir im globalen Teil der Datei */etc/samba/ smb.conf* festgelegt haben. Dadurch wissen wir, wo wir suchen müssen, wenn innerhalb des Netzwerkes verschiedene Arbeitsgruppen definiert sind. Wenn bis hierher alles richtig gemacht wurde, dann erwarten wir also, dass die Ressorcen unseres Samba-Servers oder zumindest der Computer in der MS-Windows-Netzwerkumgebung auftaucht. Versuchen wir dies einmal.

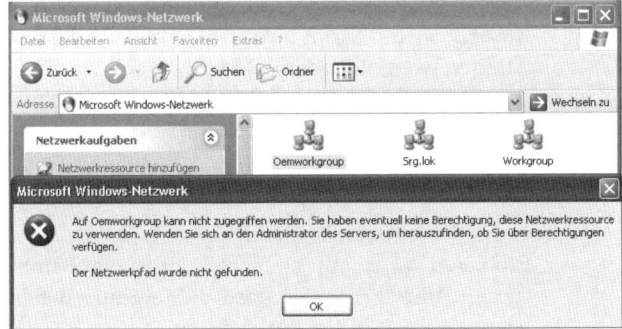

Abbildung 17.8: MS-Netzwerkumgebung: Nix Samba!?

OK, es war nicht besonders fair, denn in der Abbildung sehen Sie lediglich eine Fehlermeldung. Wir haben offenbar noch etwas vergessen.

Die Samba-Dienste starten ...

Bereits zu Beginn dieses Kapitels haben wir angedeutet, dass es sich bei Samba um Netzwerkdienste handelt. Aus Gründen der Sicherheit wird darauf verzichtet, den Samba-Server mit einem Superserver zu starten. Damit die Angelegenheit jedoch nicht in endlose Tipparbeit ausartet, wurde zum Start der Samba-Dienste ein Skript geschrieben, das für Sie die Shell-Befehle aufruft und ausführt. Es lautet:

```
/etc/init.d/samba [Option]
```

Als Optionen kommen im Wesentlichen in Frage:

✔ start (startet den Server),

✔ stop (beendet den Server) und

✔ restart (beendet einen laufenden Serverprozess und startet ihn erneut).

Es klingt banal, aber wer sich allmählich die Regeln der neuen deutschen Rechtschreibung angewöhnt hat, sollte bedenken, dass das Argument stop an dieser Stelle nur mit einem »p« geschrieben wird. Sie können dieses kleine Problem übrigens selbst beheben, indem Sie das Skript um einen weiteren case mit den gleichen Einträgen wie unter stop ergänzen. Doch Vorsicht: Fehler in der Programmierung der Skriptdateien, die Sie mit einem einfachen Editor vornehmen können, führen zu Fehlfunktionen. Fertigen Sie bitte vor einem Eingriff stets eine Sicherheitskopie der jeweiligen Datei an.

Probieren wir es nun einfach mal aus, den Samba-Server manuell zu starten. Bitte geben Sie dazu die folgende Befehlszeile auf der Shell oder einer X-Window-Konsole ein:

```
/etc/init.d/samba start ⏎
```

Abbildung 17.9: Das Skript /etc/init.d/samba wurde mit KWrite geöffnet und um einen weiteren Parameter stop erweitert

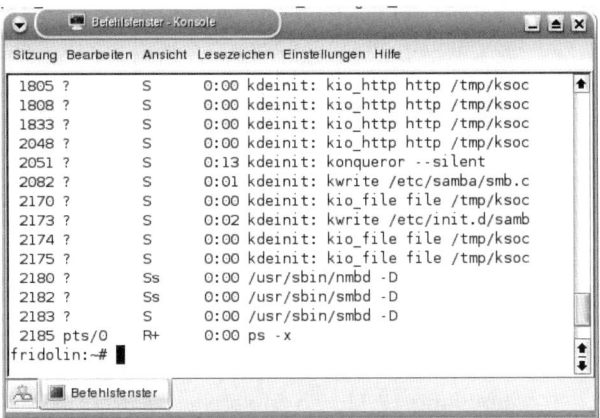

```
                Befehlsfenster - Konsole                    _ ▲ ✕

  Sitzung  Bearbeiten  Ansicht  Lesezeichen  Einstellungen  Hilfe

  1805 ?        S        0:00 kdeinit: kio_http http /tmp/ksoc    ▲
  1808 ?        S        0:00 kdeinit: kio_http http /tmp/ksoc
  1833 ?        S        0:00 kdeinit: kio_http http /tmp/ksoc
  2048 ?        S        0:00 kdeinit: kio_http http /tmp/ksoc
  2051 ?        S        0:13 kdeinit: konqueror --silent
  2082 ?        S        0:01 kdeinit: kwrite /etc/samba/smb.c
  2170 ?        S        0:00 kdeinit: kio_file file /tmp/ksoc
  2173 ?        S        0:02 kdeinit: kwrite /etc/init.d/samb
  2174 ?        S        0:00 kdeinit: kio_file file /tmp/ksoc
  2175 ?        S        0:00 kdeinit: kio_file file /tmp/ksoc
  2180 ?        Ss       0:00 /usr/sbin/nmbd -D
  2182 ?        Ss       0:00 /usr/sbin/smbd -D
  2183 ?        S        0:00 /usr/sbin/smbd -D
  2185 pts/0    R+       0:00 ps -x
  fridolin:~# ▊                                               ▲
                                                              ▼

    ⚙   ▣ Befehlsfenster
```

Abbildung 17.10: Die Dämonen des Samba-Servers tauchen nach dem Start in der Prozessliste auf

Der erste Kontakt ...

Wir wollen uns nun kurz an unseren MS-Windows-Computer setzen und noch einmal die *Netzwerkumgebung* des Rechners aktualisieren. Jetzt haben wir mehr Glück, denn plötzlich ist unser LINUX-Computer (LINUX) in der Auflistung vertreten.

Was ist passiert?

Mit dem Aufruf unseres Skriptes haben wir die zwei Netzwerkdämonen, nämlich *nmbd* (Name-Service-Funktion) und *smbd* (File-Sharing etc.) gestartet. Nichts anderes ist im Grunde genommen *Samba*, wenn wir das Projekt zunächst nur als File- und Printserver betrachten. Wenn wir nun die Netzwerkumgebung aufrufen oder aktualisieren, dann sendet der Windows-Computer Rundsendungen mit dem Port 137 aus. Das entspricht auf unserem LINUX-Computer dem Dienst *netbios-ns*, wie er in */etc/services* festgelegt wurde. Der Dämon *nmbd* wurde darauf programmiert, genau diesen Dienst zu bedienen. Weil er jedoch erst durch das Startskript aktiviert wurde, kann erst jetzt der Windows-Client den Samba-Server erreichen. Der »Superserver« *inetd* reagiert in diesem Fall nicht. Obwohl er durchaus im Hintergrund die Portadresse prüft, kommt er zu dem Ergebnis, dass diese Adresse für ihn nicht gültig ist. Schließlich sind die Samba-Aufrufe in seiner Konfiguration nicht vorhanden.

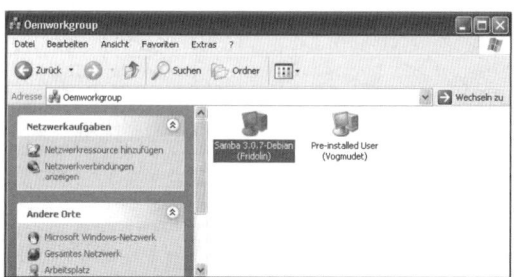

Abbildung 17.11: Ein Erfolgserlebnis: Der LINUX-Computer ist im Windows-Netzwerk bekannt

Mit der Darstellung des Computers in der Netzwerkumgebung allein wollen wir uns aber noch nicht zufrieden geben, denn schließlich wollen wir auf die Ressourcen des LINUX-Computers zugreifen. Wir sehen also einmal durch einen Doppelklick auf das Symbol unseres LINUX-Computers nach, was der Server bereits anbietet. Sie erinnern sich: Wir haben verschiedene Bereiche in der Datei */etc/samba/ smb.conf* eingerichtet:

- ✔ *global,*
- ✔ *homes,*
- ✔ *visitors,*
- ✔ *printers* und
- ✔ *print$.*

Die globalen Definitionen sind mit keinem Verzeichnis verbunden. Damit erfolgt selbst keine Freigabe. Zu den vom Samba-Server unterstützten Ressourcen gehören also lediglich die Bereiche *[homes]* und *[printers] sowie die übrigen Shares.* In einigen Fällen haben wir den Parameter browseable = yes gesetzt. Das Ergebnis sehen wir nun in unserem Windows-Fenster, denn es erscheinen auf unserem LINUX-Computer zwei Verzeichnisordner mit den Namen *homes* und *visitors.* Wenn wir nun versuchen, den Ordner *homes* zu öffnen, werden wir wieder eine kleine Überraschung erleben: Der Ordner ist nämlich durch ein Passwort geschützt. Hier werden wir mit unserem Peer-to-Peer-Netzwerk an die Grenzen geraten, denn es arbeitet auf reiner Freigabeebene. Es wird also auch keine Authentifizierung an einer NT-Domain vorgenommen, die von Samba emuliert werden kann. Wir sind somit über diesen Computer lediglich als »Gast« in unser LINUX-System eingebunden.

Sie erinnern sich, dass wir in den Bereich *[visitors]* unserer Datei */etc/sambasmb.conf* die folgende Zeile editierten:

```
public = yes
```

> Die Möglichkeiten des Gastzuganges entsprechen denen, die in einem Peer-to-Peer-LAN geboten werden, das auf Freigabeebene arbeitet. Der Zugriff ist mit diesem Gast-Account jedoch nur auf die Bereiche möglich, die als »*public*« gekennzeichnet sind. Mit einem Rechner, der auf Freigabeebene arbeitet, werden Sie also keinen Zugriff auf einen Samba-Server erhalten, der auf den Security-Modus »*user*« oder »*server*« konfiguriert wurde.

Wir wollen an dieser Stelle nicht allzu tief in die Materie der Grundlagen eines NT-Servers sowie die der Konfiguration der Client-Rechner eindringen. Das Buch soll auch Einsteigern den Umgang mit LINUX erläutern. Wenn Sie den Samba-Server jedoch als echte NT/2000/XP-Server-Alternative in Betracht ziehen wollen, dann kommen Sie um ein intensives Studium der Windows-Netzwerktechnologie nicht herum. Wir können in diesem Buch die Thematik nur so weit anschneiden, wie es erforderlich ist, um den Samba-Server zu installieren und in einer einfachen Umgebung zu betreiben.

Das Konfigurationstool swat

Mit *swat* bietet das Samba-Paket eine durchaus komfortable Konfigurationsoberfläche an, die mit jedem Webbrowser gestartet werden kann. Dies ist auch von einem beliebigen Netzwerkrechner aus möglich. Das Konfigurationstool ist also ein eigenständiger Netzwerkdienst, der auch dementsprechend eingerichtet werden muss. Betrachten wir daher zunächst seine Installation und anschließend den praktischen Gebrauch.

swat wird bei der Auswahl des Datei- und Druckservers bei einer Erstinstallation mit dem Samba-Paket auf Ihre Festplatte kopiert.

Installation von swat

Das *Samba Web Administration Tool* – *swat* – arbeitet als eigenständiger Webserver, der allerdings nicht über den klassischen Port 80 (HTTP) erreicht wird. Stattdessen arbeitet *swat* mit dem Port 901 über das TCP-Protokoll. Dementsprechend muss zunächst einmal – wenn dies noch nicht geschehen ist – in der Datei */etc/services* die folgende Zeile eingetragen werden:

```
swat 901/tcp
```

Damit wird ein Netzwerkaufruf über das TCP-Protokoll und den Port 901 der Variablen *swat* zugeordnet, die nun allerdings auch in der Datei */etc/inetd.conf* auftauchen muss. Wenn Sie nun alle Änderungen vorgenommen haben, dann speichern Sie bitte die bearbeitete Konfiguration mit der Schaltfläche *Weiter*. Der Dämon *inetd* wird – wie Sie bereits im allgemeinen Kapitel zur Netzwerktechnik erfahren haben – erst dann die neue Konfigurationsdatei berücksichtigen, wenn er neu gestartet wird.

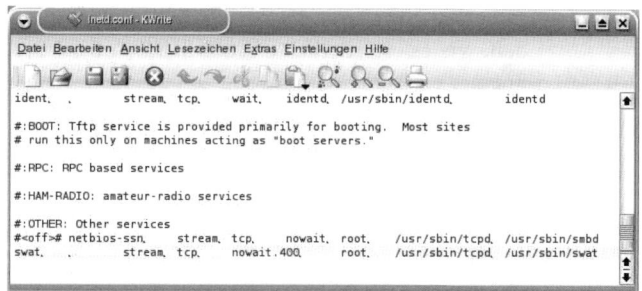

Abbildung 17.12: *inetd*-Konfigurationseintrag für *swat*

Wenn alle Dateien am richtigen Ort installiert, die Steuerdateien korrekt konfiguriert und der *inetd*-Dämon erfolgreich neu gestartet ist, sollte der Zugriff auf *swat* kein Problem mehr darstellen.

Starten von swat

Wir wollen nun *swat* starten. Dazu öffnen wir auf unserem Computer einen Webbrowser und geben die folgende Adresse ein:

`http://localhost:901` ⏎

Wichtig ist für den *swat*-Aufruf stets die Portadresse 901, die durch einen Doppelpunkt von der eigentlichen IP-Adresse – anstelle von `localhost` können Sie auch 127.0.0.1 schreiben – getrennt wird. Damit erzwingen Sie eine Verbindung über Port 901. Vergessen Sie die Angabe, dann wird automatisch Port 80 gesetzt, mit dem Sie den Webserver auf dem LINUX-Computer starten, sofern dieser installiert und aktiviert ist.

Die erste Reaktion des Servers ist eine *Authentifizierungsanforderung*. Sie müssen sich also bei *swat* zunächst einloggen, wobei ausschließlich der Superuser (»root«) einen Zugang bekommt. Dies ist einleuchtend, denn Sie können über den Umweg des SMB-Protokolls theoretisch alle Ressourcen des Servers zugänglich machen. Es gibt aber auch eine Alternative: Wenn Sie in der Datei */etc/inetd.conf* mit dem swat-Aufruf die Option –a übergeben, wird von einer Authentisierung abgesehen. In einem ausschließlich von Ihnen genutzten »Hobby-LAN« können Sie sich so die Arbeit ein wenig erleichtern, wenn Sie intensiv mit Samba experimentieren möchten. Handelt es sich jedoch um ein Firmennetz, dann sollten Sie auf die Option –a besser verzichten. Sie wissen ja: Gelegenheit macht Diebe (und Cracker)!

Abbildung 17.13: Normalerweise kann nur der Superuser (»root«) auf *swat* zugreifen

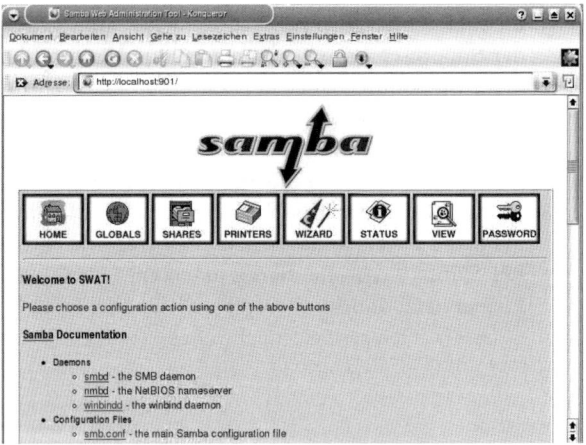

Abbildung 17.14: Die swat-»Homepage« Ihres LINUX-Computers

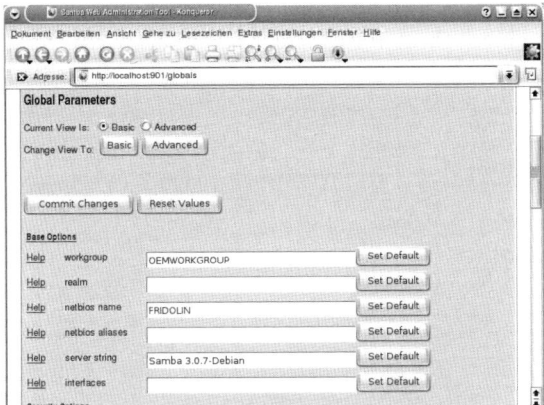

Abbildung 17.15: Globale Konfigurationen mit *swat*

Arbeiten mit swat

Nachdem wir uns bei *swat* angemeldet haben, bietet uns der Webbrowser auf der (lokalen) *swat-Homepage* eine umfangreiche Funk-
tions- und Informationsauswahl an. Im Grunde genommen lohnt es
sich allein des schnellen Zugriffes auf verschiedene Dokumentationen
wegen, mit *swat* zu arbeiten, denn auf Mausklick stehen die jeweiligen
Dokumente an jedem Ort des Netzwerks zur Verfügung. Für die eigentliche Konfiguration können die verschiedenen Bereiche mit den
übersichtlichen Schaltflächen ausgewählt werden. *swat* stellt quasi ein
grafisches Abbild der Datei */etc/samba/smb.conf* dar, die auch direkt von
swat bearbeitet wird. Dabei werden – auch wenn die erweiterte Ansicht (Advanced View) alle möglichen Paramter bietet – nur die jeweiligen Änderungen in */etc/samba/smb.conf* eingetragen. Sicher fällt Ihnen
bei näherer Betrachtung der erweiteren Ansicht schnell auf, dass es
erheblich mehr Konfigurationsparameter gibt, als sie in einem Kapitel
eines allgemeinen Praxishandbuches zum LINUX-Betriebssystem
erläutert werden können. Sie sollten sich dennoch nicht scheuen,
diese Ansicht zu untersuchen, zumal *swat* Ihnen auf der Basis der
Dokumentationen einige nützliche Hilfen bietet. Links neben jeder
Kommandoleiste ist stets der Hyperlink *Help* zu finden. Dieser ruft die
Dokumentation auf und führt Sie automatisch an die richtige Stelle

im Text. Die Dokumentation von *swat* ist mit Sicherheit bereits ein guter Schritt in Richtung einer brauchbaren Online-Unterstützung.

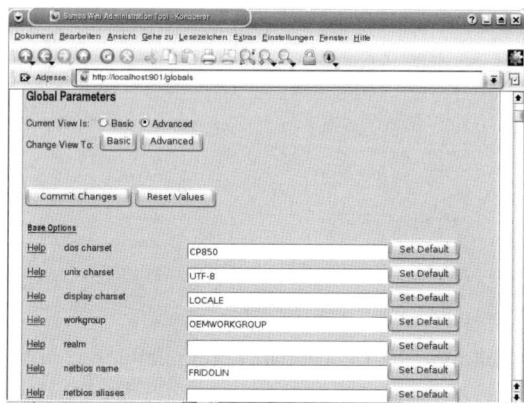

Abbildung 17.16: Achten Sie auf die Laufleiste: Die *Advanced View* ist sehr umfangreich!

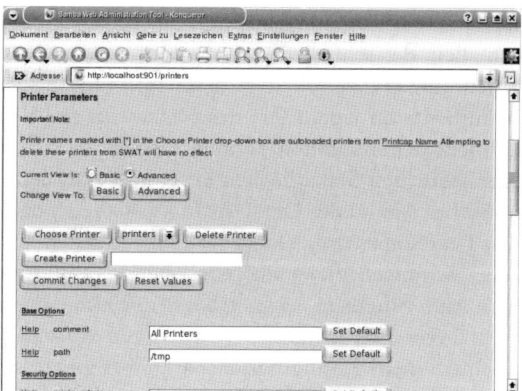

Abbildung 17.17: Druckerkonfiguration mit *swat*

swat erleichtert uns also die Arbeit mit der Datei */etc/samba/smb.conf*. Dies wollen wir einmal ausprobieren, indem wir ein neues Share anlegen, also einen Bereich, auf den durchaus auch mehrere User Zugriff haben können.

Wir wählen dazu das entsprechende Icon im grafischen Menü von *swat* und es öffnet sich eine Auswahlbox. In dieser müssen wir entweder ein bereits bestehendes *Share* für die Bearbeitung auswählen (in unserem Beispiel sind mit *visitors* und *homes* bereits zwei Shares vorhanden, die wir zuvor durch direkte Veränderung der Datei */etc/samba/smb.conf* eingerichtet haben) oder ein *neues Share* einrichten. Im letzteren Fall geben wir zunächst den Namen vor und klicken dann auf den Button *Create Share*.

Jetzt erst bekommen wir den Zugang zur Konfigurationsoberfläche, wobei wir wieder zwischen der kurzen *Basic View* und der vollständigen *Advanced View* wählen können. Die Festlegung der Parameter erfolgt ungefähr nach dem gleichen Prinzip, wie es bereits im Zusammenhang mit der Datei */etc/samba/smb.conf* erläutert wurde. Den Abschluss der Konfiguration bildet ein Mausklick auf den Button *Commit Changes*. Sie können natürlich auch eine völlige Neukonfiguration durchführen, ohne jedes einzelne Feld zu bearbeiten. Dazu steht der Button *Reset Values* zur Verfügung, mit dem alle Änderungen wieder rückgängig gemacht und die Daten der Maske in ihre Grundeinstellungen zurückversetzt werden können.

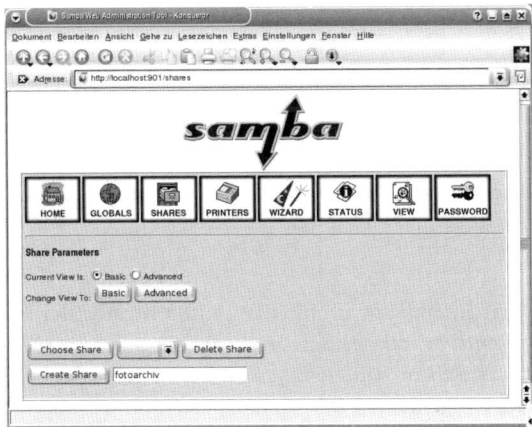

Abbildung 17.18: Wir legen eine neue Freigabe mit dem Namen Fotoarchiv an und klicken auf den Button *Create Share*

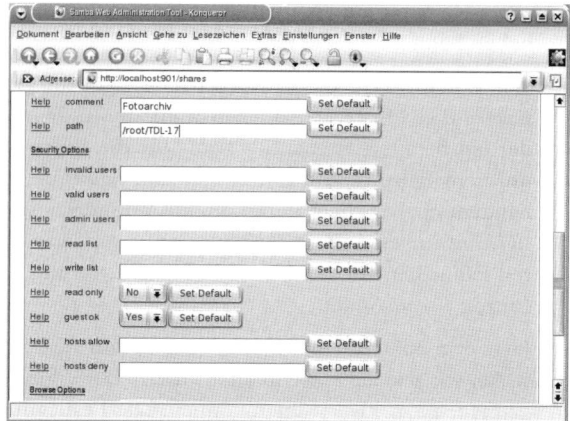

Abbildung 17.19: Einrichtung eines neuen Shares (hier ein Ausschnitt in der *Basic View*)

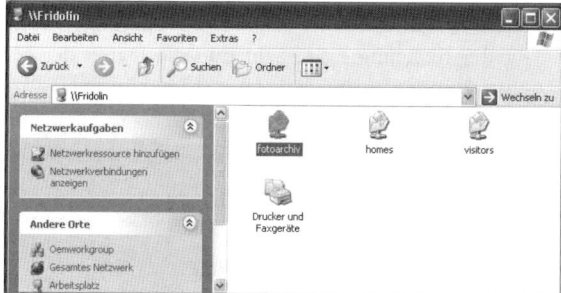

Abbildung 17.20: Nach dem Neustart von Samba steht unsere neue Freigabe im Netz *Fotoarchiv* zur Verfügung

Sehr interessant ist für den Administrator der Bereich *Status*. Darin erkennt er, ob der Server überhaupt aktiv ist. Diese Anzeige kann automatisch in regelmäßigen Zeitabständen aktualisiert werden. Neben dem allgemeinen Serverstatus erfahren wir aber auch sehr viel zu den Vorgängen in unserem System. Unsere Illustration zeigt ein Beispiel für einen aktuellen Zugriff auf den Samba-Server. So erkennen wir unter *Active Connections*, welcher Client-Computer augenblicklich eine Freigabe auf unserem LINUX-Computer nutzt. Der Name des Clients ist mit »pc1« nicht besonders phantasievoll gewählt worden, doch die IP-Adresse des Clients ist eindeutig. Darüber hinaus zeigt uns die Statusanzeige auch Datum und Uhrzeit des Zugriffs an.

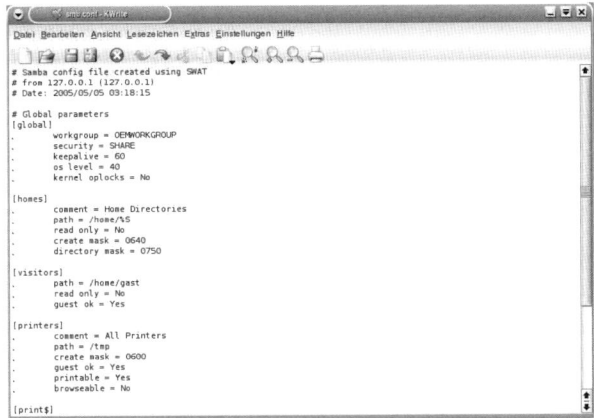

Abbildung 17.21: In der Datei */etc/samba/smb.conf* wird *swat* als der Urheber der letzten Änderung in der ersten Zeile als Kommentar vermerkt

Wie Sie bereits gesehen haben, können verschiedene Freigaben zu einem einzigen Verzeichnis führen. So wird in der Statusanzeige unter *Active Shares* angegeben, welche Freigabe von dem Rechner im Netzwerk genutzt wird. Beachten Sie, dass durchaus mehrere Computer zeitgleich auf unseren Samba-Server zugreifen können. Die Tabellen werden dann entsprechend umfangreicher. Aus diesem Grund ist die Prozess-ID (PID) interessant, die nicht nur LINUX-intern eine Bedeutung hat, sondern auch eine ideale Referenz zwischen den Einträgen darstellt. In unserem Fall erkennen wir, dass der zuvor identifizierte Rechner im Netzwerk auf die Freigabe *fotoarchiv* zugreift und innerhalb des Systems die Rechte des (LINUX-) Benutzers *nobody* genießt. Außerdem erfahren wir unter *Open Files* auch, auf welche Datei der Netzwerkrechner gerade zugreift.

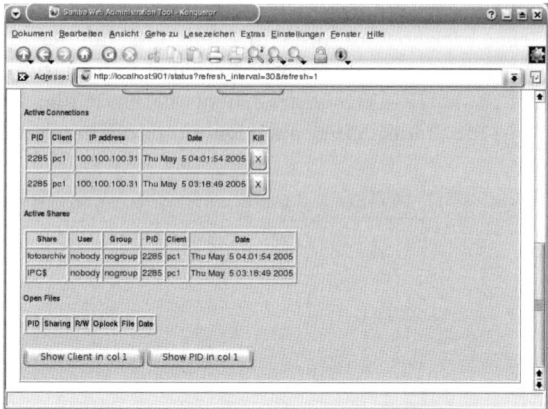

Abbildung 17.22: Die Samba-Statusabfrage mit swat zeigt nicht nur an, dass der Server aktiv ist, sondern listet auch alle aktiven Verbindungen und eventuell über das Netzwerk geöffnete Dateien auf

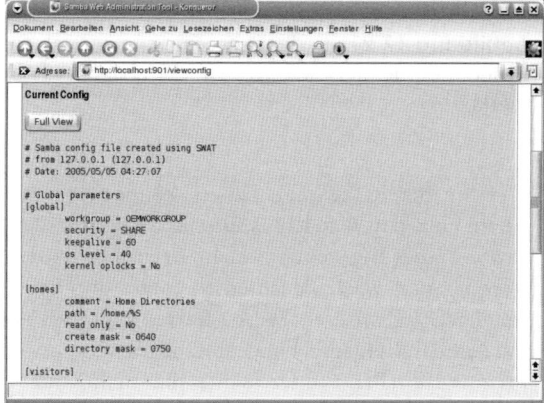

Abbildung 17.23: Ansicht der aktuellen */etc/samba/smb.conf* im Webbrowser

Das *Samba Web Administration Tool* (*swat*) bietet nicht nur die direkte Konfigurationsmöglichkeit der Datei */etc/samba/smb.conf*, es lassen sich auch Zugangspasswörter der User verändern. Darüber hinaus zeigt *swat* mit der Funktion *view* die aktuelle Version der Datei */etc/samba/ smb.conf* an. Hier kann das Ergebnis noch einmal überprüft werden. Auch zur Übung ist diese Einsichtsmöglichkeit sehr vorteilhaft, denn Sie können sofort erkennen, wie eine Konfiguration in Ihrer Datei umgesetzt wird.

smbclient

Zum Schluss dieses Kapitels wollen wir noch das kleine Programm *smbclient* ansprechen. Es wird von der Shell ausgeführt und ermöglicht uns wie auf der MS-DOS-Oberfläche – natürlich jedoch mit LINUX-Kommandos –, auf ein freigegebenes MS-Windows-Verzeichnis zuzugreifen. Darüber hinaus kann nun auch ein LINUX-Computer auf unserem Samba-Server zugreifen, wenn er *smbclient* einsetzt.

Der Verbindungsaufbau zum gewünschten Rechner erfolgt mit dem Aufruf folgender Kommandozeile:

```
smbclient \\\\host\\Ressource ⏎
```

Für host müssen Sie natürlich den jeweiligen NetBIOS-Namen des Computers angeben. Mit Ressource bestimmen Sie in der Regel das Laufwerk oder Verzeichnis Ihrer NetBIOS-Gegenstelle, auf die Sie zugreifen möchten. Genau als wenn Sie sich nun direkt an der Windows-Workstation anmelden, werden Sie nach dem Passwort gefragt. In Peer-to-Peer-Netzen ist dies bekanntlich auf den Computer und da wiederum auf das dort eingerichtete persönliche Profil bezogen. Sie müssen also das jeweils dort gültige Kennwort, nicht jedoch Ihr LINUX-Passwort verwenden. Nachdem Sie sich erfolgreich authentifiziert haben, können Sie auf der Kommandozeile wie im eigenen Verzeichnisbaum navigieren. Sie werden jedoch feststellen, dass sich Ihr Prompt (die Eingabeaufforderung der Shell) verändert hat. Er zeigt Ihnen an, dass Sie nun über *smbclient* arbeiten.

HINWEIS

Wie Sie wissen, verwenden Microsoft-Betriebssysteme eine andere Schreibweise als UNIX- und LINUX-Systeme. Der *Backslash* (\) wird in Pfadangaben des Microsoft-Systems verwendet, während im LINUX-System der *Slash* (/) zum Einsatz kommt. Darüber hinaus

> hat der *Backslash* in einer LINUX-Shell eine eigene Bedeutung, denn mit seiner Hilfe können Sonderzeichen für die Verwendung in Dateinamen legitimiert werden. Dies geschieht durch einen vorangestellten *Backslash*. Um beispielsweise einen *Asterisk* (*) in einem Dateinamen verwenden zu können, müsste die Schreibweise folgendermaßen aussehen: *stunden.txt. Würde die Datei dagegen mit *stunden.txt angegeben, so würde der *Asterisk* als Joker interpretiert werden. Ähnlich sieht es mit dem *Backslash* selbst aus, der jeweils durch einen weiteren *Backslash* als gültiges Zeichen gekennzeichnet werden muss. Dies begründet den vier- bzw. zweifachen *Backslash* in der Kommandozeile, wenn Sie einen MS-Windows-Computer ansprechen.

Die LINUX-Entwickler sind allerdings sehr praktisch denkende Menschen. So kann es nicht allzu lange gedauert haben, bis einer der Samba-Autoren auch die unschöne Schreibweise mit gedoppelten Backslashes nicht mehr akzeptieren wollte und in die Tasten griff. Zwar können Sie – obwohl Sie möglicherweise einen Windows-Rechner adressieren – noch immer nicht mit der dort üblichen Schreibweise arbeiten, weil dies mit den Regeln des LINUX-Betriebssystemes nicht zu vereinbaren ist, doch können Sie nun LINUX-konform anstelle der Backslashes mit dem Slash arbeiten. Pfadangaben über *smbclient* ähneln somit den Pfaden innerhalb des LINUX-Systems. Mit Sicherheit ersparen Sie sich Schreibarbeit bei der ohnehin schon abstrakten Syntax eines Pfades.

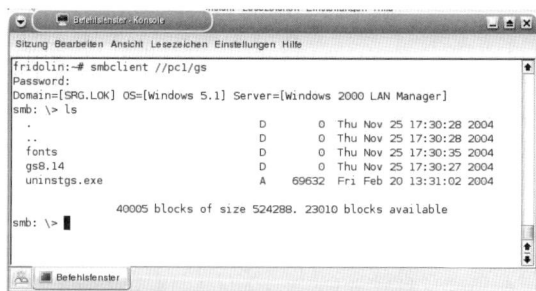

Abbildung 17.24: Es geht auch LINUX-konform: Pfadangabe mit Slashes beim Einsatz von *smbclient*

Resümee

Wir haben nun einen sehr wichtigen Serverdienst kennen gelernt, der teilweise sogar von MSCE-Auszubildenden (*MSCE = Microsoft Certified Engineer*) eingesetzt wird. Wie bereits ausgeführt, kann Samba weitaus mehr, als wir es an dieser Stelle darstellen konnten. Samba wird deshalb gerne als direkter Ersatz für einen MS-Windows-NT/2000-Server angesehen. Ob ein kommerzieller MS-Windows-Server durch Samba vollständig substituiert werden kann, ist reine Geschmackssache. Es kommt sicher in erster Linie auf die Anforderungen an, die insbesondere im Bereich der Sicherheit bei der Authentifizierung und der Userverwaltung geprüft werden sollten. Mit einer generellen Aussage, Samba könne den Windows-Server nicht vollständig ersetzen, wären wir allerdings auch sehr zurückhaltend. Die Autoren des Samba-Projektes sind überaus fleißig und bringen innerhalb kürzester Zeiten neue Releases mit Verbesserungen heraus, die aus dem Internet heruntergeladen werden können. Ein wesentliches Alleinstellungsmerkmal kann dem Microsoft-Server allerdings nicht abgesprochen werden, denn für den hohen Preis wird auch sehr professioneller Support geboten. Das Ausbildungsspektrum für Fachleute ist sehr komplex und die Akzeptanz groß. Hier hinkt LINUX noch etwas hinterher, denn vieles müssen Sie sich autodidaktisch beibringen. Für den Einstieg werden Ihnen unsere Ausführungen sicher hilfreich sein; für eine Vertiefung benötigen Sie jedoch professionelle Unterlagen, die insbesondere die Technologie der Microsoft-Netzwerke betreffen.

18 Der FTP-Server

Nachdem wir einen kleinen Einblick in die Einrichtung und den Betrieb eines Webservers bekommen haben, der natürlich in einem relativ kleinen Kapitel nicht bis in die Tiefen der Professionalität vordringen kann, wollen wir Ihnen zeigen, wie Sie Ihre Webseite über das Netzwerk in das Serververzeichnis hineinkopieren können. Hier kommt das *File Transfer Protocol (FTP)* zum Einsatz. Einen FTP-Server, den Sie auf Ihrem System einrichten können, finden Sie in jeder LINUX-Distribution.

Nach der Installation des Programmpaketes *ftpd* müssen Sie den Server konfigurieren und aktivieren. Wenn Sie nun erneut die Konfiguration von *inetd* aufrufen und den FTP-Server aktivieren, wird dies gelingen.

Bitte verwechseln Sie nicht die Programmpakete *ftp* und *ftpd* bzw. *ftpd-ssl*. ftp ist ein Client und bietet keine Serverfunktion. Der Unterschied zwischen ftpd und ftpd-ssl liegt in der verschlüsselten Übertragung zwischen Client und Server beim ftpd-ssl-Dämon gegenüber der Klartextübertragung beim Standard-FTP-Dienst (ftpd).

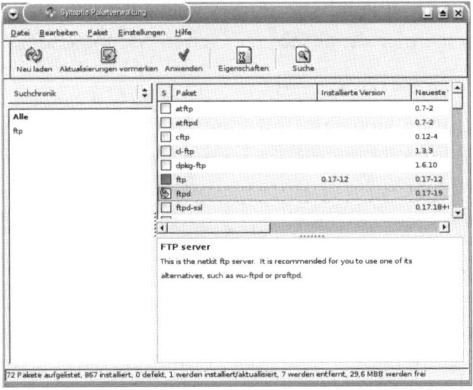

Abbildung 18.1: Mit der Grundinstallation von Debian GNU/LINUX wird noch kein Server installiert. Dies muss nachgeholt werden

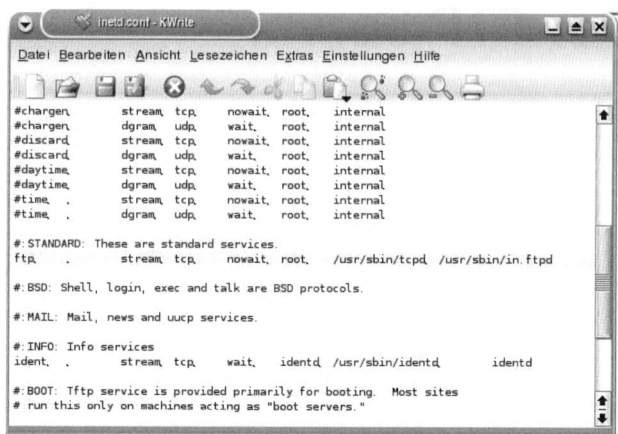

Abbildung 18.2: Nach der Installation des Servers muss der FTP-Server noch in der Datei */etc/inetd.conf* aktiviert werden

Natürlich muss nach der Veränderung der Datei */etc/inetd.conf* der Superdämon */etc/init.d/inetd* neu gestartet werden. Dies geschieht mit der folgenden Befehlszeile:

```
/etc/init.d/inetd restart ⏎
```

Anschließend stehen die in */etc/inetd* aktivierten Netzwerkdienste zur Verfügung. Eine kleine Funktionsprüfung können Sie bereits auf dem Serverrechner durchführen. Geben Sie folgendes Kommando ein:

```
ftp localhost ⏎
```

Sie können sich nun mit einem gültigen User-Account beim FTP-Server anmelden und gelangen in Ihr Heimatverzeichnis.

Sie werden beim ersten Anmeldeversuch von einem beliebigen Netzwerkcomputer bemerken, dass Sie nach einem Benutzernamen und einem Kennwort gefragt werden. Solche Zugangsdaten wurden nicht speziell für den FTP-Service definiert. Es handelt sich um echte Benutzer-Accounts für den LINUX-Computer.

Der nun eingerichtete FTP-Server ist mit jedem FTP-Client-Programm erreichbar. Ein solches Programm ist zumindest für die Kommandozeile Bestandteil fast jeden Betriebssystems. So existieren auch unter LINUX und Windows entsprechende Applikationen. Sehen wir uns mit dem einfachen Telnet-Client auf einem MS-Windows-Computer einmal die »klassische« Methode auf der Kommandozeile an.

Dort geben wir im *Startmenü / Ausführen* das FTP-Kommando mit der Adresse des Computers ein:

```
ftp 100.100.100.39 ⏎
```

Damit öffnet sich eine Shell, über die wir uns mit dem Usernamen und dem Passwort am Server anmelden können. Wir gelangen in unser Heimatverzeichnis (für den User »*robi1*« ist dies */home/robi1*). Mit dem Kommando cd /apache2 ⏎ wechseln wir in ein Verzeichnis, in das wir aktuelle Programmpakete für den bereits beschriebenen Apache-Webserver abgelegt haben, die unmittelbar davor aus dem Internet geladen wurden. Diese Programmpakete stehen nun über den FTP-Server allen Computern im Netzwerk zur Verfügung, wenn das Login mit dem entsprechenden User-Account erfolgt.

Bitte beachten Sie die Ausführungen im zweiten Teil des Buches zur Verwaltung von Benutzern und deren Rechten im System.

```
Eingabeaufforderung - ftp 100.100.100.39                    _ □ ×
C:\>ftp 100.100.100.39
Verbindung mit 100.100.100.39 wurde hergestellt.
220 fridolin.fridolin.tux FTP server (Version 6.4/OpenBSD/Linux-ftpd-0.17) ready
Benutzer (100.100.100.39:(none)): robi1
331 Password required for robi1.
Kennwort:
230- Linux fridolin 2.4.27-1-386 #1 Fri Sep 3 06:24:46 UTC 2004 i686 GNU/Linux
230-
230- The programs included with the Debian GNU/Linux system are free software;
230- the exact distribution terms for each program are described in the
230- individual files in /usr/share/doc/*/copyright.
230-
230- Debian GNU/Linux comes with ABSOLUTELY NO WARRANTY, to the extent
230- permitted by applicable law.
230 User robi1 logged in.
ftp>
```

Abbildung 18.3: Sehr mühsam ist die Arbeit an der Kommandozeile. Der Upload von Dateien per FTP erfolgt übrigens mit dem Kommado put

Die beschriebene Variante ist natürlich recht mühsam und zeitaufwändig, insbesondere wenn Sie eine komplexe Publikation auf dem Server installieren wollen. Sie müssen nämlich für jede einzelne Datei einen entsprechenden put-Befehl eingeben und zusätzlich zuvor entscheiden, ob es sich bei der zu übertragenden Datei um reinen ASCII-Text oder um eine binäre Datei handelt. Je nachdem, welchen Übertragungsmodus Sie verwenden wollen bzw. müssen, geben Sie als Befehl ascii oder binary ein. Der Modus bleibt so lange aktiv, bis er wieder mit dem entgegengesetzten Befehl gewechselt wird. Generell können Sie sagen, dass reine HTML-Seiten – dazu zählen wir auch Skriptdateien wie beispielsweise Seiten mit PHP-Inhalten etc. – als ASCII-Datei übertragen werden. Alle »Nicht-Texte«, also Bilder (JPEG, GIF etc.), Programmdateien und multimediale Dateien (Audio, Video) werden im Binary-Modus übermittelt.

Eine Alternative zum klassischen Kommandozeilen-Client sind komfortable grafisch unterstützte Programme. Viele dieser Programme wie beispielsweise *WS-FTP* oder *File Zilla* erkennen nach einer einmaligen Definition in der Konfiguration anhand der Dateiextensionen, um welchen Dateityp es sich handelt. Das Programm stellt daraufhin den Übertragungsmodus automatisch ein. Auch die Angabe des Pfades kann vorab in einem Menü definiert werden. Der eigentliche Dateitransfer erfolgt nun wie in einem Dateimanagerfenster über Mausbefehle.

Nicht zuletzt sind auch moderne Webbrowser in der Lage, mit einem FTP-Server zu kooperieren. Ein Beispiel stellt auf einem Windows-Rechner der aktuelle Internet Explorer dar. Mit der Eingabe der Adresse im folgenden Format wird der Kontakt zum FTP-Server hergestellt:

```
ftp://[Adresse] ⏎
```

bzw. in unserem Beispiel:

```
ftp://100.100.100.39 ⏎
```

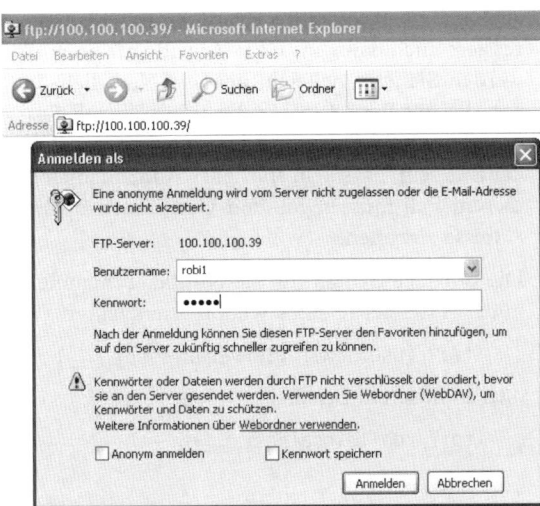

Abbildung 18.4: Anmeldung am FTP-Server über einen MS Internet Explorer

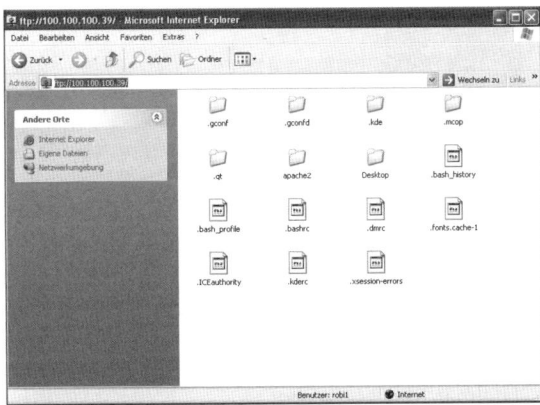

Abbildung 18.5: Der MS Internet Explorer auf dem MS-Windows-Rechner stellt den Inhalt des Heimatverzeichnisses des Users auf dem LINUX-System dar. Wie in einem Dateimanager können nun Daten verschoben, kopiert und gelöscht werden

»Das soll doch eigentlich ein Buch zum Thema LINUX sein, was interessiert mich dann ein FTP-Zugriff von einem Windows-Computer?«, werden Sie jetzt vielleicht denken. Natürlich sind auch die Webbrowser, die mit Ihrer LINUX-Distribution geliefert werden, in der Lage, mit dem FTP-Server zu kommunizieren. Bei einigen Programmen kann es sein, dass kein spezieller Anmeldedialog eingeblendet wird. In diesem Fall müssen Sie den Usernamen bereits mit dem Aufruf der Adresse eingeben.

Die offizielle Syntax für die Kontaktaufnahme zu einem FTP-Server in der Adressleiste eines Webbrowsers lautet:

```
ftp://[username]@[Serveradresse] ⏎
```

oder in unserem Beispiel:

```
ftp://robi1@localhost ⏎
```

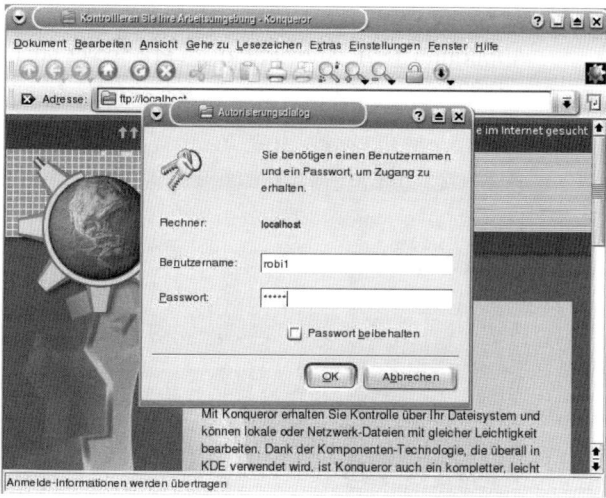

Abbildung 18.6: Kontakt zum FTP-Server mit dem Webbrowser/ Dateimanager Konqueror

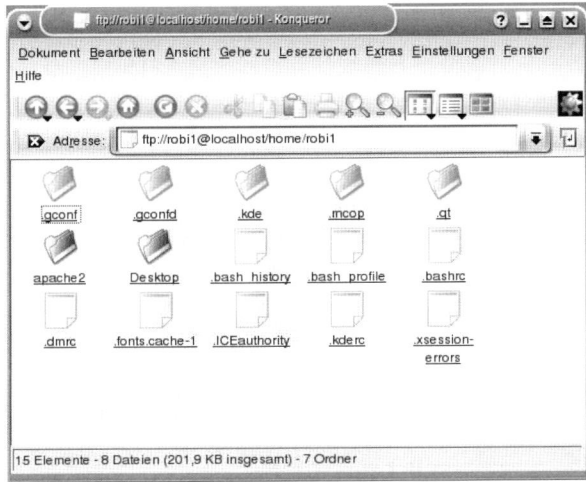

Abbildung 18.7: Zugriff auf ein Verzeichnis per FTP mit dem Konqueror

TEIL

Tipps, Tricks und Tuning

In diesem Teil finden Sie verschiedenes
Wissenswertes am Rande eines LINUX-
Betriebssystems. So lernen Sie den
Speicherplatzbedarf Ihrer Festplatte
abzuschätzen und die erforderlichen
Systemressourcen zu kalkulieren.
Die Einführung in die Zahlensysteme
erleichtert Ihnen die Umrechnung in
Hexadezimal- und Oktalzahlen.

IV

19 Wissenswertes

Wie sollen Sie Ihr System dimensionieren, wie die Festplatte aufteilen? Vor diesen Fragen stehen Sie spätestens dann, wenn Sie die Installations-Datenträger in Ihren Händen halten. Auch Kenntnisse der verschiedenen Zahlensysteme – das binäre, oktale und hexadezimale Zahlensystem werden im Zusammenhang mit einem Computer immer wieder gebraucht – werden immer wieder benötigt. In diesem Anhang wollen wir allgemein die Voraussetzungen zum Verständnis dieser Thematik schaffen.

Systemanforderungen

Die Frage nach den Systemanforderungen kann nicht generell beantwortet werden. Sie hängen letztendlich davon ab, welche Art von Software und wie viele Programme Sie verwenden wollen. Im Prinzip gilt diese Einschränkung für jedes Betriebssystem, auch für MS Windows. Dennoch sollen ein paar Werte in den Raum gestellt werden, die jedoch als wirkliche Mindestanforderungen zu verstehen sind.

> Die Werte für Speicherplatz und Prozessorleistung basieren auf Angaben des Debian-Projektes im Installationshandbuch zu Debian GNU/LINUX 3.1 »Sarge«: *www.debian.de/releases/sarge/i386/install.pdf.de*

Serversystem mit Kommandozeilen

Was LINUX auszeichnet, ist die Treue zu altgedienter Hardware. Das ist keinesfalls abwertend zu verstehen, sondern ein großer Vorzug dieses flexiblen Betriebssystems. Bereits mit einem betagten Pentium-II-Prozessor mit einer Taktfrequenz von mindestens 300 MHz kann ein System auf der Kommandozeile aufgebaut werden. Das bietet die Chance, diesen digitalen Veteranen noch als lokalen Mail- oder Webserver einzusetzen. Auch als Security-Appliance für kleine Heimnetze eignet sich ein solches Gerät. Rein theoretisch lässt sich mithilfe des Apache-Webservers und seiner SSL-Module auch ein einfaches SSL-

VPN für den sicheren Zugriff auf die gespeicherten Daten von unterwegs per Remote Access oder über das Internet aufbauen. Natürlich erfordert das schon sehr fortgeschrittene Kenntnisse.

Durchaus von Interesse kann die Verwendung einer älteren Maschine auch für Eltern sein, die nach einer Lösung suchen, den Internetkonsum ihrer Kinder aus pädagogischen Gründen unter Kontrolle zu halten. Dazu wird ein IP-Router auf der Basis des LINUX-Systems aufgebaut, der mit mindestens zwei problemlos installierbaren Netzwerkadaptern ausgestattet ist. Auch hier kann ein Proxyserver wertvolle Dienste leisten.

Der Arbeitsspeicher eines solchen Serversystems sollte nicht weniger als 128 MB groß sein. Auch bei der Festplatte wird eine Kapazität von mindestens 4 GB empfohlen. Nach oben sind natürlich keine Grenzen gesetzt, was insbesondere dann zu beachten ist, wenn große Datenmengen vom Server verwaltet werden sollen und die Anzahl der Benutzer sehr groß wird.

Desktop-PC mit Kommandozeile

Ja, Sie lesen richtig: Sie können auch ohne grafische Benutzeroberfläche einen Desktop-Computer aufbauen. Die Navigation im Dateisystem und der Start der Programme erfolgen über die Kommandozeile, die Shell. Viele von Ihnen kennen solche Systeme aus der MS-DOS-Ära. Wenn wir daran zurückdenken, wird uns schnell bewusst, wie viel man doch eigentlich mit einer heute belächelten Kiste anfangen konnte. 50-MB-Festplatten waren mal ein echter Hit und die Daten wurden von einem 386er Intel-Prozessor durch die Speicherbausteine »gepumpt«.

Ganz so bescheiden ist LINUX nicht, was auch keinen Sinn machen würde, denn was wollen wir heute schon mit 50 MB Plattenspeicher anfangen? Auch der 386er ist selbst für die Kommandozeile nicht wirklich zeitgemäß. Mit einem guten alten Pentium-I-Prozessor auf der Hauptplatine und einer Taktfrequenz von mindestens 100 MHz kommen Sie allerdings schon gut voran. Er sollte allerdings mindestens 24 MB Arbeitsspeicher zur Verfügung haben. Für Betriebssystem, Programme und einige Daten werden mindestens 450 MB freier Festplattenspeicher benötigt.

Arbeitsplatzcomputer mit grafischer Oberfläche

Mittlerweile hat es sich »herumgeschwiegen«: LINUX ist auch ein modernes Desktop-Betriebssystem. So ist es kein Problem, mit komfortablen Webbrowsern das Internet zu durchsurfen, mit Open-Office.org Büroprogramme zu nutzen, die funktionell sehr gut mit MS Office & Co. mithalten können, und selbst in der LINUX-Szene entwickelte Bildbearbeitungsprogramme wie GIMP werden auch auf der Windows-Oberfläche mit wachsender Begeisterung nachgefragt. OpenSource ist attraktiv, und das nicht nur, weil viele tausend Programme legal (!) kostenlos sind.

Die Voraussetzung für einen solchen modernen Bürocomputer auf LINUX-Basis ist ein ausreichend leistungsfähiger Prozessor. Wir raten hier mindestens zu einem Pentium-II/300-Prozessor und gehen dabei über die Empfehlungen von Debian etwas hinaus. Besser wäre ein PC, in dem mindestens ein Pentium-III-Prozessor seine Dienste leistet. Die Illustrationen zu diesem Buch sind auf einer PIII/733-MHz-Maschine mit 128 MB RAM entstanden. Mit dieser Ausstattung kann man schon recht gut arbeiten. Auch bezüglich der Festplatte wollen wir eine großzügige Empfehlung machen, denn eine »kleine« IDE-Platte mit 40 GB Speicherplatz ist bereits für rund 40 Euro zu bekommen. Größere Platten rangieren zwischen 40 und 80 Cent pro Gigabyte. Für eine Büromaschine sind 80 bis 100 GB auf längere Zeit eine gute Wahl, wenn neben Text auch viele Grafiken und multimediale Inhalte (z.B. Anrufbeantworter etc.) bearbeitet werden sollen.

Planung der Festplattenaufteilung

Bevor Sie Ihr LINUX-Betriebssystem auf Ihrem Computer installieren, müssen Sie sich Gedanken darüber machen, wie Sie Ihre Festplatte organisieren wollen. Das gilt auch dann, wenn Sie kein weiteres Betriebssystem auf der gleichen Festplatte betreiben wollen, das in einer eigenen Partition untergebracht werden muss. Je nachdem, wie viel Platz Sie auf Ihrer Platte zur Verfügung haben, können Sie mehr oder weniger detailliert partitionieren. In jedem Fall sollten Sie jedoch mindestens drei Partitionen anlegen, wobei eine Partition für die Auslagerung von Daten des Arbeitsspeichers *(/swap)* dient und die zweite als Root-Partition *(/)* zu definieren ist. In der Boot-Partition, die beim

Hochfahren des Computers zuerst ausgelesen wird, werden u.a. der Betriebssystemkern, dessen Module und der Bootloader (LILO oder GRUB) gespeichert. Diese Partition ist mit einer Größe von ca. 50 MB sehr bescheiden.

Wenn Sie ausreichend Platz auf der Platte haben, können Sie speziell für die Daten der User am System eine eigene Partition reservieren (/home). Denkbar ist auch, Verzeichnissen, in denen sehr viel Schreib-Lese-Aktivitäten stattfinden (z.b.: /var) eigene Partitionen zuzuweisen. Das verhindert eine sich langsam entwickelnde Fragmentierung der Platte und damit eine Verlangsamung des Systems.

In verschiedenen Publikationen zum Thema LINUX werden gerne Tipps zur Größe von Partitionen gegeben. Dies ist jedoch nur ein Anhaltspunkt. Empfehlungen dieser Art sollten generell als Minimum interpretiert werden. Allgemeine Empfehlungen sind:

✔ Boot-Partition: 30 bis 100 MB

✔ Swap-Partition: 500 MB bis 1 GB bzw. nach einer »Faustformel« die doppelte Größe des Arbeitsspeichers (RAM)

✔ /var (Partition für temporäre Daten): ca. 1 bis 1,5 GB

Sehr gerne werden auch Empfehlungen für die Größe der Partition gegeben, in der sich das Verzeichnis /home befindet. In diesem Verzeichnis werden die Heimatverzeichnisse der einzelnen Benutzer abgelegt, in denen ihre persönlichen Dateien gespeichert werden. Das sind heutzutage nicht allein Texte und kleinere Bilder, sondern oftmals speicherintensive hochauflösende Fotos sowie Audio- und sogar Videodateien. Eine zu knappe Dimensionierung dieser Partition kann zu drastischen Einschränkungen in den Nutzungsmöglichkeiten führen.

Die Größe der Partition, in der sich das Verzeichnis /home befindet, sollte möglichst großzügig bemessen werden.

Zahlensysteme im LINUX-System

Wenn Sie mit einem Computer arbeiten, dann gehören verschiedene Zahlensysteme zu Ihrem Leben. Mit diesem Fakt müssen Sie sich zwar in irgendeiner Weise arrangieren, Sie müssen aber nicht resignieren. Besonders interessant sind neben dem Ihnen bekannten Dezimalsystem das binäre oder duale sowie das oktale und das hexadezimale Zahlensystem.

Zum Einstieg: das Dezimalsystem

Um Ihnen einen kurzen Einstieg zu vermitteln, wollen wir kurz das Dezimalsystem betrachten. Es handelt sich dabei um das Ihnen bekannte System mit den Ziffern von 0 bis 9. Zahlen dieses Systems setzen sich also lediglich aus diesen zehn Elementen zusammen. Langt man mit einer Zählung bei 9 an, so wird für die nun folgende Zahl eine weitere Stelle benötigt. Auch diese zusätzliche Stelle beginnt nun mit der Ziffer 1. Eine Null wird bekanntlich nicht führend geschrieben (Ausnahme: Tabellenkalkulationen, Datenbanken etc. füllen oft das Feld in der vollen definierten Breite auf).

Die Werte der einzelnen Stellen einer Zahl kann man durch eine Potenz beschreiben (die Nummerierung der Stellen beginnt bei null!). So könnte man die Zahl 5 auch folgendermaßen schreiben:

    5 = 5 * 10 hoch 0

Der *Exponent*, also die hochgestellte Zahl, gibt an, wie oft die *Basis* (hier die 10) mit sich selbst multipliziert wird. Ausnahme: Definitionsgemäß ist der Wert einer Potenz mit dem Exponenten 0 gleich 1 (bitte nicht mit 10*0 verwechseln!!).

Etwas komplexer erscheint nun bereits die Zahl 25. In der exponentiellen Schreibweise sieht sie folgendermaßen aus:

    25 = 2 * **10 hoch 1** + 5 * **10 hoch 0**

Nehmen wir uns noch ein Beispiel – diesmal eine etwas größere Zahl – vor:

    12.067 = 1 * **10 hoch 4** + 2 * **10 hoch 3**+ 0 * **10 hoch 2** + 6 *
    10 hoch 1 + 7 * **10 hoch 0**

> In der Praxis macht es natürlich wenig Sinn, eine Zahl stets in exponentieller Schreibweise darzustellen, denn sie wird nicht nur sehr lang, sondern auch extrem unübersichtlich. Zum Verständnis anderer *Zahlensysteme* ist diese Form allerdings der entscheidende Schlüssel.

Sie sehen, dass eine Zahl eine Anhäufung von Ziffern ist, denen jeweils ein bestimmter *Stellenwert* zugewiesen wird. Bei Zahlen des Dezimalsystems wird dieser Stellenwert durch eine Potenz dargestellt, dessen Basis immer 10 ist. Der Exponent steht für die Stelle der Ziffer, wobei 0 die minderwertigste Stelle ist. Die höchste Stelle ist nicht definiert, denn rein theoretisch kann der Exponent endlos werden.

Im dezimalen Zahlensystem – so wie wir es täglich nutzen – können wir mit ganzen, aber auch mit gebrochenen Zahlen rechnen, deren Wert wir rechts vom Komma darstellen. Auch diese Werte lassen sich exponentiell darstellen, wobei negative Exponenten verwendet werden. Die Zahl 0,1 würde somit folgendermaßen aussehen:

`0,1 = 10 hoch -1`

Auch negative Zahlen sind bekannt, was in der dezimalen Schreibweise durch ein vorangesetztes Minuszeichen ausgedrückt wird. Für diejenigen, die diese Bemerkung lächelnd zur Kenntnis nehmen: Eine solche für uns verständliche Schreibweise kann in einem Computer nicht verwendet werden. Sehen wir uns daher einmal das Dualsystem an.

Das Dualsystem

Unser Computer – so schnell und leistungsfähig sein Prozessor auch ist – ist eigentlich gar nicht so klug, wie man immer glaubt. Er kennt lediglich zwei Zustände, die mit den Ziffern *0* und *1* ausgedrückt werden können. Die Entscheidungen eines Computers basieren nämlich nur darauf, ob ein Schalter geschlossen oder geöffnet ist. Nun gut, Schalter gibt es eigentlich nicht mehr, sie werden auf modernen Rechnern nur noch durch Ladungen und Ströme in Siliziumchips dargestellt. Das Prinzip ist aber unverändert: Die Zahlenwelt eines noch so tollen Computers kennt nur das Dualsystem.

Damit wir aber nun unsere Jahreseinkommensteuer korrekt ermitteln oder – wie in verschiedenen Kapiteln dieses Buches beschrieben – eine Computeradresse korrekt im System eingeben können bzw. das Ergebnis einer Berechnung dargestellt bekommen, ist eine Umrechnung zwischen den beiden Zahlensystemen erforderlich. Hier bekommt die bereits beschriebene exponentielle Schreibweise ihre Bedeutung.

Sehen wir uns also zunächst einmal an, wie eine Binärzahl in exponentieller Schreibweise aussieht:

1011(Binär) = 1 * **2 hoch 3** + 0 * **2 hoch 2** + 1 * **2 hoch 1** + 1 * **2 hoch 0**

Auch hier zeigen die Exponenten wieder die Stelle an, an der die Ziffer steht. Anders als beim Dezimalsystem ist jedoch die Basis nicht mehr 10, sondern nunmehr 2. Wir erkennen also, dass ein Zahlensystem durch die Basis des exponentiell ausgedrückten Stellenwertes beschrieben werden kann. Wenn Sie die oben gezeigte Zahl nun auflösen, dann ergibt sich folgende Dezimalzahl:

```
1 * 2 hoch 3 = 1 * 8 = 8 (dezimal)
0 * 2 hoch 2 = 0 * 4 = 0 (dezimal)
1 * 2 hoch 1 = 1 * 2 = 2 (dezimal)
1 * 2 hoch 0 = 1 * 1 = 1 (dezimal)
```

Setzen wir die Ergebnisse der Auflösungen der Potenzen – Sie erkennen bereits, dass es sich dabei wieder um Dezimalzahlen handelt – in die oben gezeigte Addition ein, so sieht dies folgendermaßen aus:

```
1011 (binär) = 8 (dez) + 0 (dez) + 1 (dez) + 1 (dez) = 11
(dez)
```

> Allgemein kennzeichnen tiefgestellte Ziffern und Buchstaben die Zugehörigkeit zu einem Zahlensystem. Es werden verwendet: *2* für das Dualsystem, *o* für das Oktalsystem, *d* für das Dezimalsystem und *h* für das Hexadezimalsystem.

Die Übersetzung einer Dual- oder auch Binärzahl in eine uns geläufige Dezimalzahl ist also über eine Auswertung der Stellenwerte, die ja auf unserem Dezimalsystem basieren, eine recht einfache Angelegenheit. Etwas komplizierter ist allerdings der umgekehrte Weg. So soll die Zahl *11 (dez)* in eine Dualzahl übersetzt werden. Dies können wir mit einer Divisionsoperation erreichen, was wir Ihnen am besten in einer kleinen Tabelle demonstrieren.

Operation	Rest	Bit
11 : 2 = 5	Rest 1	1
5 : 2 = 2	Rest 1	1

Operation	Rest	Bit
2 : 2 = 1	Rest 0	0
1 : 2 = 0	Rest 1	1 (hochwertigste Ziffer!)

Tabelle A.1: Umwandlung dezimal in binär bzw. dual

Sie sehen: Die umzuwandelnde Dezimalzahl wird so oft durch die Basis des gewünschten Zahlensystems geteilt, bis das ganzzahlige Ergebnis 0 ist. Der Wert der jeweiligen Stelle ist dann stets der Rest der jeweiligen Teilungsoperation, wobei die hochwertigste Stelle aus der letzten Operation gewonnen wird.

Das Prinzip der Umwandlung von dezimal in dual und umgekehrt ist auch auf andere Zahlensysteme übertragbar.

Wie Sie selbst erkennen werden, ist die Umwandlung und damit verbunden auch die menschlich verständliche Interpretation einer Binär- bzw. Dualzahl mit etwas Aufwand durchaus machbar. Die Betrachtung ausschließlich binärer Zahlen wird aber schnell unübersichtlich, denn ein Computer arbeitet natürlich nicht mehr mit so kleinen Zahlen, wie sie in diesen Beispielen genannt wurden. Wir alle kennen die Begriffe Bit und Byte. Dabei ist ein Byte = acht Bit und kann Dezimalzahlen von 0 (dez) bis 255 (dez) darstellen. Im Hinblick auf Speicheradressen sind diese Werte »Peanuts«. Wir reden von Mega- und Gigabyte, ja oftmals sogar schon von Terabyte. Diese Zahlen sind bereits in dezimaler Schreibweise beachtlich. Dargestellt durch eine Dualzahl hat aber wirklich nur noch der Computer den Durchblick. Will man also einen möglichst direkt übertragbaren, aber dennoch einfach überschaubaren Kompromiss zur Darstellung von im PC auszuwertenden Zahlen finden, dann werden noch weitere Systeme betrachtet: das Oktal- und das Hexadezimalsystem.

Das Oktalsystem

Im Zusammenhang mit der Vergabe von Rechten für den Zugriff auf Dateien und Verzeichnisse haben Sie den Begriff des Oktalsystems kennen gelernt. Dieses kennt acht Ziffern (0 ... 7). Die Basis für die Darstellung der exponentiellen Schreibweise des Stellenwertes ist demnach 8. Gleiches gilt für den Divisor für die Umrechnung in das Dezimalsystem. Interessant ist das Oktalsystem deshalb, weil jede Ziffer durch drei Bit des Binärsystems darstellbar ist (vgl. folgende Tabelle, die Sie auch für chmod-Operationen etc. heranziehen können).

Oktalziffer	Binärwert
0	000
1	001
2	010
3	011
4	100
5	101
6	110
7	111

Tabelle A.2: Oktalziffern als Binärzahl

Die direkte Umwandlung einer Oktalzahl in eine Dezimalzahl verläuft wie bereits beim Dualsystem beschrieben:

75 (oktal) = 7 * **8 hoch 1 (dez)** + 5 * **8 hoch 0 (dez)** = 61 (dez)

Auch die Umwandlung einer Dezimalzahl in eine Oktalzahl verläuft nach dem bereits beschriebenen Muster:

Operation	Rest	Stelle
61 : 8 = 7	Rest 5	5
7 : 8 = 0	Rest 7	7 (höchstwertigste Ziffer!)

Tabelle A.3: Umwandlung dezimal in oktal

Das Hexadezimalsystem

Während das auf einem drei Bit langen binären Wert abbildbare oktale Zahlensystem nur in Ausnahmen zum Einsatz kommt, beispielsweise bei der übersichtlichen Darstellung einer Zuweisung von Zugriffsrechten im LINUX-System, kann das hexadezimale Zahlensystem in der Computerwelt nicht mehr weggedacht werden. Egal, ob Sie programmieren oder nur gelegentlich Systemwerte bearbeiten müssen, Sie werden dieses System immer wieder antreffen. Das hexadezimale System hat den Vorteil, direkt und ohne Redundanz vier Bit des binären Systems mit nur einer Ziffer darstellen zu können. Vier Bit können 16 verschiedene Werte ausdrücken. Damit wird deutlich, dass der uns bekannte Ziffernvorrat von 0 bis 9 schnell erschöpft ist und somit für die Darstellung einer Hexadezimalzahl nicht ausreicht. Es werden deshalb die ersten sechs Buchstaben des Alphabetes zu Hilfe genommen, die nun Ziffern darstellen. Mögliche Werte einer Hexadezimalziffer zeigt die folgende Tabelle:

Hexadezimal	Dezimal	Binär
0	0	0
1	1	1
2	2	10
3	3	11
4	4	100
5	5	101
6	6	110
7	7	111
8	8	1000
9	9	1001
A	10	1010
B	11	1011
C	12	1100
D	13	1101
E	14	1110
F	15	1111

Tabelle A.4: Werte hexadezimaler Ziffern in dezimaler und binärer Form

Die Umrechnung hexadezimaler Zahlen in Dezimalzahlen bzw. umgekehrt erfolgt wie bereits bei oktalen und binären Zahlen beschrieben. Die Basis des exponentiellen Stellenwertes ist jedoch 16.

Was das hexadezimale System bringt, zeigt das folgende Beispiel: Eine 32 Bit lange Speicheradresse kann auf verschiedenem Wege angegeben werden:

✔ binäre Schreibweise: 1100 0011 1010 1010 1111 1111 0000 0000 (binär)

✔ hexadezimale Schreibweise: C3:AA:FF:00 (hexadezimal)

Die Darstellung einer vergleichbaren Adresse in Dezimalzahlen lassen wir an dieser Stelle einmal außen vor. Sie können Sie aber gerne nach dem oben beschriebenen Muster ermitteln.

Für eine Hexadezimalzahl finden Sie oft auch die Schreibweise *0xFF* in Ihren Unterlagen. Dies entspricht der hexadezimalen Zahl FF (hexadezimal).

TEIL

Anhang

Im zweiten Teil dieses Buches haben Sie verschiedene Shell-Kommandos kennen lernen können. Die meisten dieser Kommandos können mit optionalen Parametern in ihrer Funktion gesteuert werden. Die wichtigsten Shell-Kommandos mit den wichtigsten Optionen haben wir auf den folgenden Seiten in alphabetischer Reihenfolge zum Nachschlagen zusammengefasst.

V

A Kommandoreferenz

An dieser Stelle finden Sie eine recht umfangreiche Referenz, mit der Sie sich oft den Blick in die Manuals ersparen werden. Für die Details zu den einzelnen Kommandos bzw. zu eventuell hier nicht gelisteten Befehlen müssen wir jedoch auf die Manuals verweisen. Sie bekommen die gewünschten Unterlagen – sofern sie auf Ihrem Rechner installiert sind – mit den Kommandos man [Shell-Kommando] ⏎ oder info [Shell-Kommando] ⏎ angezeigt. Mit dem zusätzlichen Druckkommando | lpr können Sie diese Unterlagen auch zu Papier bringen.

alias

Kommando	alias
Aufgabe	Erzeugung eigener praktischer Kommandokürzel
Syntax	alias [neues Kommando] [»auszuführender Shell-Befehl«]
Option	**Bedeutung**
-p	Auflistung der definierten alias-Kommandos

Tabelle A.1: Das Kommando alias

apt-get

Kommando	apt-get
Aufgabe	Installation, Aktualisierung und Entfernung von Programm-paketen
Syntax	apt-get [Option] [/Pfad/Paketname]
Befehl	**Bedeutung**
check	Bewirkt ein Update des Paket-Cache und eine Suche nach unerfüllten Abhängigkeiten
clean	Bereinigt lokale Speicherplätze empfangener Pakete

Befehl	Bedeutung
install	Installation eines Paketes
remove	Entfernen eines Paketes
source	Laden von Paketen im Quellcode
update	Ermittlung aktueller Versionen eines Paketes
upgrade	Aktualisierung eines Paketes auf aktuellem Versionsstand
Option	**Bedeutung**
-c	Bestimmt die Verwendung einer speziellen Konfigurationsdatei
-d	Nur Download, vorläufig keine Installation
-f	Versucht, definierte Abhängigkeiten zu erfüllen
-h	Hilfe
-m	Ignoriert fehlende Pakete bei definierten Abhängigkeiten
-u	Listet alle aktualisierten Pakete auf
-V	Zeigt die vollen Versionsangaben aller aktualisierten und installierten Pakete
-v	Zeigt die Programmversion

Tabelle A.2: Das Kommando apt-get

apt-setup

Kommando	apt-setup
Aufgabe	Definition der Bezugsquellen der Datenpakete auf Datenträgern oder im LAN bzw. im Internet
Syntax	apt-setup

Tabelle A.3: Das Kommando apt-setup

arc

Kommando	arc
Aufgabe	Archivierungsprogramm aus der PC-Welt (MS-DOS, Windows)
Syntax	arc [Kommandos] [Optionen] archive [Dateinamen]

Kommando	Bedeutung
a	Hinzufügen von Dateien zum Archiv (Originale bleiben erhalten)
m	Hinzufügen von Dateien zum Archiv (Originale werden gelöscht)
u	Update der Archivdateien, automatische Ergänzung des Archives
f	Update der Archivdateien ohne Ergänzung
d	Löschen von Dateien aus dem Archiv
x, e	Auspacken von Dateien aus dem Archiv
r	Starten einer Datei aus dem Archiv heraus
p	Kopie einer Archivdatei zur Standarddasgabe
l	Auflistung des Archivinhaltes
v	Umfangreiche Auflistung des Archivinhaltes (Detaildaten)
t	Integritätstest des Archives
c	Konvertierung des Archives auf aktuellen Packungsstandard
Option	**Bedeutung**
b	Backup des Archives erstellen (Extension: .bak)
s	Unterdrückung der Kompression
w	Unterdrückung der Ausgabe von Warnungen
n	Unterdrückung von Kommentaren
o	Überschreiben existierender Dateien beim Entpacken
g	Verschlüsselung (alles Folgende wird als Passwort betrachtet!)

Tabelle A.4: Das Kommando arc

Die Option der Verschlüsselung (g) ist vorsichtig zu handhaben. Unmittelbar nach dem g folgende Zeichen werden als Passwortdefinition gewertet. In der gesamten Kette ist g daher die letzte Option in der Reihenfolge. Ein Kommandoaufruf könnte damit so aussehen: arc a wng[passwort] archive [Dateien] ⏎

at

Kommando	at
Aufgabe	Ausführung von Aktivitäten zu einer bestimmten Zeit
Syntax	at [Optionen] [Zeit]
Option	**Bedeutung**
-d [Job]	Löschen wartender Jobs
-f [file]	Die auszuführenden Aufgaben werden einer Datei entnommen
-l	Auflistung der wartenden Jobs mit einer Jobnummer
-m	User wird per Mail über das Ergebnis des Jobs informiert
-q [queue]	Bezeichnung einer »Warteschlange« mit a ... z bzw. A ... Z
-v	Anzeige der Ausführungszeit eines Jobs

Tabelle A.5: Das Kommando at

atrm

Kommando	atrm
Aufgabe	Entfernen von Jobs, die mit at programmiert wurden
Syntax	atrm [Option] job [Job-Nummer]
Option	**Bedeutung**
-V	Ausgabe der Versionsnummer von *atrm* an die Standardausgabe

Tabelle A.6: Das Kommando atrm

cal

Kommando	cal
Aufgabe	Anzeige eines Kalenders
Syntax	cal [Optionen] [Monat] [Jahr]

Option	Bedeutung
-3	Anzeige des Vormonats, des aktuellen und des nächsten Monats
-j	Nummer der Tage des Jahres, beginnend beim 1. Januar
-m	Montag ist erster Tag der Woche (Default = Sonntag)
-y	Kalender des ganzen Jahres (ohne weitere Angabe = aktuelles Jahr)

Tabelle A.7: Das Kommando cal

Mit der Option –j des cal-Kommandos werden die seit dem 1. Januar vergangenen Tage angezeigt. So wäre der 28. Februar der 59. Tag.

cat

Kommando	cat
Aufgabe	Verkettung von Dateien, Texteingaben etc.
Syntax	cat [Optionen] [Datei(en)]
Option	**Bedeutung**
-A, --show-all	Vollständige Anzeige (vergleichbar mit –vET)
-b	Zählung nicht leerer Ausgabezeilen
-e	Anzeige nicht druckbarer Inhalte mit Zeilenende (wie –vE)
-E	Anzeige des Zeilenendes mit $
-n	Anzahl der Ausgabezeilen
-s	Reduzierung auf max. eine leere Zeile in Folge
-t	Ausgabe nicht druckbarer Zeichen, Darstellung von TAB mit ^I
-T	Darstellung von Tabulatoren (TABs) mit ^I
-v	Anzeige nicht druckbarer Zeichen (außer TAB und Zeilenende)
--help	Anzeige der Manpage zu cat
--version	Versionsnummer des cat-Programms

Tabelle A.8: Das Kommando cat

cd

Kommando	cd
Aufgabe	Wechsel des Verzeichnisses
Syntax	cd [Option] [Zielverzeichnis]
Option	**Bedeutung**
-L	Folgen eines symbolischen Links
-P	Nutzung der physikalischen Verzeichnisstruktur

Tabelle A.9: Das Kommando cd

chgrp

Kommando	chgrp
Aufgabe	Übertragung der Eigentumsrechte an eine andere Gruppe
Syntax	chgrp [Optionen] [Gruppe] [Datei/Verzeichnis]
Option	**Bedeutung**
-c	Ähnlich -v, jedoch nur Berichtsausgabe bei einer Änderung
-f	Unterdrückung von Fehlermeldungen
-R	Rekursiver Datei- und Verzeichniswechsel
-v	Ausführlicher Diagnosebericht für jede Datei
--help	Aufruf der Manpage zu *chrgp*
--version	Angabe der Version des *chgrp*-Programms

Tabelle A.10: Das Kommando chgrp

chmod

Kommando	chmod
Aufgabe	Änderung der Datei-/Verzeichnis-Zugriffsrechte
Syntax	chmod [Optionen] [neue Definition] [Datei]

Option	Bedeutung
-c	Ähnlich –v, ausführlicher Bericht jedoch nur bei Änderung
-f	Unterdrückung von Fehlermeldungen
-R	Rekursive Behandlung von Dateien und Verzeichnissen
-v	Ausführlicher Diagnosebericht
--help	Aufruf der Manpage zu chmod
--version	Versionsnummer des chmod-Programms

Tabelle A.11: Das Kommando chmod

chown

Kommando	chown
Aufgabe	Änderung der Eigentumsrechte an einer Datei
Syntax	chown [neuer Eigentümer] [Datei(en)]
Option	**Bedeutung**
-c	Ähnlich –v, ausführlicher Bericht jedoch nur bei Änderung
-f	Unterdrückung eventueller Meldungen
-h	Einwirkung auf symbolische Links
-v	Ausführlicher Bericht der Aktion
--help	Aufruf der Manpage zu chown

Tabelle A.12: Das Kommando chown

clear

Kommando	clear
Aufgabe	Löschen des Bildschirminhaltes
Syntax	clear

Tabelle A.13: Das Kommando clear

cp

Kommando	cp
Aufgabe	Kopieren von Dateien
Syntax	cp [Quelldatei] [Zieldatei] oder cp [Quelldatei] [Zielverzeichnis]
Option	**Bedeutung**
-a	wie –dpR
-b	Anlegen eines Backups
-d	Erhalten von Links
-f	Löschen bestehender Zieldateien ohne Rückfrage, wenn diese nicht geöffnet werden können
-i	Rückfrage vor Überschreibung einer Datei
-l	Erstellung eines Verweises anstelle einer Kopie
-p	Erhalten der Dateiattribute
-r	Rekursives Kopieren
-R	Rekursives Kopieren von Verzeichnissen
-s	Erstellung eines symbolischen Links anstelle einer Kopie
-u	Nur Dateien kopieren, die nicht der Zieldatei entsprechen
-v	Ausführlicher Bericht des Vorganges
--help	Aufruf der Manpage zu *cp*
--version	Version des *cp*-Programms

Tabelle A.14: Das Kommando cp

cron

Kommando	cron
Aufgabe	Start des Dämons zur Ausführung zeitlich geplanter Kommandos
Syntax	/etc/init.d/cron [Befehl]
Befehl	**Bedeutung**
start	Starten des *cron*-Dämons
stopp	Anhalten des *cron*-Dämons

Befehl	Bedeutung
restart	Neustart des *cron*-Dämons

Tabelle A.15: Das Kommando `cron`

date

Kommando	date
Aufgabe	Anzeige und Setzen des Systemdatums bzw. der Systemzeit
Syntax	date [Optionen] [Format]
Option	**Bedeutung**
-d	Anzeige der Zeit in der Struktur des folgenden Formates
-r	Anzeige der letzten Änderung einer Datei
-s	Setzen der Zeit im folgend definierten Format
-u	Interpretation aller Zeitangaben als UTC
--help	Aufruf der Manpage zu *date*
--version	Version des *date*-Programms
Format	**Bedeutung**
%B	Monatsname (ausgeschrieben)
%c	Lokales Datum und Uhrzeit
%d	Tag des Monats (01 bis 31)
%D	Datum (MM/TT/JJ)
%e	Tag des Monats (1 bis 31)
%%	Das Zeichen »%«
%a	Der Wochentag (Kurzform)
%A	Der Wochentag (ausgeschrieben)
%b	Monatsname (Kurzform)
%H	Stunde (00 bis 23)
%I	Stunde (01 bis 12)
%j	Tag des Jahres (001 bis 365)
%k	Stunde (0 bis 23)
%l	Stunde (0 bis 12)
%m	Monat (01 bis 12)

Format	Bedeutung
%M	Minute (00 bis 59)
%n	Zeilenumbruch
%p	AM oder PM
%r	Zeit in 12-Stunden-Form (hh:mm:ss AP/PM)
%S	Sekunden (00 bis 59)
%t	Tabulator
%T	Zeit in 24-Stunden Form (hh:mm:ss)
%U	Wochennummer (Sonntag ist erster Tag der Woche) 00 bis 52
%V	Wochennummer (Montag ist erster Tag der Woche) 00 bis 52
%w	Wochentag (0 = Sonntag bis 6 = Samstag)
%W	Wochennummer (Montag ist erster Tag der Woche) 01 bis 53
%x	Lokale Datumsanzeige (MM/TT/JJ)
%X	Lokale Zeitanzeige (%H:%M:%S)
%y	Jahreszahl (zweistellig)
%Y	Jahreszahl (vierstellig)
%Z	Zeitzone

Tabelle A.16: Das Kommando date

dd

Kommando	dd
Aufgabe	Kopierkommando (auch bitgenaues Kopieren)
Syntax	dd if=[Quelle] of=[Ziel] [Optionen]
Option	**Bedeutung**
bs=[Bytes]	Anzahl zu kopierender Bytes (setzt ibs und obs)
cbs=[Bytes]	Konvertiert die genannte Anzahl von Bytes in eine Zeile
count=[Block]	Anzahl der zu kopierenden Blöcke
ibs=[Bytes]	Anzahl der Bytes, die als eine Zeile gelesen werden
if=[Datei]	Lesen aus einer Datei und nicht von der Standardeingabe
obs=[Bytes]	Anzahl der Bytes, die als eine Zeile geschrieben werden
of=[Datei]	Schreiben in eine Datei und nicht in die Standardausgabe

Option	Bedeutung
seek=[Blocks]	Überspringt in der Ausgabe Blöcke mit der Größe von *obs*
skip=[Blocks]	Überspringt beim Einlesen Blöcke mit der Größe von *ibs*
noerror	Fortsetzung nach dem Lesen eines Fehlers
--help	Aufruf der Manpage zu *dd*
--version	Versions des *dd*-Programms

Tabelle A.17: Das Kommando dd

Das Kommando dd kommt beispielsweise zum Einsatz, wenn Reparaturen am Master Boot Record auszuführen sind.

df

Kommando	df
Aufgabe	Anzeige der Auslastung des Dateisystems
Syntax	df [Option] [Partition/Verzeichnis]
Option	**Bedeutung**
-a	Alle, auch leere Verzeichnisse
--block-size=n	n = Bytes pro Block
-h	Ausgabe in gebräuchlich lesbarer Form (1K, 1M, 1G, ...)
-i	Ausgabe der Inodeninformation anstelle von Blockdaten
-k	Blockgröße = 1 KB (entspricht --block-size=1024)
-l	Ausschließlich lokales Dateisystem wird gelistet
-m	Blockgröße = 1 MB (entspricht --block-size=1048576)
-t=typ	Auflistung ausschließlich auf Dateisysteme begrenzen, die »typ« entsprechen
-T	Ausgabe der Typen der Dateisysteme
--help	Aufruf der Manpage zu *df*
--version	Version des *df*-Programms

Tabelle A.18: Das Kommando df

dpkg

Kommando	dpkg
Aufgabe	Installation, Aktualisierung und Entfernung von Programm-paketen
Syntax	dpkg [Option] [/Pfad/Paketname]
Option	**Bedeutung**
-i	Installation eines Programmpaketes
-I	Information zu einem Programmpaket
-L	Auflistung aller installierten Dateien des Programmpaketes
-P	Vollständiges Entfernen eines Programmpaketes inkl. aller Konfigurationen
-r	Entfernen eines Programmpaketes
-s	Anzeige der Informationen zu einem Programmpaket
-S	Suche nach einer Datei innerhalb eines Programmpaketes

Tabelle A.19: Das Kommando dpkg

du

Kommando	du
Aufgabe	Anzeige der durch einzelne Dateien/Verzeichnisse belegten Blöcke
Syntax	du [Optionen] Datei
Option	**Bedeutung**
-a	Zählung der Blöcke aller Dateien (nicht nur Verzeichnisse)
--block-size=n	n = Blockgröße in Byte
-b	Angabe der Größen in Byte
-c	Gesamtsumme
-h	Ausgabe in gebräuchlich lesbarer Form (1K, 1M, 1G, ...)
-D	Berücksichtigung weiterer Pfade bei symbolischen Links
-L	Berücksichtigung aller symbolischen Links
-k	Blockgröße = 1 KB (entspricht --block-size=1024)
-m	Blockgröße = 1 MB (entspricht --block-size=1048576)

Option	Bedeutung
-S	Ausschluss von Unterverzeichnissen
-s	Summenanzeige
--help	Aufruf der Manpage zu *du*
--version	Version des *du*-Programms

Tabelle A.20: Das Kommando du

e2fsck

Kommando	e2fsck
Aufgabe	Prüfung und Reparatur des Linux-Dateisystems ext2fs
Syntax	e2fsck [Optionen] [Gerät (/dev/...)]
Option	**Bedeutung**
-a	Automatische Reparatur
-B [Blockgröße]	Vorgabe für die Suche von *e2fsck* nach dem Superblock
-b [superblock]	Vorgabe einer eigenen Superblockdefinition im Störungsfall
-c	Erkennung und Markierung von »Bad Blocks«
-d	Ausgabe der Debugging-Informationen
-D	Optimierung der Verzeichnisanordnung
-f	Erzwingung der Prüfung, wenn das System fehlerfrei erscheint
-n	Antwort auf alle Rückfragen = Nein
-p	Automatische Reparatur
-v	Ausführlicher Bericht zum Ablauf
-y	Antwort auf alle Rückfragen = Ja

Tabelle A.21: Das Kommando e2fsck

Reparaturen am Dateisystem können nur am »ungemounteten« Device stattfinden. Das Device mit dem Root-Verzeichnis kann nur bearbeitet werden, wenn es im Read-only-Modus gestartet wird.

fdformat

Kommando	fdformat
Aufgabe	Low-Level-Formatierung einer Diskette
Syntax	fdformat [-n] [Device]
Option	**Bedeutung**
-n	Keine Verifizierung
Device	**Bedeutung**
/dev/fd0	3,5«-Diskette 1,44 MB in Laufwerk A
/dev/fd1	3,5«-Diskette 1,44 MB in Laufwerk B

Tabelle A.22: Das Kommando `fdformat`

Im weiteren Verlauf muss die Diskette noch mit `mformat` oder `mkfs` bearbeitet werden.

file

Kommando	file
Aufgabe	Bestimmung des Dateityps
Syntax	file [Optionen] [Datei]
Option	**Bedeutung**
-f [namefile]	Die zu untersuchenden Dateien stehen im namefile (1 Datei/ Zeile)
-L	Folgen symbolischer Links
-v	Version des *file*-Programms
-z	Versuch, Dateien in Archiven zu untersuchen

Tabelle A.23: Das Kommando `file`

find

Kommando	find
Aufgabe	Finden von Dateien im Verzeichnisbaum
Syntax	find [Datei] [Optionen]
Option	**Bedeutung**
-amin n	Dateien, auf die bis vor *n* Minuten zuletzt zugegriffen wurde
-atime n	Dateien mit Zugriff innerhalb von *n* * 24 Stunden
-cmin n	Dateistatus wurde innerhalb von *n* Minuten verändert
-empty	Leere Datei oder leeres Verzeichnis
-group [name]	Die Datei gehört der bezeichneten Gruppe an
--help	Kurzanleitung zum Gebrauch des Kommandos
-inum n	Datei in Inode *n*
-maxdepth n	*n* = maximale Anzahl der Unterverzeichnisebenen
-mindepth n	*n* = minimale Anzahl der Unterverzeichnisebenen
-nogroup	Datei mit Group-ID ohne Gruppenbezug
-nouser	Datei mit User-ID ohne Userbezug
-user [name]	Datei gehört dem bezeichneten User

Tabelle A.24: Das Kommando find

fsck

Kommando	fsck
Aufgabe	Prüfung und Reparatur des Dateisystems
Syntax	fsck [Optionen] [Device]
Option	**Bedeutung**
-A	Prüfung der in *fstab* aufgeführten Devices

Option	Bedeutung
-a	Automatische Reparatur des Dateisystems
-C	Anzeige des Bearbeitungsfortschrittes
-N	Simulation der Prüfung ohne Eingriff in die Struktur des Systems
-P	Bei Option –A: auch Prüfung des Device mit Root-Verzeichnis
-R	Bei Option –A: keine Prüfung von /root (auch Read-only-Modus)
-r	Reparatur des Dateisystems nach Rückfrage
-t [Typ]	Vorgabe des zu prüfenden Dateisystems
-V	Ausführlicher Bericht

Tabelle A.25: Das Kommando fsck

grep

Kommando	grep
Aufgabe	Durchsuchung einer Datei nach einem Begriff
Syntax	grep [Option] [Suchbegriff] [Datei]
Option	**Bedeutung**
-c	Unterdrückt volle Ergebnisausgabe (Anzahl der Zeilen)
-f	Suchbegriffe (einer pro Zeile) werden aus Datei bezogen
-H	Ausgabe des Dateinamens in jeder Ergebniszeile
-h	Unterdrückung des Dateinamens bei Prüfung von Dateilisten
-L	Anzeige der Dateinamen, die *nicht* den Suchbegriff enthalten
-l	Anzeige der Dateinamen, die den Suchbegriff enthalten
-n	Anzeige von *n* dem Suchbegriff vor- und nachgestellten Zeilen
-q	Unterdrückung der Ergebnisausgabe, liefert 0 oder 1 an Programm
-v	Auswahl nicht zutreffender Zeilen
-w	Suche nach ganzen Wörtern

Tabelle A.26: Das Kommando grep

Die Beschreibungen betreffen weitgehend auch egrep und fgrep.

groupadd

Kommando	groupadd
Aufgabe	Definition einer neuen Usergruppe
Syntax	groupadd [-g Gruppen-ID [-o]] [Gruppe]
Option	**Bedeutung**
-g [ID]	Wert der gewünschten Gruppen-ID
-o	Option für -g: Zweitvergabe einer Gruppen-ID ermöglichen

Tabelle A.27: Das Kommando groupadd

groups

Kommando	groups
Aufgabe	Anzeige aller Gruppen eines Users
Syntax	groups [Optionen] bzw. [Username]
Option	**Bedeutung**
--help	Aufruf der Manpage zu *groups*
--version	Version des *groups*-Programms

Tabelle A.28: Das Kommando groups

gzip

Kommando	gzip
Aufgabe	Kompression von Dateien und Archiven
Syntax	gzip [Optionen] [Datei(en)]

Option	Bedeutung
-a	ASCII-Text-Modus
-c	Ergebnis an Standardausgabe (Original bleibt erhalten)
-d	Dekompression
-f	Erzwingt Kompression bzw. Dekompression in jedem Fall
-h	Hilfe
-r	Rekursive Kompression inkl. Unterverzeichnisse
-t	Integritätscheck der komprimierten Datei
-v	Ausführliche Kompressionsinformationen (prozentualer Erfolg)
--version	Version des *gzip*-Programms

Tabelle A.29: Das Kommando `gzip`

halt

Kommando	halt
Aufgabe	Beendet alle aktiven Prozesse und fährt das System herunter
Syntax	halt [Optionen]
Option	**Bedeutung**
-n	Keine Synchronisation vor dem Herunterfahren
-h	Alle Festplatten in Standby-Modus vor dem Herunterfahren
-i	Schließt alle Netzwerkschnittstellen vor dem Herunterfahren
-p	Poweroff nach Herunterfahren

Tabelle A.30: Das Kommando `halt`

head

Kommando	head
Aufgabe	Anzeige der ersten Zeilen einer Datei
Syntax	head [Optionen] [Datei]

Option	Bedeutung
ohne Option	Es werden die ersten zehn Zeilen angezeigt
-c [Bytes]	Es wird der beginnende Dateibereich in Byte angezeigt
-n	Ausgabe der *n* ersten Zeilen
-q	Unterdrückung von Headern mit Dateinamen
-v	Ausgabe einschließlich Dateiheader
--help	Aufruf der Manpage zu *head*
--version	Version des *head*-Programms

Tabelle A.31: Das Kommando head

history

Kommando	history
Aufgabe	Anzeige der zuletzt ausgeführten Shell-Kommandos
Syntax	history [Optionen]
Option	**Bedeutung**
ohne Option	Auflistung der Historie mit Zeilennummern
-n	Gibt die letzten *n* Befehle mit ihrer Zeilennummer aus

Tabelle A.32: Das Kommando history

Eine mit history ermittelte Kommandozeile kann mit ![Zeilen-nummer] ⏎ wiederholt ausgeführt werden.

kill

Kommando	kill
Aufgabe	Signal an laufenden Prozess (z.B. beenden bzw. neu starten)
Syntax	kill [Option] [Prozess-ID]

Option	Bedeutung
-9	Beenden eines Prozesses
-HUP	Neustart eines Prozesses
-l	Liste definierter Signalnamen für -s-Option
-p	Lediglich Ausgabe der Prozess-ID des benannten Prozesses
-s	Spezifikation des Signals (-s SIGHUP, -s SIGKILL etc.)

Tabelle A.33: Das Kommando `kill`

lha

Kommando	lha
Aufgabe	Archivierungsprogramm
Syntax	lha [Kommando] [Optionen] [Archivdatei]
Kommando	**Bedeutung**
a	Datei hinzufügen oder im Archiv ersetzen
e	Aus dem Archiv herausholen
x	Wie e
l	Auflistung des Archivinhaltes
v	Ausführliche Auflistung des Archivinhaltes
u	Update von Dateien innerhalb des Archives
d	Datei aus Archiv löschen
m	Verschieben
c	Rekonstruktion in einem neuen Archiv
P	Ausgabe an Standardausgabe
t	Integritätsprüfung des Archives
Option	**Bedeutung**
q	Unterdrückung der Meldungen
v	Ausführliche Berichte
n	Keine Ausführung gepackter Programme
f	Entpacken und Überschreiben
w=[Pfad]	Festlegung des Zielverzeichnisses der ausgepackten Dateien

Tabelle A.34: Das Kommando `lha`

HINWEIS

Das Kompressionsprogramm *lha* steht nur dann zur Verfügung, wenn Sie es zuvor installiert haben.

ln

Kommando	ln
Aufgabe	Erstellung eines Verweises auf eine Datei
Syntax	ln [Option] [Zieldatei] [Linkname]
Option	**Bedeutung**
-b	Legt ein Backup einer bestehenden Datei mit dem Linknamen an
-f	Entfernt eine mit dem Linknamen existierende Datei
-i	Rückfrage vor dem Entfernen einer Datei
-s	Erzeugung eines symbolischen Links
-v	Ausgabe jedes Dateinamens vor dem Verweis
--help	Aufruf der Manpage zu *ln*
--version	Versionsnummer des *ln*-Programms

Tabelle A.35: Das Kommando ln

lpc

Kommando	lpc
Aufgabe	Druckersteuerung
Syntax	lpc [Kommando] [queue]
Option	**Bedeutung**
abort	Abbruch des aktuellen Druckjobs
disable	Keine Annahme weiterer Druckaufträge
down	Deaktivierung des Druckers
enable	Start der Annahme von Druckaufträgen
start	Starten/Fortsetzen des Druckvorganges
status	Systemstatus des *lpd*-Druckdämons

Option	Bedeutung
stop	Anhalten des Druckvorganges
topq [ID]	Verschiebung des genannten Druckjobs an die erste Stelle
up	Aktivierung des Druckers

Tabelle A.36: Das Kommando lpc

lpq

Kommando	lpq
Aufgabe	Einblick in die Druckerwarteschlange
Syntax	lpq [Optionen]
Option	**Bedeutung**
-a	Auflistung aller Drucker
-l	Ausführliche Information zu den Druckjobs
-P[Drucker]	Benennung eines speziellen Druckers

Tabelle A.37: Das Kommando lpq

lpr

Kommando	lpr
Aufgabe	Drucken einer Datei
Syntax	lpr [Optionen] [Datei]
Option	**Bedeutung**
-h	Druckt keinen Header bei diesem Auftrag
-m [Mail to]	Sendet bei einem Problem eine Mail an den User

Tabelle A.38: Das Kommando lpr

lprm

Kommando	lprm
Aufgabe	Löschen von Druckaufträgen aus der Warteschlange (Queue)
Syntax	lprm [Optionen] [Job-ID bzw. all]
Option	**Bedeutung**
-	Entfernung aller dem User gehörenden Aufträge aus der Queue
-P[Drucker]	Angabe der Druckerwarteschlange

Tabelle A.39: Das Kommando lprm

ls

Kommando	ls
Aufgabe	Anzeige des Verzeichnisinhaltes
Syntax	ls [-Optionen] [Pfad]
Option	**Bedeutung**
-a	Anzeige aller Dateien, auch die mit ».« beginnen
-b	Anzeige nicht druckbarer Zeichen in oktaler Codierung
-B	Backupdateien (Endung mit ~) ignorieren
-c	Sortierung nach Änderungsdatum
-C	Mehrspaltige Ausgabe
-d	Auflistung der Verzeichnisse anstelle von Dateien
-f	Unsortierte Ausgabe
-F	Typisierung der Ausgabe
-h	Speichergrößen in möglichst große Einheiten (KB, MB)
-i	Inodennummer jeder Datei
-I	Mit Angabe eines Musters: ignoriert alle Einträge, die das Muster enthalten
-l	Ausführliche Auflistung (Rechte, User, Gruppe etc.)
-m	Alle Einträge (getrennt durch Kommata) in eine Zeile
-n	Auflistung der User-/Group-ID anstelle von Namen
-o	Ausführliche Auflistung ohne Gruppeninformation

Option	Bedeutung
-r	Reverse Reihenfolge in der Sortierung
-R	Rekursive Auflistung der Unterverzeichnisse
-s	Dateigröße in Blöcke
-S	Sortierung nach Dateigröße
-t	Auflistung nach Änderungszeitpunkt
-u	Sortierung nach Zeit des letzten Zugriffes
-U	Auflistung in der Reihenfolge wie im Verzeichnis
-v	Sortierung nach Versionsnummer
-x	Auflistung zeilen-, nicht spaltenweise
-X	Sortierung nach alphabetischer Reihenfolge der Extensionen
--help	Aufruf der Manpage zu *ls*
--version	Version des *ls*-Programms

Tabelle A.40: Das Kommando ls

lsmod

Kommando	lsmod
Aufgabe	Auflistung geladener Module
Syntax	lsmod

Tabelle A.41: Das Kommando lsmod

make

Kommando	make
Aufgabe	Automatische Abarbeitung in einer Datei vordefinierter Abläufe
Syntax	make [Optionen] [Ziel]
Option	**Bedeutung**
-f [Dateiname]	Bezeichnung der Vorgabedatei (Makefile)
-i	Ignorieren aller Fehler

Option	Bedeutung
-I [Verzeichnis]	Angabe eines Verzeichnisses zur Suche von Vorgabedateien
-n	Ausgabe, jedoch nicht Ausführung der vorgegebenen Kommandos
-s	Unterdrückung von Meldungen (silent mode)

Tabelle A.42: Das Kommando make

man

Kommando	man
Aufgabe	Aufruf eines Manuals
Syntax	man [Kommandoname]

Tabelle A.43: Das Kommando man

mc

Kommando	mc
Aufgabe	Midnight Commander (Dateimanager für die Shell)
Syntax	mc

Tabelle A.44: Das Kommando mc

mkdir

Kommando	mkdir
Aufgabe	Erstellen eines Verzeichnisses
Syntax	mkdir [Optionen] [neues Verzeichnis]
Option	**Bedeutung**
-m	Vergabe von Rechten (vgl.: *chmod*)
--verbose	Ausgabe einer Nachricht für jedes erzeugte Verzeichnis

Option	Bedeutung
--help	Aufruf der Manpage zu *mkdir*
--version	Version des *mkdir*-Programms

Tabelle A.45: Das Kommando mkdir

mkfs

Kommando	mkfs
Aufgabe	Einrichtung eines Dateisystems (zuvor: fdformat)
Syntax	mkfs [Optionen] [Devicename (z.B.: /dev/hda] [Blöcke]
Option	**Bedeutung**
-V	Vollständige Berichtsausgabe inkl. aller Parameter
-t [fstype]	Angabe des Dateisystemtyps (für Linux beispielsweise *ext2*)
-c	Prüfung der Partition auf fehlerhafte Blöcke
blocks	Angabe der Inodendichte (Blockgröße)

Tabelle A.46: Das Kommando mkfs

Das Kommando mkfs ist ein Formatierungsbefehl. Alle eventuell vorhandenen Daten auf der Partition werden vernichtet!

modprobe

Kommando	modprobe
Aufgabe	Einbindung eines Moduls nach Prüfung von Abhängigkeiten
Syntax	modprobe [Optionen] [Modul]
Option	**Bedeutung**
-a	Laden aller zutreffenden Module
-c	Anzeige der aktuellen Konfiguration
-l	Auflistung der Module

Option	Bedeutung
-r	Entfernen von Modulen
-s	Bericht nicht an stderr, sondern an syslog
-v	Ausgabe aller Kommandos, die gerade ausgeführt werden
-V	Version des *modprobe*-Programms

Tabelle A.47: Das Kommando modprobe

more

Kommando	more
Aufgabe	Seitenweise Anzeige des Inhaltes einer Datei
Syntax	more [Optionen] [Datei]
Option	**Bedeutung**
+[Nummer]	Start bei Zeilennummer
-c	Überschreiben bestehender Zeilen beim Weiterblättern (nicht an jedem Terminal möglich)
-d	Ausgabe einer Aufforderung zur Fortsetzung der Ausgabe
-s	Reduzierung der Anzahl von folgenden Leerzeilen auf eins
-u	Unterdrückung von Unterstrichen
Kommandos	**Bedeutung**
! [Kommando]	Startet eine Shell, auf der die übergebene Kommandozeile ausgeführt wird
:f	Anzeige des aktuellen Dateinamens und der Zeilennummer
=	Anzeige der aktuellen Zeilennummer
b	Rückwärts scrollen
h bzw. ?	Hilfe
Space oder z	Nächste Seite
v	Start des Editors *vi* an aktueller Zeile

Tabelle A.48: Das Kommando more

 Das Kommando more kann auch als Pipe-Kommando eingesetzt werden. Beispiel: 1s | more [↵]. Im Anzeigemodus können zusätzlich Kommandos zu dessen Steuerung eingegeben werden.

mount

Kommando	mount
Aufgabe	Einbinden eines Device in das Dateisystem
Syntax	mount [Optionen] [Devicename] [zugeordnetes Verzeichnis]
Option	**Bedeutung**
-a	Mounten aller in /etc/fstab gelisteten Devices
-h	Hilfe
-n	Mounten des Devices ohne Eintrag in /etc/fstab
-r	Das Filesystem wird im Read-only-Modus gemountet
-w	Das Filesystem wird im Read-write-Modus gemountet

Tabelle A.49: Das Kommando mount

mv

Kommando	mv
Aufgabe	Verschieben von Dateien
Syntax	mv [Optionen] [Quelle] [Ziel]
Option	**Bedeutung**
-b	Erstellt vor dem Verschieben ein Backup
-f	Entfernt eventuell existierende Zieldatei
-i	Rückfrage vor dem Entfernen einer Datei
--help	Aufruf der Manpage zu mv
--version	Version des mv-Programms

Tabelle A.50: Das Kommando mv

passwd

Kommando	passwd
Aufgabe	Ändern eines User-Passwortes
Syntax	passwd
Option	**Bedeutung**
-f	Änderung userspezifischer Einträge in /etc/passwd
-s	Definition der Login-Shell
-x maximal	Maximale Gültigkeitsdauer eines Passworts
-w Tage	Warnfrist vor Ablauf der Passwort-Gültigkeitsdauer
-i Tage	»Galgenfrist« nach Ablauf der Passwort-Gültigkeitsdauer
-l	Sperre des Accounts
-S	Status eines Accounts
-g	Änderung eines Gruppen-Passworts
-u	Aufhebung der Account-Sperre

Tabelle A.51: Das Kommando passwd

poweroff

Kommando	poweroff
Aufgabe	Beendet alle aktiven Prozesse und fährt das System herunter
Syntax	/sbin/poweroff [Optionen]
Option	**Bedeutung**
-h	Alle Festplatten in Standby-Modus vor dem Herunterfahren
-i	Schließt alle Netzwerkschnittstellen vor dem Herunterfahren
-n	Keine Synchronisation vor dem Herunterfahren
-p	Poweroff nach Herunterfahren

Tabelle A.52: Das Kommando poweroff

ps

Kommando	ps
Aufgabe	Anzeige der aktuellen Prozesse
Syntax	ps [Optionen]
Option	**Bedeutung**
a	Alle Prozesse dieses Terminals (inkl. die anderer User)
-A	Alle Prozesse
-p	Auswahl nach Prozess-ID
T	Alle Prozesse dieses Terminals
-t	Auswahl nach Konsole (tty)
-u	Auswahl nach User-ID
X	Prozessanzeige und Registerinhalte (altes Linux-i386-Format)

Tabelle A.53: Das Kommando ps

pstree

Kommando	pstree
Aufgabe	Ausgabe einer baumförmigen Prozessliste
Syntax	pstree [Option]
Option	**Bedeutung**
-G	VT-100-Zeichensatz
-h	Hervorhebung aktueller Prozesse
-n	Numerische Sortierung
-p	Anzeige mit Prozess-ID
-V	Version des *pstree*-Programms

Tabelle A.54: Das Kommando pstree

reiserfsck

Kommando	reiserfsck
Aufgabe	Prüfung und Reparatur des Linux-Dateisystems ReiserFS
Syntax	reiserfsck [Optionen] [Gerät (/dev/...)]
Option	**Bedeutung**
--check	Prüft das Dateisystem, repariert es aber nicht sofort
--fix-fixable	Markiert gestörte Bereiche
--rebuild-sb	Stellt den »Superblock« des ReiserFS wieder her
--rebuild-tree	Stellt den ursprünglichen Verzeichnisbaum des ReiserFS wieder her
--clean-attibutes	Reinigt reservierte Felder für statische Daten
--journal-device	Journalausgabe
--adjust-file-size	Korrigiert die Dateilängen
--logfile [datei]	Definiert einen Dateinamen zur Ausgabe des Journals
--nolog	Kein Bericht zu den Aktivitäten von *reiserfsck*
--quiet	Keine Ausgabe zum Fortschritt der Überprüfung eines ReiserFS
-a	Informationen zum bezeichneten Dateisystem, keine Prüfung
-f	Druckt Version und beendet das Programm
-j	Journalausgabe
-n	Keine Ausgabe oder Protokollierung der Ereignisse während der Prüfung
-q	Keine Ausgabe zum Fortschritt der Überprüfung eines ReiserFS
-V	Druckt Version und beendet das Programm
-z	Korrigiert die Dateilängen

Tabelle A.55: Das Kommando reiserfsck

rm

Kommando	rm
Aufgabe	Entfernen von Dateien und Verzeichnissen
Syntax	rm [Option] [Datei/Verzeichnis]
Option	**Bedeutung**
-f	Nicht existierende Dateien werden ohne Meldung ignoriert
-d	Entfernung der Verknüpfung auf ein Verzeichnis (ungeachtet dessen, ob dies Daten enthält)
-i	Rückfrage vor Entfernung einer Datei/eines Verzeichnisses
-R	Entfernung des Inhaltes von Unterverzeichnissen
-v	Bericht zu den ausgeführten Löschaktivitäten
--help	Aufruf der Manpage von *rm*
--version	Version des *rm*-Programms

Tabelle A.56: Das Kommando rm

rmdir

Kommando	rmdir
Aufgabe	Löschen eines leeren Verzeichnisses
Syntax	rmdir [Optionen] [Verzeichnis]
Option	**Bedeutung**
-p	Löscht übergeordnetes Verzeichnis
-v	Bericht für jedes gelöschte Verzeichnis
--help	Aufruf der Manpage zu *rmdir*
--version	Version des *rmdir*-Programms

Tabelle A.57: Das Kommando rmdir

runlevel

Kommando	runlevel
Aufgabe	Ermittlung des aktuellen System-Runlevels
Syntax	runlevel

Tabelle A.58: Das Kommando `runlevel`

shutdown

Kommando	shutdown
Aufgabe	Fährt den Computer herunter
Syntax	/sbin/shutdown [Option] [time] [Text einer Warnung an alle User]
Option	**Bedeutung**
-a	verwendet die Datei /etc/shutdown.allow
-c	Abbruch eines Shutdown-Befehls (wenn noch möglich)
-f	Überspringen von fsck nach Neustart
-F	fsck nach Neustart erzwingen
-h	Halt
-k	Kein Shutdown, sondern nur Warnung an alle User
-r	Reboot nach dem Herunterfahren (Neustart)
-t [Sekunden]	Zeit zwischen Warnung und kill-Signal
time	Shutdown-Zeit

Tabelle A.59: Das Kommando `shutdown`

Der Parameter time kann auch in Minuten angegeben werden. Das sofortige Herunterfahren des Rechners wird mit dem Parameter »now« inkl. Anführungszeichen erreicht.

su

Kommando	su
Aufgabe	Wechsel in den Superuser-Modus
Syntax	su [Optionen] [User]
Option	**Bedeutung**
-, -l	Aufruf der Shell des angegebenen Users
-m	Beibehaltung der Systemumgebung
-p	Beibehaltung der Systemumgebung
-c [Kommando]	Führt nur das Kommando mit der neuen Userkennung aus
-s	Festlegung einer Startshell
--help	Hilfeaufruf
--version	Version des aktuell verwendeten su-Programms

Tabelle A.60: Das Kommando su

Die Eingabe des Kommandos Exit ⏎ wechselt in den ursprünglichen User-Modus zurück.

tail

Kommando	tail
Aufgabe	Ausgabe der letzten Zeilen einer Datei
Syntax	tail [Optionen] [Datei]
Option	**Bedeutung**
-c	Ausgabe des letzten Dateibereiches in Byte
-f	Angehängte Daten ausgeben, während die Datei bei Bearbeitung wächst
-n	Ausgabe des letzten Dateibereiches in Zeilen
-q	Keine Ausgabe von Datei-Headern
-retry	Wiederholter Versuch, eine Datei zu öffnen

Option	Bedeutung
-s	Aktualisierungsintervall bei -f von einer Sekunde
--sleep-intervall=[time]	Aktualisierungsintervoll von »time« Sekunden bei -f
-v	Auch Ausgabe des Datei-Headers
--help	Aufruf der Manpage zu tail
--version	Version des tail-Programms

Tabelle A.61: Das Kommando tail

tar

Kommando	tar
Aufgabe	Archivprogramm (ursprünglich für Streamerlaufwerke)
Syntax	tar [Optionen] [Dateien/Verzeichnisse]
Option	**Bedeutung**
-A	Anhängen von tar-Dateien an ein Archiv
-c	Neues Archiv anlegen
-d	Differenzen zwischen dem Archiv und dem Dateisystem finden
-r	Datei an Archiv anfügen
-t	Inhalt des Archives auflisten
-u	Nur geänderte Dateien im Archiv updaten
-x	Archiv auspacken
-f [Datei]	Angabe einer Archivdatei, eines Verzeichnisses oder Device
-k	Erhalten alter Dateien
-O	Auspacken des Archives in die Standardausgabe
-p	Zugriffsrechte beim Entpacken beibehalten
-v	Vollständige Auflistung der bearbeiteten Dateien
-V	Labelnamen erzeugen
-W	Verifizierung des Archivinhaltes
-Z	Kompression und Dekompression mit compress
-z	Anwendung von gzip bzw. ungzip

Tabelle A.62: Das Kommando tar

top

Kommando	top
Aufgabe	Regelmäßige Anzeige der CPU-Prozesse
Syntax	top [Option]
Option	**Bedeutung**
-b	Batch-Modus
-c	Zeigt die Kommandozeile anstelle des Prozessnamens an
-d[Sekunden]	Zeit zwischen den Aktualisierungen
-h	Hilfe zum Befehl *top*
-i	Ignoriert *idle-* oder *zombie*-Prozesse
-n	Anzahl der Aktualisierungen begrenzen auf *n*
-p[Prozess-ID]	Lediglich stets aktuelle Anzeige des gewählten Prozesses

Tabelle A.63: Das Kommando top

tune2fs

Kommando	tune2fs
Aufgabe	Nachträgliche Veränderung der Parameter eines *ext2fs*
Syntax	tune2fs [Optionen] [Device]
Option	**Bedeutung**
-c [Anzahl]	Angabe, nach wie vielen Mountvorgängen eine Laufwerks-prüfung ausgeführt wird
-i [Tage]	Angabe, nach wie vielen Tagen die Partition geprüft wird
-l	Inhalt des Dateisystem-Superblocks
-m [Prozent]	Angabe, wie viel Kapazität des Device für »*root*« reserviert sind
-u	Benutzer, der die reservierten Blöcke nutzen darf

Tabelle A.64: Das Kommando tune2fs

Für `tune2fs` gilt Ähnliches wie für `fsck` und `e2fsck`: Das Kommando darf nicht auf gemountete Devices angewendet werden. Beachten Sie bitte, dass generell jeder Eingriff in die Struktur des Dateisystems ein potenzielles Risiko darstellt, Daten zu verlieren!

unalias

Kommando	unalias
Aufgabe	Löschen eines Alias für ein Kommando
Syntax	unalias [Option] [Name des Alias]
Option	**Bedeutung**
-a	Löschung aller *alias*-Definitionen

Tabelle A.65: Das Kommando `unalias`

umask

Kommando	umask
Aufgabe	Definition eines Rechte-Schemas für neu zu erstellende Dateien
Syntax	umask [Modus]

Tabelle A.66: Das Kommando `umask`

umount

Kommando	umount
Aufgabe	Aushängen eines Device/Verzeichnisses aus dem Dateisystem
Syntax	umount [Optionen] [Device oder Verzeichnis]
Option	**Bedeutung**
-a	Befehl auf alle in */etc/fstab* eingetragenen Devices ausführen
-f	Ausführung erzwingen, auch wenn das Device nicht erreichbar ist

Option	Bedeutung
-h	Hilfe
-n	Keine Veränderung in /etc/fstab
-r	Bei einem Fehler: Versuch, im Read-only-Modus zu mounten
-t [Typ]	Beschränkung auf einen bestimmten Dateisystemtyp
-V	Version des umount-Programms
-v	Ausführlicher Modus

Tabelle A.67: Das Kommando umount

useradd

Kommando	useradd
Aufgabe	Einrichten eines neuen Users im System
Syntax	useradd [Optionen] [neuer Username]
Option	**Bedeutung**
-c	Kommentar
-d [Pfad]	Heimatverzeichnis
-e [Datum]	Datum (JJJJ/MM/TT), an dem der Account erlischt
-f [Tage]	Tage, nachdem das Kennwort bei Nichtnutzung ungültig wird
-G [GID,...]	Weitere Gruppenzugehörigkeiten des Users
-g [GID]	Gruppe des Users
-m	Anlegen eines noch nicht existierenden Heimatverzeichnisses
-p [Passwort]	Definition des ersten Passwortes
-s [Shell]	Definition der Login-Shell (z.B. bash)
-u [UID]	ID des neuen Users

Tabelle A.68: Das Kommando useradd

W

Kommando	w
Aufgabe	Anzeige angemeldeter User
Syntax	w [Optionen] [User]
Option	**Bedeutung**
-h	Unterdrückung der Spaltenüberschriften bei der Ausgabe
-s	Kurzansicht
-V	Version des w-Programms

Tabelle A.69: Das Kommando w

WC

Kommando	wc
Aufgabe	Statistische Angaben zu Dateiinhalten (Zeichen, Zeilen etc.)
Syntax	wc [Optionen] [Datei(en)]
Option	**Bedeutung**
-c	Anzahl der Bytes
-l	Anzahl der Zeilen
-L	Länge der längsten Zeile in der Datei
-m	Anzahl der Zeichen
-w	Anzahl der Worte (aufeinander folgende Zeichenketten)
--help	Aufruf der Manpage zu wc
--version	Version des wc-Programms

Tabelle A.70: Das Kommando wc

who

Kommando	who
Aufgabe	Informationen über im System befindliche User
Syntax	who [Option]
Option	**Bedeutung**
-H	Zusätzliche Kopfzeile mit Spaltentiteln
-i	Dauer der aktuellen Sitzungen (nur in alten Versionen)
-l	Versuch, den Computernamen per DNS zu ermitteln
-m	Rechnernamen und Benutzer mit Standardeingabe
-q	Summe und Namen der aktiven User
-T	Markierung aller User (mit »+«), die eine Mail empfangen können
-u	Dauer der aktuellen Sitzungen
-w	Markierung aller User (mit »+«), die eine Mail empfangen können

Tabelle A.71: Das Kommando who

whoami

Kommando	Whoami
Aufgabe	Ermittlung der eigenen User-ID (sinnvoll bei Nutzung von su)
Syntax	whoami [Optionen]
Option	**Bedeutung**
keine Option	Ausgabe der eigenen User-ID
--help	Aufruf der Manpage zu *whoami*
--version	Version des *whoami*-Programms

Tabelle A.72: Das Kommando whoami

Index

Symbole

/bin 239
/boot 255
/dev 101, 242, 243
/dev/eth0 516
/dev/ttyS0 508
/dev/ttyS1 508
/etc 243, 244
/etc/apache2/httpd.conf 635
/etc/fstab 260, 261
/etc/inetd.conf 621
/etc/init.d 653
/etc/init.d/samba 654
/etc/mtab 260
/etc/passwd 220, 243
/etc/samba/smb.conf 655, 657
/etc/services 622, 671, 674
/etc/shadow 243
/home 245
/lost+found 257
/media 262
/mnt. 256
/opt 256
/proc 249
/sbin 240
/tmp 253, 254
/usr 246
/usr/lib/apache/ 635
/usr/lib/apache2/ 635
/var 250, 251
/var/tmp 253, 254

Nummern

101-key PC 274
10Base-2-LAN 608
10Base-T-Netzwerk 608
2048 Byte/Sector 63
3D-Objekt 465

A

A pached Server 629
Absolute Adressierung 338, 456
Access Concentrator 512
Active Connections 681
Active Shares 681
adduser 222
Ad-hoc-Netz 610
Adressklasse 612
Advanced Linux Sound Architecture 199
Advanced Package Tool 417
Advanced Packaging Tool 132, 144
Advanced View 677, 679
alias 392, 645 f.
ALSA 199
alsaconf 200
analoges Telefonnetz 500
Angeschlossene Geräte 310
Animation 460, 488, 489
Anmeldungsmanager 328, 330
AOL 542
Apache 2.0 636
Apache-Webserver 629, 634, 635, 637,
    643, 647
append 373
AppleTalk 607

Applets 293
APT 144, 145, 151, 417
apt 132, 143
apt-get 412
aptitude 133, 143, 150, 157, 158, 159
Arbeitsfläche 287, 308, 311, 312
Arbeitsgruppe 658
Arbeitsspeicher 79, 81
Arbeitsverzeichnis 249
arc 373
Archivierungsprogramme 369
args 623
Arkade-Spiele 584
ascii 690
ASCII-Editor 419
ASCII-Text 690
Asterisk 684
atrm 412
Audio-CD-ROM 327
Audio-Format 327
Audio-Hardware 297
Audiorecorder 327
Audiowiedergabe 327
Aufgabenmanagement 580
Aufgabenverwaltung 571, 579
Aufzeichnung von Screenshots 471
Ausrichtung 449
Ausschneiden 483
Auswählen 152
Authentifizierung 504, 636
Authentifizierungsanforderung 675
Automatisierten Hardwareerkennung 125
AutoPilot 427, 444, 455

B
Backgammon 591
Backslash 683
Backup Browser 661
Backup-Datei 229
base-config 133
Basic View 679
Beamer 458
Bedingung 453
Beenden 157
Begleitunterlagen 462
Benutzer-Account 131, 135, 205, 218, 224, 225, 228, 243, 245
Benutzereinstellung 232
Benutzergruppe 207, 230, 385
Benutzerhandbuch 482
Benutzerkonten 226
Benutzername 217
Benutzerparameter 222
Benutzerverwaltung 205, 338
Berechtigungsgruppe 665
Bestandsaufnahme 82
Bézierkurve 474
Bildauflösung 75
Bildausschnitt 483
Bildbearbeitung 329, 466, 481
Bildeigenschaft 486
Bildschirmauflösung 123, 280, 281, 298, 299
Bildschirmdiagonale 271
Bildschirmpräsenation 462
Bildschirmschoner 296, 315, 326
binary 690
Binary-CDs 69
Binärzahl 703
BIOS 95, 99
Bitmap 488

BitTorrent 46
Blackjack 593
BNC-T-Stück 608
Bookmarks 539
Bootable 107
Boot-Datei 654
Bootdiskette 112
Bootloaders 130
Bootmanager 95, 112, 255
BootP 111
Bootsequenz 100
Brennersoftware 63
Brettspiele 591
Broadcasting 613
browseable 664
Browserfenster 524
Brutto-Datenrate 508
Buddy-Liste 543, 550, 552, 554, 555
Büroprogramm 426
Busförmige Topologie 608

C
cal 394
Calc 457
cat 365, 366, 367, 626
catenate 373
CD Brennen 63
CDBurnerXP Pro 64, 65
CDE 312
CDE-Modus 313
CD-Image 43
CD-Images 46
CD-Image-Type 69
Cell Protection 449
CGI-Skript 635

Challenge Handshake Authentication
    Protocol 506
CHAP 506, 514
Chatfenster 548, 551, 555
chgrp 231, 380, 384
chmod 210, 216, 380, 381
chown 380, 383
Chronik 531
clear 390
Client 619
Commit Changes 679
Common UNIX Printing System 182
configure-Aufruf 652
Cookie 325, 520, 522, 523, 524, 529, 540,
    566
create 372
create mask 665, 667
create mode 665
create share 679
cron 206, 414
Cross-Over-Cable 609
CSMA/CA-Verfahren 608
CSMA/CD-Verfahren 608
CUPS 182, 183, 184, 185, 186, 189, 192,
    639, 662
cupsomatic 186
cupsomatic-ppd 184

D
Dämon 616, 620, 621
Das BIOS-Setup 98
date 394
Dateimanager 319
Dateitransfer 690
Datenbank 444
Datenschutzproblem 324

Datensicherung 88
Datumsformat 322, 449
Dead Key 176
Debian GNU/Linux 3.0 »Woody« 99, 124,
   150
Debian GNU/Linux 3.0r4 »Woody« 74, 98
Debian GNU/Linux 3.1 »Sarge« 74, 98,
   125
Debian GNU/Linux package
   manager 139, 417
Debian GNU/Linux-Version 3.1
   »Sarge« 157
Debian-Installer 104
Debian-Paketmanager 132
Decimal Dotted 611
Dedicated Server 633
Default-Wert 274
Defragmentierung 87, 88, 89
Dekompressions-Tool 370
Delete 107
depmod 409, 410
desect 143
deselect 153
Design 315
Designverwaltung 315
Desktop-Computer 73
Devices 101, 236
Device-Verzeichnis 343
Dezimalsystem 701
dgram 623
DHCP 111
DHCP-Server 125
Diaansicht 463
Dialoge 492
Diashow 458
Diawechsel 434
Diensteverwaltung 318

Digitale Brieftasche 326
Digitaler Projektor 458
Directory 641
DirectoryIndex 643
Direkter Cursor 438
Diskrecovery 320
Display-Manager 121, 135
Displaymanager 285
DMA-Wert 83
DNS 111, 503, 514, 630
DNS-Adresse 503
DNS-Server-Adressen 126
DocumentRoot 641, 646
Domain Name 127
Domain Name Server 630
Domain Name Service 111, 126, 503, 514
Domain-Name 630
Doppellinie 450
Double Disk 354
Download 43
dpkg 139, 141, 144, 146, 412, 417
Drahtloses Netzwerk 317
Draw 465, 466
Dringlichkeitsstatus 569
DriveImage 88, 92
Druckdämon 397
Drucken von der Shell 397
Drucker 76, 182, 311
Druckerbefehl 394
Druckerqueue 399
Druckertreiber 182, 189
Druckspooler 667
dselect 119, 120, 129, 133, 150, 151, 152,
   283, 634
DSL 501
DSL-Anschluss 500, 631
DSL-Modem 76, 500, 512

DSL-Router 75, 111
Dualsystem 702
DVD-Brenner 86
DynDNS.org 631

E
e2fsck 350
Ebenen 610
Editor 419
egrep 360
Einfügemodus 437
Einfügen 483
Eingabe-Assistent 454
Einstellfunktion 306
Einwahlrufnummern 512
Ellipse 465
E-Mail 297
E-Mail-Abruf 564
E-Mail-Einstellung 317
E-Mail-Kommunikation 557
E-Mail-Programm 308
E-Mail-Server 80
E-Mail-Service 133
E-Mail-Versand 564
Emblem 303
Emoticons 546
Empfangsbestätigung 568
Energiekontrolle 311, 314
Energiesparmodus 314
Epiphany 296, 499, 517, 525, 526, 527,
    529
Erinnerungsfunktion 574, 580
Erneuern 151
Erscheinungsbild 311, 315
Ethernet-Bussystem 608
Ethernet-LAN 608
Ethernet-LAN-Adapter 609

Ethernet-Netzwerk 178
Ethernet-Schnittstelle 110
Euro 321
ext 258
ext2 258
Extended Filesystem 258
Extended-2-Filesystem 350

F
Farbgebung 315
Fast-Ethernet-Schnittstelle 110
FAT32-Dateisystem 107
Favoritenliste 531
fdformat 352
Feinkonfiguration 492
Feldbefehl 430
Feldfunktion 443
Fensterdekoration 315, 316
Fensterwechsel-Modus 312
Festplatte teilen 85
Festplattenkapazität 79, 81
fgrep 360
FIAM 156
file 357
File Server 651
File Transfer Protocol 650, 687
File Zilla 690
Fileserver 80
File-Sharing 671
Filesystem-Tabelle 260
FileZilla 51, 52
Filter 445, 471
filters 662
find 358
finger 377, 379
Fingerprint 506
FIPS 85

Firewall 631
Firmennetz 608
flag 623
Floppy-Disk-Format 352
Fly-Out-Panel 293
Frames 518
Freigabe 654
Freigabedienst 662
Fresh Download 49
fsck 349
FTP 297, 687
FTP-Client 689
ftpd 687
FTP-Download 46, 47, 49
ftpd-ssl 687
FTP-Server 141, 650, 687, 688, 689, 690,
    692
Füllwerkzeug 478
Funktionsleiste 425
Funktionsplotter KmPlot 600
Fußnote 431
Fußzeile 430
Fvwm2 282

G
Gateway 613, 614
GDI-Drucker 76
gdm 121, 135, 284, 285, 296, 329
Geheimfach 326
Gekreuztes Kabel 609
General Purpose Mouse Interface 177
Gerätedateiname 237
Get Regular Expression 360
Gezeigten Debian GNU/Linux package
    manager 144
Ghostscript 184, 189
GIF 488, 489

GIF-Grafik 488
GIMP 195, 329, 467, 469, 472, 473, 474,
    478, 489, 495
GIMP-Menüs 481
GIMP-Standardformat 488
Gliederungsansicht 463
Global 657, 672
Globale Konfiguration 658
GMT 321
GNOME 121, 123, 135, 155, 161, 162,
    166, 216, 225, 232, 267, 268, 282, 283,
    285, 305, 425, 467, 525
GNOME-Arbeitsfläche 287
GNOME-Desktop 286
GNOME-Desktop-Einstellungen 298
GNOME-Kontrollzentrum 294
GNOME-Meeting 297
GNOME-Oberfläche 300, 301
GNU Electronic Design Software 168
GNU Image Manipulation Program 467
GNU PG 568
GNU Privacy Guard 568
gpm 177
Grafikformat 469
Grafikkarte 75, 121, 198, 268, 271, 276,
    278, 299, 469
Grafische Benutzeroberfläche 80, 134,
    225, 267, 283, 305
Grafische Oberfläche 99, 216, 358
Grafisches Front-End 305
Graphical User Interface 283, 305
Graphical User Interfaces 267
Greenwich Mean Time 321
grep 360
groupadd 230, 375
groupdel 230, 375
groupmod 230, 375

groups 377
Groupware 499, 571
GRUB 95, 113, 130, 255
Grundinstallation 205, 274
Grundkonfiguration 133, 135, 212, 652
Gruppenberechtigung 384
Gruppenbildung 229
Gruppeneinstellung 232
Gruppenverwaltung 232
guest account 658, 659
GUI 267, 283, 305
gunzip 370
gzip 369, 370, 371

H
Haftnotizen 581
halt 406
Handzettelansicht 463
Hashwert 506
Hauptfenster 472
head 362, 364
Heimatverzeichnis 224, 236, 245, 246, 307, 336, 662
Heimnetzwerk 608
Help 107
Hexadezimalsystem 703, 706
Himmelsansicht 604
Hintergrundbild 291, 315, 316
Hintergrundfarbe 480
history 390
Home 666
homes 657, 662, 672
Host 611
Host-Adresse 111, 611
Hostname 110, 126
hpfs 258
HTML 527, 532, 537, 566, 630, 632

HTML-Editor 532
HTML-Format 465
HTML-Oberfläche 192
HTML-Seite 533, 534
HTTP 46, 132
http 629
httpd 636
HTTP-Download 47, 49
HTTP-Oberfläche 185
HTTP-Server 141
Hub 607, 609
Hyperlink 430

I
I/O-Adresse 83
IANA 619, 623
ICQ 499, 542
IDE-Controller 102
Identitäten 558
ifconfig 179, 180, 181
ifdown 180
IIS 643
Image Editor 467
IMAP4 558, 564, 565
Impress 458, 462, 463
Impulswahlverfahren 508
include-Direktive 639
inetd 620, 621, 623, 626, 653
inetd-Dämon 675
insmod 409
Installation 73
Installation des Basissystems 112
Installationsdatei 652, 654
Installationspfad 652
Installationsprogramm 141
Installationsvoraussetzungen 74
Installieren 157

Instant Messenger 499, 541, 543, 544, 548, 552, 553, 554

Interface down 180

Internet 499, 518, 629

Internet & Netzwerk 317

Internet Access Router 500

Internet Access-Router 84

Internet Associated Numbers Authority 619

Internet Information Server 643

Internet Service Provider 80, 501, 558, 631

Internet-Browser 333, 532

Internet-Zugangs 116 f.

Intranet 629

IP-Adresse 111, 126, 503, 611, 613, 620, 632, 647

IP-Adressklasse 611

IP-Ebene 610

IP-Router 620

IPv4 611

IPv6 636

IPX 607

IRQ-Wert 83

ISDN 500

ISDN-Karte 500

ISO9660 63

ISO-Format 46

J

Java-Applet 526

JavaScript 518, 526

JigDo 46, 48, 55, 56, 57

Jigsaw Download 46

Jobs 397

Joe 419

Jumper 103

K

K Desktop Environment 305

Kalender 572

Kapitelnummerierung 431

Kartenspiele 593

Kartoffelknülch 595

Kaskadierung 609

KAsteroids 585

kbdconfig 173

KDE 121, 123, 135, 161, 165, 166, 216, 225, 232, 267, 268, 282, 283, 285, 305, 306, 425, 467, 512, 518

kde 120

KDE User Manager 225

KDE-Applikation 306

KDE-Groupware-Client 581

KDE-Hilfezentrum 307

kde-i18n-de 120

KDE-Komponenten 311, 318

KDE-Kontrollzentrum 310, 311, 328

KDE-Meta-Paket 161

KDE-Modus 313

KDE-Oberfläche 332

KDE-Startmenü 467

kdm 121, 284, 329

keep alive 659

Kernel 108, 109, 129, 199, 255

Kernel-Modul 409, 410

Keymap 173

kill 403, 405, 625, 626

Klasse A-Adresse 612

Klasse B-Adresse 612

Klasse C-Adresse 612

Klasse D-Adresse 612

Klebezettel 294

KMail 557, 559, 560, 565, 578, 582

Koaxialkabel 608

Kolf 587
Kommandozeilen 139, 218, 697 f.
Kompilierung 401
Komplex-Menü 295, 297, 298
Kompression 371
Kompressionsmodus 370
Kompressions-Tool 370
Konfigurationsdatei 637, 641
Konfigurationswerkzeug 311
Konfigurieren 157
Konqueror 296, 307, 318, 332, 499, 517, 518, 519, 523, 526, 638, 653
Konsole 173
Kontact 581, 582
Kontaktliste 581
Kontrollleiste 306, 309, 310
Kooka 194, 196
Kopete 499, 541, 542, 543, 544
Kopfzeile 430
Kopierbefehl 366
Kopieren 483
KOrganizer 570, 572, 575
KPackage 143, 161, 162, 164, 166
KPanel 306, 307
KPPP 512, 515
KRec 327
Kreis 465
KSnapshot 470
KStars 604
KUser 225, 226, 227
KWallet 326

L
Ladestand 314
LAN 109, 127, 268
Laufwerksbezeichnung 235

Layer 610
Lernprogramme 600
Lesezeichen 531, 533, 539, 540
less 362, 364
Lichteffekt 493
LILO 95, 112, 130
Link 369
Linux Loader 95, 112, 130
Linux-Kernel 81
Linux-Loader 255
Linux-Partition 91, 105
LoadModule 635
localhost 675, 688
Log-Datei 251, 640, 647
Login-Name 226
Löschen 157
Löschen einer Datei 320
lpc 397
lpq 397
lpr 394, 397
lprm 397, 399
lsmod 409, 411
Lynx 499

M
MAC-Ebene 610
Mail-Server 564
make 401, 402, 652
makefile 652
Makefiles 652
Malwerkzeug 478
Manuelle Paketwahl 133
Markierungswerkzeug 485
Maßsystem 322
Master 103
Master Boot Record 112

Master Browser 661
Maus 75, 121, 172, 176, 268, 271, 311
Maximize 107
MBR 112
MD5-Algorithmus 114
MD5-Hashwert 219, 222, 227
MD5-Passwort 134
MD5-Passwort-Codierung 114
Menüleiste 425
Meta-Paket 160
Metapaket 120
Metazeichen 360, 361
Microsoft Certified Engineer 685
Midnight Commander 176, 301
MIME 297, 298
Minigolf 587
minix 258
Minix-Filesystem 258
Mixer-Programm 201
Modem 109, 500
modprobe 409, 410
Modus Indexed 493
Mondphasen 597, 599
Monitor 75, 122, 198, 268, 271, 276, 299
more 220, 362, 364
Mosaikdarstellung 493
mounten 257, 258
Mount-Point 236, 238, 257, 258, 261
Mozilla 296, 499, 517, 532, 539
Mozilla-Composer 532
Mozilla-E-Mail-Client 532
Mozilla-Navigator 532, 533, 535, 541
MP3-Datei 327
MP3-Format 201
MSCE-Auszubildende 685
msdos 258
MSN 499, 542

MSN-Account 543
MS-Windows-Netzwerk 654
Mülleimer 320
Multimedia 311
Multimedia-Eigenschaften 297
Multipurpose Internet Mail Extension 298
Multiuser-Betriebssystem 397
Mustervorlage 444

N
Name Service-Funktion 671
NAT 619
Nautilus 301, 302, 303
Navigationsinstrumente 333
Navigationssymbolleiste 533
Navigator 532
NetBIOS 683
NetBIOS Name Server 655
NetBIOS-Namensgebung 655
netbios-ns 671
Netscape 499, 517, 532
Network Adress Translation 619
Network File System 258
Network Information Center 613
Netzmaske 126, 614
Netzteil 349
Netzwerk 109, 135
Netzwerk-Adresse 111
Netzwerkadresse 611
Netzwerk-Dämon 632, 635, 671
Netzwerkdienst 607, 617, 618, 620, 653
Netzwerk-Hardware 75
Netzwerkinstallation 43
Netzwerkkarte 75, 110, 178, 500, 609
Netzwerkprotokoll 399, 607
Netzwerkschnittstelle 512

Netzwerktechnik 607
Netzwerkumgebung 671
Newsgroup-Client 581
nfs 258
NIC 613
nmbd 654, 655, 671
Non-IP Virtual Host 633
Notizansicht 463
Notizfeld 303, 572
NT-Dateisystem 258
NTFS 85
ntfs 258

O
Objektleiste 425
OCR-Funktion 196
Office-Paket 423
Offiziersskat 594
Oktalsystem 704
Open Files 681
Open Sound System 199
OpenOffice 80
OpenOffice.org Calc 434, 435, 446, 455
OpenOffice.org Draw 435
OpenOffice.org Impress 434, 435
OpenOffice.org Writer 435, 436
OpenOffice.org-Format 427
OpenSource Programm 424
Optical Character Recognisation 196
Organizer 570
os level 660
OSS 199

P
Packungsdichte 370
Paketmanager APT 117

Paketverwaltung 161
Panel 288, 292, 293, 298
PAP 506
PAP/CHAP 514
Papierformat 322
Partition 79, 85, 87, 88, 127, 699
Partition Magic 85
Partitionstabelle 129
PartitionStar 85, 89
passwd 219, 222, 223, 377, 379
Password Authentication Protocol 506
Passwort 114, 115, 218, 219, 222, 223, 227, 323, 325, 377, 378, 501, 506
PCB 163
PC-Card-Modul 116
PCMCIA-Modul 116
PDA 570
PDC 662
Peer-to-Peer-Netzwerk 673
Peer-to-Peer-System 664
Peer-to-Peer-Umgebung 658
Periodensystem 602
Persönliche Symbolleiste 533
Pfadangabe 353
PGP 568
Phishing 534
ping 399, 400, 401
Ping of Death 400
Pipe-Symbol 399
Planetarium 603
Planetentabelle 604
Point to Point Protocol over Ethernet 510
POP3 558, 564, 565
Popup 526
Popup-Manager 540
Port 137 671
Port-Adresse 617, 618

Port-Nummer 618
Posteingang 560
Postscript Printer Description 183
poweroff 406
PPD 183, 189
ppd 501
pppconfig 500, 502
PPPoE 510, 512
pppoeconf 500
pppoed 501
PPPoE-Verbindung 500
PPP-Verbindung 500, 503
Präsentationsprogramms 458
Presentation 426
Pretty Good Privacy 568
Primäre Installationsquelle 108
Primären Domain Controller 662
Print 107
Print Server 651
print$ 657, 667, 672
Printed Circuits Boards 163
printers 657, 667, 672
Printserver 183
Privatsphäre 311, 323, 325, 526
Programmfenster 310
Programmieren 419
Programmierumgebung 150
Programmleiste 306
Programmpaket 118, 135, 145
proto 623
Protokollierungsfunktion 647
Prozess-Management 402
Prozessnummer 625
Prozessor 75
Prozessorleistung 81
Prüfsumme 506
PS/2-Schnittstelle 272

pstree 404
put-Befehl 690

Q
Quadrat 465
Quelltext 537
Queue 397
Quit 107

R
RAM-Kapazität 279
Raw ISO Image 63
Recht
    zum Ausführen 209
    zum Lesen 208
    zum Schreiben 208
Rechteck 465
Rechte-Definition 214
Rechtschreibprüfung 318, 431
Red Hat Packet Manager 165
Referer 649
Regionaleinstellung 311
Regionaleinstellungen & Zugangs-
    hilfen 321
Reiser-Filesystem 351
reiserfsck 351
Reiter 529
Relative Adressierung 338, 456
Reset Values 679
Ressourcenbedarf 283
RGB-Modus 493
rmmod 409
root 139, 146, 205, 235, 376
root-Verzeichnis 262
Rotations-Funktion 488
Router 110, 516, 614, 615

Routing 613
Routing-Liste 614
Routing-Tabelle 615
RPM 165
Rückgängig 483
Rufnummer 501
runlevel 408

S

Samba Web Administration Tool 674, 682
Samba-Installation 651
Samba-Paket 652
Samba-Server 651, 652, 653, 657, 668, 680
SANE 192, 194
Sarge 39
scanimage 193
Scanner 76, 192, 193, 194, 329
Scanner Access Now Easy 193
Schattierung 450
Schichten 610
Schichtenmodell 610
Schnittstellenbezeichnung 237
Schreibmaschinentrainer KTouch 602
Schriftart 449
Schubladen 292 f.
Schwellwert 473
Screenshot 470
SCSI-Laufwerk 103
Secure Socket Layer 636
security 662
Security-Appliance 110
Seitennummerierung 443
Seitenvorlage 459
Selektionsmöglichkeit 473
Selektionswerkzeug 473

Serielle Schnittstellen 508
Serienbrief 444
Server 73, 619
server 662
server_path 623
Server-Betriebssystem 109
Serversystem 607
service_name 622
Shadow-Passwort 114
share 662, 678
Shell 139, 193, 218, 335, 394
Shell-Kommando 247, 652
Shellskript 206, 209
shutdown 406, 408
Sicherheit 311, 323, 566
Sicherheitsabfrage 356
Sicherheitslücke 212
Sicherheits-Update 117
Signalton 327
Silbentrennung 431
Simple Mail Transfer Protocol 564
Sitzungs-Cookies 523
Sitzungseigenschaft 329
Skalierung 486
Slash 683
Slave 103
Slide Show 462
Slides 459
smb.conf 658
smbclient 655, 683
smbd 654, 655, 671
smbpasswd 655
smbstatus 655
smbtar 655
Smileys 546
SMTP 564
SMTP-Server 558

sock_type 623
Sonderzeichen 442
Sound 311
Sound & Multimedia 327
Soundkarte 198, 199, 327
Soundsystem 198
Source-CD 69
Source-Port 619
SPAM 559, 560
Spiele-Konsole 73
Spreadsheet 426, 447
SSL-Verbindung 635
SSL-VPN 698
stable 40
Stammverzeichnis 105
Standard-Gateway 111, 126, 514
Standardinstallation 307
Standleitung 631
StarMath 435
StarOffice 423
Starter 291
Statistische Dateidaten 368
Status 680
Stellenwert 702
Sternenkarte 603
Stichwortsuche 311
stream 623
Subnetze 614
Subnetzmaske 111, 613, 614
Substitute User 387
Suchfunktion 359, 360
Suchkriterium 359
Summenfeld 453
Sun Microsystems 423
Supernova 493
Superserver 621
Superuser 205, 376, 409

Swap-Partition 105
swat 639, 656, 673, 677, 682
swat) 667
swat-Aufruf 675
Switch 607, 609
Synaptic 161, 166, 168
Systemanforderung 697
System-Management 402
Systemneustart 412
Systemprozess 402
System-Reboot 625
Systemsteuerung 310
Systemtray 309
Systemverwalter 131, 133, 139, 212, 230
Systemverwaltung 311, 328
Systemvoraussetzung 80
Systemzeit 113

T
Tabellenblatt 447
Tabellenkalkulation 423, 425, 446, 452,
    456
tail 362, 364
Taktfrequenz 79, 469, 697
Tape Archiver 372
tar 369, 370, 372, 652
tar-Archiv 370
Taschenrechner 597
Taskleiste 287, 306, 310
Taskmanager 323
Task-Pakete 118
tasksel 118, 119, 129, 133, 143, 283, 634
Task-Selection 129
Tastatur 75, 172, 173, 176, 268, 274, 311
Tastaturbelegung 75
Tastaturlayout 173, 174
Tastenkombination 299, 300

Tastenkürzel 323
TCP/IP 607
TCP/IP-Netzwerk 611
TCP/IP-System 400, 618
TCP-Protokoll 674
Telefonnummer 509
Telnet-Client 617
Telnet-Dienst 617, 624, 628
Telnet-Verbindung 216, 329
Temporäres Backup 253
Termin 572
Terminal 73
Terminal-Fenster 628
Termine verwalten 572
Termineditor 573
Terminkalender 570
Terminverwaltung 499
Testdatenpaket 399, 400
testing 40
testparm 655
testprns 655
Text Document 426
Text editieren 476
Textdokument 436
Textmarke 430
Textverarbeitung 423
Thema 300
Time-Out-Wert 640
Token 608
Tonwahlverfahren 508
Tool 540
Toolbox 467, 472, 485, 491
top 405
Top-Level-Domain 630
Topologie 607
Transformation 488
Transportprotokoll 623

Treibermodul 108, 109, 129
Treibermodule 255
tune2fs 352
Twisted-Pair-Kabel 607 f.
twm 282
Type 107

U
U-ATA/IDE-Festplatte 95
Überblendeffekt 459
Überschreibmodus 437
Übertragungsmodus 690
Uhrzeitformat 322
UID 330
umask 212, 385
umount 259
Umrandung 450
umsdos 258
unalias 392, 393
UND-Verknüpfung 614
Unified Messaging 499, 565
Uniform Ressource Locators 503
Units 108
Universal Coordinated Time 113
unstable 40
Unterfenster 524, 525, 529
URL 503
user 623, 662
User Identifier 330
User-Account 217, 552, 688
useradd 218, 224, 229, 375
User-Agent 519, 533
User-Definition 376
userdel 222, 224, 375
usermod 222, 224, 229, 230, 375
User-Rechte 665
users 209, 210

Users Administration Tool 226
Usertracking 520, 647
User-Verwaltung 225

V

Vektorgrafik 465
Verknüpfen mehrerer Dateien 367
Verlauf 531
Verschieben 355
Verschlüsselungsalgorithmus 323
Verschlüsseltes Passwort 662
Versteckte Benutzerkennung 330
Verteilerliste 579
Verzeichnisbaum 235, 236, 343
Verzeichnisstruktur 332
Verzeichnissystem 235
vfat 258
VGA-Modus 198
Video-Hardware 297
Videosequenz 495
Vier gewinnt 592
Virenschutz 51
virtuelle Server 632 f., 641
visitors 666, 672
Visualisierung 458
Vordergrundfarbe 480
Vorschaubilder 319

W

Währung 452
Währungsangabe 321
Währungsformat 321
Währungssymbol 452
WAV-Dateien 327
Webadresse 503

Webbrowser 296, 308, 318, 332, 499, 517,
519, 525, 630, 643, 690, 692
Webcams 76, 297
Webserver 80, 632, 640
Webserver-Kapazität 82
Webservervariablen 647
Wechselfestplatten 96
Wechselintervalle 490
Weltzeituhr 309, 597, 598
Werbebanner 488
Werkzeugleiste 425, 467
Wertebereich 453
Wetterbericht 294, 309, 597
who 389
whoami 387, 389
Wiederholen 483
Wiederholrate 299
Window Manager 121
windowmaker 282
Window-Manager 165, 166, 232
Windowmanager 282, 283, 305
Windows 98/ME 87
Windows NT2000-Server 651
Windows XP 87
Wireless LAN 115, 317, 610
WLAN 317, 610
WLAN-Router 111
Wochentag 322
Woody 39, 45
Workgroup 657, 658
World Wide Web 629
Write 108
writeable 664
Writer 425, 435, 438, 444
WS-FTP 690
Wurzelverzeichnis 105

X

X Keyboard 276
X Window-Konsole 670
X Window-Server 193, 198, 267, 268,
   282, 298
X Window-System 268, 287, 425
X11 268
XCF 488
xdm 284, 329
XF86Config 270, 271, 279
xf86config 269
xf86-Konfiguration 273
Xfree 268
XFree86 269
Xfree86 268
XKB 276
xscanimage 193, 195
X-Server 121, 278
X-Window-Server 118, 123, 124, 135,
   161, 225, 247, 268

Y

Yahoo! 499, 542

Z

Zahlenformat 321, 449
Zahlensysteme 700, 701
Zauberstab 473
Zeichnen 465
Zeichnungsansicht 463
Zeilennummerierung 431
Zeitsteuerung 462
Zeitzone 131
Zeitzonen-Konfiguration 113
Zelle 448
Zelleninhalt 431
Zellenverbindung 447
Zellschutz 449
Zoomfunktion 475, 485
Zugangsberechtigung 217
Zugangshilfe 311
Zugriffsrecht 383
Zugriffsverfahren 608

DAS bhv TASCHENBUCH: DIE PREISWERTE ALTERNATIVE!

Thomas Zwolsky

768 Seiten

Netzwerke und das Internet werden im ständig schneller werdenden Geschäftsverkehr immer wichtiger. Das TCP/IP-Protokoll ist nach wie vor das Standardprotokoll, auf dem die Datenübertragung im Internet und im LAN fußt. Gute Kenntnisse sind unerlässlich, wenn man als Netzwerkadministrator oder Betreiber eines Webservers tätig ist.
Der Autor begleitet Sie von der Installation über den Verbindungsaufbau bis zu DHCP, DNS und der Programmierung von Clients und Servern, die Sie vom Anfängerstatus auf Profiniveau. Dem wichtigen Thema Sicherheit ist ein umfangreiches Kapitel gewidmet.
Die Struktur des Buches ermöglicht sowohl Einsteigern als auch fortgeschrittenen Nutzern den effizienten Einsatz dieses Buches.

TEIL I: INSTALLATION UND ERSTE SCHRITTE
Geschichte u. Grundlagen; Organisation des Internets; Protokolle u. Schichten; Einrichtung

TEIL II: TECHNIKEN UND PRAXIS
IP-Protokoll; HTTP; Aufbau von Messages; FTP; NNTP; telnet; SMTP; rechtliche Grundlagen

TEIL III: KNOW-HOW FÜR FORTGESCHRITTENE
Sicherheit: Netzwerk, Server, Client; Angriffstechniken; Hackstrategien; VPN;
Verschlüsselung; Sicherheitsanalyse; Paketanalyse; Systemkonfiguration; DNS; DHCP;
File-Sharing

TEIL IV: TIPPS, TRICKS UND TUNING
Programmierung: Sockets, Perl; Visual Basic, Server; Serverkonfiguration;
Firewall und Routing

TEIL V: ANHANG
Glossar; Verzeichnisse: Download-Quellen und Links; Toplevel-Domains; RFCs,
Assigned Numbers, Zeichensatz-Tabellen

ISBN 3-8266-8079-0   inkl. CD-ROM

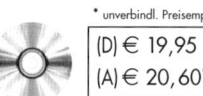

* unverbindl. Preisempf.
(D) € 19,95
(A) € 20,60*

verlag moderne industrie Buch AG & Co. KG • Königswinterer Straße 418 • 53227 Bonn • Fax: 02 28 / 970 24 21 • http://www.vmi-Buch.de